Deutsches Schiffahrtsarchiv
32 · 2009

Deutsches Schiffahrtsarchiv
32 · 2009

Wissenschaftliches Jahrbuch
des Deutschen Schiffahrtsmuseums

Für das Deutsche Schiffahrtsmuseum
herausgegeben von Lars U. Scholl

Schriftleitung: Erik Hoops

Titelabbildung: Schifffahrt als Lebensweg. Ausschnitt aus einem Gemälde eines unbekannten holländischen Meisters, um 1700. (DSM, Inv.-Nr. I/05714/92)

Redaktion: Erik Hoops, M.A. (verantwortlich), Ursula Feldkamp, M.A.

Übersetzung der Summaries: Judith Rosenthal, B.A.
Übersetzung der Résumés: Laurence Wuillemin
Übersetzung der Zusammenfassung: Judith Rosenthal, B.A., Erik Hoops, M.A.

Satz und Reproduktion: Gerken Concept, Wiefelstede
Druck und Bindung: DZA Druckerei zu Altenburg GmbH, Altenburg

ISSN 0343-3668 · ISBN 978-3-86927-032-6

Redaktionsanschrift:
Deutsches Schiffahrtsmuseum, Hans-Scharoun-Platz 1, D-27568 Bremerhaven,
redaktion@dsm.museum

Abonnementverwaltung:
Oceanum Verlag e.K., Thienkamp 93, D-26215 Wiefelstede, info@oceanum.de

---

Als Beiheft zu dieser Ausgabe erscheint:
Herbert Karting: Schiffbaumeister Matthew Turner
Zur Geschichte der produktivsten Segelschiffswerft an der amerikanischen Westküste und der
auf ihr gebauten deutschen Südseeschoner
Wiefelstede: Oceanum Verlag 2010 · ISSN 1868-9434 · ISBN 978-3-86927-132-3

Das »Deutsche Schiffahrtsarchiv« (DSA) ist das seit 1975, ab 1980 in jährlicher Folge erscheinende, international rezensierte wissenschaftliche Jahrbuch des Deutschen Schiffahrtsmuseums (DSM), Forschungsinstitut der Leibniz-Gemeinschaft.

Das DSA besteht aus einem referierten Hauptteil sowie einem nur intern begutachteten Nebenteil für seefahrtsbezogene Miszellen, kurze Notizen oder Zeitzeugnisse und steht jedem Forscher offen, der ein für die deutsche Schifffahrtsgeschichte relevantes Thema bearbeitet.

Die Aufsätze externer Forscher und der Wissenschaftler des DSM werden einem anonymisierten Referierungsverfahren durch interne wie externe Gutachter unterworfen, dessen Ausgang über die Annahme zum Druck entscheidet.

Ein Gesamtregister aller bisher erschienenen Beiträge zum »Deutschen Schiffahrtsarchiv« ist unter der Adresse www.dsm.museum/Pubs2/dsa_register.pdf abrufbar.

Die Jahresberichte des Deutschen Schiffahrtsmuseums werden aus Gründen ihres Umfangs nicht länger im Rahmen des Jahrbuchs, sondern im Internet unter der Adresse www.dsm.museum/2jahr.htm veröffentlicht.

* * *

The *Deutsches Schiffahrtsarchiv* (German Maritime Archive) is the scholarly yearbook of the German Maritime Museum, a research institute within the Leibniz Association. It has been appearing since 1975, annually since 1980, and is reviewed worldwide.

The yearbook provides historical perspectives on a wide range of nautical themes of relevance to German maritime history. Since it is not an in-house publication, unsolicited manuscripts in German and English are welcome.

All contributions undergo thorough scholarly assessment before publication, and are accompanied by English and French summaries. Where relevant, short notices and material of a miscellaneous nature are also included.

A complete index of contributions to all volumes of the *Deutsches Schiffahrtsarchiv* published to date is available at www.dsm.museum/Pubs2/dsa_register.pdf.

For reasons of space, the annual reports of the German Maritime Museum are no longer published within the framework of the yearbook, but are now available solely at www.dsm.museum/2jahr.htm.

* * *

Les Archives de la Marine allemande *(Deutsches Schiffahrtsarchiv)* est l'annuaire scientifique du Musée allemand de la Marine, un institut de recherche faisant partie de la Leibniz-Gemeinschaft *(Communauté Leibniz)*. Il est publié depuis 1975, à un rythme annuel depuis 1980, et son compte rendu est effectué dans le monde entier.

Le *Deutsches Schiffahrtsarchiv* procure un panorama historique portant sur un vaste choix de thèmes nautiques, liés à l'histoire de la marine allemande. N'étant pas une publication interne, les manuscrits non sollicités en allemand, anglais ou français sont les bienvenus.

Tous les articles sont soumis à une évaluation décidant de leur parution ou non, et sont accompagnés de résumés, le cas échéant, en anglais et en français. Ils sont également complétés par de brèves notes ou des témoignages variés.

Un registre complet de tous les articles du *Deutsches Schiffahrtsarchiv* parus jusqu'à aujourd'hui est accessible sur Internet sous : www.dsm.museum/Pubs2/dsa_register.pdf.

Les rapports annuels du Musée allemand de la Marine, en raison de leur volume, ne feront dorénavant plus l'objet d'une publication dans le cadre de l'annuaire, mais seront publiés à l'adresse Web suivante : www.dsm.museum/2jahr.htm.

Inhaltsverzeichnis

With English Summaries · Avec des résumés français · Mit deutscher Zusammenfassung

8

▶ DETLEV ELLMERS

Gemälde und Fayencen statt Zinn

Hollands Einfluss auf die Repräsentation norddeutscher Kaufleute und Schiffer im 17. und 18. Jahrhundert

Für die vorzustellenden Objekte hat die Forschung seit Langem das Instrumentarium zur Bestimmung der Hersteller erarbeitet, jedoch nach den Bestellern und Nutzern zumeist nicht einmal zu fragen versucht. Entsprechend selten findet man in den gängigen Museumskatalogen Angaben über diejenigen, für deren Bedarf die darin publizierten Gegenstände angefertigt wurden. Für einen ersten Schritt zur Aufarbeitung dieses Forschungsdefizits werden hier Nachrichten über Veränderungen im Verhalten dieser Verbraucher ausgewertet: Zinngießer und Töpfer in Norddeutschland klagten in der zweiten Hälfte des 17. Jahrhunderts über den Verlust von Marktanteilen an holländische Konkurrenten, ohne die Ursachen dieses Einbruchs wieder rückgängig machen zu können.

Wandel der Raumausstattung

In Lübeck klagten die Zinngießer 1672 über zurückgehenden Absatz, weil *die Einwohner dieser Stadt theils wegen schlechter Nahrung und theils weil die Kannenborte, so mit zinnern Kannen und Fässern vor diesen geziert waren, alhier in den Häusern häufig abgeschafft und anstatt des Zinnzeugs Gemälde zum Zierrath gebraucht werden.*[1] Zehn Jahre später machte das Lüneburger Amt der Kannengießer für die Absatzeinbußen seiner Meister ebenfalls die Gewöhnung der Bürger- und Einwohnerschaft verantwortlich, nicht mehr so viel Zinngeschirr wie vordem anfertigen zu lassen, sondern ihre Häuser *mit Schillereyen* zu zieren und *im Gebrauche bei Tisch die irdenen holländischen Schüsseln und Teller* immer häufiger zu verwenden.[2] Gleichzeitig beschwerte sich das Stralsunder Töpferamt über die massenhafte Einfuhr von *Irdenware aus Embden.* 1691 beschrieb dieses Amt noch konkreter, dass Schiffer aus Holland und Emden sowie von dort zurückkommende einheimische Schiffer holländische Keramiken vom Schiff, an den (Lande-)Brücken und sogar aus den Häusern heraus verkauften.[3] In Bremen war es nicht anders, sodass der Rat 1676 dadurch gegenzusteuern suchte, dass er den holländischen Schiffern den Verkauf des *bunten Steinzeugs* außerhalb der Markttage verbot.[4] Betroffen waren also Städte im Einzugsbereich von Nord- und Ostsee.

Als Schildereien bezeichneten die Holländer ihre Gemälde. In Norddeutschland wurden beide Bezeichnungen gleichbedeutend verwendet. Dagegen gab es für die auf den Markt drängenden holländischen Fayencen noch keine einheitliche Bezeichnung, man nannte sie hier *irdene holländische Schüsseln*, da *Irdenware aus Embden* oder dort *buntes Steinzeug holländischer*

Schiffer. Sie wurden seit 1584 in Delft, später auch an anderen holländischen Orten hergestellt, erfreuten sich aber plötzlich einer wachsenden Nachfrage, die von den Holländern bereitwillig bedient wurde.

Zwischen den Klagen über die Importe holländischer Gemälde und Fayencen besteht ein enger Zusammenhang. Beide sind Zeichen eines von Holland ausgehenden, tiefgreifenden Wandels der Wohnkultur, bei dem u.a. statt der bisher gebräuchlichen repräsentativen Trinkgefäße die neuen, künstlerisch anspruchsvolleren und mit ihren Bildaussagen besser ins Auge fallenden Objekte immer beliebter wurden. Im Gegensatz zu den einfachen Töpfern genossen die Fayencetöpfer wegen ihrer Kunstfertigkeit in Holland sogar dasselbe hohe Ansehen wie die Maler und fanden deshalb Aufnahme in deren Lukasgilden.[5]

Es lohnt sich, den Wortlaut der verschiedenen Klagen genau zu beachten. Die Aussage der Lübecker Zinngießer, dass sich die aufgezeigten Veränderungen auf dem *Kannenbort* bemerkbar machten, weist auf den entscheidenden Ausgangspunkt für die aufzuzeigende Entwicklung hin. Das Kannenbort war im bürgerlichen Haus ein hoch an einer oder mehreren Wänden angebrachtes Wandbrett zur repräsentativen Aufstellung von Trinkgefäßen (»Kannen«). Bestimmte Handwerker, wie Glasbläser, Goldschmiede oder Zinngießer, brauchten es im Werkstattbereich, um ihre angefertigten Kannen, Krüge, Pokale und Becher darauf zu präsentieren.[6] Handwerker, die andere Produkte als Trinkgefäße anfertigten, benötigten überhaupt kein Kannenbort, denn sie besaßen für ihre Selbstdarstellung zumeist nur ein einziges Prunkgefäß, allenfalls eine Weinkanne mit Becher, die sie zur Präsentation nahe bei ihrem Arbeitsplatz aufstellten (Abb. 1).[7] Dagegen bot dem gehobenem Bürgertum das Kannenbort in einem repräsentativem Raum die

Abb. 1 Weinkrug und Becher in Reichweite des Arbeitsplatzes eines Kammmachers. Holzschnitt von Jost Ammann, 1568. (Aus: Das Ständebuch. Leipzig o.J., Abb. 59)

Abb. 2 Trinkgefäße in symmetrischer Anordnung hoch oben auf dem Kannenbort eines Formschneiders. Holzschnitt von Jost Ammann, 1568. (Aus: Das Ständebuch. Leipzig o.J., Abb. 17)

Gelegenheit, eine größere Anzahl eigener prunkvoller Trinkgefäße zur Selbstdarstellung aufzustellen. Mit ihnen ließ sich ohne Worte je nach Vermögen die Leistungsfähigkeit des Hauses jedem Besucher anschaulich vor Augen führen.

Relativ bescheiden bestückt war das Kannenbord eines Formschneiders[8] um 1568 (Abb. 2). Er hatte es hoch über einer Wandbank mit Kissen und dem an der Wand aufgehängten Rückenlaken angebracht und darauf in symmetrischer Anordnung eine Kanne, zwei Pokale (sicher aus Metall) und zwei kleinere Becher gestellt.[9] Da sie nicht seine Produkte waren, können wir sicher sein, dass sie über seinem Arbeitsplatz seiner privaten Repräsentation dienten.

Wie viel reicher solche Kannenborde in Kaufmannshäusern bestückt waren, geht aus der Tagebuchnotiz des Franzosen Charles Ogier hervor, der 1635/36 in Danzig weilte: *Dem Eintretenden zeigt sich ein großes hohes Vorderhaus, dessen Wänden überall Stuckarbeit und Bildwerk eingeprägt ist. Rundherum stehen lange Bänke und über denselben befinden sich lange, ringsum angebrachte Leisten, auf welchen gläserne Becher und irdene Gefäße in bunter und mannigfaltiger Ordnung aufgestellt sind.*[10] Ein hoch oben an den Wänden eines Kaufmannskontors umlaufendes Kannenbord ist auch auf einem Kupferstich des 17. Jahrhunderts dargestellt (vgl. Abb. 3).

Bei den Großkaufleuten, die durch Anzahl, kostbares Material und aufwendige Gestaltung ihrer Gefäße imponieren wollten, galten gläserne Krüge, Pokale und Becher bis ins 19. Jahrhundert dafür als besonders geeignet.[11] Die von Ogier außerdem genannten irdenen Gefäße bestanden vor allem aus dem im 16. und 17 Jahrhundert sehr beliebten rheinischen Steinzeug mit seinem Reliefschmuck, wie z.B. die in Anm. 32 genannten *Siegburger Krüge*. In Bremen ist auch ein in Duingen/Weserbergland hergestellter Steinzeugkrug mit der für Kaufleute typischen Handelsmarke nachgewiesen.[12]

Wenn die Lübecker Zinngießer 1672 in ihrer oben genannten Eingabe schreiben, dass die *zinnern Kannen und Fässer* auf den Kannenborden durch Gemälde ersetzt wurden, muss die bürgerliche Oberschicht, die allein sich Gemälde leisten konnte, darauf vorher auch Zinngefäße zur Schau gestellt haben. Tatsächlich lassen sich Trinkgefäße aus Zinn vor dieser Zeit auch im Besitz von Kaufleuten und anderen Angehörigen der Oberschicht nachweisen. So gehörten 1455 zum Nachlass des Lüneburger Bürgermeisters Johann Springintgut *3 tennen kannen, 27 tennenvate, 12 tallere* und *8 salszer*.[13] Erhalten blieb ein 1612 in Straßburg aus Zinn gefertigter Deckelkrug, dessen reiche Gravur u.a. eine Allegorie des Handels zeigt, die ihn als ehemaligen Kaufmannsbesitz ausweist.[14] Aber schon 1660 fehlen in der Aufstellung eines Lüneburger Sülfmeisters zinnerne Trinkgefäße; er besaß aus Zinn nur noch *ein Handfaß und Becken, ... 5 große, 6 mittelmäßige, 4 kleine Schüsseln* und weiteres kleineres Gerät im Gesamtwert von 171¼ Pfund.[15]

Die von Holland nach der Jahrhundertmitte ausgehende neue Art der Repräsentation führte also tatsächlich zu den beklagten Einbußen der Zinngießer, denn seitdem scheint die Oberschicht keine zinnernen Prestigegefäße mehr bestellt zu haben; jedenfalls sind keine mehr belegt. Aus Silber (mit und ohne Vergoldung) und Glas dagegen sowie dann auch aus Fayence gehörten sie weiterhin zur großbürgerlichen Tafel, nur wurden sie im Laufe des 17. Jahrhunderts nicht mehr auf dem Kannenbord zur Schau gestellt, sondern in Schränken aufbewahrt.[16]

Mit den durch den genannten holländischen Einfluss hinzukommenden Gefäßen aus Fayence und gelegentlich sogar echtem Chinaporzellan[17] konnten die Kaufleute problemlos an die bisher geübte Präsentation mit wertvollen Trinkgefäßen anknüpfen. So hebt G. Greflinger in seiner Hamburger Stadtbeschreibung von 1674 in den Häusern ausdrücklich *weiß- und blaue Gefäße* als holländischen Import hervor.[18] Für Bremen verzeichnen Inventare bereits seit 1618 *holländische Schüsseln*. Die Stadtkernarchäologie belegt mit einer Fülle von Funden, wie stark sich die Fayencen dort im Laufe des 17. Jahrhunderts auch als Geschirr für die Festtafel mit Gästen durchsetzten[19], sodass ab 1672 die Zinngießer und Töpfer über ihre dadurch bedingten

Absatzeinbußen zu klagen begannen. Nur die Handwerker blieben ihnen als Kunden erhalten, da diese sich in Norddeutschland für ihre Repräsentation mit dem billigeren Zinn begnügten, aus dem sie aber, wie gesagt, gewöhnlich nur ein einziges Prestigegefäß gut sichtbar aufstellten (vgl. Abb. 1). Von ihnen hoben sich die einen aufwendigeren Lebensstil pflegenden Kaufleute nach dem von Holland ausgehenden Impuls nicht mehr nur durch die Vielzahl, sondern nun auch durch die edleren Materialien ihrer Prestigegefäße deutlich ab, sodass die Zinngießer ihre potentesten Kunden verloren.

Aus den eingangs zitierten Klagen geht weiter eindeutig hervor, dass unter niederländischem Einfluss spätestens um 1670 auch Gemälde die Rolle der bisherigen Prestigegefäße übernahmen. Das war alles andere als selbstverständlich, denn viele Jahrhunderte lang hatten nur Gegenstände des praktischen Gebrauchs, vor allem unterschiedlich geformte Trinkgefäße, als Prestigeobjekte gedient. Gemälde dagegen waren zu keiner weiteren praktischen Verwendung geeignet. Nur als eine ganz andere Kategorie, nämlich zur Vergegenwärtigung religiöser Inhalte oder als Portraits der Hausherren und ihrer Frauen, hatten Tafelbilder bereits einen Platz in den großbürgerlichen Häusern.[20]

Erst die besondere Art der holländischen Malerei machte es möglich, dass auch Gemälde an die Stelle der Prestigegefäße treten konnten. Denn nur weil die dortigen Maler das eigene Betätigungsfeld der holländischen Hausherren ins Bild zu setzen begannen, konnten letztere die sich ihnen bietende neue Chance ergreifen, ihre Tätigkeit mit einem Gemälde deutlicher und farbenprächtiger herauszustellen, als das mit den kleinen Bildzeichen auf den Prestigegefäßen möglich war. Dieses Beispiel hat dann bei den auswärtigen Geschäftspartnern der holländischen Kaufleute Schule gemacht und den tiefgreifendsten Wandel im Prestigeverhalten dieser bürgerlichen Oberschicht, später auch anderer Berufsgruppen, bewirkt, dessen weitreichende Folgen bis jetzt noch nicht hinreichend dargestellt worden sind.

Die holländischen Gemälde und Fayencen wurden nicht etwa als einzelne Versatzstücke übernommen; sie waren vielmehr eingebettet in einen holländischen Wohnstil, innerhalb dessen auch die Prestigeobjekte holländischen Vorbildern folgten. Wie weit dieser Wandel der Raumausstattung in Norddeutschland reichte, geht aus dem Reisebericht des Kunrad von Hövelen hervor, der 1668 Hamburg be-

Abb. 3 Gemälde und Büsten oben auf dem Kannenbord eines Kaufmannskontors. Kupferstich des 17. Jahrhunderts. (Aus: Georg Steinhausen: Der Kaufmann in der deutschen Vergangenheit. Leipzig 1912, S. 109, Abb. 116)

suchte: *Die Häuser, Zimmer und Gemächer sind nach der holländischen Art inwendig, und zwar teils mit über aus kostbaren Schildereien aufgebutzt, werden auch auf das Reinlichste gehalten und nicht nur Kronen, Armleuchter, Tische, Schreine, Laden, Stühle, besonders auch Tafelbuden [= Böden], so mit weißen, swarzen und andern schönfarbigen Steinen befloret, ohne Staub gehalten.*[21]

Zusammen mit der Raumausstattung wurde also selbst die sprichwörtliche holländische Sauberkeit übernommen. Aus dem Text geht zugleich hervor, dass zwar die Innenräume allgemein weitgehend holländisch eingerichtet waren, dass aber nur ein Teil von ihnen *mit über aus kostbaren Schildereien aufgebutzt* war, die sich eben nur die vermögende Oberschicht, also in Hamburg vor allem die Großkaufleute, leisten konnte und auch leistete. In anderen norddeutschen Hafenstädten sah es genauso aus, auch wenn die Berichte weniger detailliert ausfallen. Nach einer Reisebeschreibung von 1695 war z.B. in Bremen das Haus des Kaufmanns Julius Schmidt *eins der vornehmsten in Bremen mit weißem Marmor gepflastert und mit Gemälden geschmückt.*[22]

In welcher Form diese *kostbaren Schildereien* den Prestigegefäßen im Laufe des 17. Jahrhunderts bei den begüterten Kaufleuten den ersten Rang bei der Selbstdarstellung abliefen, dokumentiert eindrucksvoll ein Kupferstich (Abb. 3): Man hatte sich so sehr daran gewöhnt, dass die Prestigeobjekte hoch oben auf dem Kannenbord eines Kaufmannskontors zu stehen hatten, dass man statt der früheren Prunkgefäße jetzt die neuen Gemälde (im Wechsel mit vollplastischen Büsten) dort anbrachte. Man nahm dabei in Kauf, dass man die Bilder stark nach innen neigen musste, um sie wenigstens einigermaßen sehen zu können.[23]

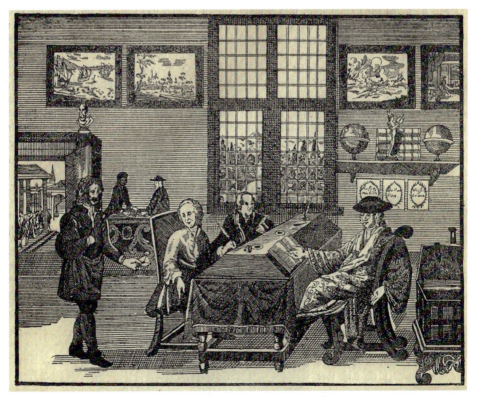

Abb. 4 Gemälde an der Wand eines Hamburger Kaufmannskontors. Kupferstich von J.F. Fritzsch, um 1760. (Aus: Georg Steinhausen: Der Kaufmann in der deutschen Vergangenheit. Leipzig 1912, S. 110, Abb. 117)

Dieser Neuansatz des 17. Jahrhunderts bestimmte bei allem Wechsel in Details auch im 18. Jahrhundert noch lange die Raumausstattung, wie J.F. Fritzsch um 1760 mit dem Kupferstich eines Hamburger Kaufmannskontors (Abb. 4) zeigt.[24] Wie bereits 1672 in Lübeck[25], hatte man auch hier gemerkt, wie unpraktisch das Wandregal für Bilder war; man schaffte es ganz ab und hängte die Bilder senkrecht an die Wand, aber immer noch weit über Augenhöhe und in einer Reihe. Es sind keine Monumentalgemälde, sondern Querformate in handlichen Abmessungen mit den zugehörigen schlicht schwarzen Rahmen. Von links nach rechts erkennt man ein Seestück, eine Landschaft mit pflügendem Bauern, zwei galoppierende Reiter und ein Interieur mit aufgestapelten Fässern, also fast die ganze Themenpalette der holländischen Malerei.

Das Seestück mit den drei Dreimastern und das Interieur mit den Fässern bringen die Tätigkeit des Großkaufmanns direkt zum Ausdruck. Aber auch in den beiden anderen Bildern spiegelt sich das Selbstverständnis des im Seehandel tätigen Kaufmanns, der seinen Handel als Beitrag zur Wohlfahrt des ganzen Landes verstanden wissen wollte, was besonders deutlich auf jenen Glaspokalen des 18. Jahrhunderts zum Ausdruck kommt, auf denen ein großes dreimastiges Handelsschiff und noch zusätzlich eine Landschaft zusammen mit dem Trinkspruch *het Lands Welvaaren* dargestellt sind.[26]

Die durch die Gemälde vom Kannenbord verdrängten älteren Trinkgefäße behielten gleichwohl ihre Funktion als Prestigeobjekte bei und wurden bei den Kaufleuten bis weit ins 18. Jahrhundert hinein sogar noch durch besondere Formen neuer Fayencen ergänzt, sodass der städtischen Oberschicht jetzt für ihre Selbstdarstellung eine viel breitere Palette von Möglichkeiten zur Verfügung stand als vor dem holländischen Einfluss. Für all die Gefäße mussten neue Plätze gefunden werden, wobei die schon genannte Aufbewahrung in Schränken offenbar nicht als ausreichend empfunden wurde.

Wie eine weitere, rasch verbindlich werdende Lösung aussah, geht z.B. in Bremen aus Hausinventaren des 18. Jahrhunderts hervor, die nicht selten *Schapp-Zierrathen* erwähnen.[27] Kein Geringerer als Theodor Storm beschreibt diese neue Form des Repräsentierens in seiner Schilderung der Diele eines am Husumer Hafen gelegenen Kaufmannshauses: *Der Riesenschrank, welcher, die Leinenschätze des Hauses enthaltend, über die Hälfte der einen Wand einnahm, war augenscheinlich frisch gebohnt, die krausen Messingbeschläge blitzten; stattlich erhoben sich auf seiner Bekrönung die großen blau und weiß glasierten Vasen.*[28] Als frühester Beleg werden 1641 in einem Bremer Kaufmannshaus 4 *Floyten* erwähnt, wie die holländische Bezeichnung für sogenannte Knoblauchvasen (vgl. Abb. 19) lautet.[29]

Gemeint ist in allen drei Zitaten ein Satz aus zumeist fünf symmetrisch angeordneten Fayencevasen (Abb. 5)[30], der bei den Kaufleuten zur obligaten Ausstattung oben auf dem Dielenschrank gehörte. Die symmetrische Anordnung knüpfte an die Gefäßaufstellung auf den älteren Kannenborden an (vgl. Abb. 2), ein wichtiger Hinweis darauf, dass die Idee der hoch oben stehenden Prestigegefäße in der Reduzierung auf diesen Vasensatz noch lange weiterlebte.

Abb. 5 Symmetrisch angeordneter Vasensatz, wie er im 17. und 18. Jahrhundert als »Schappzierat« oben auf den Dielenschränken von Kaufleuten stand. (Aus: Eleonore Pichelkastner und Eckart Hölzl: Bruckmann's Fayence-Lexikon. München 1981, S. 300)

Wie oben angeführt, geht aus dem Bremer Verbot von 1676 und der Stralsunder Klage von 1691 zugleich hervor, wie und durch wen zumindest mit den holländischen Fayencen der neu entstandene Bedarf gedeckt wurde: Die Hafenstädte an Nord- und Ostsee waren die Einfallstore. Dorthin brachten holländische und auch Emder Schiffer mit ihren Schiffen die Fayencen und boten sie im freien, nicht durch Zunftzwänge eingeengten Handel feil. Durch die Schiffsarchäologie kennen wir sogar die gesamte Fayence-Ladung der holländischen Galiot STAT HAARLEM, die 1677 bei der norwegischen Insel Kvitsø vor Stavanger untergegangen war mit Tellern, Schüsseln und Kummen aus dem bekannten blau und dem polychrom bemalten Tafelgeschirr, aber auch mit großen Posten der billigeren weißen Ausführung ohne jede Bemalung.[31] Ebenso brachten norddeutsche Schiffer entsprechende Fayencen bei der Rückkehr aus holländischen Häfen mit, um sie in ihren Heimathäfen zu verkaufen.

Das Angebot in den Hafenstädten deckte nicht nur den Eigenbedarf dieser Städte, sondern erreichte auch die Kunden des jeweiligen Umlandes und gelangte über den Fernhandel insbesondere als Frachtgut auf den Flüssen tief ins Hinterland der Hafenstädte. Exemplarisch dafür sei der Nachlass des Wandschneiders (= Tuchhändlers) Moritz Duve in Hannover angeführt, zu dem 1671 nicht weniger als *18 Gemählter, 2 Siegburger Krüge mit Silberbeschlag und blaue Holländische Becken und Schüsseln* gehörten.[32] Die Nachfrage war sogar so groß, dass als dritte Form ihrer Befriedigung die Anfertigung in deutsche Länder verlegt wurde. So gründeten holländische Emigranten 1661 in Hanau am Main die erste Fayencemanufaktur auf deutschem Boden[33], auf dem bald weitere folgten. Auch diese Manufakturen wickelten ihren Absatz nach Möglichkeit per Schiffsfracht ab, denn auf Fuhrwerken waren die bruchgefährdeten Gefäße stärkeren Stößen ausgesetzt. So versorgte z.B. die Fayencemanufaktur Straßburg ihre 1767 gegründete Verkaufsniederlassung in Hamburg über die Rhein- und Küstenschifffahrt.[34]

Auch die holländischen Gemälde wurden hauptsächlich über die genannten Hafenstädte importiert. Nur war der Vertrieb der teureren Bilder an eine kleinere bürgerliche Oberschicht in Deutschland nicht ganz so einfach. Die deutschen Interessenten versorgten sich hauptsächlich bei Malern oder Kunsthändlern in Holland, wohin die Kaufleute der deutschen Hafenstädte sowieso besonders intensive Handelsbeziehungen unterhielten.[35] Dort arbeiteten die Maler nicht mehr im Auftrag von Kirche und Adel, sondern für den freien Markt, d.h. dort waren die Gemälde erstmals – ähnlich wie die Fayencen – eine Handelsware geworden, wie u.a. aus einer Tagebuchnotiz des Engländers John Evelyn von 1641 anschaulich hervorgeht: *Auf dem Rotterdamer Jahrmarkt stehen so viele Bilder zum Verkauf (besonders Landschaften und Drolerien, wie sie es nennen), dass ich völlig erstaunt war. Ich kaufte einige und sandte sie nach England. Der Grund für diese Menge an Bildern und dass man sie preiswert findet, liegt darin, dass Mangel an Grundstücken herrscht, so dass man sie nicht kaufen kann; daher ist es nichts Besonderes, wenn ein einfacher Bauer zwei- oder dreitausend Pfund Sterling in Bildern anlegt. Ihre Häuser sind voll davon und sie verhandeln sie auf den Jahrmärkten mit reichlichem Gewinn.*[36]

Welche Beträge Evelyn für preiswert hielt, gibt er nicht an. Die Preise auf dem holländischen Kunstmarkt unterlagen großen Schwankungen. 1696 sind für größere Gemälde Vermeers van Delft 150 bis 200 Gulden überliefert, 1663 soll er sogar 600 Gulden für ein Bild erhalten haben. Seine Werke gehörten zur oberen Preisklasse. Jan Stegen dagegen erhielt einmal für drei Bilder nur 27 Gulden.[37]

Die norddeutschen Bauern waren in einer anderen wirtschaftlichen Situation und so fern von den holländischen Gemäldemärkten, dass die Gemälde bei ihnen gar keinen Absatz fanden. Im Gegensatz zu den Fayencen fehlt für die Gemälde jeder Beleg dafür, dass sie auch in deutschen Häfen von holländischen Schiffern im freien Verkauf angeboten wurden. Nachzuweisen ist nur, dass sich einzelne holländische Maler in deutschen Städten niederließen[38] und dass deutsche Maler bei ihren Kollegen in Holland lernten, um dann in ihrer Heimat in dem begehrten holländischen Stil zu malen.[39]

Innerhalb des hier skizzierten generellen Trends hat das Deutsche Schiffahrtsmuseum das Prestigeverhalten der im Seehandel tätigen Kaufleute, Reeder und Schiffer Norddeutschlands untersucht. Wie eingangs bereits aufgezeigt, statteten all diese Personen nicht nur ihre Gilde- und Zunfthäuser, sondern auch mindestens einen repräsentativen Raum ihres Privathauses mit entsprechenden Prestigeobjekten aus, die dadurch und mit ihren Inschriften und bildlichen Darstellungen wichtige Informationen über ihre Besitzer bieten, sodass sie dazu beitragen, die eingangs gestellte Frage nach den Bestellern und Nutzern zu beantworten.[40] Diese Aspekte arbeitete die Forschung außerhalb des Deutschen Schiffahrtsmuseums bisher nicht heraus. Letzteres hat deshalb die dafür wichtigsten Quellen, nämlich die Objekte dieser privaten Repräsentation, in einer exemplarischen Sammlung zusammengetragen und macht sie hiermit der weiterführenden Forschung zugänglich.

Gemälde

Von den unterschiedlichen holländischen Gemäldegattungen aus dem Kaufmannsmilieu gehören zu den hier behandelten Prestigeobjekten jene Seestücke, die durch ihr kleineres Format zeigen, dass sie für private Räume bestimmt waren. Sie wurden in Holland als *cleyn stuckie met schepen* bezeichnet und hoben sich deutlich von den Monumentalgemälden ab, die von staatlichen Stellen oder von Verbänden in Auftrag gegeben worden waren.[41] Das älteste dieser kleinen Seestücke in der Museumssammlung hat der zuletzt in Zoeterwoude bei Leiden tätige Maler Jan Porcellis (gest. 1632) auf Holz gemalt (Abb. 6).[42] Es zeigt auf kabbeliger See links ein kleines einmastiges Küstenfrachtschiff mit Sprietsegel und rechts ein kleines Ruderboot; die Bildmitte bleibt gegen den Horizont freigestellt, sodass der Eindruck einer großen räumlichen Tiefe entsteht. In gleicher Konstellation, aber in viel ruhigerem Wasser hat der Maler 1627 in einer Kupferstich-Serie eine *Vracht-kaghe* und ein Ruderboot dargestellt.[43] Auf dem Gemälde fehlen

Abb. 6 Kleines Seestück. Ölgemälde von Jan Porcellis, vor 1632. (DSM, Inv. Nr. I/06562/94)

nur die auf dem Kupferstich rechts im Hintergrund auf Reede ankernden Dreimaster vor der Silhouette einer Hafenstadt. Das kleine Ruderboot auf dem Gemälde setzt aber die Nähe eines Hafenortes voraus, auf den auch der Küstensegler zusegelt.

Einmaster und Ruderboot in gleicher oder spiegelbildlicher Anordnung hat Porcellis seit den 1620er Jahren in immer wieder variierter Wasserlandschaft dargestellt[44], häufig mit den an ihren Rückenflossen erkennbaren Kleinwalen. Solche Wale gehörten damals zur Fauna der südlichen Nordseeküste. Noch Theodor Storm beschrieb, wie Tümmler neben den vor Husum auf Reede liegenden Schiffen auftauchten.[45] Die Walflossen auf Porcellis' Gemälde dürfen deshalb nicht als Anspielung auf Walfang missverstanden werden. Wie in der gesamten holländischen Marinemalerei befriedigte auch Porcellis mit immer neuen Varianten eines einmal gefundenen Kompositionsschemas die steigende Nachfrage. Solche holländischen Bilder der kleinen Küstenfahrt erfreuten sich auch in deutschen Hafenstädten einiger Beliebtheit[46], ob bereits zu der frühen Zeit dieses Gemäldes, ist jedoch nicht sicher.

Von dem Amsterdamer Marinemaler Claes Claesz Wou (gest. 1665) besitzt das Deutsche Schifffahrtsmuseum das Gemälde »Der Kanonenschuss« (Abb. 7)[47], das unter schweren Wolken in bewegter See vor der Kreideküste von Dover drei große, gut bestückte Dreimaster zeigt, die jeweils im Großtopp die niederländische Flagge und am Heck eine rote Flagge als Signal zum Angriff führen.[48] Links davon segelt ein einmastiges Küstenfahrzeug. In den Vordergrund ist der mittlere Dreimaster gerückt, der einen Kanonenschuss abgefeuert und ein stark bemanntes Ruderboot ausgesetzt hat.

Gerade weil die Kaufleute und Schiffer für ihre Tätigkeit auf friedliche Verhältnisse angewiesen waren, stellten sie auch an ihren Prestigeobjekten die Wehrhaftigkeit der Schiffe besonders heraus. So war der mit ein oder zwei Geschützdecks ausgestattete Dreimaster das Zeichen norddeutscher Schiffergesellschaften.[49] Große Modelle dieses Schiffstyps hingen auch in den Gildehäusern der Kaufleute, so z.B. im Bremer Schütting, wo die Geschütze dieser Schiffsmodelle

Abb. 7 »Der Kanonenschuss«. Ölgemälde von Claes Claesz Wou, vor 1665. (DSM, Inv. Nr. I/03735/86)

Abb. 8 Marine mit Hafenkastell. Ölgemälde von Pieter van de Velde, um 1685. (DSM, Inv. Nr. I/07254/95)

sogar bei festlichen Gelegenheiten abgefeuert wurden.[50] In Bremen bestellte das Haus Seefahrt der dortigen Schiffergesellschaft 1678 zur Ausschmückung seines Saales bei einem einheimischen Maler sogar ein in holländischer Art gemaltes Monumentalgemälde einer Seeschlacht zwischen Holländern und Engländern.[51] Das für einen Privatraum bestimmte viel kleinere Flottenbild von Wou passt also genau in dieses Milieu, sodass am ehesten ein im Seehandel tätiger Kaufmann damit seinen repräsentativen Raum ausgeschmückt haben wird.

In den 1680er Jahren malte Pieter van de Velde (geb. 1634) in Antwerpen ein kleines Seestück (Abb. 8), auf dem ein Hafenfort mit Bastion, Mauern und Türmen den durch die Lichtführung herausgehobenen Hauptakzent setzt als Gegengewicht zu der mediterranen Galeere, die in kabbeliger See von rechts auf den Hafen zurudert.[52] Im Hintergrund sieht man zwei große Dreimaster, im Vordergrund zwei kleinere Fahrzeuge und links ein kleines Stück Küste mit einigen Rückenfiguren, die das Hafengeschehen betrachten. Bizarr getürmte Haufenwolken und Wolkenschatten auf dem Meer dramatisieren die Lichtstimmung.

  Gemäß den Gepflogenheiten der flämischen Marinemalerei ist das Hafenkastell aus einzelnen Versatzstücken komponiert, verdeutlicht also den Schutz des Seehandels ohne Bezug auf einen bestimmten Hafen. Jedoch sind mit der mediterranen Galeere und den beiden großen Dreimastern des einheimischen Seehandels die für Flanderns Handelsposition kennzeichnenden Schiffstypen dargestellt.[53] Deshalb konnte der Kaufmann, der dieses Bild erwarb, damit besonders gut Handelsbeziehungen herausstellen, die über Flandern bis ins Mittelmeer und nach Übersee reichten. Nicht so spezifisch auf Flandern, sondern auf den weit reichenden Seehandel allgemein verweist ein Gemälde in dem oben bereits angesprochenen Hamburger Kaufmannskontor von ca. 1762, das drei aus einem turmbewehrten Hafen auslaufende Dreimaster zeigt (vgl. Abb. 4, linkes Bild).[54] Im Gegensatz dazu konnten die Kaufleute mit den beiden zuerst vorgestellten Bildern aus der Sammlung des Deutschen Schiffahrtsmuseums lediglich ganz allgemein Handelsbeziehungen zu Holland anzeigen.

Besonders genau konnten unter den Kaufleuten diejenigen ihren Geschäftsbereich bildlich darstellen lassen, die eigene Schiffe für den risikoreichen, aber auch gewinnträchtigen Walfang ausrüsteten. Das älteste Walfangbild des Deutschen Schiffahrtsmuseums wurde um 1680 in Hamburg von Johann Georg Stuhr oder Johann Hinrich Stuhr gemalt (Abb. 9).[55] Es zeigt damit exemplarisch, dass sich auch deutsche Maler die holländische Malweise zu eigen machten, denn in Anlehnung an holländische Vorbilder sind vier Walfangfleuten im Eismeer dargestellt, von denen zwei am Heck die dänische Flagge mit dem Monogramm Christians V. (König 1670–1699) führen. Neun geruderte Walfangboote machen Jagd auf Wale. Am weitesten nach vorne gerückt und durch die Lichtführung besonders herausgehoben ist eine Fleute, an deren Backbordseite ein Wal geflenst (abgespeckt) wird. Ihr Heck ist zum Betrachter gewendet, sodass auf dem Spiegel das Relief eines Sterns oder der Sonne gut zu erkennen ist. Demnach ist ein individuelles Schiff namens STERN, NORDSTERN, SONNE o.ä. dargestellt. Auf der roten Flagge im Großtopp sieht man einen schwarzen Wal auf weißem Feld, das von einem Blattkranz eingefasst wird. Auch die drei anderen Fleuten führen Flaggen mit Walen, wie man sie auch auf einigen anderen Walfanggemälden findet.[56] Das waren die Flaggen der Walfangreeder oder -kompanien. Diese Flagge und der Heckschmuck zeigen an, dass das Bild nicht wie die bisher besprochenen Gemälde für den freien Markt gemalt wurde, sondern von einem bestimmten Walfangreeder oder einer Kompanie in Auftrag gegeben worden war, wobei das kleine Bildformat für die Aufhängung im Kontor eines Reeders bzw. Mitfinanziers einer Kompanie spricht.

Da das Bild in Hamburg bestellt wurde, das Schiff aber die dänische Flagge führt, ist der Geschäftssitz in einer der dänischen Städte an der Niederelbe zu suchen. Dort ist leider die Überlieferung zum Walfang der betreffenden Zeit sehr lückenhaft; genaue Nachrichten liegen nur

Abb. 9 Walfang im Eismeer. Ölgemälde von Joh. Georg oder Joh. Heinrich Stuhr, um 1680.
(DSM, Inv. Nr. I/08989/00)

aus Glückstadt vor. Danach fuhr von dort das erste Schiff 1671 auf Walfang; 1674 gab es dort neben der alten bereits eine *newe Groenlaandische Compagnie*, die zusammen fünf Schiffe aussandten. 1677 und 1690 lief jeweils nur ein Schiff aus, aber 1680 und 1681 waren es jeweils vier Schiffe, was mit der Darstellung auf unserem Gemälde genau übereinstimmt. 1685 plante der Sohn eines Glückstädter Walfangreeders, von Altona aus Walfang zu betreiben. Ob er das tatsächlich durchführte, ist nicht belegt, aber möglich. Genauere Nachrichten über Altonas Walfang setzen erst 1722 ein.[57] Angesichts dieser Überlieferung ist es am wahrscheinlichsten, dass einer der Glückstädter Walfangreeder das Gemälde bei einem der Hamburger Maler aus der Familie Stuhr in Auftrag gab. Angehörige dieser Familie haben auch für Hamburger Unternehmer mehrere Walfangbilder gemalt, von denen eines wegen seiner Größe (85 x 137,5 cm) am ehesten für ein Kompaniehaus bestimmt war. Trotz des Größenunterschieds ist es in der Komposition und den einzelnen Szenen dem Bild des Deutschen Schiffahrtsmuseums sehr ähnlich.[58] Das liegt daran, dass die Marinemaler einen einmal erarbeiteten Entwurf nur noch wenig variierten, dabei aber durchaus spezielle Kundenwünsche berücksichtigten, wenn dasselbe Motiv noch einmal in Auftrag gegeben wurde.

In Amsterdam war in gleicher Weise der Marinemaler Abraham Storck (1644–1708) mit einer einmal ausgearbeiteten Komposition von mehreren Walfangschiffen im Eismeer so erfolgreich, dass er sie mit leichten Variationen häufig wiederholte.[59] Ihm oder seiner Schule ist auch das Walfangbild des Deutschen Schiffahrtsmuseums zuzuschreiben, das im offenen Wasser zwischen den Eisformationen fünf Walfangschiffe mit niederländischen Flaggen zeigt (Abb. 10).[60] Am weitesten vorne und durch die Lichtführung noch besonders herausgehoben liegt das Schiff, an dessen Heck sein Name AMSTERDAM zu sehen ist und dazu das Wappen von Amsterdam. Demnach entstand das Bild im Auftrag eines in Amsterdam ansässigen Reeders dieses Schiffes. Er legte auch Wert darauf, dass die Tätigkeiten der Walfänger möglichst viel-

Abb. 10 Walfang im Eismeer. Ölgemälde von Abraham Storck, vor 1708. (DSM, Inv. Nr. I/00205/72)

fältig gezeigt wurden, angefangen vom Harpunieren eines Wales über das Flensen bis zur Jagd auf einen Eisbären.

All diese Szenen waren ebenso wie die beiden Walrosse Versatzstücke, die Storck in gleicher Form auch auf anderen Walfangbildern verwendete.[61] Wie auf dem Gemälde von Stuhr (vgl. Abb. 9) ist die Waljagd auf der linken und auf der rechten Seite das wichtigste Schiff schräg von achtern beim Flensen des Wals dargestellt und durch die Lichtführung besonders herausgehoben. Das so frappierend übereinstimmende Kompositionsschema geht auf ein gemeinsames Vorbild zurück, das natürlich in Holland zu suchen ist. Während aber auf dem Bild von Stuhr und auf Bildern der 1680er Jahre von Storck die Fleuten noch den für diesen Typ im 17. Jahrhundert charakteristischen schmalen Heckspiegel haben, sieht man bei der AMSTERDAM und den sie begleitenden Schiffen bereits den viel breiteren Spiegel der Walfangschiffe des 18. Jahrhunderts.[62] Mit dieser baulichen Veränderung erreichte man ein deutlich breiteres Arbeitsdeck, als es die älteren Fleuten hatten, was die Arbeitsabläufe beim Flensen wesentlich erleichterte. Danach ist das Gemälde um oder nach 1700 zu datieren, stammt also aus der Spätphase des Malers oder seiner Schule.

Neun Walfangschiffe dieses breiteren Typs sind auch auf einem dritten im Deutschen Schifffahrtsmuseum ausgestellten Walfanggemälde zu sehen, das Adam Silo (1684–1766) zugeschrieben wird (Abb. 11).[63] Auch er hat dasselbe Kompositionsschema verwendet, allerdings mit der Variante, dass das durch die Lichtführung herausgehobene Schiff vorne rechts die Segel zur Abfahrt gesetzt hat, sodass Silo das Flensen eines Wals neben ein weiter links dargestelltes Schiff verlegen musste. Die Jagd auf den Wal hat er ganz nach vorne gerückt und weitere Fangboote auf der Wasserfläche zwischen den großen Schiffen und den Eisflächen verteilt. Das solchermaßen veränderte Kompositionsschema hatte C.G. Zorgdrager bereits 1720 in einem Kupferstich publiziert.[64] Silo hat noch die schon von dem Storck'schen Bild bekannten Eisbären und

Abb. 11 Walfang im Eismeer. Ölgemälde von Adam Silo, um 1750. (DSM, Inv. Nr. I/09233/01)

Abb. 12 Zifferblatt einer Amsterdamer Standuhr mit Walfangszene, um 1750. (DSM, Inv. Nr. I/00673/73)

Walrosse an den Rändern der Eisschollen hinzugefügt. Die niederländischen Flaggen des auslaufenden Schiffes lassen wieder erkennen, dass das Gemälde von einem niederländischen Reeder bestellt worden war.

In diesem Zusammenhang ist schließlich noch die große Amsterdamer Standuhr anzuführen, die Jan Ephraim Adami aus Crommenie um 1750 anfertigte. Sie sollte eigentlich oberhalb des Zifferblattes den Güterumschlag im Amsterdamer Hafen zeigen. Auf Wunsch des Bestellers wurde dieses Konzept aber so verändert, dass zwar Amsterdams Wasserfront weiterhin den Hintergrund bildet, vor dem sich aber eine arktische Walfangszenerie abspielt: Mit dem Pendelschlag bewegen sich eine Walfangflotte (mit niederländischen Flaggen) ebenso wie die Walfänger, die im Vordergrund vom Boot aus einen Wal erlegen (Abb. 12).[65]
In einer für die holländische Bilderwelt typischen Weise wurden hier also die üblichen Szenen der Walfanggemälde als Versatzstücke auf eine Uhr übertragen und dabei unter Ausnutzung des Pendelschlags sogar noch in Bewegung versetzt! Auf dem aus Messing gefertigten Zifferblatt werden nicht nur die Stunden und Minuten angezeigt, sondern auch noch die Wochentage und Monate. Ein Glockenspiel schlägt alle Viertelstunde die Zeit an. Auf dem mit kostbaren Hölzern furnierten Gehäuse stellt die Bekrönung die Uhr in kosmische Bezüge: Eine vergoldete Atlasfigur trägt die Weltkugel mit den Sternenbahnen auf blauem Himmelsgewölbe. Rechts und links davon weisen zwei ebenfalls vergoldete Posaunenengel auf das jüngste Gericht am Ende der Weltzeit hin. Vor dem Fenster zur Pendelscheibe ist in einer Rokoko-Kartusche unter der Sonne ein bärtiger Mann mit Sanduhr als durchbrochenes vergoldetes Relief dargestellt.
In der Sammlung des Deutschen Schiffahrtsmuseums vertritt diese Uhr exemplarisch die schon 1668 für Hamburger Wohnräume bezeugten Möbel holländischer Herkunft.[66] Das besondere Uhrwerk und die gesamte aufwendige Gestaltung der Uhr sprechen für einen im Walfang engagierten Reeder als Auftraggeber. Die Herkunft aus norddeutschem Privatbesitz könnte für einen norddeutschen Reeder sprechen. Theodor Storm kannte eine entsprechende Uhr noch in einem Husumer Kaufmannshaus und schreibt für die zweite Hälfte des 18. Jahrhunderts: *Von Viertelstunde zu Viertelstunde schlug drüben im Hause die Amsterdamer Spieluhr.*[67]

Auf einem weiteren Gemälde des Deutschen Schiffahrtsmuseums hat ein unbekannter holländischer Maler um 1700 die Schifffahrt als Gleichnis für den Lebensweg des Menschen dargestellt. Im Zentrum ist ein Hafenbecken rechts und links von prächtigen Stadthäusern und Türmen umgeben (Abb. 13).[68] Ein ganz ähnliches Hafenbecken wurde z.B. um 1750/60 auf dem Glaspokal der Tuchhändler von Hirschberg in Schlesien dargestellt, um unter der Überschrift *Floreat Comercium* das Verladen Hirschberger Tuchballen auf Seeschiffe zu zeigen.[69] Im Gegensatz dazu findet auf unserem Bild jedoch kein Güterumschlag statt, sondern nur Personenverkehr: Links besteigt ein junger Mann ein Boot, um mit einem großen Seeschiff über das Meer zu fahren. Im Hintergrund sieht man ein solches Seeschiff im Sturm und ein weiteres in gutem Wetter. Rechts vorne liegt ein Schiff mit aufgegeiten Segeln im Hafen und ganz rechts gehen einige Rückenfiguren in das Bild hinein. Auf diese Weise hat der Maler das menschliche Leben mit einer Schiffsreise verglichen, von der ersten Ausreise über große Gefahren und gute, erfolgreiche Fahrt bis zur endgültigen Ankunft im letzten Hafen und dem Eingang in die Ewigkeit.
Im Vordergrund belehrt ein Mann drei andere aus einem Buch. Der linke Zuhörer hat einen Zirkel in der Hand und eine Seekarte auf dem Tisch, davor liegt ein Kompass auf dem Boden. Der rechte Zuhörer hat einen Jakobstab in Händen und ein Tau über der Schulter. Der dritte Zuhörer ist ohne Attribute dargestellt. Schließlich sind unten zwei alttestamentliche Sprüche in holländischer Sprache eingefügt; sie lauten in deutscher Übersetzung links aus Spr 16,9: *Des Menschen Herz erdenkt sich einen Weg, aber der Herr lenkt seinen Schritt*, und rechts aus 1. Sam 7,12: *Bis hierher hat uns der Herr geholfen.* Diese Sprüche erweisen auch die Szene mit

Abb. 13 Schifffahrt als Lebensweg. Ölgemälde eines unbekannten Holländers, um 1700. (DSM, Inv. Nr. I/05714/92)

dem nautischen Unterricht als Teil des gesamten Gleichnisses, denn sie zeigt, dass zur sicheren Navigation (= Lebensführung) die Unterweisung aus einem Lehrbuch (= Bibel) und die sachkundige Anwendung der daraus empfangenen Lehren gehören, wie sie u.a. in den beiden Bibelworten festgehalten sind. Diese Szene ist deshalb kein Hinweis darauf, dass das Bild für einen Schiffer gemalt wurde.

Die Schifffahrt wurde im 18. Jahrhundert als beliebtes Gleichnis für den Lebensweg des Menschen häufig im Bild dargestellt, jedoch zumeist nur mit einer der vielen Einzelszenen des vorgestellten Gemäldes. Dieses entfaltet das gesamte verfügbare Repertoire, aus dem je nach eigener Akzentsetzung das Passende ausgewählt wurde, wobei eine für uns heute geradezu erstaunliche soziale Differenzierung beachtet wurde. Als in Hamburg anlässlich des Todes einiger Bürgermeister Münzen mit dieser Symbolik geprägt wurden, zeigten die Münzen derjenigen Bürgermeister, die Kaufleute waren, wie auf unserem Gemälde einen Dreimaster mit aufgerollten Segeln in einem durch Festungsbauten geschützten städtischen Hafen, wobei für den 1704 gestorbenen Johann Lemmermann das Münzbild durch die Umschrift *IN PORTU TANDEM SECURA* (im Hafen endlich am sicheren Ort) noch zusätzlich erläutert wird. Kamen die Bürgermeister nicht aus dem Kaufmannsstand, wurden für sie Münzen mit religiösen oder noch anderen Motiven geprägt.[70]

Als 1735 der Dorfschiffer Dierck Graeper aus dem Kirchspiel Hammelwarden, Unterweser, mit 22 Jahren starb, ließen seine Eltern auf seinem Grabstein unter der Überschrift *Endlich im Haafen* die für die Dorfschifffahrt übliche Schiffslände darstellen: Ein für die Region typischer Weserkahn lässt den Anker im Fluss fallen, sodass der Schiffer im Beiboot ans Ufer rudern muss. Zwar gelangte auf unserem Gemälde der junge Seemann ebenso per Boot zu dem großen Dreimaster, aber im Unterschied dazu fehlen auf dem Grabstein alle hafentechnischen Bauten und Einrichtungen, was für ländliche Schiffslände typisch ist.[71]

Das Deutsche Schiffahrtsmuseum besitzt den gläsernen Walzenkrug eines Kaufmanns, auf dem um 1750 wie auf unserem Gemälde ein Dreimaster in schwerem Sturm dargestellt wurde unter der erläuternden Überschrift: *Mein Schiff der Redlichkeit stößt allenthalben an / weil es nicht nach dem Wind der Falschheit Schiffen kann.*[72] Selbst eines der beiden Bibelzitate (1 Sam. 7,12) unseres Gemäldes findet sich in holländischer Sprache unter dem Fliesentableau mit Darstellung des großen holländischen Frachtseglers D' ANNA MARIA wieder. Tade Hans Bandix, der dieses Schiff 1761 bis 1773 als Schiffer führte, ließ das Tableau 1766 im »Königspeesel« seines Hauses auf der Hallig Hooge anbringen.[73] Zumindest den Deutschen, die beruflich mit Holland zu tun hatten, machte die holländische Sprache also keine Probleme.

Wie schon diese wenigen herangezogenen Beispiele des 18. Jahrhunderts zeigen, hatte in dieser Zeit das für die Darstellung des Gleichnisses ausgewählte Schiff eine direkte Beziehung zu der Person, der die Darstellung galt. Entweder war es deren Schiff oder bei Kaufleuten der den Seehandel kennzeichnende Dreimaster.[74] Auch die Hafensituation wurde gemäß der sozialen Stellung dargestellt: für den Fernhandelskaufmann als städtischer Handelshafen mit hafen- und wehrtechnischen Bauten und für den Dorfschiffer als einfache Schiffslände. Selbst der Bildträger war dieser ständischen Ordnung unterworfen. Kaufleute repräsentierten mit Ölgemälden und gläsernen Trinkgefäßen, Dorfschiffer mit Grabsteinreliefs und Fliesentableaus. Die städtischen Schiffer machten dagegen in der fraglichen Zeit offenbar keinen Gebrauch von dem Gleichnis, sondern setzten für ihre Repräsentation das Zeichen ihrer jeweiligen Schiffergesellschaft ein. Da für das vorgestellte, Schifffahrt als Lebensweg zeichnende Gemälde alle hier genannten Merkmale der Kaufleute zutreffen, wird es für einen Kaufmann gemalt worden sein.

Fayencen

Außer den bisher vorgestellten Gemälden nannten die eingangs zitierten Belege als holländische Importe noch die Fayencen, die in den deutschen Hafenorten allerdings nicht nur in Form von Gefäßen angeboten wurden, sondern in großer Zahl auch als Wandfliesen. Für Bremen geht aus amtlichen Baubeschreibungen hervor, in welch großem Umfang gerade die kaufmännische Oberschicht ihre repräsentativen Räume mit diesen als *flores* bezeichneten Fayencefliesen auskleidete. Aus der Fülle seien drei kennzeichnende Beispiele ausgewählt. Von einem Kaufmannshaus in der Langenstraße werden 1697 aufgeführt: *Die Grauwerks Utlucht, so mit holländischen flores besetzt; der dobbelte eiserne Ofen ist gleichfalls mit flores umbher besetzt.* Vom Haus eines Eltermanns der Kaufleute heißt es 1706 u.a.: *Die Vorderstube ist gantz mit holländischen flores anstatt mit pannelinge besetzt.* In einem weiteren Kaufmannshaus ist 1698 *Die Küche ... gantz mit floren besetzt. Über der Hinterstuben des Hauses der Sahl; die Wände umbher seind mit holländischen flores besetzt.*

Einige Kaufleute beschränkten die Fliesenausstattung demnach auf partielle Wandflächen, in unserem Beispiel auf die Innenflächen der Utlucht und auf die Wand um den eisernen Ofen, wofür es in den Niederlanden viele Vorbilder gab. Andere Kaufleute ersetzten die bisherigen hölzernen Paneele ihrer repräsentativen Räume, wie Vorderstube oder Saal, ganz durch Wandfliesen. Für das vollständige Ausfliesen der Küche ließen sie sich allerdings nicht von dem Bedürfnis nach Repräsentation leiten, sondern von praktischen Erwägungen leichter Reinigung, und begnügten sich dort sehr wahrscheinlich mit den einfachen weißen Fliesen.

Von dieser allgemein üblichen Raumausstattung der Oberschicht blieb nichts in situ erhalten, denn als die Fliesenauskleidung nach der Mitte des 18. Jahrhundert bei den Kaufleuten aus der Mode kam, ließen diese die Fliesen von den Wänden nehmen. Die damit beauftragten Handwerker verkauften sie an die Bauern des Umlandes, wo sie zum Teil heute noch als Wandschmuck zu sehen sind, sofern sie nicht seit dem späteren 19. Jahrhundert von den Bauern an Händler und Sammler veräußert wurden.[75] Auf entsprechende Verkäufe geht auch die umfangreiche Fliesensammlung des Deutschen Schiffahrtsmuseums zurück, die insbesondere Fliesen mit Schiffs-

Abb. 14 Wohnstube eines nordfriesischen Schiffers, 18. Jahrhundert. (DSM)

darstellungen umfasst (vgl. Abb. 22a–b).[76] Damit besitzt zwar das Museum im Prinzip auch dieses Element der Raumausstattung von Kaufmannshäusern; allerdings ist der Aufschluss über das genaue Arrangement der Fliesen dort nur aus der schriftlichen Überlieferung zu gewinnen, die immerhin die bevorzugten Plätze angibt.

Dieser spezifische holländische Einfluss erfasste mit deutlicher zeitlicher Verzögerung nicht nur die oben genannten Bauern, sondern auch die Dorfschiffer an der deutschen Nordseeküste. Im Gegensatz zu den städtischen Kaufleuten behielten aber einige Bauern und Dorfschiffer die Fliesenausstattung ihrer repräsentativen Wohnräume bis heute bei; von anderen gelangte sie gut dokumentiert direkt in Museen.[77] So gehört zur Sammlung des Deutschen Schiffahrtsmuseums die Fliesenauskleidung des repräsentativen Raumes eines Seefahrerhauses aus der Nähe von Bredstedt, Schleswig-Holstein (Abb. 14).[78]

Dank dieser guten Überlieferung kennen wir das typische Arrangement der Fliesen bei Bauern und Dorfschiffern sehr genau und wissen, dass sich die Dorfschiffer von den Bauern durch spezifische Schiffsdarstellungen auf Fliesentableaus (vgl. Abb. 15–18) abhoben. Während man unmodern gewordene Gemälde leicht abhängen konnte, waren die Tableaus als Teil einer Fliesenwand nur zusammen mit dieser zu beseitigen, was, wie gesagt, im ländlichen Raum öfter unterblieb. Dadurch kennen wir für sie nicht nur häufig den Besteller, sondern sogar ihren genauen Platz an der Wand. Zumeist placierte man das Schiffstableau über dem gusseisernen Bileggerofen (vgl. Abb. 14). Schon bei den Kaufleuten wurde ja die Wand um den Ofen bevorzugt mit Fliesen ausgelegt. Die aus mehreren Fliesen zusammengesetzten Tableaus waren stark vereinfachte Versionen der gemalten Seestücke. Im Mittelpunkt stand jeweils nur ein Schiff, dessen Konturen vor dem zweiten Brand mittels Durchstaubschablone[79] beliebig oft auf die Fliesen übertragen und dann nur mit einer einzigen (Scharffeuer-)Farbe ausgemalt wurden. Die einfache Serienfertigung wirkte sich auf den Preis aus. Um 1800 bekam man hundert bemalte Einzelfliesen für neun Gulden und ein Schiffsbildtableau aus zwanzig Fliesen für dreieinhalb Gulden.[80] Selbst kleinformatige Gemälde kosteten das Mehrfache dieses relativ geringen Betrages.

Das Fliesentableau eines dreimastigen Handelsschiffes ohne Kanonendeck auf der Hallig Hooge trägt die Überschrift: *Ao. 1750 / D' HANDELAAR / gevoerd Door Schipper / Berend Frederik Hansen / voor / De Heer Jan Noteman.* Der auf Hooge ansässige nordfriesische Schiffer (= damalige Bezeichnung für den Kapitän) Hansen führte das Schiff im Dienste des Amsterdamer Reeders Noteman, der es für seinen Holzhandel von Finnland und Narva eingesetzt hatte. Das Fliesenbild bestellte Hansen für den repräsentativen Raum seines Hauses bei dem Fliesenmaler Pals Karsten in Harlingen. Sein Nachbar, der oben bereits genannte Tade Hans Bandix, folgte dem Beispiel und ließ 1766 für seinen Prunkraum ein Tableau des von ihm ebenfalls für Notemans Holzhandel geführten Handelsschiffes D' ANNA MARIA vom selben Maler anfertigen. Drei Jahre später gab Hansen bei ihm noch ein zweites Tableau des Schiffes D' HANDELAAR in Auftrag.[81]

Nord- und ostfriesische Küstenschiffer besaßen eigene kleine Küstensegler, mit denen sie Güter und Personen nach Holland und zurück transportierten. Einer von ihnen gab dort für sein Haus in Nebel auf Amrum das Fliesenbild seiner Smack in Auftrag. Ein anderer aus seiner Familie brachte es zum Walfangkommandeur und ließ im selben Haus das Tableau des von ihm geführten niederländischen Walfangschiffes mit den zugehörigen Walfangszenen anbringen und mit der Unterschrift *Durch Schip Fahrt und durch Wall Fisch Fanst / Unterhalt Gott viel Leut und Land* versehen.[82] Nord- und ostfriesische Kapitäne im Dienste niederländischer Handelskompanien führten deren mit Kanonen bestückte Dreimaster über die Ozeane und schmückten ihre Prunkräume mit Tableaus eben dieser Schiffe.[83] Die Dorfschiffer ließen also jeweils das individuelle Schiff oder wenigstens den Schiffstyp darstellen, den sie selber führten, entweder als ihr Eigentum, wie die Smackschiffer, oder im Dienst eines Reeders, wie alle Übrigen.

Danach, ob vor ihnen auch schon die städtischen Kaufleute Tableaus der von ihnen bereederten Schiffe in die Fliesenausstattung ihrer repräsentativen Räume einfügten, hat die bisherige Forschung überhaupt noch nicht gefragt. Ein zeitgenössischer Beleg dafür wurde bisher nicht gefunden. Vielmehr konnte oben gezeigt werden, dass Kaufleute für ihre Repräsentation Gemälde einzusetzen pflegten. Sofern sie ihre Aktivitäten in der Schifffahrt herausstellen wollten, taten sie das mit Seestücken. Anscheinend lagen Fliesentableaus mit Schiffen so weit unterhalb dieses Niveaus, dass sie für die Repräsentation zumindest der kaufmännischen Oberschicht nicht infrage kamen. Ob eventuell die kaufmännische Unterschicht dieses Niveau nicht halten konnte und auf Fliesentableaus zurückgriff, ist allerdings nicht mit Sicherheit auszuschließen. Wir können nur konstatieren, dass die Dorfschiffer den Standesunterschied zu den städtischen

Abb. 15 Fliesentableau eines großen holländischen Handelsschiffes mit Geschützdeck, 18. Jahrhundert. (DSM)

Abb. 16 Fliesentableau des großen holländischen Handelsschiffes DE EENDRAGT, 18. Jahrhundert. (DSM; aus: Heinrich Stettner: Schiffe auf Fliesen. Bremerhaven 1976, S. 65, Abb. W4)

Abb. 17 Fliesentableau einer Smack. (DSM, Inv. Nr. I/09169/00)

Abb. 18 Fliesentableau des Walfangschiffes D. HOOP: OP D. WALVIS, um 1760. (DSM)

Kaufleuten und Reedern, in deren Dienst sie ja zum Teil standen, dadurch genau beachteten, dass sie ihr Schiff nicht auf Gemälden, sondern auf Fliesentableaus darstellen ließen.

Die auf diesen Tableaus übliche klare Differenzierung nach Schiffstypen spiegelt sich exemplarisch auch in der Sammlung des Deutschen Schiffahrtsmuseums. Zwei Tableaus des 18. Jahrhunderts aus je 16 Fliesen zeigen die in der Ozeanfahrt eingesetzten großen Dreimaster mit je einem Geschützdeck (Abb. 15 und 16). Auf dem Heckspiegel des einen erkennt man den niederländischen Schiffsnamen DE EENDRAGT; auf dem Deck sind aus der sehr viel größeren Mannschaft vier Seeleute tätig.[84] Meer und Wellen sind in beiden Fällen sehr schematisch dargestellt, wenn auch jeweils auf andere Weise. Beide Tableaus wurden sehr wahrscheinlich von Dorfschiffern in Auftrag gegeben, die diese Schiffe im Dienst niederländischer Reedereien führten.[85]

Für einen Küstenschiffer wurde das neunteilige Tableau einer Smack angefertigt, die in der unruhigen See nicht alle Segel gesetzt hat (Abb. 17).[86] Der ganz ohne Segel dargestellte Besanmast ist reichlich klein und dünn geraten. Die drei Seeleute an Deck waren sehr wahrscheinlich die gesamte Mannschaft, denn Smacken kamen mit zwei bis fünf Mann aus.[87]

Ein Tableau aus 16 Fliesen zeigt schließlich das Amsterdamer Walfangschiff D. HOOP: OP D. WALVIS, wie an Inschrift und Wappen auf dem Heckspiegel zu erkennen ist (Abb. 18).[88] Im Dienst des holländischen Reeders fuhr Nanning Adriaansz. de Jonge (= Nahmen Arfsen jun.) aus Wrixum auf Föhr darauf 1756–1757 als Steuermann und 1758–1762 als Kommandeur[89]; während der letztgenannten Zeit ließ er für seine Wohnung das originale Tableau anfertigen, das den großen Dreimaster schräg von achtern zeigt und dazu drei Fangboote im Wasser, von denen eines einen Wal an der Leine zum Schiff schleppt.

Den eingangs genannten Zinn- gießern und Töpfern in den norddeutschen Hafenstädten machten aber nicht die Fayence- fliesen, sondern die holländi- schen Fayencegefäße spürbare Konkurrenz. In erster Linie bei jenen städtischen Kaufleuten, die sich die teuren Gemälde leis- teten, gehörten auch diese Gefä- ße zur holländisch geprägten Wohnkultur. Das älteste in der Museumssammlung ist eine sogenannte Knoblauchvase, die um 1720 in Delft in sehr enger Anlehnung an chinesische Vor- bilder angefertigt worden ist (Abb. 19).[90] Dieser Vasentyp wurde in den Niederlanden als *Floyte* bezeichnet und ist bereits 1641 in einem Bremer Kauf- mannshaus nachzuweisen.[91]

Abb. 19 Knoblauchvase aus Delfter Fayence nach chinesischem Vorbild für einen Vasensatz wie Abb. 5, um 1720, Höhe 28 cm. (DSM, Inv. Nr. I/10441/09)

Als die 1602 gegründete Vereinigte Ostindische Compagnie (VOC) der Niederlande chinesi- sches Porzellan der Wan-Li-Zeit (1537–1619) zu importieren begann, stellten sich die Delfter Fayencemanufakturen von der Majolika nach italienischen Mustern rasch auf die Nachahmung dieses jetzt sehr begehrten Porzellans um. Sie übernahmen aus China sowohl die Gefäßformen wie die Knoblauchvase als auch die blau-weiße Farbe des Wan-Li-Stils und ebenfalls die Dekor- muster. Zwar erreichten sie nicht die geringe Wandstärke chinesischer Porzellane, kamen aber dem Porzellanglanz durch Aufbringen einer zusätzlichen durchsichtigen Überglasur auf die weiße Zinnglasur der Fayence nahe.[92] Alle genannten Merkmale treffen auch auf die abgebilde- te Vase zu: Genau entsprechend der chinesischen Vasenform ist der achtseitige Querschnitt vom konischen Fuß über die kugelige Leibung und den engen Hals mit der kugeligen Erweiterung bis zu der ausladenden Lippe durchgehalten. Chinesische Blüten-Ranken-Muster auf Fuß und Hals und zweimal die gleiche figürliche Darstellung zweier hockender Chinesen in einer chine- sischen Gartenlandschaft sind in unterschiedlich abgetöntem Kobaltblau ausgeführt. Die sehr fein aufgesprühte zusätzliche Bleiglasur ist leicht porös.

Diese Vase vertritt in der Museumssammlung exemplarisch den mehrteiligen Vasensatz (vgl. Abb. 5), den norddeutsche Fernhandelskaufleute üblicherweise als *Schapp-Zierrath* auf ihre gro- ßen Dielenschränke stellten, um damit die Reichweite ihrer Handelsverbindungen zu demons- trieren. Dieses Ziel haben sie während der gesamten Frühen Neuzeit auf unterschiedlichste Weise zu erreichen getrachtet, z.B. um 1500 in Hameln durch den Wandspruch: *Kopmans Hand reckt von Land to Land*[93], um 1760 in Hamburg durch Globen im Kaufmannskontor (vgl.

Abb. 4), vom 16. bis 19. Jahrhundert im Binnenland durch zeichenhafte Darstellung von Seeschiffen[94], im 17. und 18. Jahrhundert durch Gemälde großer Handelsschiffe (vgl. Abb. 8 und 13) und schon seit dem späten Mittelalter durch geeignete Handelswaren: Bergenfahrer und Schonenfahrer präsentierten den Stockfisch bzw. Hering im Siegelbild[95] und Walfangreeder die Gewinnung ihres Handelsproduktes durch Walfanggemälde (vgl. Abb. 9–12).

Wenn man dieses Umfeld kennt, versteht man, weshalb chinesische Porzellanvasen und ihre Nachbildungen in Delfter Fayence sich bei diesen Kaufleuten so großer Beliebtheit erfreuten. Sie waren nahezu die einzige Handelsware, die sich mit dem Flair des Exotischen direkt und ohne bildliche Vermittlung zur prägnanten und eindrucksvollen Präsentation besonders weit reichender Handelsbeziehungen eignete. Selbst wenn Kenner den holländischen Ursprung der Nachbildungen erkannten, war doch immer die über Holland laufende Verbindung bis China in so einem Stück präsent. Auf gleiche Weise konnte man seinen Fernhandel nur noch mit Elfenbein-, Kokosnuss- oder Nautiluspokalen herausstellen, aber diese waren viel seltener und teurer und wurden nicht auf dem Dielenschrank zur Schau gestellt.

Die Delfter Nachbildungen der chinesischen Porzellane waren deshalb so weit verbreitet, weil ihr Preis weit unter dem aller genannten exotischen Gefäße lag, und sie wurden sogar noch in unterschiedlichen Qualitäts- und Preisstufen angeboten: Die 28 cm hohe Knoblauchvase des Museums gehörte zu den kleinsten ihrer Art. Mit einfacher Blaubemalung waren solche Vasen bis zu 42 cm hoch[96], mit polychromer Bemalung lagen die Höhen zwischen 40 und 56 cm.[97] Die Nachfrage war so groß, dass auch deutsche Fayencefabriken wie in Berlin[98] oder Braunschweig[99] Vasensätze unterschiedlicher Ausführung in ihr Programm aufnahmen. Die Kaufleute konnten sich also aussuchen, wie aufwendig sie ihren repräsentativen Schappzierrat gestalten wollten und welche Lieferwege sie dabei in Kauf nahmen. Wer sich ganz besonders hervortun wollte, leistete sich sogar einen viel teureren Vasensatz aus Meißener Porzellan, wie er mit den obligaten Chinaszenen von ca. 1730 in Lübeck erhalten blieb.[100]

Es ist nicht überliefert, in welcher Stadt der Käufer der kleinen Delfter Fayencevase lebte, geschweige denn, wer er war. Jedenfalls hatte er sich im Rahmen der allgemein üblichen Ausstattung für eine relativ bescheidene Version entschieden. Dass die Größe für die Repräsentation tatsächlich eine Rolle spielte, geht aus Theodor Storms Schilderung eines am Hafen gelegenen Kaufmannshauses in Husum hervor, auf dessen Dielenschrank sich *die großen blau und weiß glasierten Vasen … stattlich erhoben*.[101] Dieses Ensemble wird also nicht zu klein gewesen sein, um die besonders großen polychromen Stücke handelte es sich allerdings nicht. Auch für Hamburg sind 1674 *weiß- und blaue Gefäße* aus Holland schriftlich bezeugt.[102] Nach Grabungsbefunden hatte die Delfter Importware in Bremen durchweg den Charakter von Mittelware.[103] Als Folge der hier aufgezeigten holländischen Impulse griffen norddeutsche Kaufleute den Vasensatz auf dem Dielenschrank als neue Form der Repräsentation begierig auf und gestalteten ihn mit unterschiedlichem Aufwand individuell aus.

In Delft ahmte man aber nicht nur chinesische Vorbilder nach, sondern malte mitten zwischen chinesischem Dekor auch typisch holländische Landschaften[104] und ging schließlich zu Genreszenen aus Hollands Wirtschaftsleben über. Als Beispiel dafür nahm das Deutsche Schiffahrtsmuseum in seine Sammlung zwei flache Teller aus einem zwölfteiligen Satz auf, von denen jeder eine Szene zum Thema Heringsfang und -handel zeigt, angefangen mit dem Knüpfen der Netze über den Fang mit Heringsbüsen bis zum Ausbessern der Netze.[105] Die in Familienbesitz befindliche vollständige Serie wurde im Zweiten Weltkrieg ein Opfer der Bombenangriffe auf Bremen, sodass nur diese zwei Teller mit den Nummern 10 und 12 aus den Scherben wieder zusammengesetzt werden konnten. Sie zeigen in dem seit den Chinanachahmungen üblichen abgestuften Kobaltblau das Packen der Heringsfässer direkt neben einer im Hafen liegenden Heringsbüse und das Ausbessern der Heringsnetze (Abb. 20a und 20b). Auf der Unterseite weist die Herstellermarke in Form eines Beiles die Teller als Erzeugnisse der Delf-

ter Fayencefabrik »Het Bijltje«
(= das Beil) aus, die von 1657
bis 1803 produzierte und die
Marke zwischen 1739 und 1788
führte.[106]

Die Fabrik verzichtete auf die
zusätzliche Überglasur, weil sie
in diesem Satz nicht mehr China-
porzellan nachahmen wollte, und
wählte aus 16 um 1725 in Amsterdam gedruckten Radierungen
zur Heringsfischerei zwölf Szenen aus, die sie in der nötigen
Vereinfachung auf die Fayenceteller übertrug. Dabei stellte sie
die Serie in mehreren Versionen
her, die sich durch Tellergröße
und gestalterischen Aufwand unterschieden und wahrscheinlich
auch zu unterschiedlichen Zeiten
gefertigt wurden. Offensichtlich
ließ sich die Serie gut verkaufen.[107] Unsere Teller gehören zu
der aufwendigeren Version, gleichwohl ist das Haus auf Nr. 12 per-
spektivisch völlig missraten. Das
hat aber den Bremer Käufer nicht
davon abgehalten, den ganzen
Satz zu erwerben, um damit, ähnlich wie andere mit Gemälden
nach holländischer Art, den eigenen Geschäftsbetrieb repräsenta-
tiv herauszustellen. Er wies sich
damit als Kaufmann aus, der im
Großhandel mit holländischem
Hering engagiert war.

Die von derselben Fabrik he-
rausgebrachte Tellerserie zum
Walfang, deren zwölf Bilder
ebenfalls nach radierten Vorlagen von ca. 1725 vom Auslaufen
der Fangflotte bis zum Tran-
kochen im Heimathafen reichen,
wurde entsprechend gerne von

Abb. 20a–b Zwei Delfter Fayenceteller aus einer zwölfteiligen Serie mit Genreszenen zum Heringsfang und -handel, vor 1788, Durchmesser 23,5 cm. (DSM, Inv. Nr. I/10445/09)

Walfangreedern für ihre Repräsentation gekauft.[108] Beide Serien erfreuten sich so großer Wertschätzung, dass sie in einigen Familien bis ins 20. Jahrhundert zusammengehalten wurden. Wir
müssen davon ausgehen, dass sie nicht nur zur Schau gestellt, sondern auch bei Festmahlen
benutzt wurden. Bereits 1682 klagten die Lüneburger Zinngießer, dass *im Gebrauche bei Tisch
irdene holländische Schüsseln und Teller* das bisher gebräuchliche Zinn verdrängt hätten.[109] Dass

Abb. 21 Walzenkrug aus holländischer Fayence mit Rostocker Zinnfassung, um 1730, Höhe 23 cm. (DSM, Inv. Nr. I/10442/09)

das nicht nur für rein ornamental bemalte Teller galt, sondern auch für solche mit speziell angefertigten Bildprogrammen, sieht man an den ähnlich repräsentativen Tellersätzen aus englischem Steingut (vgl. Abb. 24), die bei den Kaufleuten und Reedern ab ca. 1770 das holländische Fayencegeschirr ablösten und zusammen mit den gleichartig verzierten Schüsseln bei Festessen auf den Tisch kamen. Wo früher in erster Linie Trinkgefäße der Repräsentation dienten, bewirkte also der holländische Einfluss, dass auch Teller diese Rolle übernehmen konnten.

Neben der charakteristischen blau bemalten Delfter Ware enthält die Museumssammlung auch polychrome Fayencen. Für einen blassblau jaspierten Walzenkrug von ca. 1730[110] ist der Hersteller noch nicht identifiziert. Ausschlaggebend für die Herkunftsbestimmung ist die von einer bekrönten Kartusche oval eingerahmte Wasserlandschaft (Abb. 21). Auf einer offenen Wasserfläche segeln zwei Schiffe, links zeichnen wenige sichere Striche eine Stadt mit mehreren Türmen und einem Hausgiebel über der hellen Stadtmauer, unter der eine schraffierte Böschung bis zum Meer führt.

Genauso sind Wasserlandschaften mit Segelschiffen auf zahlreichen holländischen Wandfliesen dargestellt. Ein etwas jüngeres Exemplar aus der Museumssammlung (Abb. 22a)[111] zeigt ebenfalls im Doppelkreis vorne ein kleineres Segelfahrzeug mit dunklem Rumpf und hell abgesetztem Steven und Waschbord. Dahinter ist eine Stadtansicht am Wasser aus gleichen Elementen zusammengesetzt wie auf dem Krug. Auch Bewölkung und Wasserfläche sind auf beiden durch breitere waagerechte Pinselstriche angedeutet und die Spiegelungen im Wasser durch senkrechte Linien. Der Vergleich zeigt zugleich, wie viel qualitätvoller die Szene auf dem Krug dargestellt ist. Ihre sparsame Akzentsetzung mit weiteren Scharffeuerfarben ist ebenfalls von den qualitätvollsten holländischen Fliesen gleicher Zeitstellung bekannt.[112]

Außer auf Fliesen kommen die von einem Doppelkreis eingefassten Stadtlandschaften am Wasser auch vielfach als Mittelmotive auf holländischen Fayencetellern und -schüsseln vor, die u.a. in größerer Zahl nach Bremen gelangt sind.[113] Selbst die Schiffstypen auf dem Krug sind charakteristische holländische Fahrzeuge, wie sie häufig auf Fliesen dargestellt wurden (Abb. 22b).[114] Auf dem Krug sieht man im Vordergrund eine zweimastige Yacht mit dem besonders

Abb. 22a–b Zwei holländische Wandfliesen des 18. Jahrhunderts zum Vergleich mit dem Kartuschenbild des Kruges in Abb. 21: a. Wasserlandschaft mit kleinen Segelfahrzeugen und Stadt im Hintergrund; b. Wasserlandschaft mit Yacht und Heringsbüse. (DSM; aus: Heinrich Stettner: Schiffe auf Fliesen. Bremerhaven 1976, S. 62, Fliese W1, l, und S. 37, Fliese F4, Mitte links)

hohen zweiten Mast und hinten rechts eine in Fahrt befindliche, ebenfalls zweimastige Heringsbüse mit großem Rahsegel am Hauptmast und kleinem Rahsegel am Besanmast. Eine solche Büse mit dem typischen kleinen Rahsegel zeigt auch der oben vorgestellte Delfter Teller (vgl. Abb. 20a). Damit steht die holländische Herkunft des Kruges eindeutig fest, auch wenn der genaue Herstellungsort noch nicht bestimmt werden kann.

Die Zinnmontierung dieses Kruges stellte aber der Zinngießer Hans Conrad Gottespfennig in Rostock her, der dort von 1714 bis 1746 als Meister tätig war.[115] Da auf dem Deckel weder Namensinitialen noch ein Zunftzeichen und auch keine Jahreszahl angegeben sind, kann der Besitzer des Kruges nicht identifiziert werden. Es war aber üblich, dass Bürger nach Möglichkeit Aufträge an Handwerker ihrer Stadt vergaben, sodass sehr wahrscheinlich ein Rostocker Bürger diesen Krug für seinen Eigenbedarf erwarb und in seiner Stadt mit Zinndeckel und -fuß versehen ließ. Welcher Gesellschaftsschicht dieser Bürger angehörte, geht aus einem Vergleich mit ähnlichen Krügen hervor. Ebenfalls mit Zinnfassung versehen ist ein Nürnberger Fayence-Walzenkrug von 1736 mit Darstellung des Handelsgottes Merkur und zweier Wappen, die den Krug als Eigentum einer Nürnberger Patrizierfamilie ausweisen.[116]

Auch in den norddeutschen Seehäfen spricht der Zinndeckel nicht gegen einen Kaufmann als Besitzer. Sogar dem Bremer Bürgermeister Havemann gehörte nach einem Verzeichnis von 1639 *ein porcellainer Krug mit einem zinnen Deckel*, womit zu der Zeit eindeutig ein Fayencekrug gemeint ist.[117] Größeren Aufwand trieb ein anderer Bremer Ratsherr oder Kaufmann, der über Holland einen Walzenkrug aus echtem China-Porzellan erwarb und ihn um 1730 in Bremen mit einem Silberdeckel versehen ließ.[118] In Rostock ist zwar die Krone auf zahlreichen Zunftgefäßen des 18. Jahrhunderts über dem jeweiligen Zunftzeichen zu sehen[119], aber sie ist ebenso auch über einer durch holländische Vorbilder angeregten Wasserlandschaft mit Bergen, Bauten, einem Fischerboot und einem großem Steuerruder in der besonders aufwendigen Kartusche eines Meißener Porzellanhumpens von ca. 1740 dargestellt, der durch den lateinischen Spruch: *Recte tenentis merces* eindeutig als der eines Kaufmanns ausgewiesen ist.[120] Auf der teilweise vergoldeten Silbermontierung fehlt ebenso wie auf den Deckeln der anderen genannten Krüge jeder Hinweis auf den Eigentümer, was auf den privaten Trinkgefäßen der Kaufleute allgemein üblich war.[121]

Der holländische Fayencekrug mit dem Rostocker Zinndeckel ist demnach eine einfachere

Ausführung dessen, was der Meißener Porzellankrug als Prachtversion bietet, und hat mit großer Wahrscheinlichkeit einem Rostocker Kaufmann gehört. Dieser begnügte sich für seine Repräsentation zwar mit einer geringeren Qualitätsstufe, stellte aber mit seinem Krug seine Handelsverbindungen zu Holland deutlich heraus. Die holländischen Fayencen brachten den norddeutschen Kaufleuten für ihre Repräsentation also nicht nur neue Gefäßformen wie Vasensätze und Teller, sondern griffen auch die dafür altbewährten Formen der Trinkgefäße auf, denen sie aber mit ihrer Farbigkeit zu größerem Ansehen verhalfen.

Für Kaufmannsbesitz spricht auch, dass die holländische Wasserlandschaft auf diesem Krug trotz der beiden dargestellten Schiffe keineswegs jenem Dreimaster entspricht, der als Logo der norddeutschen Schiffergesellschaften nicht nur deren Zunftobjekte schmückte[122], sondern auch die privaten Gefäße der in ihnen organisierten Schiffer. Obwohl diese Schiffer im 17. und 18. Jahrhundert häufig holländische Häfen aufsuchten und von dort in ihren Schiffen sogar holländische Fayencen mitbrachten[123], haben sie sowohl für ihre gemeinschaftlichen Zunftgefäße als auch für ihre privaten Prestigegefäße an dem althergebrachten Zinn festgehalten.[124] Bis jetzt ist aus den norddeutschen Seehäfen kein einziger Fayencekrug eines Schiffers bekannt geworden. Offensichtlich war dort die Tradition der Schiffergesellschaften so stark, dass sie die Übernahme der von Holland ausgegangenen Modewelle wirksam verhindern konnte. Ganz anders sieht die Sachüberlieferung für die süddeutschen Schiffer aus. An Main, Oberrhein und oberer Donau sind aus Schifferbesitz des 18. und 19. Jahrhunderts überhaupt keine privaten Prestigegefäße aus Zinn bekannt, sondern nur solche aus Fayence. Allerdings wurden Letztere nicht in Holland angefertigt, sondern in Manufakturen, die nach holländischem Muster in Deutschland gegründet worden waren, wie etwa die von Hanau.[125]

Vor allem die städtische Oberschicht versorgte sich in den norddeutschen Hafenstädten[126] aus Holland mit Fayence-Geschirr für die festliche Tafel sowie mit Vasensätzen und anderen Fayencen für die prunkvolle Raumausstattung, sodass sich, wie eingangs erwähnt, Zinngießer und Töpfer über die holländische Konkurrenz beklagten, bis schließlich auch deutsche und andere Fayencemanufakturen das begehrte Geschirr herstellten und dann auch den Holländern Konkurrenz machten. So gab es im Laufe des 18. Jahrhunderts in den norddeutschen Hafenstädten eine lebhafte Vorliebe für Straßburger Fayencen[127], die so weit ging, dass ab 1757 norddeutsche Manufakturen, allen voran Stralsund, den Straßburger Stil übernahmen, weil er guten Absatz versprach, und 1767 sogar eine Straßburger Verkaufsniederlassung in Hamburg eingerichtet wurde.[128]

Einen breiten Raum nahmen in Straßburg Formgeschirre ein[129], die wegen ihrer aufwendigeren Herstellung teurer waren als auf der Töpferscheibe gedrehte Ware.[130] Exemplarisch für diese besonderen Ausstattungsstücke der großbürgerlichen Festtafel nahm das Deutsche Schifffahrtsmuseum in seine Sammlung einen schiffsförmigen Gewürzbehälter auf, der ca. 1765 in Straßburg gefertigt worden ist (Abb. 23).[131] Das Schiff ist stark stilisiert, auch wurde aus praktischen Gründen bei schiffsförmigen Fayencegefäßen die Besegelung weggelassen[132], sodass der Schiffstyp nicht genau bestimmt werden kann. Das war sicher beabsichtigt, um mehrere Möglichkeiten der Deutung offenzulassen und die Absatzchancen zu erhöhen: Auf der adligen Tafel konnte es für die Lustyacht stehen, auf der großbürgerlichen für ein Handelsschiff mit den typischen Aufbauten im Achterschiff, dem Heckspiegel, dem üblichen Löwenkopf als Galionsfigur und dem hier offenen Laderaum, dessen zwei Fächer für Salz und Pfeffer vorgesehen waren. Die Details des weiß glasierten Schiffchens sind mit Manganfarbe in Rokokomanier hervorgehoben: Am hohen, durchbrochenen Kajütaufbau sind die Kanten farbig eingefasst und die Flächen oben und an den Seiten mit den für Straßburg typischen Blattornamenten und feinen, schwarz konturierten Blumen verziert. Die plastisch ausgeformte Löwenmähne der Galionsfigur ist in Form von Rocailles ausgemalt und der Heckspiegel als ein menschliches Gesicht geformt, was so bei realen Schiffen nicht üblich war.

Abb. 23 Schiffs-
förmiger Gewürz-
behälter aus Straß-
burger Fayence,
um 1765, Länge
12 cm. (DSM, Inv.
Nr. I/10443/09)

Gewürzbehälter, die *Saltzer* oder *Salsarien* genannt wurden, boten in der großbürgerlichen Gastlichkeit den Gästen die Möglichkeit, die vorgelegten Speisen nach eigenem Geschmack nachzuwürzen, und zwar mit Pfeffer und Salz, sodass die Behälter entweder paarweise gedeckt wurden oder zwei Fächer hatten. Noch heute erhält jeder Teilnehmer des traditionellen Bremer Schaffermahls eine silberne Tüte mit Salz und eine goldene mit Pfeffer.[133] Welcher Wertschätzung sich Salsarien im 17. und 18. Jahrhundert erfreuten, zeigt der Beschluss des Bremer Rats von 1642, *zu einem Silbernen Tisch gehörig Geschirr* anzuschaffen: Als erstes wurden vier pfundschwere Salzfässer in Auftrag gegeben.[134] Exemplarisch für das großbürgerliche Tafelgeschirr seien die Fayencen des Bremer Kaufmanns Henrich Surbicken aufgeführt: 1678 besaß er *22 weiße Schüsseln, 2 weiße Butterschüsseln, 4 porcelleyen tiefe Kummen, 4 porcelleyen Saltzer, 2 porcelleyen Butterschüsseln, 9 blaue Steinteller*.[135] Mit den verschiedenen Bezeichnungen unterschied man die rein weißen Fayencen von den bunt und den blau bemalten.[136] Die *4 porcelleynen Saltzer* gehörten zu den besonders ins Auge fallenden bunt bemalten Stücken und bildeten sehr wahrscheinlich zwei Paare.

Das Exemplar des Museums setzte nicht nur durch seine qualitätvolle Bemalung, sondern auch als Formgeschirr einen nicht zu übersehenden Akzent auf der festlichen Tafel[137], sodass ein Kaufmann damit ähnlich wie durch ein Gemälde mit Schiffen (vgl. Abb. 4, 8 und 13) demonstrieren konnte, auf welcher gewinnträchtigen Grundlage sein Geschäftsbetrieb beruhte. Besondere Salsarien waren bei den Kaufleuten auch als Geschenke beliebt, etwa zusammen mit Brot und Salz zum Einzug in ein neues Haus. Die dahinter stehende Motivation der hochrangigen Geber hat Thomas Mann für das Jahr 1835 treffend formuliert: *Da man aber sehen sollte, dass die Gabe nicht von geringen Häusern komme, [...] war das Salz von massivem Golde umschlossen.*[138]

Die wenigen hier vorgestellten Fayencegefäße lassen erkennen, welche vielfältigen neuen Möglichkeiten der Repräsentation der von Holland ausgegangene Impuls den Kaufleuten in den norddeutschen Städten bot. Kein Wunder, dass die dortigen Zinngießer und Töpfer darüber klagten, dass ihre reichsten Kunden nicht mehr bei ihnen, sondern in Holland bestellten. Erst langsam drangen auch deutsche und andere Fayencefabriken mit eigenen Produkten nach holländischen Vorbildern in diesen lukrativen Markt ein und machten den Holländern erfolgreich Konkurrenz. Norddeutsche Kaufleute, die sich besonders hervortun wollten, bestellten sogar Prestigeobjekte aus echtem Porzellan, entweder über Holland aus China oder bei der Meißener Porzellanmanufaktur, und zwar schon relativ bald nach deren Gründung.

Ende und Nachwirkungen der holländischen Impulse

Da die Prestigeobjekte holländischer Provenienz und holländischen Stils gelegentlich sogar bis ins 20. Jahrhundert in Familienbesitz blieben, lässt sich das Ende des holländischen Einflusses am besten durch das Aufkommen eines anderen Einflusses bestimmen, der den holländischen etwa seit der Mitte des 18. Jahrhunderts schrittweise ablöste und aus England auf den Kontinent drängte. Auf denselben Routen, nämlich über die norddeutschen Häfen, gelangte jetzt statt der Fayencen aus holländischen und anderen Manufakturen englisches Steingutgeschirr auf den deutschen Markt. Exemplarisch dafür seien zwei Stralsunder Zeitungsanzeigen angeführt. 1755 las man: *Schiffer Martin Wallis ist mit einer Ladung Salz und Englischen Porcelain von aller-hand Sorte Teller und Schüsseln von Engeland angekommen und liegt allhier an der Fähr-brücke.* 1766 hieß es: *Vollständiges Coffee- und Thee-Service von Englischer Fagance ist bey mir zu haben, imgleichen auch Teller, die nicht zu denen Servicen gehören.*[139]

Wieder gab es auch für die neue englische Keramik noch keine allgemein verbindliche Waren-bezeichnung, sodass man sie mit den für holländische Fayencen eingeführten Begriffen ansprach und die andere Beschaffenheit durch zusätzliche Nennung der Herkunft (*Englisch*) hervorhob. Tatsächlich hatten englische Töpfer in der Grafschaft Staffordshire seit dem frühen 18. Jahrhundert eine neue dünnwandige, hell klingende Keramik entwickelt, die man heute als Steingut bezeichnet. Weil der Scherben bereits rahmfarbig war, brauchte Steingut keine decken-de Glasur, war also preisgünstiger herzustellen als Fayence und wurde rasch eine wirkliche Alternative auch zum echten Porzellan, und zwar nicht nur bei Adel und Großbürgertum, son-dern zunehmend auch bei der bürgerlichen Mittelschicht.

Aus dem genannten Angebot wurden aber nicht die Kaffee- und Teeservice zur repräsentati-ven Selbstdarstellung eingesetzt, sondern in Fortführung der Gepflogenheiten während des hol-ländischen Einflusses (vgl. Abb. 20a–b) in erster Linie die für Festessen verwendeten Teller. Das Deutsche Schiffahrtsmuseum besitzt vier Steingutteller, die laut Inschrift 1783 in Liverpool mit der Darstellung des Hamburger Walfangschiffes D: HOOPENDE: LANDMAN bedruckt wurden (Abb. 24)[140] und zusammen mit weiteren Geschirrteilen dem bedeutenden Hamburger Reeder Ulrich Ackermann senior (1725–1806) gehörten, der Parten von mehreren Kauffahrtei- und Walfang-schiffen hielt und direktionsführender Grönlandreeder war. Den mit einer Anspielung auf sei-nen eigenen Namen benannten Dreimaster D: HOOPENDE: LANDMAN hatte er im September 1766 in Holland gekauft und vom folgenden Jahr bis 1795 regelmäßig mit 44 Mann Besatzung zum Walfang ins nördliche Eismeer geschickt.[141] Gerade Walfangreeder hatten ja schon seit dem 17. Jahrhundert Gemälde ihre eigenen Schiffe in Auftrag gegeben (vgl. Abb. 9–11). Andere Ree-der ließen spätestens um 1750 ihre Schiffe auf Trinkgefäßen darstellen.[142] Auf holländischen Fayencen sind Darstellungen individueller Schiffe bis jetzt nicht nachgewiesen, aber mit den Delfter Tellerserien zum Wal- und Heringsfang (vgl. Abb. 20a–b) konnten entsprechende Kauf-leute immerhin ihren individuellen Geschäftsbetrieb herausstellen.

Abgesehen von dem neuen englischen Material war das Bild des eigenen Schiffes auf Acker-manns Tellern also für einen Reeder nichts Neues. Es ist auf diesen Tellern schräg von achtern bei der Rückkehr vom erfolgreichen Fang dargestellt. Links zeigt ein Kirchdorf hinter dem Deich schon die Nähe des Heimathafens an. Gleichwohl ist rechts ein zum Schiff gehörendes Fangboot zu sehen, dessen Harpunier im Bugraum die Harpune zum Stoß auf einen Wal erho-ben hat. In gleicher Unbefangenheit war ja schon um 1750 auf der vorgestellten Amsterdamer Uhr eine Walfangszene vor dem Stadtprospekt von Amsterdam dargestellt worden (vgl. Abb. 12). Auf dem Teller ist am Heck des großen Schiffes deutlich der waagerechte Balken mit daran hängendem Takel zum Hochziehen der Fangboote zu sehen.

Diese Szenerie ist also in einer für Geschirr vereinfachten Form holländischen Walfangbil-dern nachgestaltet (vgl. Abb. 9–11), musste aber im Gegensatz zu den Wasserlandschaften auf

Fayence (vgl. Abb. 20a–22b) nicht für jeden Teller neu gemalt werden. Die Engländer radierten nämlich stattdessen die gesamte Darstellung in Kupfer, sodass sie in beliebiger Anzahl auf Papier ausdruckbar war. Jedes Blatt wurde mit der bedruckten Seite feucht auf dem Fond des Tellers festgerieben, das Papier abgezogen und die auf dem Steingut haftende Zeichnung mit einer dünnen, durchsichtigen Glasur überdeckt, die noch eines Glasurbrandes bedurfte. Die Geschäfte, die den Umdruck in Liverpool vornahmen, hatten Drucke der meisten damals fahrenden Schiffstypen vorrätig, sodass sich dort jeder Seefahrende für seinen Teller den Typ seines Schiffes aussuchen konnte. Es brauchte

Abb. 24 Englischer Steingutteller mit Darstellung des Hamburger Walfangschiffes D: HOOPENDE: LANDMAN, 1783, Durchmesser 24,6 cm. (DSM, Inv. Nr. I/08989/00)

nur noch von Hand die jeweilige Flagge hinzugefügt zu werden. Die Inschrift wurde aus einem Setzkasten mit den nötigen Bleilettern nach dem gleichen Verfahren auf Papier gedruckt und auf die Fahne übertragen.

Auf diese Weise konnte der gesamte Geschirrsatz für Ulrich Ackermann immer mit den gleichen Druckvorlagen wohlfeil hergestellt werden. Trotz der individuellen Auftragsarbeit war dieses Verfahren sehr preiswert, nur mussten die betreffenden Geschirrteile mit den individuellen Inschriften und Schiffsbildern direkt in einem der größeren englischen Häfen erworben werden, in denen, angefangen mit Liverpool, rasch entsprechende Firmen die wachsende Nachfrage befriedigten. Die so speziell für deutsche Reeder und Schiffer angefertigten Geschirrteile sind damit zugleich ein Beleg für deren Englandfahrten. Sie konnten sich damit deutlich von den Käufern des gängigen englischen Steingutgeschirrs abheben, das ohne jede individuelle Darstellung und Inschrift auch in deutschen Häfen angeboten wurde.

Als einer dieser Schiffer ließ sich laut unterer Fahneninschrift auch JOCHEN HAESLOOP 1776 einen Steingutteller mit seinem Namen und dem Umdruckbild einer Dreimast-Galiot ebenfalls in Liverpool anfertigen (Abb. 25).[143] Er war der damals dreißigjährige Sohn des Schiffers und Walfangkommandeurs Johann Haesloop aus Vegesack, dem von Bremen 1622 gegründeten Ausweichhafen, der 1776 aber zu Hannover gehörte, was auch bei der Flagge des Schiffsbildes berücksichtigt ist. Jochen Haesloops vier Brüder waren ebenfalls Schiffer und seine vier Schwestern mit Schiffern verheiratet. Er selbst bestellte aber, anders als Ulrich Ackermann, nur einen einzelnen Teller, auf den er auch nicht den Schiffsnamen eintragen ließ, sondern nur seinen eigenen Namen. Dafür hatte er gute Gründe, denn er führte gar nicht den abgebildeten Dreimaster, sondern die Zweimast-Galiot JONGE JOHAN.[144] Bei der Wahl des Schiffsbildes richtete er sich genau nach dem, was bei den in Schiffergesellschaften organisierten Schiffern Norddeutschlands zu seiner Zeit gerade noch üblich war. Diese pflegten nämlich seit Jahrhunderten auch auf den Prestigegefäßen, die sie für sich selber bis dahin nur aus Zinn anfertigen ließen, einen Dreimaster als Zeichen ihrer Schif-

Abb. 25 Englischer Steingutteller für Jochen Haesloop aus Vegesack bei Bremen mit einem Dreimaster als Zeichen der Schiffergesellschaft, 1776, Durchmesser 24,6 cm. (DSM, Inv. Nr. I/08705/99)

fergesellschaft anzubringen und dazu die Jahreszahl und ihren Namen, nach ca. 1750 zunehmend auch ihren Beruf, entweder ausgeschrieben oder nur als Initialen.[145]

Haesloops Prestige beruhte also nach wie vor auf seiner Mitgliedschaft in der Schiffergesellschaft. Neu ist nur, dass er für sein Prestigeobjekt nicht mehr an dem seit Jahrhunderten üblichen Zinn festhielt, sondern eine weiße Keramik wählte, wie sie bis dahin in Norddeutschland nur von den höherrangigen Kaufleuten benutzt wurde. Da darauf nicht das von ihm geführte Schiff abgebildet war, hat er auch die Berufsbezeichnung *Capt.* vermieden. Der gegenüber den Fayencen geringere Preis und die verhältnismäßig leichte Erreichbarkeit während der Liegezeit in einem der großen englischen Häfen haben offensichtlich diesen ersten Wandel im brauchtümlichen Verhalten der Schiffer begünstigt.

Mit dieser ersten, noch relativ kleinen Abweichung von der althergebrachten Norm war aber ein Damm gebrochen, denn andere Schiffer gingen beim Erwerb eines englischen Steingutellers mit Schiffsbild noch einen entscheidenden Schritt weiter. Besonders aufschlussreich ist der Teller, den laut unterer Fahneninschrift CAPT. OTTE SAGER VAN BREMEN 1779 erwarb. Das Schiff darauf ist nämlich von genau derselben Kupferplatte umgedruckt worden wie das auf Haesloops Teller, nur trägt es die Flagge von Sagers Heimathafen Bremen. Das Besondere ist die obere Fahneninschrift, die das dargestellte Schiff als die von Sager geführte Dreimast-Galiot DE STANDT HAFFTIEG KEIT ausweist.[146] Nur drei Jahre nach Haesloop leitete Sager also sein Prestige nicht mehr aus der Zugehörigkeit zur Schiffergesellschaft ab, sondern nach dem Vorbild der Kaufleute und Reeder aus dem Stolz auf das »eigene« Schiff. Da er aber kein Kaufmann oder Reeder war, stellte er durch die Berufsangabe *Capt.* klar, dass er das Schiff »nur« führte. Als er 1795/96 Kapitän der Brigantine MEDEA eines unbekannten Bremer Reeders war, ließ er sich ebenfalls in England einen neuen, ovalen Steingutteller mit dem mehrfarbigen Bild dieses zweimastigen Schiffes anfertigen mit der Fahneninschrift: MEDEA. CAPT. OTTO SAGER.[147]

Sein Teller von 1779 zeigt erstmals genau datierbar das vollständige Muster, nach dem in der Folgezeit Schiffsdarstellungen für Schiffer auf Steingutellern durch Inschriften gekennzeichnet wurden: Die Zugehörigkeit zur Schiffergesellschaft hatte durchweg für die Schiffer ihre frühere Bedeutung verloren, sie präsentierten sich auf dem Fond ihres jeweiligen privaten Prestigetellers nur noch mit dem von ihnen selbst geführten Schiff und ließen dabei den Schiffsnamen, ihre Berufsbezeichnung (meist als CAPT. abgekürzt) und den eigenen Vor- und Nachnamen auf die Fahne setzen.[148] Die Abkehr von holländischen Vorbildern der älteren Zeit reicht also bis in den Wortlaut, denn auf den holländischen Fliesentableaus der Mitte des 18. Jahrhunderts hatten sich die Dorfschiffer, wenn überhaupt, dann stets noch holländisch/niederdeutsch als *Schipper* bezeichnet.[149] Der ältere holländische Impuls wirkte also trotz seiner Ablösung durch den englischen Einfluss in doppelter Weise weiter: Jetzt präsentierten sich auch die Schiffer mit Bildern »ihrer« Schiffe und wählten dafür als Bildträger eine weißgrundige Keramik.

Die schrittweise Loslösung aus den festen Traditionen der Schiffergesellschaften in der Umbruchszeit der 70er Jahre des 18. Jahrhunderts war keine Einzelentwicklung Bremens oder der deutschen Nordseeküste, sondern erfasste auch die südliche Ostseeküste. Die Sammlung des Deutschen Schiffahrtsmuseums enthält ein Röhrken, das laut Inschrift der *Schiffer J.P. Waack 1778* in Wismar für sich noch aus dem traditionellen Zinn anfertigen ließ[150], denn seine Frachtfahrten unternahm er nur auf der Ostsee[151], sodass er keine Möglichkeit hatte, in England einen individuellen Steingutteller zu erwerben. Aus demselben Grund übernahm er auch nicht die englische Berufsbezeichnung CAPT., sondern nannte sich noch in alter Weise *Schiffer*. Er hielt selber Parten der von ihm geführten zweimastigen Galiot, die er außen auf sein Röhrken gravieren ließ. Um jedoch nicht völlig mit der Tradition zu brechen, ließ er den für Schiffergesellschaften obligaten Dreimaster mit der Umschrift: DER LOBLICHEN SCHIFFER COMPAGNIE innen auf dem Gefäßboden anbringen. Dieses Logo wurde allerdings erst sichtbar, wenn das Röhrken ausgetrunken war.

Kaufleute und Reeder dagegen hielten an ihrer alten Gewohnheit fest, für ihr eigenes auf dem Steingut dargestelltes Schiff nur den Schiffsnamen inschriftlich anzugeben, nicht aber die eigene Person zu nennen; es war ja auch ohne diesen Personennamen eindeutig klar, wem das namentlich genannte Schiff gehörte. Wo mehrere Geschirrteile mit Schiffsbildern überliefert sind, stehen darauf bezeichnenderweise keine Kapitänsnamen[152], denn ganze Geschirrsätze mit Bildern ihrer Schiffe haben sich im 18. Jahrhundert eben nur Kaufleute und Reeder geleistet. Schiffer begnügten sich mit einem einzigen, höchstens gelegentlich zwei Schiffstellern[153], hatten aber Anlass, ihre Beziehung zu dem dargestellten Schiff eindeutig zum Ausdruck zu bringen, und zeigten mit ihrer Berufsangabe (CAPT.) an, dass sie nicht der Eigentümer, sondern der Schiffsführer waren.

Schon wenig später wurde diese Regelung auch auf Ölgemälde und Aquarelle von Schiffen so übertragen, dass zumeist auf den unteren Rand des Blattes der Schiffsname, der Beruf sowie der Vor- und Nachname des Kapitäns geschrieben wurden. Dadurch sind die sogenannten Kapitänsbilder[154] genau von den Schiffsbildern für Kaufleute und Reeder zu unterscheiden, die, wie schon zur Zeit des holländischen Einflusses, zumeist gar keine Unterschrift tragen. Leider werden Kapitänsbilder oft ohne ihre Inschrift abgebildet, sodass man den hier herausgearbeiteten Unterschied dann nicht erkennen kann.

Das älteste bisher bekannte Kapitänsbild in Deutschland ist das einer Huckergaleasse mit der Unterschrift: *Der Greiff von Greifswald. Capt. Samuel Christian Kehnrock 1782.*[155] Als kleines Ölbild auf Leinwand ist es noch in der Tradition holländischer Seestücke gemalt, trägt jedoch schon die englische Berufsbezeichnung. Nur wenig später begannen auch in Deutschland die Kapitäne auf Papier gemalte Aquarelle vorzuziehen, die genau genommen aquarellierte Federzeichnungen sind und natürlich viel preiswerter waren. Das bisher älteste Aquarell in Deutschland ließ der Föhrer Walfangkommandeur Hark Nickelsen von dem Schiff DE HOOP OP DE WALVISVANGST anfertigen, das er 1784–1792 für den Amsterdamer Reeder Dirk Janszen führte; deshalb sieht man am Flaggenstock die niederländische Flagge.[156] Trotz des holländischen Schiffes zeigt dieses Aquarell an, dass spätestens seit den 80er Jahren des 18. Jahrhunderts auch die Dorfschiffer auf den Nordfriesischen Inseln die relativ kurzfristige Phase der von Holland übernommenen Fliesentableaus mit Schiffsdarstellungen schon wieder aufzugeben begannen zugunsten des neuen, durch die englischen Steingutteller angeregten Trends, zu dem die städtischen Schiffer sich auch gerade erst durchgerungen hatten.

Das älteste Kapitänsaquarell in der Sammlung des Deutschen Schiffahrtsmuseums wurde 1803 oder wenige Jahre später[157] von einem unbekannten Maler gemalt und trägt die Unterschrift *Schiff Maara Capt. Christian Georg Mayer.* Als *Schiff* bezeichnete man den damals größten

Abb. 26 Kapitänsbild (Aquarell) des Rostocker Vollschiffes MAARA, geführt von Kapitän Christian Georg Mayer, nach 1803. (DSM, Inv. Nr. I/04379/88)

Frachtschiffstyp, das Vollschiff. Die MAARA führt die Rostocker Flagge und ist in zwei Ansichten dargestellt, als Hauptmotiv von der Seite und links noch einmal von achtern (Abb. 26)[158], wie es auf vielen Kapitänsbildern üblich geworden war. Ausnahmsweise sind wir über den Auftraggeber des Bildes besonders gut informiert, denn der Rostocker Autor John Brinckman hat ihm in einem plattdeutschen Roman als *Vetter Jochen Meyer, ... Kaptein up de Mara*, ein literarisches Denkmal gesetzt und ihn als vorbildlichen Seemann in Zusammenarbeit mit anderen Rostocker Schiffern und Partenreedern ausführlich dargestellt, den erfundenen Vornamen aber nicht konsequent beibehalten, denn gegen Ende des Romans nennt er ihn bei seinem richtigen Namen als *Vetter Krischan von de Mara*. Die Übereinstimmung mit dem auf dem Aquarell genannten Kapitän ist also eindeutig.[159]

Vetter Jochen wir to de Seefohrt geburen ... He hadd nich Fru, nich Kind, nich Kägel; œwer keen Minsch künn mihre von Frau un Kinner holen as he von de Mara. Deren Kapitän war er schon vor 1804, und da er allein 33 von 64 Parten des Schiffes hielt, war er in der günstigen Lage, selber über Schiff und Ladung voll verfügen zu können, segelte anfangs von Rostock nach England oder von Riga ins Mittelmeer bis Smyrna und fuhr nach 1815 bis Westindien.[160]

Es passt zu diesem unternehmungsfreudigen Kapitän, der auch unter den zeitweise schwierigen politischen Verhältnissen die Ziele seiner Frachtfahrten immer weiter steckte, dass er sein Schiff nicht vor einer bestimmten Küste darstellen ließ, sondern auf der offenen See bei starkem Wind von Steuerbord, sodass nur wenige Segel gesetzt werden konnten, das Schiff aber trotzdem in der bewegten See gute Fahrt machte. Obwohl er die Kapitalmehrheit an seinem Schiff selber besaß, also dessen Hauptreeder war und Handelsentscheidungen jeweils vor Ort selber zu treffen hatte, beachtete er als der sein eigenes Schiff führende Kapitän in der Bildunterschrift genau den Standesunterschied zu den Kaufleuten und Reedern, die ihren Handel in den Hafenstädten von ihrem Kontor aus betrieben.

Die als Reeder tätigen Kaufleute ließen ja schon während des ungebrochenen holländischen Einflusses ihre Schiffe auf Gemälden holländischen Stils darstellen und legten auch weiterhin Wert auf Gemälde mit ihren eigenen Schiffen. Aber spätestens in den 70er Jahren des 18. Jahrhunderts ist deutlich zu erkennen, dass solche Bilder nicht mehr nach holländischen, sondern nach englischen Vorbildern gestaltet wurden. Dieser Umschwung ist besonders deutlich an dem ältesten englisch beeinflussten Reederbild des Deutschen Schiffahrtsmuseums zu erkennen. Es wurde als Ölgemälde auf Pappe für einen Danziger Kaufmannsreeder gemalt, wie an der Danziger Flagge am Heck der zentral dargestellten Dreimast-Galiot zu erkennen ist, und zeigt die Schifffahrt als Gleichnis des Lebens (Abb. 27).[161] Es gehört zu einer Serie von wenigstens acht erhaltenen, gleichartig aufgebauten und mit dem gleichen Spruch versehenen Gemälden, die sich nur durch die Tracht des linken Paares und den jeweiligen Schiffstyp im Zentrum voneinander unterscheiden. Deshalb kann man sicher sein, dass das Schiff jeweils das des links dargestellten Paares ist. Hinzuzurechen ist noch ein neuntes, auf 1777 datiertes Bild, das im Zentrum des Kreises einen Lustgarten und dahinter mehrere große Schiffe zeigt; darunter steht eine nur leicht variierte Version des Spruches.[162] Damit ist zugleich ein wichtiger Anhaltspunkt für die Zeitstellung all dieser Bilder gegeben, deren jedes mit der Schifffahrt als Gleichnis für den menschlichen Lebensweg einen Durchgang durch die als großer Kreis oder durchsichtige Kugel dargestellte Welt zeigt, in die ein junges Paar von links ein- und ein altes Paar nach rechts austritt.

Der unbekannte Maler war sehr wahrscheinlich in Kiel tätig[163], das seit 1773 unter alleiniger dänischer Königsherrschaft stand. Dementsprechend malte er nach Ausweis der Flaggen die meisten Bilder für dänische Kunden; erhalten blieben noch zwei andere für Auftraggeber aus Bremen und das des Deutschen Schiffahrtsmuseums für einen aus Danzig. Der Maler hatte bereits das

Abb. 27 »Durchgang durch die Welt«. Ölgemälde für den links dargestellten Danziger Reeder, um 1780. (DSM, Inv. Nr. I/07046/95)

gesamte Arrangement einschließlich des alten Ehepaares mit dem Grab und dazu den Spruch vorgefertigt, sodass er nach den individuellen Wünschen des Auftraggebers nur noch das jüngere Paar und das Schiff einzufügen brauchte. Auf diese Weise stellte er das Bild jeweils für das in der lokalen Festtagskleidung abgebildete jüngere Ehepaar fertig und präsentierte den Mann damit durch den jeweils individuell dargestellten Schifftyp als dessen Reeder.

Man braucht das Danziger Gemälde nur mit dem älteren holländischen zur gleichen Thematik (vgl. Abb. 13) zu vergleichen, um die völlig gewandelte Auffassung zu erkennen. Zwar entsprechen das in den Kreis eintretende junge und das heraustretende alte Paar genau dem eine Seereise antretenden jungen Mann links und den in eine andere Welt eintretenden Rückenfiguren rechts auf dem holländischen Bild; aber welch ein Unterschied! Während die Rückenfiguren in dem älteren Bild eine bildlich nicht mehr darstellbare andere Welt betreten, bewegt sich auf dem jüngeren Bild das abgezehrte alte Ehepaar mit der fast abgelaufenen Sanduhr an einer verdorrten Pflanze vorbei auf das offene Grab zu. Entsprechend diesem fast schon makabren, rein diesseitigen Realismus, fehlt dem langen Reimspruch unter dem Bild konsequenterweise jeder christliche Bezug:

> *Nun wohlauf frisch angetreten, Vater Ihr sollt seyn gebeten,*
> *Sagt mir doch wies gehen soll, weil ihr seyd durchwandert wohl.*
> *Alle unsre beste tage, sind nur Kummer, Jammer Klage.*
> *Alle unsre beste Zeit, ist nur müh und herzeleid.*

Im Gegensatz zu den oben vorgestellten niederländischen Gemälden segelt das Schiff auch nicht mehr auf dem offenen Meer oder vor einer Hafenstadt, sondern zwischen sanften Hügeln inmitten einer idyllischen Parklandschaft mit blumenreicher Wiese.

Obwohl die Schifffahrt als Gleichnis für den Lebenslauf beibehalten wurde, zeigt dieser Perspektivwechsel in Wort und Bild die inzwischen erfolgte Abkehr vom niederländischen Vorbild an. Stattdessen erkennt man deutlich das neue Naturverständnis der ca. 1765 auch in Deutschland unter englischem Einfluss einsetzenden Empfindsamkeit, das zugleich die Abkehr vom Barockgarten zugunsten des englischen Parks bewirkte. Die Empfindsamkeit als die gefühlsbetonte Seite der Aufklärung pflegte besonders das Thema »Vergänglichkeit«, an das sie, wie auf diesem Bild durch das Grab, häufig auch durch ein Grabmal erinnerte.[164] Die rationale Seite der Aufklärung hat den larmoyanten Spruch hervorgebracht.

Dass die Zusammenstellung von Schiff, Park und Grab in dieser Bilderserie nicht der individuelle Einfall eines einzigen Malers war, sondern einem längere Zeit gültigen Trend entsprach, belegen in der Museumssammlung drei geschliffene Bilder eines dickwandigen Biedermeierglases von ca. 1830 (Abb. 28).[165] Das Schiff als Symbol des Lebenslaufs ist auf seiner letzten Station dargestellt: Der überdimensional wiedergegebene Anker und das bereits abgenommene Segel zeigen die Ankunft im endgültigen Hafen an, der entsprechend dem Danziger Gemälde (vgl. Abb. 27) als Wiese mit Blumen und einer Tanne gekennzeichnet ist. Rechts davon ist unter pappelartigen Bäumen ebenfalls eine Wiese dargestellt, auf der unter einer breiten Felskante eine Quelle entspringt, über der aus großen Quadern ein pyramidenförmiges Monument als Stätte der Erinnerung aufgetürmt ist. Das dritte Bild thematisiert mit einem halb umgekippten Grabkreuz und einem steinernen Grabmal vor der untergehenden Sonne die Vergänglichkeit menschlichen Lebens.

Insgesamt drückt sich darin die zur Zeit der Empfindsamkeit aufgekommene neue, tief verinnerlichte Art des Todeserlebnisses aus, das als besonders stark erschütterndes Gefühl ein wesentliches Element des Freundschaftskultes mit seiner wechselseitigen Anteilnahme an den seelischen Regungen war. Zugleich hatte man das Bedürfnis, jede Freundschaft durch ein Andenken zu vergegenwärtigen, sei es durch Eintrag in ein Freundschaftsalbum, durch ein Geschenk oder sogar durch die Errichtung eines Erinnerungsmals.[166] Entsprechend beliebt waren von der Empfindsamkeit bis zum Ende des Biedermeier Gläser mit Todesthematik[167] als Freundschaftsgeschenke in der bürgerlichen Oberschicht. Der neue Trend erfasste selbst die Gartengestaltung dieser Schicht. Nach einem Reisebericht von 1783 befanden sich im Garten des Bremer Senators Justin Friedrich Iken *eine Fontaine, die aus einem Bergkristall aufstieg, die Hütte eines Eremiten und ein Kirchhof. Einsiedler und Tote werden jetzt täglich geselliger und schleichen sich in die Lustgärten*, spottete der Reisende.[168]

Das englische Vorbild wirkte sich also bereits zu dieser Zeit vollen Umfangs auf Lebensgefühl und kulturelles Verhalten der kaufmännisch geprägten Oberschicht in norddeutschen Hafenstädten aus, was nicht nur in der Gartengestaltung, sondern auch in repräsentativen bildlichen Darstellungen des eigenen Schiffes zum Ausdruck kam, wie das vorgestellte Gemälde zeigt. Aus den wenigen aufgeführten Beispielen geht zugleich hervor, dass in der Umbruchszeit zwischen 1775 und 1785 erstaunlich vielfältige Neuansätze versucht wurden, bis sich jener feste Kanon etablierte,

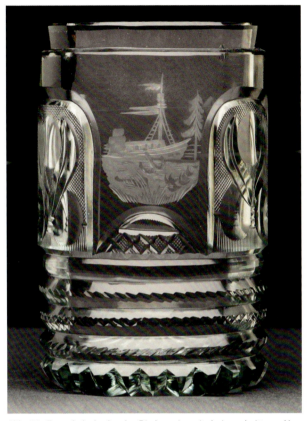

Abb. 28 Freundschaftsglas des Biedermeier mit drei geschnittenen Vergänglichkeitssymbolen (Schiff im letzten Hafen, Grabmonument und Friedhof), um 1830, Höhe 16 cm. (DSM, Inv. Nr. I/10444/09)

der wiederum über einen längeren Zeitraum für die Repräsentation von Kaufleuten, Reedern und Schiffern verbindlich wurde. Darin lebte der von Holland ausgegangene Impuls, Gemälde und weißgrundige Keramik zur repräsentativen Selbstdarstellung zu nutzen, schließlich in englisch geprägter Form weiter.

Anmerkungen:

1 Johannes Warncke: Die Zinngießer zu Lübeck. Lübeck 1922, S. 9.

2 Wilhelm Reinecke: Lüneburger Zinn. Lüneburg 1947, S. 43.

3 Gunar Müller: Stettiner Ware – Anmerkungen an Hand schriftlicher und archivalischer Quellen der Hansestadt Stralsund. In: Stettiner Ware. Eine Keramik des 18. bis 20. Jahrhunderts im südlichen Ostseeraum. (= Stralsunder Beiträge, Bd. 2). Stralsund 1999, S. 4–16, hier S. 11. – Vgl. dazu auch Gesine Schulz-Berlekamp: Stralsunder Fayencen 1755–1792. Berlin 1991, S. 16.

4 Ernst Grohne: Tongefäße in Bremen seit dem Mittelalter. (= Jahresschrift des Focke-Museums). Bremen 1940, S. 107.

5 Eleonore Pichelkastner und Eckart Hölzl: Bruckmann's Fayence-Lexikon. München 1981, S. 67.

6 Abgebildet 1568 in: Das Ständebuch. 114 Holzschnitte von Jost Ammann mit Reimen von Hans Sachs. (= Insel-Bücherei, Nr. 133). Leipzig o.J., Abb. 23, 26 und 75.

7 Ebd., Abb. 59 (Kammacher).

8 Er setzte die Federzeichnungen von Künstlern in Holzschnitte um, durch die sie dann im Druck vervielfältigt werden konnten.

9 Das Ständebuch von 1568 (wie Anm. 6), Abb. 17. – Detlev Ellmers: Prestigeobjekte der Fischer, Schiffer und Flößer an oberer Donau und Main im 18. und 19. Jahrhundert. In: DSA 29, 2006, S. 283–306, Abb. 2.

10 Maria Bogucka: Das alte Danzig. Leipzig ²1987, S. 126.

44

11 In der Sammlung des DSM: Detlev Ellmers: Prunkgefäße schiffahrtsbezogener Berufe im 17. bis 19. Jahrhundert. In: Auf See und an Land. Beiträge zur maritimen Kultur im Ostsee- und Nordseeraum. (= Schriften des Schiffahrts-museums der Hansestadt Rostock, Bd. 3). Rostock 1997, S. 213–234, hier S. 227–231. – Ders.: Seeschiffe im Binnen-land als Zeichen der Kaufleute. In: DSA 28, 2005, S. 375–398, hier S. 389f.

12 E. Grohne 1940 (wie Anm. 4), S. 90–99; der Duinger Krug Abb. 66 oben links.

13 W. Reinecke 1947 (wie Anm. 2), S. 82.

14 Anneliese Hanisch: Europäisches Zinn im Museum des Kunsthandwerks Leipzig – Grassimuseum. Leipzig 1989, Kat. Nr. 16.

15 W. Reinecke 1947 (wie Anm. 2), S. 87.

16 Herbert Schwarzwälder: Bremen in alten Reisebeschreibungen. Bremen 2007, S. 51.

17 Alfred Löhr: Bremer Silber von den Anfängen bis zum Jugendstil. Bremen 1981, Kat. Nr. 33.

18 Otto Lauffer: Hamburg. (= Stätten der Kultur, Bd. 29). Leipzig 1912, S. 82.

19 E. Grohne 1940 (wie Anm. 4), S. 106–131.

20 Alfred Löhr: Gemälde im Focke-Museum und ihre Beziehungen zu den Niederlanden. In: Bremen und die Nieder-lande. (= Jahrbuch 1995/96 der Wittheit zu Bremen). Bremen 1997, S. 110–120.

21 O. Lauffer 1912 (wie Anm. 18), S. 115f.

22 H. Schwarzwälder 2007 (wie Anm. 16), S. 76.

23 Georg Steinhausen: Der Kaufmann in der deutschen Vergangenheit. Leipzig 1912, S. 109, Abb. 116.

24 Ebd., S. 110, Abb. 117.

25 J. Warncke 1922 (wie Anm. 1), S. 9.

26 Christian L. Küster: Glas im Altonaer Museum. In: Jahrbuch des Altonaer Museums 11, 1973, S. 9–68, hier S. 12.

27 E. Grohne 1940 (wie Anm. 4), S. 126.

28 Theodor Storm in der Novelle »Von heut und ehedem« (1873): Sämtliche Werke. Essen o.J. (ca. 2006), S. 417.

29 E. Grohne 1940 (wie Anm. 4), S. 108.

30 E. Pichelkastner, E. Hölzl 1981 (wie Anm. 5), S. 300.

31 A.B. Andersen: A Dutch Galliot which Struck the Rock in 1677. In: International Journal of Nautical Archaeology 3, 1974, S. 91–100.

32 August Jugler: Aus Hannovers Vorzeit. Hannover 1883, S. 111.

33 E. Pichelkastner, E. Hölzl 1981 (wie Anm. 5), S. 136f.

34 Ebd., S. 289.

35 Wulf Schadendorf (Hrsg.): Niederländische Malerei des 17. Jahrhunderts. (= Lübecker Museumskataloge, Bd. 2, H. 2). Lübeck 1984, S. 7f.

36 Peter W. Kallen: Zur Sammlung niederländischer Malerei. In: Ebd., S. 15–20, hier S. 15f.

37 A. Hauser: Sozialgeschichte der Kunst und Literatur. München 1972, S. 507f. – J.M. Montias: Artists and Artisans in Delft. Princeton 1982, S. 196f.

38 O. Lauffer 1912 (wie Anm. 18), S. 95f.

39 A. Löhr 1997 (wie Anm. 20); vgl. auch Anm. 35.

40 Vgl. Anm. 1–9. – D. Ellmers 2005 (wie Anm. 11).

41 Herren der Meere – Meister der Kunst. Das holländische Seebild im 17. Jahrhundert. Rotterdam, Berlin 1996, S. 39f.; vgl. auch Anm. 35.

42 DSM, Inv. Nr. I/06562/94, Öl auf Holz, 39,5 x 53,5 cm , Signatur J P unten. Erworben in den 1970er Jahren aus nord-deutschem Privatbesitz.

43 Heinrich Stettner (Hrsg.): Arbeitsschiffe des täglichen Gebrauchs. Porcellis' Kupferstiche von 1627. Bremen 1996, Abb. 6.

44 Herren der Meere 1996 (wie Anm. 41), Kat. Nr. 22f.

45 T. Storm 1873 (wie Anm. 28), S. 423.

46 Das St. Annenmuseum in Lübeck besitzt mehrere, die aus Lübecker und Hamburger Privatbesitz stammen. W. Scha-dendorf 1984 (wie Anm. 35), Kat. Nr. 3, 11, 46, 65. Zur Provenienz S. 11–14.

47 DSM, Inv. Nr. I/03735/86, Öl auf Holz, 49 x 69 cm. Literatur: Schiffahrtssammlung Dr. Bernartz, Köln, ausgestellt in Bremerhaven vom 12. bis 28. Mai 1967. Bremerhaven 1967, S. 23.

48 Herren der Meere 1996 (wie Anm. 41), S. 96: Am Flaggenstock *weht eine rote Fahne, das Signal zum Angriff.*

49 D. Ellmers 1997 (wie Anm. 11), S. 213–234.

50 Hermann Entholt: Der Schütting. Das Haus der bremischen Kaufmannschaft. Bremen 1931, S. 23f.

51 Johannes Lachs: Schiffe aus Bremen. Bilder und Modelle im Focke-Museum. Bremen o.J. (jüngste zitierte Literatur 1993), S. 28.

52 DSM, Inv. Nr. I/07254/95, Öl auf Leinwand, 47 x 59,5 cm, Stiftung von Prof. Dr. Ekhart Berckenhagen, der es im Berliner Kunsthandel erworben hatte. Literatur: Ekhart Berckenhagen: Pieter van de Velde vor dem Hintergrund flä-mischer Marinemalerei des 15. bis 18. Jahrhunderts. In: DSA 18, 1995, S. 187–206.

53 D. Ellmers 2005 (wie Anm. 11), S. 377–379. - Zur Schiffahrt Genuas nach Flandern: Thomas Allison Kirk: Genoa and the Sea. Policy and Power in an Early Modern Maritime Republic, 1559–1684. Baltimore, London 2005.

54 G. Steinhausen 1912 (wie Anm. 23).

55 DSM, Inv. Nr. I/08989/00, Öl auf Holz, 41 x 57,5 cm, Signatur links unten: J [?] *Stuhr.* Sammlung Hugo Bruhn im DSM. Literatur: Klaus Barthelmess und Hendrik Busmann: Zwei Walfanggemälde des 17. Jahrhunderts aus der

Sammlung Hugo Bruhn im Deutschen Schiffahrtsmuseum. In: DSA 25, 2002, S. 19–40. – Klaus Barthelmess: Das erste gedruckte deutsche Walfangjournal. Christian Bullens »Tag=Register« einer Hamburger Fangreise nach Spitzbergen und Nordnorwegen im Jahre 1667. Amsterdam, Bremerhaven 2003, S. 13.

56 K. Barthelmess, H. Busmann 2002 (wie Anm. 55), S. 25 mit Anm. 16. – Herren der Meere 1996 (wie Anm. 41), Kat. Nr. 92.

57 Wanda Oesau: Schleswig-Holsteins Grönlandfahrt auf Walfischfang und Robbenschlag. Glückstadt, Hamburg, New York 1937, S. 134f. und für Altona S. 36f.

58 K. Barthelmess, H. Busmann 2002 (wie Anm. 55), S. 27f.

59 Herren der Meere 1996 (wie Anm. 41), Kat Nr. 92.

60 DSM, Inv. Nr. I/00205/72, Öl auf Leinwand. 77,5 x 95,5 cm, Stiftung der Industrie- und Handelskammer Bremerhaven. Literatur: Gert Schlechtriem: Schiffe und Häfen. Bilder aus dem Deutschen Schiffahrtsmuseum. Bremen 1978, S. 2–5. – Heide Wicklein: Seestück und Marinebild. Zur holländischen und deutschen Marinemalerei. In: Bremen und die Niederlande. (= Jahrbuch der Wittheit zu Bremen 1995/1996). Bremen 1997, S. 138–149, hier S. 143f.

61 Vgl. Anm. 55.

62 Vgl. z.B. Heinrich Stettner und Uwe Schnall (Hrsg.): Wallfischfang. 16 Tafeln nach Stichen von Adolf van der Laan um 1720. (= Bildmappe des Deutschen Schiffahrtsmuseums, Nr. 9). Bremerhaven 1984.

63 DSM, Inv. Nr. I/09233/01, Öl auf Leinwand, 105,5 x 137,5 cm, Stiftung G. Bruhn, Kiel. Abbildung: DSA 24, 2001, Titelbild und S. 175 als Illustration zu einem Walfang-Artikel.

64 Joachim Münzing: Wale und Walfang in historischen Darstellungen. Altonaer Museum in Hamburg. Katalog 1975, Kat. Nr. 28; vgl. auch Kat. Nr. 29.

65 DSM, Inv. Nr. I/00673/73, Holz, Uhrwerk einschließlich Zifferblatt aus Messing, Geschenk aus norddeutschem Privatbesitz.

66 O. Lauffer 1912 (wie Anm. 18).

67 T. Storm (wie Anm. 28), S. 144, in der Novelle »Im Sonnenschein« (1854).

68 DSM, Inv. Nr. I/05714/92, Öl auf Leinwand, 64 x 103 cm, erworben 1992 im Kunsthandel in Telgte/Westfalen.

69 D. Ellmers 2005 (wie Anm. 11), S. 380 mit Abb. 16 auf S. 394.

70 Harm-Henning Kuhlmann: Das Schiff als Symbol des vollendeten Lebens. Begräbnismünzen und Sterbemedaillen der Barockzeit. In: Numismatik 28, Hamburg 2007, S. 22–27, hier S. 25–27.

71 Wolfgang Runge: Sprechende Steine. Grabstelen im Oldenburger Land von 1600 bis 1800. Oldenburg 1979, Kat. Nr. 19,6 mit Abb. S. 143. Das Schiff ist ein Weserkahn, keine Smack.

72 D. Ellmers 2005 (wie Anm. 11), S. 389f.

73 Walter Lüden: Föhrer Seefahrer und ihre Schiffe. Heide 1989, S. 108f. – Wolfgang Rudolph: Seefahrer-Souvenirs. Steingut, Fayence und Porzellan aus drei Jahrhunderten. Leipzig 1982, S. 40.

74 D. Ellmers 2005 (wie Anm. 11).

75 E. Grohne 1940 (wie Anm. 4), S. 113f.

76 Heinrich Stettner: Schiffe auf Fliesen. (= Führer des Deutschen Schiffahrtsmuseums, Nr. 6). Bremerhaven 1976. Das Deutsche Schiffahrtsmuseum hat die Sammlung Stettner in der Zwischenzeit erworben.

77 Kai Sievers: Schleswig-holsteinische Bauernstuben. Heide ²1966, Taf. 3, 11, 18, 21, 27 und 38.

78 H. Stettner 1976 (wie Anm. 76), S. 15–20, erworben 1973.

79 Ebd., S. 59.

80 W. Rudolph 1982 (wie Anm. 73).

81 Ebd. – Dagmar Waskönig: Das Katalogwerk »Das Schiff in der bildenden Kunst«. In: Altonaer Museum in Hamburg, Jahrbuch 8, 1970, S. 59–92, hier S. 81–83.

82 W. Oesau 1937 (wie Anm. 57), S. 209 mit Taf. XV und S. 216 mit Taf. XVIII, weiteres Walfangbild Taf. II. – Weitere kleine Küstensegler auf Fliesentableaus: W. Rudolph 1982 (wie Anm. 73), Abb. 17 (auf Fanö) und Abb. 24 (Ostfriesland), dazu Text S. 40.

83 K. Sievers 1966 (wie Anm. 77), Taf. 3 (Keitum/Sylt). – Wilhelm Pinder: Innenräume deutscher Vergangenheit. Königstein, Leipzig 1925, S. 10 (Hallig Hooge). – Wilhelm Peßler: Deutsche Volkskunst Niedersachsen. München 1923, Reprint Frankfurt/M. 1984, Taf. 10 (Ostfriesland).

84 H. Stettner 1976 (wie Anm. 76), S. 65, Abb. W3 und W4, dazu Text S. 18. – Gert Schlechtriem: Segelschiffe. Bilder aus dem Deutschen Schiffahrtsmuseum. (= Bildmappe des Deutschen Schiffahrtsmuseums, Nr. 1). Bremerhaven ²1979, Taf. 4.

85 Einer der deutschen Kapitäne im Dienst eines niederländischen Übersee-Reeders war Jens Jacob Eschels (1757–1842) aus Nieblum/Föhr. – Jens Jacob Eschels: Lebensbeschreibung eines alten Seemannes, von ihm selbst und zunächst für seine Familie geschrieben. Hrsg. von Albrecht Sauer. Hamburg ²1995, Reprint Hamburg 2006, S. 144ff.

86 DSM, Inv. Nr. I/09169/00, 39 x 28,5 cm, erworben 2000 im Antiquitätenhandel in Remels.

87 Zum Schiffstyp vgl. Horst Menzel: Smakken, Kufen, Galioten. Drei fast vergessene Schiffstypen des 18. und 19. Jahrhunderts. (= Schriften des DSM, Bd. 47). Hamburg 1997, S. 29–49; Abb. 37 zeigt eine Smack in ähnlich rauer See auch ohne Segel am Besanmast.

88 Neuanfertigung für das DSM nach der noch vorhandenen alten Durchstaubschablone bei der Firma Tichelaar in Makkum, Niederlande.

89 W. Lüden 1989 (wie Anm. 73), S. 37.

90 DSM, Inv. Nr. I/10441/09, Höhe 28 cm, erworben 2008 im Münchener Kunsthandel.

91 E. Grohne 1940 (wie Anm. 4), S. 108.

92 E. Pichelkastner, E. Hölzl 1981 (wie Anm. 5), S. 55 und 67.

93 D. Ellmers 2005 (wie Anm. 11), S. 379.

94 Ebd.

95 Detlev Ellmers: Hansische Selbstdarstellung im Siegelbild. In: Rolf Hammel-Kiesow und Michael Hundt (Hrsg.): Das Gedächtnis der Hansestadt Lübeck. Festschrift für Antjekathrin Graßmann zum 65. Geburtstag. Lübeck 2005, S. 413–425.

96 Johannes Vogt: 10. Spezialauktion historische Trinkgefäße. München 24.4.1999, Nr. 224.

97 Margit Bauer: Europäische Fayencen. Frankfurt/M. 1977, Kat. Nr. 375, 377. Vgl. auch Anm. 96.

98 Johannes Vogt: 26. Spezialauktion historische Trinkgefäße. München 11.11.2006, Nr. 355.

99 Hela Schandelmaier: Niedersächsische Fayencen. Hannover 1993, Kat. Nr. 16–32.

100 Max Hasse: Bilder und Hausgerät. Lübeck, St.-Annen-Museum. (= Lübecker Museumsführer, Bd. 2). Lübeck 1969, Kat. Nr. 403.

101 T. Storm (wie Anm. 28).

102 O. Lauffer 1912 (wie Anm. 18), S. 82.

103 E. Grohne 1940 (wie Anm. 4), S. 126.

104 Ebd., S. 122 mit Abb. 84.

105 DSM, Inv. Nr. I/10445/09, Durchmesser 23,5 cm, erworben 2008 aus Bremer Privatbesitz.

106 E. Pichelkastner, E. Hölzl 1981 (wie Anm. 5), S. 148.

107 Die Tellerserie des Altonaer Museums ist etwas kleiner (Durchmesser 22,6 cm); die Teller 10 und 12 haben den gleichen Bildaufbau wie die des Deutschen Schiffahrtsmuseums, unterscheiden sich aber davon in vielen nebensächlichen Details: Joachim Münzing: Eine Serie Delfter Fayenceteller des 18. Jahrhunderts zur Heringsfischerei und ihre druckgraphischen Vorlagen. In: Altonaer Museum in Hamburg, Jahrbuch 18/19, 1980/81, S. 191–227. – Das Stedelijk Museum »Het Prinsenhof« in Delft besitzt einen kleineren Teller (Durchmesser 22 cm) mit etwas einfacherer, aber dadurch zugleich einprägsamerer Darstellung des 10. Themas (Packen der Fässer): 300 Jahre Keramik aus Delft. Ausstellungs-Katalog des Kreismuseums Zons 1974, Kat. Nr. 17, Abb. 16.

108 Eine komplette Walfangserie hat das Bremer Landesmuseum 1927 in Hamburg erworben. J. Lachs nach 1993 (wie Anm. 15), S. 36f.

109 W. Reinecke 1947 (wie Anm. 2), S. 43.

110 DSM, Inv.-Nr. I/10442/09, Höhe 23 cm, Durchmesser 12,5 cm, erworben 2003 im Münchener Kunsthandel.

111 H. Stettner 1976 (wie Anm. 76), S. 62, Fliese W1, l, erworben 1973 aus dem Haus eines Seefahrers bei Bredstedt, Schleswig-Holstein.

112 E. Pichelkastner, E. Hölzl 1981 (wie Anm. 5), S. 251 und 127 (Fliesen von 1738/39 der Rotterdamer Manufaktur De Blompott).

113 E. Grohne 1940 (wie Anm. 4), S. 122 mit Abb. 84.

114 H. Stettner 1976 (wie Anm. 76) S. 37, Fliese F4, Mitte links, aus der Sammlung Stettner im DSM.

115 Erwin Hinze: Die deutschen Zinngießer und ihre Marken. Bd. 3: Norddeutsche Zinngießer. Leipzig 1923, Nr. 1914.

116 Peter Vogt: Fayence und Steinzeug aus vier Jahrhunderten. München 2003, Kat. Nr. 57.

117 E. Grohne 1940 (wie Anm. 4), S. 108.

118 A. Löhr 1981 (wie Anm. 17), S. 58, Kat. Nr. 33.

119 Johann Joachim Bernitt: Rostocker Zinnsammlung. (= Kulturhistorisches Museum Rostock, Begleitheft 3). Rostock 1983, S. 22–26. – Das DSM besitzt den 1737 angefertigten Silberbecher der Rostocker Böttchergesellen mit einer Krone über dem Zunftzeichen.

120 Johannes Vogt: 17. Spezialauktion historische Trinkgefäße. München 2002, Kat. Nr. 151; gemalt von dem Bayreuther Hausmaler Johann Friedrich Metsch.

121 Vgl. D. Ellmers 2005 (wie Anm. 11), S. 384–390.

122 Für Rostock J.J. Bernitt 1983 (wie Anm. 119), S. 12 und 23f.

123 Vgl. Anm. 3.

124 Allein die Sammlung des Deutschen Schiffahrtsmuseums umfasst mehr als ein halbes Dutzend private Zinngefäße von Schiffern zwischen Emden und Wismar aus der Zeit von 1672 bis 1840.

125 Das spiegelt sich auch in der Sammlung des DSM: D. Ellmers 2006 (wie Anm. 9), S. 283–306.

126 E. Grohne 1940 (wie Anm. 4), S. 106–131.

127 O. Lauffer 1912 (wie Anm. 18), S. 116f.

128 E. Pichelkastner, E. Hölzl 1981 (wie Anm. 5), S. 289.

129 Lydia L. Dewiel: Deutsche Fayencen. München 1981, S. 107.

130 Gesine Schulz-Berlekamp: Stralsunder Fayencen 1755–1792. Berlin 1991, S. 15.

131 DSM, Inv. Nr. I/10443/09, Länge 12 cm, erworben 2003 im Münchener Kunsthandel, an mehreren Stellen bestoßen.

132 Margarete Jarchow: Fayencen des 18. Jahrhunderts aus Schleswig-Holstein. Hamburg 1985, Kat. Nr. 7.

133 Hermann Gutmann: Haus Seefahrt in Bremen und seine Schaffermahlzeit. Bremen 1999, Abb. S. 144.

134 A. Löhr 1981 (wie Anm. 17), S. 80 mit Kat. Nr. 69 (zwei silberne Salzschälchen nach 1725).

135 E. Grohne 1940 (wie Anm. 4), S. 108.

136 Vgl. Anm. 18.

137 Überliefert sind auch Salsarien aus Fayence, bei denen Delfine die Salzschale halten: Margit Bauer: Europäische Fayencen. Museum für Kunsthandwerk. Frankfurt/M. 1977, S. 166. – Peter Vogt: Fayence und Steinzeug aus vier Jahrhunderten. München 2000, Kat. Nr. 66.

138 Thomas Mann: Die Buddenbrooks. 1. Teil, Kap. 2. Gütersloh o.J. (nach 1950), S. 13f.

139 W. Rudolph 1982 (wie Anm. 73), S. 46.

140 DSM, Inv. Nr. I/08989/00, Durchmesser 24,6 cm, Sammlung Hugo Bruhn im DSM.

141 Wanda Oesau: Hamburgs Grönlandfahrt auf Walfischfang und Robbenschlag vom 17.–19. Jahrhundert. Glückstadt, Hamburg 1955, S. 106f., 155, 169f.

142 Das DSM besitzt zwei Glaspokale, auf denen Emder Kaufleute 1752 das Schiff DER KÖNIG VON PREUSSEN darstellen ließen. Detlev Ellmers: Ein Silberbecher und Stapellauffeiern der Frühen Neuzeit. In: DSA 26, 2003, S. 261–272, hier S. 266 mit Abb. 4.

143 DSM, Inv. Nr. I/08705/99, Durchmesser 24,6 cm, erworben 1999 im Bremer Kunsthandel aus einer Haushaltsauflösung.

144 Thomas Begerow: Zur Sozialstruktur und sozialen Mobilität der seefahrenden Bevölkerung im späten 18. und 19. Jahrhundert am Beispiel des bremischen Hafenortes Vegesack. Magisterarbeit der Freien Universität Berlin 1997, S. 34f. und Anhang 3.2.

145 D. Ellmers 1997 (wie Anm. 11), S. 219–222. Auf dem Zinnteller mit Dreimaster (Abb. 5) konnten die Initialen *J M : SvH* inzwischen als die von »Johann Müller, Schiffer und Handelsmann« aus Brake, Unterweser, identifiziert werden.

146 J. Lachs nach 1993 (wie Anm. 51), S. 38f.

147 Peter-Michael Pawlik: Von der Weser in die Welt. Die Geschichte der Segelschiffe von Weser und Lesum und ihrer Bauwerften 1777 bis 1893. (= Schriften des DSM, Bd. 33). Hamburg ²1994, S. 361f.

148 Beispiele aus dem Bremer Landesmuseum bei J. Lachs nach 1993 (wie Anm. 51), S. 38f.

149 W. Rudolph 1982 (wie Anm. 73), S. 40.

150 D. Ellmers 1997 (wie Anm. 11), S. 222.

151 Gustav Wulf: Wismarer Schiffsregister. Bremervörde 1996, S. 170 (Galeote DIE ZUFRIEDENHEIT).

152 J. Lachs nach 1993 (wie Anm. 51), S. 39, Abb. oben rechts, und S. 41.

153 Ebd., S. 39, Abb. unten rechts.

154 Werner Timm: Kapitänsbilder. Schiffsporträts seit 1782. Bielefeld, Berlin 1971.

155 Ebd., S. 153 und Abb. 1; Maße: 22,5 x 27,5 cm.

156 W. Lüden 1989 (wie Anm. 73), S. 53.

157 Die dargestellte Flagge mit schwarzem Greif auf gelbem Grund löste 1803 die Flagge mit rotem Greif ab.

158 DSM, Inv. Nr. I/04379/88, Aquarell mit Federzeichnung auf Papier, 48,7 x 68,7 cm, erworben 1988 im Bremer Kunsthandel.

159 John Brinckman: Von Anno Toback un dat oll Ihrgistern. Rostock 1989, S. 48 (*Vetter Jochen, Kaptein up de Mara*), S. 153 (*Jochen Meyer von de Mara*) und S. 351 (*Vetter Krischan von de Mara*).

160 Ebd., S. 155, 161f., 199.

161 DSM, Inv. Nr. I/07046/95, Öl auf Pappe, 62 x 77 cm, erworben 1995 aus norddeutschem Privatbesitz. Abgebildet in DSA 19, 1996, S. 405.

162 Ernst Schlee: Der Durchgang durch die Welt. Zu einem Bild des Altonaer Museums. In: Jahrbuch des Altonaer Museums 1976/77, S. 17–59. – Zu den dort nachgewiesenen Bildern kommen außer dem des DSM noch jeweils eines im Schifffahrtsmuseum Brake und im Museum Schloss Schönebeck in Bremen hinzu.

163 Er hat eines der Bilder zusammen mit einem Gegenstück anderen Inhalts für ein Haus in Kiel als Supraporten gemalt (E. Schlee, wie Anm.162, S. 23f.). Das mit dem Lustgarten zeigt den Blick von Bellevue nördlich der Kieler Altstadt auf die Kieler Förde (E. Schlee, a.a.O., S. 18; vgl. dazu dieselbe Ansicht auf einer Lithographie von Friedrich Wilhelm Saxesen 1850 in: Merian, Monatsheft 7, Jg. 10 [= Kiel], 1957, S. 72).

164 Renate Krüger: Das Zeitalter der Empfindsamkeit. Kunst und Kultur des späten 18. Jahrhunderts in Deutschland. Leipzig 1972, S. 131–134.

165 DSM, Inv.-Nr. I/10444/09, Höhe 16 cm, erworben im Salzburger Kunsthandel.

166 R. Krüger 1972 (wie Anm. 164), S. 117–131. – Günther Böhmer: Die Welt des Biedermeier. München 1968, S. 104.

167 Häufig auch mit Darstellung der Lebensstufen von der Wiege bis zum (offenen!) Grab: Dietlind Gentsch: Biedermeier. Leipzig 1976, Taf. 20 mit Erläuterung S. 54. – Claudia Horbas und Renate Möller: Glas vom Barock bis zur Gegenwart. München, Berlin 2006, S. 80, Abb. 68.

168 H. Schwarzwälder 2007 (wie Anm. 16), S. 127.

Anschrift des Verfassers:
Prof. Dr. Detlev Ellmers
Oldenburger Straße 24
D-27568 Bremerhaven

48

Paintings and Faiences Replace Tin: Holland's Influence on the Representation of North German Merchants and Mariners in the Seventeenth and Eighteenth Centuries

Summary

The import of faiences to North Germany from Holland presumably began around 1618. It thereafter assumed such proportions that, from 1672 onward, local tin moulders and potters complained that their products were being supplanted by Dutch faiences and paintings. This contribution examines how and to what extent this phenomenon altered the way in which North German merchants, mariners and ship owners sought to display their social rank. It thus begins with a description of previous practises concerning the projection of their self-worth, focusing on how magnificent drinking vessels – placed on a jug shelf hung high on a wall of a room for the reception of guests – were used as items of prestige and self-representation.

In their function as prestige items, these drinking vessels were replaced during the course of the seventeenth century by Dutch paintings, initially placed on jug shelves but later simply hung on the wall. The German Maritime Museum is showing seven of these relatively small oil paintings dating from sometime prior to 1632 until approximately 1750, including three whaling paintings, where the patrons of the works, as ship owners, presented their whalers, while the merchants who commissioned the other paintings had their trade connections to the Netherlands depicted, and to that country's global maritime culture in general.

The use of Dutch faiences in North Germany was highly differentiated. Wall tiles were popular with urban merchants and village shippers alike, and were prized by members of many other social ranks as decorations for special rooms, but were not regarded as objects of prestige. Only tile tableaux were regarded as such by village shippers after 1750. These they used to depict either their own small coastal sailing vessels, or else the large merchant and whaling ships, generally of Dutch ownership, which they skippered. Merchants, by contrast, favoured the manifold opportunities for self-representation offered by faience vessels. To this end they also used traditional faience drinking vessels, represented their far-reaching trading connections with new sets of vases modelled after Chinese designs, and bedecked festive tables with plates and condiment sets representative of their business activities. Urban shippers belonging to shipping associations in North Germany, however, remained loyal to the tradition of using tin drinking vessels as prestige objects.

From the mid eighteenth century onward, English earthenware began to supplant Dutch faience on the North German market, which led to yet another new approach concerning concepts of prestige among merchants, ship owners and mariners – an approach which became almost mandatory between 1775 and 1785. The biggest development made by the mariners consisted in their turn away from traditional tin vessels bearing the logo of the shipping company, and their adoption of a practise already favoured by merchants during the period of Dutch influence: they acquired individual earthenware plates with a white background, or else pictures (mainly watercolours on paper) with a depiction of "their" ship and its name in the inscription alongside their name and their professional title – *capt.* – to show that, although the ship did not belong to them, it was they who captained it. Research has accordingly termed these objects "captains' pictures". The practise was subsequently taken up by village shippers who accordingly ceased ordering Dutch tile tableaux.

The attitude of ship owners and merchants toward concepts of prestige did not alter as fundamentally. They merely pursued the practise of having their own ships depicted, mainly in oil or on crockery sets, now all the more assiduously. The pictorial style reflected a taste that originated in England and the crockery was made of English earthenware. Unlike the mariners, they saw to it only that the name of the ship was legible. They did not need to worry about their own names, as it was taken for granted that the ships belonged to them.

The objects of prestige on display at the German Maritime Museum can easily be assigned to one of the three professional groups in question (which at that time constituted *Stände* of different social ranks), namely merchants or ship owners, captains of urban shipping lines, or village mariners. In the content of each item we can see what it contributed to its owner's prestige. Only in some pieces, however, can we also determine the port where the first owner of the item resided. From West to East, these were: Amsterdam, Vegesack, Bremen, Glückstadt, Hamburg, Rostock and Gdansk. The name of the first owner can be determined from the inscription alone in only three of the works dating from after the period of Dutch influence. The inclusion of the name is a particularly good indication of the importance of the respective prestige object for its owner.

Tableaux et faïences au lieu d'étain. L'influence de la Hollande sur le prestige des négociants et des mariniers du nord de l'Allemagne aux XVIIe et XVIIIe siècles

Résumé

L'importation de faïences hollandaises, prouvée dans l'Allemagne du Nord depuis 1618, avait pris une telle ampleur qu'à partir de 1672, potiers d'étain et potiers de la région se plaignaient que ces faïences, autant que les tableaux hollandais, fassent reculer la vente de leurs produits. L'article ci-dessus examine sous quelle forme et à quel point ce processus de refoulement a transformé le comportement des marchands, des armateurs et des mariniers de l'Allemagne du Nord face aux objets de prestige. C'est pourquoi le comportement précédent des personnes énumérées, en ce qui concerne la représentation, est tout d'abord esquissé, qui leur faisait disposer de pompeux récipients à boire sur une étagère spéciale dite « Kannenbord », placée haut sur les murs d'une pièce d'apparat dans leurs domiciles privés.

Au lieu des récipients à boire arrivèrent avec les tableaux hollandais au cours du XVIIe siècle un tout autre genre d'objets de prestige, tout d'abord sur l'étagère, ensuite simplement au mur. Le Musée allemand de la Marine montre sept de ces huiles, relativement petites, datant de l'époque d'avant 1632 jusqu'à environ 1750, parmi lesquelles trois tableaux de pêche à la baleine, avec lesquels les commanditaires se présentaient comme armateurs de leurs baleiniers, tandis que les négociants, sur les autres tableaux, ne présentaient que leurs relations de commerce en général avec les Pays-Bas et leur navigation à travers le monde entier.

Dans le Nord de l'Allemagne, le contact avec la faïence hollandaise était bien plus différencié. Autant auprès des marchands citadins qu'auprès des mariniers de village et de bien d'autres états, les carreaux muraux comme revêtement de salles particulières étaient très appréciés, sans toutefois être considérés comme des objets de prestige. Seuls les tableaux en carreaux à partir d'environ 1750 auront cette qualité, avec lesquels ils feront soit représenter leur propre voilier de cabotage, soit les grands navires de commerce ou les baleiniers d'armateurs, la plupart du temps hollandais, qu'ils commandaient. En revanche, les marchands utilisaient les diverses possibilités de représentation que les récipients en faïence leur offraient. Pour cela, ils employaient à présent, selon la manière éprouvée, des récipients à boire en faïence, mettant en évidence leurs vastes relations commerciales grâce aux nouveaux jeux de vases, décorés selon les modèles chinois, et présentaient leurs entreprises sur les tables de banquets, grâce à des assiettes ou des pots à épices. Les mariniers, organisés en sociétés de mariniers dans les villes en Allemagne du Nord, en revanche, restaient fidèles aux traditionnels récipients à boire en étain.

À partir du milieu du XVIIIᵉ siècle, la vaisselle anglaise en grès commença à refouler la faïence hollandaise du marché d'Allemagne du Nord, ce qui poussa les marchands, les armateurs et les mariniers entre 1775 et 1785 à adopter un autre comportement qui passa pendant longtemps pour être définitif. En se détachant tout d'abord des récipients en étain avec l'enseigne des sociétés de mariniers, puis en faisant ce que les commerçants étaient déjà arrivés à faire dans la phase de l'influence hollandaise, les mariniers ont franchi le plus grand pas de développement : ils firent à présent l'acquisition de nouveaux objets de prestige, soit des assiettes uniques de grès à fond blanc ou des tableaux (la plupart du temps, des aquarelles sur papier), avec la représentation de « leur » bateau, dont ils faisaient retenir le nom dans l'inscription, aussi bien que le leur, et la désignation professionnelle « *Capt.* », par laquelle ils signalaient que le bateau, bien que ne leur appartenant pas, était sous leurs ordres. La recherche nomme ces tableaux des « tableaux de capitaines », que les mariniers de villages adoptèrent également, renonçant à commander les tableaux de carreaux hollandais.

Le comportement des armateurs et des marchands, en ce qui concerne le prestige, ne changera pas de fond en comble. Ils se firent plutôt peindre leur propre navire de façon plus conséquente qu'auparavant, la plupart du temps à l'huile, ou sur de la vaisselle. Les dessins étaient réalisés selon le goût régnant en Angleterre et la vaisselle était constituée de grès anglais. À la différence des mariniers, ils veillaient à la rigueur à ce que les noms des bateaux soient bien lisibles. Ils n'avaient pas besoin de donner leur nom : que le navire correspondant leur appartienne coulait de source.

Les objets de prestige présentés par le Musée allemand de la Marine n'ont posé aucun problème pour déterminer leur appartenance à l'un des trois groupes professionnels traités (qui passaient autrefois d'« états » de rangs sociaux différents), à savoir soit les commerçants et armateurs, soit les mariniers des sociétés de mariniers des villes ou les mariniers des villages. Pour chaque pièce, il a été possible de déterminer ce qui contribuait au prestige de son propriétaire. Mais c'est seulement pour quelques-unes d'entre elles qu'il a été possible de déterminer la ville portuaire dans laquelle était domicilié leur propriétaire. Il s'agissait, d'ouest en est, d'Amsterdam, Vegesack, Brême, Glückstadt, Hambourg, Rostock et Gdansk. Seuls trois objets ont révélé, grâce à leur inscription, la personne du premier propriétaire dans la période suivant l'influence hollandaise. Il fut donc particulièrement facile de reconnaître la valeur que revêtait l'objet pour son propriétaire.

▶ JÜRGEN RABBEL

Die Eigentumsverhältnisse der ersten Rostocker Handelsdampfer

Zur Geschichte der Rostocker Schifffahrt im 19. Jahrhundert

Rostocker Wirtschaftspolitik

Rostock lag in der Mitte des 19. Jahrhunderts geistig noch immer in den »Fesseln seiner Vorfahren«. So nützlich alle seine Privilegien wie das Recht der alleinigen Hafen- und Stapelgerechtigkeit einmal gewesen sein mögen, so hinderlich waren sie inzwischen für die Entwicklung als See- und Hafenstadt geworden. Nicht allein die wirtschaftliche Isolation Mecklenburgs durch unzählige Haupt-, Schutz- und Nebenzölle hemmte den Aufschwung von Handel und Industrie, vielmehr vereitelten die Rostocker selbst, allen voran die Zünfte, innerhalb ihres eigenständig verwalteten Wirtschaftsgebietes durch *erbvertragsmäßige Gerechtsamkeiten* und die dadurch betriebene »städtische Kleinstaaterei« jeglichen Fortschritt.[1]

Obwohl Rostock durch den Erbvertrag von 1573 seine politische Selbständigkeit verloren hatte und als *landeserbuntertänig*, steuer- und *heerbannpflichtig* erklärt worden war, verstand es die Stadt auch nach dem Zusammenbruch der Hanse noch über Jahrhunderte – anfangs

Abb. 1 Im Strom von Warnemünde wird von der Jolle aus der Seelotse gegen den Revierlotsen ausgetauscht. (Postkarte)

zusammen mit Wismar, bis zu dessen schwedischer Besetzung –, ihre traditionelle Monopolstellung der Hafen- und Stapelgerechtigkeit in Mecklenburg zu verteidigen, ohne dieses Privileg jemals schriftlich begründet zu haben. Deshalb waren vor allem der Adel und die Besitzer der küstennahen Güter stets darum bemüht, ihre selbst gewonnenen landwirtschaftlichen Erzeugnisse unter Umgehung der beiden Seestädte durch Nebenhäfen wie z.B. Poel, Gaarz und am Salzhaff oder auch über Ribnitz zur Verschiffung zu bringen.[2] Wenn diese Fahrzeuge nicht von bewaffneten Rostocker Ausliegern abgefangen wurden, dann fanden sie, außer bei den Holländern, selbst bei den Hansegenossen aus Lübeck immer willige Abnehmer. Aber nicht nur die Adligen, selbst einige Bauern betrieben Kaufmannschaft mit Booten, Schuten oder Kreiern.

Erst durch den § 368 des Landesgrundgesetzlichen Erbvergleichs von 1755 *sollte es allen und jeden, an der Ost=See mit ihren* Gütern *grenzenden vom Adel und Land=Begüterten [...] unbenommen seyn, die auf ihren Gütern aufkommenden Naturalien, mit Fahr=Zeugen über die See bringen zu lassen, wohin sie wollen, [...] jedoch dass alle Kaufmanns=Ware, und was auf einen Waren=Handel hinaus gehen könnte, ausgeschlossen bleiben soll.* Damit war der jahrhundertelangen Verfolgung sogenannter »Klipp- oder Winkelhäfen« durch die Stadt Rostock, die vorrangig dem Getreideexport dienten, praktisch ein Ende bereitet und neben der Rostocker Flotte auch die Basis für eine mecklenburgische Flotte gelegt worden. Diese Begünstigung nutzten, ausgerüstet mit den durch das Großherzogliche Amt in Ribnitz ausgestellten Seepässen, Biel- und Messbriefen, vorrangig die Bewohner des Fischlandes und der Boddendörfer. Sie gründeten etwa 1770 die Fischländer Flotte.[3]

Viele Schiffer des Fischlandes benutzten die *Greifenflagge*, den schwarzen Greif auf gelbem Grund, welche die Rostocker als ihre alleinige *privative Flagge* ansahen. Als es darüber Differenzen mit der Landesregierung gab, äußerte sich ein Kapitän in der Rostocker Schiffergesellschaft höhnisch, man möge doch den Ribnitzern den Greif lassen, nur müssten sie als Unterscheidungszeichen entweder ein Stück Torf oder einen *Kuhlbars* (Kaulbarsch) in der Hand halten.[4] Daraufhin ordnete der Herzog 1790 generell die allgemeine Benutzung der waagerecht blau-weiß-rot gestreiften »Balkenflagge« als mecklenburgische Seeflagge an. Als die Rostocker auf Weisung des Magistrats trotzdem zusätzlich an der Greifenflagge festhielten, fuhren die Mecklenburger jetzt auf dem weißen Streifen der Handelsflagge *den ungekrönten Stierkopf zwischen zwei Zweigen.*[5] Als man außerdem die »Fischländer Flotte« im Rostocker Hafen bei den Abgaben gegenüber den »Stadtschiffern« wie Fremde behandelte, wurde von der Großherzoglichen Regierung ab 1820 den städtischen Behörden gnädigst befohlen, *sämtliche einheimische, namentlich Fischländer und Ribbenitzer Schiffer, mit ihren Schiffen den Rostockern völlig gleich zu behandeln.*[6]

Bald machte die Fischländer Flotte nicht nur über zwei Drittel aller Schiffe aus, die jetzt ebenfalls mit Rostock als Heimathafen fuhren, sondern sie übten, bedingt durch ihre Überzahl und trotz der zur Bedingung gemachten kaufmännischen Leitung eines Rostocker Korrespondenzreeders, eine nicht zu unterschätzende Macht auf die Rostocker Schifffahrt aus. Während es den Rostockern erlaubt war, zusätzlich den Greif oder aber diesen *in der oberen Ecke zunächst der Flaggenstange* zu führen, sollten alle mecklenburgischen Schiffe ab sofort den *Büffel- oder Stierkopf* als Wappen des großherzoglichen Hauses in der Mitte des weißen Feldes tragen.[7] Außerdem besaßen sie unterschiedliche Nummernflaggen, vor denen bei den Stadtschiffern ein »R« und bei den Mecklenburgern ein »M« stand. Später wurden diese durch das aus vier Buchstaben bestehende Unterscheidungssignal ersetzt. Erst 1855 jedoch wurden zur Beseitigung mehrerer bei der Führung der mecklenburgischen Flagge *vorkommender Verschiedenheiten und Unregelmäßigkeiten dieserhalb bestimmte Vorschriften* erlassen: Am 31. März 1855 gab die Schweriner Landesregierung eine neue Flaggenverordnung heraus, die bis zur Gründung des Norddeutschen Bundes gültig war. Die mecklenburgische Flagge bestand nun aus einem blauen, einem weißen und einem roten Streifen, waagerecht übereinanderliegend.

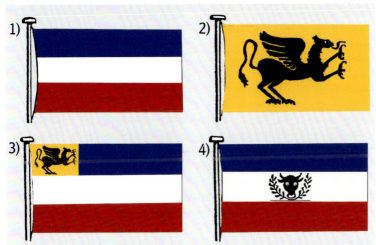

Abb. 2 Rostocker Seeflaggen, 1790–1867: 1) Mecklenburgische Seeflagge; 2) »Privative« Rostocker Seeflagge; 3) Rostocker Seeflagge bis 1855; 4) Mecklenburgische Seeflagge bis 1855.

Aus unverständlicher Kurzsichtigkeit und Konkurrenzangst verhinderten Kaufleute und Zünfte den Ausbau und den Umschlag im Warnemünder Hafen und als logische Konsequenz dessen Anschluss an das Eisenbahnnetz. Deshalb mussten selbst Ausrüstungsgegenstände, Proviant, Wasser, Bunkerkohle usw. aus Rostock im Leichterverkehr herantransportiert werden. Noch ungewöhnlicher für eine Seestadt war die Tatsache, dass die Oberwarnow für den direkten Schiffsverkehr mit dem Hinterland bis 1886 durch den Mühlendamm versperrt worden war und damit jeglichen Umschlag vom Binnen- zum Seeschiff ausschloss. Ebenso verzögerte man die Anbindung der Stadt an das Straßennetz, um nicht den Handel womöglich einer fremden Stadt zuzuführen.[8]

Auch die der damaligen Schifffahrt mit ihren größeren Schiffen entsprechende Verlängerung der Molen und die Vertiefung der Warnow von der Mündung bis an die Stadt wurden zugunsten der Leichterschiffer verschleppt, damit die Segelschiffe schon auf der Reede oder wenigstens im Warnemünder Hafen zum Leichtern oder Nachprahmen gezwungen waren. Dieser Zwischenumschlag, verbunden mit den speziell bei Schüttgütern auftretenden Verlusten, erhöhte die Frachtkosten so erheblich, dass die Verfrachter, wenn möglich, anderen Zielhäfen den Vorzug gaben. In Rostock selbst erfolgte meist auch kein direkter Umschlag zwischen Schiff und Bahn. Die zur *Verschiffung bestimmten accisbaren Waren an Bord der Schiffe zu bringen* bzw. der Transport dieser Ladungen zum oder vom Eisenbahngleis gehörte ausschließlich zu den Befugnissen des Amtes der Strandfuhrleute.[9]

Doch selbst in Rostock ließ sich der Lauf der Zeit nicht ewig aufhalten. Die ab dem 1. Oktober 1863 vom Landtag in Kraft gesetzte neue Steuer- und Zollgesetzgebung erhob Mecklenburg zu einem einheitlichen Wirtschaftsgebiet, und der Beitritt zum Zollverein im Jahre 1866 reformierte das mittelalterliche Zoll- und Steuerwesen. Dadurch mussten auch die Rostocker auf eine ganze Reihe von Sonderabgaben sowie auf die teilweise beibehaltene Handels- und Stapelgerechtigkeit völlig verzichten. Trotzdem bezeichnet Max Peters den Güterumschlag in Rostock wegen des geringen Durchgangsverkehrs, bedingt durch die Konkurrenz von Lübeck und Hamburg, als *unterentwickelt.* Auch später, so Peters, sei *der Handel ein Kleinhandel geblieben, dem ein frischer Zug fehlte,* den selbst die günstige Lage zu den nordischen Ländern nicht entscheidend beeinflussen konnte.[10] Erst nach dem Anschluss an das Eisenbahnnetz erkannte die mit belgischem Kapital gestützte Norddeutsche Dampfschiffahrts-Actien-Gesellschaft den Vorteil Warnemündes für diese Route.

Im Gegensatz zum Hafen hatte die Rostocker Reederei auf der Basis der Partenreederei eine gegensätzliche Entwicklung genommen. Durch die Teilnahme vieler Schichten der Küstenbevölkerung an der Finanzierung des Schiffbaus entstand eine große Segelschiffsflotte. Der begrenzte mecklenburgische Seehandel konnte von dieser allerdings nur etwa ein Drittel der Schiffe beschäftigen, weshalb die Korrespondenzreeder sich gezwungen sahen, am Welthandel teilzunehmen und Ladungen in fremden Häfen zu suchen. Trotzdem blieb auch die Rostocker Reederei nicht von der sich später immer weiter verschlechternden Frachtenlage auf dem Weltmarkt verschont. Die Dividenden, die noch Anfang der 1860er Jahre bei etwa 10% gelegen hatten, gingen auf ca. 5% zurück und minderten das Interesse an weiteren Neubauten.

In diesem Zusammenhang rechnet Peters es als einen Beweis für den in der mecklenburgischen Reederei herrschenden Unternehmungsgeist, dass man Versuche mit der Dampfschifffahrt machte, obwohl die objektiven Bedingungen dafür alles andere als günstig waren. Beide Rostocker Dampfschifffahrts-Aktiengesellschaften für die fahrplanmäßige Linienfahrt nach St. Petersburg in den 1850er Jahren, an denen sich neben dem Magistrat auch die großherzogliche Regierung beteiligte, erwiesen sich später auch in der Fracht- wie in der Passagierbeförderung als unrentabel und wurden aufgegeben. Die vier zu diesem Zweck auf der Werft und Maschinenfabrik von Albrecht Tischbein gefertigten Dampfschiffe sollen aber nicht Thema des vorliegenden Beitrages sein, sondern nur die ersten für Rostocker Rechnung gebauten reinen Handelsdampfer, die nicht allein im Liniendienst, sondern auch universell in der Frachtfahrt als »Tramper« eingesetzt werden konnten.

Die Organisationsform der Partenreederei hatte bei der Anschaffung von hölzernen Segelschiffen ihre Vorteile, erwies sich jedoch beim Erwerb von eisernen Seglern als zu kapitalschwach. Beim Aufkommen der Dampfschifffahrt stellte sie sich sogar als ein Hindernis heraus, denn ein einzelnes Dampfschiff hätte ein Kapital von 10 und mehr Segelschiffen erfordert, wofür der Kreis der Geldgeber jedoch zu klein war.[11] Andererseits hatten Aktien gegenüber Parten den Nachteil, dass man als Aktionär kaum direkten Einfluss auf die geschäftliche Leitung des Unternehmens nehmen konnte und auf Generalversammlungen meist Beschlüsse verkündet wurden. Dies ist sicherlich mit ein Grund dafür, dass viele reine Reedereiunternehmen in Rostock, selbst als Dampfschifffahrts-Aktiengesellschaften, von den Eigentumsverhältnissen her in Wirklichkeit mehr den Charakter einer Partenreederei behielten. Es ist auffällig, dass sich die Seeleute und Anwohner vom Fischland und den Boddendörfern weiterhin lediglich am Bau oder Kauf von Segelschiffen beteiligten. Heinrich Rhaden[12] und Otto Wiggers[13] geben keinen Aufschluss über die Besitzverhältnisse, da in ihren Abhandlungen zur Rostocker Handelsschifffahrt zwischen den Namen der Korrespondenzreeder und denen der Vorsitzenden einer Aktiengesellschaft nicht unterschieden wird.

In Rostock galt als weiteres Hindernis für den Dampfer die geringe Fahrwassertiefe der Warnow, der man aus Kostengründen nur schrittweise begegnen konnte, und es mangelte anfangs an qualifiziertem Personal. Die ersten Reedereien mit Dampfern waren die Handelsgesellschaften von Theodor Burchard sowie Friedrich und Martin Petersen. Kurz darauf wurde die Firma F.W. Fischer gegründet. Allerdings wurden nicht alle ihrer Schiffe durch eine Aktiengesellschaft betrieben. Alle drei Reedereien besaßen für ihre Fahrtgebiete Spezialschiffe, die allerdings von der Größe und von der Konstruktion her schnell veralteten. Die Dampfer der Firma Martin Petersen betrieben die sogenannte Holzfahrt von Riga und Kronstadt nach England und brachten von dort Kohlen zurück. Da die Decksluken zu klein waren und der Schiffsraum nicht durchgebaut war, entsprachen sie ab 1900 nicht mehr ihrem Zweck. Die für den Viehimport aus Skandinavien gebauten »Spezialviehdampfer« erhielten später Konkurrenz durch die Trajektfähren ab Saßnitz und Warnemünde. Die vorwiegend für den Getreideexport nach den Häfen des Englischen Kanals konzipierten Dampfer von F.W. Fischer erwiesen sich mit steigendem Transportvolumen bald ebenfalls als zu klein.[14]

Anhand der noch im Rostocker Stadtarchiv vorhandenen Schiffsregisterakten soll versucht werden, für die Zeit bis 1900 die damaligen Eigentumsverhältnisse dieser Dampfer zu analysieren. Auch wenn ihre Anzahl vom Umfang her nicht ganz der gesamten Dampferflotte entspricht, vermittelt sie im Querschnitt doch immerhin einen Einblick in die Besitzverhältnisse der Mitreeder.

Rostocker Frachtdampfer

Eiserner Schraubendampfer WILHELM TELL

Es ist schon verwunderlich, wie wenig Aufsehen der Stapellauf des eisernen Schraubendampfers WILHELM TELL (MBCV) in der Rostocker Öffentlichkeit erregt hatte, obwohl er der erste für die Rostocker Reederei gebaute reine Handelsdampfer war. Die Einwohner erfuhren hiervon am 19. September 1862 in der Rostocker Zeitung durch eine kurze Meldung, die der Edinburgher Zeitung »Weekly Scotsman« entnommen worden war. Danach war das Schiff bereits am 10. September auf der Werft des Herrn John Scott in Inverkeithing vom Stapel gelaufen. *Nachdem er auf den Namen* WILHELM TELL *getauft worden war, wurden die Hemmketten von zwei kleinen Knaben gezogen und das Schiff schnell unter den Cheers von zahlreichen Zuschauern ins Wasser gelassen. Das Schiff sieht hübsch aus, und scheint die Erfordernisse von Schnelligkeit und Ladefähigkeit vermutlich zu vereinen.*[15]

Der »Schiffsbau-Contract«, (*Specification and Inventory of an Iron-Two-Masted-Screw Steamer to class 12 Years AI at Lloyd's and new building under inspection of their surveyor*) zwischen dem Schiffbauer und Ingenieur John Scott und Martin Petersen für sich und seine Partner war am 8. Mai 1862 bei einem Baupreis von 5300 Pfund Sterling und mit Fertigstellung nach drei Monaten *ready for Sea* abgeschlossen worden. Die Dimensionen wurden von der englischen Werft bei etwa 220 tons mit 130 Fuß Länge im Kiel, 19½ Fuß Breite und 9 Fuß 7 Zoll Tiefe vorgegeben. Eine später in Rostock vom Hafenmeister Bercke und dem Navigationslehrer Dr. Wiese vorgenommene Vermessung ergab eine Tragfähigkeit von 54 Rostocker Commerzlasten à 9000 Pfund, eine Länge von 136 Fuß über dem Verdeck vom Vordersteven bis zum Hintersteven, die größte Breite von 20 Fuß 2 Zoll und eine schnurrechte Raumtiefe von 11 Fuß 6 Zoll.[16] Der Maschinenraum maß 24 Fuß. Die ebenfalls bei der Firma Scott ange-

Abb. 3 (oben) Dampfer WILHELM TELL. (Rostocker Zeitung)
Abb. 4 (rechts) Kapitän Wilhelm Ahrens, Führer des Schiffes. (Repro: Heinrich Rahden)

56

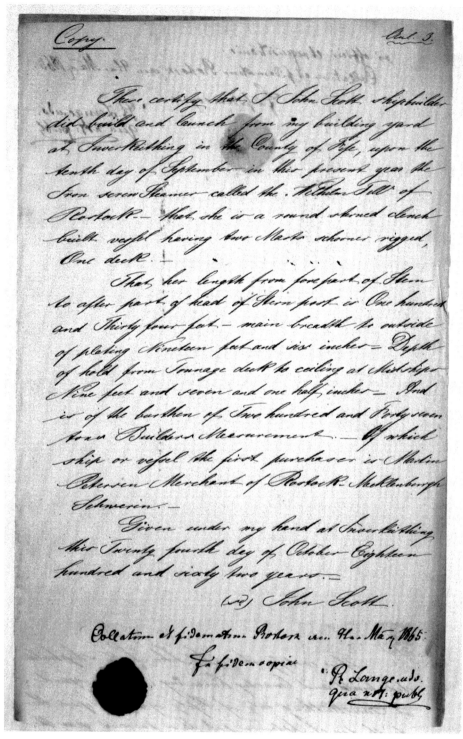

Abb. 5 Kontrakt mit dem Schiffbauer John Scott, Inverkeithing, am 24. Oktober 1862. (Stadtarchiv Rostock)

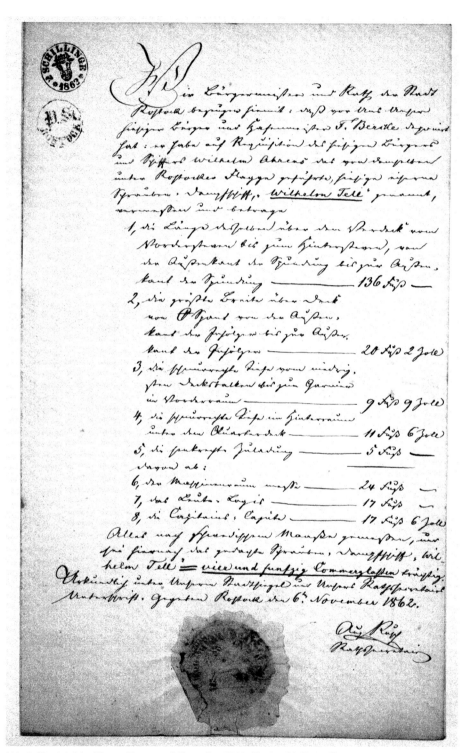

Abb. 6 Messbrief der WILHELM TELL vom 6. November 1862. (Stadtarchiv Rostock)

fertigten beiden *direkt wirkenden condensierten Dampfmaschinen mit einem Kessel* sollten 50 PS entwickeln und eine Reisegeschwindigkeit von 8 Knoten ermöglichen können. Neben der *Dreiblatt-Schraubenanlage* besaß der Dampfer auch noch zwei Masten *aus galvanisiertem Eisen* mit einer Schonertakelage, und die elegant eingerichtete Kajüte bot Raum für acht Passagiere.

Am 30. Oktober 1862 traf die WILHELM TELL, von Leith mit einer Ladung Kohlen kommend, in Rostock ein, wo sie von vielen Neugierigen am Hafen bestaunt wurde. Schon auf der sehr stürmisch verlaufenen Jungfernfahrt soll sich das Schiff nebst der Maschine vortrefflich bewährt haben. Besonders lobend wurde hervorgehoben, dass *diese sich durchaus nicht erhitzt* habe.[17] Der für den Maschinenbetrieb benötigte Kohlenverbrauch fand in keiner Meldung Erwähnung. Deshalb erhielt ein unter dem 14. November 1862 in Eyemouth by Ayton aufgegebenes Telegramm besonderes Gewicht. An diesem Tag hatte der am 9. November von Warnemünde mit einer für Leith in England bestimmten Ladung Weizen abgegangene Dampfer WILHELM TELL die Bay *wegen Mangels an Kohlen* angelaufen, aber erst, nachdem bereits die Reservespieren, Bretter und alles sonst an Bord befindliche brennbare Material verheizt worden war.

Martin Petersen hatte dieses Schiff speziell für Trampfahrten zwischen der Ostsee und den Häfen der englischen Ostküste für den Transport mit Getreide bzw. Kohlen bauen lassen. Das Kommando auf der WILHELM TELL übernahm mit Kapitän Wilhelm Ahrens einer der erfahrensten Dampferkapitäne in Rostock. Ab 1854 hatte er den Schraubendampfer ERBGROSSHERZOG

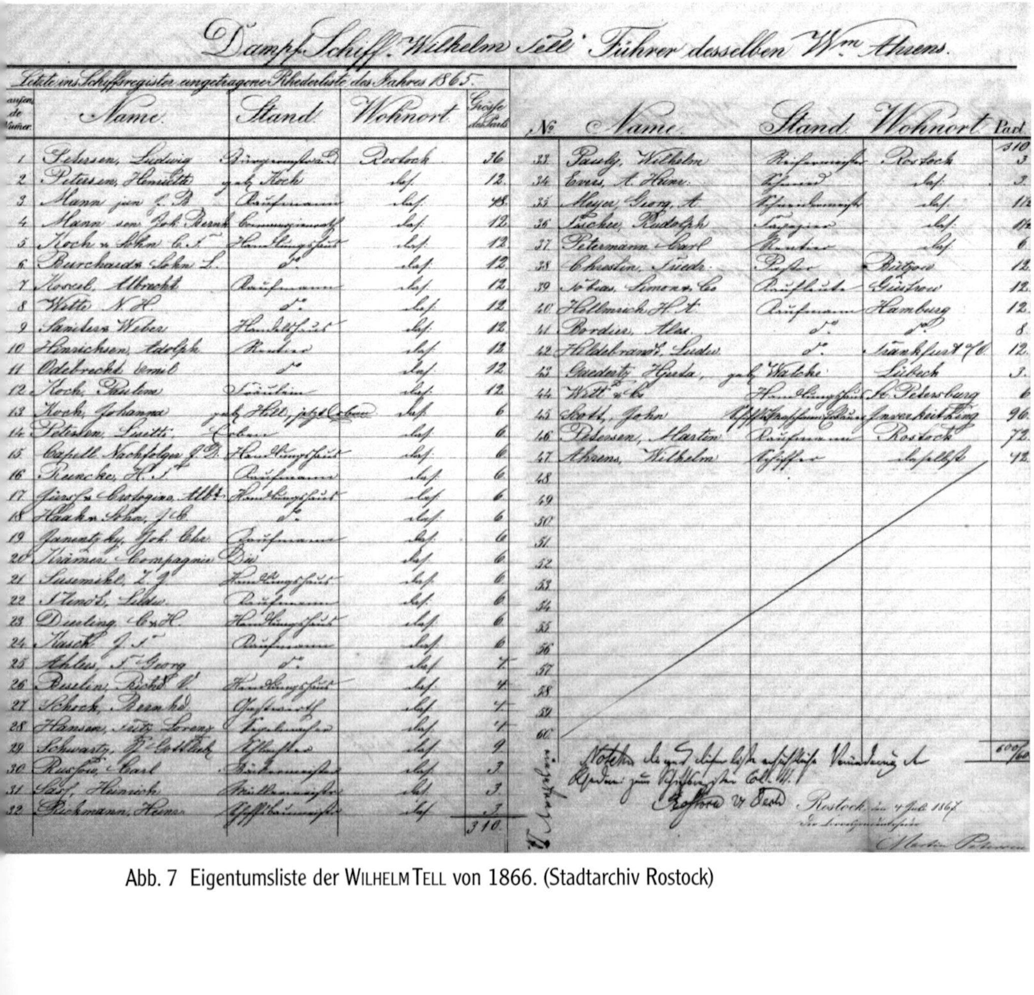

Dampf-Schiff: Wilhelm Tell. Führer desselben Wm Ahrens.

Letzte ins Schiffsregister eingetragene Rhederliste des Jahres 1865.

laufende Nummer	Name	Stand	Wohnort	Größe der Parte
1	Petersen, Ludwig	[illegible]	Rostock	36
2	Petersen, Henriette	geb. Koch	dsf.	12
3	Mann jun. [illegible]	Kaufmann	dsf.	48
4	Mann sen. Joh. Bernh.	Commerzienrath	dsf.	12
5	Koch & Sohn C. S.	Handlungsfirma	dsf.	12
6	Burchard's Sohn L.	do.	dsf.	12
7	Kossel, Albrecht	Kaufmann	dsf.	12
8	Witte N. H.	do.	dsf.	12
9	Saniter & Weber	Handelsfirma	dsf.	12
10	Hinrichsen, Adolph	Rentier	dsf.	12
11	Odebrecht, Emil	do.	dsf.	12
12	Koch, Paulina	Fräulein	dsf.	12
13	Koch, Johanna	geb. Holl, jetzt [illegible]	dsf.	6
14	Petersen, Lisette	[illegible]	dsf.	6
15	Capell Nachfolger J. D.	Handlungsfirma	dsf.	6
16	Reincke, H. S.	Kaufmann	dsf.	6
17	[illegible]	Handlungsfirma	dsf.	6
18	Haake & Sohn, J. C.	do.	dsf.	6
19	Janentzky, Joh. Chr.	Kaufmann	dsf.	6
20	Krämer, Compagnie	do.	dsf.	6
21	Susemihl, J. J.	Handlungsfirma	dsf.	6
22	[illegible]	Kaufmann	dsf.	6
23	[illegible], C. H.	Handlungsfirma	dsf.	6
24	Rasch J. S.	Kaufmann	dsf.	6
25	Ahlers, F. Georg	do.	dsf.	7
26	[illegible]	Handlungsfirma	dsf.	4
27	[illegible]	[illegible]	dsf.	7
28	Hansen, [illegible] Lorenz	[illegible]	dsf.	7
29	Schwartz, Fr. Gottlieb	Uhrmacher	dsf.	9
30	[illegible], Carl	Bäckermeister	dsf.	3
31	Saß, Heinrich	Müllermeister	dsf.	3
32	[illegible], Heinr.	Schiffbaumeister	dsf.	3
				310

No.	Name	Stand	Wohnort	Part.
33	Pauly, Wilhelm	[illegible]	Rostock	3
34	Evers, A. Hinr.	[illegible]	dsf.	3
35	Meyer, Georg A.	[illegible]	dsf.	[illegible]
36	[illegible], Rudolph	[illegible]	dsf.	[illegible]
37	Petermann, Carl	Rentier	dsf.	6
38	Chrestin, Friedr.	Pastor	Bützow	12
39	[illegible], Simon & Co	Kaufleute	Güstrow	12
40	[illegible], H. A.	Kaufmann	Hamburg	12
41	Bordier, Alex.	do.	do.	8
42	Hildebrandt, [illegible]	do.	Frankfurt a/O	12
43	[illegible], Hedw., geb. Walcke		Lübeck	3
44	Witt & Co	Handlungsfirma	St. Petersburg	6
45	Scott, John	[illegible]	Inverkeithing	96
46	Petersen, Martin	Kaufmann	Rostock	72
47	Ahrens, Wilhelm	Schiffer	daselbst	72
48				
49				
50				
51				
52				
53				
54				
55				
56				
57				
58				
59				
60				
				500/60

Rostock, den 4 Juli 1867

Martin Petersen

Abb. 7 Eigentumsliste der WILHELM TELL von 1866. (Stadtarchiv Rostock)

FRIEDRICH FRANZ I. befehligt und danach den 1857 neu erbauten GROSSFÜRST CONSTANTIN II. bis zu dessen Verlust 1861 im Eis vor Rügen übernommen.

Obwohl Martin Petersen die Partenreederei zur Finanzierung benutzte und den Dampfer im angeblich schiffbautechnisch erfahreneren England fertigen ließ, muss es gewaltige Schwierigkeiten bei der Suche nach Mitreedern gegeben haben. Das Misstrauen gegenüber Maschinenschiffen war speziell in Rostock noch so groß, dass man sich in die Eigentumsliste mit Anteilen eintrug, die teilweise nicht größer als 1/400 waren. Die Partenliste gliederte sich dadurch in 47 Teilhaber mit zusammen 600 Anteilen. Um weitere Interessenten zu gewinnen, wurde das Verzeichnis durch die Familie von Bürgermeister Ludwig Petersen und den Kaufmann August Friedrich Mann, Firma J.B. Mann, angeführt, die beide je 48 Parten zeichneten. Nur der Schiffbaumeister John Scott mit 96 und der Korrespondenzreeder Martin Petersen mit 72 Anteilen besaßen mehr. Kapitän Wilhelm Ahrens hatte immerhin 42 Anteile übernommen. Das Gros der Teilhaber lag bei 17 einheimischen Kaufleuten mit zusammen 136 Parten und bei fünf fremden Firmen aus Hamburg, Lübeck, St. Petersburg, Frankfurt/Oder und Güstrow mit 53 Parten. Die üblichen Interessenreeder wie Segelmacher, Reifer, Schmiede, Schlachter, Bäcker usw. beteiligten sich mit zusammen 35 Anteilen. Unter den weiteren Dividendenreedern mit insgesamt 70 Anteilen befand sich auch ein Pastor, Friedrich Chrestin aus Bützow, mit 12 Parten.

Hölzerner Schraubendampfer CONCURRENT

Eine Brieftaube brachte in den Morgenstunden des 16. Oktober 1881 von der vor der Eider liegenden »Lootsgaliote« die Nachricht nach Tönning: *Dreimast-Dampfer CONCURRENT (MCQW) aus Rostock, Kapitän Allwardt, mit Sleepers von Mühlgraben nach Gent bestimmt, gestrandet, total wrack. Mannschaft gerettet. Der Steuermann und der Matrose Schleppegrell sind mit dem Boot weggetrieben.*[18] Damit war der einzige hölzerne Schraubendampfer der Rostocker Flotte verloren gegangen.

Zwecks Registrierung hatten sich am 14. September 1869 vor der Rostocker Schiffsregisterbehörde der Kaufmann N.H. Witte und der Schiffbaumeister Otto Ludewig als Mitglieder des Vorstandes der Dampfschiffahrts-Actien-Gesellschaft CONCURRENT und der Schiffer Friedrich Ahlström aus Warnemünde als Führer des genannten Schiffes eingefunden, um *dieses Schiff auf Grund des Baucontractes und betreffs der Handelsregisterakte für die genannte Gesellschaft ins Schiffsregister eintragen zu wollen.*[19] Auf Befragung gaben sie an: *Das Schiff ist auf Grund des eingereichten Baucontractes für Rechnung der jetzigen Aktiengesellschaft auf meiner, der Ludewig-Werfte gebaut, und in meiner, des Kaufmannes Witte-Fabrik, mit der Schrauben-Dampfmaschine versehen. Das Schiff soll vom hiesigen Hafen aus fahren und ich, der Schiffer Ahlström, bin mit der Leitung desselben beauftragt. Der Schiffskörper selbst ist aus Eichenholz, mit einem glatten Deck, 2fachen Zwischendeckbalken und ist als 3mastiger Schoner getakelt. Dasselbe steht im Eigenthum der hiesigen Dampfschiffahrt Actiengesellschaft CONCURRENT. Das Genauere hierüber ist den obergerichtlichen Acten betreffs der Eintragung dieser Gesellschaft ins Handelsregister enthalten [...].* Der Messbrief war den anderen Akten ebenfalls beigefügt. In dem *Schiffs-Certificat* des Norddeutschen Bundes vom 17. September 1869, in dem unter der Position *Eigenthums-Verhältnisse* normalerweise die Mitreeder aufgeführt werden, bestätigte die Schiffregisterbehörde im Namen des Magistrats die Gründung der Aktiengesellschaft und bezeugte zugleich, dass dadurch dem Dampfer das Recht, die Flagge des Norddeutschen Bundes zu führen, nebst allen Rechten, Eigenschaften und Privilegien eines deutschen Schiffes zustand.

Die Aktiengesellschaft wurde mit 120 Aktien von je 300 Talern gegründet. Obwohl der Kaufmann N.H. Witte 1866 zusammen mit seinem Schwager, dem Ingenieur C. Abendroth, auf der Bramower Feldmark neben A. Tischbein und der Patentslip-A.G. ebenfalls eine Maschinenfabrik

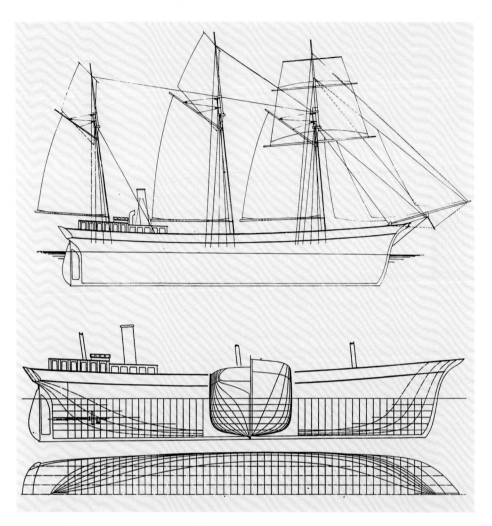

nebst Werft für den Bau eiserner Schiffe gegründet hatte, entschloss man sich zum Bau eines hölzernen Dampfers. Dafür gab es verschiedene Gründe. Zum einen hatte dieser Betrieb bisher nur Aufträge für einige russische Bergungsschlepper bekommen, weshalb man sich vermutlich den Bau eines großen eisernen Dampfers noch nicht zutraute, zum anderen könnten die Misserfolge bisheriger Gesellschaften bei den Aktionären zu dieser Entscheidung geführt haben. Besaß der Dampfer keine hohen Aufbauten und war er gleichzeitig zum Segeln eingerichtet, konnte er mit geringem Aufwand in ein reines Segelschiff umgerüstet werden. Vom Unterwasserschiff her ergaben sich meistens keine die Segelfähigkeit beeinträchtigenden konstruktiven Nachteile, da man den Völligkeitsgrad erst bei den reinen Maschinenschiffen maximal ausnutzte.

Mit Otto Ludewig, neben Wilhelm Zeltz der wohl renommierteste Rostocker Segelschiffbaumeister jener Zeit, wurde am 20. Juli 1868 ein Kontrakt unterzeichnet, der den Bau eines dreimastigen, kupferfest verbolzten Schonerschiffes aus gesunder Eiche von 120 Fuß Länge im Kiel, 26½ Fuß Breite auf der Außenkante der Innenhölzer und 13 Fuß schnurrechter Tiefe im Raum nach Stockholmer Maß vorsah. Kiel und Bodenplanken sollten jedoch aus Buchenholz angefertigt werden. Neben den üblichen Klauseln enthielt der Bauvertrag folgende Besonderheit: Das Schiff *soll geeignet sein, eine Dampfmaschine nebst einem Schrauben-*

Registerdaten des Rostocker Schraubendampfers „Concurrent"

Unterscheidungssignal:	MCQW
Nummernflagge:	121
Rumpf:	Holz
Verbolzung:	kupferfest
Tragfähigkeit:	90 Lasten (a 6000 Pfund)
Raumgehalt:	253,59 RT
Werft:	*Otto Ludewig*, Rostock
Stapellauf:	15. Mai 1869
Schiffer:	*Friedrich Ahlström*, Warnemünde
	1879 interrimistisch *Fr. Lass* und *Wilhelm Schultz*, Rostock, dann *Heinrich Allwardt*, Warnemünde
Reederei:	Dampfschiffahrts-Aktien-Gesellschaft „Concurrent"
Korrespondentsreeder:	*N. H. Witte*
	1870 *Otto Ludewig*
	1879 *Theodor Burchard*

Abmessungen (laut Schiffsmeßbrief vom 31. Januar 1874):

Länge (zwischen den Außenflächen der Steven)	38,97 m
Breite (größte zwischen den Außenflächen der Außenbordsbekleidung)	8,15 m
Tiefe (des Raumes von der Oberkante des obersten festen Decks und der Binnenbordsbekleidung neben dem Kiel im mittelsten Querschnitt)	4,45 m
Länge des Maschinenraumes	7,78 m

Verbleib: Am 15. Oktober 1881 bei Tönning gestrandet und total wrack.

Abb. 8 (links) und Abb. 9 (oben) Linienriss, Takelriss und Vermessung des hölzernen Dampfers CONCURRENT. Abb. 10 (rechts) Schiffbaumeister Otto Ludewig (1826–1901), Rostock. (Slg. Michel Ludewig)

motor in sich aufzunehmen zu können und wird dafür von O. Ludewig seinem Zwecke als Dampf- und Segelschiff entsprechend so stark und dauerhaft erbaut, daß es den besten Schiffen gleichen Ranges und deren Klasse im Bureau Veritas entspricht. Für die Anordnung der Kapitänskajüte – entweder unter einem Quarterdeck oder in einer mit dem Leuteroof verbundenen Hütte auf dem Deck – ließ der Vertrag der Werft wegen der Anordnung der Maschine alle Möglichkeiten offen, *welche nach weiterer Überlegung sich am zweckmäßigsten empfiehlt.* Otto Ludewig entschied sich für die traditionelle Version – die Kapi-

Abb. 11 (oben und rechte Seite) Schiffs-Messbrief des Dampfers CONCURRENT. (Stadtarchiv Rostock)

Die **Länge des Maschinenraumes**, einschliesslich der festen Kohlenbehälter, des Schiffes beträgt . . . . *7,95* Meter.

Die Grösse der Schiffsräume beträgt im Einzelnen:

	Kubik-meter.	Britische Register-Tons.
a) Raum **unter** dem Vermessungs-Deck	868,7	306,73
b) Räume **über** dem Vermessungs-Deck — *Unterstes Zwischendeck-Raum Cajüte*	17,9	6,32
Erweiterte Hütte mit Maschinenüberbau	6,8	2,40
Halbdeckiges Back Logis Cajüte mit Überbau	6,6	2,33
Mitteldeck sonstige Aufbauten Cajüte	32,3	11,40
Der **Brutto-Raumgehalt** des Schiffes beträgt somit . . .	932,5	329,17
Hiervon geht ab:		
1) die Logisräume der Schiffsmannschaft, welche sich *im Maschinenüberbau Mitteldecks-Cajüte und im Logis* befinden	42,4	14,97
2) die Räume , welche von der Maschine und dem Dampfkessel , sowie von den festen Kohlenbehältern eingenommen werden	171,7	60,61
Die Abzüge vom Brutto-Raumgehalt des Schiffes betragen zusammen	214,1	75,58
Mithin beträgt der **Netto-Raumgehalt** des Schiffes	718,4	253,59

in Worten: *Siebenhundertachtzehn, vier Zehntel* Kubikmeter gleich *Zweihundertdreiundfünfzig, neunundfünfzig hundertstel* britischen Register-Tons.

Ueber die vorstehende, von der Vermessungs-Behörde zu *Rostock* am *11 ten Januar* 1874 beendete Vermessung wird dieser Messbrief ausgefertigt.

Rostock , den *13 ten Februar* 1874.

Die Schiffsvermessungs-Revisionsbehörde.

Dansfeld

tänskajüte auf dem Achterdeck und das Volkslogis etwas abgesenkt auf dem Mitteldeck –, legte dafür aber die Proviant- und Reservekammer sowie das Maschinistenlogis in den Maschinenüberbau, auf dem der Schornstein stand.

Das Heck war halbrund, die Boote hingen in eisernen Davits und Groß- und Besanmast trugen einfache Gaffel- mit Toppsegeln, während der Fockmast neben einer Breitfock zusätzlich an der Stenge noch zwei Rahtoppsegel führte. Die Vorsegel bestanden aus einer Stag-, einer Klüverfock und einem Klüver. Bei günstigem Wind sollte sich die CONCURRENT ausschließlich der Segel bedienen und nur bei Gegen- oder flauem Wind die Dampfmaschine benutzen, um die Betriebskosten so niedrig wie möglich zu halten. In see- und segelfertigem Zustand, *mit allen dem Schiff nothwendigen Inventargegenständen und sonstigen Reqisiten, unten näher aufgeführt, alles wie sonst üblich nach Seemannsbrauch,* waren 25 000 Taler Courant veranschlagt worden. Eigenartigerweise übernahm der Kapitän auf eigene Rechnung die Kosten für die Lieferung der Dampfmaschine von 50 nominellen Pferdestärken, des Kessels, der Schraube, der Welle, der Stopfbuchse nebst einem eisernen Steuerruder sowie die Montierung der Maschine. Diese Arbeiten wurden dann allerdings nach dem Stapellauf am 15. Mai 1869 auf der Schiffswerft für eiserne Schiffe und Maschinenfabrik von Witte & Abendroth durchgeführt.

Im Auftrag der Schiffsregisterbehörde vermaßen Hafenmeister Bercke und Navigationslehrer Dr. Wiese den Dampfer am 16. August 1869 nach dem erst zwei Jahre zuvor vom Norddeutschen Bund neu eingeführten und erstmals für alle deutschen Häfen verbindlichen Verfahren. Danach betrug die Länge nach rheinländischem Maß zwischen den Steven 119,4 Fuß, die Breite 26,9 Fuß und die Tiefe 12,6 Fuß. Der Maschinenraum war 37,2 Fuß lang, 17,1 Fuß breit und 12,6 Fuß tief, und das in einer Vertiefung des Vordecks, aber in der Hauptabteilung liegende Volkslogis hatte die Abmessungen 14,7 x 14,9 x 5,9 Fuß. Die Tragfähigkeit belief sich nach dieser Vermessung auf 5400 Zentner oder 90 Commerzlasten.

Am 15. Dezember konnte endlich die nur für Dampfer übliche Probefahrt angetreten werden. Das verbreitete Gerücht, die Maschine hätte dabei Schaden erlitten, dementierte die Presse anderentags sofort: *Im Gegenteil ging die Fahrt sehr gut vonstatten, nur ging die Maschine, da sie neu, etwas schwer. Diesem Übelstande ist jedoch bereits vollkommen abgeholfen.*[20]

Die CONCURRENT trat am 18. September 1869 ihre Jungfernfahrt von Warnemünde über Stettin nach St. Petersburg an. Bis auf eine Grundberührung ohne Schaden in der Nähe von Dragör verliefen die Reisen in den folgenden vier Monaten so gut, dass abzüglich aller Kosten mit 1830 Talern eine Dividende von rund 5 % zur Verteilung kam. Trotzdem sah sich der Kaufmann Witte bereits im Februar 1870 gezwungen, Otto Ludewig mitzuteilen, er sei *durch unglückliche Verhältnisse gezwungen, seine Zahlungen einzustellen* und ihm, gemäß den Statuten, den Vorsitz der Aktiengesellschaft zu übergeben, ohne allerdings ganz aus dem Vorstand auszuscheiden.

Ende 1878 ging die Aktiengesellschaft CONCURRENT in Liquidation. Bei dem am 28. November durch die Maklerfirma Otto Wiggers abgehaltenen Verkaufstermin wurde das Schiff bei einer öffentlichen Versteigerung dem Kaufmann Theodor Burchard *im höchsten 41. Bot* für 19 400 Mark zugeschlagen. Dieser gründete danach sofort wieder eine Partenreederei im alten Stil zu 1% Korrespondenz-Provision der Bruttoeinnahmen sowie 0,5% Wechselprovision und 1/8% Wechsel-Courtage auf alle Rimessen und Tratten, Summen, die man an seine Korrespondenten sendet mit der Order, sie weiter zu remittieren. Vorher hatte die Handelsfirma, bestehend aus Theodor Friedrich Ludwig und Carl Johann Burchard, durch die Rostocker Schiff- und Maschinenfabrik noch die Maschine einschließlich des Kessels wechseln und weitere *unbedeutende räumliche Veränderungen vornehmen* lassen, die eine Nachvermessung erforderlich machten. Bei 333 BRT und 262 NRT betrugen im neuen Schiffsmessbrief vom 31. März 1879 die Abmessungen 38,97 x 8,15 x 4,45 m. Der Raum, welcher von der Maschine, dem Dampfkessel sowie von den festen Kohlenbehältern eingenommen wurde, umfasste in der Länge 7,78 m.

Die Anteile in der Eigentumsliste verteilten sich jetzt wie folgt:

Friedrich Petersen, Kaufmann, Stettin:	6/50 Part;
Dr. Pogge, Gutsbesitzer, Zierstorf:	6/50 Part;
Gaedertz sen., Handelsfirma, Lübeck:	1/50 Part;
Rostocker A.G. für Schiff- und Maschinenbau:	2/50 Part;
Otto Wiggers, Schiffsmakler, Rostock:	1/50 Part;
Frl. Henny Burchard, Tochter von Theodor:	2/50 Part;
Frl. Elise Burchard, Tochter von Theodor:	2/50 Part;
H. Janentzky, Kaufmann, Rostock:	2/50 Part;
Christian Rose, Kaufmann, Swinemünde:	1/50 Part;
Carl Wecker, Schiffskapitän, Rostock:	1/50 Part;
C.H. Riedel, Apotheker, Kiel:	5/50 Part;
E. Burchard & Co., Schiffbaufirma, Rostock:	1/50 Part;
Theodor Burchard, Handelsfirma, Rostock:	20/50 Part.

Bis auf den Gutsbesitzer, den Apotheker, den Kapitän und die beiden Burchard-Töchter als »Dividendenreeder« waren alle anderen »Interessenreeder«, die zusätzlich noch an der Ladung des Schiffes, an seiner Reparatur oder Ausrüstung verdienten. Der neue Kapitän des Dampfers, Heinrich Allwardt aus Warnemünde, war nur ein sogenannter Setzschiffer und nicht an der Reederei selbst beteiligt.[21]

Die Dampferflotte nach der Reichsgründung

Nach Beendigung des Deutsch-Französischen Krieges 1870/71 setzte durch die auf die einzelnen Bundesstaaten verteilten, durch Frankreich zu leistenden Kriegsentschädigungen in Höhe von 5 Milliarden Francs infolge der plötzlichen Vermehrung des Kapitals eine bis dahin ungewöhnliche Konjunktur ein.[22] Auch an Rostock gingen diese durch Fehleinschätzungen und Spekulationen allerdings nur befristeten »Gründerjahre« nicht spurlos vorüber. Der Bau der Zuckerfabrik, die Eröffnung einer regelmäßigen Fährverbindung mit Dänemark, die Planung des Kanalprojektes Rostock – Berlin und die Verkürzung des Eisenbahnanschlusses mit Berlin um 110 km durch eine direkte Verbindung ohne Umwege gelten nach Walther Müller als Beispiele. Die wenig später einsetzende allgemeine deutsche Wirtschaftskrise ließ allerdings die beiden letzten Unternehmungen nicht zur sofortigen Ausführung kommen.

Etwas anders lagen die Verhältnisse bei der Flottenentwicklung. Bei Kriegsausbruch am 19. Juli 1870 befanden sich insgesamt 366 Seeschiffe unter Rostocker Flagge in Fahrt. Davon wurden allerdings nur 14 aufgebracht und deren Reedereien später durch die Reichsliquidationskommission mit einer Gesamtsumme von rund 358 799 Talern entschädigt. Jedoch erstattete man auch den 298 »Stillliegern« in fremden Häfen für die entstandenen baren Ausgaben an Liegegebühren, Heuern, Kost etc. zusätzliche 371 852 Taler.[23] Diese Mittel flossen zum großen Teil wieder in die Schifffahrt zurück, nicht allein durch den Bau neuer oder den Ankauf gebrauchter Segelschiffe, sondern endlich auch durch die vermehrte Anschaffung von Dampfschiffen. Wenn auch das vom Bürgermeister und Großkaufmann Ernst Paetow initiierte *große Dampfschiffunternehmen, welches mit einem Gründungskapital von 2,1 Millionen Mark in Aussicht genommen war,* später an Kapitalknappheit scheiterte, so vollzog sich nach Müller zwischen 1870 und 1900 für Rostocker Verhältnisse die *erste eigentliche Entwicklungsepoche der Dampfschiffahrt*[24], besonders gefördert durch den Bahnschluss von Warnemünde mit Rostock 1886 und durch die gleichzeitige Begradigung und Vertiefung der Unterwarnow vom Hafen bis zur Mündung. Ebenfalls von Bedeutung war die Erweiterung der alten, bisher vom Friedrich-Franz-Bahnhof zu den Hafenanlagen geführten städtischen »Strandbahn« durch eine zusätzliche, westlich der Stadt verlaufende, vom neuen Lloydbahnhof abgezweigte und Anfang 1889 eröffnete »Hafenbahn«[25], gebaut und betrieben vom Deutsch-Nordischen Lloyd (1894 wurden beide von der Großherzoglichen Friedrich-Franz-Eisenbahn übernommen). Eigentlich kamen alle diese Maßnahmen schon viel zu spät, denn der Rostocker Handel hatte nach der Reichsgründung seine Vermittlerfunktion als Umschlaghafen für den Grenzverkehr mit den nordischen Ländern anscheinend nicht rechtzeitig erkannt und dementsprechend nicht gefördert, wodurch er bei gleichzeitigem Niedergang der gesamten Segelschiffsflotte noch mehr von seiner einstigen Bedeutung verlor.

Gemessen am gleichzeitigen Zusammenbruch der Segelschifffahrt erfolgte der Zuwachs an Dampfern während der großen Wirtschaftskrise bis Anfang der 1880er Jahre nur sehr verhalten. Trotzdem wurden zwischen 1869 und 1883 von der Schiffsregisterbehörde insgesamt weitere 16 Einheiten registriert. Da für die meisten Schiffe entsprechende Registerakten fehlen, wird im Folgenden der Versuch gemacht, bei einigen Dampfern die Daten anhand von Zeitungsmeldungen wenigstens teilweise zu rekonstruieren.

Unsere Handelsflotte wird in den nächsten Tagen wieder um ein großes Dampfschiff vermehrt sein, schrieb die Rostocker Zeitung am 15. Oktober 1869. *Es dürfte das größte und schönste Dampfschiff sein, welches je unseren Hafen besucht hat.* Auftraggeber dieses Schiffes war die Handelsfirma Theodor Burchard (Inhaber Theodor Friedrich Ludwig und Carl Johann Burchard), der im Januar 1869 die »Spezification« für einen eisernen Seeschraubendampfer für 65 000 Taler *seeklar*, einschließlich des »Inventarien-Verzeichnisses«, zusammen mit Fabrikdirektor Georg Howaldt von der Norddeutschen Schiffbau-Actien-Gesellschaft in Kiel-Gaarden unterschrieb. Dieser war dazu bestimmt, von Rostock oder Stettin Weizen nach Leith in England *an die Müllerei des Herrn Todd, vielleicht die großartigste auf der Welt, zu liefern.* Diese Firma soll Burchard *schon seit langer Zeit mit ganz erheblichen Korn-Einkäufen vom Continent mit seinen Segelschiffen vermittelt haben.* Der Dampfer sollte die Mühle jetzt nicht mehr wie üblich im Frühjahr und Herbst, sondern das ganze Jahr über versorgen.[26] Als Kapitän des auf den Namen MARGRET TODD (MCRH) getauften Dampfers wurde Fr. Gude bestimmt, der zuvor Schiffer der Brigg MARCO POLO gewesen war. Theodor Burchard betrieb seit 1859 in Rostock eine Korrespondenzreederei mit Segelschiffen und behielt die Beteiligung mit Parten auch bei diesem, wie bei seinen später folgenden Dampfern bei. Während es sonst üblich war, Parten in neu erbauten Schiffen bereits kurz nach Vollendung bedeutend unter dem Nominalwert kaufen zu können, bildete die MARGRET TODD eine glänzende Ausnahme: Obwohl der volle Nominalwert geboten wurde, lehnten die Mitreeder einen Verkauf ab.

Bei ihrer Ankunft im Rostocker Hafen zog die MARGRET TODD viele Schaulustige an, auch wenn in Wirklichkeit der von Tischbein 1856 in Rostock gebaute Dampfer CASTOR um einiges größer und an Pferdestärken erheblich kräftiger war, allerdings nicht unter heimischer Flagge fuhr. Nach der Zeitungsmeldung war das neue Schiff 176 Fuß lang und 26 Fuß breit (englisches Maß) und erreichte bei einer Tragfähigkeit von 200 Last Weizen durch eine Maschine von 70 Pferdestärken eine Geschwindigkeit von 8,5 Knoten. Besonders hervorgehoben wurden die Erfindungen der Neuzeit, wie das Beladen und Löschen der Ladung durch maschinell angetriebene Ladebäume bzw. das Hieven des Ankers durch die Maschine sowie das Vorhandensein von Wasserballasttanks und technischen Löschvorrichtungen. Nach acht Monaten *activer Fahrt* konnte die Reederei bereits 4500 Taler verteilen und ein Jahr später sogar 17 000 Taler ausschütten. Am 8. Dezember 1872 allerdings strandete der Dampfer auf der Fahrt nach Stettin mit einer Ladung Roheisen außerhalb des Thyborön-Kanals bei Lemvig.

Der zur gleichen Zeit von Theodor Burchard ebenfalls auf der Howaldt-Werft in Auftrag gegebene und noch größere Frachtdampfer ALEXANDER TODD (MCSK) lief am 30. September 1871 in Gaarden vom Stapel. Die Länge des Schiffes über Deck betrug nach englischem Maß 215 Fuß und die Breite 28 Fuß. Die Ladefähigkeit wurde mit 1000 Tons angegeben. Am

22. Dezember des gleichen Jahres traf das Schiff leer in Warnemünde ein und musste sich auf der Warnow mühselig durch das Eis zu seinem Ladeplatz durcharbeiten. Am 20. Januar 1872 veröffentlichte die Rostocker Zeitung dann schon folgende Spitzmarke: *Von dem hiesigen neuen Dampfschiffe ALEXANDER TODD (Gude), welcher am 30. Dezember von hier abgegangen mit einer Ladung Weizen nach Leith und am 31. Dezember Helsingör passierte, gibt es seitdem keine Nachricht. Es ist wohl leider nicht mehr zu bezweifeln, daß ihm ein Unglück zugestoßen.*

Die Unglücksserie Rostocker Dampfer, speziell unter der Reederei von Theodor Burchard, war damit leider nicht beendet.

Schraubendampfer HELENE BURCHARD

Im Jahre 1872 liefen in Rostock drei Dampfer vom Stapel. Die Schiffe OBOTRIT (MCTG) für die Rostocker Dampfschiffahrts-Actien-Gesellschaft (Aktienkapital 60 000 Taler) und die für die Fährlinie nach Nyköbing von der Rostock-Nyköbing-Dampfschiffahrts-Actien-Gesell-schaft (50 000 Taler) gebaute ROSTOCK (MCTQ) wurden bereits 2005 behandelt.[27] Das dritte Dampfschiff ging trotz der vorangegangenen Verluste erneut für die Handelsfirma Theodor Burchard zu Wasser, der seine Segelschiffsreederei vermutlich schrittweise auf Dampfer umstellen wollte, dabei aber weiterhin an der früher üblichen Finanzierung über die Parten-reederei festhielt.

Am 14. April 1871 schloss er wieder gemeinsam mit Georg Howaldt bei der Norddeutschen Schiffbau-Actien-Gesellschaft in Kiel-Gaarden den Baukontrakt für einen eisernen Fracht-schraubendampfer ab, der *außer seinem eigenen Kohlebedarf für eine Doppelreise aus der Ost-see nach Großbritannien ca. 36 Keel [ca. 21 Tonnen] Kohlen Tragfähigkeit* besitzen sollte.[28] Am 10. Juli 1872 lief das große Fahrzeug, *dessen Lade- und Löschvorrichtungen durch die Maschi-ne mit getrieben* wurden, unter dem Namen HELENE BURCHARD (MCTF) von den Helgen und traf laut Zeitung am 2. November in Rostock ein, *um hier eine Ladung Weizen und Kartoffeln auf England einzunehmen.*

Bei der Registerbehörde war bereits am 16. September 1872 nach Vorlage des Baukontraktes, des Biel- und Messbriefes sowie der Reederliste von Kapitän Carl Wecker der Antrag auf ein »Schiffs-Certifikat« gestellt worden. Nach den »Bau-Specificationen« besaß der mit zwei Mas-ten und einer zusätzlichen Schonertakelung ausgerüstete Dampfer Abmessungen in englischem Maß von 176 x 25,6 x 16 Fuß. *Die nach dem Compound-System gefertigte Maschine sollte nominell 70 Pferdekraft haben mit Oberflächenkondensation und allen neuesten Verbesserun-gen ausgerüstet und im Stande sein, dem Schiff eine gleiche Geschwindigkeit wie der MARGRET TODD zu erteilen. Der Kohlenverbrauch von guten Steam-Kohlen soll dabei 700 Pfund pro Stun-de nicht überschreiten. Der Kessel mit 3 Feuern soll nur aus bestem rheinischem Kesselblech gebaut sein und mit 120 Pfund Druck pro Quadratzoll geprüft werden, gewöhnlich mit 60 Pfund Spannungen arbeiten.*[29]

Die Anteile der Eigentumsliste waren in 1/100 Parten unterteilt. Zu den Inhabern gehörten:

Norddeutsche Schiffbau-Actien-Gesellschaft, Gaarden, Kiel:	31/100 Part;
Friedrich Petersen, Kaufmann, Stettin:	3/100 Part;
Hans Petersen, Kaufmann, Rostock:	4/100 Part;
J.C. Thormann, Geh. Kommerzienrat, Wismar:	5/100 Part;
Metzler & Winther, Kaufleute, Swinemünde:	1/100 Part;
Carl Wecker, Schiffskapitän, Rostock:	5/100 Part;
Theodor Burchard, Handelsfirma, Rostock:	51/100 Part.

Die Howaldt-Werke verkauften von ihren anfänglich 31 Anteilen gleich 30 Stück, mit Aus-nahme von Theodor Burchard, der 18 Anteile erhielt, vorwiegend an enge Familienangehörige. Die Korrespondenz wurde ab dem 1. März 1882 von Carl Buchard übernommen.

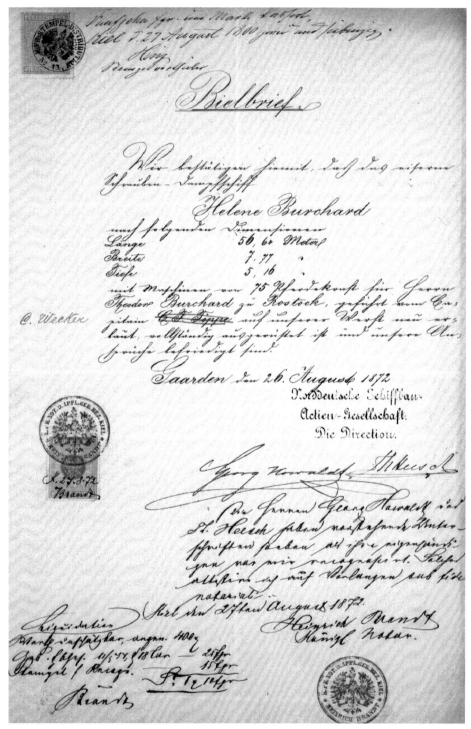

Abb. 12 Bielbrief der Norddeutschen Schiffbau Actien-Gesellschaft von 1872 für das Dampfschiff HELENE BURCHARD. (Stadtarchiv Rostock)

Auch dieser Dampfer ging verloren. Am 2. April 1883 brachte die Schiffregisterbehörde zur Anzeige, dass der jetzt unter Kapitän Allwardt fahrende Dampfer HELENE BURCHARD am 1. Dezember 1882 von Schweden mit einer Ladung Hafer nach Boulogne/Frankreich abgegangen war und seit dem Abgang jede Nachricht von Schiff und Mannschaft fehlte. Da die Frist heute abgelaufen sei, gelte der Dampfer nach den gesetzlichen Bestimmungen als verschollen. Daraufhin bat der Korrespondenzreeder um Löschung im Register.

Zwei weitere Dampfer für die Handelsfirma Burchard

Bis auf eine Ausnahme gingen auch die nächsten Aufträge seitens der Schiffsreederei Theodor Burchard und Mitinhaber Carl Burchard direkt an die Howaldt-Werke in Kiel. Ein möglicher Grund dafür könnte die relativ hohe Mitfinanzierung bei den Neubauten durch die Werft selbst gewesen sein. Auch wurden die Fahrzeuge immer größer.

Der 1873 gebaute eiserne Dampfer DASCHY KÖNIG (MCVS)[30] besaß bei Abmessungen von 66,20 x 8,66 x 6,76 m einen Raumgehalt von 750 RT. Auf dem obersten Deck befanden sich ein Aufbau und ferner zwei Masten mit Schonertakelung, trotz der Compoundmaschine von 100 PS nominell, *die mit einer rechthandigen Schraube bei voller Kraft 76–80 Umdrehungen/Minute machte, um eine mittlere Geschwindigkeit von ca. 8½ Knoten zu erzielen. Der Schiffsraum wurde durch 3 eiserne wasserdicht schließende Querschotten und ein hölzernes Längsschott durchschnitten. Im Maschinenhause befand sich an jeder Seite des Schiffes ein Dampfkessel, der von der Schiffswand durch einen Kohlenbunker getrennt wurde, welcher von unten bis zum Oberdeck reichte, mit dem Maschinenraum durch eiserne Türen in Verbindung stand und dessen Ladelöcher auf dem Oberdeck mit Deckeln versehen waren, die durch einen Konus fest angepresst wurden. Drei Deckpumpen konnten mit der Hand bewegt und zwei durch die gewöhnliche Dampfmaschine getrieben werden. Eine Dunky-Pumpe besaß einen besonderen Dampfantrieb.*[31]

Nach dem Reedereiverzeichnis beteiligten sich bei diesem Neubau nur vier Teilhaber:
Schweffel & Howaldt, Maschinenfabrikanten, Kiel: 40/100 Part;
J.C. Thormann, Geh. Kommerzienrat, Wismar: 5/100 Part;
Metzler & Winther, Kaufleute, Stettin: 1/100 Part;
Theodor Burchard, Handelsfirma, Rostock: 54/100 Part.

Abb. 13 Schiffsporträt des Dampfers DASCHY KÖNIG. (Repro: Heinrich Rahden)

Abb. 14 (oben und rechte Seite) Schiffs-Messbrief des Schraubendampfers DASCHY KÖNIG. (Stadtarchiv Rostock)

Die **Länge des Maschinenraumes**, einschliesslich der festen

Kohlenbehälter, des Schiffes beträgt . . . . *11,16* Meter.

Die Grösse der Schiffsräume beträgt im Einzelnen:

	Kubik-meter.	Britische Register-Tons.
a) Raum **unter** dem Vermessungs-Deck	*1892,5*	*668,05*
b) Räume **über** dem Vermessungs-Deck { Zwischendeck-Raum	*920,4*	*324,90*
Hütte	—	—
Back	—	—
sonstige Aufbauten . . .	—	—
Der **Brutto-Raumgehalt** des Schiffes beträgt somit . . .	*2812,9*	*992,95*

Hiervon geht ab:

1) *die* Logisr*äume* der Schiffsmannschaft, welche sich
vorn unter dem obersten Deck
befinde*n* . . . . *105,8* / *37,55*
49,0 / *17,30*

2) *die* R*äume*, welche von de*r* Maschine und de*m*
Dampfkessel, sowie von de*n* festen Kohlenbehälter*n* eingenommen w*erden* . . . *584,7* / *206,40*
641,0 / *226,18*

| Die Abzüge vom Brutto-Raumgehalt des Schiffes betragen zusammen | *690,8* | *243,78* |
| Mithin beträgt der **Netto-Raumgehalt** des Schiffes . . . | *2122,8* | *749,7* |

in Worten: *Zwei Tausend Ein Hundert Zweiund Zwanzig 3/10* Kubikmeter

gleich *Sieben Hundert Neun und Vierzig 7/100* britischen Register-Tons.

Ueber die vorstehende, von der Vermessungs-Behörde zu *Kiel*

am *24* ten *November* 18*73* beendete Vermessung wird dieser Messbrief ausgefertigt.

Schleswig, den *8* ten *December* 18*73*.

Königliche Regierung
Abtheilung des Innern

I. B. 10857.

Die Werft verkaufte allerdings 40 ihrer Anteile sofort wieder an Verwandte, aber auch an einen Apotheker Riedel in Kiel und an den Maschineninspektor Diederichsen (zwei Anteile) in Hamburg. Weitere fünf Parten erwarben ein Bankdirektor sowie Ingenieure und Kapitäne in Hamburg und Altona. Kapitän Heinrich Peter Kaekenmeister aus Warnemünde war nur Setzschiffer.

Laut einem in der Zeitung veröffentlichten Telegramm vom 13. Dezember 1882 wurde die Daschy König auf der Reise von Riga nach Antwerpen mit einer Ladung Getreide, Hanf, Saat in Fässern und Flachs in Bündeln in der Nordsee westlich der Doggerbank sinkend verlassen. Eine englische Fischersmack aus Grimsby barg am 8. Dezember 1882 die Mannschaft ab. Den danach von englischen Fischern besetzten Dampfer versuchte ein zu Hilfe geholter Schlepper vergeblich zu bergen.

Auch wenn sich der nachfolgende Text allein auf Meldungen der Rostocker Zeitung bezieht, soll der Inhalt nicht unerwähnt bleiben, zumal es sich um den mit 848 RT bisher größten für Rostocker Rechnung gekauften Seedampfer handelt. Bereits 1872 kaufte die Handelsfirma von Theodor Burchard das ebenfalls auf der Werft von Georg Howaldt in Kiel für eine Hamburger Reederei gebaute, 1875 sogar für Atlantikreisen konzipierte Schiff Sylvia (RDKI). Allerdings verlor die Reederei auch dieses Schiff innerhalb kürzester Zeit. Weil es außer wenigen Kurzmeldungen in der Zeitung über diesen Dampfer praktisch kein Material gibt, soll kurz auf dessen schnelles Ende unter Rostocker Korrespondenz eingegangen werden.

Für den *erst vor einiger Zeit* angekauften großen Schraubendampfer, der anfangs hauptsächlich zwischen Kronstadt und England verkehrte, wurde bei einer Besatzung von 27 Mann eine Ladefähigkeit von 961 Tonnen und eine Maschinenstärke von 120 effektiven Pferdestärken angegeben. Für Hamburger Rechnung soll er bis dahin nach China eingesetzt worden, danach aber vorzugsweise zwischen Ost- und Nordsee verkehrt sein. Trotzdem fuhr die Sylvia unter Kapitän Albrand 1876 über den Atlantik zur amerikanischen Ostküste und kehrte am 8. September von Philadelphia nach Havre zurück. Aus Quebec kam die Nachricht, die Sylvia sei am 24. September auf dem Atlantik verlassen und in sinkendem Zustand passiert worden. Die Boote befanden sich nicht mehr an Bord und am Bug hing eine Trosse, als hätte man den Dampfer geschleppt.

Laut Telegramm aus Sherburne kamen die Bestätigung *vom Verlust des schönen Schiffes, des größten unserer Reederei,* und der Hinweis, die Mannschaft sei gerettet. Laut Havariebericht überraschte den mit Hafer beladenen Dampfer acht Tage nach der Ausfahrt auf den Neufundlandbänken ein orkanartiger Nordweststurm, der bis zum 22. September anhielt. In dem schweren Seegang arbeitete die Sylvia fürchterlich. Die Ladung ging dabei nach Steuerbord über und die Schlagseite nahm schließlich so zu, dass das Schiff fast auf der Seite lag. Danach brachen schwere Sturzseen über den Havaristen herein, der dabei so viel Wasser übernahm, dass die Feuer trotz des Wasserschöpfens fast verlöschten. Am 18. September entdeckte man zusätzlich ein Leck. Die Pumpen wurden fortwährend in Gang gehalten, doch man bekam den Dampfer nicht lenz. Am Morgen des 22. September kam ein Schiff in Sicht. Überzeugt davon, dass die Sylvia nicht mehr zu retten war, ließ der Kapitän das Notsignal setzen. Daraufhin hielt die englische Bark N.K. Clements auf den Dampfer zu und nahm nach etlichen Schwierigkeiten und nicht ohne Gefahr die 21 Mann starke Besatzung an Bord. Sieben Schiffsbrüchige übernahm später die aus Liverpool stammende Bark Mersey.

Die Neue Dampfschiffs-Actien-Gesellschaft

Am 7. September 1875 meldete die Rostocker Zeitung, es hätte sich Anfang des Jahres am Ort eine Neue Dampfschiffs-Actien-Gesellschaft unter Beteiligung mehrerer auswärtiger Handlungshäuser, namentlich aus St. Petersburg, gegründet. Für deren Rechnung sei in Schottland ein eisernes Schraubendampfschiff namens H. von Witt (MDBK) gebaut worden, das unter der

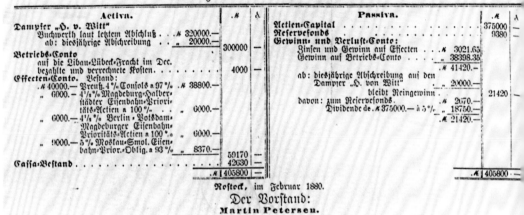

Abb. 15 Bilanz der »Neuen Dampfschiffs-Actien-Gesellschaft«, 1879. (Rostocker Zeitung)

Korrespondenz von Martin Petersen stehe. In Wirklichkeit war Letzterer Direktor des Vorstandes. Zu den Mitgliedern des Aufsichtrates gehörten Senator P.J.F. Burchard, Friedrich Petersen und Hermann Janentzky. Als Kapitän wurde Wilhelm Ahrens eingestellt. Leider gibt es keine Schiffsregisterakte mehr, sodass auch für diesen Dampfer nähere Angaben der Zeitung entnommen werden müssen.

Der Stapellauf des *sehr hübsch modellierten Schraubendampfers* fand am 3. August 1875 nach einer Bauzeit von 7 Monaten *auf der Schiffswerfte und Maschinenbaustätte der Herren Cunliffe & Dunlop in Glasgow* statt. Diese sollen das Schiff auf Order des Herrn George G. Mackay in Grangemouth für die »Neue Dampfschiffs-Actien-Gesellschaft« zu Rostock erbaut haben. Es war nach *Lloyds Spezialvorschriften* konstruiert und unter der Bauaufsicht von Wilhelm Ahrens entstanden. In der Presse wurden die Dimensionen mit 205 Fuß Länge, 28 Fuß Breite und 15 Fuß 8 Zoll Tiefe im Raum angegeben. Erwähnt werden ein Überbau bis zur Mitte des Schiffes und eine Hütte auf dem Verdeck. Der Dampfer erhielt drei starke Dampfwinden, einen Dampfkran und Wasserbehälter für 170 Tons Wasser, welche schnell gefüllt und geleert werden konnten. Die vom Erbauer konstruierten Maschinen waren *compound surface condensing*, besaßen 100 Nominal-Pferdestärken und waren mit jeglicher neuen Verbesserung versehen. *Die Ceremonie, das Schiff H. VON WITT zu taufen, wurde von Frau James Cunliffe sehr gelungen ausgeführt. Gleich nach dem Stapellauf wurde das Schiff wieder nach der Werfte verholt, wo die Maschinen und Kessel an Bord gebracht werden.*

Nach einem zweiten Bericht verließ der Dampfer am 2. September den Hafen, um die Kompasse zu regulieren und dann *Tail of the Bank* anzusteuern, *wo der Direktor obiger Gesellschaft, Herr Martin Petersen aus Rostock, sich mit einer Gesellschaft von Damen und Herren an Bord begab und begann sodann die Probefahrt, welche, obgleich es sehr stark wehte, zur großen Zufriedenheit aller Teilnehmer ausfiel. Die erreichte Geschwindigkeit kam im Durchschnitt auf »vier runs«, durch die gemessene Meile betrug sie 10 Knoten, welches die contractliche Fahrt wesentlich übersteigt.*[32]

Die erste Fahrt der H. VON WITT ging von Glasgow mit einer Ladung Eisen nach Kronstadt. Erst am 15. Juli 1876 traf der Dampfer, seine Tagfähigkeit wurde mit 1700 Tonnen angegeben, von Lübeck kommend in Rostock ein, um dort registriert zu werden und die Kessel besichtigen zu lassen. Das Abnahmeattest über die Anlage von Dampfkesseln beruhte auf dem »Erlaß des Reichskanzler-Decrets vom 29. Mai 1871«. Zeigten sich nach einer Druckprobe auf Dampfspannung keine Formveränderungen oder Undichtigkeiten, wurde die Inbetriebnahme mit den entsprechenden Atmosphären bescheinigt.

Anschließend sollte die H. von Witt ihre Reise mit einer Ladung Kohlen nach Archangelsk fortsetzen. Nach den jährlich in der Presse veröffentlichten Bilanzen schüttete die Gesellschaft zwar unterschiedliche, aber regelmäßige Aktiengewinne aus. Erst 1903 wurde das Schiff nach Genua verkauft.

Dampfer Henriette Schlüsser

Nach den vorangegangenen Schiffsverlusten ließ die Handelsfirma von Theodor Burchard erst 1878 wieder einen Dampferneubau auflegen. Unbeeindruckt durch andere Reedereibetriebe, blieb man weiterhin bei der Partenreederei – und bei der Kieler Werft. Da sich die Henriette Schlüsser (Unterscheidungssignal: MDHG)[33] bereits fertig zur Ausreise in Kiel befand, zwei Tage später auslaufen sollte und dafür ihr Schiffszertifikat benötigte, bat die Reederei bereits für den nächsten Tag einen Termin anzusetzen.

Am 14. Februar 1879 trat der Kaufmann Carl Burchard auf dem Rathaus vor die Registerbehörde und gab im Namen der Firma folgende Erläuterung ab: *Das vorgenannte Schiff ist auf Grund eines mündlich abgeschlossenen Baucontractes im Jahre 1879 auf der Werfte des Ingenieurs Georg Howaldt zu Kiel und zwar für Rechnung der jetzigen Reederei erbaut worden. Das Hauptbaumaterial besteht aus Eisen, das Schiff hat einen Dampfantrieb, zwei Masten und ist als Gaffelschoner getakelt. Es soll unter unserer Korrespondenz und unter der Führung des Schiffers Adolph Plath aus Warnemünde vom hiesigen Hafen als Heimathafen aus seine Fahrten machen.*

Nach Ausweis des bereits zu den Acten gekommenen Meßbriefes ist dasselbe von der Schiffsvermessungsbehörde in Kiel vermessen, die Reedereiliste eingereicht, der Plath, welcher nach

Abb. 16 Havarierter Dampfer Henriette Schlüsser an der Pier. (Slg. Hückstädt/Archiv DSM)

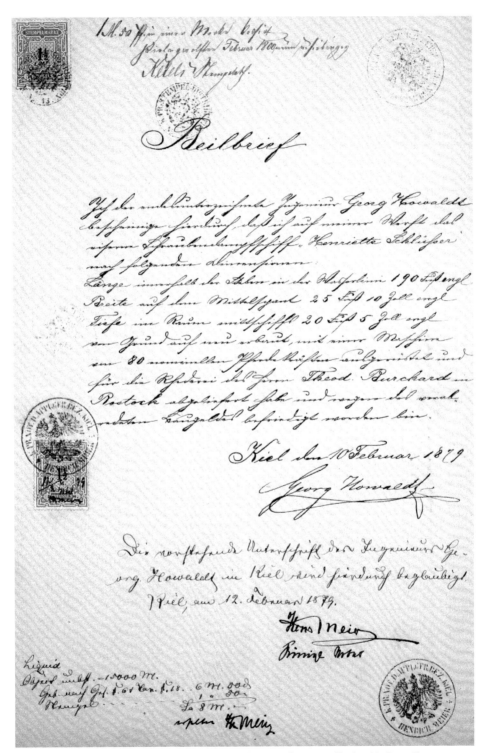

Abb. 17 Bielbrief des 1879 in Kiel gebauten Dampfers Henriette Schlüsser. (Stadtarchiv Rostock)

Ausweis des gleichfalls vorgelegten Zeugnisses des Großherzoglichen Amtes Ribnitz am 8. März 1872 die Befähigung hat, als Seeschiffer deutsche Kauffahrteischiffe jeder Größe in allen Meeren zu führen, hat ein Chronometer an Bord. Die Schiffsbesatzung beträgt mit Einschluß des Schiffers 15 Mann.[34]

Ein Baukontrakt des Dampfers lag in diesem Fall nicht vor, denn – sieht man von den Dimensionen einmal ab –, die Beschreibung, die Bauart und die Ausrüstung entsprachen dem ebenfalls bei Howaldt gebauten und im Dezember 1873 bereits registrierten Dampfer DASCHY KÖNIG. Zur Eintragung eines Schiffes bei der Registerbehörde mussten generell außer Vorlage des Bauvertrages und des Prüfungszeugnisses des Schiffers als weitere Punkte angegeben werden: die Gattung, Flaggennummer, Vor- und Familienname sowie Wohnort des Korrespondenzreeders, des Schiffers und des Baumeisters. Ferner war eine vollständig und deutlich geschriebene, vom Korrespondenten durch seine Unterschrift unter diesem ausgefüllten Formular beglaubigte Liste der Mitreeder des Schiffes, und zwar nach einem vorgegebenen Schema mit Nummer, Vor- und Zuname, Stand, Wohnort und der Größe des Parts, einzureichen.

Das Reederverzeichnis der HENRIETTE SCHLÜSSER gab umfassend Auskunft über deren soziale Struktur:

1. A.F. Howaldt, Maschinenfabrikant, Kiel: 14/100 Part;
2. Frau A.F. Howaldt, geb. Diederichsen, Kiel: 1/100 Part;
3. Hermann Howaldt, Ingenieur, Kiel: 1/100 Part;
4. Georg Howaldt, Schiffbau-Werft, Kiel: 8/100 Part;
5. Frau Mathilde Howaldt, geb. Bommel, Kiel: 1/100 Part;
6. C.H. Riedel, Apotheker, Kiel: 10/100 Part;
7. Carl Daevel, Ingenieur, Kiel: 1/100 Part;
8. R. Konopacki, Reichsbankvorsteher, Kiel: 1/100 Part;
9. Joh. Schweffel, Maschinenfabrikant, Kiel: 1/100 Part;
10. Carl Diederichsen, Kaufmann, Hamburg: 2/100 Part;
11. Arnold Libbertz, Maschinen-Inspektor, Hamburg: 1/100 Part;
12. J.H.P. Diederichsen, Maschinen-Inspektor, Hamburg: 1/100 Part;
13. J.N. Jessen, Kapitän, Apenrade: 2/100 Part;
14. Friedrich Petersen, Kaufmann, Stettin: 4/100 Part;
15. Carl Wecker, Kapitän, Rostock: 5/100 Part;
16. H. Kaekenmeister, Kapitän, Warnemünde: 1/100 Part;
17. Frl. Henny Burchard, Tochter von Theodor: 2/100 Part;
18. Frl. Elise Burchard, Tochter von Theodor: 2/100 Part;
19. Theodor Burchard (Inh. Theodor und Carl), Rostock: 41/100 Part;
20. Frau Semper, geb. Lübbes, Regierungs-Rätin, Hannover: 1/100 Part.

Mit Einwilligung sämtlicher Mitreeder ging die HENRIETTE SCHLÜSSER am 1. März 1882 in die Korrespondenz von Friedrich Petersen über, der 34/100 Parten übernahm. Theodor Burchard blieb mit 7/100 am Schiff beteiligt. Die Verwaltung erfolgte weiterhin zu den üblichen Konditionen:

Veränderungen bei den Eigentumsverhältnissen mussten der Registerbehörde jährlich mitgeteilt werden. Aufgrund der vorliegenden Erklärung wurde dann die Umschreibung der genannten Parten auf den neuen Eigentümer im Schiffsregister vorgenommen. Bei Tod eines Mitreeders übertrug man diese per vorgelegtem Testament oder Erbschein, meistens vertreten durch Anwälte mit entsprechenden Generalvollmachten. Fuhr ein Schiff über viele Jahre, war die Akte oft voll von solchen Nachlassangelegenheiten für die Kinder oder nahe Verwandte.

Erst im November 1902 erfüllte Elise Petersen *die traurige Pflicht*, die Mitreeder *vom Ableben ihres lieben Mannes, des Herrn Friedrich Petersen, in Kenntnis zu setzen.* Gleichzeitig schlug sie Otto Zelck als neuen Korrespondenzreeder vor, *den langjährigen getreuen Mitarbeiter und Pro-*

Abb. 18 Verkaufs-
anzeige von Otto
Wiggers 1907 für
die HENRIETTE
SCHLÜSSER.
(Rostocker Zeitung)

Dampfschiffsverkauf.

Im Auftrage der Reederei verkaufe ich in meinem Büro,
Koßfelder Straße 8, am **Mittwoch, den 15. Mai d. J., nachm.
3 Uhr,** in öffentlicher Auktion den hiesigen Dampfer

„Henriette Schlüsser".

Der Dampfer ist im Jahre 1879 in Kiel aus Eisen er aut, ladet
a. 1050 Tons Schwergut inklusive Bunkers und ist zu 482 Netto
Register Tons vermessen.
Der Dampfer ist im hiesigen Hafen aufgelegt und kann nach
vorheriger Meldung bei mir jederzeit besichtigt werden.
Die Verkaufsbedingungen liegen in meinem Büro zur Einsicht aus.
Rostock, den 1. Mai 1907.

Otto Wiggers,
Schiffsmakler.

kuristen ihres verstorbenen Mannes, in der festen Überzeugung, die Interessen nicht in bessere
Hände legen zu können. Dieser übernahm dann auch die Geschäfte bis 1906. Danach erkaufte er
sich mit zusammen 55 Anteilen die Stimmenmehrheit über den Dampfer und beantragte das Einverständnis der Reedereiversammlung, ihm die Übertragung der Korrespondenz auf die Firma
Otto Wiggers (Inh. Franz Hinrichsen und Robert Kempowski) zu genehmigen. Diese wiederum
bot die HENRIETTE SCHLÜSSER mit einer inzwischen auf 94 Parten erhöhten Majorität am 15. Mai
1907 in einer öffentlichen Auktion zum Verkauf an. Laut Auktionsprotokoll des Notars Dr.
W. Zschimmer ging das Schiff im Geschäftslokal der Firma Wiggers in der Koßfelder Straße 8
beim 53. Bot für 38 000 Mark in die Hände des Konsuls August Cords über. Nachdem Letzterer
am 31. Mai bei der Schiffsregisterbehörde die Übertragung des Dampfers auf seinen Namen
erreicht hatte, verkaufte er das Schiff am 15. Juli 1907 für 64 000 Mark nach Italien.

Dampfer ELISE PETERSEN

Mit dem Dampfer ELISE PETERSEN (Unterscheidungssignal: MDJR)[35] ließ der vermutlich inzwischen nach Stettin umgesiedelte Theodor Burchard seinen letzten Dampfer für und diesmal erstmals auch in Rostock erbauen. Vor der Schiffsregisterbehörde erschien er deshalb am 14. März
1881 nicht persönlich, sondern erneut der Mitinhaber Carl Burchard, um hier die »Korrespondenzbedingungen« für das Schiff vorzutragen.
Bereits am 27. August 1880 wurde zwischen Theodor Burchard in Stettin und der Rostocker
Actiengesellschaft für Schiff- und Maschinenbau der Vertrag für den Bau eines eisernen Han-
delsdampfers für die Summe von 216 000 Mark abgeschlossen, die in fünf festgelegten Raten
zu bezahlen war. Das Fahrzeug sollte mit allen neueren Einrichtungen der Neuzeit ausgerüstet
werden. Schiffer Friedrich Franz Lass aus Rostock wurde Führer des Schiffes, das trotz einer
Maschine mit 75 nominellen, 150 effektiven und 300 indizierten Pferdestärken wieder über eine
Schonertakelung verfügen sollte. Mit seiner rechthandigen, vierflügeligen Sch aube konnte es
bei voller Kraft und 85 Umdrehungen in der Minute 8½ Knoten laufen. An Steuerrädern waren
zwei vorhanden, das eine auf dem Achterschiff, das andere, dessen man sich gewöhnlich bediente, unter der Kommandobrücke, wo sich auch die Kompasse befanden. Der Laderaum war
sowohl unter dem Hauptdeck als unter dem oberen Deck durch vier wasserdichte Querschotten
in drei getrennte Räume abgeteilt. Innerhalb derselben waren für Getreideladungen Längs-
schotten angebracht.[36] Die ELISE PETERSEN maß bei 747 vermessenen BRT und 583 RT 181 x
25,9 x 14,3 Fuß.
Nach den in Stettin am 10. September 1880 aufgestellten Korrespondenzbedingungen übernahm Theodor Burchard den neu erbauten Dampfer zu folgenden Konditionen:

1. Herr Theodor Burchard hat wegen Befrachtung, wegen Aufstellung und Absetzung des Kapitäns und allen Schiffsleuten, sowie für alle sonstigen Schiffsgeschäfte dieses Dampfers freie Verfügung ohne zuvorige Anfrage bei der Reederei.

2. Die Verwaltung der Geschäfte übernimmt Herr Theodor Burchard zu den jetzt in Rostock üblichen Bedingungen und zwar:

1% Korrespondenz-Provision der Bruttoeinnahmen,

½% Wechselprovisionen auf alle Tratten und Rimessen und

1/8% Wechselcourtage auf alle Tratten und Rimessen.

Alle Wechsel in ausländischer Valuta werden am Verfallstage zu dem in der Hamburger Börsenhalle notierten bezüglichen Geldkurs berechnet.

3. Ausstellungen gegen die vom Korrespondenzreeder erteilten Abrechnungen sind innerhalb drei Monaten nach Empfang der betreffenden jährlichen Abrechnung beim Korrespondenzreeder anzumelden, spätere Reklamationen sind unzulässig.

4. Die Einteilung des Schiffes geschieht nach Hundertstel Part und ist ein 100tel Part der kleinste Anteil und nicht weiter zu teilen. Die unterzeichneten Reeder im Dampfer ELISE PETERSEN *sind für sich und ihre Nachfolger an vorstehende Konditionen gebunden.*

Nach der Eigentumsliste gab es 32 Mitreeder:

1. Carl Burchard, Schiffbaumeister, Rostock: 4/100 Part;
2. Carl Wecker, Kapitän, Rostock: 4/100 Part;
3. H. Janentzky, Kaufmann, Rostock: 2/100 Part;
4. E.W. Bencard, Kaufmann, Rostock: 1/100 Part;
5. Heinr. Warkentin, Kaufmann, Rostock: 1/100 Part;
6. Friedrich Stampe, Kaufmann, Rostock: 1/100 Part;
7. J.C. Albrecht, Kaufmann, Rostock: 2/100 Part;
8. Otto Wiggers, Schiffsmakler, Rostock: 1/100 Part;
9. Adolph Plath, Kapitän, Warnemünde: 2/100 Part;
10. L. Kaekenmeister, Kapitän, Warnemünde: 1/100 Part;
11. Heinrich Petersen, Kaufmann, Stettin: 1/100 Part;
12. Joh. Schweffel, Rentier, Kiel: 3/100 Part;
13. C.H. Riedel, Apotheker, Kiel: 5/100 Part;
14. Carl Diederichsen, Kaufmann, Hamburg: 3/100 Part;
15. Johannes Rebe, Kaufmann, Hamburg: 1/100 Part;
16. Ernst Jacobi, Ingenieur, Hamburg: 2/100 Part;
17. J.A. Libbertz, Ingenieur, Hamburg: 1/100 Part;
18. Carl Hansen, Inspektor, Hamburg: 1/100 Part;
19. Jacob Diederichsen, Inspektor, Hamburg: 2/100 Part;
20. Bernhard Hellwig, Ingenieur, Hamburg: 1/100 Part;
21. Gustav Diederichsen, Kaufmann, Hamburg: 1/100 Part;
22. P.G. Brünner, Maler, Hamburg: 1/100 Part;
23. Franz Hünten, Maler, Hamburg: 1/100 Part;
24. Engelbert Reiffer, Bildhauer, Hamburg: 1/100 Part;
25. Claus Bolten, Kaufmann, Altona: 1/100 Part;
26. Hans Richardsen, Kaufmann, Altona: 1/100 Part;
27. Theodor Zeise, Fabrikant, Altona: 1/100 Part;
28. Christian Rose, Schiffsmakler, Swinemünde: 1/100 Part;
29. Friedrich Petersen, Kaufmann, Rostock: 8/100 Part;
30. Frl. Elise Burchard, Rostock: 2/100 Part;
31. Frl. Henny Burchard, Rostock: 2/100 Part;
32. Theodor (mit Carl) Burchard, Rostock: 41/100 Part.

Das Risiko war somit auf sehr viele Schultern verteilt und vermutlich infolge der herrschenden ökonomischen Krise auch keiner der Mitreeder zu einer größeren Beteiligung bereit. Auffällig ist die große Anzahl kleiner Teilhaber mit zusammen 18 Parten aus dem Hamburger Raum. Ebenfalls auffällig ist das noch vorhandene Interesse aus Kiel.

Bereits ein Jahr später gab Theodor Burchard seine Handelsfirma in Rostock ganz auf. Alle noch vorhandenen Dampfer übernahm die Reederei Friedrich Petersen unter den gleichen Bedingungen, und so wurde ihm auch, unter Einwilligung sämtlicher Miteigentümer, die ELISE PETERSEN ab 1. März 1882 von der Registerbehörde übertragen. Petersen erwarb von Burchard 26/100 seiner Anteile, der Rest blieb in dessen Besitz. Lange konnte sich der neue Korrespondenzreeder an dem Schiff nicht erfreuen, denn nicht einmal zwei Jahre später ging es verloren. Der Spruch des Seeamtes lautete:

Die am 30 Januar 1884 morgens auf der Reise von Reval mit einer nach Leith bestimmten Ladung Hafer und Ölkuchen südlich vor Hille Oe erfolgte Strandung des Dampfers, welche dessen gänzlichen Verlust zur Folge hatte, ist durch einen Irrtum des Zweiten Steuermannes Thies Spiesen aus Blankenese verursacht, welcher das Leuchtfeuer von Ryvingen mit einem Schiffslicht verwechselte. Der Irrtum des Zweiten Steuermannes aber ist den Umständen nach für entschuldbar zu erachten.

Dampfer-Gesellschaft von 1881

In das hiesige Handelsregister ist am Juni die durch das Statut vom 20. des Monats begründete »Dampfer-Gesellschaft von 1881« eingetragen. Der Zweck der Gesellschaft ist der Rhedereibetrieb mit einem unter deutscher Flagge fahrenden Schrauben-Dampschiffe namens HANS KROHN. Die Dauer der Gesellschaft ist nicht auf eine bestimmte Zeit beschränkt, aber an den Besitz des genannten Dampfschiffes geknüpft. Das Grundcapital der Gesellschaft besteht aus 250 000 Mark, getheilt in 125 Actien zu 200 Mark, schrieb die Rostocker Zeitung am 28. Juni 1881.

Abb. 19 Schiffsporträt des Dampfers HANS KROHN. (Repro: Heinrich Rahden)

Abb. 20 (oben und rechte Seite) Schiffs-Messbrief des Dampfers HANS KROHN. (Stadtarchiv Rostock)

Die **Länge des Maschinenraumes**, einschliesslich der festen

Kohlenbehälter, des Schiffes beträgt . . . . *12,87* Meter.

Die Grösse der Schiffsräume beträgt im Einzelnen:

	Kubik-meter.	Britische Register-Tons.
a) Raum **unter** dem Vermessungs-Deck	*3485,9*	*1230,52*
b) Räume **über** dem Vermessungs- Deck . . . . { Zwischendeck R / Hütte *3 Lucken* / Back *Erhöhungen* / sonstige Aufbauten . . .	*21,2*	*7,48*
Der **Brutto-Raumgehalt** des Schiffes beträgt somit . . .	*3507,1*	*1238,00*

Hiervon geht ab:

1) die Logisr*äume* der Schiffsmannschaft, welche sich

unter dem Vermessungsdeck

befinde*n* *160,3*   *56,59*

2) die R*äume*, welche von der Maschine und de*m*

Dampfkessel, sowie von de*n* festen Kohlenbehältern *eingenom-*

men werden *556,2*   *196,34*

Die Abzüge vom Brutto-Raumgehalt des Schiffes betragen zusammen   *716,5*   *252,93*

Mithin beträgt der **Netto-Raumgehalt** des Schiffes . . .   *2790,6*   *985,07*

in Worten *Zweitausendsiebenhundert neunzig, sechs Zehntel* Kubikmeter.

gleich *Neunhundertfünfundachtzig, sieben Hundert* britischen Register-Tons.

Ueber die vorstehende, von der Vermessungs-Behörde zu *Stettin*

am *21* ten *Maerz* 18*82* beendete Vermessung wird dieser Messbrief ausgefertigt.

Stettin, den *21* ten *Maerz* 18*82*.

Die Schiffsvermessungs-Revisionsbehörde.

Der Regierungs-Präsident

In Vertretung

R.P. V 1018.

Dampfer-Gesellschaft von 1881.
Bilance 31. December 1884.

Activa.

Dampfer „Hans Krohn": Buchwerth laut letztem Abschluß			ℳ 358000.—
Effecten-Conto. Bestand für den Reservefonds:			
ℳ 4000.— Preuß. 4% Consols à 102	ℳ 4080.—		
„ 4000.— Hamb.-Amer. Packetf. 4½% Prior.-Oblig. à 101	„ 4040.—		„ 8120.—
Gewinn- und Verlust-Conto:			
Verlust auf Betriebs-Conto	ℳ 8602.—		
Zinsen auf Obligationen	„ 5425.—		
desgl. „ Vorschüsse	„ 454.10		
Muthmaßlicher Verlust durch die Havarie in Calais und Assecuranz-Prämien	„ 17215.—		
	ℳ 31696.10		
ab: Vortrag von 1883 und Zinsgewinn auf Werthpapiere	„ 565.30		„ 31130.80
			ℳ 397250.80

Passiva.

Actien-Capital	ℳ 250000.—
Obligationen	„ 108000.—
Reservefonds	„ 8000.—
Zinsen-Conto: 3 Monat auf ℳ 108000.— Obligationen	„ 1350.—
Conto für die Havarie in Calais	„ 17215.—
Capitain A. Köster: Heuerguthaben der Besatzung am 31. December	„ 2456.35
Martin Petersen: Vorschuß	„ 10229.45
Rostock, den 14. März 1885.	ℳ 397250.80

Dampfer-Gesellschaft von 1881.
Martin Petersen.

Abb. 21 Bilanz der »Dampfer-Gesellschaft von 1881«, 1884. (Rostocker Zeitung)

Nach dem vorliegenden Statut der Gesellschaft für den Dampfer Hans Krohn (Unterscheidungssignal: MDJV)[37] gab es außer dem Direktor noch den Aufsichtsrat und die Generalversammlung. Zum Direktor war *statutenmäßig* der Kaufmann Martin Petersen ernannt worden. Die Wahl eines Anderen stand nur dem Aufsichtsrat zu. Er vertrat die Gesellschaft in allen außergerichtlichen und gerichtlichen Angelegenheiten, führte die Bücher und die Kasse, berief oder entließ in Abstimmung mit der Generalversammlung den Kapitän und leitete auch sonst das Unternehmen nach den Gesetzen und Statuten sowie nach den Beschlüssen dieses Gremiums. Für seine Funktion erhielt er 1% der Bruttoeinname. Stand ihm sonst auch die Befrachtung des Dampfers zu, galt das im Hafen von St. Petersburg nicht. Hier bestimmten die Herren Witt & Co. über die Ladung, allerdings nur mit der Zustimmung des Kapitäns. Für das Amt des Schiffers war August Köster vorgesehen, der zuvor den Dampfer H. von Witt geführt hatte. Auch dieser musste, wie der Direktor, bei seiner Einstellung für die Dauer seines Dienstes fünf Aktien als *Dienstauction deponiren.* Der Aufsichtsrat bestand aus fünf Aktionären und wurde von der Generalversammlung auf fünf Jahre gewählt. Er war mit wenigstens drei seiner Mitglieder beschlussfähig. Der Aufsichtsrat wählte den Direktor und dessen Stellvertreter und vertrat die Gesamtheit der Aktionäre. Er kontrollierte die Pläne über den Bau, die Ausrüstung oder Reparatur des Schiffes, verfasste die von der Generalversammlung geforderten Beschlüsse hinsichtlich der Statuten, überwachte die Geschäftsführung der Gesellschaft, hatte die Bilanzen und Jahresrechnungen durchzusehen und die Dividendenverteilung zu überprüfen. Für Beschlüsse war die absolute Stimmenmehrheit der in der Generalversammlung vertretenen Aktien erforderlich. Das Geschäfts- und Betriebsjahr entsprach dem Kalenderjahr, nach dessen Ablauf Bilanz gezogen wurde. Ergab die Gegenüberstellung sämtlicher Aktiva über die Passiva einen Reingewinn, kam es nach Bildung des Reservefonds zur Verteilung der Dividende.

Bei der Gründung der Aktiengesellschaft gab man bis zur vollständigen Einzahlung des

Nominalbetrages nur Interimsscheine aus, die erst danach gegen auf den Namen lautende Aktien ausgetauscht wurden. Verursachte der Erwerb des Schiffes Überschreitungen des eingezahlten Aktienkapitals, konnten zusätzliche Obligationen in Höhe von 1000 Mark bis zu einem Gesamtwert von 150 000 Mark ausgegeben werden, die mit einer Verzinsung von 5% allmählich aus den Betriebsüberschüssen zu tilgen waren. Nur dadurch konnte später bei der Werft die höhere Bausumme beglichen werden.

Nur in der Schiffsregisterakte der HANS KROHN wurden in Verbindung mit der Abstimmung für eine Anleihe bei 113 Aktien die Besitzer der mit am Schiff Beteiligten namentlich genannt:

1. Martin Petersen, Rostock: 9 Aktien;
2. Charles Krohn & Co., St. Petersburg: 40 Aktien;
3. Julius Gilles, St. Petersburg: 16 Aktien;
4. Witt & Co., St. Petersburg: 9 Aktien;
5. Geh. Kommerzienrat Keibel, Berlin: 10 Aktien;
6. Ernst Wilhelm Keibel, Berlin: 5 Aktien;
7. Legationsrat von Brauer, Berlin: 2 Aktien;
8. Carl E. Weber: 3 Aktien;
9. Dr. Paul Flemming, Hamburg: 5 Aktien;
10. Gaedertz Sohn & Co., Lübeck: 2 Aktien;
11. P.J.F. Burchard, Rostock: 1 Aktie;
12. A.C. Clement, Rostock: 2 Aktien;
13. Wilhelm Ahrens, Rostock: 2 Aktie;
14. Carl Bergemann (für Arno Bolten):   1 Aktie;
15. August Köster, Schiffer, Rostock: 6 Aktien.

Die Dampfergesellschaft von 1881 hatte, vermutlich durch Einfluss der 55 Aktien aus St. Petersburg, am 28. Juni 1881 mit der Stettiner Maschinen-Aktien-Gesellschaft Vulkan in Bredow den entsprechenden Baukontrakt abgeschlossen, *einen vollständigen, neuen, seetüchtigen, eisernen Schraubendampfer, alles bestes Material, nach der Klassifikation des Bureau Veritas +I .3/2 L 11 zu liefern.* Bei vollständiger Ausrüstung und 1400 Tonnen Ladung inklusive Kohlenvorrat sollte der mittlere Tiefgang 15 Fuß und 16 Zoll englisches Maß nicht überschreiten. Mit einem vorgeschriebenen Kohleverbrauch von 12 Tonnen *bester schlesischer Kohle* in 24 Stunden hatte die Maschine bei nominellen 115, 440 effektiven und 550 indizierten Pferdestärken eine Geschwindigkeit von mindestens 8,5 Knoten zu erreichen. Für die Bereitstellung des Schiffes zum 1. April 1882 auf flottem Wasser war ein Kaufpreis von 360 000 Mark in fünf Raten in folgenden Abständen zu zahlen: 50 000 Mark nach Vertragsabschluss, 94 000 Mark, wenn das Schiff in Spanten steht, 72 000 Mark nach der Beplattung der Außenhaut, 72 000 Mark, wenn das Schiff zu Wasser gelassen, 72 000 Mark bei der Ablieferung.

Am 6. April 1882 erschien Martin Petersen mit allen benötigten Unterlagen vor der Registerbehörde. Danach war es ein geklinkerter Spardeckdampfer mit zwei Aufbauten, einer zweimastigen Schonertakelage, rundem Heck und einem Schornstein. Durchweg mit einem Doppelboden und wasserdichten Schotten versehen, lag das Deck in einer Flucht. Obwohl ein von dem Geh. Regierungspräsidenten zu Stettin an die Großherzoglich-Mecklenburgische Schiffsregisterbehörde am 31. März 1882 geschickter Messbrief für die HANS KROHN vorlag, wurde das Schiff in Rostock neu vermessen. Bei Abmessungen von 70,69 x 9,32 x 6,43 m und einer Maschinenraumlänge von 12,87 m ergab sich ein Raumgehalt von 1225,8 BRT und 932,69 RT. Nach dem Register des Germanischen Lloyd besaß die Compoundmaschine eine Stärke von 530 PS.

Der Frachtenmarkt war seinerzeit so ungünstig, dass die HANS KROHN 1884, wie andere Dampfer auch, im Herbst bis auf Weiteres ihre Fahrt einstellte. Anfang 1885 erfolgte dann auch noch eine Havarie, weshalb auf Antrag des Aufsichtsrates durch sieben Verpfändungsurkunden eine zu 5% verzinste Anleihe in Höhe von 30 000 Mark bei dem Handlungshaus Charles Krohn in St. Petersburg und dem Rostocker Schifferältesten Wilhelm Ahrens aufgenommen werden musste. Bereits Ende 1886 hatte das Schiff einen weiteren Seeunfall, als es sich auf der Fahrt von Riga mit einer Ladung Getreide, Flachs, Leinsaat, Öl und Brettern nach Antwerpen befand. Beim Versuch, nach Verlust der Decksladung während eines orkanartigen Sturms am 6. Dezember in der Nähe von Slite (Ostküste der Insel Gotland) unter Schutz zu ankern, erfolgten mehrere Grundberührungen. Nachdem Taucher auf der Steuerbordseite an den Wassertanks notdürftig einige Leckagen abgedichtet hatten, ging das Schiff in Begleitung des Bergungsdampfers NEPTUN nach Stettin und dort ins Trockendock. Die Reparatur- und Havariekosten betrugen 50 219,31 Mark.[38] Auch im Februar 1895 hatte der Dampfer bei nebligem Wetter im Skagerrak eine Kollision mit dem Bremer Dampfer SPERBER, doch konnten beide Schiffe ohne großen Schaden ihre Reise fortsetzen. Trotz aller Abschreibungen und Reparaturen soll der Dampfer besonders in den 1890 Jahren Dividenden bis zu 4% *zu Verteilung gebracht haben.*

Als die Gesellschaft am 28. März 1903 in Liquidation trat, befanden sich auf dem Dampfer noch zwei Verpfändungsakten vom 30. April 1885 über je 5000 Mark, die an die Erben ausgezahlt wurden. Nachdem die HANS KROHN im Dock besichtigt worden war und der Verkäufer die Gewährleistung übernommen hatte, *daß das Schiff bis zur Ablieferung ohne Schulden und Ansprüche ist,* verkaufte es Martin Petersen im Auftrag der Aktiengesellschaft über einen Hamburger Schiffsmakler für 125 000 Mark an eine dänische Reederei in Aalborg.

Friedrich Petersen bestellt drei Schwesterschiffe

Das Jahr 1883 brachte mit vier Neubauten – drei davon allein auf Rechnung von Friedrich Petersen, allerdings wieder in traditioneller Weise auf der Basis einer Partenreederei – bei der Rostocker Dampferflotte den bisher größten Zuwachs. Über den am 14. Februar 1883 auf der Rostocker Schiff- und Maschinenbau Aktiengesellschaft zu Wasser gegangenen und für die europäischen Gewässer konzipierten eisernen Schraubendampfer THEODOR BURCHARD (Unterscheidungssignal: MDKH) gibt es ebenso wenig Unterlagen wie für das am 10 März abgelaufene Schwesterschiff MATHILDE JOOST (Unterscheidungssignal: MDKI). Da für ersteren keine und für letzteren Dampfer nur eine auf lediglich zwei lose Zettel reduzierte Schiffsregisterakte vorhanden ist, muss auf Meldungen in der Rostocker Zeitung zurückgegriffen werden. Viel besser sind die Bedingungen auch für den danach behandelten Dampfer LYDIA MILLINGTON nicht.

Beide Kapitäne, L. Kaekenmeister und Helmuth Plath, stammten aus Warnemünde. Nach den Bestimmungen des Bureau Veritas der Klasse +1 3/3 1.1. erbaut, besaßen die Dampfer eine Länge von 185 Fuß, 26½ Fuß Breite und 20 Fuß Raumtiefe, gemessen bis zum Spardeck. Die mit einer Schonertakelung ausgerüsteten Schiffe sollten 900 t tragen können und eine Maschinenkraft von nominell 80 Pferdestärken besitzen.[39] Die Vermessung ergab später bei 56,62 x 7,79 x 3,03 m dann 790 BRT/569 NRT bzw. 804 BRT/583 NRT und eine Leistung der Compoundmaschine von 340 PS. Während die THEODOR BURCHARD im Jahre 1907 nach Stavanger verkauft wurde, ist die MATHILDE JOOST bereits am 17. Februar 1900 bei schwerem Wetter leck geschlagen und mit einer von Leith nach Rostock bestimmten Kohlenladung in der Nordsee gesunken. Die Besatzung wurde vom Rettungsboot des englischen Fischdampfers BENGAL unter Lebensgefahr abgeborgen.[40]

Der auf der Rostocker Schiffbau-Gesellschaft neu gebaute Dampfer LYDIA MILLINGTON *liegt seit heute Mittag an der Lagerbrücke segelfertig, um noch den nöthigen Proviant usw. einzunehmen,* schrieb die Rostocker Zeitung am 20 Juli 1883. *Der Dampfer steht unter der Correspondenz des Herrn Friedrich Petersen hieselbst. Er wird in den nächsten Tagen die Reise in die Ostsee antreten. Es ist dies der letzte von drei Dampfern, welche die genannte Firma seit vorigem Jahr auf der Werfte der Rostocker Actiengesellschaft für Schiff- und Maschinenbau hat bauen lassen, und soviel wir gehört haben, sind die Schiffe alle zur Zufriedenheit ausgefallen.*

Abb. 22 Gemälde des Schraubendampfschiffes Theodor Burchard. (Ernst Dedow)

Abb. 23 Schiffsporträt des Dampfers Mathilde Joost. (Repro: Heinrich Rahden)

Die Lydia Millington (Unterscheidungssignal: MDKR)[41] wurde am 6. Juli 1883 mit der Nr. 680 bei der Schiffsregisterbehörde registriert. Außer dem Kaufmann Petersen, dem Direktor der Rostocker A.G. Weese, war auch der Rostocker Schiffer Carl Siemssen erschienen. Ersterer gab an, dass auch dieser eiserne Schraubendampfer auftragsgemäß nach den am 12. Mai 1882 abgeschlossenen Bauakten für die Theodor Burchard gefertigt worden sei. Erwartungsgemäß ergaben sich später bei der Vermessung geringe Abweichungen: Bei 56,80 x 8,24 x 3,86 m wurden 786 BRT und 581 NTR errechnet.

Die Eigentumsliste des Jahres 1886 weist folgende Mitreeder aus:

1. J.C. Albrecht, Kaufmann, Rostock: 2/100 Part;
2. Carl Bohn, Schiffbaumeister, Rostock: 2/100 Part;
3. Ernst Burchard, Schiffbaumeister, Rostock: 1/100 Part;
4. E.W. Bencard, Kaufmann Rostock: 1/100 Part;
5. Heinr. Warkentin, Kaufmann, Rostock: 2/100 Part;
6. Otto Wiggers, Kaufmann, Rostock: 1/100 Part;
7. H. Röper, Senator, Rostock: 1/100 Part;
8. R. Reinicke, Rentier: 1/100 Part;
9. A. Malling, Gelbgießer, Rostock: 1/100 Part;
10. Carl Josephi, Kaufmann, Rostock: 3/100 Part;
11. Heinrich Dierling, Kaufmann, Rostock: 1/100 Part;
12. J. Schweffel, Rentier, Kiel: 2/100 Part;
13. Adolph Luis, Rentier, Hamburg: 20/100 Part;
14. A. Kuiter, Kaufmann, Hamburg: 10/100 Part;
15. F. Abegg, Kaufmann, Hamburg: 4/100 Part;
16. Carl Wenekler, Kaufmann, Hamburg: 2/100 Part;
17. a, b: Carl Bohn, s.o.: 2/100 Part;
    c, d: Ernst Burchard, s.o.: 2/100 Part;
    e, f, g: Friedrich Petersen, Rostock: 3/100 Part;
18. J.F. Lütgen, Kaufmann, Hamburg: 5/100 Part;
19. M.N. Joost, Kaufmann, Hamburg: 2/100 Part;
20. Otto Eichmann, Kaufmann, Hamburg: 4/100 Part;
21. Carl Diederichsen, Kaufmann, Hamburg: 2/100 Part;
22. Gustav Diederichsen, Kaufmann, Hamburg: 1/100 Part;
23. J. Diederichsen, Rentier, Hamburg: 2/100 Part;
24. J.A. Libbertz, Ingenieur, Hamburg: 2/100 Part;
25. Adolph Bieling, Kaufmann, Hamburg: 2/100 Part;
26. Emil Bieling, Kaufmann, Hamburg: 2/100 Part;
27. F. Kunatz, Kaufmann, Hamburg: 2/100 Part;
28. Friedrich Petersen, Handelsfirma, Rostock: 15/100 Part.

Auffällig ist die hohe Beteiligung Hamburger Mitreeder. Friedrich Petersen besaß zwar nur 15 Parten, beteiligte sich dafür allerdings an drei Schiffen gleichzeitig. Wie bei der Henriette Schlüsser übernahm nach dem Tod von Friedrich Petersen zuerst Otto Zelck die Geschäftsleitung des Dampfers. Ihm folgte August Cords, der die Lydia Millington schließlich 1905 an eine Hamburger Maklerfirma verkaufte.

Der eiserne Dampfer Eugene Krohn

Am späten Nachmittag des 8. Juli 1883 traf der festlich geschmückte eiserne Dampfer Eugene Krohn, von Lübeck kommend, *nach in denkbar günstiger Weise verlaufender Fahrt in Warnemünde ein, machte am oberen Ende des Stromes fest, um seine Gäste abzusetzen und zu bun-*

kern.[42] Kapitän des Schiffes war Jacob Jantzen, der sieben Jahre jüngere Bruder des bekannten Warnemünder Lotsenkommandeurs Stephan Jantzen. Dieser hatte 1866 die Führung seiner Bark JOHANNES KEPLER abgegeben, um Beamter der Stadt Rostock zu werden. Jacob Jantzen fuhr bis zu seinem 71. Lebensjahr als Kapitän dieses Dampfers.[43] Beim Ablauf des Dampfers war er fast 49 Jahre alt. Bereits seit 1849 fuhr der am 31. Oktober 1834 Geborene zur See, hatte als Schiffer die Brigg LOLO und die Bark GREIF gefahren, ehe ihn *die hohen Resultate, die fast alle Dampfschiffahrtsgesellschaften in den letzten Jahren erzielt haben, dazu veranlassten, sich an einem eisernen Schraubendampfer zu beteiligen, um damit die Frachtfahrt zu betreiben,* wie es in seiner von dem Korrespondenzreeder F.W. Fischer am 23. September 1882 ausgestellten »Missive« zur Werbung weiterer Mitreeder hieß.[44] Dieses Rundschreiben lässt darauf schließen, dass auch für die Finanzierung dieses Schiffes keine Aktiengesellschaft geplant war. Bei der am 28. Juni 1883 aufgestellten Eigentumsliste fällt die hohe Beteiligung des Korrespondenzreeders auf, dem mit 48 Parten fast die Hälfte des Schiffes gehörte. Jacob Jantzen dagegen, der bei seiner Bark GREIF noch ein Drittel des Seglers besessen hatte, hatte durch den höheren Wert des Dampfers nicht einmal mehr einen Anteil von einem Zwölftel: Wegen der allgemein gestiegenen Preise kostete jetzt selbst ein Segelschiff von 500 RT schon um die 110 000 Mark.

Noch im Dezember des gleichen Jahres wurde zwischen dem Reeder und der Lübecker Schiffswerft Henry Koch ein Vertrag abgeschlossen, nach dem die Werft bis zum 1. Juni 1883 einen eisernen Spardeck-Schraubendampfer *nach den Regeln des Bureau Veritas für die Klasse +I 3/3 G 1.1. und entsprechende hierbei angeheftete Spezifikationen für die Summe von 240 000 Mark zu liefern hatte.* Danach waren zu zahlen: 10% = 24 000 Mark bei Kontraktunterzeichnung, 10% = 24 000 Mark, wenn die Spanten aufgestellt, 20% = 48 000 Mark, wenn das Schiff beplattet ist, 20% = 48 000 Mark beim Stapellauf, 35% = 84 000 Mark nach der Probefahrt, 5% = 12 000 Mark nach Ablauf der Garantie.

Die Werft musste eine Ladungsfähigkeit von 880 t Schwergut inklusive der Steinkohlen für die Maschine bei einem Tiefgang von 14,5 Fuß englisch und voll beladen eine Geschwindigkeit von 8,5 Knoten garantieren. Je 20 t geringere Tragfähigkeit stand es dem Besteller frei, 2000 Mark

Abb. 24 Dampfer EUGENE KROHN.

vom Lieferpreis zu kürzen. Bei nur 0,25 Knoten weniger Geschwindigkeit erfolgte ebenfalls ein Abzug von 2000 Mark, bei weiteren 0,25 Knoten 300 Mark; es konnte sogar das ganze Schiff (einschließlich Zinsvergütung der Anzahlung) zurückgewiesen werden. Des Weiteren durfte der Verbrauch für die angegebene Geschwindigkeit bei guter Witterung nicht über 8,5 t bester Kohle pro 24 Stunden liegen. Je 0,25 t Mehrverbrauch konnte der Preis um 1000 Mark gekürzt werden. Verzögerte sich die Abgabe des Schiffes ohne triftige Gründe, wie Feuerschaden, Streik, Materialverlust und Ähnliches, verringerte sich die Vertragssumme wöchentlich um 400 Mark. Die Garantiezeit für Mängel infolge schlechten Materials oder unqualifizierter Arbeit betrug sechs Monate.

Als erster aus Eisen gebauter Dampfer lief die EUGENE KROHN am 31. Mai auf der Werft von Henry Koch in Anwesenheit zahlreicher Zuschauer vom Stapel. Als Klinkerbau mit gewöhnlichem Spantensystem, steilem Bug und rundem Heck hatte sie zwei Decks, dessen oberstes in einer Flucht verlief. Alle zum Bau verwendeten Bleche stammten aus dem Walzwerk von Marcotty in Duisburg. Im Boden voll gewegert und an den Seiten mit Holz ausgelattet, war der Rumpf unter dem Hauptdeck mit fünf und unter dem obersten Spardeck mit drei wasserdichten Querschotten abgeteilt. Der Dampfer besaß drei Aufbauten, die Logisräume befanden sich teils in den Mittelaufbauten, teils vorn unter der Back. Der Schornstein stand etwas hinter der Mitte, die beiden Masten waren mit einer Schonertakelung versehen.

Die Vermessung ergab eine Länge des Schiffes zwischen den Außenflächen des Vor- und Achterstevens auf dem obersten festen Deck von 57,01 m, eine Breite zwischen den Flächen der Außenbordbekleidung von 8,29 m und eine Tiefe des Schiffsraumes zwischen der Unterkante

Abb. 25 Dampfer EUGENE KROHN wechselt im Warnemünder Strom den Seelotsen gegen den Revierlotsen. (Slg. Klaus Möller)

der Bodenwrangen neben dem Kielschwein bzw. der oberen Fläche des inneren eisernen Doppelbodens in der Mitte von 6,04 m. Die größte Länge des Maschinenraums einschließlich der festen Kohlebunker zwischen den diese Räume begrenzenden, von Bord zu Bord reichenden Schotten betrug 10,10 m. Der Raumgehalt wurde zuerst mit 801,73 BRT bzw. 503,64 NRT angegeben, nach einer Revision dann aber in 777,78 BRT und 474,82 NRT geändert.

Die Probefahrt fand am Sonntag, dem 9. Juli 1883, statt. Laut Presse hatten sich dazu auf Einladung des Werftbesitzers Koch *viele Rheder, Capitäne und Sachverständige aus Lübeck, Hamburg und Rostock eingefunden sowie ein lebensfroher, bunter Kranz von Damen, dem lebendigen Bild einen lieblichen Reiz verleihend. Kein Wunder, wenn die Stimmung eine freudige, als man sich um 1 Uhr zur Tafel vereinte und die saubere und vortreffliche Arbeit sowie die Leistung der Maschine in angeregten Trinksprüchen ihren besonderen, lebhaften Ausdruck fand.*[45] Zur Freude der Auftraggeber hatte sich nämlich die von der Firma Otto Hennings & Co. in Berlin-Moabit gelieferte Dampfmaschine *von 400 indicierten Pferdekräften* gut bewährt, und das gleiche Lob galt *für das nach allen Seiten hin äußerst solide und schmuck gebaute* Schiff.

Zur Hauptbeschäftigung des Dampfers gehörten Reisen mit Getreide oder Holz von der Ost- in die Nordsee und zurück mit Kohlen von England nach Rostock und Wismar rund um das Jahr. Für gewöhnlich kam die EUGENE KROHN zum Ende des Jahres mit 900 t Kohle von England nach Rostock, legte sich vor der Lagerbrücke in die »Winterlage« und ging Anfang März mit einer gleich großen Menge Getreide, Mehl und Rapssaat nach Holland. Nicht selten fungierte der Dampfer im Winter auch als Eisbrecher auf der Warnow, so z.B. 1888, als er mit einer Ladung Gaskohlen vom Eis mehrere Wochen in Warnemünde festgehalten worden war und ein Teil der Ladung per Bahn nach Rostock transportiert werden musste. Bei etwas milderer Witterung ging die EUGENE KROHN dann mit den restlichen 400 t ohne Störung stromaufwärts zu ihrem Löschplatz.

Auf der folgenden Reise nach Rotterdam geriet sie am 13 April 1889 bei Polleholm auf Langeland infolge starken Eisganges auf Grund. Nachdem ein Teil der Ladung über Bord geworfen worden war, kam der Dampfer ohne Hilfe frei, musste jedoch nach seiner Rückkehr sofort auf den Slip der Rostocker A.G. für Schiff- und Maschinenbau, denn bei der Strandung waren einige Platten eingedrückt worden. Trotz dieser Havarie fiel das Jahr sehr günstig für die Mitreeder aus. Eine Dividende von 50 000 Mark, 20% des eingezahlten Kapitals, wurde abgerechnet und verteilt. Trotzdem stand noch ein Reservefonds von 15 000 Mark zur Verfügung – ein Grund mehr für F.W. Fischer, 1889 einen weiteren Dampfer bei der Rostocker Aktiengesellschaft für Schiff- und Maschinenbau zu bestellen, diesmal für die Transatlantikfahrt, weil der Frachtenmarkt hier angeblich noch günstiger sein sollte.

Die EUGENE KROHN aber dampfte weiterhin mit wechselndem Erfolg zwischen Nord- und Ostsee hin und her. Am 15. Mai 1902 starb F.W. Fischer, woraufhin die Geschäfte in die

Eggert Hansen   Warnemünde.

Abb. 26 Kapitän Jacob Jantzen, Führer der EUGENE KROHN. (Privatarchiv Dr. Kirchner)

Hände seines Sohnes Gustav übergingen. Der Dampfer war mit den Jahren technisch veraltet und unrentabel geworden. Einem in der Akte liegenden Rundschreiben des Korrespondenzreeders Anfang des Jahres 1905 kann man entnehmen, wie schwierig es war, einen Käufer für das Schiff zu finden: *Erst nach vielen vergeblichen Bemühungen ist es mir gelungen, einen durchaus ernsthaften Reflektanten zu finden. Ich habe begründete Aussicht, den Verkauf bei einem Preis von 86 500 Mark einschließlich Provision, Lieferung und Bodenbesichtigung in Newcastle perfekt zu machen. Der Preis darf den Verhältnissen entsprechend wohl als ein außergewöhnlich günstiger angesehen werden, und ich ersuche meine geehrten Herren Mitreeder hierunter um ihr Einverständnis mit obigen Verkaufsbedingungen.*[46]

Der Verkauf des Schiffes war auch gleichzeitig das Ende der aktiven seemännischen Laufbahn Jacob Jantzens. Am 8. April 1905 trat der inzwischen 71-jährige Kapitän mit der EUGENE KROHN seine letzte Reise von Warnemünde nach Newcastle an. Am 12. April ging der Dampfer in englische Hände über, und schon am 20. des gleichen Monats lief er unter fremder Flagge nach Kobe aus, um dort in der chinesischen Küstenfahrt beschäftigt zu werden. Jacob Jantzen aber ließ sich endlich in seinem Warnemünder Wohnhaus in der Luisenstraße 5 zur wohlverdienten Ruhe nieder und starb 15 Jahre später, am 19. Dezember 1920, im hohen Alter von 86 Jahren.

Der erste Stahlschraubenfrachtdampfer für F.W. Fischer

Die Rostocker A.G. für Schiff- und Maschinenbau hatte sich in den letzten Jahren durch den Bau vieler großer Frachtdampfer, Fischdampfer und selbst eiserner Segelschiffe einen guten Ruf erworben – nur gingen diese fast alle nach auswärts. Das sollte sich in der Zukunft ändern, besonders nach der Gründung der Aktiengesellschaft Neptun mit ihrer neuen Leitung.

Stapelläufe hatten von jeher für die Bevölkerung in Rostock eine große Anziehungskraft. So hatte sich auch am 9. Oktober 1889 wieder *zur festgesetzten Stunde ein zahlreiches Publikum eingefunden. Der Schiffskörper lag an der östlichen Seite der großen Arbeitshalle neben einem anderen Neubau in seiner Bettung. Nachdem die Direktion und geladene Gäste die vor dem*

Abb. 27 Schiffsporträt des Dampfers LOUIS KROHN. (Repro: Heinrich Rahden)

Schiffsrumpf aufgestellte, mit Flaggen gezierten Tribüne bestiegen hatten, vollzog Frau Capi-tän Ohlerich die Taufe.[47] Der Bauplatz wurde sofort für das Schwesterschiff Therese Horn besetzt.

Kapitän des Stahlschraubenfrachtdampfers Louis Krohn (Unterscheidungssignal: MDPB)[48] wurde Richard Ohlerich. Nach der I. Klasse des Bureau Veritas gebaut, besaß das Schiff während der neuen Vermessung vom 14. März 1996 bei 52,58 x 8,00 x 5,44 m und bei größter Länge des Maschinenraums von 8,93 m einen Raumgehalt von 563,64 BRT und 332,75 NRT. Geklinkert und teilweise mit Doppelboden erbaut, hatte es zwei Decks, davon das oberste in gebrochener Linie, vier wasserdichte Schotten, Wasserballastbehälter mit Ladeluken, keine Wegerung, war aber im Boden voll gewegert und an den Seiten mit Holz ausgelattet. Von der Form her waren der Bug steil und das Heck rund. Das Schiff besaß einen Schornstein und zwei Masten für eine Schonertakelung. Die Tragfähigkeit sollte 750 t betragen. Die 1889 gebaute Compoundmaschine verfügte über nominell 70 Pferdestärken (= 300 indizierte PS). Der Niederdruckzylinder der Maschine hatte einen Durchmesser von 900 mm, der Hochdruckzylinder maß 500 mm.

Bevor der Dampfer laut Rostocker Zeitung am 27. November 1889, von F.W. Fischer befrachtet, mit einer Getreideladung nach Rotterdam ging, nahmen viele Besucher das Schiff in Augenschein. *Die Aufteilung der Räumlichkeiten war nach Ansicht der Fachleute auf das praktischste berechnet, wonach nach seiner Größe gute Laderäume zur Verfügung standen.*

1892 machte der Dampfer 21 Reisen in Ost- und Nordsee und brachte dabei ca. 90 000 Mark an Frachteinnahmen, von denen nach Abzug aller Unkosten rund 5 % als Dividende verteilt werden konnten. 1904 wurde die Louis Krohn nach Schweden verkauft.

Die Nordische Dampfschiffahrt-Actien-Gesellschaft

Am 12. März 1887 konstituierte sich in Rostock die schon länger geplante Nordische Dampfschiffahrt-Actien-Gesellschaft. Ihr Zweck bestand in dem Betrieb einer Linie zwischen Rostock und den nordischen Häfen, speziell nach Kopenhagen, Malmö und Gedser. In den Aufsichtsrat wurden aus Rostock Dr. Friedrich Witte, Kommerzienrat Scheel, Vize-Konsul Clement und Vize-Konsul Crotogino gewählt und als Vertreter des Deutsch-Nordischen Lloyd Hofrat Schlaaf aus Waren. Dieser entschied auch über den vorzunehmenden Bau des geplanten Dampfers und seine Führung durch Kapitän Otto Ahrens, der bisher Kapitän der Bark Rebecca gewesen war.

Bei der Eintragung der Gesellschaft durch das Großherzogliche Amtsgericht in das hiesige Handelsregister wurden als Gründer die Aktiengesellschaft Deutsch-Nordischer Lloyd und 34 Personen bzw. kaufmännische Firmen aufgeführt, darunter zwei aus Lübeck und eine aus Berlin. Die restlichen stammten aus Rostock. Sie übernahmen sämtliche Aktien in Höhe von jeweils 1000 Mark, *welche auf den Namen lauten und durch Giro übertragbar sind.* Das Grundkapital betrug 110 000 Mark.[49]

Dampfer Dr. Friedrich Witte

Auf der Werft der Rostocker Actien Gesellschaft für Schiff- und Maschinenbau lief dann am Nachmittag des 13. Juli 1887 der für den Vieh- und Gütertransport projektierte eiserne Schraubendampfer glücklich vom Stapel und erhielt den Namen Dr. Friedrich Witte (Unterscheidungssignal: MDNJ)[50], *nach unserem bekannten Mitbürger, der in seiner gemeinnützigen Thätigkeit die Anregung zum Bau dieses Dampfers als eines notwendigen Ergänzungsmittels für den Betrieb des Deutsch-Nordischen Lloyd in der Erwartung gegeben hatte, daß durch denselben der geschäftliche Verkehr unserer Vaterstadt mit Dänemark und Skandinavien sich beleben werde. Wie wir hören, soll der Dampfer einmal wöchentlich von Rostock resp. Warnemünde nach Kopenhagen und zurück über Malmoe nach Warnemünde resp. Rostock, sowie ferner zwischen Gedser und Warnemünde oder Rostock laufen. Eingerichtet ist derselbe ausschließlich für den Vieh- und Gütertransport und mit allen practischen und bewährten Einrichtungen der Neuzeit, speciell für den Viehtransport versehen, so daß unzweifelhaft die dänischen und schwedischen Vieh-Exporteure sich bald ausschließlich des Dampfers DR. FRIEDRICH WITTE zum Transport des für den Berliner Markt bestimmten Viehes bedienen werden. Wir begrüßen dieses neue Unternehmen mit Freude als einen weiteren Schritt zur Hebung unseres Verkehrslebens und wünschen demselben einen solchen Erfolg, daß die Aktionäre sich bald entschließen, einen zweiten gleichen Dampfer zu bauen, um damit eine häufigere Verbindung Rostocks mit Dänemark und Schweden zu erreichen.*[51]

Am 1. August 1887 wandte sich Friedrich Petersen als Direktor der Gesellschaft und wie üblich zusammen mit H.E. Johns als Vertreter der Werft und dem Kapitän Otto Ahrens zur Registrierung der DR. FRIEDRICH WITTE an die städtische Behörde. Nach den »Specificationen« für den Bau, die Maschine und das Inventar nach Vorschriften des Germanischen Lloyd sollte ein Preis von 98 000 Mark in den üblichen Raten gezahlt werden. Durch Mitunterschrift übernahm die Rostocker Bank dafür eine Garantie. Geplant wurde dabei ein Dampfer mit Wasserballastanks, der Takelung eines leichten Schoners mit Spitzsegeln und Abmessungen von 123 x 22 englischen Fuß bzw. 8 Fuß 5½ Zoll Raumtiefe. Garantiert werden sollte bei einer Tragfähigkeit von 200 t ein mittlerer Tiefgang von 9 Fuß. Der Messbrief ergab später bei Abmessungen von 37,84 x 6,74 x 2,54 m den Raumgehalt von 287,60 BRT und 167,02 NRT. Die Länge des Maschinenraumes betrug 7,62 m. Das Paar direkt wirkender Compoundmaschinen mit Oberflächenkondensation von zusammen 40 nominellen (160 indizierten, 100 effektiven) Pferdestärken sollte bei normalem Betrieb mit 8 Knoten nicht mehr als 3,8 t guter Kohle pro Tag verbrauchen. Von den zwei zylindrischen Röhrenkesseln mit je einer Feuerung konnte jeder allein für beide Maschinen verwendet werden.

Der Geschäftsbericht der ersten Generalversammlung nach einem Jahr *hob die Umstände, welche die Entwicklung des Unternehmens bisher ungünstig beeinflusst hatten, hervor, näm-*

Abb. 28 »Vieh-Dampfer« DR. FRIEDRICH WITTE auf der Fahrt nach Dänemark. (Fotoarchiv Eschenburg/Stadtarchiv Rostock)

Abb. 29 Bei gutem Wetter wurde selbst das Vieh als Decklast gefahren.

lich die vor Beginn des Unternehmens unerwartet eingetretene Concurrenz der Dänischen Dampfschiffahrts-Gesellschaft und nach Aufhören derselben im Spätherbste fast unmittelbar darauf folgend der Ausbruch der Schweinepest in Dänemark und Schweden, durch welche das Einfuhrverbot deutscherseits veranlaßt ist. Auf solche Weise sei die berechtigte Erwartung, gleich im ersten Geschäftsjahr mit Gewinn zu arbeiten, für die Gesellschaft leider nicht in Erfüllung gegangen, die fortschreitende Entwicklung des Unternehmens berechtige aber zu guten Erwartungen in der Zukunft.[52]

Eine weitere Konkurrenz kam allerdings durch die 1886 gegründete Fährverbindung von Warnemünde nach Gedser hinzu, mit ein Grund dafür, weshalb ab 1889 die Dampfer der Gesellschaft Vergünstigungen bei der Zahlung der Hafenabgaben und Lotsengebühren erhielten.

Dampfer Director Arthur Bartz

Unter der Baunummer 127 lief ebenfalls für die Nordische Dampfschiffahrt-Actien-Gesellschaft auf der jetzt als Rostocker Schiffswerft Neptun bezeichneten Aktiengesellschaft am 30. April 1891 ein zweiter Viehdampfer von den Helgen. Die Taufe hielt Frau Konsul Crotogino mit folgenden Worten: *Das vor uns stehende Schiff ist ein beredtes Zeugnis Rostocker Industrie und Gewerbefleißes. Es zu taufen, ist mir der ehrenvolle Auftrag geworden. Deinen Eignern zum Segen und Nutzen, Deinem Führer zum Stolz und zur Freude, Deinem Erbauer zum Ruhme, übergebe ich Dich Deinem Elemente. Fahre allezeit glücklich und sei getauft auf den Namen »Direktor Arthur Bartz«. Fahre wohl![53]*

Dieser zweite Dampfer sollte die gleichen Routen wie die bereits in Fahrt befindliche Dr. Friedrich Witte bedienen, allerdings mit einer kräftigeren Maschine, die 9,25 Knoten erreichte. Auch die neuen Schutzmaßregeln, die das Vieh vor Verletzungen schützten, wurden berücksichtigt. Die Überprüfung fand bei der am Samstag, dem 6. Juni, durchgeführten Probefahrt mit Kurs auf das Gedser-Feuerschiff statt. Die Führung übernahm auch diesmal wieder Kapitän

Abb. 30 Dampfer DIRECTOR ARTHUR BARTZ. (Fotoarchiv Eschenburg/Stadtarchiv Rostock)

Otto Ahrens. Die Vermessung ergab bei 37,68 x 6,70 x 2,55 m einen Raumgehalt von etwa 282 BRT und 185 NRT. Die Zweifach-Expansionsmaschine entwickelte 245 PSi.

Laut Eintragung in das Schiffsregister am 9. Juli 1891 war der »Werkverdingungs-Vertrag« für die DIRECTOR ARTHUR BARTZ (Unterscheidungssignal: MDPS)[54] am 15. Oktober 1890 zu einem Baupreis von 108 000 Mark abgeschlossen worden. Laut Verfügung *vom 2. Juli 1887 sub Fol. 421M843* werden in diesem Zusammenhang die Gründer der Gesellschaft genannt. Außer den bereits erwähnten Aufsichtsratmitgliedern Wilhelm Scheel, Dr. Friedrich Witte, Albert Clement, Friedrich Petersen, Otto Ahrens und dem Vertreter des Deutsch-Nordischen Lloyd gehörten zu den Aktieninhabern aus Rostock der Schiffbaumeister E. Burchard, Vorschussvereinsmitglied Augustin, Major von Klein, Ratssyndikus Dr. Maßmann, Reifer Mentz, Rentier Ruess, Hauseigentümer Nenssen sowie die Kaufleute Warkentin Nachf., Mahn & Ohlerich, Wecker & Gossmann, C.H. Dierling, C.F. Regenstein, G. Prang, R. Dolberg, H. Podeus, Martin Petersen, R. Haack, A.F. Mann, Ed. Beug, Gustav Stiller, C. Wittenburg, Behnck & Evert, Wilhelm Josephi, Carl Josephi, Jürß & Crotogino, J.F.M. Grube sowie aus Berlin der Kaufmann Georg C. Bartz und aus Lübeck die Rentnerin Hedwig Ahrens.

Das ebenfalls erst in dieser Akte erwähnte, durch das Großherzogliche Amtsgericht bestätigte Gesellschaftsstatut vom 12. März 1887 besagte wörtlich: *Der Zweck der Gesellschaft ist der Betrieb einer Dampferlinie zwischen Rostock und nordischen Häfen. Die Dauer ist nicht beschränkt. Das Grundkapital beträgt 110 000 Reichsmark. Die Aktien von je 1000 Mark lauten auf die Namen und sind durch Giro übertragbar. Der Vorstand besteht aus einer Person und wird vom Aufsichtsrat ernannt. In Behinderungsfällen wird vom Aufsichtsrat einer seiner Mitglieder mit den Obliegenheiten des Vorstandes für einen zu bestimmenden Zeitraum beauftragt. Die Zeichnung der Firma erfolgt in der Weise, daß der Vorstand oder der Stellvertreter zu der Firma der Gesellschaft seine Namensunterschrift hinzufügt. Die Generalversammlungen der Aktionäre finden in Rostock statt und werden von dem Vorsitzenden des Aufsichtsrates oder dessen Stellvertreter unter Angabe des Ortes, der Zeit und der Tagungsordnung durch zweimalige Bekanntmachung in dem Gesellschaftsblatt und einmalige Äußerung in dem Reichsanzeiger berufen. Die zweite Bekanntmachung muß mindestens zwei Wochen vor dem*

Nordische Dampfschifffahrt-Actien-Gesellschaft.

Debet. ## Gewinn- und Verlust-Conto pro 1895. **Credit.**

	ℳ	₰		ℳ	₰
An Reingewinn.....ℳ 41.840 —			Per Vortrag vom letzten Jahr	58	74
hiervon:			„ Gewinn per D. „Dr. Frie-		
Zinsen an die General-			drich Witte" pro 1895 ..	25,180	—
Eisenbahn-Direction von			„ Gewinn per D „Director		
ℳ 110.000. — à 4 % p. a. . .	4,400	—	Arthur Bartz" pro 1895	16,160	—
Rückzahlung an Bartz & Co					
für im Jahr 1894 von den-					
selben bezahlte Zinsen wie					
vorstehend	4,400	—			
an den gesetzlichen Reserve-					
fonds 5 %	2,067	—			
an den Kessel-Erneuerungs-					
fonds	7,700	—			
Abschreibung auf:					
D. „Dr. Friedrich Witte". . .	6,000	—			
D. , Director Arthur Bartz"	7,000	—			
Tantième an den Aufsichts-					
rath 5 % von ℳ 8800. —	440	—			
Vertheilung 8 % von					
ℳ 110,000. —	8,800	—			
Vortrag auf das neue Jahr	591	74			
ℳ	41.898	74	ℳ	41.898	74

Debet. ## Bilanz-Conto pro 1895. **Credit.**

	ℳ	₰		ℳ	₰
An D. „Dr. Friedrich			Per Actien-Capital		
Witte" . . . . ℳ 87,000. —			I. Emission ℳ110,000. —		
÷ Abschreibung „ 6,000. —	81.000	—	II. „ „ 70,000. —	180,000	—
„ D. „Director Ar-			„ Grossh. Gene-		
thur Bartz". . . . . ℳ103,000. —			ral-Eisenbahn-		
÷ Abschreibung „ 7,000. —	96,000	—	Direction-An-		
„ D. „Bürgermstr. Massmann"	129,900	—	leihe . . . . ℳ110,000. —		
„ Effecten:			„ Desgleichen . . „ 30,000. —	140,000	—
ℳ 10,000. — 3½ %			„ Actienges. „Neptun" ein-		
Meckl Consols			behalten von den Bau-		
à ℳ 98.70 . . . ℳ 9,870. —			geldern für die Garantie-		
„ 10,000. — 3½ %			zeit	6,400	—
Rostock.Stadt-			„ Reservefonds	3,396	93
anleihe à ℳ96,75 „ 9,675. —	19,545	—	„ Kessel-Erneuerungsfonds .	15,500	—
„ Rostocker Bank	37,000	—	„ Tantième des Aufsichts-		
„ Cassen-Bestand	483	67	raths . . . . ℳ 440. —		
			„ Vertheilung . . „ 8,800. —		
			„ Zinsen an die		
			General-Ei-		
			senbahn-Di-		
			rection p.1895 „ 4,400. —		
			„ Rückzahlg. an		
			Bartz & Co		
			für bezahlte		
			Zinsen pro		
			1894 . . . . . . „ 4,400. —	18,040	—
			„ Vortrag auf das neue Jahr	591	74
ℳ	363,928	67	ℳ	363,928	67

Rostock, den 8. Februar 1896.

Der Vorstand.
Friedr. Petersen.

Abb. 31 Bilanz der »Nordischen Dampfschiffahrt-Actien-Gesellschaft«, 1895. (Rostocker Zeitung)

Tag der Generalversammlung erfolgen. Die öffentlichen Bekanntmachungen erscheinen im Deutschen Reichsanzeiger und in der »Rostocker Zeitung«.
Zum Vorstand der Gesellschaft gehören Kaufmann Friedrich Petersen und Mitglieder des Aufsichtrates sind Dr. Friedrich Witte, Hofrat Schlaaf zu Waren, Walter Scheel, Albert Clement und Albert Crotogino.

Das Resultat für das im 5. Geschäftsjahr mit dem auf nun zwei Dampfer erweiterten Schiffsbestand ist laut Rostocker Zeitung vom 22. Februar 1892 *bedauerlichst kein erfreuliches gewesen*, verursacht durch die Konkurrenz der Vereinigten Kopenhagener Dampfschiff-Gesellschaft hinsichtlich der von derselben ebenfalls eingerichteten »Viehfahrt« sowie durch eine von dem zweiten Dampfer DIRECTOR ARTHUR BARTZ in Kopenhagen verursachte Havarie. Am 10. Dezember war dieser beim Verholen vom Zollboden nach dem Viehmarkt mit einer Zugbrücke kollidiert, deren Klappe nicht funktioniert haben soll, wobei der Vordersteven und einige Bugplatten brachen. Dadurch ergab die Abrechnung für das Schiff einen Verlust von 4626 Mark, wohingegen der Dampfer DR. FRIEDRICH WITTE einen Nettoüberschuss von 8400 Mark erzielte. Dadurch verblieb der Gesellschaft nur ein Gesamtüberschuss von 3774 Mark. Die bis 1890 entstandene Unterbilanz von 12 710 Mark verminderte sich deshalb auf 8936 Mark. Obwohl sich die *Total-Frachteinnahmen* beider Dampfer auf 81 178 Mark beliefen, standen diesen *Total-Ausgaben* von 77 404 Mark gegenüber.[55]

Bis 1894 gab es durch den gesteigerten Viehtransport aus Dänemark günstigere Ergebnisse, obwohl dieser Handel zeitweise von Schweden aus nur den Lübeckern zugestanden wurde. Immerhin nahm die Gesellschaft 1894 etwa 100 390 Mark ein und konnte einen Gewinn von 15 938 Mark erzielen. Durch Abschreibungen, Erhöhungen des Reservefonds und Reparaturen blieben letztlich für die Aktionäre immerhin noch 4400 Mark (ca. 4%) zur Verteilung übrig.[56]

Dampfer BÜRGERMEISTER MASSMANN

Auf der 9. ordentlichen Generalversammlung der Nordischen Dampfschiffahrt-Actien-Gesellschaft am 7. März 1896 hatte der Vorstand *die Freude constatiren zu können, daß die in unserem vorjährigen Bericht ausgesprochene Hoffnung auf eine Steigerung des Viehtransportes sich in vollstem Maße erfüllt hat, dagegen der Gütertransport sogar etwas gesunken ist.*[57] Die Summe von 124 729 Mark war im abgelaufenen Geschäftsjahr an Frachteinnahmen erzielt und nach Abzug aller Unkosten ein Reingewinn von 41 340 Mark erlangt worden, welcher, bezogen auf ein Kapital von 110 000 Mark, 8% betrug.

Um der Konkurrenz mit Häfen wie Stettin und Lübeck begegnen und die Anzahl der Reisen erhöhen zu können, *machte sich zur Abstellung dieses Übelstandes ein dritter Dampfer unbedingt nothwendig, umso mehr, als wir befürchten mussten, den größeren Viehverkehr mit unseren beiden Dampfer nicht mehr in vollständig genügender Weise bewältigen zu können, wodurch andererseits die Concurrenz hätte ermutigt werden können, ihrerseits einen Dampfer in die von uns zur Zeit allein beherrschten Route einzuschieben.* Rücksprachen mit Freunden der Linie bestärkten diese Ansicht; sie erklärten sich außerdem sofort bereit, für eine Erhöhung des Aktienkapitals 70 000 Mark zur Verfügung zu stellen, während die Großherzogliche General-Eisenbahn-Direktion aus den gleichen Gründen eine Anleihe von 30 000 Mark gewährte. Damit waren die Bedingungen erfüllt, nach Genehmigung durch die Generalversammlung erneut mit der Schiffbaugesellschaft Neptun den Bau eines weiteren Dampfers zu kontrahieren, *der mit gütigster Genehmigung des Herrn Bürgermeister Maßmann auf dessen Namen getauft werden darf.*

Aufgrund des am 22. Juni 1895 übereichten Werkvertrages war unter der Nr. 153 der Bau des stählernen Schraubendampfers BÜRGERMEISTER MASSMANN (Unterscheidungssignal: MDRH)[58] auf der Rostocker Neptun Werft begonnen worden. Nach dem Stapellauf am 11. November des gleichen Jahres und der sich anschließenden Probefahrt gab der Messbrief später bei 41,37 x 7,01 x 3,51 m einen Raumgehalt von 353 BRT und 168 NRT an. Die Zweifach-Expansionsmaschine entwickelte 340 PSi und erzielte 9 Knoten. Kapitän war erneut Otto Ahrens, der bisher die DIRECTOR ARTHUR BARTZ geführt hatte.

Weiter überreichte der Vorsitzende Friedrich Petersen auf der Schiffsregisterbehörde am 6. Januar 1896 das Notariatsprotokoll vom 19. November 1895 mit dem Eintrag der Nordischen Dampfschiffahrt-Actien-Gesellschaft als Eigentümer. Auf der Werft wurde das Schiff im Beisein eines Notars übergeben. Am 11. Januar 1896 überreichte der Vorsitzende Petersen der Registerbehörde für den Dampfer nachträglich die Verpfändungsurkunde über die von der Großherzoglichen General-Eisenbahn-Direktion in Schwerin gezahlte Anleihe von 30 000 Mark, um diese Hypothek an erster Stelle in das Schiffsregister eintragen zu lassen.

Das Seeamt musste bereits am 7. Oktober 1896 über eine Kollision dieses Schiffes verhandeln. Am 5. August nachts war die mit einer Ladung Phosphat auf der Reise von Rotterdam nach Memel begriffene BÜRGERMEISTER MASSMANN mit dem Stettiner Dampfer KÖNIGSBERG zusammengestoßen. Beide Fahrzeuge hatten dabei erheblichen Schaden erlitten.

Trotzdem ging keiner der drei Dampfer durch Seeverlust verloren, sondern sie wurden nach dem Bau der Trajektfähren Saßnitz – Trelleborg und Warnemünde – Gedser vorrangig aus Konkurrenzgründen verkauft. Zuerst wurde die BÜRGERMEISTER MASSMANN nach Löschung der 30 000 Mark bei der Großherzoglichen General-Eisenbahn-Direktion am 14. August 1899 aus dem Schiffsregister getilgt. Der Verkauf erfolgte an die Hamburger Firma Max Jebsen, die das Schiff am 15. Juli 1903 als KOSMOS nach Argentinien veräußerte.

Nach seiner Übernahme des Dampfers DIRECTOR ARTHUR BARTZ im Jahre 1902 zahlte Otto Zelck von den seitens der Schweriner Eisenbahndirektion inzwischen auf die Nordische Dampfergesellschaft eingetragenen 110 000 Mark derselben 20 000 Mark an Schulden zurück. Als das Unternehmen dort im September 1903 weitere 30 000 Mark abtrug, blieb noch ein Rest von 60 000 Mark, die folgendermaßen verteilt waren: 40 000 Mark blieben auf DIRECTOR ARTHUR BARTZ eingetragen, während 20 000 Mark als Hypothek für den 1902 verstorbenen Friedrich Petersen auf die DR. FRIEDRICH WITTE neu eingeschrieben wurden.

1903 ging der Dampfer DIRECTOR ARTHUR BARTZ nach Tilgung der Anleihe zuerst wieder an die Hamburger Firma Diederichsen, Jebsen & Co. über, die ihn dann 1906 unter dem Namen CHEFOO nach Wladiwostok in Russland verkaufte.

Nachdem die Eisenbahndirektion 1903 für den Dampfer DR. FRIEDRICH WITTE den Empfang der eingezahlten 20 000 Mark bestätigt und die Schuldurkunde zurückgeschickt hatte, wurde vom Vorstand der Verkauf des letzten Schiffes an die Firma Stapelfeld & Ludwig in Lübeck beschlossen und 1904 die Löschung im Register beantragt.

Die Rahtkens-Brüder

Abschließend sei ein unrühmliches Kapitel der Rostocker Schifffahrtsgeschichte behandelt, das in der »Schiffsregisterakte zu den Eigentums- und Nationalitätsverhältnissen der Dampfer BEDALE, FERNBROOK, FANNIE, BARON CLYDE und PINE BRANCH« dokumentiert ist.[59]

Am 21. Februar 1879 erschien auf dem Rostocker Rathaus in Gegenwart des Senators Brümmer der Kaufmann Carl Rahtkens vor der Schiffsregisterbehörde und gab folgende Erklärung ab: *Mein Bruder, der in Mecklenburg-Strelitz und zwar in Feldberg beheimatete, jedoch in Middlesbrough wohnhafte Kaufmann Franz Rahtkens, hat durch Kauf am 15. Mai 1878 das zu Maitland in Nova Scotia im Jahre 1875 aus Fichten und Pitchpine-Holz erbaute Schiff CROMARTY erworben, und von demselben dem Schiffer Wilhelm Topp aus Stralsund vom Kaufgeschäft*

44/100 Parten überlassen. Heimathafen unter der Korrespondenz seines Bruders Carl Rahtkens sollte Rostock sein.

Ab 1879 führt das Reedereiregister von Otto Wiggers die Firma Franz Rahtkens, Middlesbrough, als Korrepondent mit Carl Rahtkens als Vertreter in Rostock. Da Franz Rahtkens trotz seines Wohnortes im Besitz des Indigenats von Mecklenburg-Strelitz war, stand der Registrierung nichts im Wege. Bis 1881 kaufte die Reederei insgesamt sechs Segelschiffe aus zweiter Hand. Dann änderten sich die Besitzverhältnisse. Am 6. Mai 1880 bevollmächtigte Franz Rahtkens seinen Bruder – zuerst nur für die gerade erworbene Brigg HELENE –, ihn in Rostock auch als Korrespondent zu vertreten.

1882 hieß es dann schon: *Ich, Endunterzeichnender, bescheinige hiermit, den Dreimastschoner SARAH SMEED, jetzt genannt BERTHA, für Rechnung des Herrn Carl Rahtkens in Rostock gekauft zu haben und erkläre mich damit einverstanden, daß das Schiff auf seinen Namen eingetragen wird.* Dementsprechend war auch laut Flaggenattest das Schiff *in das ausschließliche Eigenthum des Herrn Carl Rahtkens* übergegangen, da Letzterer nachgewiesen hat, *im Besitze des Indigenats in Mecklenburg-Schwerin zu sein.*

Laut Reichsgesetz vom 25. Oktober 1867 konnte das Recht zum Führen der deutschen Reichsflagge nur dann erworben werden, wenn alle Besitzer deutsche Staatsbürger waren. Im November 1882 setzte Carl Rahtkens dann die Behörde davon in Kenntnis, dass sein Bruder die ihm gehörenden 55/100 Parten in dem Briggschiff HELENE an Kapitän Schmitz verkauft und er selbst 45/100 erworben habe. Gleichzeitig bat er die Registerbehörde gehorsamst, beide Verkäufe auf seinen Namen einzutragen und ihn als Korrespondenzreeder der Brigg HELENE zu verzeichnen. Nach Artikel 459 des Deutschen Gesetzbuches bestimmte damals die Mehrheit der Reederei den Korrespondenzreeder, und ihm gehörten nun 65/100 der Parten.

Ab 1883 ist dann nach der »Wiggers-Liste« Carl Rahtkens allein Korrespondent in Rostock und als solcher auch im Adressbuch eingetragen. Franz Rahtkens scheint inzwischen britischer Staatsbürger geworden zu sein. Von da an bat Carl Rahtkens, auch alle weiterhin erworbenen Schiffe *auf meinen Namen buchen zu wollen.* Dazu gehörten vorerst die Segelschiffe UNISON, AGNES und CROMARTY, die alle noch im gleichen Jahr oder kurz darauf auf See verloren gingen, einschließlich der dazugekommenen Barken FRIEDRICH AUGUST und MARY EMILY. Die QUEEN OF THE BAY und MIZPAH wurden 1889/90 nach Norwegen verkauft. 1891 besaß die Reederei Carl Rahtkens nur noch zwei Segelschiffe, die angekauften Barken BRIDE und GUINEVRE. Beide wurden noch im gleichen Jahr nach Norwegen verkauft. Bis dahin war alles gut gegangen.

Von jetzt an begann für die Reederei der »große Durchbruch« zum Dampfer, selbst wenn es sich auch nur um Zweithandschiffe handelte. 1892 fand die Registrierung des zehn Jahre alten eisernen Dampfers FANNIE (1285 RT) statt. Ein Jahr darauf folgten die BEDALE (916 RT) und FERNBROCK (1024 RT) und im April 1894 die BARON CLYDE (1071 RT). Alle hatten bisher unter britischer Flagge gefahren. Die Registrierung bei der Rostocker Schiffsregisterbehörde lief, wie bei dem Dampfer BEDALE am 1. Mai 1893, immer nach dem gleichen Muster ab. *Anliegend überreiche ich die Verkaufs-Acten meines [!] im Juli gekauften Dampfers BEDALE und bitte gehorsamst um Anberaumung eines Termins zwecks Eintragung in das hiesige Schiffsregister.* Dann erfolgten Angaben über Herkunft, Größe, letzte Durchsicht, eventuelle Neuvermessung und der Name des Kapitäns. Zum »ladungsgemäßen Termin« erschien dann Carl Rahtkens persönlich, legte Kaufbrief, Flaggenattest und Patent des Schiffers vor und *gab unter Bezugnahme auf die vorliegenden Acten* die Erklärung ab, er habe *ausweislich das bisher unter britischer Flagge fahrende Schiff gekauft und das Kaufgeld bezahlt.* Immer wieder unterschrieb er eigenhändig den im Text vorhandenen Passus: *Das Schiff verbleibt in meinem alleinigen Eigenthum.* Mit anderen Worten, weitere Mitreeder gab es nicht.

Abb. 32 Laut Flaggen-Attest ist Carl Rahtkens Besitzer des Dampfers BARON CLYDE. (Stadtarchiv Rostock)

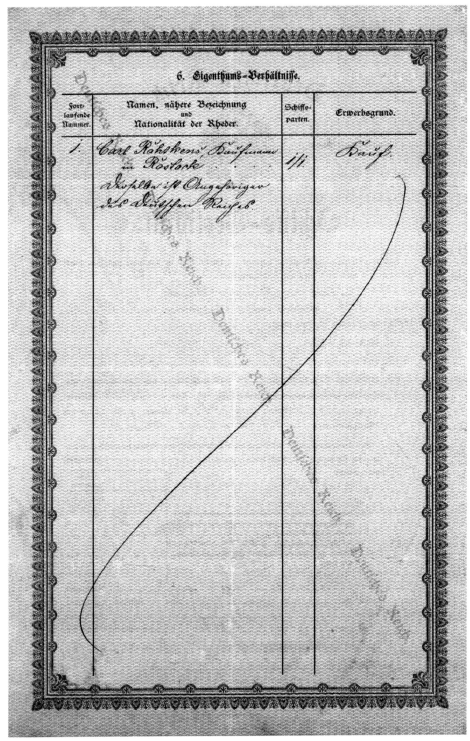

Abb. 33 Unter den »Eigenthums-Verhältnissen« steht Carl Rahtkens als alleiniger Besitzer. (Stadtarchiv Rostock)

Ein »dummer Zufall« brachte dann 1895 die eigentliche Wahrheit ans Licht. Nach einem Bericht des Kaiserlichen Deutschen Generalkonsuls Nordenflycht in Kapstadt strandete der Rostocker Dampfer FANNIE in der Nacht vom 8. auf den 9. Januar in der Walfisch-Bucht und ging dabei verloren. Die Mannschaft wurde gerettet. Am 30. Januar erschien Kapitän Suhr zur Verklarung. Nach seinen Angaben hatte der im »Handbuch für die Deutsche Handelsmarine« als Reeder des Schiffes eingetragene Carl Rahtkens in Rostock *mit dem Rhedereibetriebe nichts zu thun gehabt.* Vielmehr scheint dieser Betrieb nach Ansicht des Konsuls *lediglich in der Hand eines Verwandten von ihm, eines gewissen Franz Rahtkens in Middlesbrough gelegen zu haben, der vermutlich der eigentliche Eigenthümer gewesen ist und in gleicher Weise mit noch zwei anderen in Deutschland registrierten Schiffen Rhedereigeschäfte betreiben* sollte. Auf die aus Kapstadt nach England abgeschickte telegrafische Anfrage hinsichtlich der Rückführung der Besatzung zum Ausgangshafen Rotterdam antwortete Franz Rahtkens (frei übersetzt): *Keine Kosten sparen. Mannschaft mit dem ersten Dampfer möglichst zusammen reisen lassen. Ich zahle kein Geld. Der Eigner verweigert die Zurückzahlung, weil Kapitän vollständig unzuverlässig. Löhne zahlt Rostock, wenn Rechnungen beurkundet.*[60]

Die Sorge der Heimbeförderung der Schiffsbesatzung ist demnach mir überlassen worden, klagte daraufhin der Konsul in einem Schreiben an den Reichskanzler Fürst von Hohenfelde in Berlin. Gleichzeitig wies er darauf hin: *Die hiesige Agentur der Union-Steam-Ship-Company theilte mir gestern mit, daß vom Verfrachter die telegrafische Anweisung gekommen sei, den Schiffer und die Mannschaft auf dem heute hier abgehenden Dampfer TARTAR Passage nach England zu gewähren, dessen Bezahlung dort garantiert sei.* Am 19. Februar meldete sich Kapitän Suhr auf dem Kaiserlichen Konsulat in Rotterdam, da die Mannschaft hier angemustert worden war und nun entlassen werden sollte. Weil der Kapitän keinerlei Abrechnungen besaß, wurde die *aus 11 Köpfen bestehende Besatzung auf Kosten der Reederei im hiesigen Seemannsamt untergebracht.* Vier Tage später ging dann von Franz Rahtkens aus Middlesbrough dafür die Abrechnung und das Heuerguthaben der Leute ein. Über die merkwürdige Zahlungsweise wurde natürlich das Reichskanzleramt in Berlin unterrichtet. Dieses wandte sich an die mecklenburgische Landesregierung in Schwerin, welche daraufhin den Magistrat in Rostock informierte.

Scheinbar völlig ahnungslos von diesen Vorgängen, trat Carl Rahtkens am 11. April 1895 vor die vom Senator Paschen geleitete Sitzung der Rostocker Schiffsregisterbehörde und wollte dort *mittels Vorlagen die Registrierung des von dem Herrn Franz Rahtkens in Middlesbrough gekauften* und angeblich an ihn, Carl Rahtkens, weiterverkauften englischen Dampfers PINE BRANCH beantragen. Hier nun wurde ihm vom Senator Paschen eröffnet, dass die Schiffsregisterbehörde so lange nicht in der Lage sei, den Dampfer zu registrieren, *als nachgewiesen ist, daß er wirklich im alleinigen Eigenthum des Schiffes stehe.* Eine seit langem bestehende Vermutung, die hier eingetragenen Dampfer gehörten nicht ihm, sondern dem Herrn Franz Rahtkens in Middlesbrough, *habe dadurch Bestätigung gefunden, daß seit der Regulierung des Unfalls beim hiesigen Dampfer FANNIE im Jahre 1895 davon nicht die Rede gewesen sein kann.*

Daraufhin »knickte« Carl Rahtkens ein, und erklärte: *Ich muß zugeben, daß mir weder von dem Dampfer PINE BRANCH noch von den übrigen drei zur Zeit auf den Namen Carl Rahtkens hier registrierten Dampfern, als BEDALE, BARON CLYDE und FERNBROOK, etwas gehört.* Noch am gleichen Tag wurden die drei Dampfer aus dem Schiffsregister gelöscht und Carl Rahtkens später, am 25. April, verklagt.

Im Gegensatz zu Carl gab Franz Rahtkens noch nicht auf. Angeblich hatte er nicht nur die drei bekannten Dampfer, sondern auch die im März 1895 erworbene PINE BRANCH an seinen früheren Angestellten und jetzigen Teilhaber, den deutschen Staatsbürger Friedrich Hillmann, verkauft. Der deutsche Konsul in Middlesbrough bestätigte am 5. Juni 1895, dass es sich um einen

Scheinverkauf handelte. Somit lagen die »Atteste« erneut bei der Rostocker Schiffsregisterbehörde, die allerdings die Kaufkontrakte und Vollmachten einfach ignorierte. Daraufhin übernahm der Rechtsanwalt Dr. Behn für seinen Mandanten Friedrich Hillmann die weiteren Verhandlungen und wies darauf hin, *wie dieser durch die Verzögerungen in äußerste Verlegenheit
gekommen ist.* Weil die Schiffe ohne die deutsche Flagge nicht hätten versichert und in Fahrt
gesetzt werden können, habe er große Verluste erlitten. Dreimal wandte er sich erfolglos an die
Behörde, doch diese glaubte nicht, dass Franz, weiterhin britischer Staatsbürger, nicht doch der
eigentliche Eigentümer dieser Schiffe sei und sie nicht wirklich veräußert hatte.

Am 1. Juli erhielt das Ministerium des Innern in Schwerin vom Reichskanzler eine leider in
den Akten nicht enthaltene »Vertrauliche Mitteilung«. Am 11. Juli verlangte Hillmann die
Rückgabe aller Akten. Laut Telegramm vom 24. Juli bat Franz Rahtkens Rechtsanwalt Behn
dringend, *die Original-Verkaufsbriefe von der Registratur zu holen und samt Löschschein zu
senden.* Durch eine nachträgliche »Entscheidung« des Rates vom 16. August 1895 wurde die
Eintragung endgültig abgelehnt, weil der Nachweis nicht erbracht werden konnte, dass der
angebliche Erwerber der Schiffe deutscher Reichsangehöriger sei. Das abgegebene Zeugnis des
Kaiserlichen Konsulates sei nicht als genügender Beweis dafür anzusehen. Am 12. September
sind daraufhin bei der Registerbehörde die *drei Certifikate ohne Begleitschreiben* aus Middlesbrough eingegangen und von dieser *cassiert* worden. Auf Bericht des Magistrats zu Rostock
schrieb das Schweriner Innenministerium am 6. Februar 1896 an das Reichskanzleramt, es
ginge das Gerücht, die genannten vier Schiffe würden jetzt unter norwegischer Flagge fahren.

Anmerkungen:
1 Rostocker Zeitung: Rostocks Reederei, 31. Oktober 1858ff.
2 Koppmann, Karl: Rostocks Stellung in der Hanse. Vortrag. Rostock 1886.
3 Vitense, Otto: Geschichte von Mecklenburg. Gotha 1920.
4 Gewett, Schiffahrt und Hafen, 1.1.12.1.660 (Rostocker Flagge, 1803/04).
5 Bachmann, Friedrich: Flaggen und Farben der Seestadt Rostock und des Landes Mecklenburg, In: Beiträge zur
  Geschichte der Stadt Rostock,Bd. 20, 1934/1935, S 1–25.
6 Rostocker Verordnung (VO) vom 27. Juni 1820. – An Bürgermeister und Rat zu Rostock, *Gegeben auf Unserer
  Bestung Schwerin, den 22. Februar 1820.*
7 Regierungsblatt vom 31. März 1855 betreffend die Führung der mecklenburgischen Nationalflagge.
8 Rabbel, Jürgen: Sturmfahrten, Strandungen, Rettungen. Lotsenkommandeur Stephan Jantzen und das Warnemünder Rettungswesen. Rostock 2007.
9 Stadtarchiv Rostock, Kaufmannskompanie: 1.2.1. (div.).
10 Peters, Max: Die Entwicklung der deutschen Reederei. Band I. Jena 1899, S. 114; Band II. Jena 1905, S. 72ff.
11 Müller, Walther: Rostocks Seeschiffahrt und Seehandel im Wandel der Zeiten. Rostock 1930, S. 63ff.
12 Rahden, Heinrich: Die Schiffe der Rostocker Handelsflotte. Rostock 1941.
13 Wiggers, Otto: Die Rostocker Rhederei. Bände 1862 bis 1900.
14 Ebd.
15 Stadtarchiv Rostock, Gewett, Schiffahrt und Hafen: Schiffsregisterakte 1.1.12.1.516 (7).
16 Schwedisches Maß = 0,297 m pro Fuß. Später 225 BRT/147 RT bei 40,6 x 5,9 x 3,0 m.
17 Rostocker Zeitung vom 30. Oktober 1862.
18 Rostocker Zeitung vom 17. Oktober 1881.
19 Gewett, Schiffahrt und Hafen: Schiffsregisterakte 1.1.12.1.484 (4).
20 Rostocker Zeitung vom 16. September 1869.
21 Rabbel, Jürgen: Schonerschiff mit Dampfmaschine: »1869 – CONCURRENT«. In: Seewirtschaft 16, 1984, H. 8, S. 409.
22 Bußmann, Walter: Das Zeitalter Bismarcks. (= Handbuch der deutschen Geschichte, Bd. 3, Teil 2). 4. Aufl. Frank-
  furt/M. 1968, S. 173.
23 Rabbel, Jürgen: Im »Seeräuber-Styl« aufgebracht und verbrannt. In: Seewirtschaft 16, 1984, H. 2, S. 101.
24 Müller (wie Anm. 11), S. 63ff.
25 Norddeutsche Neueste Nachrichten vom 15. August 2008.
26 Rostocker Zeitung vom 11. Juli 1872.
27 Rabbel, Jürgen: Die Rostocker »Schiffs-Rhederei« Richard V. Beselin. In: DSA 28, 2005, S. 197–238.
28 Rostocker Zeitung vom 10. Juli 1872.
29 Gewett, Schiffahrt und Hafen, Schiffsregisterakte 1.1.12.1.500 (2)
30 Gewett, Schiffahrt und Hafen, Schiffsregisterakten 1.1.12.1.486 (2).
31 Rostocker Zeitung: Seeamtsverhandlung vom 1. März 1883.

32 Rostocker Zeitung vom 7. September 1875.

33 Gewett, Schiffahrt und Hafen, Schiffsregisterakte 501 (1).

34 Ebd.

35 Gewett, Schiffahrt und Hafen: Schiffsregisterakte 489 (1).

36 Rostocker Zeitung, Spruch des Seeamtes zu Rostock vom 19. Dezember 1884.

37 Gewett, Schiffahrt und Hafen: Schiffsregisterakte 498 (10).

38 Rostocker Zeitung: Seeamtsverhandlung vom 12. September 1887.

39 Rostocker Zeitung vom 10. März 1883.

40 Rostocker Zeitung, vom 10. November 1900; Entscheidungen des Oberseeamts und der Seeämter, Bd. VIII, S. 392.

41 Gewett, Schiffsregisterakte: 1.1.12.1.506 (9).

42 Rostocker Zeitung: 9. Juli 1883.

43 Rabbel, Jürgen: Aus der Rostocker Schiffahrtsgeschichte: Im Schatten seines Bruders. In: Seewirtschaft 16, 1984, H. 1, S. 42.

44 Gewett, Schiffahrt und Hafen: Schiffsregisterakte 1.1.12.1.490 (11).

45 Rostocker Zeitung vom 11. Juli 1883.

46 Gewett (wie Anm. 44)

47 Rostocker Zeitung vom 9. Oktober 1889.

48 Gewett, Schiffahrt und Hafen: Schiffsregisterakte 1.1.12.1.506 (13).

49 Rostocker Zeitung vom 12. März und 6. Juli 1887.

50 Gewett, Schiffahrt und Hafen: Schiffsregisterakte 1.1.12.1.486 (3).

51 Rostocker Zeitung vom 13. Juli 1887.

52 Rostocker Zeitung vom 10. März 1888.

53 Rostocker Zeitung vom 30. April 1891.

54 Gewett, Schiffahrt und Hafen: Schiffsregisterakte 1.1.12.1.488 (1).

55 Rostocker Zeitung vom 22. Februar 1892, 9. Februar 1895 und 7. März 1896.

56 Rostocker Zeitung vom 9. Februar 1895.

57 Rostocker Zeitung vom 7. März 1896.

58 Gewett, Schiffahrt und Hafen: Schiffsregisterakte 1.1.12.1.181 (2).

59 Gewett, Schiffahrt und Hafen: Schiffsregisterakte 1.1.12.1647.

60 Ebd., Verklarung 1895.

Anschrift des Verfassers:
Dr. Jürgen Rabbel
Mühlenstraße 44
D-18119 Rostock

The Ownership Structure of Rostock's First Commercial Steamships: On the History of the Rostock Shipping Activities in the Nineteenth Century

Summary

Mid-nineteenth-century Rostock's commercial mentality was still very much restricted by the thinking of the city's forefathers. However beneficial privileges such as exclusive harbour and staple rights might once have been, they had meanwhile become a hindrance to Rostock's development as a maritime city and seaport. Economic growth and the development of industry were not only impeded by Mecklenburg's economic isolation resulting from numerous main tariffs, protective tariffs and secondary tariffs. The people of Rostock themselves, and in particular the guilds, blocked any kind of progress in their self-administered economic region through the practise of municipal particularism.

Legislation finally conferring the status of a Mecklenburg port upon Rostock was not passed until 1855. This status was to last until the founding of the Norddeutscher Bund (North German Confederation). There were now two Mecklenburg fleets sailing under two different Mecklenburg flags. Soon the so-called Fischländer fleet would not only account for two-thirds of all ships which also sailed from Rostock as their home port, but – through its numerical superiority and notwithstanding its commercial activities being led by a Rostock managing agent – it was also able to exert considerable influence on Rostock's maritime activities.

An incomprehensible short-sightedness combined with a fear of competition led to merchants and guilds preventing the development of Warnemünde port and transhipment there, as well as its integration into the railroad network. Direct shipping traffic on the Oberwarnow river was blocked by the Mühlendamm until 1886, making it impossible to link inland with open sea shipping. Similarly, Warnemünde's integration into the road system was delayed to prevent trade being routed to other cities.

Mecklenburg did not become a unitary economic territory until the enactment of new tax and tariff laws by the state parliament on 1 October 1863, and mediaeval tariff and tax practises were finally reformed in conjunction with its admission to the Customs Union in 1866. As a result, the city of Rostock was also now compelled to go without numerous special duties as well as trading and staple rights which had persisted until this time.

Shipping partnerships as an organizational form had proved advantageous for the purchase of wooden sailing ships, but were financially not powerful enough for the acquisition of iron sailing vessels. An analysis of the ship registration files that have come down to us shows that traditional shipping partnerships continued to operate many steamships, despite the establishment of joint-stock companies as recorded in the commercial register. The only joint-stock companies to remain in existence over a longer period of time were the Neue Dampfschiffs-Actien-Gesellschaft, the Dampfer-Gesellschaft von 1881 and the Nordische Dampfschiffahrt-Actien-Gesellschaft.

The first shipping companies to operate steamships were the trading companies owned by Theodor Burchard, Friedrich and Martin Petersen and F.W. Fischer. All three companies owned special ships which were fast becoming obsolete in terms of their size and construction. Martin Petersen's steamships operated what was known as the *Holzfahrt* or timber trade route from Riga and Kronstadt to England, from where they then brought back coal.

As a result of a lack of confidence in the domestic shipbuilding industry, new steamships were initially constructed in English shipyards. After 1870, however, most work was awarded to the shipyards of Georg Howaldt in Kiel-Gaarden and occasionally to those in Stettin or Lübeck, before the quality of the work produced by the Rostock Aktien-Gesellschaft für Schiff- und Maschinenbau, which became Neptun A.G. in 1890, began to win over the confidence of shipowners.

The first cargo steamer, the WILHELM TELL, was commissioned by Martin Petersen and built in Inverkeithing in 1862 by John Scott. She served as a tramp ship operating between the Baltic and the east coast of England. The second was the wooden propeller steamer CONCURRENT, which was auctioned off after the joint-stock company went into liquidation. This three-master was lost under captain Allwardt in 1881. In June of the same year the shipping company Dampfer-Gesellschaft von 1881 was entered in the trade register. The HANS KROHN was constructed under the authority of Martin Petersen. This ship's voyages were temporarily ceased as the cargo market was very unfavourable. The ship sank upon resumption of her operation and the company was liquidated in 1903.

The history of steamship trade in Rostock also brought about some unusual ownership structures as well as interesting stories concerning nationality. Shipowner Franz Rahtkens altered his ownership status of the ships BEDALE, FERNBROOK, FANNIE, BARON CLYDE and PINE BRANCH by granting his brother Carl full authority as partner, and later had the ships registered in Carl's name. He himself became a British citizen, thus renouncing the right to fly the German imperial flag. The fact that Carl Rahtkens was not the ships' only proprietor came to light by pure chance. The steamship FANNIE ran aground in Cape Town and the captain had to make a statement concerning the shipping company. While doing so, he explained that Franz Rahtkens and not Carl was in fact the owner of the Rostocker Reederei. The situation became suspicious when no one declared themselves willing to accept the costs of the crew's return voyage, a circumstance which attracted the attention of the Mecklenburg state government. Carl Rahtkens was prosecuted and his supposed assets were struck from the trade register.

Les régimes de la propriété des premiers vapeurs de commerce de Rostock. Sur l'histoire de la navigation à Rostock au XIXᵉ siècle

Résumé

L'orientation économique de Rostock, au milieu du XIXᵉ siècle, se trouvait toujours entravée par les «ancêtres». Aussi utiles qu'ils aient pu l'être autrefois, tous les privilèges, tels que le droit unique d'exploiter un port et une cale, étaient devenus entre-temps des obstacles au développement de la ville maritime et portuaire. L'isolation économique du Mecklembourg n'était pas la seule à freiner l'essor du commerce et de l'industrie par d'innombrables droits de douane. Les Rostockois eux-mêmes, et avant tout les corps de métiers, contrecarraient toute forme de progrès en exerçant un « particularisme municipal » au sein de leur région économique, qu'ils administraient de façon autonome.

Ce n'est qu'en 1855 que des directives furent promulguées, faisant définitivement de Rostock, jusqu'à la création du Norddeutscher Bund (Confédération de l'Allemagne du Nord) par décret un port mecklembourgeois. Il y avait à présent deux flottes mecklembourgeoises, arborant chacune un pavillon mecklembourgeois différent. La « Fischländer Flotte » ne tarda pas non seulement à regrouper plus des deux tiers de l'ensemble des embarcations qui naviguaient également avec Rostock comme port d'attache, mais à exercer aussi un pouvoir sur la marine de Rostock non négligeable, dû à son surnombre et cela, bien qu'un armateur-gérant de Rostock en soit le directeur commercial.

Pour d'incompréhensibles raisons de vues à court terme et par peur de la concurrence, les commerçants et les corps de métiers empêchèrent l'agrandissement et le transbordement dans le port de Warnemünde et son raccordement au réseau ferroviaire. La rivière de l'Oberwarnow était fermée jusqu'en 1886 par une digue (Mühlendamm) au trafic maritime direct avec l'arrière-pays, et tout transbordement d'un navire fluvial sur un navire maritime ainsi exclus. De la même manière, on retardait la desserte de la ville par le réseau routier afin de ne pas alimenter le commerce d'une ville étrangère.

Ce n'est qu'à partir du 1ᵉʳ octobre 1863 que la nouvelle législation promulguée par le Landtag concernant les impôts et la douane éleva le Mecklembourg au rang de région économique unifiée, et l'entrée au Zollverein (Union douanière allemande) en 1866 réforma enfin le régime douanier et fiscal médiéval. Les Rostockois durent dorénavant renoncer complètement à toute une série d'impôts spéciaux ainsi qu'au droit de commerce et de cale, qui avait en partie été conservé.

La forme d'organisation des sociétés d'armement en co-propriété avait ses avantages lors de l'acquisition de voiliers en bois, s'avéra toutefois trop faible en capital lors de l'achat de voiliers en fer. Le traitement des dossiers des registres de navires encore existants prouve qu'à Rostock, malgré la création des sociétés anonymes qui sont mentionnées dans le registre du commerce, c'est malgré tout la co-propriété traditionnelle qui avait été conservée pour de nombreux vapeurs. Seules les sociétés Neue Dampfschiffs-Actien-Gesellschaft, Dampfer-Gesellschaft von 1881 et Nordische Dampfschiffahrt-Actien-Gesellschaft ont existé plus longtemps. Les premières compagnies d'armement à posséder des vapeurs étaient les sociétés de commerce de

Theodor Burchard, Friedrich et Martin Petersen et l'entreprise F.W. Fischer. Les trois armateurs possédaient des navires spéciaux qui, toutefois, furent vite dépassés en ce qui concerne la taille et la construction. Les vapeurs de l'entreprise Martin Petersen effectuaient le passage du bois depuis Riga et Kronstadt vers l'Angleterre et de là, rapportaient du charbon.

En raison du manque de confiance manifesté au début envers l'industrie locale, les nouvelles constructions de vapeurs furent tout d'abord réalisées dans des chantiers navals anglais. Après 1870, ce fut ensuite principalement le chantier naval du constructeur Georg Howaldt à Kiel-Gaarden qui fut favorisé, exceptionnellement aussi ceux de Stettin ou de Lübeck, avant que les armateurs accordent enfin leur confiance aux prestations de la société anonyme de Rostock pour la construction de navires et de machines, qui devint en 1890 la société anonyme Neptun A.G.

Le premier cargo, WILHELM TELL, fut construit en 1862 sur commande de Martin Petersen sur le chantier naval de John Scott à Inverkeithing pour des affrètements au voyage entre la Baltique et la côte anglaise de l'est. Le deuxième navire était le vapeur à hélice en bois CONCURRENT, qui fut mis aux enchères lorsque la société anonyme fut mise en liquidation. Le trois-mâts fut porté disparu en 1881 sous le capitaine Allwardt. En juin de la même année, la société « Dampfer-Gesellschaft » von 1881 fut inscrite au registre du commerce. Martin Petersen a été à l'origine de la construction du HANS KROHN. Comme le marché du fret était très défavorable, les voyages du navire furent bientôt cessés temporairement. À la reprise de ses traversées, le navire fit naufrage, et la société fut liquidée en 1903.

Dans l'histoire de la navigation à vapeur de Rostock, de curieux régimes de propriété et de nationalités virent également le jour : l'armateur Franz Rahtkens, par exemple, changea son régime de propriété sur les navires BEDALE, FERNBROOK, FANNIE, BARON CLYDE et PINE BRANCH, en donnant tout d'abord les pleins pouvoirs à son frère Carl comme correspondant, et fit plus tard enregistrer ses navires au nom de celui-ci. Lui-même devint citoyen britannique et n'avait donc pas le droit d'arborer le pavillon allemand du Reich. Que Carl Rahtkens ne soit pas bel et bien l'unique l'armateur, fut révélé par hasard, lorsqu'un jour, le vapeur FANNIE s'échoua au Cap, et que le capitaine dut faire des déclarations au sujet de la compagnie d'armement. Il expliqua alors que ce n'était pas Carl le véritable propriétaire, mais Franz Rahtkens de la compagnie d'armement de Rostock. La situation a été remarquée lorsque personne ne voulut prendre en charge les frais de transport pour le rapatriement de l'équipage, ce qui mit la puce à l'oreille du gouvernement du Land de Mecklembourg. Carl Rahtkens fut mis en accusation, et les prétendues possessions furent radiées du registre des navires.

SCHIFF- UND BOOTSBAU

▶ PETER DANKER-CARSTENSEN

Betonschiffbau in Deutschland

Beton als Einsatzmaterial im Schiffbau

Im Gegensatz zu einem festen Körper, z.B. Stein, schwimmt ein Schiff, weil es durch Verdrängung des Mediums Wasser Auftrieb erzeugt. Dabei ist die Frage des Materials, aus dem der Verdrängungskörper Schiff besteht, zunächst zweitrangig und wird erst dann relevant, wenn es um die Eigenschaften des Materials geht, das zu einer Schiffsform verarbeitet wird.

Während Stahl, Eisen und Holz als traditionelle Schiffbau-Werkstoffe gelten, Aluminium und glasfaserverstärkte Kunststoffe meist nur bei Spezialanwendungen zum Einsatz kommen, ist Beton ein Material, das im Schiffbau nur am Rande und in bestimmten wirtschaftlichen Konstellationen Beachtung fand und findet. Beton und Schiffbau sind recht seltene Assoziationen geblieben.

Das schiffbau-untypische Material Beton war seit etwa Mitte des 19. Jahrhunderts Gegenstand schiffbaulicher Konstruktionsversuche. Beton als Substitutivmaterial fand immer dann Beachtung, wenn akuter Stahlmangel die Schiffbauindustrie bestimmte. Das beim Serienbau von Betonschiffen eingesparte Material sollte im Krieg für die Produktion anderer Rüstungsgüter zur Verfügung stehen.

Eisenbetonschiffe orientierten sich in ihrer Konstruktionsweise bis in die 1940er Jahre immer an traditionellen Schiffbautechnologien, zum Beispiel wurden bis dahin fast alle Betonschiffe in Spantenbauweise errichtet. Diesen Schiffen fehlte dann aber die notwendige Festigkeit in den Verbänden. Der Materialeinsatz ging meist zulasten der Tragfähigkeit und damit der Wirtschaftlichkeit dieser Schiffe. Betonschiffe waren grundsätzlich schwerer als gleich große Stahlschiffe. Nur bei ausschließlicher Verwendung von Moniereisen konnte der Stahleinsatz bei Betonschiffen im Vergleich zu ähnlich großen Schiffen herkömmlicher Bauart um bis zu 30% verringert werden.

Die Anfänge des Betonschiffbaus

In der Fachliteratur wird immer wieder darauf hingewiesen, dass 1867 der in Paris lebende Gärtner Joseph Monier (1823–1906) ein Patent für mit Eisendraht verstärkte Beton-Blumenkübel erhielt und damit die noch heute geltende Grundlage für den Einsatz von Beton in der Bauwirtschaft (Moniereisen) schuf. Monier soll auch kleinere Boote nach diesem Prinzip hergestellt haben.[1]

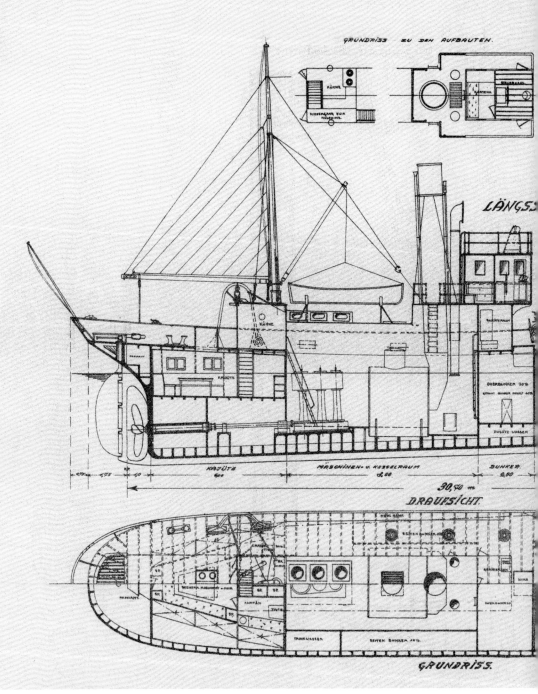

Abb. 1 Längsschnitt und Grundriss für einen Fischdampfer aus Eisenbeton nach dem »Patent Rüdiger«.
(Schneider, Eisenbetonschiffe. In: Verkehrstechnik Nr. 14, 1920)

Hochseefischdampfer aus Eisenbeton.

Patent und Bauweise „Rüdiger".

Abmessungen:

Länge über alles	33,60 m
Länge zwischen den Loten	30,70 ·
Breite	6,30 ·
Seitenhöhe	4,00 ·
Tiefgang, hinten	4,00 ·
Tiefgang, vorn	3,05 ·

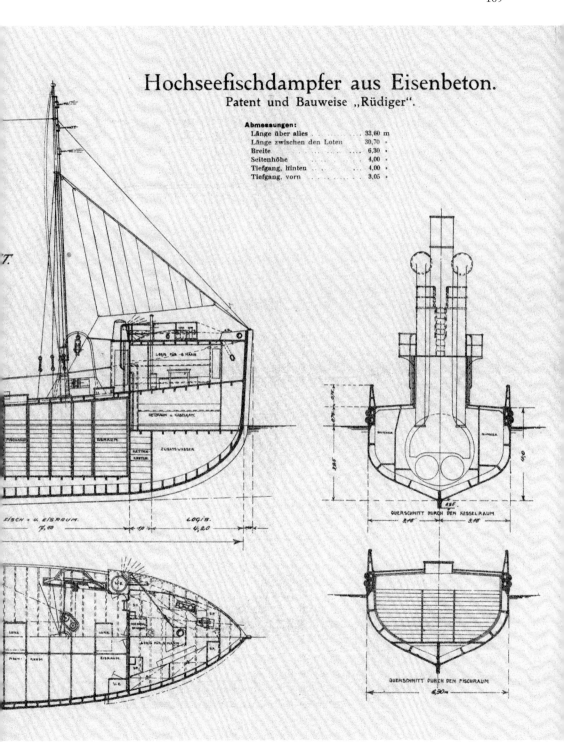

Der Gedanke, Wasserfahrzeuge aus Beton zu bauen, ist so alt wie die Methode, Beton mit Eiseneinlagen zu verstärken. Das erste aus Beton gefertigte Wasserfahrzeug war ein kleines Ruderboot des Grafen Joseph Louis Lambot (1814–1887) aus Carces in Frankreich, das 1854 auf der Weltausstellung in Paris – also noch vor den wasserdichten Blumenkübeln des Monsieur Monier – als technische Sehenswürdigkeit präsentiert wurde und angeblich noch 1904, also 60 Jahre später, auf einem Teich im Park von Miraval zu besehen gewesen sein soll.[2] Dieser erste Versuch mit der neuen Schiffbautechnologie geriet aber bald wieder in Vergessenheit. Erst gut 30 Jahre später, im Jahre 1887, baute man in der Zementeisenfabrik der Gebrüder Picha-Stevens in Sas van Gent, Holland, eine Ruder-Schaluppe namens DE ZEEMEUW (SEEMÖWE) aus Beton, die nur wenig größer war als das Boot des Monsieur Lambot. 1892 folgte der erste amerikanische Versuchsbau: Ein Daniel B. Banks baute einen 20 m langen Schoner aus Beton, der in den Küstengewässern zum Einsatz kam, aber ebenfalls schnell wieder in Vergessenheit geriet.[3]

Das erste praktisch einsetzbare Eisenbetonschiff in Europa war ein Ruderboot, das 1896 von Carlo Gabellini in Rom konstruiert wurde. Gabellini, der auch Pontons, Schiffsbrücken und Leichter aus Beton baute, verputzte beidseitig ein engmaschiges Eisendrahtgeflecht, was jedoch viel Geschick und Arbeitsaufwand erforderte. 1905 baute er einen in der deutschen Fachliteratur als »Frachtschiff« bezeichneten Eisenbeton-Leichter namens LIGURIA. Dieses Schiff war 17 m lang, 5,5 m breit und besaß eine polierte Oberfläche, um den Reibungswiderstand des Wassers herabzusetzen. Das Schiff wurde nach Genua verholt, wo es fortan als Kohlenleichter diente. Bis 1910 baute Gabellini Schiffe bis zu 150 t Tragfähigkeit aus Beton.

Nach diesen italienischen Versuchen folgten bald andere europäische Länder mit dem Bau von Eisenbetonschiffen. In England und Holland wurden 1910 und in Norwegen 1913 die ersten Betonschiffe konstruiert. In Deutschland begann man 1908 mit dem Bau von Lastkähnen, Schuten und Pontons aus Beton. So baute z.B. die Firma Grastorf in Hannover einen Prahm von 14 m Länge, 3,6 m Breite und 1,1 m Seitenhöhe. 1909 stellte die Allgemeine Verbundbau Gesellschaft in Frankfurt a.M. einen 200 tdw großen Fluss-Leichter für den Main vor. Zur gleichen Zeit entstanden im pommerschen Stolp ein Kahn und bei der Pommerschen Zementsteinfabrik in Stettin ein Motorboot aus Beton. Um 1913 war die aus Beton gebaute Schiffsgröße in Deutschland auf bis zu 700 tdw angestiegen, doch blieb es bei wenigen Einzelobjekten, über die keine Erfahrungsberichte vorliegen.[4]

1910 baute die amerikanische Concrete Scow Construction Co. in Baltimore einen Leichter von 34 m Länge und 8,8 m Breite. Die Wanddicke des Betons betrug 7,5 cm. Ein Bauprogramm von 25 weiteren Beton-Leichtern folgte. Inwieweit dieses Vorhaben realisiert wurde, ist nicht bekannt. 1918 wird in der Fachpresse über die gute Haltbarkeit der amerikanischen Betonschiffe berichtet.[5] 1911 wurden am Panama-Kanal mehrere Bargen aus Beton gebaut. Noch vor Beginn des Ersten Weltkrieges befassten sich allein in Skandinavien mehr als 20 Firmen bzw. Werften mit der Konstruktion und dem Bau von Eisenbetonschiffen.[6]

Bei allen diesen frühen Betonschiffen kamen unterschiedliche Konstruktionsverfahren bzw. Technologien zum Einsatz. Neben dem schon erwähnten Verputzen von Eisendrahtgeflecht wurde in Holland der Beton zwischen zwei Holzschalungen gegossen. Auch dieses Verfahren war sehr kostenintensiv. Als Vorteile der Verwendung von Eisenbeton im Schiffbau wurden in der zeitgenössischen Literatur genannt: Gleichmäßigkeit der Widerstandsfähigkeit, Einfachheit und Schnelligkeit des Baus, leichte Art der Ausbesserung, besondere Unempfindlichkeit gegen Stöße und Erschütterungen, größere Tragfähigkeit, geringer Kostenaufwand bei der Instandhaltung, Reinlichkeit und Konservierung der transportierten Güter sowie schließlich absolute Feuersicherheit.[7]

Dass mehrere dieser Eigenschaften sich in der praktischen Anwendung der Schiffe im Seeverkehr als Wunschdenken erweisen sollten, zeigte erst der Praxistest der während des Ersten Weltkrieges erbauten Betonschiffe. Bei allen Fahrzeugen wurde versucht, ihre Konstruktion an die

Regeln des Stahlschiffbaus anzulehnen, was bei dem sensiblen Baustoff Beton bei Seeschiffen zu Problemen und Fehlschlägen führte. Die Schiffe ließen sich schlecht manövrieren und zeigten meist schlechte Seeeigenschaften.

Betonschiffbau im und nach dem Ersten Weltkrieg in Deutschland

Seinen endgültigen Durchbruch erlebte der Betonschiffbau seit 1917 in Zeiten der Mangelwirtschaft – besonders bei Eisen und Stahl – im und nach dem Ersten Weltkrieg. Schon zu Beginn des Krieges fehlten zwei wichtige Faktoren für den Handelsschiffbau: Schiffbauplätze und Schiffbaustahl. Beides wurde fast ausschließlich durch die Kriegsmarine beansprucht, sodass für den Bau zivilen Schiffsraums kaum Kapazitäten übrig blieben. Der Kriegsschiffbau, in Deutschland besonders der Bau von U-Booten, forderte die Werften bis an ihre Kapazitätsgrenzen.[8] Deshalb experimentierten Werften, Baufirmen und Reeder in zahlreichen Ländern mit dem Baustoff Beton im Schiffbau.

Nach der Niederlage des Deutschen Kaiserreiches und der im Versailler Vertrag vereinbarten Übergabe des Großteils der deutschen Handelsflotte an die Alliierten sowie der Neubaubeschränkungen im Seeschiffbau machte sich der Frachtraummangel in Deutschland dramatisch bemerkbar. Der Bau von Betonschiffen mit den bekannten relativ kurzen Bauzeiten und dem fast überall vorhandenen Baustoff Beton erschien einigen Reedern als Lösung dieses Problems. Da aber in Deutschland kaum verwertbare Erfahrungen mit dem Bau von seegängigen Betonschiffen vorlagen, griff man in dieser Situation meist auf die traditionellen Verfahren des Stahlschiffbaus zurück. Damit waren aber technische und wirtschaftliche Misserfolge für Reeder und Schiffseigner vorprogrammiert. Gegenüber den üblichen Holz- und Eisenschiffen hatten die Betonschiffsrümpfe einen gravierenden Nachteil: das hohe Eigengewicht des Baustoffes Beton. Um die Tauchtiefe von Betonschiffen zu verringern, waren die Konstrukteure bestrebt, die Schiffsaußenhaut so dünn wie möglich zu halten bzw. durch zusätzliche Lufträume in der Schiffswand (vgl. die »Methode Rüdiger«) den Auftrieb zu vergrößern.

Schon während des Ersten Weltkrieges betrieben neben einigen eingeführten Betonbaufirmen wie Dyckerhoff & Widmann und Wayss & Freytag eine Anzahl kleinerer Firmen des Baugewerbes den Bau von Betonschiffen mit angelernten Arbeitskräften, doch blieb dieser auf wenige Fahrzeugtypen wie Schuten, Leichter und Prähme auf Main, Rhein und Donau beschränkt. Fahrzeuge der Küstenschifffahrt blieben die Ausnahme. Als sich zum Ende des Krieges der Frachtraummangel stärker bemerkbar machte, entstanden eine Vielzahl von Betonschiffbauprojekten.

Im August 1918 gründete die Firma Wayss & Freytag A.-G. mit Hauptsitz in Neustadt a.d. Haardt in Hamburg die Eisenbeton-Schiffbau A.G., nachdem dieses Unternehmen bereits einige Flusskähne, darunter einen größeren für die Donauschifffahrt, aus Beton gefertigt hatte. Die neue Gesellschaft versuchte die bis dato bekannten technischen Probleme, die der Eisenbe-

Abb. 2 Anzeige des Bauunternehmens Ed. Züblin & Cie., das sich während des Ersten Weltkrieges auch mit dem Bau von Eisenbeton-Binnenschiffen und Schwimmdocks befasste. (Schiffbau, Jg. 20, 1918, Nr. 4, S. 104)

tonschiffbau aufwarf, zu lösen. Nach vielen praktischen Versuchen gelangte man zu Ergebnissen, jedoch nicht, wie zunächst vermutet, durch die Verwendung eines möglichst leichten Betons, sondern durch einen dichten und hochwertigen Qualitätsbeton, der auch bei dünnen Wandstärken die nötige Widerstandsfähigkeit der Konstruktion gewährleistete. 1919 gelang es, die Hamburg-Amerika Linie für einen 1200 t großen Seeleichter zu interessieren, der aber erst im Sommer 1921 vom Stapel lief. Auch brachte diese Zusammenarbeit mit einer angesehenen deutschen Reederei nicht die erhofften Anschlussaufträge.

Private Reeder verhielten sich gegenüber Betonschiffen zurückhaltend, und auch die Schiffsversicherer trauten dem neuen Baustoff nur eine bedingte Seetauglichkeit zu. Um diese Probleme aus dem Wege zu räumen, wurde vom Germanischen Lloyd zur Erstellung von Klassifikationsvorschriften zusammen mit dem Deutschen Betonverein der »Beratende Ausschuß für Schiffe aus Eisenbeton« gegründet.[9] Dieser Ausschuss, dem auch der Aufsichtsratsvorsitzende der Eisenbeton-Schiffbau A.G., Meyer, angehörte, sollte die Lobbyarbeit für den durch das Wegbrechen der Regierungsaufträge bedrohten Betonschiffbau in Deutschland übernehmen.

Wie ernst die Lage für die Branche 1919 war, geht aus dem Geschäftsbericht für 1918 hervor, der einen Betriebsverlust von 154 531 Mark auswies: *Die bald nach der Gründung unserer Gesellschaft eingetretenen politischen und wirtschaftlichen Umwälzungen beeinflußten deren Weiterentwicklung auf das Nachteiligste. Sie beeinträchtigten nicht nur das finanzielle Ergebnis der in Ausführung begriffenen Schiffsbauten, sondern brachten größere Zurückhaltung der in Frage kommenden Kreise in der Erteilung neuer Aufträge.*[10] Ins Geschäftsjahr 1919 fiel die Stornierung eines 1918 erteilten Auftrages für ein 10 000-t-Beton-Schwimmdock für militärische Zwecke.[11] Dieser wirtschaftliche Einbruch konnte durch Aufträge von privaten Reedern, die zudem nur noch sehr vereinzelt kamen, nicht kompensiert werden. Auch die auf eigene Rechnung erbauten Betonschiffe konnten gar nicht mehr oder nur noch mit Verlust veräußert werden. 1921 stand die Liquidation des Unternehmens auf der Tagesordnung, die jedoch zunächst zurückgestellt wurde, da die Wayss & Freytag AG in Neustadt anbot, die Aktien zum Kurs von 30% zu übernehmen.[12] Nach der etwas später erfolgten Liquidation der Eisenbeton-Schiffbau A.G. wurde der Betonschiffbau bei Wayss & Freytag, da er sich unter den Bedingungen der Nachkriegskrise als unwirtschaftlich erwies, wieder »zu Grabe getragen«.

Wayss & Freytag als eines der führenden deutschen Bauunternehmen war nicht das einzige Unternehmen, das sich in der Nachkriegszeit mit dem Bau von Betonschiffen beschäftigte. Vor dem Hintergrund der oben genannten Gründe entstanden mehrere regelrechte Betonschiffswerften, wie die Kieler Eisenbeton Werft AG im Herbst 1919 oder die im Sommer 1920 gegründete Mindener Eisenbeton Werft AG.[13] Diese Werft hatte das »Alleinausführungsrecht« für die Weserregion und den Mittellandkanal für den Bau von Betonschiffen in einer Dauerschalform. Diese Erfindung des Mindener Regierungsbaumeisters Dr.-Ing. Wilhelm Teubert hatte die Kieler Eisenbetonwerft erworben, um neue Wege beim Bau von Betonschiffen zu beschreiten.

Teuberts Verfahren bestand darin, diese Schiffe mit den maximalen Abmessungen von 80 m Länge, 9,5 m Breite und 3 m Höhe, was Tragfähigkeiten von 1000 bis 1500 t entsprach, in einem Eisenbeton-Schwimmdock, dessen Innenseite genau der Schiffsaußenhaut entsprach, als Dauerschalform zu bauen. Auf diese Innenhaut wurde die Eisenbewehrung aufgebracht und darauf der Beton aufgespritzt. Die Vorteile dieser Bauweise waren nach Teuberts Aussagen das Einsparen von Helling- und Krananlagen, von Holzschalungen sowie von Bearbeitungsmaschinen, der Wegfall von Stapelläufen, die – verglichen mit anderen Betonschiffen – härtere, festere und glattere Außenhaut des Schiffes, das zudem noch widerstandsfähiger gegen Stöße und Reibungen sei.[14] 1921 wird vom Bau von zwei großen, 823 t und 850 t tragenden Schleppkähnen nach der *neuen Bauweise für Betonschiffe in schwimmender Dauerschalform* auf der Mindener Werft berichtet.[15]

Abb. 3 Bau eines Eisenbetonschiffes nach dem »Patent Rüdiger«, um 1918. Der Ort des Bauplatzes bzw. der Werft ist nicht bekannt. (Schneider, Eisenbetonschiffe. In: Verkehrstechnik Nr. 14, 1920)

Ebenfalls für die Binnenschifffahrt, insbesondere für die auf den süddeutschen bzw. bayerischen Kanälen möglichen Schiffsgrößen, wurde 1918 in Bamberg auf der Werft für Eisenbetonschiffe des Münchner Ingenieurs Gottfried Feder[16] ein 32 m langes und 4,3 m breites Eisenbeton-Motorschiff gebaut, bei dem nach Aussagen seines Konstrukteurs das wichtigste Problem des Eisenbetonschiffbaus, nämlich *die Herunterdrückung des Eigengewichtes der Schiffe auf ein Maß, das das der eisernen Schiffe nicht wesentlich übersteigt*, gelöst worden sei.[17]

In der im April 1917 in Hamburg gegründeten Eisenbeton-Schiffbau Gesellschaft m.b.H. befasste sich der Bauingenieur und Mitgesellschafter M. Rüdiger mit dem Eisenbetonschiffbau. Der Unternehmenszweck sah den Bau von Leichtern und Motorschiffen nach dem »Patent Rüdiger« vor. Die Firma erhielt mindestens einen Auftrag der Kaiserlichen Werft in Wilhelmshaven über ein Motorfrachtschiff und einen weiteren vom Reichsmarineamt Berlin über die Lieferung eines seegängigen Kohlenleichters von 250 t bis 300 t Tragfähigkeit. Der Germanische Lloyd überprüfte die Pläne und war gewillt, alles in seiner Macht Stehende zu tun, um dieses neue Konstruktionsverfahren zu fördern. Die von dieser Firma gebauten Fahrzeuge wurden von den Schiffsversicherern zu normalen Raten versichert. Nach Ablieferung der ersten Aufträge plante man den Bau eines Motorfrachtschiffes mit 500 t bis 600 t Tragfähigkeit und einem 300-PS-Dieselmotor auf eigene Rechnung. Gebaut wurde 1918 auch ein 102 x 34 m großes Schwimmdock mit einer Tragfähigkeit von 5750 t.[18] Diese Firma wurde 1919 von der oben genannten Eisenbeton-Schiffbau A.-G. übernommen und verschwand kurze Zeit später wieder von der Bildfläche.

Das von ihm entwickelte Konstruktionsverfahren für Betonschiffe nannte Rüdiger – in Abgrenzung zu anderen ausländischen Technologien – »deutsche Bauweise«. Dahinter verbarg sich nichts anderes als das Verputzen eines Eisengeflechts mit Zementmörtel. Das hatten ande-

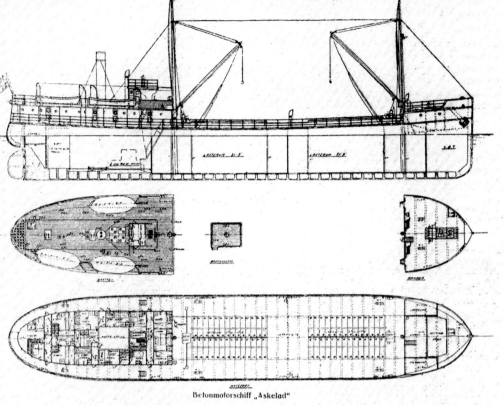

Betonmotorschiff „Askelad"

Abb. 4 Generalplan des Betonmotorschiffes Askelad, gebaut 1917/18 auf der Fougners Staal-Beton-Skibsbygningscompagni A/S in Moss/Norwegen. (Schiffbau, Jg. 20, 1918, Nr. 1, S. 21)

re Firmen zwar auch schon praktiziert, doch Rüdiger brachte ein zusätzliches Konstruktionselement ein, das die Schwimmfähigkeit verbesserte. Ein äußeres Schalgerüst diente als erstes Skelett, das auf seiner Innenseite die äußere Eisenbewehrung, ein Gitterwerk aus Rundeisenstäben, aufnahm. Als Längs- und Querverbindungen dienten eine Art von Spanten aus betonummantelten Stabgittern, die senkrecht und waagerecht das Traggerüst des Schiffskörpers bildeten. Zwischen diese Spanten wurden Betonhohlsteine eingelegt, die zusätzlichen Auftrieb bringen sollten. Die Innenseite des Schiffskörpers hatte ebenfalls eine Bewehrung aus Rundeisenstäben. Als Putzträger für die äußere und innere Schiffshaut diente ein engmaschiges Drahtgeflecht mit einer Maschenweite von 5 mm bis 10 mm. Der ersten Putzschicht als Haftgrund folgte eine zweite mit »fetter Mischung«, mit hohem Zementanteil, die mit der Kelle angedrückt und anschließend geglättet wurde. Die »fette Mischung«, d.h. viel Zement auf wenige Zuschlagstoffe, bildete auch hier das vom Straßenbau bekannte Prinzip für einen »guten« Beton. Das von Rüdiger und der Eisenbeton-Schiffbau GmbH gebaute Motorfrachtschiff war 20 m lang, 5,3 m breit, 3 m hoch, hatte eine Tragfähigkeit von 75 t und einen 30-PS-Daimler-Motor.[19]

1918 bestellte die Baltische Reederei August Bolten in Hamburg das erste größere deutsche Betonmotorschiff, das nach einer durch das Kriegsende bedingten Verzögerung erst 1920 durch die Zementbaugesellschaft Johannes Müller, Marx & Co., Berlin, in Zusammenarbeit mit der Störwerft und Maschinenfabrik Friedrich Sternemann & Co. in Wewelsfleth an der Stör gebaut wurde und als Götaälf am 27. Oktober 1920 vom Stapel lief. Die Indienststellung fand ein Jahr später statt. Bei 56 m Länge zwischen den Loten und einer Breite von 8,64 m hatte das Schiff eine Ladefähigkeit von 433 t bei einer Wasserverdrängung von 1500 t (800 tdw). Zwei Sulzer-4-Zylinder-Dieselmotoren mit je 410 PS Leistung verliehen dem Betonschiff eine Geschwindigkeit von 9,5 kn. Das Schiff wurde zwischen Schalungen mit einem aus Zement, Trass, Elbkies

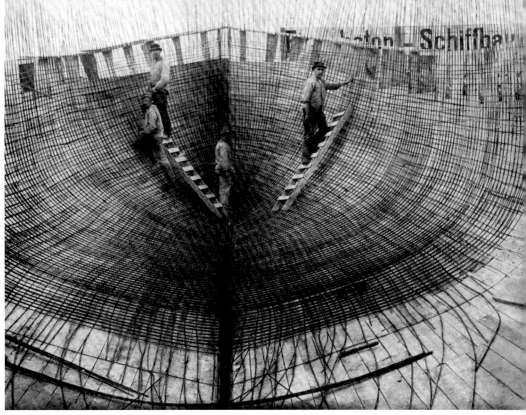

Abb. 5 Einbringen der Armierung in die Schalung für ein Eisenbetonschiff nach dem »Patent Rüdiger«. (Schneider, Eisenbetonschiffe. In: Verkehrstechnik Nr. 14, 1920)

und Lavabrocken bestehenden Beton gestampft[20] und unterschied sich äußerlich nicht von einem Stahlschiff.

Viel Glück hatte der Auftragsgeber mit der GÖTAÄLF allerdings nicht. Nach einer zweitägigen Probefahrt in See wurde das Schiff, das inzwischen in das Eigentum der Reichs-Treuhand-Gesellschaft übergegangen war, nach Hamburg ins Dock der Reiherstieg-Werft verholt. Von dort aus ging die an mehreren Stellen leck geschlagene GÖTAÄLF mit Schlepperhilfe in den Waltershofer Hafen, wo die weitere Entwicklung abgewartet werden sollte.[21] Wahrscheinlich ist das Schiff nie wieder selbständig gefahren, sondern stand schon bald zum Verkauf. Die Zeitschrift »Werft – Reederei – Hafen« meldete: *Das vor wenigen Jahren auf der Störwerft in Wewelsfleth aus Eisenbeton hergestellte Frachtmotorschiff GÖTAÄLF der Baltischen Reederei ist, nachdem es schon einige Monate untätig im Hamburger Hafen lag, an die Union-Werft in Tönning verkauft worden, um als Werfthulk verwendet zu werden. Das Schiff hatte sich für den Seedienst als ungeeignet erwiesen, schon weil die Tragfähigkeit um mehrere Hundert Tonnen hinter der beabsichtigten zurückblieb. Im Schlepp des Schleppdampfers FAIRPLAY IX verließ es gestern den Hamburger Hafen, um an seinen Bestimmungsort Tönning zu gelangen.*[22] Hier diente das Schiff lange Zeit als Lager und wurde später abgewrackt. So endete auch dieser Versuch, mit Hilfe des Ersatzmaterials Beton neuen Schiffsraum als Ersatz für die verlorene Tonnage zu schaffen.

Die Kieler Eisenbetonwerft AG in Büdelsdorf bei Rendsburg baute ebenfalls Fahrzeuge aus Beton, von denen sich die 180 tdw großen Leichter bewährt haben sollen. Der 1920 gebaute Dreimastschoner TRITON mit 33,5 m Länge, 8 m Breite und 3,3 m Tiefgang lief am 20. November 1920 vom Stapel und war das erste in Deutschland gebaute Eisenbeton-Segelschiff. Es wich in seiner Form in keiner Weise von dem im Eisenbetonschiffbau Üblichen ab.[23] Das 210 t (nach anderen Quellen 230 tdw) tragende Schiff besaß einen Frachtraum von 500 m³ und einen Glüh-

Abb. 6 250-t-Eisenbeton-Leichter nach dem »Patent Rüdiger«, bezeichnet als »Kohlenprahm«. (Schneider, Eisenbetonschiffe. In: Verkehrstechnik Nr. 14, 1920, Tafel XIX)

kopfmotor mit 70 PS Leistung. Während der Ausrüstung bei den Kieler Howaldtswerken sank das Schiff unter ungeklärten Umständen, konnte aber wieder gehoben und in Fahrt gesetzt werden. Nach der Bergung erhielt die Triton durch den Germanischen Lloyd ihre Klasse, wurde fertig ausgerüstet und an die Firma Wentzel & Co. in Lübeck ausgeliefert. Doch schon im Jahr darauf, am 30. September 1921, sank die Triton auf einer Reise nach Landskrona in Schweden mit einer Erzladung nach Wassereinbruch im vorderen Laderaum und musste aufgegeben werden. Die Besatzung konnte sich retten.[24]

Gleichfalls 1920 baute die Firma Ellmer & Co., Stettiner Eisenbeton GmbH in Mescherin an der Oder einen 61 m langen und 8,25 m breiten, 600 t tragenden Seeleichter aus Beton für die Stettiner Portland Cementfabrik, mit dem Kreide aus dem Tagebau bei Saßnitz auf Rügen zur Verarbeitung zur Zementfabrik in Züllchow/Pommern transportiert werden sollte.[25]

Dem Ernst der wirtschaftlichen Lage zu Beginn der 1920er Jahre war wohl der Zusammenschluss der einschlägigen Werften und Betriebe aus Deutschland und Österreich zum Verein der Betonschiffs-Werften geschuldet, über den im Frühjahr 1921 berichtet wurde.[26] In den folgenden Jahren wurden die Versuche mit dem Betonschiffbau immer zaghafter und hörten schließlich gänzlich auf. Aus der »Eisennot« der Nachkriegsjahre geboren, wurde der Bau von Betonschiffen bei Verbesserung der wirtschaftlichen Situation schnell ad acta gelegt und die noch schwimmfähigen »steinernen« Zeugen allenfalls als schiffbautechnische Kuriositäten betrachtet. Die Verwendung von Beton als Schiffbaumaterial konnte zwar den Stahleinsatz im Vergleich zu gleich großen, konventionell gebauten Schiffen bis auf ein Siebtel senken, doch die Hoffnung, Betonschiffe mit geringem finanziellen und materiellen Aufwand sowie mit ungeschultem Personal und in kürzerer Zeit fertigen zu können, erfüllte sich nicht.

Betonschiffbau in Europa und USA 1914–1922

In Europa übernahmen England und Frankreich mit Konstruktionen bis zu 1000 t Tragfähigkeit die Führung im Betonschiffbau. In Frankreich, wo man lange mit weiteren Versuchen im Betonschiffbau gezögert hatte, wurde dieser nun kriegsbedingt durch die Regierung gefördert. 1916 baute der Franzose Lorton Schiffe von 300 tdw Tragfähigkeit und 3 cm Betondicke und solche mit 675 tdw bei 4 cm Betondicke. Bei diesen Fahrzeugen wurden pro Schiff 170 t Beton und lediglich 12 t Eisen verbaut – nur ein Siebtel des Materialbedarfs für ein Eisenschiff gleicher Tragfähigkeit. 1917 lagen Bestellungen für 50 Betonschlepper und 94 Frachtschiffe mit einer Tragfähigkeit von 600 tdw bis 1000 tdw vor. Im gleichen Jahr folgten Aufträge zum Bau von 150 Kohlenschiffen aus Eisenbeton mit je 1650 tdw, von denen bis 1919 immerhin 103 realisiert wurden. Die angeblich guten Erfahrungen mit den bis dahin gebauten Schiffen bewogen die französische Regierung 1918, weitere 700 Leichter zu je 1000 tdw und 50 Betonschlepper zu ordern. Mit Sicherheit ist nur ein Teil dieser Fahrzeuge gebaut worden, da mit Kriegsende auch in Frankreich der Betonschiffbau schnell ins Abseits geriet. 1921 wurden alle noch bestehenden Bauaufträge für Betonschiffe durch die Regierung annulliert.[27] 1940 waren noch einige dieser französischen Betonschiffe, die *sich aber ganz gut bewährt haben sollen*, zwischen Le Havre und französischen Afrikahäfen in Fahrt.[28]

In England befasste man sich ebenfalls aus der Not heraus mit dem Baustoff Beton. Die Londoner Firma L.G. Mouchel & Co., die sich schon seit einiger Zeit mit dem Bau von Eisenbetonschiffen beschäftigt hatte, verband sich 1917 mit der Yorkshire Hennebique Contracting Co., um in Zusammenarbeit mit der mächtigen Vickers Gruppe die Ferro-Concrete Ship Construction Co. in Barrow-in-Furness zu gründen. Beabsichtigt war der Bau von sechs Betonfrachtschiffen von je 1150 tdw, sofern die entsprechenden Aufträge von privaten Reedern vorlägen. Als die Admiralität ein Bauprogramm für seegehende Betonleichter auflegte, widmete sich auch diese Werft dem Bau von Betonschuten. So wurde anstelle von sechs nur ein Betonfrachtschiff erbaut. Vor dem Hintergrund des oben genannten Bauprogramms bestellte das Department of Merchant Shipbuilding Eisenbetonschiffsraum von etwa 200 000 tdw auf 21 Werften in England, Schottland und Irland.[29] Viele von diesen, z.B. The Wear Concrete Shipbuilding Co. in Southwick/Sunderland, waren Neugründungen während des Krieges. Eingeführte britische Werften beteiligten sich an diesen Betonschiffbaubetrieben.[30] Von insgesamt 154 bestellten Betonleichtern und -schleppern wurden 12 Schleppdampfer, 54 Leichter mit bis zu 1000 tdw Tragfähigkeit sowie der Frachtdampfer ARMISTICE mit 1150 tdw Tragfähigkeit (als einziger von insgesamt zehn geplanten Frachtdampfern) gebaut. Für diese Schiffe bestand aber nach dem Waffenstillstand 1918 keine konkrete Verwendung für Seetransporte mehr. Neben diesen politischen Gründen wurden aber auch zunehmend technische Gründe für den Rückgang des Betonschiffbaus genannt: *Die Entwicklung hat gezeigt, daß die Betonschiffe zu schwer und im Wasser noch schwerer werden, somit unökonomisch sind.*[31]

Neben Leichtern und Schleppern wurde auf der Werft von James Pollock & Sons Ltd. in Faversham/Kent unter anderem auch die MOLLIETTE, das erste seegängige Betonsegelschiff Großbritanniens, gebaut. Dieses Schiff war schonergetakelt, unterschied sich aber durch seine kantige Formen von Fahrzeugen des traditionellen Schiffbaus und verfügte über einen Hilfsmotor. Die technischen Daten: Länge: 39,9 m, Breite: 7,7 m, Tiefgang: 3 m, Vermessung: 239 BRT, 160 NRT, Tragfähigkeit: 320 tdw. Die Indienststellung fand erst 1919, also nach dem Kriege, statt. Nach Lloyd's Register war das Betonschiff als Versuchsbau klassifiziert und musste deshalb jährlich einer Revision unterzogen werden. Als Eigner wurde ein Mr. B. Oppenheimer genannt, der das Schiff durch Straugham & Green in London bereedern ließ. Nach Entfernung des Motors wurde die MOLLIETTE zum reinen Segelschiff. Sie endete aber –

wie so viele Betonschiffe aus dieser Zeit – nach wenigen Jahren Fahrzeit an der englischen Südküste als Lagerhulk in einem Hafenort.[32]

Der Betonschiffbau in den USA begann ernsthaft ebenfalls zum Ende des Ersten Weltkrieges, als auf mehreren Werften Betonschiffe mit 3000 t bis 3500 t *in großer Zahl*[33] erbaut wurden. Der aus England stammende Kaufmann William Leslie Comyn versuchte während des Krieges vergeblich, das United States Shipping Board von der Notwendigkeit des Baus von Betonschiffen zu überzeugen. Da ihm dies nicht gelang, gründete Comyn 1917 seine eigene Werft, die San Francisco Shipbuilding Co. in Oakland.

Auf dieser Werft entstand 1918 auf Comyns eigene Rechnung ein von Alan McDonald und Victor Poss konstruiertes Eisenbetonfrachtschiff.[34] Dieses Schiff war 102 m lang, 13,7 m breit, besaß eine Tragfähigkeit von 4500 tdw und verdrängte 7900 t Wasser. Dabei handelte es sich um das erste hochseetüchtige Betonfrachtschiff in den USA, dessen Dampfmaschinenanlage 1750 PS leistete und das Schiff dabei auf 10 Knoten brachte.[35] Der Betonrumpf hatte eine Wandstärke von bis zu 15 cm. Das Betonschiff lief am 14. März 1918 vom Stapel und wurde auf den Namen FAITH getauft. Nach nur sechs Wochen Ausrüstungszeit begann das Schiff im Mai 1918 seine erste Reise mit einer Fracht von 4300 t Kupfer und Salz von San Francisco nach Vancouver. Doch die konstruktiven Schwächen und Probleme des Betonschiffs zeigten sich schon rasch, sodass die FAITH in die Reparaturwerft musste. 1919 ging das Schiff an die French-American Steamship Lines in New York, von wo aus es auf seine erste Atlantiküberquerung nach London geschickt wurde. Auch diesmal gab es Beschädigungen der Betonkonstruktion, die einen Werftaufenthalt in St. Thomas (Virgin Islands) erforderlich machten. Die in manchen Publikationen genannten zwanzig Atlantiküberquerungen dieses Schiffes dürften wegen der bekannten Probleme im Betonschiffbau unrealistisch bzw. übertrieben sein. Schon 1921 wurde das Schiff für 200 000 US-Dollar an A. Marx & Sons Co. verkauft und dann aufgelegt. Es endete später als Wellenbrecher an der kubanischen Küste.[36]

Ein ähnliches Schicksal war der 1919 ebenfalls in Oakland/Kalifornien als Marinetanker mit Dampfantrieb und 7500 t Tragfähigkeit erbauten PALO ALTO beschieden. Das 435 Fuß lange und 54 Fuß breite Betonschiff besaß 21 Tanks mit einem Fassungsvermögen von 3 Mio. Gallonen[37], wurde aber wegen des Kriegsendes nie an die Marine ausgeliefert, sondern war zehn Jahre lang in Suisun Bay aufgelegt, ehe es 1929 für 18 750 US-Dollar von der Seacliff Amusement erworben, vor Aptos auf Grund gesetzt und zu einem Vergnügungstempel mit Swimmingpool und Fischrestaurant umgebaut wurde. Die Weltwirtschaftkrise machte dem Vergnügen schließlich ein Ende: 1936 wurde das Betonschiff für 1 US-Dollar an die staatliche State Parks verkauft. Der Rest des Rumpfes dient bis heute in Aptos als Angelpier. 1920 lief in San Diego/Kalifornien die ebenfalls 7500 t tragende CUYAMA, ein Schwesterschiff der PALO ALTO, vom Stapel.[38] Auch dieser Tanker wurde nicht von der US-Marine in Dienst gestellt.

Neben solchen »herkömmlichen« Tankschiffen aus Stahlbeton entstanden in den USA auch Betontanker mit zylindrischen Schiffskörpern. 1920/21 baute die San Diego Shipbuilding Co. den 7500 t tragenden Tankdampfer CUYA-MACA für das United States Shipping Board.[39] Die US-Regierung hatte im April 1918 das »Emergency Fleet Corporation Program« aufgestellt, das den Bau von zunächst 24 Eisenbetonschiffen für Kriegszwecke vorsah, von denen jedoch nur ein Teil fertiggestellt wurde, die bald darauf als Wellenbrecher oder Lagerschiffe in irgendwelchen Häfen verschwanden.[40]

In Skandinavien nahm während des Ersten Weltkrieges Norwegen beim Bau von Betonschiffen eine Vorreiterrolle ein. Innerhalb von nur einem Jahr wurden in Norwegen elf neue Werften für Betonschiffe errichtet. Unter diesen Unternehmungen waren die Porsgrunns Cementstöperi in Porsgrunn, wo 1913 ein Brückenponton aus Beton gebaut wurde, sowie Fougners Staal-Beton

Skibsbyggnings Compani A/S[41] in Moss, Melby & Scjoll A/S in Kristiania (Oslo), Sörlandske Staal-Beton Skibsbyggeri A/S in Vanse, Vestlandske Betonbaatbyggeri in Ytre Arne bei Bergen[42] sowie Jernbetonskibsbyggeriet A/S in Greaker. Auf letzterer Werft wurde das erste klassifizierte Betonschiff in Skandinavien gebaut. Auf der Fougner-Werft in Moss entstanden zahlreiche Beton-Leichter, bevor hier 1917 auf eigene Rechnung ein Beton-Motorschiff namens NAMSENSFJORD erbaut wurde, das aber schon beim Stapellauf stecken blieb und erst acht Tage später durch einen Schwimmkran der norwegischen Marine in sein Element gehoben werden konnte.[43] Zur gleichen Zeit baute die Fougner-Werft zwei Eisenbeton-Schwimmdocks mit je 500 t Hubkraft.[44]

Bis 1919 erhielten acht seetüchtige norwegische Beton-Dampfschiffe für die Nord- und Ostseefahrt mit bis zu 2400 tdw Tragfähigkeit ihre Klassifizierung bei

Abb. 7 Das erste und einzige Fünfmast-Betonsegelschiff wurde 1920 in den USA gebaut. (Archiv DSM)

Det Norske Veritas, elf weitere Fahrzeuge waren zu dieser Zeit im Bau.[45] Dass das für Deutschland oben Beschriebene zur Unwirtschaftlichkeit von Betonschiffen unter Friedensbedingungen auch für Norwegen galt, zeigt eine Meldung über die Zwangsversteigerung des erst 1919 gebauten 728 BRT großen Betonmotorschiffes CONCRETE. Für dieses auf 800 000 Kronen taxierte Schiff wurden 1921 auf der Versteigerung in Kristiania (Oslo) nur 50 000 Kronen geboten.[46]

In Dänemark wurde zu dieser Zeit das größte Betonschiff Europas in Dienst gestellt. Die MS BARTELS für die Kopenhagener Reederei Dampskibsselskabet »Patria« war 1920 von der Kjøbenhavns Flydedok & Skibsvaerft für 1,7 Mio. Kronen gebaut worden. Seinen Namen erhielt das Schiff nach seinem Konstrukteur und dem Erfinder des »System Bartels«, dem Ingenieur Knud Bartels (1885–1918). Der Vorteil dieser Bauweise soll in der Ausführung des Doppelbodens gelegen haben, durch dessen Anordnung das Gewicht des Schiffes im Vergleich mit einem Rumpf mit Einfachboden nicht erhöht worden sein soll.[47] Das Schiff besaß eine Tragfähigkeit von 1800 tdw und 760 NRT. Das Eigengewicht betrug 1140 t. Die Außenhaut bestand aus 9 cm dickem Stahlbeton. Mit 70,6 m Länge, 11,17 m Breite und einer Seitenhöhe von 4,45 m verdrängte der Dampfer 3300 t und besaß eine 600 PS leistende 3-Zylinder-Dampfmaschine, die dem Schiff (theoretisch) eine Geschwindigkeit von 7,5 Knoten verlieh.

Die weitere Geschichte der BARTELS ist nur zum Teil durch Fakten bzw. Quellen belegbar. Gerüchte besagen, dass das Schiff 1924 auf Grund gelaufen und im Januar 1924 an die

Abb. 8 Das 1920 gebaute, ursprünglich dänische Betonschiff BARTELS lag jahrelang, zum Wohnschiff umgebaut, am Södra Mälarstrand in Stockholm. (Slg. Holger Munchaus Petersen, Kopenhagen)

Howaldtswerke in Kiel verkauft worden sei. Die Maschine sei ausgebaut und in einem Neubau namens BRÜSSEL des gleichen dänischen Eigners weiterverwendet worden. Danach verliert sich die Spur dieses Betonschiffes bis in die 1980er Jahre. 1988 entdeckte der dänische Schifffahrtshistoriker Holger Munchaus Petersen bei einem Besuch in Stockholm am Kai des Södra Mälarstrand ein äußerst hässlich wirkendes Wasserfahrzeug aus Beton, das ihn neugierig machte. Seine Recherchen ergaben, dass es sich bei diesem Objekt tatsächlich um die ehemalige BARTELS handelte. Das Schiff war schon vor Jahrzehnten wegen der bekannten Probleme bei Betonschiffen aufgelegt und zu einem Werkstattlager der Finnboda Varv in Stockholm umgebaut worden. Später diente es – mit hölzernen Aufbauten versehen – als Wohnschiff auf der Stockholmer Ekensberg Werft. Nächster Eigentümer war die Firma Mässing Mäster AB in Stockholm. Diese ließ das Schiff 1983 in Stockholm als HANTVERKAREN registrieren und unter großem Kostenaufwand zu einer Art Gründerzentrum für kleine Handwerksbetriebe, die sich an Bord einmieten konnten, umbauen. Dieser Umbau war allerdings so teuer, dass der Eigner anschließend bankrott ging. 1993 wurde das Schiff nach Larvik in Norwegen verkauft, wo es als Arbeiterwohnheim dienen sollte. Unmittelbar nach Verlassen des alten Liegeplatzes in Stockholm brach die Schlepptrosse und das Schiff hatte Grundberührung. Eine Taucheruntersuchung zeigte keine Schäden, die Schleppfahrt wurde fortgesetzt, aber am 30. Juni 1994 gab es einen Wassereinbruch und das Schiff sank bei 18 m Wassertiefe bei Ölands Norra Udde, der Nordspitze Ölands.[48]

Betonschiffe wurden außer in Kopenhagen auch in Aalborg, Frederikshavn, Køge (Codanværftet) und Aaderup bei Næstved (Næstved Jernbeton Skibsbyggeri) gebaut.[49]

In Schweden war es der Ingenieur K.W. Ljungdell aus Malmö, dessen Patent für eine neue, Material sparende Rumpfkonstruktion und für eine Spezialslipanlage für Betonschiffe das Interesse aus Schifffahrtskreisen auf sich zog. 1917 wurden in Malmö zwei Firmen gegründet. Die AB Betonvarven wie auch die Rederi AB Betongett hatten den Zweck, Betonfrachtschiffe zu erbauen und zu bereedern. Die Aktienzeichnung verlief sehr positiv, sodass die Skånska Cementgjuteri in Malmö den Auftrag zum Bau der Slipanlage aus Beton erhielt.

Als diese fertiggestellt war, begann man auf der »Betonvarven« mit dem Bau eines Betonfrachtmotorschiffes von 1000 t. Das Schiff war 42 m lang, hatte einen Tiefgang von 2,05 m, beladen 4 m, besaß drei Laderäume und sollte, durch einen Rohölmotor angetrieben, eine Geschwindigkeit von 8 kn erreichen. Die Reederei plante, das Schiff in der Holzfrachtfahrt nach deutschen Ostseehäfen einzusetzen, da es in diesem Geschäft gerade eine sehr gute Konjunktur gab. Das Betonschiff lief am 24. Dezember 1918 vom Stapel und erhielt den schönen Namen LINNÉA. Am 1. März 1919 wurde das Schiff an die Reederei in Malmö übergeben. Allerdings war das Schiffbauprodukt weit entfernt von jeglicher Schönheit. Der graue Koloss hatte kaum Ähnlichkeit mit einem herkömmlichen Frachtschiff, sondern ähnelte nach zeitgenössischen Quellen eher einer Mischung aus Panzerkreuzer und riesigem U-Boot. Der Stapellauf wurde noch von mehreren freundlichen Artikeln in der schwedischen Presse begleitet, doch schon die Ausrüstung des Schiffes geriet wegen verspäteter Zulieferungen und zunehmender Kapitalknappheit bei der Bauwerft zu einem langwierigen Drama. Da auch die Schifffahrtskonjunktur sich dramatisch verschlechtert hatte und viel Frachttonnage aufgelegt werden musste, wurde die Betonwerft-Gesellschaft im Dezember 1919 liquidiert. Der unfertige Rumpf der LINNÉA wurde von Malmö aus in eine Bucht bei Ljungskile in Bohuslän geschleppt und dort aufgelegt. Nach einigen Jahren erhielt das erste schwedische Betonschiff eine neue Funktion als Fundament einer Anlegebrücke für Sportboote. Erst Mitte der 1950er Jahre wurden die letzten Überreste der LINNÉA gesprengt.[50] 1918 wurde von Plänen berichtet, in der Nähe von Södertälje eine Betonschiffswerft der neugegründeten A.B. Svenska Betonverken zu errichten, auf der *im Laufe von sechs Monaten 20 seetüchtige Fahrzeuge* gebaut werden sollten.[51]

Auch in Italien, in dem einige Jahrzehnte zuvor das erste kommerziell eingesetzte Betonschiff Europas gefertigt worden war, beschäftigte man sich während und nach dem Ersten Weltkrieg erneut mit dem Bau von Betonschiffen. 1919 stellte man einen großen Frachtdampfer und mehrere mit einem starken Marinegeschütz bewaffnete Flussmonitore aus Beton in Dienst. 1922 wurde auf der Cantiere della Nica in Genua der Eisenbeton-Dampfer PERSEVERANZA vom Stapel gelassen. Dieses Frachtschiff mit Hilfsbesegelung war 75 m lang und 14 m breit und hatte eine Wasserverdrängung von 4700 t bei 3000 NRT. Damit übertraf das Schiff die zwei Jahre zuvor in Kopenhagen gebaute BARTELS noch um einiges und konnte den Titel des größten bislang in Europa gebauten Betonschiffes für sich in Anspruch nehmen.[52]

Probleme bei der herkömmlichen Konstruktion von Betonschiffen – und das vorläufige Ende des Betonschiffbaus

Mitte der 1920er Jahre wurde der Betonschiffbau in Deutschland fast gänzlich eingestellt. Dafür entwickelte sich der landseitige Einsatz von Stahlbeton in Schalenbauweise, der die Voraussetzung für den technologisch anspruchsvollen Einsatz von Beton im Hochbau darstellte. Hier tat sich besonders die Firma Dyckerhoff & Widmann KG hervor, die für diverse Betonschalenbauten seit Ende der 1920er Jahre verantwortlich zeichnete.[53]

Bei der Klassifizierung von Schiffskörpern aus Beton wurden bis in die 1920er Jahre nur das Eigengewicht und mehr oder weniger genau umschriebene Verkehrsbeanspruchungen, wie Ladungsgewicht und Wellengang, zugrunde gelegt. Die vom Stahlschiffbau übernommene Spantenbauweise war für die zu erwartenden Stoßbelastungen wenig geeignet. Man machte sich zu wenig Gedanken darüber, dass Schiffe keine ruhenden Bauwerke sind, sondern große, bewegte Massen darstellen, die unvermeidbar an andere Massen – seien es andere Schiffe, Kaimauern oder Uferböschungen – anstoßen. Sie erleiden dabei Stöße, die einen großen örtlichen

Druck hervorrufen. Dieser Druck ist umso größer, je weniger nachgiebig die Schiffswand ist, und beträgt z.B. bei einem betriebsüblichen Anlegemanöver eines beladenen 1000-t-Beton-Güterkahns bis zu 20 t auf einer verhältnismäßig kleinen Fläche.

Es liegt auf der Hand, dass die frühen Betonschiffskonstruktionen mit ihren im Allgemeinen nur bis zu 6 cm dicken, schwach bewehrten ebenen Außenwänden solchen Drücken nicht standhalten konnten. Damals gab es auch noch keine hochwertigen Zemente. Bei ihrer Verarbeitung zu dünnwandigen Konstruktionen erhielt man einen Beton, der nur sehr mäßige Eigenschaften aufwies. Durch Verwendung von Bimsbeton konnte man zwar das große Eigengewicht verringern, die Druckfestigkeit wurde aber weiter herabgesetzt. Vielfach war auch die Bauausführung unzureichend, da nicht genügend Vorsorge getroffen war, die Bildung von porösen Stellen zu verhindern und die nötige Dichtigkeit des Betons durch geeignete Kornzusammensetzung und Verarbeitung sicherzustellen. Bei Grundberührungen, dem Touchieren von Kaimauern und leichten Zusammenstößen mit anderen Schiffen, die Stahlschiffe ohne Schaden oder mit leichten Einbeulungen aushalten, ergaben sich bei Betonschiffen Brüche und ernsthafte Schäden.

Die Baukosten waren nicht geringer als die von Stahlschiffen, wurde 1921 zumindest für die USA konstatiert.[54] Bei Tankschiffen hatte man bisher kein brauchbares Beschichtungsmaterial für die Ladetanks gefunden. Über die langfristige Wirkung des See- bzw. Salzwassers auf Beton gab es noch keine Erkenntnisse. Die Betriebsergebnisse waren nicht befriedigend. Das Eigengewicht der Schiffe war im Vergleich zu dem von Stahlschiffen stets größer, sodass eine Wirtschaftlichkeit nicht zu erzielen war und die kommerzielle Frachtfahrt mit diesen Schiffstypen meist sehr bald wieder eingestellt werden musste. Die auch international wenig ermutigenden Erfahrungen während der 1920er Jahre ließen das Schiffbaumaterial Beton nicht aus seiner technologischen Nische heraustreten.

Das American Concrete Institute konstatierte im Februar 1921, dass Eisenbeton kein geeignetes Material für den Bau von Schiffen sei.[55] Der Verein Deutscher Ingenieure (VDI) schloss sich

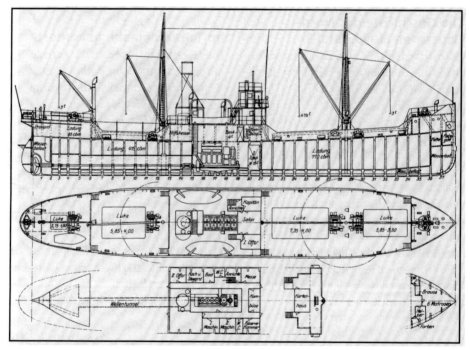

Abb. 9 Seitenriss und Decksansicht des Eisenbetonschiffs GÖTAÄLF, erbaut 1920. (Modell Werft, H. 7, 2002, S. 59)

Abb. 10 Die Götaälf am Kai der Störwerft in Wewelsfleth/Stör, 1921. (Modell Werft, H. 7, 2002, S. 59)

1922 diesem amerikanischen Standpunkt an: *Die Erkenntnisse, die der amerikanische Schiffbau beizeiten gewonnen und sodann rückhaltlos bekannt gegeben hat, haben sich heute auch in Deutschland allgemein Bahn gebrochen, nämlich, daß das Eisenbetonschiff keine Aussicht hat, sich gegenüber dem eisernen Schiff, abgesehen vom Notfall, durchzusetzen. [...] Man kann [sie] dahin zusammenfassen, daß das Eisenbetonschiff den im Betriebe beim Anlegen nicht zu umgehenden Stößen sowie dem Eisgang nicht gewachsen ist.*[56]

Die negative Einschätzung dem Betonschiffbau gegenüber machte sich dann auch in der Schiffbaubranche selbst breit: *Zusammen mit der Tatsache, daß allmählich fast alle Eisenbetonwerften des Auslandes ihren Betrieb eingestellt haben, muß man zu der Ueberzeugung kommen, daß es sich beim Versagen der Eisenbetonschiffe [...] nicht um Kinderkrankheiten handelt, sondern daß es ein unter außergewöhnlichen Umständen unternommener Versuch war, der bei Wiederkehr normaler Zeiten sofort in sich zusammen gebrochen ist. [...] Nach dem Mißerfolg des Dampfers »Götaelv« [...] kann man wohl mit Ruhe die Akten über den Eisenbetonschiffbau [...] schließen.*[57]

Betonschiffbau während des Zweiten Weltkrieges

Noch 1938 wurde die Wiederaufnahme des Betonschiffbaus in Deutschland als *nicht bewährt* abgelehnt.[58] Als es aber unter den Bedingungen des Zweiten Weltkrieges zur Verknappung vieler Rohstoffe – darunter auch Schiffbaustahl – kam, erinnerte man sich auch an den Baustoff Beton für Frachtschiffe, wie er zwanzig Jahre zuvor vielfach erprobt worden war. Ernsthaft aufgegriffen wurde das Thema Betonschiffbau in Deutschland allerdings erst im Zusammenhang mit der Besetzung Norwegens durch deutsche Truppen im Jahre 1941. Als strategische Grundlage für den Eisenerztransport von Nordschweden über norwegische Häfen und die Versorgung vorgeschobener deutscher Stellungen in Norwegen entwickelte sich nach der Besetzung ein umfangreicher Schiffsverkehr zwischen Norwegen und deutschen Ostseehäfen, von dessen Kapazitäten und Sicherung der Fortgang des Krieges in Norwegen entscheidend abhing. Die umfangreichen Baumaßnahmen dienten der strategischen Sicherung Norwegens und dessen Ausnutzung für die deutsche Kriegswirtschaft und liefen unter dem Decknamen »Wiking«.[59]

Da sich schon bald nach Beginn der Baumaßnahmen in Norwegen ein überdeutliches Transport- und Nachschubproblem zeigte, wurden zur Behebung des Schiffsraummangels diverse Maßnahmen beschlossen. Zu diesen gehörte unter anderem die Errichtung einer zentralen Stelle zur Steuerung des Schiffsraums, deren personelle Besetzung sich Adolf Hitler persönlich vorbehalten hatte. Daraufhin wurde im Frühjahr 1942 der Hamburger Reichsstatthalter und Gauleiter Karl Kaufmann als »Reichskommissar für die deutsche Seeschiffahrt« mit der Lösung des

Problems beauftragt. Diese in typischer NS-Manier durch einen Beauftragten mit Sondervoll-machten angeordnete Struktur brachte jedoch keine Lösung des Problems, da einfach zu wenig Schiffsraum vorhanden war. Dieser Mangel sollte durch das »Hansa-Programm«, das den Neu-bau und eine beschleunigte Reparatur von Handelsschiffen vorsah, behoben werden. Vor diesem Hintergrund keimte bei verschiedenen Stellen der NS-Rüstungs- und Wehrwirtschaft der Gedanke an den Bau von Betonschiffen wieder auf. Die interessierten Stellen beschäftigten sich zwar intensiv mit der Auswertung der vorliegenden Erfahrungen im Bau von Betonschiffen, konnten aber aus diesem Akten- und Literaturstudium heraus kein einziges Schiff auf Kiel legen.

Die erste erneute Anwendung des Baus von Betonschiffen nach Beginn des Zweiten Weltkrie-ges dürfte durch das Bauunternehmen Heilmann & Littman (Branchenkürzel »Heilit«) erfolgt sein. Im April 1942, also noch vor der Gründung des »Sonderausschusses für Betonschiffbau«, wurden für den Verkehr auf der Donau zwei von der Schiffswerft in Nußdorf bei Wien erbaute Binnentankschiffe aus Stahlbeton für die Mineralölabteilung des Reichswirtschaftsministeriums in Dienst gestellt, denen im Juli 1942 noch ein drittes folgte.[60] Allerdings wurden diese Fahrzeu-ge wiederum im überlieferten Spantenbau-Verfahren gefertigt. Der Bauort Nußdorf war sicher-lich kein Zufall, denn hier befand sich die Versuchsstelle des Reichsamtes für Wirtschaftsaufbau. Sie befasste sich unter anderem auch mit der Technologie des Stahlbetonschiffbaus.

Es spricht einiges dafür, dass der neue Rüstungsminister Albert Speer als Architekt und Bau-fachmann dem Gedanken zum Bau von Betonschiffen aufgeschlossen gegenüberstand und mit seinen Erfahrungen mit der Konstruktion von Kuppeln und Schalen für seine bzw. Hitlers Groß-bauten schließlich die Verbindung zwischen Rüstungsministerium und Dyckerhoff & Widmann als dem Unternehmen mit den größten Erfahrungen im Betonschalenbau herstellte. Speers Bemühungen, die verschiedenen Projekte zur Wiederaufnahme des Betonschiffbaus im Deut-schen Reich zu bündeln, mündeten 1942 in der Gründung eines Sonderausschusses »Beton-schiffbau« innerhalb des Hauptausschusses »Schiffbau« beim Reichsminister für Rüstung und Kriegsproduktion unter dem Vorsitz von Dr. Ing. Ulrich Finsterwalder, der Mitglied der Geschäftsführung von Dyckerhoff & Widmann KG war.

Durch die Bestellung Finsterwalders zum Leiter des Sonderausschusses »Betonschiffe« war die grobe Richtung bei der Fertigungstechnik dieser Schiffe vorgegeben: Die von Finsterwalder bei der DYWIDAG entwickelte Schalenbauweise für tragende Kuppeln sollte nun auch im Schiffbau angewendet werden. Gleichwohl ergab sich aus der Arbeit des Sonderausschusses die Forderung, neben der Schalenbauweise weitere Bauverfahren zuzulassen, die dann allerdings nicht von der DYWIDAG, sondern von anderen Bauunternehmen angewendet wurden. Hierzu zählten die Spanten- und die Stahlsaitenbauweise. Während sich die Spantenkonstruktion im Betonschiffbau schon in den »stahlarmen« Jahren nach dem Ersten Weltkrieg mehr oder weni-ger bewährt hatte, bedeutete die Stahlsaitenbauweise absolutes Neuland im Schiffbau. Sie beruhte auf Erkenntnissen, die die Firma Wayss & Freytag bei Versuchen zur Spannbetonbau-weise mit dünnen Stahldrähten als Spannelementen gewonnen hatte. Die Stahlsaitenbauweise kam ab 1942 für die Deckenverstärkungen der U-Boot-Bunker an der französischen Atlantik-küste und bei Spannbeton-Deckenträgern für U-Boot-Bunker in Norwegen, Frankreich und Deutschland zum Einsatz.[61]

Von der Spanten- zur Schalenbauweise: Neue Fertigungstechnologien im Betonschiffbau

Der Sonderausschuss »Betonschiffbau« unter Leitung von Ulrich Finsterwalder befasste sich von vornherein mit neuen Verarbeitungsverfahren von Beton im Schiffbau. Eine neue Techno-logie, weg vom Spanten- und hin zum Schalenbau, bot die Möglichkeit, den kostengünstigen Baustoff Beton auch im Schiffbau zu nutzen. Die Schalenbauweise nach dem »System Zeiss-Dywidag« hatte im Stahlbetonbau eine schon etwa 25-jährige Entwicklung hinter sich, die sich besonders in mehreren großen Kuppeln von Planetarien manifestierte und sich durch besondere Flexibilität auszeichnete.

Zunächst wurden in Zusammenarbeit mit dem Germanischen Lloyd die Belastungsannahmen für Stahlbetonschiffe festgelegt, die es ermöglichen sollten, alle Verbände richtig zu bemessen. Man bemühte sich, den tatsächlichen Beanspruchungen des Schiffskörpers möglichst nahe zu kommen, um einerseits nicht zuviel Gewicht in die Schiffe einzubauen und andererseits der Konstruktion ausreichende Festigkeit zu verleihen. Diese Grundlagen konnten aber nicht vom Stahlschiffbau übernommen werden, da dort weniger mit Belastungsannahmen, sondern in erster Linie nach den Erfahrungen der Konstruktionspraxis gearbeitet wurde, die in den Vorschriften des Germanischen Lloyd festgelegt waren und sind.[62]

Obwohl schon die Schalenbauweise eine deutliche Gewichtsersparnis gegenüber der Spantenbauweise bei Betonschiffen ermöglichte, war das Schiffskörpergewicht immer noch erheblich größer als bei einem entsprechend großen Stahlschiff. Dieser Nachteil wurde aber billigend in Kauf genommen, denn Hintergrund für das aktuelle Bauprogramm wie auch für alle bisher gebauten Betonschiffe war ja die kriegsbedingt verordnete Einsparung von Stahl. Trotz mehrschichtiger Armierungen verringerte sich der Stahleinsatz bei Schalenbetonschiffen zu vergleichbaren Schiffen um bis zu 30%. Neue Konstruktionsgrundsätze erhöhten die Festigkeit der Rümpfe bis zu einer mindestens dreifachen Sicherheit gegen Stöße und alle anderen Beanspruchungen des Schiffsbetriebes. Voraussetzung war, dass die einzelnen Schalen durch Aussteifungen frei von Biegungsmomenten gehalten und ihre Beanspruchungen vorwiegend durch Zug und Druck in ihrer Fläche hervorgerufen wurden. Aussteifungen konnten beim Schalenbau weitestgehend vermieden werden, was sich auch in den klaren Linien der Schiffsinnenräume zeigte. Diese Konstruktionsart ersparte trotz erhöhten Materialeinsatzes wertvolles Schiffseigengewicht zugunsten der Tragfähigkeit.

Zur weiteren Gewichtsreduzierung der Rümpfe entwickelte die Schalenschiffbau Dr. Erich Lübbert & Co. KG im Zusammenwirken mit der Vereinigten Ost- und Mitteldeutschen Zement AG einen neuartigen Leichtbeton. Dazu wurde aus geeigneten Tonsorten, die sonst nur zur Ziegelherstellung verwendet wurden, ein Zuschlagmaterial in Form von Kies gebrannt, der sich nach entsprechender Behandlung innen porös zeigte und außen von einer gesinterten, wasserdichten Hülle umgeben war. Dieses Korn hatte ein sehr kleines spezifisches Gewicht bei hoher Festigkeit. Die Wichte des Betons konnte von 2,3 auf 1,7 reduziert werden, was eine Gewichtsersparnis von 600 kg pro m³ Beton ergab.[63]

Die neuartigen Betonschiffe in Schalenbauweise wurden »kopfstehend«, also kieloben erbaut. Das erleichterte es, die mehrlagige Stahlarmierung einzubauen, um anschließend den Leichtbeton auf die Eisenlage auf- und ein 4 mm starkes Maschendrahtnetz einzubringen. Überschüssiges Anmachwasser des Betons entwich schnell, und es folgte der Außenputz mittels Hartbeton, der sich monolithisch mit dem Leichtbeton wasserdicht verband. Dieser gehärtete Außenputz verhinderte außerdem fast völlig den Bewuchs unterhalb der Wasserlinie, was bei Stahlschiffen immer zu einem Leistungsabfall führte. Die Schalendicke (d.h. die Außenhautdicke) betrug bei Küstenmotorschiffen 80 mm. Vor Abschluss der Bauarbeiten wurde die getrocknete Außenhaut maschinell beschliffen und geglättet. So konnte eine hohe Oberflächengüte erzielt werden, die zusammen mit der strömungstechnisch günstigen Rumpfform den Schiffswiderstand deutlich reduzierte.[64]

Das Bauprogramm des Sonderausschusses »Betonschiffbau«

Das vom Sonderausschuss erarbeitete Bauprogramm umfasste entsprechend den Vorgaben der vorgesehenen Empfänger bzw. des vorgesehenen Einsatzes der Schiffe mehrere Typen unterschiedlicher Größe und Funktion sowohl für den zivilen als auch für den militärischen Bedarf:

– Beton-Seefrachter 3400 t in DYWIDAG-Schalenbauweise als Versorgungsschiffe für zivile und militärische Zwecke;
– Beton-Seefrachter 500 t in Spantenbauweise für den küstennahen Einsatz;
– Beton-Seeleichter 300 t in DYWIDAG-Schalenbauweise mit Motorantrieb für Versorgungstransporte zwischen Deutschland und der Einsatzgruppe »Wiking« der Organisation Todt (OT) in Norwegen (daher die interne Typenbezeichnung »Wiking-Motor«);
– Beton-Tanker 3780 t in DYWIDAG-Schalenbauweise (abgeleitet aus dem Beton-Seefrachter);
– Beton-Tanker 3200 t in Spantenbauweise für die Küstenschifffahrt in der Nordsee und im Mittelmeer (Entwurf: Siemens-Bauunion);
– Beton-Tanker 3000 t in Spantenbauweise für die Küstenschifffahrt auf den russischen Strömen und im Schwarzen Meer (Entwurf: Arge Beton- & Monierbau AG/Heilmann & Littmann).

Parallel zu diesen mehr oder weniger hochseetüchtigen Schiffstypen forderte auch das Reichsverkehrsministerium den Bau von antriebslosen Leichtern für die Binnenschifffahrt. Im Programm des Sonderausschusses »Betonschiffbau« waren daher auch folgende Baumuster enthalten:
a) für die Donau:
   Tankkahn 800 t in Spantenbauweise,
   Güterkahn 1000 t in Schalenbauweise,
   Güterkahn 1000 t in Spantenbauweise;
b) für den Rhein:
   Güterkahn 1000 t in Schalenbauweise;
c) für den Mittellandkanal:
   Güterkahn 800 t in Spantenbauweise;
d) für französische Kanäle:
   Güterkahn 700 t in Stahlsaitenbauweise;
e) für Oder, Havel, Finowkanal:
   Güterkahn 180 t in Stahlsaiten-Bauweise entsprechend dem Groß-Finowmaß-Kahn.[65]

Das Programm des Sonderausschusses sah von Beginn an den Bau ganzer Serien vor, wobei der Firma DYWIDAG die größte Lieferquote zugesprochen wurde, da der Schalenbauweise die größten Chancen für eine rationelle Serienfertigung zugesprochen wurden. Entsprechend den verschiedenen »Bedarfsträgern« und deren geografischer Verteilung sollte die Fertigung von Betonschiffen in verschiedenen Orten in Deutschland und in den von der Wehrmacht besetzten europäischen Ländern erfolgen. Vorgesehen waren folgende Orte: Ostswine bei Swinemünde, Rotterdam, Kopenhagen, Larvik (Norwegen), Neusatz/Donau (Ungarn), Varna (Bulgarien), Mestre bei Venedig, in Südfrankreich sowie in Cherson am Dnjepr (Sowjetunion). Die Abnehmer verteilten sich auf zivile und militärische Stellen, wobei der Großteil der geplanten Schiffe, die Beton-Seeleichter vom Typ »Wiking-Motor«, für den Einsatz in der »Transportflotte Speer« vorgesehen waren. Die Aufgaben für diese Flotte veränderten sich durch den Kriegsverlauf; so musste die »Transportflotte Speer« im weiteren Verlauf des Krieges zunehmend auch logistische Aufgaben für die Wehrmacht und die Organisation Todt übernehmen, wodurch sich ihr Tätigkeitsfeld auf den gesamten Machtbereich der Wehrmacht bis nach Russland hinein ausdehnte.
    Interesse an Betonschiffen bekundeten auch das Oberkommando der Marine, Abteilung Hafenbau, sowie zivile Abnehmer und Reedereien, wie z.B. die Kontinentale Ölgesellschaft, Berlin (Tanker auf der Donauroute zur kriegswichtigen Versorgung des Deutschen Reiches mit rumänischem Rohöl), und die Reederei Hugo Stinnes, Berlin (für 500-t-Seefrachter).[66]

Abb. 11 Baugrube für den Bau von Betonschiffen in Rügenwaldermünde (Darłowko) im November 1942. Zu erkennen ist die Deckplatte der Bau-Nr. 1, der späteren Ulrich Finsterwalder. Noch während des Baus der ersten Grube begann man im Sommer 1942 mit dem Aushub der zweiten Grube, deren gerammte Spundwände zu erkennen sind. Im Hintergrund die Molen, die die Wippermündung schützen. (Slg. Gerhard Janke/Archiv DSM)

Da sowohl in Kreisen der Kriegsmarine als auch bei zivilen Schifffahrtsunternehmen gegenüber den im Sonderausschuss »Betonschiffbau« entwickelten Ideen zum Schalenbau von Betonschiffen immer noch Vorbehalte bestanden, entschloss sich Erich Lübbert in seiner Eigenschaft als persönlich haftender Gesellschafter der Dyckerhoff & Widmann KG, den Beweis der Richtigkeit der Idee vom Schalenbetonschiffbau anzutreten. Dazu veranlasste Lübbert die Gründung zweier Unternehmen zur Umsetzung des Bauprogramms für Betonschiffe: zum einen der Werft Schalenschiffbau Dr. Erich Lübbert & Co. KG im pommerschen Rügenwalde und zum anderen der Reederei Deutsche Seeverkehr Erich Lübbert & Co. AG, Berlin-Wilmersdorf. Im Auftrag der Schalenschiffbau KG führte die Firma Dyckerhoff & Widmann die Konstruktion und den Bau der Betonrümpfe durch. Die Ausrüstung wurde verschiedenen, in der Nähe der Bauorte gelegenen Werften übertragen. Die Bauten wurden grundsätzlich unter Aufsicht des Germanischen Lloyd ausgeführt, der wiederum Prof. Dischinger von der Technischen Hochschule Berlin als Sachverständigen für alle Fragen des Stahlbetons heranzog.

Die Dyckerhoff & Widmann KG selbst richtete in Neuss am Rhein, wo die Firma schon eine Niederlassung besaß, eine Werft für Betonschiffe in Schalenbauweise ein. Für die weiteren Produktionsstandorte der Betonschiffe in Ostswine, Neusatz (Ungarn) und Rotterdam gründeten die Dyckerhoff & Widmann KG und die AG für Verkehrswesen die Kontinentale Betonschiffbau GmbH.[67] Das Unternehmenskonzept sah vor, dass die oben genannten Werften als Lizenznehmer der Dyckerhoff & Widmann KG die Betonschiffe in Schalenbauweise herstellen sollten. Die Bereederung dieser Schiffe sollte ebenfalls durch die Deutsche Seeverkehr Dr. Erich Lübbert AG (s.o.) erfolgen. Allerdings war dies leichter geschrieben als getan, denn um die dringend benötigten Betonschiffe bauen zu können, mussten zunächst die Werftanlagen in Rügenwalde und an den übrigen vorgesehenen Bauorten errichtet werden.[68]

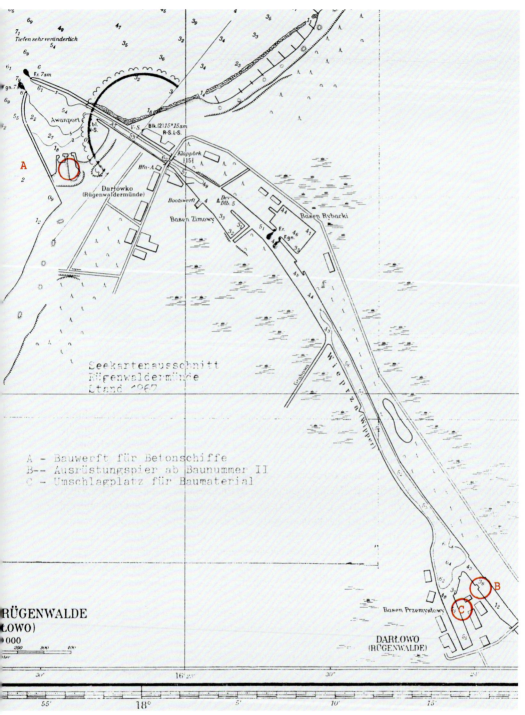

Abb. 12 Seekartenausschnitt mit den Häfen von Rügenwalde (Darłowo) und Rügenwaldermünde (Darłowko) an der pommerschen Ostseeküste. A – Bauplatz für Betonschiffe; B – Ausrüstungspier ab Bau-Nr. 2; C – Umschlagplatz für das Baumaterial für die Betonschiffe. (Slg. Gerhard Janke, Bremerhaven/Archiv DSM)

Ausgeführte Schiffstypen des Programms »Betonschiffbau«

Der größte Teil der während des Zweiten Weltkrieges in Deutschland und in den mit Deutschland verbündeten oder von Deutschland besetzten Ländern gebauten Betonschiffe waren Schalenschiffe. Die Spantenbauweise wurde nur bei wenigen Schiffen angewendet. In Schalenbauweise wurden vier Schiffstypen ausgeführt:
a) Motortankschiffe von 3770 t Tragfähigkeit für die Hochseeschifffahrt;
b) Dampffrachtschiffe von 3650 t Tragfähigkeit für die Hochseeschifffahrt;
c) Güterkähne von 1160 t Tragfähigkeit für die Binnenschifffahrt;
d) Motorfrachtschiffe von 330 t Tragfähigkeit für die Küstenschifffahrt.

Da man für den geplanten Bau der Betonschiffe keine herkömmlichen Werften benötigte, wurde die Frage der Bauplätze auf recht einfache und kostengünstige Weise gelöst: An den vorgesehenen Bauorten wurden geeignete Plätze direkt am Wasser bestimmt, die idealerweise über einen Gleisanschluss zur Anlieferung der Baumaterialien verfügten.

a) Motortankschiffe:
In Rügenwalde (heute Darłowo) lagen die Bauplätze für die geplanten Betonschiffe im Ortsteil Rügenwaldermünde (heute Darłowko) am sogenannten Kleinen Strand zwischen dem Schweinskopp (alte Mole) und der neuen Westmole westlich der Mündung der Wipper (polnisch Wieprza) innerhalb des von Molen geschützten Außenhafens. Im April 1942 begann man hier mit dem Ausheben der ersten Baugrube, in der die Betonschiffsrümpfe gefertigt werden sollten. Im Laufe des Sommers 1943 – am Ende der Bauphase der Baunummer 1 – wurde mit dem Ausheben einer zweiten Grube begonnen. Beide Gruben waren flutbar, sodass der kieloben liegende Schiffskörper nach Flutung der Baugrube aufschwimmen und »ausgedockt« werden konnte. Schwierigkeiten bereitete auf dem Bauplatz in Rügenwalde die Anlieferung der Baumaterialien. Alle Baustoffe wurden per Bahn nach Rügenwalde-Binnenhafen geliefert, um von dort auf Leichtern zum etwa 2,5 km entfernten Bauplatz am Ostseestrand transportiert zu werden. Für diese Arbeiten wurden in der Aufbauphase der Betonwerft russische Kriegsgefangene herangezogen.

Mit dem Bau des ersten Beton-Tankschiffes wurde Anfang 1942 begonnen. Die Kiellegung (wegen der Baumethode »kieloben«) des Schiffes, das den Namen seines Konstrukteurs Ulrich Finsterwalder tragen sollte, erfolgte im Frühjahr 1942, der Stapellauf, also das Aufschwimmen des kieloben liegenden Rumpfes und das Drehen im freien Wasser, bereits im Juli 1942. Leer gepumpt, schleppte man den Rumpf zur Stettiner Vulcan-Werft, wo in einem Tro-

Abb. 13 Betonschiffbau in Rügenwaldermünde, Juli 1942. Zu sehen ist die Deckplatte der Bau-Nr. 1, einem 3400-t-Motortankschiff. Deutlich ist achtern die spätere Maschinenschachtöffnung zu erkennen. (Werksfoto Dyckerhoff & Widmann/Archiv DSM)

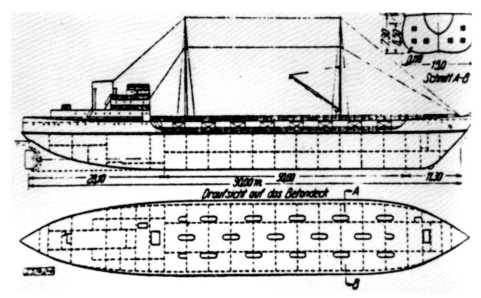

Abb. 14 Seitenansicht, Draufsicht auf das Hauptdeck sowie Hauptquerschnitt eines Schwerbetontankschiffes in Schalenbauweise, wie es in Rügenwalde gebaut wurde. (Finsterwalder, Betonschiffe, S. 4)

ckendock die Endausrüstung erfolgte. Diese dauerte ganze 13 Monate. Als 3400-t-Tanker konzipiert, brachte es die ULRICH FINSTERWALDER auf rund 90 m Länge, 14 m Breite, 6,5 m Tiefgang, 7,9 m Seitenhöhe und mit einem 1200-PS-Dieselmotor auf 10,4 Knoten Fahrt. Die 50 m langen Tankräume befanden sich im Mittelschiff, dahinter waren der Pumpenraum und der Maschinenraum angeordnet, davor die Lasträume. Die Decksaufbauten wurden aus Stahl ausgeführt. Der Schiffskörper enthielt 786 m³ Beton und 519 t Bewehrungseisen; er wog 2327 t und war mit 2947 BRT vermessen, hatte eine recht füllige Form und gewölbte Flächen, die dem Wasserdruck und dem Druck des Ladeguts besser standhalten sollten.[69]

Die Querschnittsausbildung war durch die statischen Erfordernisse der Schalenbauweise

Abb. 15 Das Betontankschiff ULRICH FINSTERWALDER liegt 1944 zur Ausrüstung im Dock der Stettiner Vulcan-Werft. Kurz bevor das Schiff seine Jungfernreise antreten konnte, wurde es bei einem britischen Bombenangriff schwer beschädigt. (Werksfoto Dyckerhoff & Widmann/Archiv DSM)

Letzte Position der ULRICH FINSTERWALDER am 30. August 1944: 54°00 Nord/13°47,8 Ost

Abb. 16 Der Untergangsort der ULRICH FINSTERWALDER nach dem erneuten britischen Bombenangriff vom 30. August 1944 im Peenestrom südlich von Wolgast. (Karte des Deutschen Reiches, Blatt 22, Greifswald – Swinemünde – Anklam. Hrsg. Reichsamt für Landesaufnahme, Berlin, Zusammendruck 1940; nach Scherer, Manuskript, S. 29)

bestimmt, wurde aber gleichzeitig strömungstechnischen Anforderungen gerecht. Die Krümmung der Außenhaut war an der Kimm am größten und nahm nach dem Kiel und der Bordkante allmählich ab. Die in der Mitte hochgezogene Querschnittsform war erforderlich, damit das für die statische Wirkung notwendige Krümmungsmaß erzielt und trotzdem eine möglichst große Völligkeit des Hauptspantquerschnitts erreicht werden konnte. Durch zusätzliche Anordnung eines Öltanks in der Mitte des Schiffsquerschnitts wurde die aus Stabilitätsgründen erwünschte Dreiteilung des Flüssigkeitsspiegels erreicht und gleichzeitig eine Tragkonstruktion für das Docken des Schiffes ausgebildet. Die Dicke der Schiffswand betrug 12 cm. Ihre Aussteifungen in Gestalt von Querschotten lagen in 4,6 m Abstand und waren als im Mittel 12 cm dicke Platten ausgebildet. Im ganzen Schiffskörper gab es weder Spanten noch Rippen. Durch Anwendung des Leichtbetons, der damals noch nicht zur Verfügung stand, hätte die Tragfähigkeit des Schiffes um 410 t erhöht werden können. Ein Stahltankschiff leichtester Bauart hätte bei gleicher Tragfähigkeit 1200 t Stahl erfordert.[70]

Das Schiff erhielt in der gesamten Dyckerhoff & Widmann-Serie der Betonschiffe die Baunummer 1. Die Probefahrt der Neukonstruktion sollte ursprünglich zum Jahreswechsel 1943/44

132

Abb. 17 Das Wrack des nie fertiggestellten Beton-Motortankschiffes ULRICH FINSTERWALDER liegt vermutlich seit seiner Abbergung aus dem Peenestrom durch ein polnisches Bergungsunternehmen 1970 im Dąbie-See bei Stettin. (Foto: Ole Wordolff, Kopenhagen, 2009)

erfolgen, verzögerte sich jedoch wegen kriegsbedingter Schwierigkeiten bei den Zulieferern. Am 30. April 1944, einen Tag vor der Probefahrt, wurde der Betontanker in der Werft während eines britischen Luftangriffes auf Stettin von einer 500-kg-Bombe getroffen, die das Deck und den Hochtank schwer beschädigte. Die Außenhaut und der Hauptverband blieben hingegen intakt. Die Schäden wurden innerhalb von sechs Wochen beseitigt. Am 30. August 1944 wurde das Schiff erneut von britischen Flugzeugen bombardiert und derart beschädigt, dass es als Wrack am Bauerriff im Peenestrom südlich von Wolgast auf Grund gesetzt wurde.[71] Die Schäden konnten wegen des Kriegsverlaufes nicht mehr ausgebessert werden, sodass von diesem Schiff keine Betriebserfahrungen vorliegen. So versank ein Dreivierteljahr vor Ende des Krieges der Traum von einer deutschen Betonschiffsflotte buchstäblich wie ein Stein im trüben Achterwasser.

Im Juli 1970 wurde das Wrack durch polnische Berger abgeborgen. Es stellte im Flachwasser der Negenmark-Rinne offensichtlich ein Schifffahrtshindernis dar.[72] Aber auch für polnische Bergungsunternehmen scheint das große Betonschiffswrack eine nicht zu »knackende Nuss« gewesen zu sein. Das Wrack wurde nicht – wie bisher angenommen – beseitigt, sondern, von allen Aufbauten »befreit«, im Dąbie-See in der Nähe von Stettin in flachem Wasser auf Grund gesetzt.[73]

Drei weitere Schiffsrümpfe des Typs Betontanker wurden bei der sich in deutschem Besitz befindlichen Werft Neptun AG in Varna am Schwarzen Meer (Bulgarien) gebaut. Die Ausrüstung sollte auf der Koralovag Werft in Varna erfolgen. Von den insgesamt sechs hier bestellten Schiffen wurden die Baunummern 2 bis 4 bis zum Rückzug der Deutschen Wehrmacht jedoch nur zum Teil fertiggestellt. Diese unfertigen Schiffe wurden 1944 Kriegsbeute der Roten Armee. Die Baunummern 5 bis 7 wurden Anfang 1944 annulliert. Damit war die Geschichte des Betonschiffbaus in Varna allerdings nicht vorbei, denn bald nach Kriegsende nahm man die Arbeit wieder auf und rüstete 1945/46 für russische Rechnung mindestens einen Tankerrumpf (Baunummer 2) aus, der wahrscheinlich als Tankschiff RION in Fahrt kam.[74] Später entwickelte sich die Werft zu einem leistungsfähigen Betonschiffbau-Unternehmen, auf dem mindestens bis Ende der 1980er Jahre Wohnschiffe, kleine Frachter, Versorger u.Ä. entstanden.[75]

b) Dampffrachtschiffe:
Auf der Werft in Rügenwalde wurden noch zwei weitere Betonfrachtschiffe von 3650 t Tragfähigkeit und 6570 t Verdrängung erbaut, aber nicht fertiggestellt. Die Schiffe trugen die Baunummern 62 und 64 in der internen D&W-Nummernfolge, schlossen sich aber zeitlich direkt an die Baunummer 1 (ULRICH FINSTERWALDER) an.[76] Konstruktiv dem Rumpf des Tankers ähnlich, waren ihre Aufbauten, die ebenfalls achtern lagen, in Leichtbetonbauweise geplant. Dieser Schiffstyp hatte zwei tragende Decks, der Schiffskörper war doppelwandig mit Rahmenspanten

Abb. 18 Die Bau-Nr. 2 der Rügenwalder Werft, ein Dampffrachtschiff in Leichtbetonbauweise, liegt im Mai 1944 fertig und entsprechend der Fertigungsmethode kieloben in der Baugrube, kurz bevor diese geflutet wird. Der Schiffsrumpf ist poliert worden. (Werksfoto Dyckerhoff & Widmann/Archiv DSM)

Abb. 19 Die ausgedockte Bau-Nr. 2 der Rügenwalder Werft wird zur Vorbereitung der Drehung auf See im Mai 1944 an die Ostmole verholt. Links im Hintergrund die Lotsenstation Rügenwaldermünde. (Werksfoto Dyckerhoff & Widmann/Archiv DSM)

Abb. 20 Der Rumpf des noch kieloben schwimmenden Betonfrachters wird von einem Schlepper von der Rügenwalder Ostmole aus seewärts gezogen. An der Backbordseite sind zwei Rügenwalder Fischkutter als Träger für die
Pumpen vertäut. Achterlich assistiert der Schlepper ALTENWERDER. (Werksfoto Dyckerhoff & Widmann/Archiv DSM)

Abb. 21 Der einseitig gelenzte Schiffsrumpf beginnt sich zu drehen. Zu erkennen ist das Geschirr am Rumpf,
das durch den Schlepperzug den Drehvorgang bewirkt. Die beiden Fischkutter mit den Lenzpumpen haben
inzwischen losgeworfen und sind durch den Rumpf verdeckt. (Werksfoto Dyckerhoff & Widmann/Archiv DSM)

Abb. 22 Die kritische Phase des Drehvorgangs ist überstanden und die Gefahr des Volllaufens gebannt. Die Schalungen in Luke 1 und im Maschinenschacht haben dem Wasserdruck standgehalten. (Werksfoto Dyckerhoff & Widmann/Archiv DSM)

in 2,4 m Abstand ausgeführt. Bemerkenswert war die 27,7 m große Lukenöffnung im Mittelschiff. Der Schiffsrumpf hatte ein Gewicht von 2270 t. Als Antrieb war eine Dreifach-Expansionsdampfmaschine vorgesehen. Die Schiffe liefen vermutlich im Frühjahr 1944 vom Stapel, doch wurde im Februar 1945 der Weiterbau eingestellt, ein Rumpf im Zuge von Räumbewegungen der deutschen Truppen bei der Insel Wollin versenkt, der zweite im Frühjahr 1945 durch sowjetische Truppen erbeutet.

Als die Ausrüstung der weiteren Betonfrachter-Rümpfe wegen der kriegsbedingten Materialengpässe nicht mehr auf herkömmlichen Werften erfolgen konnte, entschloss man sich, auch die Endausrüstung der Schiffe in Rügenwalde vorzunehmen. Dazu hatte man am nördlichen Stadtrand von Rügenwalde die Wipper auf die benötigte Wassertiefe ausgebaggert und mehrere stabile Dalben gesetzt. Dieser Platz war recht günstig gelegen, da er über einen Gleisanschluss verfügte und eine leistungsfähige Maschinenfabrik in der Nachbarschaft lag. Ein ebenfalls in der Nähe gelegenes Kriegsgefangenenlager stellte die benötigten Arbeitskräfte zur Verfügung. Das Gelände der Bauwerft in Rügenwalde wurde später eingeebnet.[77]

c) Güterkähne:
Ein weiterer Teil des Bauprogramms von Betonschiffen betraf antriebslose Güterkähne für den Verkehr auf der Donau. Dic Schiffe sollten sowohl in Spantenbauweise als auch in Schalenbauweise konstruiert werden und besaßen bei 80 m Länge, 9,5 m Breite, 2,7 m Seitenhöhe und 2,5 m Tiefgang eine Tragfähigkeit von 1000 t. Die Schiffe wurden im Auftrag des Reichsverkehrsministeriums in Zusammenarbeit mit dem Bayrischen Lloyd entwickelt. Beauftragt wurden ab 1943 drei Serien mit insgesamt 20 Schiffen. Auftragnehmer für die erste Serie von neun Kähnen in Schalenbauweise war die Dyckerhoff & Widmann KG in Neuss; Ausrüster war die Schiffswerft Mainz-Gustavsburg. Die zweite Serie umfasste ebenfalls neun Kähne in Schalenbauweise, die ebenfalls von der Dyckerhoff & Widmann KG in Neusatz an der Donau (Ungarn) gebaut und bei der Werft Laczkowitz in Budapest ausgerüstet werden sollten. Die Serie 3

136

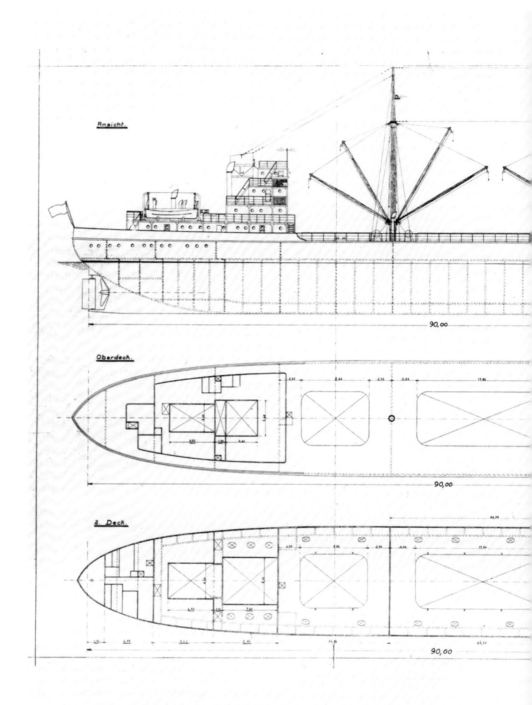

Abb. 23 Generalplan eines 3650-t-Leichtbetonfrachtschiffes, wie es 1943/44 durch die Firma Dyckerhoff & Widmann in Rügenwaldermünde erbaut wurde. Dieser Plan bildete die Grundlage für die Abbildungen 5 und 6 in Ulrich Finsterwalders Aufsatz »Betonschiffbau in Schalenbauweise«. (Archiv DSM, Sign. III/A/00920-062)

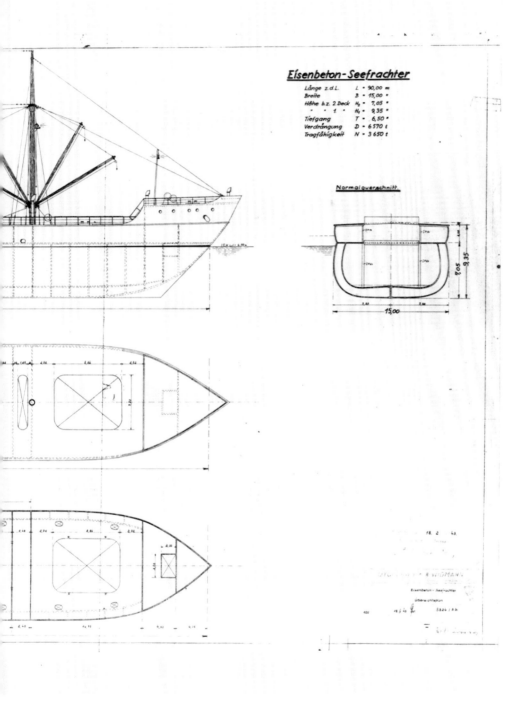

Eisenbeton-Seefrachter

Länge z.d L.	L =	90,00 m
Breite	B =	15,00 "
Höhe b.z. 2.Deck	H_2 =	7,05 "
" 1 "	H_1 =	9,35 "
Tiefgang	T =	6,50 "
Verdrängung	D =	6570 t
Tragfähigkeit	N =	3650 t

Normalquerschnitt.

Abb. 24 Die Ausrüstung der zwei in Rügenwaldermünde gebauten Betonfrachtschiffrümpfe erfolgte ab Sommer 1944 an einer provisorisch eingerichteten Ausrüstungspier in Rügenwalde, etwa 2 km flussaufwärts des Bauplatzes. (Slg. Gerhard Janke, Bremerhaven/Archiv DSM)

umfasste nur zwei Kähne in Spantenbauweise, die durch die Fa. Heilmann & Littmann in Nußdorf bei Wien gebaut und auf der Werft der Ersten Donau-Dampfschiffahrts-Gesellschaft in Kornneuburg an der Donau ausgerüstet werden sollten.

Von den geplanten 20 Schiffen wurden nach Angaben von Ulrich Finsterwalder nur zwei Kähne in Neuss/Rhein aus Schwerbeton und acht in Neusatz/Donau aus Leichtbeton erbaut. Die übrigen Aufträge wurden noch 1943 und 1944 annulliert. Die Leichter hatten drei 21 m lange Laderäume, die durch wasserdichte Schotten voneinander getrennt waren. Die Lukenöffnungen waren mit 15 m Länge und 7 m Breite besonders groß bemessen. In Neusatz wurden diese Kähne in Reihenfertigung auf drei Bauplätzen mit einer Ausbringung von einem Schiff pro Monat gefertigt. Der fertige Schiffskörper wurde auf Wagen in Richtung seiner Längsachse um eine Schiffslänge aus dem Bauplatz herausgezogen und quer dazu auf normalspurigen Gleisen ins Wasser gefahren. Das Aufrichten erfolgte durch Wasserballast völlig selbsttätig. Auch von diesen Kähnen liegen keine Betriebsdaten oder Erfahrungen vor, da nach Kriegsende nichts mehr über diese Schiffe bekannt wurde.[78]

d) Küstenmotorschiffe:
Das wichtigste Projekt im deutschen Schalenschiffbau betraf kleinere Küstenschiffe von 40,5 m Länge, 7 m Breite und 3,4 m Seitenhöhe. Bei einem Tiefgang von 2,87 m hatte ein solches Schiff 627 t Verdrängung und 330 t Tragfähigkeit. Der Stahlbedarf betrug nur 33% desjenigen eines Stahlschiffes gleicher Tragfähigkeit. Die 8 cm dicke Außenhaut spannte sich über Rahmenspanten in 2,6 m Abstand. Das Schiff besaß zwei Laderäume von je 12,5 m Länge mit Lukenöffnungen von 4,3 m Breite und 8,6 m Länge. Der Maschinenraum lag hinten. Mit 200 PS Maschinenleistung entwickelte das Schiff eine Geschwindigkeit von 8,2 kn.

In Ostswine (heute Warszów), einem Arbeitervorort auf dem Ostufer der Swine und seit 1939 als Stadtteil nach Swinemünde eingemeindet, wurden die 330-t-Seeleichter durch Dyckerhoff & Widmann in Serie gebaut. Vor Ort gab es eine Querhellinganlage mit drei Bauplätzen. Die Schiffe wurden auf der Querhelling erbaut, mit Ablaufwagen zu Wasser gelassen und dort aufgerichtet. Alle anderen Ausrüstungen des Bauplatzes entsprachen denen eines Betonwerkes. Hergestellt wurden in Reihenfertigung insgesamt fünfzehn Schiffsrümpfe, und zwar ein Schiff pro Monat, von denen acht auf der Klotz-Werft in Swinemünde ausgerüstet

Abb. 25 Rumpf eines Betonküstenmotorschiffes am Bauplatz in Ostswine/Swinemünde. Die Betonschiffe wurden hier in Serie kieloben auf einer Querhelling gefertigt, in dieser Lage zu Wasser gelassen, um dann mit Hilfe eines Schwimmkrans aufgerichtet zu werden. (Werksfoto Dyckerhoff & Widmann/Archiv DSM)

und anschließend an unterschiedlichen Einsatzorten für die »Transportflotte Speer« in Dienst gestellt wurden. Das erste Schiff der Baustelle Ostswine ging Ende April 1943 zu Wasser. Mehrere der hier 1944 für die »Transportflotte Speer« in Dienst gestellten Betonschiffe kamen nach Norwegen, wo sie in der Nachschubschifffahrt eingesetzt wurden. Über den Verbleib einiger dieser Betonkümos wird weiter unten berichtet.

In Rotterdam befanden sich die Baustellen der Dyckerhoff & Widmann KG für die Betonleichter im Merwehaven, einem in den 1920er Jahren erbauten Frachtschiffhafen auf dem rechten nördlichen Maasufer, auf vorhandenen Kaianlagen. Die Betonrümpfe kamen dort mit Hilfe von Schwimmkränen zu Wasser. Durch geeignete Trimmung und das einseitige Angreifen eines Kranes drehten die Rohlinge in die eigentliche Schwimmlage. Zur Ausrüstung verholten Schlepper die Rümpfe jeweils in zugeordnete Kleinschiffswerften. Zu diesen Ausrüstern zählten die Werften Ceuvel in Amsterdam sowie in Rotterdam die Firmen van Brink, van der Ben und Werf Vlaardinger Oost.[79] Dort montierte man auf den bereits mit eingegossenen Stahl-Fundamenten versehenen Rümpfen alle Maschinen, Armaturen, Einrichtungen und Ausrüstungen nach herkömmlicher Werfttechnologie. Die Bauaufsicht führte der Germanische Lloyd nach speziellen Vorschriften für den Bau von Stahlbetonschiffen. In Rotterdam konnten, auf sechs Bauplätze verteilt, zwei Schiffsrümpfe pro Monat im Taktverfahren hergestellt werden. Insgesamt wurden aber nur neun Schiffe in Dienst gestellt. Lediglich in Rotterdam konnte der Bau von Betonschiffen bis Kriegsende fortgesetzt werden. Von hier gelangten noch in den ersten Monaten des Jahres 1945 mehrere nicht fertig ausgerüstete Betonschiffe nach Deutschland.[80]

In Larvik in Norwegen wurden bis Kriegsende zwölf Schiffsrümpfe hergestellt, von denen wegen der Überlastung der dortigen Werften keiner fertig ausgerüstet werden konnte. Zehn

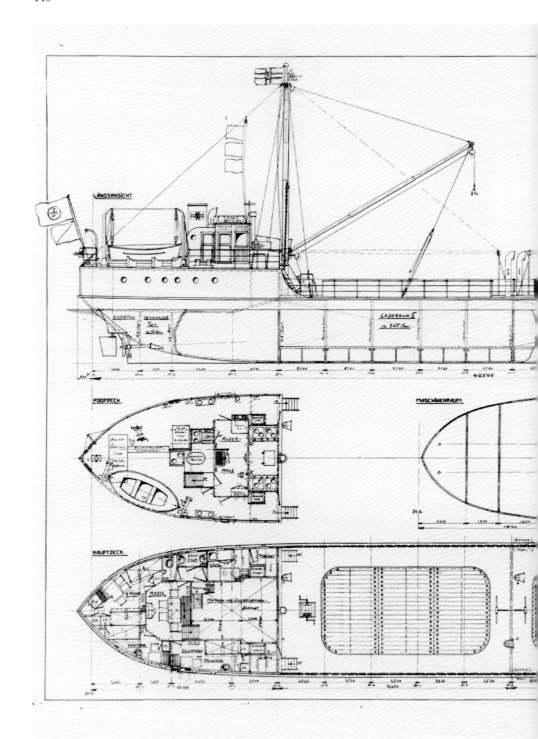

Abb. 26 Generalplan eines 330-t-Beton-Motorfrachtschiffes der Schalenschiffbau Dr. Erich Lübbert & Co., Berlin. (Archiv DSM, Sign. III/A/00920-062)

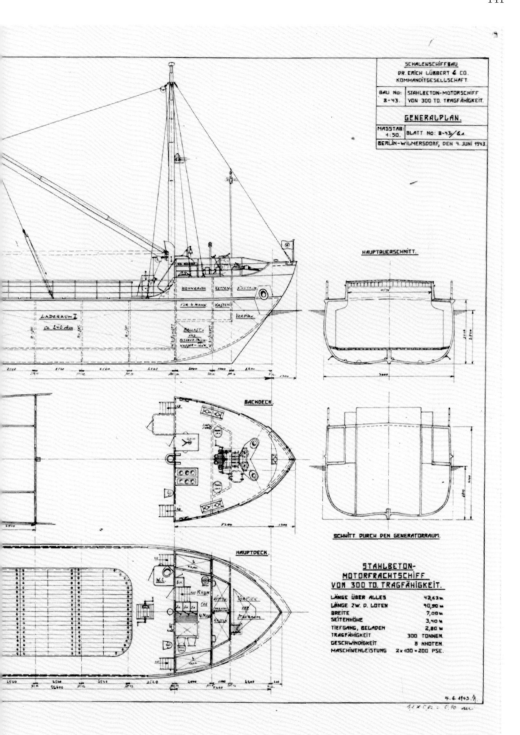

SCHALENSCHIFFBAU
DR. ERICH LÜBBERT & CO.
KOMMANDITGESELLSCHAFT.

BAU No:	STAHLBETON-MOTORSCHIFF
8-43.	VON 300 TO. TRAGFÄHIGKEIT.

GENERALPLAN.

MASSTAB:	BLATT No: 8-43/81
1:50.	

BERLIN-WILMERSDORF, DEN 9. JUNI 1943

HAUPTQUERSCHNITT.

LADERAUM I

BACKDECK.

SCHNITT DURCH DEN GENERATORRAUM.

HAUPTDECK.

STAHLBETON-
MOTORFRACHTSCHIFF
VON 300 TO. TRAGFÄHIGKEIT.

LÄNGE ÜBER ALLES	42,63 m
LÄNGE ZW. D. LOTEN	40,90 m
BREITE	7,00 m
SEITENHÖHE	3,40 m
TIEFGANG, BELADEN	2,80 m
TRAGFÄHIGKEIT	300 TONNEN
GESCHWINDIGKEIT	8 KNOTEN
MASCHINENLEISTUNG	2 x 100 = 200 PSE.

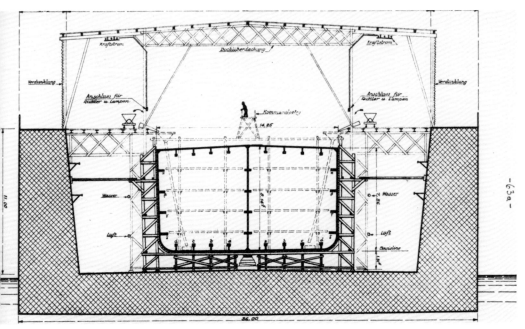

Abb. 27 Querschnittszeichnung des überdachten Baudocks für Betonschiffe in Rotterdam, 1944. Man beachte die seitlich angebrachten Verdunklungsmöglichkeiten, die im Falle alliierter Luftangriffe die beleuchtete Baustelle abschirmen sollten. (Archiv DSM, Sign. III/A/00920-062)

unfertige Rümpfe wurden noch 1945 abgebrochen bzw. gesprengt. Vorgesehen war die Ausrüstung auf den Werften Porsgrunn Mekaniske Verkstad und Langesund Mekaniske Verkstad. Dies geschah später auch zum Teil (s.u.), und so konnte man in norwegischen Gewässern in den 1950er Jahren Betonschiffen aus Larvik und Rotterdam mit Namen Rensfjord, Renshavn, Renstind begegnen.[81]

Es zeigte sich, dass auf allen Baustellen die Schiffsrümpfe schnell und wirtschaftlich hergestellt werden konnten, während die Werften bei der Ausrüstung der Schiffe aus Gründen, die mit der Betonschiffskonstruktion nicht zusammenhingen, sehr lange brauchten. Die zum Teil erheblichen Verzögerungen des Betonschiffbauprogramms resultierten nicht aus Problemen des Rumpfbaus auf den Betonbaustellen. Sie hatten fast ausschließlich ihre Ursachen in den Kriegsereignissen (Marineaufträge mit Vorrang, Zerstörungen des Verkehrsnetzes durch alliierte Luftangriffe) und den Materialengpässen bei den Ausrüstungswerften. Die Beschaffung des Bewehrungsstahls stieß kriegsbedingt auf immer größere Schwierigkeiten, und die Versorgung der Baustellen mit dem benötigten Leichtkies als Betonzuschlagsstoff konnte nur noch unter großen Einsparungen auf anderen Gebieten gesichert werden. Diese Probleme und Verzögerungen führten im Nachhinein, d.h. in der Nachkriegszeit, zu einer ungünstigen Beurteilung des Betonschiffbaus während des Zweiten Weltkrieges.[82]

Die durch die »Transportflotte Speer« während des Krieges in der Nachschubfahrt eingesetzten Betonschiffe erwiesen sich als robust und die gewählte Konstruktion als leistungsfähig. Selbst erheblichen Belastungen widerstand der gewölbt ausgeführte Rumpf. Die Chemisch-Physikalische Versuchsanstalt (CPVA) der Kriegsmarine in Kiel unterzog ein Küstenmotorschiff des Typs »Wiking« vor Århus verschiedenen Ansprengversuchen. Es wurden Sprengladungen von 100 kg in verschiedenen seitlichen Entfernungen vom Schiffskörper zur Detonation gebracht.

Abb. 28 In Swinemünde-Ostswine wurden die kieloben gefertigten Betonschiffsrümpfe mit Hilfe von Schwimmkränen gedreht. (Werksfoto Dyckerhoff & Widmann/Archiv DSM)

Abb. 29 Beton-Flussleichter aus Leichtbeton, die in einer Serie von acht Schiffen 1943/44 von der Dyckerhoff & Widmann Werft in Neusatz an der Donau (Ungarn) erbaut wurden. (Werksfoto Dyckerhoff & Widmann/Archiv DSM)

144

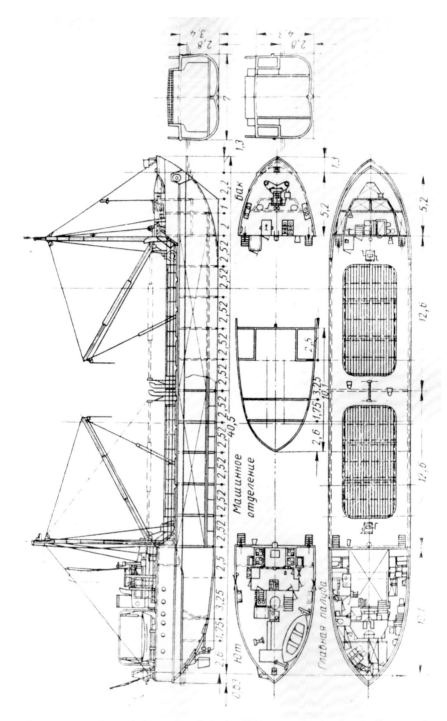

Abb. 30 Generalplan eines Betonschiffes vom Typ »Seeleichter Wiking« vom Bauplatz Ostswine/Swinemünde aus einer sowjetischen Fachzeitschrift. Als Vorlage diente offensichtlich der Generalplan für die 300-t-Betonkümos. (Slg. Reinhard Kramer, Rostock/Archiv Schiffbau- & Schifffahrtsmuseum Rostock)

Abb. 31 Decksansicht von Beton-Flussleichtern aus Leichtbeton von der Dyckerhoff & Widmann Werft in Neusatz an der Donau. Die Schiffe verfügten über drei 15 m x 7 m große Lukenöffnungen. (Werksfoto Dyckerhoff
& Widmann/Archiv DSM)

Ein in 30 m Entfernung gezündeter 100-kg-Sprengsatz knickte das Schiff in seiner Mitte. Es
blieb jedoch schwimmfähig und konnte zur Schadensbeseitigung über See nach Kiel geschleppt
werden. Dort im Dock stellten sich die Schäden als relativ einfach behebbar heraus. Nach diesen
Erkenntnissen wurde den später in Fahrt gesetzten Betonschiffen immer eine bestimmte Menge
Fertigbeton mit an Bord gegeben, und die Besatzungen wurden mithilfe einer Kurzanweisung
in den Gebrauch dieser Mischung für Reparaturen eingewiesen.[83]

Bis zur Kapitulation im Mai 1945 sind Betonschiffe auf dem Gebiet des Deutschen Reiches und
in den von der Wehrmacht besetzten Gebieten Europas in nicht genau bekannter Anzahl fertiggestellt worden und in geringerer Zahl in Fahrt gekommen. In einer undatierten »Referenzlis-
te Schwimmkörper« der Dyckerhoff & Widmann AG werden unter der Rubrik »Schiffe« bis
zum Jahre 1945 summarisch 57 Einheiten mit zusammen 50 000 t Tragfähigkeit für die Bauorte Rügenwalde, Varna, Ostswine, Larvik und Rotterdam aufgeführt.[84] Exakte Angaben aus dieser Zeit fehlen allerdings.
    In der Rostocker Lotsenkladde für die Jahre 1944/45 lassen sich unter den Schiffsnamen MS
Isenbart, Lambert und Eckehard einige Betonschiffe vom Typ »Seeleichter Wiking Motor«
nachweisen, die für die »Transportflotte Speer« im Nachschubdienst nach Norwegen standen.[85]

Schiffstyp	Bauort/Bauwerft	Fertiggestellte Schiffe	Name(n)	Abmessungen (L x B x T)	Tragfähigkeit/ Leergewicht	Maschinenanlage*/ Leistung	Besteller/Reeder
Motortankschiff	Rügenwalde, Schalenschiffbau Dr. Erich Lübbert	1	ULRICH FINSTERWALDER	90 x 15 x 6,5 m	3780/6650 t	1 Dieselmotor/ 1200 PSe	Deutsche Seeverkehr Dr. Erich Lübbert & Co. AG Berlin
Motortankschiff	Varna/Bulgarien, Neptun AG	2	–	90 x 15 x 6,5 m	3780/6650 t	1 Dieselmotor/ 1200 PSe	
Dampffrachtschiff	Rügenwalde, Schalenschiffbau Dr. Erich Lübbert	2	–	90 x 15 x 6,5 m	3400/6670 t	1 Dreifach-Expansionsmaschine /1200 PSi	Deutsche Seeverkehr Dr. Erich Lübbert & Co. AG Berlin
Binnengüterkahn	Neuss/Rhein, Dyckerhoff & Widmann KG	2	–	80 x 9,5 x ? m	1160/? t	Keine	Reichsverkehrsministerium
Binnengüterkahn	Neusatz/Donau, Dyckerhoff & Widmann KG	1 bzw. 6	–	80 x 9,5 x ? m	1160/? t	Keine	Reichsverkehrsministerium
Seeleichter »Wiking Motor«	Ostswine, Dyckerhoff & Widmann KG	10 oder 11	FLEISS, GERECHTIGKEIT, HOFFNUNG, TREUE, UNVERZAGT, VERTRAUEN, ZUVERSICHT, VIII–X, XII	42,5 x 7 x 2,88 m	337/225 t (unausgerüstet)	2 italienische Panzermotoren/ je 150 PSe	Transportflotte Speer
Seeleichter »Wiking Motor«	Rotterdam/Merwehaven, Dyckerhoff & Widmann KG	9	BERNHARD, BURKHARD, EBERHARD, EKKEHARD, EGINHARD, GOTTHARD, MEINHARD, REINHARD, XXI	42,5 x 7 x 2,88 m	337/225 t (unausgerüstet)	2 italienische Panzermotoren/ je 150 PSe	Transportflotte Speer
Seeleichter »Wiking Motor«	Rotterdam, Dyckerhoff & Widmann KG	12	DAGOBERT, EGBERT, FRIEDBERT, GISBERT, HERIBERT, HUGBERT, INGBERT, ISENBERT, KUNIBERT, LAMBERT, XLVII–XLVIII	42,5 x 7 x 2,88 m	337/225 t (unausgerüstet)	2 italienische Panzermotoren/ je 150 PSe	Transportflotte Speer
Seeleichter »Wiking Motor«	Larvik/Norwegen, Ludwig Bauer	12, davon 10 im Jahr 1945 abgebrochen oder gesprengt	DANKMAR, DIETMAR, ELMAR, XXVII–XXXVI	42,5 x 7 x 2,88 m	300/225 t (unausgerüstet)	2 italienische Panzermotoren/ je 150 PSe	Transportflotte Speer

* Nicht alle Schiffe wurden mit den hier genannten Maschinenanlagen ausgestattet. Ein Teil der 300-t-Betonkümos blieb ohne Maschinenanlage oder erhielt diese erst später nach dem Verkauf an zivile Reeder.

Tab. 1 Ausgeführte Neubauten des Bauprogramms des Sonderausschusses »Betonschiffbau« 1942–1945. (Quellen: Gröner, Kriegsschiffe, Band 7, S. 143–146; Busch, Schwimmt Beton?, S. 11)

Betonschiffe in der (west-)deutschen Küstenschifffahrt nach dem Zweiten Weltkrieg

Während über den Kriegseinsatz der bis 1945 fertiggestellten Betonschiffe kaum konkrete Informationen vorliegen, ist die Nachkriegsgeschichte der später ausgerüsteten und in Dienst gestellten Schiffe, insbesondere der für die »Transportflotte Speer« in Serie gebauten 300-t-Betonfrachtschiffe, aus den entsprechenden zivilen Registern – wenn auch mit einigen Fragezeichen – rekonstruierbar. Die zum Teil nicht eindeutigen Register-Informationen über die während des Zweiten Weltkrieges in Deutschland und im Machtbereich der Deutschen Wehrmacht gebauten Betonschiffe und deren Verbleib wurden erstmals von Erich Gröner in seinem Standardwerk über die Deutschen Kriegsschiffe 1815–1945 systematisch zusammengefasst. Das folgende Kapitel stützt sich dementsprechend weitgehend auf die Darstellung Gröners. Die Zuordnung der Schiffsnamen zu den Baunummern und zu den Bauorten war nicht immer möglich. Gröner hat deshalb darauf hingewiesen, dass die z.T. falschen Angaben in den deutschen Nachkriegsregistern (und Schiffspapieren?) eventuell darauf zurückzuführen sind, dass 1944/45 unfertige Rümpfe sowohl aus Swinemünde als auch aus Rotterdam nach Hamburg oder in den Hamburger Raum überführt und dort fertiggestellt und ausgerüstet worden sind. Man hat diese Schiffe dann später irrtümlicherweise alle der Bauwerft in Swinemünde zugeordnet.[86]

Von Swinemünde nach Schleswig-Holstein

Als sich im April 1945 die Rote Armee der Oder näherte, wurden die in Ostswine gebauten und fahrbereiten, aber bis dahin nur zum Teil in Swinemünde ausgerüsteten Betonschiffe zu kleinen Gruppen mit anderen Schiffen zusammengefasst und in Richtung Westen in Marsch gesetzt. Die noch nicht mit Motoren ausgerüsteten Schiffskörper wurden mit Schlepperhilfe in Richtung Westen bugsiert. Ein kleiner Verband, bestehend aus einem Vorpostenboot, drei mit mehreren Hundert Flüchtlingen beladenen Landungsbooten auf der Fahrt von Kurland nach Kiel und drei Betonschiffen, wurde in Richtung Schleswig-Holstein geschickt. Dieser Verband wurde durch Tieffliegerangriffe auseinandergerissen, hatte aber keine Ausfälle, sodass alle Einheiten mitsamt ihren Passagieren wohlbehalten nach Lübeck gelangten. Die Betonschiffe lagen nach Kriegsende noch einige Monate im Lübecker Zollhafen und kürzere Zeit auch in Lübeck-Gothmund. Da die britischen Besatzungsbehörden an diesen »schwimmenden Steinen« kein Interesse zeigten, wurden die Betonkümos an verschiedene Reedereien verkauft und von diesen wegen des akuten Mangels an Schiffsraum auch so bald wie möglich in Fahrt genommen.[87] Zu diesen von der Reederei Seeverkehr Dr. Erich Lübbert an westdeutsche Reeder verkauften und für die Küstenschifffahrt in Nord- und Ostsee in Fahrt gesetzten Betonschiffen vom Typ »Wiking Motor« gehörten unter anderem MS TREUE, MS HOFFNUNG, MS UNVERZAGT (1950 KAI) und MS FLEISS.[88]

Nicht alle in Ostswine gebauten Betonschiffe gelangten bei Kriegsende noch bis Schleswig-Holstein bzw. in die britische Besatzungszone. Einige der in Richtung Westen auf den Weg gebrachten Schiffe bzw. Schiffsrümpfe verblieben aus unterschiedlichen Gründen auf dem Gebiet der sowjetischen Besatzungszone. Ende 1945 bis Februar 1946 wurde auf Anordnung der Sowjetischen Militäradministration für Deutschland (SMAD) und unter deren strenger Kontrolle die Erstregistrierung aller noch vorhandenen Wasserfahrzeuge durchgeführt. Aufgeführt wurden auch nicht fahrbereite gestrandete Schiffe sowie Wracks. In den Registrierungslisten finden sich unter anderem auch folgende Betonschiffe bzw. Wracks:
- Stahlbetonmotorschiff HARRY BLOHM[89];
- Betonschiff 131 (erbaut 1944, 1947 in Stralsund liegend; als Eigner wird Dyckerhoff & Widmann, Berlin, genannt; die Nummerierung ist unklar);
- Stahlbetonküstenmotorschiff CAPELLA[90] (d.i. Betonschiff CAPELLA des Rostocker Schiffbau- & Schifffahrtsmuseums, s.u.);

– Stahlbetonküstenmotorschiff Wismar I (d.i. Wrack vor Redentin, s.u.);
– Stahlbetonküstenmotorschiff Wismar II;
– Betonschiff Bauerriff (d.i. Wrack ULRICH FINSTERWALDER, s.o.).[91]

Das Betonschiff HARRY BLOHM (D&W-Nr. 16, Baubezeichnung: IX) stammte vom Bauort Ostswine und wurde 1946 von der Sassnitzer Dampfschiffahrts-GmbH (SDG) erworben. Die Reederei ließ das Schiff als Eigentum registrieren und am 3. Januar 1947 beim Amtsgericht Greifswald ins Seeschiffsregister eintragen (Unterscheidungssignal DBOK). Auf dem Bauhof in Stralsund sollte das Betonschiff zum Frachtschiff ausgebaut werden. Dieser Ausbau unterblieb teils aus Geldmangel, teils weil die SDG als privates Schifffahrtsunternehmen den DDR-Behörden ein Dorn im Auge war und 1950 liquidiert wurde. 1949 lag der unfertige Rumpf der HARRY BLOHM in Gager auf Rügen. Später wurde das Schiff Richtung Usedom verholt und am Peenemünder Haken auf Grund gesetzt. Dort diente der Rumpf später als Zielschiff der Volksmarine und wurde dabei zerstört.[92]

Das Betonschiff Wismar II (D&W-Nr. 15) stammte ebenfalls aus Ostswine (Baubezeichnung: VIII), wurde im Frühjahr 1945 nach Wismar geschleppt und dort im Mai 1945 britische Beute. Im Juni 1945 wurde das Schiff mit Munition der Luftwaffen-Versuchsanstalt Tarnewitz bei Boltenhagen an der Wohlenberger Wiek beladen und außerhalb des Fahrwassers auf Grund gesetzt.[93] Nachdem die Volksmarine der DDR in den 1950er Jahren in Tarnewitz einen Stützpunkt errichtet hatte, soll das Betonschiff als Zielschiff für Schießübungen gedient haben.

Ulrich Finsterwalder, geistiger Vater des Bauprogramms des Sonderausschusses »Betonschiffe«, sprach in seinem 1949 publizierten Vortrag über »Betonschiffe in Schalenbauweise« von derzeit etwa ein[em] Dutzend 300 t-Küstenschiffe[n], die sich bei verschiedenen Reedereien in Betrieb befänden. Um welche Schiffe bzw. Baunummern es sich dabei gehandelt haben könnte, geht aus Finsterwalders Ausführungen allerdings nicht hervor. Bis zu diesem Zeitpunkt gab es nach Meinung von Finsterwalder noch keine Mängel in den Betonkonstruktionen der Schiffe. Die technischen Probleme mit diesen Schiffen ergaben sich nach dem Urteil der Besatzungen der Betonkümos allein aus den nicht geeigneten italienischen Panzermotoren.[94] Als man nach der Währungsreform daran ging, die unzureichenden Originalmotoren gegen moderne Schiffsdiesel auszutauschen, standen den Reedern und Besatzungen halbwegs brauchbare Fahrzeuge für die Küstenschifffahrt zur Verfügung. Diese kleinen Frachtschiffe aus Beton waren zur Zeit des Neubauverbots für Handelsschiffstonnage die ersten Vertreter einer wieder entstandenen deutschen Handelsflotte unter besonderen Vorzeichen und gehörten mit ihren Kohle- und Holzfrachten für viele Jahre zum gewohnten Bild in den Häfen der Nord- und Ostsee. Nach der Aufhebung des Neubauverbots durch die Alliierten waren die Betonfrachtschiffe bald nicht mehr wirtschaftlich zu betreiben und wurden aufgelegt oder abgewrackt.

HOFFNUNG, FLEISS und UNVERZAGT – Betonschiffsgeschichten der 1950er Jahre

Von dem 1943/44 gebauten Betonschiff FLEISS gibt es einen Erlebnisbericht des späteren Kapitäns Rudolf Franz, der ab Winter 1947 als Steuermann und Koch auf dem Betonkümo fuhr. Franz beschreibt sehr lebendig das schlechte Seeverhalten der Betonschiffe besonders in schwerer See, die schlechte Leistung der beiden Panzermotoren sowie die primitive und nautisch völlig unzureichende Ausrüstung dieser Schiffe.[95] Die Panzermotoren wurden 1946 gegen zwei neue MAN-4-Zylinder-Dieselmotoren ausgetauscht. MS FLEISS fuhr seit 1948 für die Hamburger Reederei K.E. Allwardt und wurde 1950 in MARIA ALLWARDT umbenannt. 1955 wurde das Schiff durch die Dyckerhoff & Widmann AG (!) angekauft und wieder in FLEISS umbenannt. Schon 1956 erfolgte ein erneuter Verkauf an die Scaweco Handelsgesellschaft W.C. Jörss in Hamburg. 1958 gab es einen weiteren Verkauf für 150 000 DM nach Kuwait; neuer Name des Schiffes war nun WARA.

1960 wurde der Betonfrachter erneut umbenannt in AL KANAA und an die Firma H.M. Fayez & Fils in Djidda verkauft. 1978 erfolgte die Löschung im Lloyd's Register.[96] Die ehemalige FLEISS war damit das am längsten in Fahrt befindliche Betonschiff aus deutscher Produktion.

Ein recht kurzes Leben war dagegen der 1944 gebauten UNVERZAGT beschieden. Das Betonschiff kam 1945 unfertig nach Glückstadt, wurde wahrscheinlich dort ausgerüstet und im März 1950 von dem Schiffspropeller-Produzenten Otto Piening aus Glückstadt erworben und als MS KAI in Fahrt gesetzt. Schon auf einer seiner ersten Fahrten am 12. September 1950 strandete das Schiff im Nebel vor Landsort/Schweden, musste als Totalverlust abgeschrieben werden und wurde in Söderhäll/Schweden abgewrackt.[97]

Die HOFFNUNG kam ebenfalls als unausgerüsteter Betonrumpf bei Kriegsende wahrscheinlich vom Bauort Merwehaven/Rotterdam nach Hamburg und wurde hier noch 1945 fertiggestellt. Der Hamburger Kapitän Richard Wodrich erwarb das Schiff und setzte es in der Kohle- und Holzfahrt nach Skandinavien ein. Knapp vier Jahre später, im Januar 1949, strandete die HOFFNUNG bei Fredericia, kam jedoch wieder frei. Drei Jahre später, am 10. Dezember 1952, strandete das Betonkümo in schwerem Wetter erneut vor dem finnischen Hafen Hangö/Hanko. Nach Abflauen des Schneesturms konnte das Schiff nur noch als Totalverlust gemeldet werden und wurde später abgewrackt.[98]

Ähnlich verlief das Schicksal der 1944 gebauten und unfertig nach Hamburg überführten VERTRAUEN. 1945 wird in den Registern – wie auch bei ihren Schwesterschiffen – die Firma Deutscher Seeverkehr Dr. Erich Lübbert in Hamburg als Eigner genannt. Die Endausrüstung erfolgte 1946 auf der Werft Brandt & Voss in Hamburg. Dort wurde das Betonschiff unter dem Namen MS VERTRAUEN von dem Hamburger Kapitän Claus John Ch. Rettner übernommen und wie ihre Schwesterschiffe in der Küstenschifffahrt der Nord- und Ostsee eingesetzt. 1947 lief das Schiff in der Elbmündung durch einen Navigationsfehler auf steinigen Strand, wobei 80 m² der Außenhaut beschädigt wurden. Die Bergung war schwierig, die anschließende Reparatur dauerte 15 Tage. 1948 erhielt das Schiff zwei 6-Zylinder-Dieselmotoren aus der Produktion der Motorenwerke Mannheim. 1951 übernahm die Hamburger Firma Orient Handels- und Frachtkontor Mosny & Co. KG das Schiff. Am 22. August 1953 sprang das Schiff mit einer Ladung Teersplitt 20 sm südwestlich von Rønne/Bornholm leck und ging unter. Die fünfköpfige Mannschaft und eine Frau wurden durch den Dampfer SEXTANT geborgen.[99]

Im Falle des 1943 gebauten MS ZUVERSICHT sprechen einige Fakten für die Herkunft des Betonschiffes vom Bauplatz Merwehaven in Rotterdam, obwohl der Name dem Namensvergabeschema für die Fahrzeuge vom Typ »Wiking Motor« (s.o.) widerspricht. Bei Kriegsende kam das Schiff nach Hamburg, wurde hier endausgerüstet und 1948 an den Kapitän F. Stüven verkauft. 1952 erwarb die Firma Orient Handels- & Frachtkontor Mosny & Co. KG, die schon das Schwesterschiff VERTRAUEN besaß, das Betonfrachtschiff. 1954 erfolgte ein weiterer Verkauf an die Hamburger Firma Lues & Wilhelms. 1956 erwarb die Kopenhagener Schlepper- und Bergungsreederei A/S Em. Z. Svitzers Bjergningsenterprise das Betonschiff und setzte es als Bergungsleichter V.R. 31[100] in dänischen Gewässern ein. 1970 soll das Schiff noch vorhanden gewesen sein.[101]

Ebenfalls dem Bauort Rotterdam zuzuordnen ist die 1943 erbaute INGBERT, die im Februar 1945 für die »Versuchsanstalt Karlshagen« – ein Tarnname für die Heeresversuchsanstalt in Peenemünde auf Usedom – in Dienst gestellt wurde. Nach Kriegsende wurde das Schiff an F.E. Seyd in Hamburg verkauft und fortan als MS INGBERT betrieben. Am 1. Oktober 1948 strandete es nach einer Kollision auf der Unterelbe und wurde aufgegeben.[102]

Die 1943 in Rotterdam erbaute BURKHARD wurde 1945 unter ebendiesem Namen von der Hamburger Vega Reederei Friedrich Dauber übernommen. Am 30. März 1951 kollidierte MS BURKHARD auf der Unterelbe in Höhe der Ostemündung mit dem Wrack des schwedischen Dampfers NÄMDÖ und sank.[103]

Die ebenfalls 1943 in Rotterdam erbaute EGINHARD wurde im September 1944 an den »Führer der Minensuchboote« in Dordrecht/Niederlande übergeben. Das Schiff kam bei Kriegsende

Abb. 32 MS EGBERT war ein 300-t-Beton-Küstenmotorschiff vom Bauplatz Rotterdam-Merwehaven, Aufnahme 1945. (Archiv DSM)

nach Hamburg und wurde im August 1948 als MS EGINHARD von der Hamburger Reederei H.J. Seyd übernommen. Im Juli 1951 kaufte die Reederei E.E. Hamann, Hamburg, das Schiff und benannte es in LUBECA um. 1952 gab es eine weitere Umbenennung in HARU der Hamburger Reederei J. Mahler & R. Schröder. Im Februar 1956 erfolgte die Löschung aus dem Seeschiffsregister. 1957 wurde das Betonschiff nach Dänemark verkauft und als Bergungsleichter V.R. 32 eingesetzt. 1970 wird es als noch vorhanden geführt.[104]

Das Schwesterschiff REINHARD, ebenfalls 1943 erbaut, kam 1945 in den Besitz der Flensburger Dampfer Companie H. Schuldt. Am 1. Juni 1950 strandete das Betonschiff bei Gunnarsholm im Vänersee/Schweden, wurde dabei schwer beschädigt, aber abgeborgen. Im Januar 1952 wurde die REINHARD an Christian Westerhold in Hamburg verkauft. Zwei Jahre später erfolgte der Verkauf zum Abbruch an die Firma A. Ritscher in Hamburg.[105]

Betonschiffe Typ »Seeleichter Wiking Motor« in Norwegen, Dänemark und Holland

Die in Larvik am Oslofjord gebauten Betonschiffe verblieben nach dem Ende des Zweiten Weltkrieges in norwegischen Gewässern und in Dänemark. Unfertige Küstenmotorschiffe aus Holland wurden beim Rückzug der deutschen Truppen nach Deutschland verbracht und blieben in Hamburg liegen, wo sie später zum Teil – zur nachhaltigen Verwirrung der Schifffahrtshistoriker – fertiggestellt, ausgerüstet, registriert und mit neuen Namen versehen wurden. Auch Rümpfe vom Bauplatz Ostswine gelangten – wie oben geschildert – bis nach Schleswig-Holstein und Hamburg und wurden hier fertig ausgerüstet und von ihrem Eigner, der Firma Deutscher Seeverkehr Dr. Erich Lübbert, Swinemünde, bzw. deren Rechtsnachfolger an private Eigner veräußert.

Auch weitere, 1943 und 1944 in Rotterdam und Larvik für die »Transportflotte Speer« in Kleinserien erbaute Betonkümos erfuhren ihr eigentliches Schiffsleben erst nach Kriegsende als Motorfrachtschiffe ausländischer Reedereien. Die dänische Bergungsreederei Det Forenede Bugserselskab kaufte 1951 zusammen mit der Bergungsgesellschaft Svitzer sechs Betonschiffe aus deutscher Produktion – vermutlich vom Typ »Seeleichter Wiking« – und setzte diese als

Bergungsleichter F.B. 1–6 ein.[106] Diese Schiffe wurden aber nicht in dänischen Registern verzeichnet, sodass sich ihre Geschichte nur indirekt rekonstruieren lässt. Sicher überliefert ist, dass sich die ehemalige HUGBERT unter diesen sechs Schiffen befand. Da es nahezu unmöglich war, diese Schiffe abzuwracken, endeten diese als Molenköpfe oder als mehr oder weniger fantasievoll umgebaute Wohnschiffe, wie sie vereinzelt noch heute in Kopenhagen zu bewundern sind.[107]

Abb. 33 Sechs Betonkümos vom Typ »Seeleichter Wiking« wurden 1951 von der dänischen Bergungsreederei Det Forenede Bugserselskab erworben und als Bergungsleichter eingesetzt. Auf dem Foto das schwarz gestrichene Betonschiff FB 2 in Kopenhagen, 1968. (Foto: Holger Munchaus Petersen, Kopenhagen)

Das im Dezember 1944 an die Luftwaffe ausgelieferte Betonschiff BERNHARD wurde nach der deutschen Kapitulation im Mai 1945 norwegische Beute. 1952 wurde das Schiff in MS RENSHOLM umbenannt und fuhr neun Jahre lang unter norwegischer Flagge. Am 3. Dezember 1961 strandete das Betonschiff im Nebel bei Nevlungshamn und wurde zum Totalverlust erklärt.[108]

Das 1943/44 auf der Werft Ludwig Bauer & Sohn in Larvik erbaute 300-t-Betonkümo DANKMAR wurde in Langesund mit zwei 6-Zylinder-Dieselmotoren von Renault ausgerüstet und nach der Kapitulation der deutschen Truppen in Norwegen im Mai 1945 norwegische Beute. 1952 wurde das Schiff an O.T. Flakke in Kristiansand verkauft, 1953 in RENSFJORD umbenannt

Abb. 34 Nach 60 Jahren sind von dem aus deutscher Produktion stammenden, nach dem Zweiten Weltkrieg in Dänemark unter dem Namen BRØNSODDE in Fahrt gekommenen Betonschiff nur noch Reste übrig. Das Schiff strandete zusammen mit seinem Schlepper im Januar 1948 vor Sjællands Odde. (Foto: Holger Munchaus Petersen, Kopenhagen, 2007)

und als Küstenmotorschiff eingesetzt. Im November 1955 sank das Schiff bei Storstad/Norwegen, wurde gehoben, sank im November 1956 bei Skjerstad/Norwegen erneut, wurde wiederum gehoben und strandete kurz darauf, Ende November 1956, schließlich vor Tröndelag/Norwegen und wurde als Totalverlust abgeschrieben.[109]

Ähnlich erging es dem Schwesterschiff DIETMAR, das ebenfalls als norwegische Beute in PINTE umbenannt und seit 1950 von der Reederei O.T. Flakke in Kristiansand als RENSHAVN verhältnismäßig lange in der Küstenschifffahrt eingesetzt war. Das Schiff war in Norwegen mit zwei 12-Zylinder-Renault-Dieselmotoren ausgerüstet worden. 1957 kaufte B. Halvorsen aus Trondheim das Betonkümo. Im Januar 1965 strandete das Schiff zwischen Uthaug und Valdersund/Norwegen und wurde zum Totalverlust.[110]

Ein drittes Betonschiff aus Larvik, die ELMAR, wird 1945 als unfertig bezeichnet. 1947 wurde es, mit zwei 6-Zylinder-Dieselmotoren von Renault ausgerüstet, unter dem Namen MALÖYSUND von der Reederei A. & S. Midtgaard, Malöy/Norwegen, betrieben, 1951 aufgelegt und 1953 als »Leichter« registriert.

Die übrigen acht in Larvik beauftragten Beton-Seeleichter waren schon Anfang 1944 sistiert und 1945 durch Sprengung abgebrochen worden.[111]

Name der Werft	Bauort	Gründung	Schließung	Gebaute Schiffstypen	Baujahr(e)	Besteller/Reeder
Grastorf	Hannover			Prahm	Um 1908	Deutsche Seeverkehr Dr. Erich Lübbert & Co. AG Berlin
Allgemeine Verbundbau Gesellschaft	Frankfurt/M.			Fluss-Leichter	1909	
Pommersche Zementsteinfabrik	Stettin			Motorboot	1909	
Wayss & Freytag				Fluss-Leichter	1915ff.	
Biebrich-Neuss	Neuss			Fluss-Leichter	1915ff.	
Eisenbeton-Schiffbau AG	Hamburg	1918	1919 (?)	1200-t-See-Leichter, Eisenbeton-Fischkutter mit Hilfsmaschine	1918, 1919	
Eisenbeton-Schiffbau G.m.b.H.	Hamburg	1917		Motorfrachtschiffe, See-Leichter, Schwimmdock (5750 t)	1917, 1918	
Kieler Eisenbeton Werft AG	Neumühlen-Dietrichsdorf bei Kiel, Büdelsdorf bei Rendsburg	1919		Leichter (180 t), Schoner TRITON	1920	
Mindener Eisenbeton Werft AG	Minden	1920		Schwimmdock (ca. 1500 t)	1920ff.	

Name der Werft	Bauort	Gründung	Schließung	Gebaute Schiffstypen	Baujahr(e)	Besteller/Reeder
Eisenbeton-Schiffswerft	Reuß/Rhein			Fluss-Leichter 500 t	1919	
Werft für Eisen-betonschiffe	Bamberg			Eisenbeton-Binnen-Motorschiff	1919	

Tab. 2 Betonschiffswerften in Deutschland und Österreich 1908–1921.

Überlebende Betonschiffe in Deutschland – ein Wrack und die museale oder gastronomische »Nachnutzung«

Erhalten blieben von der Spezies »Betonschiff« in Deutschland bis heute fünf bekannte Fahrzeuge. Es handelt sich um den 1920 in Bremen gebauten Schlepper Paul Kossel im Deutschen Schiffahrtsmuseum in Bremerhaven sowie um den ehemaligen Seeleichter und das heutige Restaurantschiff »Riverboat« in Lübeck, um das ehemalige Küstenmotorschiff Treue in Bremen, ein vor Redentin auf dem Grund der Wismarer Bucht liegendes Wrack sowie um die ehemalige Lagerhulk Capella im Schiffbau- und Schifffahrtsmuseum Rostock. Letztere vier Schiffe wurden 1943/44 im Rahmen des Leichter-Bauprogramm für die »Transportflotte Speer« in Auftrag gegeben und in Ostswine bzw. Rotterdam erbaut.

Motorschlepper Paul Kossel im Deutschen Schiffahrtsmuseum in Bremerhaven

Im Freigelände des Deutschen Schiffahrtsmuseums liegt der ehemalige Beton-Motorschlepper Paul Kossel. Dieses Schiff wurde 1920 für die Bremer Niederlassung des Dortmunder Bauun-

Abb. 35 Kurz vor dem Quer-Stapellauf im Frühjahr 1921: Frau Grete Kossel tauft das geschmückte Betonschiff Paul Kossel auf dem Firmengelände von Kossel & Cie. in Bremen-Hastedt. (Archiv DSM)

ternehmens Paul Kossel & Cie. auf dessen an der Weser gelegenem Bauplatz in Bremen-Hastedt erbaut. Das 1903 in Dortmund gegründete Bauunternehmen Paul Kossel war im Hoch-, Tief- und Wasserbau tätig und hatte vor 1920 schon Erfahrungen mit dem Bau von Betonleichtern und Pontons gesammelt. Die hölzernen Aufbauten und die Maschinenanlage für die PAUL KOS-SEL lieferte wahrscheinlich die 1913 gegründete Rolandwerft aus dem benachbarten Hemelin-gen.

Anfang 1921 erfolgte der Querstapellauf des Betonschiffes. Die Schiffstaufe vollzog Frau Grete Kossel. Über die Probefahrt im April 1921 erschien in der Zeitschrift »Schiffbau« folgen-der Bericht: *Am 15. April fand unter Beteiligung verschiedener Sachverständiger eine Probe-fahrt des ersten auf der Weser fahrenden Eisenbetonmotorschleppers »Paul Kossel« statt. [...] Das bei der Geestemünder Zweigstelle der genannten Firma auf der Geeste liegende Schiff ist ganz in Leichtbeton nach einem besonderen Verfahren der Erbauer ausgeführt und macht den Eindruck eines gewöhnlichen kleinen Schleppers von sehr gefälliger Form. Auffallend ist nur das Fehlen jeglicher Nietverbindung, wodurch das Schiff außen eine sehr glatte Form hat. Die Probefahrt verlief in jeder Weise gut. Für Fahrten auf der Außenweser wäre der Einbau eines größeren Motors zweckmäßig gewesen. [...] Vorteile dieser Bauart sind: Leichtere Beschaffung des Baumaterials, geringere Kosten, keine Korrosionserscheinungen und dadurch bedingt län-gere Haltbarkeit. Als Nachteil kommt vorläufig noch ein größeres Eigengewicht in Frage. Der Widerstand gegen Stoßwirkungen wird als sehr hoch bezeichnet.*[112]

Der wirtschaftliche Erfolg, den sich die Erbauerfirma von dem Motorschlepper in der Kanal- und Küstenschifffahrt erhoffte, blieb allerdings aus. 1932 verkaufte Kossel & Cie. den Beton-schlepper für 200 Reichsmark an Gerhard Polednick aus Bremen. Dieser benannte das Schiff nach seiner verstorbenen Tochter in ANNEMARIE um und nutzte es zunächst weiter als Schlepp-barkasse für den Transport von Baumaterial in angemieteten Schuten. Später baute er den Schlepper nach und nach zu einem Wohnschiff um und verlegte es um 1939 zu einem Liege-platz im Fabrikhafen Bremen-Gröpelingen. Trotz einiger Beschädigungen durch Kriegseinwir-

Abb. 36 Die PAUL KOSSEL nach Restaurierung und Rückbau in den ursprünglichen Zustand am heutigen Stand-ort in der Freilichtausstellung des DSM. (Foto: Egbert Laska/DSM)

kungen im Juli 1942 und März 1945 wurde das Schiff weiterhin als Wohnschiff durch die Eignerfamilie genutzt, bis diese im Frühjahr 1945 durch amerikanische Soldaten von der ANNEMARIE vertrieben wurde. Die Amerikaner nutzten das Schiff für »Ausflugsfahrten«.

Nach einigen Jahren fand Gerhard Polednick das Schiff beschädigt und verlassen im Bremer Hafen wieder, baute es zum Fischkutter um und fischte damit ab 1948 auf der Unterweser, vor allem zwischen Vegesack und Bremerhaven, auf Aal, Stint und Butt. Im Zusammenhang mit dem Umbau erhielt die ANNEMARIE zwei Masten, einen Weserhamen (Netz), zwei Hamenanker, zwei Netzwinden, elektrisches Licht und einen Automotor als Hilfsmaschine, der für kurzfristige Einsätze mit der Welle verbunden wurde. 1957 wurde der Fischfang eingestellt; das Betonschiff lag nun wieder als Gelegenheitswohnschiff an der Getreideanlage im Bremer Holz- und Fabrikhafen. Als der Eigner das Betonschiff nicht mehr unterhalten konnte und der Liegeplatz geräumt werden musste, trat Gerhard Polednick das Schiff im Juli 1972 an das Hafenamt Bremen ab. Anschließend geriet es in Vergessenheit.

1975 wurden die hölzernen Aufbauten am Liegeplatz am ehemaligen U-Boot-Bunker durch Feuer zerstört. Im September 1976 ließ das Deutsche Schiffahrtsmuseum das ausgebrannte Wrack des Betonschiffes aus dem Hafenschlamm bergen und auf das Museumsgelände in Bremerhaven verbringen. Dort verblieb der vorläufig konservierte Schiffskörper unter seinem ursprünglichen Namen PAUL KOSSEL ein Jahrzehnt auf dem Freigelände des Museums. Ab April 1987 konnten dann mithilfe des Arbeitsamtes Bremen und der Kreishandwerkerschaft Bremerhaven die hölzernen Aufbauten des Betonschiffes nach historischen Fotos und alten Plänen rekonstruiert werden. 1997/98 wurde die PAUL KOSSEL erneut umfassend restauriert und stellt seitdem in der Freilichtausstellung des Deutschen Schiffahrtsmuseums ein interessantes Zeugnis der deutschen Schiffbaugeschichte dar.[113] Im Jahr 2009 erhielt das Schiff am Museumshafen einen neuen Standort, an dem es sich harmonisch in das Ensemble der an Land präsentierten Museumsschiffe einfügt.

Technische Daten:

Ex-Name:	ANNEMARIE, PAUL KOSSEL
Baujahr:	1920
Bauort:	Bremen
Bauwerft:	Paul Kossel & Co.
Typ:	Motorschlepper
Reeder:	Paul Kossel & Cie., Dortmund
Länge:	14,30 m
Breite:	3,00 m
Seitenhöhe:	1,55 m
Tiefgang:	0,80 m
Vermessung:	12,8 BRT
Verdrängung:	18,5 t
Antrieb:	25-PS-Zweizylinder-Glühkopfmotor
Schiffskörper:	Leichtbeton

Das Wrack vor Redentin

Das vor Redentin bei Wismar liegende Betonschiff gehört zum Typ »Seeleichter Wiking Motor« und stammt vom Bauplatz Ostswine. Die Ausrüstung sollte die Werft Willi Klotz in Swinemünde durchführen, sie fand jedoch nicht mehr statt. Um die Betonschiffe vor der rasch vorrückenden Roten Armee zu retten, wurden die transportfähigen Rümpfe von der Oder aus in Richtung Westen in Marsch gesetzt. Der Stettiner Schlepper HERMANN KIRSCH bugsierte das unfertige Betonschiff zusammen mit dem Leichterrumpf ZÜLLICHOW 1 im März/April 1945 nach Wismar, wo man beide Rümpfe unweit des damaligen Dornier-Hafens festmachte. Als die britischen Besatzungstruppen im Sommer 1945 aus Wismar nach Schleswig-Holstein abzogen, ließen sie auch das Betonschiff, das eigentlich als britische Kriegsbeute galt, unbeachtet am Bollwerk des seit 1944 geschlossenen Seegrenzschlachthofes zurück.

Der aus Pillau stammende und nach Wismar geflüchtete Fischkonservenfabrikant Gottfried Friedrichs musste 1946 seine ihm 1945 zugewiesenen Produktionsräume im Wismarer Seegrenzschlachthaus räumen und bekam deshalb das Betonschiff von der russischen Kommandantur zur Nutzung angeboten. Friedrich wollte daraus eine schwimmende Fischverarbeitungsan-

Abb. 37 Das Betonschiffswrack vor Redentin in der Wismarer Bucht. (Archiv DSM)

Abb. 38 Das Betonschiffswrack vor Redentin in der Wismarer Bucht. (Foto: Markusz Schöne, 2003)

lage schaffen, die in Trassenheide auf Usedom stationiert werden sollte. Daraus wurde aber nichts, und das Schiff diente im Wismarer Westhafen unter anderem einem Schiffsausrüster als Lager. Für den Aufbau des GST-Segelstützpunktes[114] der 1951 gegründeten Mathias-Thesen-Werft verlegte man das Betonschiff in den 1950er Jahren nach Bad Wendorf an der Wismarer Bucht. Dort diente es wiederum als Lager. Allerdings kam es nach einiger Zeit wieder zur Werft in Wismar zurück und diente Ende der 1950er Jahre als Fender für den mehrere Jahre dauernden Umbau des sowjetischen Eisbrechers KRASSIN. 1962 wurde das Betonschiff in die Redentiner Bucht geschleppt und dort als Wellenbrecher in flachem Wasser verankert. Fortan nutzte die örtliche Fischerei-Produktionsgenossenschaft (FPG) »V. Parteitag« den Rumpf als Lagerschiff. Am 12. November 1972 riss ein starker Nordweststurm das Fahrzeug los und trieb es noch dichter an die Küste. Es erhielt mehrere Lecks und sank im flachen Wasser.

1973 verlangte das Seewasserstraßenamt Rostock von der FPG die Beseitigung des Wracks. Es störe das Landschaftsbild (!) und sei ein Schifffahrtshindernis, hieß es. Der Aufwand für die Wrackbeseitigung erschien sehr hoch und unterblieb daher. Man suchte nach anderen Interessenten für das Objekt. 1975 wurde das Wrack für fünf DDR-Mark (!) an die Schauspielerin und spätere Fernsehredakteurin Christine Laszar (zeitweilig Ehefrau des Fernsehjournalisten Karl-Eduard von Schnitzler) verkauft. Sie wollte daraus ein Partyschiff bzw. »ein privates Ferienobjekt«, wie es an anderer Stelle hieß, machen. Der Versuch, den stark beschädigten Rumpf weiter unter Land zu schleppen, misslang und die Pläne scheiterten. Später diente das Schiff als Kulisse für den Fernsehfilm »Sansibar oder der letzte Grund« (Regie: Bernhard Wicki, 1987), weitere Nutzungsideen verliefen im Sande. 1995 kam das Wrack wieder ins Gespräch, als man vor Redentin einen (nicht realisierten) Yachthafen plante. Für dieses Projekt hätte man das herrenlose Wrack sprengen müssen. 1999 meinte Claudia Richter, die Pressesprecherin der Hansestadt Wismar, auf eine Presseanfrage zum Umgang mit dem Wrack: *Wir haben uns an den Anblick gewöhnt. Soll das Schiff bleiben, wo es ist.*[115]

Technische Daten:

Ex-Name:	?
Baujahr:	1943
Bauort:	Ostswine, Stadt Swinemünde
Bauwerft:	Dyckerhoff & Widmann KG
Typ:	Seeleichter Wiking Motor
Länge:	40,50 m
Breite:	7,00 m
Seitenhöhe:	3,40 m
Tiefgang:	2,90 m
Tragfähigkeit:	337 tdw
Verdrängung:	627 t
Gesamtgewicht:	225 t (als Neubau)
Schiffskörper:	stahlbewehrter Leichtbeton in Schalenbauweise

Die CAPELLA als Museumsschiff in Rostock

Die heutige CAPELLA des Rostocker Schifffahrtsmuseums entstammt ebenso wie die TREUE und das Wrack vor Redentin dem Bauprogramm der 300-t-Seeleichter vom Typ »Wiking Motor« vom Bauplatz Ostswine. Das nicht ausgerüstete Betonschiff wurde als leerer Rumpf im April 1945 in Richtung Westen bugsiert. Seinen aktuellen Namen erhielt das Schiff erst später, da dieser nicht in das Namensschema der Betonschiffe vom Bauplatz Ostswine passt. Eventuell ist die CAPELLA

Abb. 39 Das Betonschiff CAPELLA des Rostocker Schiffbaumuseums lag während der Restaurierungsarbeiten 1992–1994 im Rostocker Fischereihafen. (Foto: Archiv Schiffbau- & Schifffahrtsmuseum Rostock)

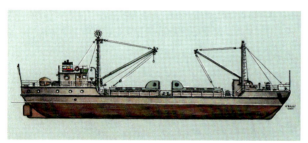

Abb. 40 Das Betonschiff CAPELLA des Rostocker Schiffbau- und Schifffahrtsmuseums. (Zeichnung: Hans Beyer, Rostock, 2007)

identisch mit der ehemaligen GERECHTIGKEIT. Auf jeden Fall wurde das Schiff bei Kriegsende versenkt. Registerunterlagen weisen auf ein im Winter 1950 vor Stralsund auf Grund liegendes Betonschiff namens KAPELLA hin. Am 18. April 1950 wurde es gehoben. 1951 wurde ein Ausbau des Rumpfes als Steinfischer oder Wohnschiff erwogen, aber nicht realisiert. Vor 1962 erfolgte die Verholung nach Rostock. Zuerst lag das Schiff vor dem Gehlsdorfer Ufer, wurde dann Eigentum des VEB Deutsche Seebaggerei und diente diesem Betrieb mehrere Jahrzehnte als Lagerhulk am Silokai des Bauhofes. Dazu war es gut geeignet, da wegen der fehlenden Bohrungen für die beiden Stevenrohre alle Räume des Schiffes (bis heute) trocken blieben.

1988 wollte sich der seit 1970 als VEB Bagger-, Bugsier- und

Abb. 41 Die CAPELLA an ihrem heutigen Liegeplatz am Traditionsschiff in Rostock-Schmarl. (Foto: Archiv Schiffbau- und Schifffahrtsmuseum Rostock)

Bergungsreederei firmierende Eigentümer von dem Fahrzeug trennen, und im selben Jahr wurde das Schiff unter Denkmalschutz gestellt und in die Liste der technischen Denkmale des Bezirks Rostock aufgenommen. Das Rostocker Schiffbaumuseum übernahm das Betonschiff als Beispiel für eine spezielle Variante des Schiffbaus in der ersten Hälfte des 20. Jahrhunderts in seine Sammlung. Am 15. Oktober 1988 bugsierte ein Schlepper die CAPELLA warnowabwärts zum neuen Liegeplatz am Traditionsschiff in Rostock-Schmarl. Mit Hilfe der Rostocker Werften wurde es dann gesichert. Die Warnowwerft baute neue Lukendeckel, und im Innern wurden die ehemaligen Laderäume benutzbar gemacht. Schließlich konnte die CAPELLA von 1992 bis 1995 durch Arbeitsbeschaffungsmaßnahmen und mithilfe von Sponsoren im Rostocker Fischereihafen umfassend restauriert und für den Besucherverkehr zugänglich gemacht werden. Die Arbeiten konzentrierten sich auf Schäden an der Außenhaut, die fachgerecht ausgebessert wurden, die Konservierung der Stahlbauteile und den Innenausbau der ehemaligen Laderäume mit einer breiten Treppe, Holzfußboden und Beleuchtung. Die Zwischenwand zwischen den beiden Laderäumen wurde entfernt, sodass ein durchgehender, 26 m langer Raum entstand. Die neuen Ausstellungsräume waren mit ihren besonderen Lichtverhältnissen derart attraktiv, dass das Betonschiff seit 1996 im Rostocker Stadthafen als Galerie für Ausstellungen des Schifffahrtsmuseums genutzt wurde. Seit 2004 liegt die CAPELLA als Teil der maritimen Freilichtausstellung wieder am Museumsgelände in Rostock-Schmarl.[116]

Technische Daten:

Ex-Name:	GERECHTIGKEIT (?)
Baujahr:	1943
Bauort:	Ostswine, Stadt Swinemünde
Bauwerft:	Dyckerhoff & Widmann KG
Typ:	Seeleichter Wiking Motor
Länge:	40,50 m
Breite:	7,00 m
Seitenhöhe:	3,40 m
Tiefgang:	2,37 m
Tragfähigkeit:	337 tdw
Verdrängung:	627 t
Gesamtgewicht:	225 t (als Neubau)
Schiffskörper:	stahlbewehrter Leichtbeton in Schalenbauweise

Die Odyssee der TREUE

Auch das Betonschiff TREUE gehört zur Serie der ab 1943 in Ostswine gebauten und auf der Klotzwerft in Swinemünde ausgerüsteten 300-t-Seeleichter vom Typ »Wiking Motor«. Im Gegensatz zu ihren hier beschriebenen Schwesterschiffen wurde die TREUE nach Kriegsende in der britischen Besatzungszone als reguläres Frachtschiff in Fahrt genommen und behielt ihren ursprünglichen Namen bis auf den heutigen Tag. In den Quellen wird sie zunächst der »Transportflotte Speer« als Besteller zugeordnet. Beim Herannahen der sowjetischen Truppen im April 1945 wurden die fahrbereiten Betonschiffe aus Ostswine mit anderen Schiffen zu kleinen Gruppen zusammengefasst und in Richtung Westen in Marsch gesetzt. Die TREUE wurde nach Kriegsende zunächst aufgelegt und später – wie oben beschrieben – an private Reeder veräußert. 1946 erhielt das Schiff zwei neue MAN-4-Zylinder-Dieselmotoren.

1948 erwarb Kapitän Friedrich Nagel aus Drochtersen das Betonschiff und setzte es ab 1951 in Zeiten knappen Schiffsraumes als Küstenmotorschiff mit sechs bis sieben Mann Besatzung

Abb. 42 Das Betonkümo ex MS Treue als Auflieger im Industriehafen Hamburg-Harburg, 1985. Die Maschinenanlage war zu diesem Zeitpunkt bereits demontiert. (Slg. Gerhard Janke, Bremerhaven)

auf Nord- und Ostsee ein. Am 2. Juli 1958 strandete das Schiff auf unbekannter Position, wurde aber geborgen und nach Hamburg geschleppt. 1962 stand die Treue zum Verkauf auf Abbruch, der aber nicht erfolgte.[117] Ende 1962 wurde das Betonschiff aus dem Hamburger Schiffsregister gelöscht. Zu dieser Zeit war der Originalzustand des Schiffes schon durch zahlreiche Umbauten während der Fahrenszeit verändert. In Seefahrtskreisen der Nachkriegszeit meinte man scherzhaft, Matrosen, die auf der Treue anheuerten, sollten gelernte Maurer sein, um anfallende Reparaturarbeiten selbst ausführen zu können.[118] Die Treue lag dann, von ihrer Maschinenanlage und sonstigen betrieblichen Anlagen entkernt, viele Jahre in Hamburg-Altona an den Fischhallen als schwimmende Motorradwerkstatt, später als Lagerhulk im östlichen Bahnhofskanal des Harburger Binnenhafens. In den 1980er Jahren gehörte der »Lieger« einem Schiffsliebhaber aus Hamburg-Altona, der 1984 immerhin noch für einen neuen Anstrich sorgte. Im Juli 1987 schlug die Dyckerhoff & Widmann-Niederlassung Hamburg dem Deutschen Schiffahrtsmuseum (DSM) in Bremerhaven vor, das ihr zum Kauf angebotene Schiff zu erwerben, zu restaurieren und als »einzigartiges« Zeugnis deutscher Schiffbautechnik auszustellen.[119] Die Antwort des DSM auf dieses Angebot ist nicht bekannt.

Die Treue verblieb in Hamburg. Im April 1992 erwarb der Bildhauer und Bronzegießer Herrmann Büsching aus Hamburg das Schiff für 30 000 DM. Büsching legte mit ideeller Unterstützung der Hamburger Kulturbehörde und der Bauphysiker an der TU Harburg das »Projekt Betonschiff« auf. Ausstellungen, ein Künstleratelier und seine eigene Werkstatt für Kunst- und Feinguss sollten auf der umgebauten Treue ihren Platz finden. Die dafür veranschlagten Kosten zwischen 300 000 und 500 000 DM konnten allerdings nicht aufgebracht werden, sodass dieses Projekt nicht realisiert wurde. Seit 1995 diente das leere und nur teilweise restaurierte Betonschiff stattdessen als Kunst-, Kultur- und Veranstaltungsraum. Unter dem Begriff »Treujanisches Pferd« organisierten Studenten und Hochschullehrer der Hochschule für Bildende Künste (HfBK) in

Hamburg zum Teil avantgardistische Ausstellungen, Installationen, Aktionen, Konzerte und Lesungen an Bord. Es wurden Gutachten in Auftrag gegeben, die die TREUE als erhaltenswertes technisches Baudenkmal (!) einstuften. Die gutachterlich vorgeschlagenen notwendigen, aber fachlich schwierigen Sanierungsarbeiten des Betonrumpfes überforderten die jeweiligen Besitzer bzw. Nutzer des Schiffes. So blieb das Konzept für den Umbau zu einem Atelier- und Ausstellungsschiff, das ein Hamburger »Freundeskreis MS TREUE« 1996 entworfen hatte, ebenfalls im Planungsstadium stecken. Heute liegt das Betonschiff als Club-Diskothek »Shark Lounge« neben anderen Traditionsschiffen an der Schlachte, dem alten Bremer Hafen, in der Weser.[120]

Technische Daten:

Ex-Name:	TREUE
Baujahr:	1943
Bauort:	Ostswine, Stadt Swinemünde
Bauwerft:	Dyckerhoff & Widmann KG; Klotzwerft, Swinemünde (Ausrüstung)
Typ:	Seeleichter Wiking Motor
Länge:	40,50 m
Breite:	7,00 m
Seitenhöhe:	3,40 m
Tiefgang:	2,80 m
Tragfähigkeit:	337 tdw
Verdrängung:	627 t
Vermessung:	288 BRT
Schiffskörper:	stahlbewehrter Leichtbeton in Schalenbauweise

Das »Riverboat« in Lübeck – ein gut getarntes Betonschiff

Ebenfalls zur Serie der 300-t-Betonkümos gehört das heute im Lübecker Klughafen liegende »Riverboat«. Von den hier genannten noch vorhandenen Betonschiffen ist die Frühgeschichte des Lübecker Schiffes am schlechtesten dokumentiert. Wahrscheinlich stammt es vom Bauort Rotterdam-Merwehaven und kam unausgerüstet bzw. ohne Hauptmaschine nach Lübeck. Möglicherweise handelt es sich um die ehemalige KUNIBERT. Bekannt ist nur, dass das Betonschiff nach Kriegsende als schwimmendes (Getreide-)Lager diente. Zu Beginn seines Lübecker Daseins diente das Schiff kurze Zeit als Auffanglager für Flüchtlinge und Vertriebene. 1956 erhielt das Schiff einen Liegeplatz unter der Puppenbrücke, wurde zum »Musikschiff« umgebaut und in den Folgejahren als »Riverboat« zu einem Mekka der Lübecker Jazzszene. Bekannte Jazzgrößen der 1960er und 1970er Jahre traten hier auf, und auch als »Eheanbahnungsort« soll das Schiff gute Dienste geleistet haben.

Als die Zeit des Oldtime Jazz vorüber zu sein schien, begann auch für das »Riverboat« eine neue Ära. 1978 wurde das Schiff in den Holstenhafen in unmittelbarer Nähe des Holstentores verholt und fortan mit wechselndem Erfolg als Diskothek betrieben. 1994 erfolge eine erneute Verlegung an den jetzigen Standort im Klughafen. Aber auch hier stellte sich mit dem bisherigen Diskothek-Konzept kein wirtschaftlicher Erfolg für den Betreiber ein. 1997/98 erhielt das Schiff einen kompletten neuen Stahlaufbau, der das große Oberdeck trägt. Ein neues Betreiberkonzept sah die Teilung des Schiffes in zwei Bereiche – Restaurant und Diskothek – vor. Dieses »Body & Soul« genannte Gastronomie-Konzept wurde bis Ende 2006 betrieben. Es schlossen sich weitere Umbau- und Sanierungsmaßnahmen an, und seit April 2007 dient das neue »Riverboat« nach Angaben des Betreibers als *Veranstaltungszentrum für private und einige wenige öffentliche Partys*.[121]

Technische Daten:

Ex-Name:	KUNIBERT (?)
Baujahr:	1943
Bauort:	Merwehaven, Rotterdam
Bauwerft:	Dyckerhoff & Widmann KG
Typ:	Seeleichter Wiking Motor
Länge:	40,50 m
Breite:	7,00 m
Seitenhöhe:	3,40 m
Tiefgang:	2,80 m
Tragfähigkeit:	337 tdw
Verdrängung:	627 t
Vermessung:	288 BRT
Gesamtgewicht:	225 t (als Neubau)
Schiffskörper:	stahlbewehrter Leichtbeton in Schalenbauweise

Betonschiffe für den Fischfang

In bestimmten Anwendungsbereichen konnte sich die Konstruktion von Betonschiffen bis in die jüngste Zeit fortentwickeln. Wegen der Mindeststärken der Betonhüllen ist erst bei Fahrzeugen von wenigstens 12 m bis 15 m Länge der Betonbau sinnvoll. Mit der Entwicklung der Bootsgrößen in der Küsten- und kleinen Hochseefischerei wurden besonders in Kuba, aber auch in

Abb. 43 Prinzipdarstellung eines 41-t-Stahlbeton-Fischkutters mit Hilfsbesegelung aus kubanischer Produktion. (Archiv Schiffbau- und Schifffahrtsmuseum Rostock)

Italien mehrere Hundert Fischereifahrzeuge in diesen Größen nach dem Ferro-Zement-Verfahren mit mehreren Lagen verschweißter Stahlnetze in Gussformen gebaut. Die Schiffskörper solcher Betonboote sind im Allgemeinen spantenlos, ihre Wanddicke konnte bis auf etwa 40 mm verringert werden.[122]

In Kuba nahm man sich nach 1970 verstärkt dieser Technologie an. Der Werkstoff Beton wurde aufgrund der notorischen Devisenknappheit und des anhaltenden Wirtschaftsembargos durch die USA zum Retter in der Versorgungsnot. Die kubanische Schiffbauindustrie verfolgte zusammen mit dem nationalen Fischereiinstitut und der Materialforschungsabteilung der Universität Havanna seit 1970 ein entsprechendes Forschungs- und Entwicklungsprogramm für den Serienbau von Fischereifahrzeugen. Die relativ einfache Technologie gestattete es darüber hinaus, diese Schiffe mit Arbeitskräften des Bauwesens statt mit qualifizierten, aber kaum vorhandenen Schiffbauern zu fertigen. Mehrere kubanische Werften stellten sich – auch wegen des relativ geringen Investitionsvolumens – auf diesen neuen Werkstoff ein, wodurch Kuba zu einem der größten Produzenten von Betonschiffen wurde. Bis 1989 entstanden über 1200 kleinere Fischkutter aus Beton. Der Inselstaat belieferte nicht nur die eigene Fischereiflotte, sondern exportierte Schiffe in verschiedene Länder. So fuhren in Kuba hergestellte Betonfischkutter Ende der 1980er Jahre – oft als sozialistische Entwicklungshilfe deklariert – unter anderem auch in Mexiko, Kolumbien, Nicaragua, Grenada, Vietnam, Angola und Mocambique auf Fang aus.[123]

Beton als Werkstoff für schwimmende Bauwerke

Hatte Beton nach dem Zweiten Weltkrieg im Schiffbau seine Rolle als Werkstoff eingebüßt, so gelang es, ihn im landseitigen Bauwesen immer besser einzusetzen. Wie schon während und nach dem Ersten Weltkrieg waren es besonders die Firmen Dyckerhoff & Widmann und Wayss & Freytag, die hier auch in der Nachkriegszeit als Vorreiter auftraten.

Besondere Beachtung gewann der Baustoff Beton in der Offshore-Industrie. Bohrinseln für den arktischen Einsatz wurden entwickelt, Pieranlagen und Schwimmstege immer öfter in Beton ausgeführt. Bei Pontons, die nicht als Transportmittel dienen, sondern stationär als schwimmende Brücken oder Anleger verwendet werden oder den schwimmenden Technikeinsatz (Hebezeuge, Bagger, Rammen) ermöglichen, spielt die relativ große Eigenmasse des Betons keine entscheidende Rolle. Bekanntes Beispiel sind die Anfang der 1950er Jahre gefertigten Schwimmpontons der St.-Pauli-Landungsbrücken im Hamburger Hafen. Auch Schwimmdocks wurden schon vor Jahrzehnten vereinzelt aus Stahlbeton gebaut. Das derzeit größte Beton-Schwimmdock mit 350 000 t Tragfähigkeit erhielt die italienische Werft Cantieri Navali Riuniti in Palermo.[124]

Projekte und Visionen

Im Zusammenhang mit den deutlich verbesserten Verarbeitungstechnologien von Schalenbeton gab es immer wieder Meldungen oder Schlagzeilen zum Thema Betonschiffbau. Eines der interessantesten Projekte in diesem Bereich war die Idee, flüssiges Erdgas (LNG) in Schiffen aus Spannbeton zu transportieren.

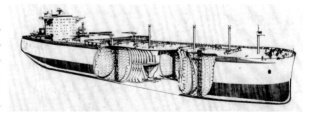

Abb. 44 Isometrische Darstellung eines 1977 von Dyckerhoff & Widmann projektierten, aber nie gebauten Flüssiggastankers aus Spannbeton mit 125 000 m³ Ladekapazität. (Hansa, Jg. 114, 1977, Nr. 3, S. 223)

1977 stellte die Firma Dyckerhoff & Widmann ein Projekt ihrer Tochterfirma Dytam und der Tampimex-Gruppe, London, vor, das den Bau eines 125 000 m³ fassenden LNG-Tankers vorsah, der 290 m lang und 44 m breit werden sollte. Die Vermessung des über 11,5 m tief gehenden Schiffes war mit 61 000 BRT errechnet worden. Bei 40 000 PS (29 400 kW) Leistung hätte man immerhin 19,5 kn Geschwindigkeit erreichen können.[125] Der Baupreis eines solchen Betonriesen sollte um 15 Mio. US-Dollar liegen und war somit wesentlich niedriger als bei vergleichbaren Stahlschiffen, doch die mit zahlreichen Presseveröffentlichungen flankierte Offerte an die weltweit agierenden Tankschifffahrtsreedereien und Ölkonzerne verlief im Sande.

Etwas flexibler war man etwa zur gleichen Zeit in den USA, wo ein Flüssigkeitstanker von 65 000 t Tragfähigkeit aus Schalenbeton gebaut wurde. Das Fahrzeug war 140 m lang und 41,4 m breit und hatte eine Seitenhöhe von 17,2 m. Die Wanddicken schwankten zwischen 23 und 35 cm. Nach Fertigstellung des Fahrzeuges wurde es nach Indonesien verholt. Allerdings war dieses Betonschiff nicht für den Seeverkehr gedacht, sondern dürfte – weil ohne Maschinenanlage – nur als Lagerbarge genutzt worden sein.[126]

Das Betonschiff aus der Scheune

Wesentlich kleiner fielen die in den letzten Jahrzehnten in Deutschland realisierten Betonschiffe aus. Dabei handelte es sich meist um privat betriebene Projekte, wie das des ehemaligen Zollinspektors Willi Wende aus Schnackenburg an der Elbe. Wende baute sich in den 1980er Jahren in seiner Scheune ein Betonschiff für Wohnzwecke, das allerdings auch seetüchtig und segelbar sein sollte. Später wurde das Schiff als Bermudaketsch getakelt beobachtet. Für den Bau wurden elf Tonnen Beton und fünf Tonnen Eisengeflecht verwendet. Das ENCARNACION benannte Schiff war 17,9 m lang (LüA 21,0 m), 5,2 m breit, hatte eine Seitenhöhe von 5,3 m und besaß einen 21 m hohen Großmast. Die der Familie Wende zur Verfügung stehende Wohnfläche betrug 53 m². Der »Stapellauf« des Schiffes verlief 1984 nicht ganz unproblematisch, da der Tieflader beim Transport des über 16 t schweren Schiffes versackte und mit Hilfe von sieben Traktoren wieder flottgemacht werden musste. Das Bundesamt für Schiffsvermessung stellte nach eingehender Prüfung den Messbrief für das Betonschiff aus.[127]

Betonboote über und unter Wasser

Wenn der Betonschiffbau auch allgemein als Notlösung in Zeiten des meist kriegsbedingten Stahlmangels betrachtet wird, so bleibt neben der Erinnerung als besonderes Kapitel der Schiffbaugeschichte des 20. Jahrhunderts doch auch der viel zitierte Umstand, dass Steine bzw. Beton eben doch schwimmen können. Diese Tatsache war vielleicht auch Beweggrund für den Bundesverband der Deutschen Zementindustrie e.V., nach amerikanischem Beispiel einen Wettbewerb zum Bau von Betonkanus auszuschreiben. Die seit 1986 an verschiedenen Orten ausgetragenen Wettbewerbe, an denen Schüler und Studenten zahlreicher Baufach- und Hochschulen teilnehmen, zeigen, dass die Idee, Beton in Schiffs- bzw. Bootsformen zu gießen, auch heute ihren Reiz noch nicht verloren hat. Auf den Webseiten der Universitäten und Fachhochschulen von Dresden, Heidelberg oder Regensburg sind kühne Konstruktionspläne sowie Fotos der Verschalungs-, Gieß- und Schmirgelarbeiten an den so entstandenen Fahrzeugen zu sehen. Mittlerweile verwendet man statt der schweren Stahlbewehrung Glasfasergewebe zur Stabilisierung. Die Wandstärken liegen nur noch zwischen zwei und fünf Millimeter. Damit wiegen die zweisitzigen Beton-Kanus mit so poetischen Namen wie ZARTE GUSTEL oder BLAUES WUNDER nur noch 50 bis 60 kg.

Im Rahmen der 9. Deutschen Betonkanu-Regatta 2005 wurde von Studierenden der TU Dresden mit dem GELBEN OKTOBER erstmalig ein funktionsfähiges Beton-U-Boot (!) für zwei Personen mit Tretantrieb präsentiert. Nach Aussagen von Augenzeugen soll das Boot getaucht und auch wieder aufgetaucht sein. Zwei Jahre später gab es auf der 11. Betonkanu-Regatta in Hannover – wiederum eine »schiffbauliche Innovation« der TU Dresden – das erste Beton-Tragflächenkanu zu bewundern, das sich jedoch nicht mit Muskelkraft allein aus dem Wasser erheben konnte.[128]

Die geplante Renaissance für den maritimen Schalenbetonbau in der DDR fand nicht statt

In der DDR interessierte man sich vor dem Hintergrund der sich zuspitzenden wirtschaftlichen Probleme in den 1980er Jahren und im Zusammenhang mit dem vermeintlich vorteilhaften Baustoff für die Entwicklung von Schwimmkörpern aus Beton. Der VEB Bau- und Montagekombinat – Industrie- und Hafenbau (BMK) beauftragte 1988 seinen Kombinatsbetrieb Forschung/Projektierung/Technologie in Stralsund und die Ingenieurhochschule in Wismar mit einer Projekterarbeitung. Auf Schalenbeton-Pontons sollten Krane, Bagger oder Rammen arbeiten. Gedacht war an die Ablösung der bisher im Wasserbau der DDR eingesetzten Flachprahme vom Typ FP 36. Der hohe Instandhaltungsaufwand behinderte jedoch deren eigentlichen Einsatzzweck als Landungshilfsmittel der DDR-Volksmarine. 1989 erfolgte beim BMK in Stralsund der Bau eines Prototyps eines kleinen Betonpontons. Dieser diente in Greifswald-Wieck eine Zeit lang als Anleger für Boote der Wasserschutzpolizei. 1990 sollte der Serienbau von Betonpontons beginnen. Die politische Wende in der DDR und die folgende Zerschlagung bzw. Privatisierung der Kombinate und volkseigenen Betriebe bedeutete allerdings das Ende für dieses Projekt, bevor es überhaupt begonnen werden konnte.[129]

Quellen und Literatur:
Aschenbeck, Nils: Häuser, Türme und Schiffe – gebaut aus Beton. Paul Kossel, Pionier des Betonbaus, 1874–1950. Delmenhorst, Berlin 2003.
Bayer, Edwin: Ferrocement im Bootsbau. In: Beton, H. 12, 1978, S. 445–449.
»Betonschiffe«. Materialsammlung im Archiv des Schiffbau- und Schifffahrtsmuseums Rostock.
Busch, Peter: Artikelserie zur Geschichte des Betonschiffbaus, in: Schiffe – Häfen – Meere. Archiv Schiffbau- und Schifffahrtsmuseum Rostock.
Busch, Peter: Schwimmt Beton? Ein Ausflug in die Geschichte eines ungewöhnlichen Schiffbaumaterials. In: Das Nordlicht, 4. Jg., H. 10, 1996, S. 6–16.
Busch, Peter: Der schwimmende Stein vor Redentin – ein Schiff aus Beton. In: Mecklenburg-Magazin (Beilage der Schweriner Volkszeitung) vom 16.2.1996.
Danker-Carstensen, Peter: Das Betonschiff »Capella« und seine Geschwister. In: industrie-kultur, H. 4, 2008, S. 2f.
Detlefsen, Gert Uwe, Stefan Lipsky und Heinz Trost: Veteranen- und Museumsschiffe. 391 alte Dampfer, Motor- und Segelschiffe sowie Spezialfahrzeuge in Deutschland erzählen Technik- und Kulturgeschichte. 3. Aufl. Bad Segeberg, Cuxhaven 1997.
Dudszus, Alfred, und Alfred Köpcke: Das große Buch der Schiffstypen. Bd. 2: Dampfschiffe, Motorschiffe, Meerestechnik. Berlin, Augsburg 1990, S. 58f.
Finsterwalder, K.: Kaltzäher Spannbeton – Ein sicherer und wirtschaftlicher Baustoff für LNG-Tanker. In: Hansa. Zeitschrift für Schiffahrt, Schiffbau, Häfen, 114. Jg., Nr. 3, 1977, S. 223–227 (Sonderdruck durch Dyckerhoff & Widmann AG).
Finsterwalder, Ulrich: Betonschiffe in Schalenbauweise. In: Zeitschrift des VDI, Bd. 91, 1949, Nr. 7, S. 157–163.
Foerster, E.: Das Ende des Eisenbeton-Schiffbaues. In: Zeitschrift des VDI, Bd. 66, 1922, S. 954 und Bd. 67, 1923, S. 144.
Franz, Rudolf: Der »schwimmende Stein«. In: Koehlers Flottenkalender 1985, S. 39–51.
Freundeskreis der MS Treue (Hrsg.): Kümo MS Treue. Ein (Beton-)Schiff wird kommen. Hamburg 1996.
Gröner, Erich: Die deutschen Kriegsschiffe 1815–1945. Bd. 7. Koblenz 1990. Zum Betonschiffbau S. 143–149.
Janke, Gerhard: Und sie schwammen doch. Der Bau von Betonschiffen in Deutschland 1942/45. Manuskript, 14 S. (mit Fotosammlung/Repros aus Dyckerhoff & Widmann-Festschrift). Bremerhaven 1986. Archiv Schiffbau- und Schifffahrtsmuseum Rostock.
Kramer, Reinhard: Dokumentation: Seeleichter »Wiking« Motor, Betonschiffbau, Küstenmotorschiff Kapella. Rostock 1988. Archiv Schiffbau- und Schifffahrtsmuseum Rostock (enthält u.a. eine Reihe von Titeln sowjetischer Fachliteratur aus dem Verlag Sudostroennie, Leningrad, zum Thema Betonschiffbau).
Kramer, Reinhard: Maritime Erkundungen: Schiffe aus Beton. Artikelserie (5 Folgen) in der Tageszeitung »Norddeutsche Neueste Nachrichten«, Rostock 1988.
Kramer, Reinhard: Schiffe aus Beton. In: Maschinen, Schiffe und Raketen. Technikentwicklung in Mecklenburg-Vorpommern. Rostock 1995, S. 51–55.

Kramer, Reinhard: Beton schwimmt – »Capella« als Rostocker Museumsschiff. In: Verschwunden – Vergessen – Bewahrt? Technikgeschichte in Mecklenburg und Vorpommern. Rostock 1997, S. 29f.

Kramer, Reinhard: Betonschiffbau in der DDR. In: Das Nordlicht, 16. Jg., H. 61, 2008, S. 25–29.

Peters, Dirk J.: Vor 82 Jahren: Betonschiff Paul Kossel auf Probefahrt. In: Deutsche Schiffahrt, 25. Jg., H. 2, 2003, S. 12f.

Peters, Dirk J.: Schiffe aus Beton: »Paul Kossel« und andere. In: industrie-kultur, H. 3, 2005, S. 31.

Petry, Wilhelm: Zur Frage des Eisenbetonschiffbaues. Charlottenburg 1920.

Polednick, Jens: Das Schraubenmotorschiff »Paul Kossel«, ehemals MS »Annemarie«. Chronik eines Eisenbetonschiffes. Bremen 1977.

Polednick, Jens: Das Schraubenmotorschiff Paul Kossel. Geschichte eines Eisenbetonschiffes. In: Deutsche Schiffahrt, 21. Jg., H. 1, 1999, S. 20–22.

Scherer, Thomas: Ein Eisenbahn-Konzern geht aufs Wasser. Der Betonschiffbau der »AG für Verkehrswesen«. Manuskript-Auszug, 31 S. Senden 2001. Archiv Schiffbau- und Schifffahrtsmuseum Rostock.

Schiffbau, 20.–23. Jahrgang, Berlin 1918–1921.

Schneider, Hans: Eisenbetonschiffe. In: Verkehrstechnik, Nr. 14, 1920, S. 194.

Sonander, Björn F.: Sveriges första betonfartyg. In: Skönt och allvar. Årsbok från Tekniska museet/Sjöfartsmuseet. Malmö 1976, S. 69–74.

Teubert, Wilhelm: Die neue Betonschiffbauweise. In: Schiffbau, Jg. 22, 1921, Nr. 31, S. 731–734.

Uhrbrock, Eckhard: Götaälf. Das erste Frachtschiff aus Beton. In: Modell Werft, H. 7, 2002, S. 59.

Elektronische Ressourcen:

Betonschiff-Bauwerft Ostswine: http://oceania.pbworks.com/Ostswine.

Eisenbeton Schiffbau G.m.b.H., Hamburg, Germany: www.mareud.com/Ferro-Concrete/eisenbeton_schiffbau_g.html.

Ferro-Concrete Builders List: www.mareud.com/Ferro-Concrete/f-c-list.htm.

Skiöld, Rolf: The History about the Ferro-Concrete Ships: www.mareud.com/Ferro-Concrete/fc_historygbr.htm.

Wikipedia, Stichwort »Betonschiff«: http://de.wikipedia.org/wiki/Betonschiff (mit Vorsicht zu genießen, da zahlreiche Detailfehler und Unstimmigkeiten enthalten sind).

Anmerkungen:

1 Dudszus, Schiffstypen, S. 58.

2 Ebd. In Schiffbau, Jg. 20, 1918, Nr. 4, S. 97, heißt es zum gleichen Thema: *Ferner soll das historische Lambot-Boot, 1849 erbaut, noch heute in Gebrauch und in gutem Zustand sich befinden.*

3 Schneider, Eisenbetonschiffe, S. 194; Dudszus, Schiffstypen, S. 58.

4 Skiöld, History: www.mareud.com/Ferro-Concrete/fc_historygbr.htm.

5 Schiffbau, Jg. 20, 1918, Nr. 4, S. 97.

6 Skiöld, History: www.mareud.com/Ferro-Concrete/fc_historygbr.htm.

7 Schiffbau, Jg. 20, 1918, Nr. 9, S. 245.

8 Busch, Schwimmt Beton?, S. 7.

9 Schiffbau, Jg. 20, 1919, Nr. 16, S. 446f.

10 Ebd., S. 447.

11 Schiffbau, Jg. 21, 1920, Nr. 26, S. 735.

12 Schiffbau, Jg. 22, 1921, Nr. 36, S. 886.

13 Scherer, Manuskript, S. 18. – Vermutlich handelte es sich bei der Mindener Werft um eine Tochtergesellschaft des Kieler Unternehmens.

14 Schiffbau, Jg. 22, 1921, Nr. 31, S. 731f.

15 Schiffbau, Jg. 23, 1921, Nr. 10, S. 284f.

16 Zur Person G. Feders vgl. R. Wistrich: Wer war wer im Dritten Reich? Ein biographisches Lexikon. Frankfurt/M. 1987, S 88f.

17 Schiffbau, Jg. 20, 1919, Nr. 8, S. 211.

18 Eisenbeton Schiffbau G.m.b.H., Hamburg, Germany: www.mareud.com/Ferro-Concrete/eisenbeton_schiffbau_g.html.

19 Scherer, Manuskript, S. 18.

20 Schiffbau, Jg. 22, 1921, Nr. 27, S. 653; Dudszus, Schiffstypen, S. 58; Busch, Schwimmt Beton?, S. 8.

21 Schiffbau, Jg. 23, 1921, Nr. 6, S. 165; Kramer, Maritime Erkundungen, Teil 2.

22 Werft – Reederei – Hafen, H. 9 vom 7. Mai 1922. Zitiert in Busch, Schwimmt Beton?, S. 8; Uhrbrock, Götaälf.

23 Schiffbau, Jg. 22, 1920, Nr. 10, S. 230.

24 Busch, Es fehlte die Seefähigkeit. In: Schiffe – Häfen – Meere; Busch, Schwimmt Beton?, S. 8.

25 Schiffbau, Jg. 22, 1921, Nr. 24, S. 563.

26 Schiffbau, Jg. 22, 1921, Nr. 34, S. 827. – Zum Vorsitzenden wurde Dr.-Ing. Wilhelm Teubert, Minden, gewählt.

27 Schiffbau, Jg. 22, 1921, Nr. 45, S. 1171; Busch, Schwimmt Beton?, S. 7.

28 Schiffbau, Jg. 41, 1940, Nr. 11, S. 166.

29 Schiffbau, Jg. 20, 1918, Nr. 2, S. 46.

30 Skiöld, History: www.mareud.com/Ferro-Concrete/fc_historygbr.htm.

31 Schiffbau, Jg. 21, 1920, Nr. 37, S. 1022.
32 Kramer, Maritime Erkundungen, Teil 1.
33 Schiffbau, Jg. 20, 1918, Nr. 1, S. 21f.
34 http://en.wikipedia.org/wiki/William_Leslie_Comyn.
35 Dudszus, Schiffstypen, S. 58.
36 Busch, Artikelserie: Die Geschichte der »Faith«. In: Schiffe – Häfen – Meere.
37 Schiffbau, Jg. 20, 1919, Nr. 21, S. 601; Jg. 21, 1919, Nr. 1, S. 24.
38 Schiffbau, Jg. 22, 1920, Nr. 10, S. 230.
39 Kramer, Maritime Erkundungen, Teil 2.
40 Busch, Schwimmt Beton?, S. 7.
41 Der Firmengründer N.K. Fougner erhielt schon 1912 ein norwegisches Patent über die Konstruktion eines seetüchtigen Betonschiffs, aber erst 1916 war er in der Lage, die mit dem Bau von Betonschiffen verbundenen konstruktiven Probleme zu beherrschen (Skiöld, History: www.mareud.com/Ferro-Concrete/fc_historygbr.htm).
42 Schiffbau, Jg. 20, 1918, Nr. 5, S. 124.
43 Skiöld, History: www.mareud.com/Ferro-Concrete/fc_historygbr.htm.
44 Schiffbau, Jg. 22, 1921, Nr. 40, S. 983.
45 Schiffbau, Jg. 20, 1918, Nr. 3, S. 71.
46 Schiffbau, Jg. 22, 1921, Nr. 25, S. 596.
47 Schiffbau, Jg. 20, 1918, Nr. 3, S. 71.
48 Freundl. Mitteilung von Holger Munchaus Petersen, Kopenhagen.
49 Scherer, Manuskript, S. 18; http://lodsen.dk/Naestved_jernbetonskibsbyggeri.html.
50 Sonander, Sveriges första betonfartyg; Schiffbau, Jg. 20, 1919, Nr. 12, S. 316.
51 Schiffbau, Jg. 20, 1918, Nr. 1, S. 23.
52 Schiffbau, Jg. 23, 1922, Nr. 38, S. 1122.
53 Beim Bau von Planetarien wurde das Zeiß-Dywidag-Schalengewölbe eingeführt, welches es möglich machte, sogenannte Rotationsschalen mit bis zu 200 m Spannweite bei geringstem Baustoffeinsatz herzustellen. Die »Schott«-Kuppel in Jena (Spannweite 40 m), das E-Werk (Spannweite 26 m), die Großmarkthalle in Leipzig (1927–1930) mit zwei Stahlbeton-Schalengewölben von je 75 m freier Spannweite und je 6000 m² überdeckter Fläche sowie die Großmarkthalle in Frankfurt/Main mit einer Spannweite von 51 m zeugten von der neuen Qualität im Schalenbetonbau (Busch, Schwimmt Beton?, S. 9).
54 Schiffbau, Jg. 22, 1921, Nr. 36, S. 883.
55 Ebd., S. 882f.
56 Foerster, Ende des Eisenbeton-Schiffbaues. In: Zeitschrift des VDI 67, 1923, S. 144.
57 Schiffbau, Jg. 23, 1922, Nr. 40/42, S. 1175.
58 Kramer, Schiffe aus Beton, S. 51.
59 Scherer, Manuskript, S. 18f.
60 Ebd., S. 19. – Dem frühen Bautermin nach dürfte die Kiellegung dieser Schiffe schon 1943 erfolgt sein.
61 Scherer, Manuskript, S. 21.
62 Finsterwalder, Betonschiffe, S. 1.
63 Ebd., S. 3.
64 Ebd.
65 Scherer, Manuskript, S. 22.
66 Ebd.
67 Ebd., S. 25.
68 Finsterwalder, Betonschiffe, S. 3; Scherer, Manuskript, S. 25. – Die Entscheidungskriterien für die Auswahl der Bauorte sind nicht bekannt. Im Falle von Rügenwalde an der pommerschen Ostseeküste kann man annehmen, dass man zunächst davon ausging, dass dieser Ort außerhalb der Reichweite der alliierten Bomberverbände lag.
69 Busch, Artikelserie in Schiffe – Häfen – Meere.
70 Finsterwalder, Betonschiffe, S. 3f.
71 Genaue Position am 30. August 1944: 54° 00' Nord; 13° 47,8' Ost (Scherer, Manuskript, S. 29).
72 Finsterwalder, Betonschiffe, S. 6; Gröner, Kriegsschiffe, S. 146; Scherer, Manuskript, S. 29 (hier auch Kartenausschnitt mit dem Ort des Unterganges der ULRICH FINSTERWALDER).
73 Freundl. Mitteilung von Holger Munchaus Petersen, Kopenhagen.
74 Gröner, Kriegsschiffe, S. 146; Scherer, Manuskript, S. 26.
75 Busch, Schwimmt Beton?, S. 11f.
76 Scherer, Manuskript, S. 25. – Aus den Quellen nicht ersichtlich ist das Schicksal der D&W-Nr. 63, die, dem Gesetz der Serie folgend, ebenfalls in Rügenwalde hätte gebaut werden müssen.
77 Finsterwalder, Betonschiffbau, S. 4f.; Busch, Artikelserie in Schiffe – Häfen – Meere; Janke, Und sie schwammen doch, S. 3–6; Gröner, Kriegsschiffe, S. 144.
78 Finsterwalder, Betonschiffe, S. 5; Gröner, Kriegsschiffe, S. 148; Scherer, Manuskript, S. 22.
79 Gröner, Kriegsschiffe, S. 143; Scherer, Manuskript, S. 26f.
80 Gröner, Kriegsschiffe, S. 143; Scherer, Manuskript, S. 29.
81 Finsterwalder, Betonschiffe, S. 5.

82 Janke, Und sie schwammen doch, S. 12f.

83 Finsterwalder, Betonschiffe, S. 6; Janke, Und sie schwammen doch, S. 3.

84 Archiv Deutsches Schiffahrtsmuseum, Sign. III/A/02505.

85 Kramer, Maritime Erkundungen, Teil 3.

86 Vgl. Gröner, Kriegsschiffe, S. 143, Fußnoten 1 und 2.

87 Janke, Und sie schwammen doch, S. 11. – Es kann nicht ausgeschlossen werden, dass das seit 1945 in Lübeck liegende »Riverboat« (vgl. Kapitel »Überlebende Betonschiffe«) eines dieser von der Oder nach Lübeck gelangten Schiffe ist.

88 Gröner, Kriegsschiffe, S. 144.

89 Dass dieses Schiff mit seinem Namen registriert wurde, deutet darauf hin, dass der Erwerb durch die Sassnitzer Reederei möglicherweise schon vor Kriegsende stattgefunden hat.

90 Der Schiffsname CAPELLA bzw. KAPELLA passt allerdings nicht in das Namensschema des D&W-Bauplatzes Ostswine. Es gibt auch widersprüchliche Angaben über die Bergung eines aus Ostswine stammenden Betonkümos, das später nach Rostock verbracht wurde und dort als CAPELLA (vgl. Kapitel »Überlebende Betonschiffe«) noch existiert.

91 Busch, Schwimmt Beton?, S.13; Kramer, Schiffe aus Beton, S. 54.

92 Gröner, Kriegsschiffe, S. 144; Kramer, Dokumentation, S. 12; Scherer, Manuskript, S.26.

93 Gröner, Kriegsschiffe, S. 144; Kramer, Dokumentation, S. 13; Scherer, Manuskript, S. 26.

94 Finsterwalder, Betonschiffe, S. 6.

95 Franz, Der »schwimmende Stein«.

96 Gröner, Kriegsschiffe, S. 144; Busch, Artikelserie in Schiffe – Häfen – Meere; Skiöld, History: www.mareud.com/Ferro-Concrete/fc_historygbr.htm.

97 Gröner, Kriegsschiffe, S. 144; Skiöld, History: www.mareud.com/Ferro-Concrete/fc_historygbr.htm.

98 Gröner, Kriegsschiffe, S. 144; Busch, Artikelserie in Schiffe – Häfen – Meere.

99 Finsterwalder, Betonschiffe, S. 162; Gröner, Kriegsschiffe, S. 144; Busch, Artikelserie in Schiffe – Häfen – Meere; www.mareud.com/Ferro-Concrete/schalenschiffbau_dr.html.

100 V. R. = »A/S Ved Reberbanen« war eine dänische Eigentümergesellschaft innerhalb der Bergungsreederei Svitzer, die u.a. Schlepper und Leichter betrieb.

101 Gröner, Kriegsschiffe, Bd. 7, S. 144; www.mareud.com/Ferro-Concrete/schalenschiffbau_dr.html.

102 Gröner, Kriegsschiffe, S. 143 und 145.

103 Ebd., S. 144.

104 Ebd., S. 144f.

105 Ebd., S. 145.

106 Ebd.; Scherer, Manuskript, S. 30.

107 Freundl. Mitteilung Holger Munchaus Petersen, Kopenhagen.

108 Gröner, Kriegsschiffe, S. 144.

109 Ebd., S. 145; www.mareud.com/Ferro-Concrete/Bauer.html.

110 Gröner, Kriegsschiffe, S. 145; www.mareud.com/Ferro-Concrete/Bauer.html.

111 Gröner, Kriegsschiffe, S. 145; www.mareud.com/Ferro-Concrete/Bauer.html. – Zum Verbleib der hier nicht einzeln aufgeführten 300-t-Schalenbetonschiffe vgl. die Angaben bei Gröner, Kriegsschiffe, S. 144f.

112 Schiffbau, Nr. 42, 1921, S. 1052. Zitiert bei Peters, Schiffe aus Beton.

113 Polednick, Paul Kossel, in: Deutsche Schiffahrt 1/1999; Scherer, Manuskript, S. 17; Peters, Schiffe aus Beton; www.janmaat.de/kossel.htm.

114 GST = Gesellschaft für Sport und Technik, 1952 gegründete paramilitärisch organisierte Organisation, in der u.a. auch Segelausbildung für Jugendliche unterhalb des Wehrpflichtigenalters betrieben wurde.

115 Gröner, Kriegsschiffe, S. 144; Busch, Das Redentiner Betonschiff; Busch, Der schwimmende Stein vor Redentin; Das Betonschiff vor Wismar diente als Filmkulisse, in: Ostsee-Zeitung Rostock vom 27.11.1999.

116 Gröner, Kriegsschiffe, S. 144; Kramer, Beton schwimmt, S. 29f.; Kramer, Schiffe aus Beton, S. 53; www.schiff-fahrtsmuseum-rostock.de/Betonschiff_CAPELLA.297.html.

117 Skiöld, History: www.mareud.com/Ferro-Concrete/fc_historygbr.htm.

118 Dies bestätigte Klaus Ließ, der von 1957 bis 1959 als Matrose auf der TREUE fuhr, in einem Interview: *Damals, es muß im September 56 gewesen sein, laß ich dieses Stellenangebot in der Zeitung:* »Leichtmatrose gesucht, gute Vorkenntnisse im Maurerhandwerk erforderlich.« (Freundeskreis der MS TREUE, Kümo MS TREUE, S. 8).

119 Archiv Deutsches Schiffahrtsmuseum, Sign. III/A/02505. – Es scheint möglich, dass bei Dyckerhoff & Widmann die Existenz des »Schwesterschiffes« CAPELLA in Rostock, das dem ursprünglichen D&W-Betonfrachtschiff wesentlich mehr entsprach, bekannt war.

120 Gröner, Kriegsschiffe, S. 144; Busse, Hellmut: MS »Treue« – ein vergessenes Betonkümo. In: Deutsche Küsten-schiffahrt, H. 9, 1984, S. 244; »Im Harburger Hafen liegt eines der letzten Betonschiffe«. In: Hamburger Abend-blatt vom 14.02.1993; Freundeskreis der MS TREUE, Kümo MS TREUE. Ein (Beton-)Schiff wird kommen; Werbetext der Hansestadt Bremen zum Schlachte-Projekt unter www.ms-treue.de: *Die Schlachte ist der alte Bremer Hafen, mitten in der Stadt an der Weser. An der Schlachte wurden früher die Schiffe entladen, ausgeweidet, aus-geschlachtet. Die neue Schlachte-Promenade war ein anerkanntes Expo-Projekt. Zur Expo haben historische, moderne, stationäre und fahrende Schiffe ihren Liegeplatz am neu gestalteten Weserufer bekommen. [...] Ein*

Nachbau der Hansekogge, ein Dreimaster aus Holland, das Betonschiff MS »Treue« und andere Traditionsschiffe haben hier ihren Platz gefunden.

121 www.riverboat-luebeck.de/historie.html.
122 Dudszus, Schiffstypen, S. 50
123 Betonschiffe von kubanischen Werften. In: Norddeutsche Neueste Nachrichten vom 20.05.1989; Betonschiffe für den Fischfang. In: Urania, H. 12, 1980, S. 59; Kramer, Maritime Erkundungen, Teil 5; Scherer, Manuskript, S. 30.
124 Dudszus, Schiffstypen, S. 59.
125 Finsterwalder, Kaltzäher Spannbeton.
126 Busch, Schwimmt Beton?, S. 15.
127 Betonschiff aus der Scheune. In: Elbe-Jeetzel-Zeitung, Lüchow, vom 27.05.1986.
128 Scherer, Manuskript, S. 30 (hier auch weitere Fachzeitschriften-Literatur); www.fsrbiw.de/betonboot/boote.html; http://de.wikipedia.org/wiki/Betonschiff.
129 Busch, Schwimmt Beton?, S. 15f.

Anschrift des Verfassers:
Dr. Peter Danker-Carstensen
Schiffbau- und Schifffahrtsmuseum Rostock
IGA Rostock 2003 GmbH
Schmarl-Dorf 40
D-18106 Rostock

Concrete Shipbuilding in Germany

Summary

Wood, iron and steel are the materials traditionally used for shipbuilding. It is unusual to find ships with concrete hulls. However, as early as 1854, Duke Lambot, a Frenchman, constructed a concrete boat in Paris and by the end of the nineteenth century small ships had been built with concrete in the U.S. and Holland. The first efforts to do so in Germany were in 1908. During and after both world wars, the construction of concrete ships came under consideration once again due to the scarcity of steel as a building material. One of the reasons why this method of building did not take firm hold, however, was that the ships thus constructed had a relatively heavy dead load which had a detrimental effect upon their carrying capacity. Another reason was the high materials usage associated with traditional rib construction. On the other hand, the short production time requiring fewer skilled shipbuilding workers was advantageous, as were the lower maintenance requirements resulting from the absence of corrosion and marine growth.

It was not until 1940 and the shortage of raw materials arising from the war that the Versuchsstelle des Reichsamtes für Wirtschaftsaufbau (The Research Centre of the German Reich Office of Economic Development) was set up in Nussdorf near Vienna. This facility also experimented with the construction of concrete ships. The first ships were produced in 1942 – inland tankers made of reinforced concrete and still employing rib construction. However, the introduction of shell construction under the direction of engineer Ulrich Finsterwalder meant that less material could be used, resulting in a lighter ship than was the case with rib construction. Despite the extensive use of armouring, thirty percent less material was used in the case of the steel alone. What is more, through the addition of clay, a light concrete was developed which allowed the weight to be further reduced.

The Schalenschiffbau Dr. Erich Lübbert KG, a shell construction partnership founded specifically for this purpose in Wilmersdorf in Berlin, developed a number of ship types for the

"Transportflotte Speer" (Speer transport fleet). At the end of 1942 an ambitious construction programme was undertaken: 17 motor tankers, 7 freight steamers, 36 coastal motorboats of the "Wiking Motor" seagoing lighter type and 48 inland cargo vessels. Only a certain proportion of these vessels were actually built to completion between 1943 and the end of the war in 1945. A concrete tanker was constructed in 1944 in Rügenwalde in Pomerania but never actually sailed. The shell-construction concrete ships were built keel-up to facilitate the application of the armouring – 4mm-thick wire mesh – and the light concrete. The outer shell consisted of smoothened hard concrete. The 8-cm-thick shells of the coastal motor boats were constructed by Dyckerhoff & Widmann KG in Ostswine/Swinemünde, in Larvik/Norway and Rotterdam. The hulls, having been constructed keel upward, were turned by cranes and lifted into the water. These shell constructions were then fitted out by neighbouring shipyards.

Still extant in Germany today are the tugboat PAUL KOSSEL (built in 1921) in the German Maritime Museum in Bremerhaven as well as the former seagoing lighter RIVERBOAT built in 1943 but not equipped (today in Lübeck), the former coastal motorboat TREUE which now serves as a restaurant ship in Bremen, a wreck located on the bottom of Wismar Bay off Redentin and the concrete ship CAPELLA in the Schiffbau- und Schifffahrtsmuseum in Rostock.

La construction navale en béton en Allemagne

Résumé

Bois, fer et acier sont les matériaux traditionnels employés dans la construction navale. Par contre, les coques en béton sont inhabituelles. Cependant, le comte Lambot avait déjà construit à Paris en 1854 une barque en Ferciment, et déjà à la fin du XIXᵉ siècle, des canoës en béton avaient été construits en Hollande et aux USA. En Allemagne, les premières tentatives commencèrent à partir de 1908. Au cours des deux premières guerres mondiales, tout comme après, la construction navale en ciment armé devint d'actualité car l'acier était devenu un matériau rare ; toutefois cette méthode de construction ne réussira pas à s'imposer, entre autres parce que les navires avaient un poids relativement élevé, ceci au détriment de leur force portante. Une autre raison était également la méthode traditionnelle de construction en couples, demandant un énorme matériel. En revanche, le bref temps de fabrication était un avantage requérant moins de personnel et de travaux d'entretien, la corrosion et les salissures marines n'apparaissant plus.

C'est seulement avec la carence en matières premières durant la Seconde Guerre mondiale que le « Versuchsstelle des Reichsamtes für Wirtschaftsaufbau » (centre d'essai du Ministère du Reich pour la constitution de l'économie) vit le jour à Nußdorf près de Vienne en 1940, et se pencha sur la construction en béton. Les premières péniches-citernes, fabriquées à partir de 1942 en ciment armé, étaient encore basées sur la construction en couples. Cependant, la construction en coffrage, introduite sous les directives de l'ingénieur Ulrich Finsterwalder, en comparaison de la construction en couples, permit de réduire la quantité de béton et ainsi, le poids. Malgré une armature réalisée en plusieurs couches, rien que pour l'acier, environ 30 pour cent de moins étaient utilisés. Un béton léger (avec addition d'argile) fut de surcroît inventé, contribuant à réduire encore davantage le poids.

Pour la « Transportflotte Speer » (Flotte de Transport de Speer), la société de construction navale en coffrage Dr. Erich Lübbert KG à Berlin-Wilmersdorf, fondée spécialement à cet effet, développa différents types de navires. Fin 1942, un programme de construction ambitieux fut lancé : 17 navires-citernes à moteur, 7 cargos à vapeur, 36 caboteurs à moteur de type « Seeleichter Wiking Motor » et 48 péniches, dont seule, toutefois, une partie fut réalisée de 1943 jusqu'à la fin de la guerre en 1945. Un tanker en béton a vu le jour en 1944 à Rügenwalde, en Poméranie, sans pouvoir être néanmoins mis en service. Les navires en béton, réalisés en coffrages, étaient construits avec la quille vers le haut, afin de pouvoir appliquer plus facilement l'armature d'environ quatre millimètres d'épaisseur du treillis et le béton léger. L'enduit extérieur était constitué de béton lourd meulé. Pour les caboteurs, l'épaisseur du coffrage était d'environ 8 cm. Ils étaient construits par la firme Dyckerhoff & Widmann KG à Ostswine/Swinemünde, à Larvik/Norvège et Rotterdam. Les quilles étaient retournées avec des grues et mises à l'eau. Puis des firmes avoisinantes équipaient le gros-œuvre.

Jusqu'à aujourd'hui sont encore conservés en Allemagne : le remorqueur Paul Kossel, construit en 1921, exposé au Musée allemand de la Marine de Bremerhaven ; l'ancien navire léger « Riverboat » de 1943 à Lübeck, qui n'a jamais été équipé ; l'ancien caboteur Treue, aujourd'hui restaurant flottant à Brême ; une épave coulée devant Redentin dans la baie de Wismar ; le navire en béton Capella, dans le Musée de la Construction navale et de la Marine de Rostock.

▶ DIRK J. PETERS

Deutsche Werften in der Zwischenkriegszeit (1918–1939)

Teil 2: Symptome der Krise. Stilllegungen, Schließungen, Fusionen und Innovationen (1924–1934)

1. Einleitung

Dieser Aufsatz schließt an den ersten im Rahmen dieses Jahrbuchs veröffentlichten Teil (Von der Kriegsrüstung zur Friedenswirtschaft, 1918–1923) an.[1] Am Beispiel der wichtigsten Unternehmen in den Schiffbauzentren an der deutschen Nord- und Ostseeküste werden die vielfältigen technik-, wirtschafts- und sozialgeschichtlichen Aspekte der deutschen Schiffbauindustrie in dem Zeitraum von 1924 bis 1934 überblicksartig beschrieben. In diesen Krisenjahren ging es für die Branche insgesamt um eine überfällige Strukturanpassung und für viele Betriebe im Einzelnen um die Sicherung ihrer Existenz. Stilllegungen, Schließungen und Fusionen, aber auch wegweisende Innovationen auf dem Gebiet der Schiffbautechnik waren die Folge. Es wird ein abschließender dritter Teil folgen, der die deutschen Werften im Zeitraum von 1935 bis 1939 in der nationalsozialistischen Ära im Zuge der Wiederaufrüstung und Vollbeschäftigung behandeln wird.

Grundlage für die Bearbeitung waren die Archivstudien im Staatsarchiv in Bremen, im Stadtarchiv in Bremerhaven, in den niedersächsischen Staatsarchiven Stade und Aurich, im Stadtarchiv von Emden und im Archiv des Deutschen Schiffahrtsmuseums (DSM). Neben der Handbibliothek der Abteilung Schifffahrt im Industriezeitalter des DSM wurden in der Bibliothek des DSM die Schiffbauliteratur sowie die Schifffahrtszeitschriften HANSA, Jahrbuch der Schiffbautechnischen Gesellschaft, Werft – Reederei – Hafen, Zeitschrift des Vereines Deutscher Ingenieure sowie Nauticus für den Zeitraum von 1924 bis 1934 systematisch ausgewertet. Als Basisliteratur für die deutsche Schiffbauindustrie sowie für die einzelnen Schiffbaufirmen in den 1920er und 1930er Jahren wurden die Ausarbeitungen von Herbert Heißner[2], Reinhart Schmelzkopf[3], Rudolf Blohm[4], Götz Albert[5], Hartmut Rübner[6], Marc Fisser[7], Dieter Pfliegensdörfer[8], Peter Kuckuk[9], Franz X. Ortlieb[10], Hartmut Roder[11], Dirk J. Peters[12], Andreas Meyhoff[13], Hans Jürgen Witthöft[14], Christine Keitsch[15], Christian Ostersehlte[16], Heinz Haaker[17], Joachim Stahl[18] und Armin Wulle[19] herangezogen.

1923 waren die Reparationsablieferungen und der Wiederaufbau der deutschen Handelsflotte durch die Sonderkonjunktur, die durch massive staatliche Hilfen und den Währungsverfall mit der Einführung der Rentenmark ausgelöst worden war, abgeschlossen.[20]

Es gab, wie bereits angedeutet, eine Überkapazität der nach dem Ersten Weltkrieg aufgeblähten Schiffbaubetriebe von ca. 30 bis 50 Prozent. Die geringe Neubaunachfrage, die niedrigen

Frachtschiffsraten und die fehlenden Kriegsschiffsaufträge führten zu der ruinösen Schiffbaukrise, die von 1924 – mit einem Zwischenhoch 1927 bis 1929 – bis 1934 andauerte. Die Schiffbaubetriebe in den Ostseegebieten waren aufgrund ihrer ungünstigen Lage überproportional von dem Kapazitätsabbau und von der Strukturkrise betroffen. Die Werftarbeiter und die Gewerkschaften versuchten ihre nach dem Ersten Weltkrieg erkämpften Privilegien (Achtstundentag, 48-Stundenwoche, Lohnerhöhungen, Abschaffung der Akkordarbeit) durch Streiks (1924 und 1928/29) zu erhalten, jedoch ohne großen Erfolg. Immerhin konnten am 5. Januar 1929 die gesetzliche Festschreibung der 49-Stundenwoche und bescheidene Lohnerhöhungen erreicht werden.

Der Verein Deutscher Schiffswerften (VDS) tolerierte den harten Konkurrenzkampf, dem viele bekannte deutsche Werften zum Opfer fielen. Die Beschäftigung in der deutschen Schiffbauindustrie betrug 1923 etwa 89 000 Personen; 1926 gab es nur noch, grob geschätzt, 28 000 Beschäftigte; 1929 stieg die Mitarbeiterzahl wieder auf 41 000; 1933 schrumpfte die Zahl der Arbeiter und Angestellten bis auf ca. 9000 Personen. 1923 stellten die deutschen Werften 418 000 BRT Schiffsraum her, der sich 1924 auf 249 000 BRT vermindert hatte. 1929 betrug die Jahresproduktion wieder 358 000 BRT, die dann kontinuierlich bis 1932 auf 104 000 BRT fiel und 1933 nur noch etwa 38 900 BRT ausmachte. Auch die schwache internationale Schiffbaukonjunktur und die Flaute in der Weltschifffahrt trugen zur Krise der deutschen Werftindustrie bei.[21]

Als Ausweg aus der Krise unterstützte die Reichsregierung die Not leidenden Werften 1925 mit einem Schiffserneuerungsfonds von 50 Millionen Reichsmark (Darlehen für die Finanzierung von Schiffsneubauten bis zu 50 Prozent). 1926/27 gab es ein Programm zur Zinsverbilligung von Schiffsneubauten, und 1932 legte die Reichsregierung ein Abwrackprogramm mit einem Etat von zwölf Millionen Reichsmark für 20 Jahre alte Schiffe mit Prämien und zinsfreien Krediten auf.[22]

Die Weltwirtschaftskrise und der 1930 vereinbarte Vertrag zwischen der Hamburg-Amerika Linie (Hapag) und dem Norddeutschen Lloyd (Hapag-Lloyd-Union) bewirkten eine zusätzliche Verminderung der Nachfrage nach Schiffsneubautonnage, weil durch die Konzentration und Absprache zwischen den beiden großen deutschen Reedereien weniger Schiffsneubauten in Auftrag gegeben wurden.[23]

2. Stilllegungen und Schließungen

1924 wurde die Eiderwerft in Tönning geschlossen. Die Einrichtungen wurden 1927 demontiert. Die Anlagen der Norddeutschen Werft (Rickmers Werft) in Wesermünde (heute Bremerhaven) wurden ebenfalls 1924 eingemottet. Erst 1937 eröffnete die Hamburger Rickmers Reederei wieder ihren Schiffbaubetrieb auf der Geesthelle. Die Nordseewerke in Emden und die Frerichswerft am oldenburgischen Unterweserufer in Einswarden (heute Stadtteil von Nordenham) mussten im Frühjahr 1924 vorübergehend ihre Arbeit einstellen. Auch die Schichau-Werft in Danzig arbeitete 1924 wegen fehlender Aufträge nur noch für eigene Rechnung. Bei der Hamburger Elbe Schiffswerft AG ruhte seit demselben Jahr die Produktion. Das Unternehmen bestand noch bis 1937. Die Norddeutschen Union Werke meldeten 1925 Konkurs an. Die Emder Nordseewerke hatten ihre Betriebsanlagen von 1926 bis 1927 wegen fehlender Aufträge stillgelegt. Dem Stettiner Vulcan drohte bereits 1925 die Stilllegung. Vor allem die großen Seeschiffswerften an der Ostsee hatten wegen ihrer Standortnachteile große Probleme. 1925 stellte in Hamburg die Reiherstiegwerft ihre Arbeit ein und wurde 1927 mit der Deutschen Werft vereinigt. Das Travewerk der Gebr. Goedhart AG in Lübeck-Siems wurde 1927 stillgelegt. Die renommierte, 1858 gegründete Schiffbaufirma Janssen & Schmi-

Abb. 1 Stillgelegte Rickmers Werft mit Ausrüstungskaje, Schuppen und Hammerschmiede, um 1928. (Alle Fotos zu diesem Beitrag: Archiv DSM)

Abb. 2 Frerichswerft in Einswarden, 1934.

linsky in Hamburg meldete Ende 1928 Konkurs an und wurde von den Kieler Howaldtswerken übernommen, die die Anlagen 1930 stilllegten. Der Stettiner Vulcan und die Tecklenborg Werft in Wesermünde wurden von ihrem Mutterkonzern Deutsche Schiffbau- und Maschinenbau AG (Deschimag) in Bremen 1928 geschlossen, die Helgen und Anlagen demontiert. Die Nüske-Werft in Stettin musste 1928 Konkurs anmelden und wurde 1931 stillgelegt. Auf der Frerichswerft ruhte die Schiffbautätigkeit seit Frühjahr 1928. Die Arbeit wurde erst wieder im Laufe des Jahres 1929 aufgenommen. Die Neptunwerft in Rostock wurde am 6. Oktober 1928 für einige Zeit wegen fehlender Aufträge geschlossen. 1930 meldete die Union-Gießerei in Königsberg Konkurs an. Die Einrichtungen wurden im selben Jahr durch die in staatlichem Besitz befindlichen Schichau-Werke in Elbing und Danzig weitergeführt. 1930 musste die in Kiel alteingesessene Firma Stocks & Kolbe die Werfttore für immer schließen. Ende 1930 stellte die Flensburger Schiffbau-Gesellschaft ihre Tätigkeit vorübergehend ein. Ab Frühjahr 1931 ließen die Nordseewerke die Produktion bis 1933 überwiegend ruhen. Die Ostseewerft in Frauendorf bei Stettin des Reeders Emil R. Retzlaff hörte 1931 endgültig auf zu bestehen. 1931 gab die traditionsreiche Klawitter-Werft in Danzig auf. Die Rostocker Neptunwerft meldete zwar am 10. Oktober 1932 Konkurs an, konnte aber weiterarbeiten. Ein Zwangsvergleichsverfahren am 16. Juli 1934 überstand das Rostocker Traditionsunternehmen ebenfalls. Schließlich mussten 1934 die Lübecker Werft von Henry Koch und 1935 Frerichs in Einswarden den Betrieb einstellen.

Die Deschimag, die Flensburger Schiffbau-Gesellschaft, die Deutschen Werke in Kiel, die Flender Werft und die Koch'sche Schiffswerft in Lübeck, die Rostocker Neptunwerft, der Stettiner Vulcan, die Schichau-Werke in Elbing und Danzig sowie die Königsberger Union-Gießerei erhielten öffentliche Gelder der Städte und vom Reich, um das Überleben dieser Schiffbaustandorte zu sichern. Von insgesamt 44 im Jahr 1923 existierenden Werften bestanden 1935 nur noch 29 Unternehmen.[24]

3. Fusionen

1926 kam es auf Initiative des Bremer Bankiers Johann Friedrich Schröder unter Führung der AG »Weser« in Bremen zur Fusion mit dem Hamburger Vulcan und der Joh. C. Tecklenborg A.G. in Wesermünde zur Deschimag. 1927 traten der Stettiner Vulcan und 1928 die Nüske-Werft in Stettin, die Neptunwerft in Rostock, die Seebeckwerft in Wesermünde und die Frerichswerft in Einswarden diesem Verbund bei. Die finanzkräftigeren Werften wie Blohm & Voss, die Deutsche Werft in Hamburg, der Bremer Vulkan und die Kieler Germaniawerft schlossen sich dieser Fusion nicht an. Ziel des Deschimag-Konzerns war die Ausschaltung konkurrierender Unternehmen zur Rettung der AG »Weser«. Als Konsequenz dieser verhängnisvollen Fusion wurden die Anlagen von Tecklenborg und vom Stettiner Vulcan sowie Teile des Hamburger Vulcan-Betriebes abgewrackt. Nüske und Frerichs wurden stillgelegt. 25 Prozent der deutschen Werftkapazitäten waren damit vernichtet worden. Die AG »Weser« stand nach der Ablieferung der BREMEN 1929 und der letzten Neubauten ebenfalls vor dem Ruin, weil die Schröder-Bank im Zuge der Bankenkrise 1931 ihre Geschäfte einstellen musste.

1926 schlossen sich in Kiel die Schwentine-Dock-Gesellschaft und die Dietrichsdorfer Werft (Howaldt) zu den Howaldtswerken zusammen, die wiederum 1929 die einstige Firma Janssen & Schmilinsky (Schiffswerft & Maschinenfabrik) in Hamburg übernahmen. Die aus dieser Fusion entstandenen Howaldtswerke Hamburg reaktivierten außerdem Teile des stillgelegten Areals des Hamburger Vulcan. Dieses Firmenkonsortium nahm 1930 seinen Betrieb auf. Die in Hamburg-Finkenwerder ansässige Deutsche Werft und die Reiherstieg-Werft fusionierten 1927 als Reaktion auf die von Bremen aus gesteuerte Politik des Deschimag-Konzerns.[25]

Abb. 3 Demontage der Helgengerüste auf der Tecklenborg Werft, 1928.

4. Innovationen

4.1. Schweißtechnik

Die Entwicklung der Schweißtechnik von den ersten Versuchen bis zur praktischen Anwendung und Serienreife im industriellen Schiffbau ist ein vielschichtiger Prozess gewesen, der etwa 50 Jahre dauerte. Vor dem Ersten Weltkrieg kamen schon vereinzelt Punktschweißapparate und ummantelte Elektroden zum Einsatz. 1918 hatte die Klassifikationsgesellschaft Lloyd's Register bereits provisorische Vorschriften für das Schweißen im Schiffbau ausgearbeitet. Im englischen Birkenhead an der Mündung des Mersey (gegenüber Liverpool) entstand 1919 das erste vollständig im Schweißverfahren hergestellte kleine Seeschiff FULLAGAR.

Die Einführung der Schweißtechnik in den 1920er Jahren, zuerst auf der Marinewerft in Wilhelmshaven und bei den Deutschen Werken in Kiel und seit den 1930er Jahren auch auf verschiedenen deutschen Privatwerften, stellt sicherlich die wichtigste Innovation im deutschen Schiffbau in jener Zeit dar. Mit Hilfe des elektrischen Lichtbogenschweißens, das die traditionelle Nietenbauweise nach und nach ersetzte, konnten Gewicht reduziert und Material eingespart werden, weil die Nieten, Nietwinkel und Normalprofile nicht mehr benötigt wurden. Außerdem war die Schweißtechnik im Vergleich zum Nietverfahren durch den Wegfall der Vor- und Nachbearbeitung nicht so zeitaufwendig und bewirkte eine erhebliche Verringerung des Mitarbeiterstabes, wodurch die Kosten minimiert werden konnten.

Die Bedingungen des Versailler Vertrages legten der Reichsmarine für ihre Ersatzbauten eine maximale Kapazität von 10 000 Tonnen auf, die durch das Schweißverfahren kompensiert werden konnte. Beim Bau des Leichten Kreuzers EMDEN (1921–1925) auf der Marinewerft in Wilhelmshaven kam die Schweißtechnik bei den tragenden Konstruktionen zum Einsatz, nachdem man vorher bei Versuchsbauten das neue Verfahren erprobt hatte. Die Deutschen Werke in Kiel

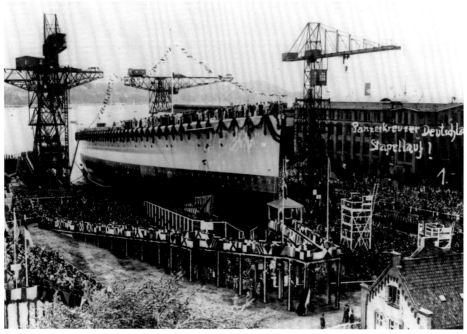

Abb. 4 Stapellauf des Panzerschiffs DEUTSCHLAND bei den Deutschen Werken in Kiel, 1931.

hatten 1929 die beiden kleinen Motortanker FEHMARN und USEDOM mit Schweißnähten verse-
hen. Diese Versuchsfahrzeuge bildeten die Grundlage für das hier entstandene Panzerschiff
DEUTSCHLAND (1929–1933), das als erfolgreicher Prototyp für die Anwendung der neuzeitlichen
Schweißtechnik weltweit gelten kann.

Von den Erfahrungen der Reichsmarine und der Marinewerften bei der Einführung des
Schweißverfahrens profitierte die private Werftindustrie, die ihre Anlagen in der Folgezeit mit
Schweißautomaten einrichtete und qualifiziertes Personal ausbildete. Der Germanische Lloyd
erließ 1931 Bauvorschriften für die Schweißung im Schiffbau, die auf den theoretischen und
praktischen Forschungen der Reichsmarine basierten. Die Schiffbautechnische Gesellschaft setzte sich in ihren Vorträgen und Veröffentlichungen für die neue Technologie ein.

Bei den 1933 von Blohm & Voss an die Hapag abgelieferten und im Westindiendienst eingesetzten Fracht- und Fahrgastmotorschiffen CARIBIA und CORDILLERA wurden Zwischendeck-
und Schottverbindungen, Doppelböden und Motorenfundamente elektrisch geschweißt. Eine
konsequente Verbesserung in der Anwendung der Schweißtechnik im deutschen Handelsschiffbau stellte der für den Norddeutschen Lloyd (NDL) von Blohm & Voss gebaute Schnelldampfer
POTSDAM dar, der 1935 in Dienst gestellt wurde. Die traditionelle Nietbauweise war nach 1935
nur noch bei der Außenhaut und bei den Deckverbänden erforderlich. Generell setzte sich die
Schweißtechnik im deutschen Seeschiffbau jedoch erst nach dem Zweiten Weltkrieg durch.[26]

4.2. Maierform

Auf der Schleppversuchsstation des NDL in Bremerhaven führte der Wiener Ingenieur und
Konstrukteur Fritz Franz Maier zur Verbesserung der optimalen Schiffsform bereits Expe-
rimente mit Modellen für den Fischkutter PRÄSIDENT ROSE (1910) durch, der bei der an der
Geeste gelegenen Schiffbaugesellschaft Unterweser im heutigen Bremerhaven-Lehe gebaut

wurde. Maier gilt als Begründer der »Maier-form«. Mit ihrem V-förmigen und breit aus-laufendem Vorsteven bietet sie geringeren Widerstand und verleiht dem Schiff mehr Frachtraum. Ferner ermöglicht sie eine etwas schnellere Fahrtgeschwindigkeit und macht das Schiff seetüchiger.

Diese Schiffsform erlangte nach dem Ersten Weltkrieg internationale Anerkennung. Nach umfangreichen Modellversuchen bei der Ham-burgischen Schiffbauversuchsanstalt (HSVA) waren die ersten seegehenden Maierformschif-fe die Fischdampfer WEISSENFELS, GLEIWITZ und EISENACH für die Dampffischereigesellschaft »Nordsee«. Die Schiffe wurden 1928 als letzte Neubauten auf der innovativen Tecklenborg Werft in Wesermünde fertiggestellt. Neben den relativ kleinen Fischereifahrzeugen wurden auf der AG »Weser« in Bremen seit 1929 auch grö-ßere Frachter mit einem veränderten Unterwas-serschiff nach der Maierform in erster Linie für die in Bremen beheimateten Reedereien DG »Neptun«, DDG »Hansa« und NDL gebaut. Der Sohn des 1926 verstorbenen Schiffbaupioniers, Erich R.F. Maier, etablierte 1927 im Verbund mit der AG »Weser« in Bremen die »Maier-

Abb. 5 Wulstbug (damals »Bugwulst«) der BREMEN im Kaiserdock II in Bremerhaven. Aufnahme von Hans Engelmeyer, um 1931.

Schiffsform-Verwertungsgesellschaft m.b.H.«. Mit exzellenten Technikern wie Hans K. Kloess, Walter Brühl und Leo Costa gelang es diesem Ingenieurbüro, die Maier'schen Patente auf der Basis vieler detaillierter Modellschleppversuche in der Praxis weltweit erfolgreich anzuwenden. Dieses Unternehmen existierte bis 1991.[27]

Neben der Maierform stellte eine andere Bugform des Unterwasserschiffes, der Wulstbug, damals »Bugwulst«, der zuerst bei den berühmten Schnelldampfern BREMEN und EUROPA des Lloyd Anwendung fand, eine Verbesserung der optimalen Schiffsform dar.[28] In diesem Zusam-menhang sind abschließend die von Hermann Frahm konstruierten Frahm'schen Schlinger-tanks zu erwähnen, die zu einer Verminderung der Rollbewegungen des Schiffskörpers bei See-gang beitrugen. Für seine schiffbaulichen Leistungen erhielt der bei Blohm & Voss beschäftigte Ingenieur zahlreiche Anerkennungen.[29]

4.3. Ruderanlagen

In den 1920er und 1930er Jahren lösten neue Rudereinrichtungen wie das Flettner-Ruder, das Wagner-Ruder, das Oertz-Ruder, das Simplex-Balance-Ruder der Deutschen Werft und das See-beck-Oertz-Stromlinienruder das herkömmliche Einplattenruder ab. Die modernen Ruderfor-men, die als Verdrängungsruder mit unterschiedlichen Profilen, Querschnitten und Aufhän-gungsmechanismen konzipiert worden waren, bewirkten eine optimalere Manövrierfähigkeit. Sie hatten eine bessere Steuerleistung und trugen zur Brennstoffersparnis und einer verbesser-ten Geschwindigkeitsleistung bei. Die innovativen Ruderpatentanlagen gehörten bald zum Standard vieler auf den deutschen Werften gebauter Frachtdampfer, Passagierschiffe, Fisch-dampfer und Schlepper.[30]

4.4. Antriebsanlagen

Bei der Diskussion über das wirtschaftlichste Antriebskonzept im deutschen Seeschiffbau der Zwischenkriegszeit erlebte die Kolbendampfmaschine durch die Entwicklung der Bauer-Wach-Abdampfturbine gegenüber dem aufkommenden Dieselmotor eine Renaissance, indem die Kolbendampfmaschine mit einer Abdampfturbine verbunden wurde. Dadurch können der Wirkungsgrad verbessert, die Wärmeenergie genutzt und eine Brennstoffersparnis erzielt werden. Die Kraftübertragung auf die Schraubenwelle wurde mit Unterstützung eines hydraulischen und umsteuerbaren Kupplungsgetriebes (Vulcan-Getriebe) erreicht, das der beim Hamburger Vulcan beschäftigte Prof. Dr. Gustav Bauer konstruiert hatte. Der technische Direktor der Tecklenborg Werft, Dr. Hans Wach, hatte die Abdampfturbine Bauers in der Kombination mit einer Kolbendampfmaschine in praktischen Versuchen zur Serienreife entwickelt. Der Fischdampfer SIRIUS wurde 1926 als erstes Fahrzeug mit einer Abdampfturbine nach dem System Bauer-Wach ausgestattet. In der Folgezeit erhielten viele ältere Frachtdampfer diese Abdampfturbinen. Durch die Ende 1926 vollzogene Fusion der AG »Weser« mit dem Hamburger Vulcan und der Tecklenborg Werft zur Deschimag kam es zu einer Zusammenarbeit der beiden herausragenden Ingenieure Bauer und Wach, die auch die Maschinen- und Kesselanlage sowie die Antriebseinrichtung des Turbinenschnelldampfers BREMEN konstruierten. Bei kleineren Frachtern und Fischdampfern blieb die preiswerte Kohle als Brennstoffmaterial für den Schiffsantrieb konkurrenzfähig, während sich bei den Passagierschiffen mit einer größeren Maschinenleistung die Ölfeuerung durchsetzte.[31]

Schon vor dem Ersten Weltkrieg wurde der Dieselmotor im deutschen Handelsschiffbau in Kooperation mit Motorenherstellern wie z.B. Gebr. Sulzer aus der Schweiz, Carèls Frères aus Belgien und der Maschinenfabrik Augsburg-Nürnberg (MAN) versuchsweise als Schiffsantrieb bei den Howaldtswerken in Kiel (MONTE PENEDO, 1912), bei Tecklenborg in Geestemünde (ROLANDSECK, 1912) sowie bei Blohm & Voss in Hamburg (SECUNDUS, 1914) verwendet.[32] Im deutschen U-Boot-Bau hatte sich der Dieselmotor, der von den Firmen MAN, Germaniawerft und Körting geliefert wurde, durchgesetzt. Einige dieser U-Boot-Motoren fanden nach Kriegsende als Schiffsantrieb für Handelsschiffe wieder Verwendung. Die renommierte Hamburger Werft Blohm & Voss baute in die für die Hapag 1921 hergestellten Schiffe HAVELLAND und MÜNSTERLAND ehemalige U-Boot-Motoren ein, die jedoch wegen der zu hohen Drehzahl mit einem Rädergetriebe und einer elastischen Kupplung ausgerüstet werden mussten.

Die Deutsche Werft in Hamburg-Finkenwerder nahm bei der Konzeption von Motorschiffen in Deutschland in den 1920er und 1930er Jahren eine führende Stellung ein. Seit 1917 gab es bereits eine Lizenz mit dem bekannten dänischen Dieselmotorenhersteller Burmeister & Wain in Kopenhagen. Diese Firma hatte 1912 die SELANDIA abgeliefert, die das erste in der Welt gebaute Seeschiff mit einem Dieselmotorenantrieb war. Neben der Deutschen Werft beteiligten sich Blohm & Voss, die Vulcanwerften in Hamburg und Stettin, die Schichau-Werke in Elbing und Danzig, die Reiherstiegwerft in Hamburg, die Flensburger Schiffbau-Gesellschaft, die Kieler Schiffbauunternehmen Germaniawerft, Deutsche Werke und Howaldtswerke sowie der Bremer Vulkan, die AG »Weser« und Tecklenborg an der Unterweser an der Entwicklung von Motorschiffen. Auch die großen deutschen Reedereien ließen mit Dieselmotoren angetriebene Fahrzeuge in Auftrag geben. Die Reichsmarine zeigte sich an der Konstruktion von Dieselmotoren ebenfalls interessiert. Die Panzerschiffe DEUTSCHLAND, ADMIRAL GRAF SPEE und ADMIRAL SCHEER (1929–1936) erhielten eine von MAN gebaute Dieselmotorenanlage.

Obwohl bei Tank-, Fracht- und Fahrgastschiffen Motoren zunehmend als Schiffsantrieb Verwendung fanden, stellte die Dampfmaschine in Kombination mit der Bauer-Wach-Abdampfturbine in der Zwischenkriegszeit eine ernst zu nehmende Konkurrenz dar und behauptete ihre Vormachtstellung im deutschen Schiffsmaschinenbau.[33]

4.5. Rotorschiffe

Bei der Suche nach dem optimalen Schiffsantrieb spielte in den 1920er Jahren die Idee von Anton Flettner eine Rolle, ein schwimmendes Windkraftfahrzeug zu konstruieren. Mit Hilfe von mehreren an Oberdeck installierten und sich drehenden Zylindern (Rotoren), die in Form von Litfasssäulen als Segelfläche dienen und durch Dieselmotoren in Bewegung versetzt werden, konnte durch Ausnutzung aerodynamischer Prozesse Windenergie erzeugt werden. Diese Windenergie wurde als zusätzliche Antriebskraft zur Fortbewegung des Schiffes verwendet. Der 1924 bei der Germaniawerft in Kiel umgerüstete Motorsegler BUCKAU und das 1926 auf der Bremer AG »Weser« entwickelte Motorschiff BARBARA blieben allerdings nur Versuchsfahrzeuge. Nach erfolgreich verlaufenen Probefahrten konnten sie sich wegen des damals zu preiswerten Brennstoffs Öl aus ökonomischen Gründen in der Handelsschifffahrt der Zwischenkriegszeit nicht durchsetzen. Wie auch bei anderen technischen Neuentwicklungen in der Schiffbauforschung, leistete die Reichsmarine bei diesem Projekt tatkräftige Unterstützung.[34]

Die in diesem Kapitel hier nur in Ansätzen beschriebenen Innovationen wurden von der Schiffbautechnischen Gesellschaft, den Technischen Hochschulen in Berlin-Charlottenburg und Danzig sowie der Hamburgischen Schiffbauversuchsanstalt gefördert.

5. Einzelne Werften

5.1. Unterwesergebiet

5.1.1. Geestemünde, Bremerhaven und Lehe

5.1.1.1. Tecklenborg

1924 machte sich die Schiffbaukrise auch für die Joh. C. Tecklenborg Werft bemerkbar. Als Neubauten entstanden für die Reederei W. Schuchmann der Hochsee- und Bergungsschlepper SEEFALKE mit einem Dieselmotorenantrieb (dieses Schiff gehört heute zur Museumsflotte des Deutschen Schiffahrtsmuseums) sowie drei Fischdampfer für die Reederei Carl Kämpf. Die Beschäftigung betrug nur noch etwa 1600 Mitarbeiter und war im Vergleich zu 1923 um fast 50 Prozent geschrumpft. Das 1925 abgelieferte Doppelschrauben-Motorschiff WEISSENFELS für die Bremer DDG »Hansa«, ein Stammkunde der Werft, stellte den 400. Neubau von Tecklenborg dar. Das Fahrzeug erhielt einen Viertakt-Dieselmotor, der von der eigenen Maschinenfabrik in Kooperation mit dem renommierten Motorenhersteller MAN entwickelt worden war. Als Reparationsauftrag für das französische Schifffahrtsunternehmen Messageries Maritimes entstand 1926 der kombinierte Passagier- und Frachtdampfer BERNADIN DE SAINT PIERRE, der mit einem Turbinenantrieb ausgestattet war. Die Tradition des stählernen Frachtsegelschiffbaus setzte die Werft mit der Viermastbark PADUA für die Hamburger Reederei F. Laeisz fort, die heute noch als russische KRUZENSHTERN als Ausbildungsschiff in Fahrt ist. Außerdem wurden 1926 noch die Fischdampfer SIRIUS und MÜNCHEN gebaut.

Die Tecklenborg Werft mit den Direktoren Fritz Tecklenborg, Dr.-Ing. Hans Wach und Georg Wilhelm Claussen stellte sich Ende 1926 als technisch gut ausgerüsteter Schiffbaubetrieb mit einer innovativen Maschinenfabrik sowie mit diversen Patenten dar. Sie war finanziell gesund und hätte als eigenständiges Unternehmen überleben können. 1927 zeigte sich bei den hergestellten Schiffen das Know-how und die Bandbreite der Produktionspalette. Es wurden neben der Weserfähre OLDENBURG und dem Lloyd-Frachtdampfer LAHN der Seebäderdampfer ROLAND für den NDL, der als Antrieb zwei Getriebeturbinen besaß, und das dreimastige Segelvollschiff

Abb. 6 Stapellauf des Seebäderdampfers Roland bei Tecklenborg, 1927.

Abb. 7 Schulschiff Deutschland an der Ausrüstungskaje der Tecklenborg Werft, 1927.

Schulschiff Deutschland für den Deutschen Schulschiff-Verein abgeliefert. Der Windjammer liegt heute als Traditionsschiff an der Lesum-Mündung in Bremen-Vegesack. Die Beschäftigung hatte sich auf etwas über 2000 Mitarbeiter eingependelt. Im Jahre 1928 liefen noch drei Frachtdampfer für den treuesten Kunden, die Reederei DDG »Hansa« aus Bremen, sowie die mit der modernen Maierform versehenen Fischdampfer Weissenfels, Gleiwitz und Eisenach vom Stapel. Mit dem Umbau der Bark Schulschiff Pommern für den Deutschen Schulschiff-Verein, die

Mitte September 1928 abgeliefert wurde, endete die Schiffbautätigkeit der bedeutendsten Seeschiffswerft der Unterweserorte an der Geeste.
Die restliche Belegschaft, die nur noch aus
600 Mitarbeitern bestand, wurde in der Folgezeit entlassen.[35]

Mit der am 28. Dezember 1926 vollzogenen
Fusion mit der AG »Weser« zur Deschimag mit
dem Hauptsitz in Bremen verlor die Tecklenborg Werft ihre Handlungsvollmacht und Ver-
mögenswerte. Die für sie bestimmten Aufträge
gingen an die AG »Weser«. Damit war die von
langer Hand geplante Ausschaltung einer ernst
zu nehmenden Konkurrenz zugunsten der Bremer AG »Weser« unter Federführung des Bremer Bankiers J.F. Schröder, der als Aufsichts-
ratsvorsitzender der AG »Weser« und der DDG
»Hansa« sowie als Vertreter in vielen Aufsichts-
räten, unter anderem auch beim NDL, in Funktion tätig war, eingeleitet worden. Nachdem
Fritz Tecklenborg 1927 die Deschimag verlassen hatte und auch die wesentlich kleinere Seebeckwerft nach dem Tode des Firmengründers
Georg Seebeck im Frühjahr 1928 mehrheitlich
zum Bremer Schiffbauimperium gehörte, gab

Abb. 8 Demontage des Hammerkrans von Tecklenborg, 1928.

es für die renommierte Werft keine Rettung mehr. Die am 24. September 1928 erteilte endgültige Genehmigung zur Demontage der ortsprägenden Helgengerüste und Anlagen durch den
Regierungspräsidenten in Stade bedeutete den Endpunkt der konsequenten Vernichtung des
Traditionsunternehmens mit Weltruf. Die Schließung am 1. Oktober 1928 konnte auch nicht
mehr durch den Magistrat der Stadt Wesermünde, die Industrie- und Handelskammer in Wesermünde, maßgebliche Persönlichkeiten, Verbände und Gewerkschaften verhindert werden. Die
Stilllegung lag im Interesse bremischer Finanzkreise, die die Mehrheit im Aufsichtsrat der
Deschimag besaßen. Die Seebeckwerft konnte die Dockanlage an der Geeste, die Slipeinrichtung
im Fischereihafen, einige Maschinen und etwa 400 Mitarbeiter der Belegschaft von Tecklenborg
übernehmen. Für die Unterweserregion hatte das Ende des bedeutendsten und leistungsfähigs-
ten Schiffbaubetriebes verheerende wirtschaftliche und soziale Konsequenzen. Das einstige
Werftareal wurde seit 1935 wieder mit Kasernen für die Marineschule bebaut. Heute hat hier
die Marineoperationsschule Bremerhaven ihren Standort.[36]

5.1.1.2. Seebeck

Die Seebeckwerft stellte zwischen 1924 und 1934 vor allem Fischereifahrzeuge, Schlepper und
kleinere Frachter her und beschäftigte je nach Auftragslage 500 bis 1000 Mitarbeiter. Die enge
Zusammenarbeit mit den örtlichen Fischdampferreedereien sorgte immer wieder für Bestellungen, die für die Existenz der Firma wichtig waren. Eine Großserie der französischen Marine
über 17 Schlepper, die noch im Zuge der Reparationsleistungen des Deutschen Reiches aufgrund des Versailles Vertrages 1929 abgeliefert wurden, sorgte für eine Grundauslastung. Die
Sowjetunion war als Auftraggeber für die deutsche Werftindustrie von zentraler Bedeutung,
von der auch Seebeck durch die Ablieferung eines Kühlschiffes sowie zahlreicher Fischdampfer

und Schlepper profitierte. Gerade durch die Spezialisierung auf den Fischdampfer- und Schlepperbau verfügte die Werft über zahlreiche Patente wie das Seebeck-Radial-Schleppgeschirr, das Seebeck-Oertz-Stromlinienruder und andere Erfindungen, die aus der Praxis hervorgegangen waren. Der Ingenieur und Konstrukteur Fritz Schleufe zeichnete für viele Innovationen verantwortlich. Trotzdem waren die Anlagen insgesamt nur zur Hälfte ausgelastet. Die Seebeckwerft hatte erhebliche Mühe, sich finanziell über Wasser zu halten.

Am 2. Oktober 1928 fusionierte Seebeck mit dem Deschimag-Konzern in Bremen und hörte als selbständiger Schiffbaubetrieb auf zu existieren. Vorsitzender der Geschäftsführung blieb Ferdinand Niedermeyer, der das Unternehmen seit 1921 führte. Er war ein enger Weggefährte des Werftgründers Georg Seebeck, der bis zu seinem Tod 1928 im Aufsichtsrat die Firmenpolitik bestimmte. Auch durch die 1928 erfolgte Schließung der größeren Tecklenborg Werft gelang es diesem Unternehmen, die schwere Schiffbaukrise zu überleben und die Geestemünder Schiffbautradition mit dem Erbe Tecklenborgs zu bewahren und fortzusetzen.[37]

5.1.1.3. Rickmers – Norddeutsche Werft

Die Rickmers Werft, die seit 1918 als Norddeutsche Werft firmierte, lieferte 1924 den Frachter CLAUS RICKMERS als vorläufig letzten Neubau für die eigene Reederei ab. Paul Rickmers, der Chef des Hauses Rickmers in Hamburg, ließ den Schiffbaubetrieb in Wesermünde wegen fehlender Aufträge und wegen der Überkapazitäten in der deutschen Schiffbauindustrie schließen. Ein großer Werftarbeiterstreik an der Unterweser mit Aussperrungsmaßnahmen durch die Arbeitgeber trug zur Stilllegung bei. Die etwa 400 Mitarbeiter wurden entlassen. Im Gegensatz zu Tecklenborg konnten die Helgeneinrichtungen und Hallen jedoch vor dem Abriss gerettet werden. Sie wurden nur eingemottet. 1937 kam es dann zu einer Reaktivierung des traditionellen Schiffbauplatzes auf der Geesthelle durch die Familie Rickmers.[38]

Abb. 9 Luftaufnahme der stillgelegten Rickmers Werft. Junkers Luftbild, um 1925.

Abb. 10 Tonnenleger WALTER KÖRTE, Schiffbaugesellschaft Unterweser, 1926.

5.1.1.4. Schiffbaugesellschaft Unterweser

Unter der Leitung ihres von 1909/10 bis 1930 amtierenden Direktors Max Rindfleisch, einer dominierenden Unternehmerpersönlichkeit, baute die Werft mit ihren modernen Fertigungsanlagen und mit ca. 100 bis 350 Beschäftigten vor allem Fischdampfer mit Dampf- und Motorenantrieb. In Kombination mit der Harburger Maschinenfabrik Christiansen & Meyer wurden eine Vierzylinder-Doppelverbundmaschine und mit der bekannten Firma MAN ein Sechs-Zylinder-Viertaktmotor hergestellt, die speziell für die Bedürfnisse der Hochseefischerei konzipiert worden waren. Auch wurden bei den Motortrawlern zum ersten Mal elektrisch angetriebene Netzwinden verwendet. Der Tonnenleger WALTER KÖRTE wurde 1926 abgeliefert. Für sowjetische Rechnung baute die Schiffbaugesellschaft Unterweser in den Jahren 1927 und 1928 sechs Dampfbagger, die wesentlich zur Beschäftigung des Unternehmens in den Krisenzeiten der deutschen Werftindustrie beitrugen. Von 1930 bis 1934 konnte sich der Betrieb mit vereinzelten Aufträgen über die Runden retten.[39]

5.1.1.5. Technischer Betrieb des NDL

Das Reparaturunternehmen des NDL in Bremerhaven war mit Abwrackaufträgen und Dockarbeiten für Schiffe der eigenen Flotte sowie anderer Reedereien beschäftigt. Die Mitarbeiterzahl betrug 1924 nur noch etwa 1100 Personen und sank bis 1926 auf 700 Beschäftigte. Streiks, Kurzarbeit und Entlassungen gehörten auch beim Technischen Betrieb des NDL zum Alltag. Die Indienststellung der Schnelldampfer BREMEN und EUROPA 1929 und 1930, die Verlängerung des Kaiserdocks II um 67 m auf 335 m in den Jahren 1930 bis 1931 und die Fertigstellung der Nordschleusenanlage 1931 trugen zwar zur Verbesserung des Umsatzes und einer vermehrten Beschäftigung mit ca. 1200 Personen bei, sie änderten aber nichts an der schlechten wirtschaftlichen Lage des Unternehmens Anfang der 1930er Jahre. Es gab Überlegungen zur Stilllegung und Umstrukturierung des Technischen Betriebes, die aber nur Planspiele blieben. Die Mitarbeiterzahl hatte sich im Zeitraum von 1931 bis 1934 auf etwa 500 Personen reduziert.[40]

Abb. 11 Kaiserdock II in Bremerhaven mit Schnelldampfer COLUMBUS, Technischer Betrieb des NDL, um 1931.

5.1.2. Frerichs in Einswarden

Die Frerichswerft in Einswarden mit den Tochterfirmen in Osterholz-Scharmbeck (Kleinschiff-bau und Schiffsmaschinenbau) und dem Dock in Brake beschäftigte Ende 1924 noch etwa 1250 Mitarbeiter. Wegen des Werftarbeiterstreiks konnte der Schiffbaubetrieb in Einswarden erst am 28. April 1924 wieder eröffnet werden. Die Firma, die mit vier Helgen, einer Querslipanlage, Werkstätten für den Schiff-, Maschinen- und Kesselbau, einer Kraftzentrale sowie Kraneinrichtungen technisch gut ausgestattet war, stellte bis 1928 Fracht-, Fisch- und einen Seebäderdampfer, Seeleichter, Saugbagger, aber auch Fahrgastschiffe und Heckraddampfer für die Binnenschifffahrt her. Die Mitarbeiterzahl war je nach Auftragslage starken Schwankungen unterworfen und betrug im Durchschnitt 600 bis 800 Beschäftigte.

Die Übernahme des Aktienkapitals des Stumm-Konzerns durch die Deschimag 1928 bedeutete einen tiefen Einschnitt für das Unternehmen. Wegen bestehender Verträge mit dem oldenburgischen Staat musste das Bremer Schiffbauimperium eine dreijährige Beschäftigungsgarantie für Frerichs abgeben. Nachdem der Werftbetrieb von Juli bis Dezember 1928 geruht hatte, konzentrierte sich die Firma seit 1930 auf den Bau von modernen Fischdampfern. Es wurden 1931 auch zwei Fischereifahrzeuge für die Sowjetunion und 1933/34 fünf Motorlogger für die Bremen-Vegesacker Heringsfischerei hergestellt. Für das Reparaturgeschäft erwarb Frerichs 1931 ein Schwimmdock. Allerdings machte das Unternehmen Verluste. 1934 betrug die Mitarbeiterzahl nur noch 200 Personen. Der Fischdampfer OSTMARK, der 1934 für die »Nordsee« Deutsche Hochseefischerei in Nordenham abgeliefert wurde, war der letzte Neubau der innovativen Werft, die 1935 für immer die Tore schloss. Das seit Dezember 1926 selbständige Unternehmen der J. Frerichs & Co. AG in Osterholz-Scharmbeck war schon 1931 in Konkurs gegangen. Auch die Dockanlage in Brake wurde 1934 stillgelegt.[41]

Abb. 12 Schwimmdock mit Ausrüstungskran und Helgen der Frerichswerft, um 1931.

5.1.3. Lühring in Brake

Die Lühring-Werft in Hammelwarden (heute Ortsteil von Brake) an der Unterweser hatte sich als kleinerer Schiffbaubetrieb in den 1920er und 1930er Jahren auf den Bau und die Reparatur von Küstenfahrzeugen sowie von motorisierten Frachtseglern und Motorloggern spezialisiert. Es wurden aber auch Leichter, Docktore, Prähme, Pontons und Binnenschiffe für die heimische Wirtschaft hergestellt, um die schwere Schiffbaukrise zu überstehen.[42]

5.1.4. Elsflether Werft

Die Betriebsanlagen des 1916 gegründeten Unternehmens an der Huntemündung in Elsfleth wurden 1924 durch ein Feuer stark in Mitleidenschaft gezogen. Nach dem Wiederaufbau konzentrierte sich die Elsflether Schiffbaufirma mit etwa 150 Mitarbeitern auf die Herstellung von Binnenschiffen, Leichterfahrzeugen, Kähnen, Schuten, Motorschleppern und Behördenfahrzeugen. 1929 entwickelte der Betrieb einen Dreiradlieferwagen als Sonderfertigung. Außerdem beteiligte sich das Unternehmen an Ausbesserungsarbeiten von Eisenbahnwaggons der Deutschen Reichsbahn. 1933 lieferte die Elsflether Werft zwei Motorlogger für die Leerer Heringsfischerei AG ab. Als Vorstand bestimmte der Schiffbauingenieur Franz Peuss bis zu seinem Tod 1935 die Geschäftspolitik.[43]

5.1.5. Heinrich Brand in Oldenburg

Das Unternehmen von Heinrich Brand in Oldenburg baute an seinem Schiffbaustandort an der Hunte ähnlich wie die Werften in Brake und Elsfleth Binnenschiffe und Hilfsfahrzeuge wie

Schuten, Leichter und Prähme für Eigner und Behörden aus der Region. Durch diese Aufträge und mit Reparaturarbeiten konnte die Firma ihre Existenz sichern.[44]

5.1.6. Abeking & Rasmussen in Lemwerder

Die 1907 gegründete Boots- und Yachtwerft Abeking & Rasmussen in Lemwerder am oldenbur-gischen Unterweserufer gegenüber der Lesummündung gehört auch heute noch zu den wich-tigsten Spezialwerften auf diesem Gebiet. In den 1920er und 1930er Jahren zählte das Unterneh-men, das je nach Auftragslage zwischen 120 (um 1924) und 80 (um 1934) qualifizierte Fachar-beiter beschäftigte, zu den führenden Yacht- und Bootswerften in Deutschland. Zum Fertigungsprogramm gehörte der Holzbau mit Werkstätten in überdachten Hallen für Yachten und Ruderboote sowie der Eisenbau mit einer Halle für Motoryachten und Spezialboote. Außer dem Werftgründer Henry Rasmussen, der als Schiffbauingenieur und passionierter Segler die Firma führte, hatten die Konstrukteure Elo Poulsen und Alfred Pyszka mit ihren hervorragen-den Entwürfen großen Anteil an dem Erfolg des Betriebes. Neben Yachten für den internationa-len Segelsport (Europa und Amerika) sowie schnellen Motorbooten für Behörden und die Deut-sche Gesellschaft zur Rettung Schiffbrüchiger stellte Abeking & Rasmussen aber auch Minen-räumboote und Sonderfahrzeuge für die Reichsmarine her.[45]

5.2. Bremen

5.2.1. AG »Weser«

Nach der Umstellung von der Papiermark auf die Goldmark gab es für die AG »Weser« 1924 keine ausreichende Beschäftigung mehr. Die dreimonatigen Streikmaßnahmen der Arbeiter im Frühjahr 1924 für den Achtstundentag erwiesen sich als erfolglos. Während die Werft 1924 noch eine positive Bilanz aufweisen konnte, schrieb sie 1925 schon tiefrote Zahlen. Von 5903 Mitarbeitern im Jahre 1923 fiel die Beschäftigung von 3340 Personen für 1924 auf nur noch 2955 Arbeiter und Angestellte im Jahre 1925. Die prekäre wirtschaftliche Lage des Unterneh-mens konnte 1926 nur durch eine Kapitalzusammenlegung zur Schuldentilgung aufgefangen werden.[46]

Für den NDL lieferte die AG »Weser« 1924 die kombinierten Fracht- und Fahrgastdampfer COBLENZ und TRIER sowie das Fracht- und Passagiermotorschiff FULDA und das Frachtmotor-schiff KÖNIGSBERG ab. 1925 folgten die Motorschiffe NEUENFELS für die Bremer DDG »Hansa«, SORRENTO und AMALFI für die Hamburger Reederei Robert M. Sloman jr. und 1926 das Fracht-motorschiff RHEIN für die Hugo-Stinnes-Linien. Neben dem konventionellen Frachtdampfer KLIO für die DG »Neptun« aus Bremen, der 1924 vom Stapel lief, lieferte das Bremer Schiffbau-unternehmen 1927 auf Reparationskonto die ATHOS II für die französische Messageries Mari-times ab. Als ein wichtiger Baustein in der schiffbaulichen Fertigung der AG »Weser« ist das Flettner-Rotorschiff BARBARA anzusehen, das mit Unterstützung der Reichsmarine 1926 ange-fertigt und von Robert M. Sloman jr. bereedert wurde.[47]

Seit 1921 bestimmten der spätere Generaldirektor Franz Stapelfeldt und seit 1920 der Bankier Johann Friedrich Schröder die Geschicke des wichtigsten Bremer Schiffbauunternehmens. Die Schröder-Bank wurde 1925 Mehrheitsaktionär der AG »Weser« und konnte die Geschäftspoli-tik der Werft entscheidend beeinflussen. Wegen der miserablen Auftragslage in der Schiffbau-industrie strebte Schröder einen großen deutschen Werftenverbund unter der Ägide der AG »Weser« an. Vor allem Blohm & Voss in Hamburg und der Bremer Vulkan widersetzten sich die-sem Plan. So kam es am 28. Dezember 1926 nur zu einem Zusammenschluss mit Tecklenborg in Wesermünde und dem Hamburger Vulcan zur Deschimag. Der Stettiner Vulcan wurde im

Abb. 13 BREMEN auf der Helling der AG »Weser«, 1928.

Abb. 14 Montage des Schornsteins der BREMEN, 1928.

Dezember 1927 in den Deschimag-Konzern eingegliedert, dem 1928 weitere Firmen wie Nüscke in Stettin, Neptun in Rostock, Seebeck in Wesermünde und Frerichs in Einswarden folgten.[48]

Mit dem Bau des Schnelldampfers BREMEN für den NDL und weiteren Aufträgen für Frachtdampfer, Motorschiffe und Tanker war die Bremer Werft der Deschimag von 1927 bis Mitte 1929 voll beschäftigt, allerdings zu Lasten der anderen Unternehmen des Konzerns. So hatte sie die Schließung der traditionsreichen und bedeutenden deutschen Werften Tecklenborg an der Unterweser und Stettiner Vulcan zu verantworten, die als Opfer der Schiffbaukrise 1928 ihren Betrieb einstellen mussten. Die BREMEN stellte sowohl für die Reederei als auch für die Bauwerft ein nationales Prestigeobjekt mit vielen technischen Neuheiten dar, bei dem die AG »Weser« allerdings erhebliche Verluste machte. Die Werftanlagen wurden erweitert. Teilweise betrug die Mitarbeiterzahl 10 000 Personen.

Das Ende dieser hektischen Expansionsphase wurde im Laufe des Jahres 1929 mit der Entlassung von 5500 Mitarbeitern eingeleitet. Trotz der Qualitätsarbeit, des Know-hows ihrer leitenden Schiffbauingenieure, der Patente und Lizenzen gelang es der AG »Weser« nicht, aus der finanziellen Schieflage herauszukommen. Ein Verbund mit dem Bremer Vulkan und Hamburger Werften scheiterte an den übertriebenen Forderungen des Aufsichtsratsvorsitzenden Schröder, dessen ruinöse Fusionspläne zum Scheitern verurteilt waren. Nach der Pleite der Schröder-Bank 1931 stand das Bremer Unternehmen vor dem Abgrund. Der letzte Auftrag für die DDG

»Hansa«, der Dampfer UHENFELS, kam am 14. März 1931 zur Ablieferung. Auch trotz Hilfen der Hansestadt Bremen und des Deutschen Reiches war der marode Betrieb eigentlich nicht mehr zu retten. Die Beschäftigtenzahl betrug im September 1932 nur noch 390 Mitarbeiter. 1934 wurden der Frachtdampfer WESTFALEN und das Frachtmotorschiff SCHWARZENFELS für die Deutsche Lufthansa AG zu Katapultschiffen (WESTFALEN und SCHWABENLAND) umgebaut.

Erst im Laufe des Jahres 1933 gab es wieder Bestellungen für Schiffsneubauaufträge. Die Beschäftigung kletterte ab Oktober 1933 wieder auf etwa 1100 Arbeiter und Angestellte. Durch die Beteiligung des Essener Fried. Krupp-Konzerns und durch einschneidende Sanierungsmaßnahmen gelang es der AG »Weser« unter Führung des nach wie vor amtierenden Generaldirektors Franz Stapelfeldt, im Zuge der nationalsozialistischen Rüstungs- und Autarkiewirtschaftspolitik die schwere Schiffbaukrise zu überleben.[49]

5.2.2. Bremer Vulkan

Im Gegensatz zur AG »Weser« galt der Bremer Vulkan in der Weimarer Republik als gut geführtes und wirtschaftlich gesundes Schiffbauunternehmen, das die schwere Wirtschaftskrise besser als andere deutsche Seeschiffswerften meisterte. Victor Nawatzki, der bis 1922 als Generaldirektor amtiert hatte, sorgte auch als Vorsitzender des Aufsichtsrates für eine eigenständige und unabhängige Geschäftspolitik der in Vegesack ansässigen Firma, die den von der AG »Weser« ausgehenden Fusions- und Konzentrationsplänen in der deutschen Schiffbauindustrie eine Absage erteilte. Als Vorstand fungierten Heinrich Meyer, Wilhelm Knauer und Matthias Esser. Der Bremer Vulkan gehörte mehrheitlich der Industriellenfamilie Thyssen. Auch deren Wunsch nach einer Zusammenlegung mit der Flensburger Schiffbau-Gesellschaft und der Expansion mit einem Zweigbetrieb in der Sowjetunion widersetzte sich Nawatzki mit Erfolg.

Der NDL, die Hapag und die großen deutschen Handelsschiffsreedereien gehörten zum Kundenstamm des Vulkan. Die Bremen-Vegesacker Fischereigesellschaft half der Werft mit ihren Loggeraufträgen gerade in Krisenzeiten über Engpässe hinweg. Im Jahre 1924 lieferte das Unternehmen in Bremen-Nord die beiden kombinierten Passagier- und Frachtdampfer SIERRA CORDOBA und SIERRA MORENA für den Lloyd ab, die im Mittelmeer- und Südamerikadienst eingesetzt wurden. Der Doppelschrauben-Fracht- und Passagierdampfer BERLIN wurde 1925 für den NDL im Nordatlantikverkehr in Dienst gestellt. Er stellte mit 15 000 BRT das bisher größte beim Vulkan gebaute Fahrzeug dar, galt als besonders schönes, mit allem Komfort ausgestattetes Schiff. Die ehemalige BERLIN sank nach einem wechselvollen Schicksal im September 1986 als sowjetische ADMIRAL NACHIMOV im Schwarzen Meer. Als erstes Frachtmotorschiff wurde 1926 die RUHR für die Reederei Hugo Stinnes in Hamburg hergestellt, die mit einem MAN-Dieselmotor ausgerüstet wurde. Der Bremer Vulkan hatte schon 1922 mit der MAN einen Lizenzvertrag abgeschlossen. 1927/28 baute die Bremer Werft den damals weltgrößten Motortanker C.O. STILLMANN für die kanadische International Petroleum Company aus Toronto. Das 1929 abgelieferte Zweischrauben-Fracht- und Fahrgastmotorschiff ST. LOUIS für die Hapag, das auf der Nordatlantikroute Dienst tat, galt wieder als ein schiffbaulicher Höhepunkt. Neben konventionellen Frachtdampfern, Motorschiffen und Heringsloggern stellte der Vulkan von 1929 bis 1933 mehrere Motortanker und ein Frachtmotorschiff für deutsche und ausländische Gesellschaften her.

1924 lag die durchschnittliche Beschäftigung noch bei 2735 Mitarbeitern, die 1925 auf 1993 Personen reduziert wurde. In den konjunkturell besseren Jahren 1928 und 1929 kletterte die Mitarbeiterzahl wieder deutlich über 3000, die dann kontinuierlich bis 1933 auf 697 Arbeiter und Angestellte fiel. Vom 1. Oktober 1928 an streikten die deutschen Werftarbeiter wie auch die Belegschaft des Bremer Vulkan für die Wiedereinführung der 48-Stundenwoche und um Lohnerhöhungen. Wegen der mangelnden Beschäftigung mit der Verminderung der Tariflöhne im Zuge der Notverordnungen der Reichsregierung kam es vom 6. Juni bis zum 7. Juli 1932 zu einem Streik der Werftarbeiter.

Die Lage auf dem internationalen und deutschen Schiffbaumarkt verbesserte sich erst wieder im Verlauf des Jahres 1934, von dem auch der Bremer Vulkan als Werft und Maschinenfabrik profitierte.[50]

5.2.3. Atlas-Werke

Bei den Atlas-Werken liefen in der Zeit von 1924 bis 1934 von der Querhelling zwischen Europahafen und der Weser vier kleine Frachter für die DG »Neptun« aus Bremen und zwei Fahrgastschiffe für die einheimische Reederei Otto Schreiber vom Stapel . 1931 wurden drei Dampfschlepper für die Sowjetunion geliefert. Die Mehrzahl der gebauten Fahrzeuge waren Leichter, Schleppdampfer, Schuten, Kähne, Barkassen und Pontons, die vor allem für bremische Firmen fertiggestellt wurden. Auf dem Gebiet der Unterwasserschalltechnik entwarf das Bremer Unternehmen für das Forschungsschiff METEOR einen akustischen Lotapparat, der in der Praxis bei den Vermessungsarbeiten im Südatlantik gute Ergebnisse erzielte. Elektrische Rudermaschinen erhielten der Schnelldampfer CAP ARCONA (Hamburg Süd), die Motorschiffe ORINOCO (Hapag) und HAVEL (NDL) sowie der kanadische Tanker C.O. STILLMANN, der beim Bremer Vulkan entstanden war. Für die BREMEN und EUROPA des NDL stellten die Atlas-Werke die Bronzepropeller her. Im Geschäftsjahr 1928 waren die Maschinenbauwerkstätten und der Schiffshilfsmaschinenbau gut ausgelastet. 1930 betrug die Belegschaft noch 363 Angestellte und 1323 Arbeiter. Im Zuge der Pleite der Nordwolle und des Zusammenbruchs der Banken 1931 machte der Betrieb bei einer Beschäftigung von nur noch 600 Mitarbeitern Verluste.[51]

Abb. 15 Bronzepropeller der BREMEN, Hersteller: Atlas-Werke, 1928.

5.2.4. Fr. Lürssen Werft

1924 verlegte der Schiffbauingenieur Otto Lürßen, der Sohn des Werftgründers Friedrich Lürßen, die Bootsfertigung von Aumund nach Vegesack an die Lesummündung. An dem Standort
befindet sich heute der Verwaltungssitz der Werft; das Gelände in Aumund wurde aufgegeben.
Zusammen mit dem Schiffbauingenieur Alfred Bunje, der vorher beim Bremer Vulkan und bei
der AG »Weser« tätig gewesen war, bildete Otto Lürßen ein innovatives Team, das für viele wegweisende Entwürfe im Yacht- und Bootsbau verantwortlich zeichnete. Das Schiffbauareal am
Vegesacker Hafen wurde Ende der 1920er Jahre erweitert. Es entstanden neue Werkstätten in
Verbindung mit der Modernisierung der Maschineneinrichtungen.
    Ein Spezialgebiet von Lürssen bildete der Bau von Rettungsbooten. Bis 1931 fertigte die
Werft schnelle Motoryachten und Boote vor allem für den amerikanischen Markt. Diese Fahrzeuge wurden mit Maybach-Motoren ausgerüstet. Einen schiffbaulichen Höhepunkt im Yachtbau stellte die schnelle Motoryacht OHEKA II von 1927 dar, die in die USA geliefert wurde. Um
Gewicht zu sparen, wurde bei Lürssen bereits seit Mitte der 1920er Jahre mit Erfolg konsequent
auf die Kompositbauweise auf der Basis einer Leichtmetallkonstruktion gesetzt. Neben der Fertigung von Motorrettungsbooten für die Deutsche Gesellschaft zur Rettung Schiffbrüchiger
und schnellen Zollkreuzern stellte das Vegesacker Unternehmen seit 1930 für die Reichsmarine
ein Motor-Torpedoboot, Schnellboote, Minenräum- und Patrouillenboote sowohl mit Benzin-
als auch mit Dieselmotoren her. 1932 starb Otto Lürßen, der maßgeblich an der Entwicklung
des Motorbootbaus in Deutschland beteiligt gewesen war. Die Firma beschäftigte etwa 200 Mitarbeiter.[52]

5.2.5. Burmester

Die 1920 von Ernst Burmester an der Lesum in Bremen-Burg gegründete Yacht- und Bootswerft Burmester stellte ab 1924 Motorboote, Segelyachten und Rettungsboote aus Holz und
Eisen her. Als Konstrukteur bei Burmester wirkte seit 1922 der gelernte Bootsbauer Jonny
Albrecht, der vorher bei Lürssen und auf der Roland-Werft von Karl Vertens gearbeitet hatte.
1925 entstand auf der Yachtwerft ein Rumpf für ein Segelfahrzeug, das mit einem Rotorantrieb
nach dem Flettner-Prinzip ausgerüstet wurde. Wie sich die Rotorschiffe BUCKAU und BARBARA
in der Handelsschifffahrt nicht durchsetzen konnten, blieb auch diese Rotoryacht im Segelsport in der Praxis ein einmaliges Experiment und ohne Erfolg. Vor allem mit der Entwicklung
von unsinkbaren Rettungsbooten für die BREMEN und EUROPA sowie für andere deutsche und
ausländische Schifffahrtsgesellschaften konnte sich das Unternehmen einen Namen machen
und in den wirtschaftlichen Krisenzeiten seine Existenz sichern. Zu Beginn des Jahres 1929
waren bei Burmester noch 129 Mitarbeiter tätig, deren Zahl sich bis 1934 auf 50 Angestellte und
Handwerker reduzierte.[53]

5.3. Marinewerft Wilhelmshaven

Die einstige Kaiserliche Werft in Wilhelmshaven und ehemalige Reichsmarinewerft lieferte als
Marinewerft Wilhelmshaven den Leichten Kreuzer EMDEN als ersten Nachkriegsschiffsneubau
für die Reichsmarine ab. Das Schiff, bei dem die tragenden Verbände wegen der Materialknapp-
heit und aus Gewichtsersparnisgründen bereits geschweißt und Leichtmetall verwendet worden
waren, entstand von 1921 bis 1925. Diese Innovationen kamen bei den weiteren Neubauten verstärkt zur Anwendung. Am 15. November 1924 wurde das Vermessungs- und Forschungsschiff
METEOR, das 1914 bei der Kaiserlichen Werft Danzig auf Kiel gelegt worden und am 18. Januar
1915 als ursprüngliches Kanonenboot hier vom Stapel gelaufen war, von der Marinewerft nach

einem Umbau fertiggestellt und an die Reichsmarine übergeben.

Die nach dem Ersten Weltkrieg aus der ehemaligen Kaiserlichen Werft am Westhafen
(UTO-Werft) ausgegliederten Deutschen Werke in Rüstringen wurden Ende August 1924
geschlossen. 3000 Mitarbeiter verloren ihren
Arbeitsplatz.

Bei der Marinewerft Wilhelmshaven entstanden von 1924 bis 1934 zwölf Torpedoboote, die
drei Leichten Kreuzer KÖNIGSBERG, KÖLN und
LEIPZIG, das Artillerieschulschiff BREMSE, das
Lotsenfahrzeug SCHILLIG, die Fischereischutz-
boote ELBE und WESER sowie die Panzerschiffe
ADMIRAL SCHEER und ADMIRAL GRAF SPEE.
Wegen der schwierigen wirtschaftlichen Lage,
der Bewilligung des Marineetats durch den
Reichstag und der Probleme bei der Materialbe-
schaffung konnten die Aufträge nur mit Zeit-
verzögerungen und Kostensteigerungen abgewickelt werden. Außerdem ergaben sich durch
die Beschränkungen des Versailler Vertrages
für den Marineschiffbau und die Zulieferindus-
trie Schwierigkeiten bei der Konstruktion und
Herstellung der Schiffe. Trotzdem gelang es
den Ingenieuren und Technikern, viele Neuentwicklungen in der Schiffbau-, Antriebs- und
Waffentechnik zu konzipieren und in die Praxis

Abb. 16 Stapellauf des Leichten Kreuzers EMDEN auf
der Marinewerft Wilhelmshaven, 1925.

umzusetzen. Die Marinewerft war mit den zur Verfügung stehenden Bau- und Schwimmdocks,
Bauhellingen, Schwimmkranen und Werkstätten gut ausgestattet und konnte auf qualifiziertes
Personal zurückgreifen.

Die Beschäftigungszahlen schwankten je nach Auftragslage. 1924 waren hier – im Vergleich
zu den Vorjahren nur noch – 5370 Arbeiter und 373 Angestellte tätig, während die Mitarbeiterzahl bis 1927 wieder auf 8256 Arbeiter und 631 Angestellte anstieg. Von 1930 (6538 Arbeiter
und 737 Angestellte) ging die Beschäftigtenzahl bis 1933 auf etwa 5000 Personen zurück. Im
Vergleich zu den Werftarbeitern bei den privaten Schiffbauunternehmen waren die Arbeitsplät-
ze bei der Marinewerft Wilhelmshaven relativ sicher. Der Verdienst lag etwas höher, es gab
mehr Urlaub und die soziale Absicherung war ebenfalls besser. Eine ausreichende Beschäftigung
bei der Marinewerft und den Zulieferbetrieben bedeutete für die Städte Wilhelmshaven und
Rüstringen eine wichtige Voraussetzung für die politische und soziale Stabilität der gesamten
Region im Jadegebiet.[54]

5.4. Emsgebiet

5.4.1. Nordseewerke in Emden

Nach Ablieferung des Neubaus URSULA SIEMERS Ende Februar 1924 wurde die Werft vorübergehend geschlossen. Um wenigstens die Beschäftigung der Stammbelegschaft zu sichern,
bauten die Nordseewerke auf eigene Rechnung vier kleine Frachtdampfer und eine Serie von

Schleppkähnen. Mit Gründung der Vereinigten Stahlwerke in Düsseldorf am 1. April 1926 gelangte das Emder Unternehmen in deren Besitz. Mit dem Bau des Erzfrachters ODIN für die Seereederei »Frigga« konnten die Betriebsanlagen, die 1926 überwiegend stillgelegt waren, im Herbst 1927 wieder eröffnet werden. Von 1927 bis 1931 entstanden bei den Nordseewerken der Greifbagger GRANAT, mehrere Spezialtanker für die Binnenschifffahrt, Lotsenmotorschiffe, Schleppkähne, Pontons für Schwimmkrane, kleine Motorfähren sowie für die sowjetische Handelsvertretung in Berlin ein Motorschlepper, drei Tankdampfer und sechs Fischdampfer. Den Abschluss bildete der Motortanker J.H. SENIOR für die Baltisch Amerikanische Petroleum Import G.m.b.H. (Waried Tankschiff Rhederei G.m.b.H.) in Danzig. Dieses Schiff stellte mit 17 500 Tonnen Tragfähigkeit den bisher größten Neubauauftrag dar.

Entsprechend der guten Auftragslage jener Jahre betrug die Beschäftigtenzahl im August 1928 bereits 620 Mitarbeiter. Am 31. Dezember 1929 waren hier 1074 Arbeiter und 61 Lehrlinge angestellt. Am 30. Juni 1930 war der Höchststand von 2093 Arbeitern und 93 Lehrlingen erreicht, der bis 31. Dezember 1930 wieder auf 899 Arbeiter und 88 Lehrlinge fiel. Am 31. März 1931 betrug die Beschäftigtenzahl nur noch 227 Arbeiter und 84 Lehrlinge. Am 1. Mai 1931 war sie auf 145 Beschäftigte gesunken. Auch die überwiegende Anzahl der Lehrlinge wurde entlassen.

Da die Nordseewerke in den Jahren 1926 bis 1931 hohe Verluste erwirtschaftet hatten und keine Aufträge in Sicht waren, musste die Firma ab Frühjahr 1931 den Betrieb teilweise einstellen und konnte in den Jahren 1931 bis 1933 nur mit einer kleinen Restbelegschaft Reparatur- und Abwrackarbeiten ausführen sowie die Anlagen unterhalten. Seit 1934 fungierte das Emder Werftunternehmen als selbständige Betriebsgesellschaft der Vereinigten Stahlwerke mit 146 Mitarbeitern. Nach drei Jahren Pause ohne Auftrag lieferte die Werft 1934 einen Ponton für einen Schwimmkran der DEMAG aus Duisburg ab.[55]

5.4.2. Jos. L. Meyer in Papenburg

Wie viele deutsche Seeschiffswerften sicherte sich die Meyer Werft in diesen Krisenzeiten mit Aufträgen für kleinere Schiffe und Behördenfahrzeuge ihre Existenz. Es wurden u.a. Motorschlepper, Barkassen, Fischdampfer und Tankkähne gebaut. Eines der herausragenden Fahrzeuge war das 1934 abgelieferte Bereisungsschiff EMS für das Wasserbauamt Emden, das sich auch heute noch für das Wasser- und Schifffahrtsamt Emden im Dienst befindet und stellvertretend für die Qualität der Schiffbauprodukte der Meyer Werft steht.

1931 und 1932 konnten keine neuen Aufträge gebucht werden. Man versuchte sich mit Umbauten und Reparaturen, aber auch mit der Konstruktion von Torfbaggern und Geräten für die Torfverarbeitung über Wasser zu halten.

Im Jahre 1934 beschäftigte die Werft 180 Personen. Für den Schiffsneubau und die Reparatur standen sechs Querhellinge von 50 bis 80 m Länge und zwei Längshellinge von 50 m Länge bei einer Wasserfront von 400 m zur Verfügung. Elektrische Krane und ein elektrisch betriebener Uferkran mit 40 Tonnen Tragkraft sowie das Bürogebäude, die Maschinenfabrik und Werkstätten ergänzten die moderne Werfteinrichtung. Es konnten Schiffe bis 85 m Länge, 15 m Breite und 5 m Tiefgang hergestellt werden.

Franz Joseph Meyer, der älteste Sohn von Joseph Lambert Meyer, der den Eisen- und Stahlschiffbaubetrieb mit der Maschinenfabrik gegründet hatte, führte nach dem Tod seines Bruders Bernhard Meyer 1924 die elterliche Firma in alleiniger Regie fort. Er hatte eine akademische Ausbildung als Schiffbauer an der Technischen Hochschule Berlin-Charlottenburg absolviert und lehnte Fusionen, wie sie von dem Bankier Schröder, dem Aufsichtsratsvorsitzenden der Deschimag in Bremen, in großem Stil durchgeführt wurden, ab.[56]

5.5. Hamburg

5.5.1. Blohm & Voss

Die Hamburger Großwerft kann mit Fug und Recht als das modernste und finanzkräftigste Seeschiffbau- und Schiffsreparaturunternehmen der 1920er und 1930er Jahre in Deutschland bezeichnet werden. Durch seine erfolgreiche Geschäftspolitik war Blohm & Voss als privat geführter Familienbetrieb unabhängig und nicht auf Fusionen und potentielle Partner angewiesen, um die schwere Schiffbaukrise zu meistern. Trotzdem gab es auch hier wegen fehlender Aufträge der Reedereien erhebliche Probleme, für eine ausreichende Beschäftigung der Mitarbeiter zu sorgen. Die riesigen Schiffbaueinrichtungen konnten in den Jahren von 1924 bis 1926 nur zu einem Drittel ausgelastet werden. Während 1923 im Durchschnitt etwa 9000 Arbeiter bei Blohm & Voss in Lohn und Brot standen, fiel die Beschäftigung für 1924 auf 6264 Personen zurück. 1925 und 1926 betrug die Arbeiterzahl nur noch ca. 5300.[57]

Blohm & Voss war die einzige deutsche Großwerft, die von der Schwerindustrie unabhängig blieb, nicht einer überdimensionierten Notgemeinschaft beitreten mußte und im Durchschnitt in den folgenden Jahren sogar Gewinne erzielte. Das Unternehmen vermochte eine wirtschaftliche und technologische Führungsposition zu halten. Allerdings ging sein Einfluß auf andere Firmen, vermittelt über die führende Rollen der Mitglieder der Familie Blohm in den Verbänden, zurück. Eine volle langfristige Auslastung erreichte Blohm & Voss erst wieder im »Dritten Reich«.[58]

Vor allem die Bestellungen der großen deutschen Reedereien wie Hamburg Süd, Hapag und NDL verschafften Blohm & Voss die notwendige Grundauslastung. Außerdem konnte die Firma mit den abgelieferten Fahrgast- und Frachtschiffen Monte Sarmiento (1924), Monte Olivia (1925), Cap Arcona (1927), Monte Cervantes (1928), Monte Pascoal (1931), Monte Rosa (1931), Hamburg (1926), New York (1927), Milwaukee (1929), Caribia (1933), Cordillera (1933) und Europa (1930) ihre Qualitätsarbeit unter Beweis stellen.[59] Als interessante Spezialschiffe wurden 1925 das Motorschiff Magdeburg mit einem neuartigen Antrieb, einem doppeltwirkenden Zweitaktmotor, für die Deutsch-Australische Dampfschiffs-Gesellschaft in Hamburg sowie 1926 der kombinierte Kabel- und Tankdampfer Neptun für die Norddeutschen Seekabelwerke

Abb. 17 Stapellauf der Gorch Fock bei Blohm & Voss in Hamburg, 1933.

in Nordenham gebaut. Die 1931 für amerikanische Eigner hergestellte Luxusyacht SAVARONA, das 1933 für die Reichsmarine abgelieferte Segelschulschiff GORCH FOCK und das 1934 ebenfalls für die Reichsmarine fertiggestellte Schnellbootbegleitschiff TSINGTAU belegen die Bandbreite der Produktionspalette der Hamburger Traditionswerft.[60]

Im Zuge der Auseinandersetzungen mit der Deschimag, dem Hamburger Staat, der Hapag und der Howaldt-Werft um die Schließung des Hamburger Vulcan konnte Blohm & Voss nach komplizierten Verhandlungen 1929 drei Docks vom Vulcan erwerben und damit seine vorherrschende Stellung im Reparaturbereich ausbauen. Wegen der Weltwirtschaftskrise und der Konkurrenz sah sich die Firmenleitung aus Beschäftigungsgründen gezwungen, den Reedereien bei den Dockgebühren entgegenzukommen. Auch bei den wenigen Neubaubestellungen musste Blohm & Voss erhebliche preisliche Zugeständnisse machen. Durch die vom Deutschen Reich geförderte Abwrackprämie für ältere und aufliegende Handelsschiffe erhielt die Hamburger Firma etliche Abbruchaufträge. Die Beschäftigung sank von 10 701 Mitarbeitern im Jahre 1929 auf 7811 Personen für 1930 und fiel 1932 mit 2316 Arbeitern und Angestellten auf den niedrigsten Stand. 1933 waren hier 2908 Personen beschäftigt. 1934 war die durchschnittliche Mitarbeiterzahl auf 5801 geklettert. Trotz der miserablen Auftragssituation und der Entlassung von qualifiziertem Personal konnte Blohm & Voss aber bescheidene Gewinne erwirtschaften.[61]

5.5.2. Vulcan-Werft

Der für den Großschiffbau konzipierte Zweigbetrieb des Vulcan in Hamburg, der auf der Elbinsel Ross lag, baute 1924 bis 1926 für deutsche Reedereien moderne Motorschiffe mit doppeltwirkenden Zweitakt- und Viertakt-Dieselmotoren nach dem System MAN-Vulcan in Verbindung mit einem hydromechanischen Getriebe. Konstrukteur war Prof. Dr. Gustav Bauer, der nach der Übernahme der Vulcan-Werft in Hamburg durch die Deschimag im Dezember 1926 anschließend zusammen mit dem Großteil der leitenden Mitarbeiter zur Zentrale nach Bremen wechselte. 1926 wurde ein 25 000 Tonnen großes Schwimmdock an die Hafenverwaltung nach Bordeaux geliefert, dass auf Reparationskonto abgerechnet und in Kooperation mit der »Dockbaugesellschaft m.b.H. vorm. Philipp von Klitzing, Hamburg« gebaut wurde. Als letzte Fahrzeuge wurden 1926 von dem eigenständigen Unternehmen Hamburger Vulcan der Hafendampfer COURIER für Wachsmuth & Krogmann in Hamburg, der Seebäderdampfer RHEINLAND für die AG Ems in Emden und zwei Tankleichter fertiggestellt. Die Belegschaft war Ende 1926 auf etwa 1850 Mitarbeiter gesunken.

Als »Deschimag. Werk Vulcan Hamburg« stellte die Firma von 1927 bis 1929 vier Frachtdampfer für den NDL, einen Tankleichter, einen Tonnenleger für den Hafen Brest, ein Schwimmdock von 16 500 Tonnen für die Hafenverwaltung in Le Havre sowie den Motortanker HANSEAT für die Baltisch-Amerikanische Petroleum-Gesellschaft in Danzig her. Im September 1927 beschäftigte das Unternehmen etwa 2739 Arbeiter und Angestellte sowie 196 Lehrlinge. Der Aufsichtsratsvorsitzende der Deschimag, der Bremer Bankier Johann Friedrich Schröder, wollte den Hamburger Vulcan gerne an Blohm & Voss oder andere mögliche Interessenten verkaufen, was aber an seinen zu hohen Forderungen scheiterte.

Im Juli 1929 konnte der Hamburger Kaufmann und Konsul Dr. Heinrich Diederichsen, der die Kieler Howaldtswerke 1926 vor dem Konkurs gerettet und am 1. Januar 1929 auch die Hamburger Werft Janssen & Schmilinsky übernommen hatte, den westlichen Teil des Hamburger Vulcan von der Deschimag erwerben. Da sich die Deschimag in erheblichen finanziellen Schwierigkeiten befand, wollte sie die gesamten Hamburger Schiffbaueinrichtungen des Vulcan, ähnlich wie bereits bei Tecklenborg in Wesermünde und beim Vulcan in Stettin erfolgreich praktiziert, verschrotten. Durch die Initiative von Diederichsen konnten der Schiffbau und die Schiffsreparatur auf einem Teil des ehemaligen Vulcan-Areals auf dem Ross ab 1. Januar 1930 als

Abb. 18 Helgengerüst der Howaldtswerke in Hamburg, 1932.

»Howaldtswerke A.-G., Abteilung vorm. Vulcan« und ab 1. Januar 1931 als »Howaldtswerke A.G., Hamburg« weitergeführt werden. 1930 wurden ein Frachtdampfer für eine französische Reederei und 1931 das Tankmotorschiff CIRCLE SHELL für ein Londoner Schifffahrtsunternehmen, das Dock V für eigene Rechnung und der Fischdampfer SCHLESWIG für die seit 1930 in Bremerhaven ansässige ehemalige Altonaer Reederei N. Ebeling gebaut. 1932 und 1933 liefen keine Schiffsneubauten vom Stapel. Wegen der miserablen Auftragslage im Schiffsneubau- und -reparaturgeschäft reduzierte sich die Belegschaft auf etwa 500 Mitarbeiter. 1934 erfolgte schließlich noch die Ablieferung des Seebädermotorschiffes KÖNIGIN LUISE für die Hapag.[62]

5.5.3. Janssen & Schmilinsky

Die alteingesessene Hamburger Schiffswerft & Maschinenfabrik (vormals Janssen & Schmilinsky) auf dem Tollerort war spezialisiert auf den Bau von Schleppern und kleineren Fahrzeugen mit Motorenantrieb. Es gab eine Kooperation mit der Deutz-Motoren-Gesellschaft, die an der Werft beteiligt war. Im Reparaturbetrieb spielte das Unternehmen, das 1925 etwa 500 Mitarbeiter beschäftigte, mit zwei Schwimmdocks und umfangreichen Maschinenbauwerkstätten eine wichtige Rolle. In den Jahren 1927 bis 1928 stellte die Firma auch zwei Seeschiffe her. Es handelte sich um die beiden kombinierten Motorfracht- und Passagierschiffe MOLDAVIA und KOSTOVSKIJ, die für eine in Odessa beheimatete sowjetische Schifffahrtsgesellschaft abgeliefert wurden. Die Firma Janssen & Schmilinsky profitierte wie viele deutsche Werften von den Aufträgen der Sowjetunion im Neubau- und Reparaturgeschäft in den 1920er und 1930er Jahren.

Obwohl der Betrieb am 29. Dezember 1928 Konkurs anmelden musste, konnte er nach der Übernahme durch den Hamburger Kaufmann Dr. Heinrich Diederichsen ab 1. Januar 1929 als »Howaldtswerke A.G. Kiel, Abteilung vormals Janssen & Schmilinsky« seine Arbeit wieder aufnehmen. Da Diederichsen ein Jahr später einen Teil der ehemaligen Vulcan-Werft auf dem gegenüber liegenden Rossgelände erworben hatte und hier die Howaldtswerke Hamburg konzentrierte, wurde das 1858 auf dem Steinwerder gegründete traditionsreiche Unternehmen zum 31. Oktober 1931 geschlossen. Das gepachtete Areal am Tollerort wurde vom Hamburger Staat übernommen. Die qualifizierten Angestellten und Arbeiter konnten überwiegend von den Howaldtswerken Hamburg weiterbeschäftigt werden.[63]

5.5.4. H.C. Stülcken Sohn

Nach dem Tode von Julius Caesar Stülcken trug Heinrich von Dietlein seit 1925 als persönlich haftender Gesellschafter die Verantwortung für die Stülckenwerft. Für die Neubauabteilung war der Oberingenieur Johann Tönjes Cordes zuständig, ein ausgewiesener Experte im Fischdampferbau, der 1928 als Direktor zur Neptunwerft nach Rostock wechselte. Die Schiffsreparatur führte Heinrich Andresen, der seit 1928 zusammen mit dem Kaufmann Adolph Ernst Krüger das Unternehmen leitete. Ein Angebot der Deschimag zur Übernahme der Stülckenwerft in den Bremer Schiffbaukonzern lehnte Heinrich von Dietlein 1928 ab.

Stülcken hatte sich als Spezialist in der Konstruktion von Fischereifahrzeugen einen guten Ruf erworben. Auch das Reparaturgeschäft bedeutete für die Firma ein wichtiges Standbein. Das Unternehmen stellte Fährdampfer, Frachter, Schlepper, Barkassen, Schuten, Leichter, Pontons und ein Segelschulschiff her. Als Beispiele seien hier das Fähr- und Passagiermotorschiff JAN MOLSEN (1925) der Hadag für den Verkehr im Hamburger Hafen und auf der Elbe sowie die auf Reparationsrechnung bestellten Fischdampfer SERGENT GOUARNE und ASPIRANT BRUN (1928) für eine französische Fischdampferreederei in La Rochelle genannt. Außerdem sei hier noch das Segelschulschiff JADRAN (1933) für die jugoslawische Marine erwähnt, das als Antrieb mit einem Hilfsmotor ausgerüstet war. 1934 wurde als bisher größtes Schiff der Frachtdampfer SAVONA für die Hamburger Reederei Rob. M. Sloman gebaut. Während die Werft im Durchschnitt etwa 700 bis 1000 Mitarbeitern Beschäftigung bieten konnte, waren 1932 wegen der Wirtschaftskrise hier nur noch 259 Arbeiter tätig.[64]

5.5.5. Reiherstiegwerft

Das 1706 gegründete Traditionsunternehmen war durch den Bau der beiden Fracht- und Passagiermotorschiffe MINNA HORN und WALTRAUD HORN, die 1926 für die Flensburger Reederei H.C. Horn abgeliefert wurden, in finanzielle Turbulenzen geraten. Die Hamburger Firma Wetzel & Freytag übernahm am 31. Dezember 1925 die Reiherstiegwerft. Der Name lautete jetzt »Reiherstieg Schiffswerfte und Maschinenfabrik Wetzel & Freytag Kommanditgesellschaft auf Aktien«. Allerdings mussten das größte Schwimmdock und die Maschinen aus der Maschinenfabrik verkauft werden, damit das Unternehmen weiter existieren konnte. Die Deutsche Werft erwarb am 24. Januar 1927 Anteile an der finanziell angeschlagenen Gesellschaft, die sich jetzt »Reiherstieg-Deutsche Werft Aktiengesellschaft« nannte. Mit der Eingliederung in die Deutsche Werft am 27. September 1927 verlor die einstige Reiherstiegwerft endgültig ihre Selbständigkeit. Vor allem die Schiffsreparatur und das Dockgeschäft wurden als »Deutsche Werft AG Betrieb Reiherstieg« weitergeführt. 1926 und 1927 liefen als letzte Neubauten der Reiherstiegwerft zwei Fischdampfer, eine Hafenfähre für die Hadag sowie einige kleinere Fahrzeuge vom Stapel.[65]

5.5.6. Deutsche Werft

Die Deutsche Werft besaß mit ihrem Produktionsstandort in Finkenwerder eine der modernsten Fertigungsstätten im deutschen Schiffbau der 1920er und 1930er Jahre. Ihre Spezialität waren der Bau von schnellen und großen Frachtmotorschiffen sowie der Serienschiffbau. Die

Abb. 19 Kabelkrananlage und Helgen der Deutschen Werft in Hamburg, 1924.

1925 an eine renommierte schwedische Reederei (Broström in Göteborg) abgelieferten Erzschiffe SVEALAND und AMERICALAND galten als die größten Frachter der Welt, die mit einem Dieselmotor ausgerüstet waren. Die 1926 in nur zehn Monaten für britische Rechnung fertiggestellten fünf Doppelschraubenmotorschiffe JAVANESE PRINCE, MALAYAN PRINCE, ASIATIC PRINCE, JAPANESE PRINCE und CHINESE PRINCE mit 10 000 Tonnen Tragfähigkeit und einer Geschwindigkeit von 14,5 Knoten erwiesen sich als hervorragende Seeschiffe, mit der die Deutsche Werft weltweite Anerkennung fand. Allerdings wirkten sich die hohen Entwicklungskosten für diese Schiffe negativ auf das wirtschaftliche Ergebnis des Unternehmens aus, das für 1924 und 1925 hohe Verluste ausweisen musste. Wegen ihrer finanziellen Probleme führte die Deutsche Werft 1925/26 Fusionsverhandlungen mit der Vulcan-Werft in Hamburg, die aber scheiterten. Ein Angebot des Bremer Deschimag-Konzerns zur Übernahme des Finkenwerder Betriebes konnte 1927 mit Unterstützung des Hamburger Senats abgelehnt werden, da die Eigenständigkeit der Deutschen Werft für Hamburg Priorität hatte.

Die Reparaturabteilung in Tollerort, wo 1924 auch zehn Fischdampfer für italienische Eigner und andere Fahrzeuge gebaut wurden, musste 1927 an den Hamburger Staat verkauft werden. Durch die Übernahme der Reiherstiegwerft im Jahre 1927 erhielt die Deutsche Werft wieder einen leistungsfähigen Reparatur- und Dockbetrieb, der in der Folge mit Maschinen und Werkzeugen ausgestattet und auch für den Schiffsneubau umgerüstet wurde. Außerdem konnte hier der für den Hamburger Hafen wichtige Bau von Behördenfahrzeugen, Schleppern und Barkassen weitergeführt werden.

Im Zusammenhang mit dem Motorenbau entwickelte die Deutsche Werft spezielle Konstruktionen für Antriebs-, Ruder- und Steuersysteme. Als bekanntestes Beispiel sei hier das Simplex-Balance-Ruder genannt. Die Hapag bestellte in Finkenwerder sieben Motorschiffe, die 1927 und 1928 abgeliefert wurden. Im Tankerbau entwickelte die Konstruktionsabteilung einen Standardtyp, der von 1928 bis 1934 zuerst als Dampfschiff und dann mit einem Motorenantrieb in verschiedenen Ausführungen in Serie gebaut wurde.

Eine weitere Besonderheit in der Produktpalette stellte die Dockbauabteilung dar, die ab April 1924 als »Dockbau-Gesellschaft mbH., vorm. Philipp v. Klitzing« mit Erfolg Schwimmdocks, Schleusentore und Kranpontons herstellte.

Wegen fehlender Aufträge 1932 und 1933 beteiligte sich die Deutsche Werft am Abwrackprogramm der Reichsregierung für die deutschen Seeschiffswerften. Der Betrieb in Finkenwerder wurde eingemottet; nur auf der einstigen Reiherstiegwerft konnte weitergearbeitet werden. Die Hauptverwaltung mit den Konstruktionsbüros im ehemaligen Parkhotel an der Elbchaussee wurde im Juni 1932 zum Betrieb Reiherstieg verlegt. Während 1929 und 1930 noch über 4000 Mitarbeiter beschäftigt werden konnten, betrug die Zahl der Angestellten und Arbeiter für das Jahr 1932 weniger als 1500 Personen. Erst 1934 ging es mit den Bestellungen für Schiffsneubauten, insbesondere für Tankmotorschiffe, die auch als »Tankyachten« bezeichnet wurden und eine Spezialität der Deutschen Werft darstellten, wieder langsam bergauf.[66]

5.5.7. Norderwerft

Die 1906 gegründete Norderwerft ging aus der Harburger Schlosswerft von R.F. Holtz hervor, der ein zusätzliches Gelände am linken Ufer des Reiherstiegs als Erweiterung seines Harburger Betriebes pachten konnte. Anschließend wurden hier Slipanlagen, Helgen, Hallen, Werkstätten sowie Büroräume errichtet. Technischer Leiter war seit 1921 der studierte Maschinenbau- und Schiffbauingenieur Johann Rathje Köser, der an den Technischen Hochschulen in Karlsruhe, Hannover und Berlin-Charlottenburg studiert und bei verschiedenen Werftbetrieben gearbeitet hatte. 1923 trat der Ingenieur Peter Heinrich Meyer in die Dienste der Norderwerft am Reiherstieg. Er hatte eine Schiffbauausbildung in Hamburg absolviert und konnte ähnlich wie Köser auf praktische Erfahrungen im Seeschiffbau verweisen. 1930 wurde Meyer stellvertretendes Vorstandsmitglied.

Die Norderwerft stellte Frachter, Fischdampfer, Schlepper, Behördenfahrzeuge, Motorbarkassen, Leichter, Schuten, Bagger, Pontons und Rettungsboote, aber auch Spezialfahrzeuge wie Flugsicherungsschiffe, Bagger und Eisbrecher her. Voraussetzung für die Bewältigung der vielfältigen Arbeiten waren eine qualifizierte Belegschaft, die in der Regel etwa 400 Mitarbeiter betrug, und eine leistungsfähige Maschinenfabrik. Das Reparaturgeschäft bildete eine wichtige Beschäftigungsgrundlage. Dafür stand ein Schwimmdock zur Verfügung. Eine Besonderheit stellte der Waggonbau dar. Im Krisenjahr 1932 fanden nur noch wenige Mitarbeiter hier eine Beschäftigung. Durch Kurzarbeit und durch Arbeit an den Betriebseinrichtungen versuchte das Unternehmen einen Teil der Stammbelegschaft zu halten. Erst ab 1933/34 gab es wieder mehr Aufträge, sodass etwa 180 Personen bei dem Unternehmen am Reiherstieg arbeiten konnten. 1934 begann auf der Norderwerft, die stellvertretend für viele kleinere Seeschiffs- und Reparaturwerften im Hamburger Hafen steht, die Umstellung von der Nietbauweise zur Schweißtechnik.[67]

5.5.8. Norddeutsche Union Werke Hamburg – Boizenburger Werft

Die Norddeutschen Union Werke mit Hauptsitz in Hamburg (Elbe-Werft GmbH) besaßen mehrere Werftanlagen in Tönning (Eiderwerft), Boizenburg (Elbe-Werft GmbH), Bremerhaven (Bremerhavener Werft AG) und eine Niederlassung in Cuxhaven. Außerdem gehörten die Fahrzeug- und Waggonfabrik Mahr & Beyer in Wismar und die Deutschen Industriewerke in Berlin zu dem Unternehmen. Auf der Werft in Boizenburg wurden 1925 die beiden Küstenfrachter SANKT JÜRGEN und SANKT LORENZ für die Lübeck-Linie gebaut. Die Norddeutschen Union Werke gingen 1925 in Konkurs. Bei der Nachfolgegesellschaft Boizenburger Werft, die von dem Besitzer der Waggonfabrik aus Wismar, Gustav Adolf Mahr, gegründet worden war, liefen in den 1920er und Anfang der 1930er Jahre überwiegend Schleppkähne und Motorschlepper vom Stapel. Die Schweißtechnik fand 1928 Eingang in den Werftbetrieb. Die Schiffbaukrise versuchte das Unternehmen mit schiffbaufremden Arbeiten wie dem Fahrzeugbau und der Konstruktion von Brückenbaugeräten zu begegnen. Die Belegschaft betrug in dieser Zeit nur noch etwa 40 Mitarbeiter. Als ab 1934 wieder verstärkt Schiffbauaufträge eingingen, wurden die Werftanlagen durch neue Hallen erweitert. Die Firma hieß jetzt »Mahr & Co. vorm. Boizenburger Werft, Fahrzeug- und Maschinenfabrik« und konnte mehrere Hundert Angestellte und Arbeiter beschäftigen.[68]

5.6. Schleswig-Holstein

5.6.1. Kremer-Werft in Elmshorn

Die Kremer-Werft reagierte auf die ausbleibenden Aufträge für Frachtdampfer während der Wirtschaftskrise mit der Herstellung von Schuten, Seeleichtern, Prähmen, Motorschleppern und -barkassen, Greifbaggern sowie Behördenfahrzeugen für deutsche Eigner, aber auch für ausländische Reedereien, teilweise in Serienfertigung hergestellt. Das an der Krückau in Elmshorn angesiedelte Unternehmen lieferte 1929 vier kleinere Frachtmotorschiffe ab. Die Beschäftigtenzahl betrug 1930 etwa 180 Angestellte und Arbeiter. In den Jahren von 1931 bis 1933 gab es für die Werft nur ganz wenige Aufträge, sodass hier nur noch sieben Personen Arbeit fanden. Aus dieser existentiellen Krise konnte sich die Kremer-Werft erst allmählich ab 1934 durch den Bau des Motorloggers Donar für die Glückstädter Heringsfischerei AG, eines Benzintankers und zweier Motorleichter befreien.[69]

5.6.2. Flensburger Schiffbau-Gesellschaft (FSG)

Die FSG stellte von 1924 bis 1930 überwiegend Frachtdampfer, die sich durch ihre Wirtschaftlichkeit und Funktionalität auszeichneten, für Flensburger, Hamburger und Bremer Reeder sowie eine Antwerpener Schifffahrtsgesellschaft her. Es wurden aber auch Motorschiffe mit einem MAN-Antrieb gebaut. Im Durchschnitt fanden hier etwa 1400 Angestellte und Arbeiter ein Auskommen. Die FSG genoss als mittlere Seeschiffswerft einen guten Ruf und konnte sich trotz der Werftarbeiterstreiks von 1924 und 1928 finanziell behaupten. Sie stellte für die strukturschwache Region den mit Abstand größten Arbeitgeber dar.

Die Stadt Flensburg hatte vorsorglich 1930 ein Aktienpaket von etwa 25 Prozent der FSG erworben, damit diese nicht von dem Deschimag-Konzern aus Bremen übernommen wurde. Allerdings ging es mit dem Flensburger Schiffbauunternehmen seitdem rapide bergab, weil wegen der Auswirkungen der Weltwirtschaftskrise keine Aufträge für Handelsschiffe requiriert werden konnten. Als Konsequenz mussten viele Mitarbeiter entlassen werden. Die Geschäftsführung sah sich gezwungen, den Betrieb Ende November 1930 zu schließen. Erst im Sommer 1931 konnte das Unternehmen wieder etwa 300 Personen beschäftigen, als ein Neubau, Reparaturaufträge und Abwrackarbeiten abgewickelt werden konnten. Allerdings blieb die Auftragslage der FSG für 1932 bis 1934, wie für viele deutsche Seeschiffbauunternehmen, miserabel. Die Belegschaft schwankte in dieser Zeit zwischen 80 und 120 Mitarbeitern. Die Perspektiven für die Flensburger Werft besserten sich erst wieder ab 1935.[70]

5.6.3. Nobiskrug in Rendsburg

Die Werft Nobiskrug an der Obereider mit direktem Zugang zum Nord-Ostsee-Kanal war für den Bau von Frachtschiffen bis zu 3000 Tonnen Tragfähigkeit ausgerüstet. Sie besaß drei

Patentslipanlagen; das Gelände hatte eine Größe von sechs Hektar. An der Spitze des Unternehmens standen die Direktoren Otto Storck und Dr. Paul Knipping. Die Werft spezialisierte sich auf die Entwicklung von Tankleichtern, kleinen Motortankschiffen, Kähnen, Schuten, Pontons, Schleppern, Inspektions- und Lotsenfahrzeugen, die vor allem an die Wasserbau- und Zollbehörden geliefert werden konnten. Der Umbau von Schiffen spielte ebenfalls eine nicht unbedeutende Rolle. Als Verkaufsschlager baute die Werft 1928 und von 1930 bis 1932 eine Serie von Motorseglern, die als Dreimastgaffelschoner getakelt waren und sich durch ihre Seetüchtigkeit und Wirtschaftlichkeit auszeichneten. Als »Nobiskruger« oder »Ich verdiene« erlangten diese Fahrzeuge mit einer Tragfähigkeit von 220 bis 250 Tonnen, einem Deutz-Viertaktmotor mit drei Zylindern und einer Leistung von 150 PS einen legendären Ruf. Die Besatzung betrug nur fünf Mann. Durch ihre Vielseitigkeit und Flexibilität gelang es der Rendsburger Werft, die Flaute auf dem Schifffahrtsmarkt besser als andere Schiffbauunternehmen zu überstehen.[71]

5.6.4. Kiel

5.6.4.1. Deutsche Werke Kiel

Die Deutschen Werke in Kiel-Gaarden waren aus dem südlichen Teil der einstigen Kaiserlichen Werft und späteren Reichswerft in Verbindung mit anderen deutschen Rüstungsunternehmen am 17. Juni 1920 als »Deutsche Werke Aktiengesellschaft Berlin« entstanden. Am 28. Mai 1925 kam es zur Gründung der »Deutsche Werke Kiel AG« mit der Werft in Kiel und der ehemaligen Torpedowerkstatt in Friedrichsort. Das ehemalige Staatsunternehmen musste für den Bau von zivilen Handelsschiffen umstrukturiert werden, um die Werkstätten und Docks auszulasten sowie die Mitarbeiter zu beschäftigen. Die Hellinge, Docks, Schiffbauhallen, Maschinen- und Kraneinrichtungen wurden für den Schiffsneubau und die Reparatur von bis zu 200 m langen Schiffen erweitert und modernisiert. Eine Spezialität der Deutschen Werke war der Dieselmoto-

Abb. 20 Stapellauf des Panzerschiffs DEUTSCHLAND bei den Deutschen Werken in Kiel, 1931.

renbau. Außerdem gehörten Dampfmaschinenanlagen, Hilfsmaschinen, Schiffskessel, Diesello-komotiven, Eisenbahnwaggons und Flugzeugschleudern zum umfangreichen Fertigungspro-gramm. Die Elektroschweißtechnik wurde 1926 eingeführt und in den folgenden Jahren ständig ausgebaut.

Bei den Deutschen Werken wurden neben Fischdampfern, Tankern, einer Motoryacht, einer Fähre und kleineren Fahrzeugen vor allem Frachtmotorschiffe hergestellt. Die norwegische Reede-rei Wilhelm Wilhelmsen bestellte alleine acht Frachter mit Dieselmotorenantrieb. Für die Reichs-marine lief 1927 der Kreuzer KARLSRUHE vom Stapel, der 1929 abgeliefert wurde. Mit dem Auftrag für das Panzerschiff DEUTSCHLAND (1929–1933) deutete sich bereits die zukünftige Hinwendung zum Kriegsschiffbau an, der für viele deutsche Schiffbauunternehmen im Zuge des nationalsozia-listischen Flottenbauprogramms wieder zum wichtigsten Betätigungsfeld werden sollte.

1925 arbeiteten hier etwa 3000 Mitarbeiter. Die Belegschaft war 1929 auf ca. 9000 Beschäftig-te gestiegen, die 1931 unter den Folgen der Weltwirtschaftskrise auf unter 4000 gefallen war und 1934 wieder über 5000 Angestellte und Arbeiter betrug.[72]

5.6.4.2. Germaniawerft

Die »Fried. Krupp Germaniawerft AG Kiel« galt neben Blohm & Voss als der modernste und leistungsfähigste deutsche Schiffbaubetrieb. Obwohl das Unternehmen an der Kieler Innenför-de Aufträge zu nicht kostendeckenden Preisen hereinnahm, gab es 1925 und 1926 erhebliche Beschäftigungsprobleme. Während 1924 noch über 8000 Arbeiter und Angestellte in Lohn und Brot standen, waren Ende 1926 auf der Werft nur noch etwa 1400 Mitarbeiter tätig. Ende 1928 stieg die Mitarbeiterzahl aber wieder auf über 5000 Personen an. Anfang der 1930er Jahre erwirtschaftete die Germaniawerft allerdings erneut Verluste, weil das Schiffsneubau- und das Reparaturgeschäft eingebrochen waren. Als Konsequenz standen Massenentlassungen an. Am 1. Oktober 1931 betrug die Belegschaftsstärke 2169 Mitarbeiter.[73]

Der Verlauf des Berichtsjahres stand von vornherein unter dem Einfluß eines bis dahin wohl kaum erlebten wirtschaftlichen Tiefstandes, dessen Ausstrahlungen, verstärkt durch die schwe-re Vertrauenskrise, sich auch in unserem Geschäftszweig in zunehmendem Maße fühlbar gemacht haben. Der Schiffsneubau ist vollständig ins Stocken geraten. Die deutschen Reederei-en, sonst die Stütze des deutschen Schiffbaues, vermochten kein Schiff neu auf Stapel zu legen. Die Ungunst der Zeit zwang allgemein zur Zurückhaltung und Begrenzung der Ausgaben auf das betriebsnotwendige Maß, so dass auch das Reparaturgeschäft einen starken Rückgang erfuhr. […] Für unsere auf 1/3 verminderte Belegschaft verbleibt noch Beschäftigung bis etwa Ende des laufenden Geschäftsjahres.[74]

Die Germaniawerft betätigte sich im Neubau und in der Reparatur von Fracht- und Fahrgast-schiffen. Der 150 Tonnen tragende Uferkran, der 1924 errichtet wurde, galt als das Wahrzeichen für den technischen Fortschritt des Betriebes. Eine führende Stellung hatte die Firma in der Her-stellung von Motortankschiffen und hochseetüchtigen Luxusyachten erlangt. Im Zeitraum von 1924 bis 1934 wurden über 20 Tanker und 24 Motoryachten angefertigt. Als Beispiele seien hier nur die ORION, CYPRUS und ALVA erwähnt, die für reiche Geschäftsleute in New York entstan-den. Mit dem 1924 erfolgten Umbau des Motorseglers BUCKAU zum Flettner-Rotorschiff BUCKAU konnte die Germaniawerft ihre innovative Leistungsstärke demonstrieren. Die 1928 und 1929 abgelieferten Passagiermotorschiffe KRIM und GRUSIA sowie ein 1932 fertiggestellter Kohlenheber für die Sowjetunion nahmen für die Beschäftigung des Unternehmens eine wich-tige Rolle ein. Die Maschinenbauabteilung hatte sich auf dem Gebiet des Dieselmotoren-, Kes-sel- und Dampfturbinenbaus einen hervorragen Ruf erworben.

Ähnlich wie auf den benachbarten Deutschen Werken nahm bei der Germaniawerft nach 1934 der Kriegsschiffbau wieder die Hauptrolle ein.[75]

5.6.4.3. Howaldtswerke

Die Kieler Howaldtswerke, die in den letzten Jahren ihre Werfteinrichtungen modernisiert hatten, wurden 1924 von der Rombacher Hütte mit Sitz in Hannover übernommen. Der bisherige Mehrheitseigner, die aus der Schweiz stammende Firma Brown Boveri, zog sich aus dem Engagement bei Howaldt zurück. Ohnehin machte das Kieler Schiffbauunternehmen wegen eines Tankerauftrags erhebliche Verluste und kämpfte um das wirtschaftliche Überleben. Der aus Kiel gebürtige und in Hamburg geschäftlich tätige Großkaufmann Dr. Heinrich Diederichsen übernahm in Kiel 1926 die Schwentine-Dock-Gesellschaft, die dann ihrerseits die Dietrichsdorfer Werft von Howaldt erwarb. Seit dem 1. September 1926 firmierten die beiden Betriebe als Howaldtswerke Kiel. In der Folgezeit wurden vor allem die Dockanlagen erweitert, um von dem risikoreichen Neubaugeschäft nicht mehr so abhängig zu sein. Der vorher auf der Germaniawerft tätige Schiffbaudirektor Max Tradt wurde 1926 in den Vorstand berufen. Diederichsen hatte als Retter der Howaldtswerke in Kiel 1929 in Hamburg noch die Traditionswerft Janssen & Schmilinsky und Teile des Hamburger Vulcan gekauft, die 1931 als Howaldtswerke Hamburg weitergeführt wurden.

Neben Tankern stellte der Kieler Schiffbaubetrieb Fracht-, Fisch- und Schleppdampfer, Motorschiffe, Docksektionen und kleinere Fahrzeuge für deutsche Reedereien und ausländische Eigner her. Ein Großauftrag aus der Sowjetunion über fünf Schlepper und zehn Fischereimotorschiffe sicherte den Kieler Howaldtswerken 1930/31 die Existenz in der Weltwirtschaftskrise. Neue Aufträge für eine Grundauslastung konnte das Unternehmen erst im Laufe des Jahres 1934 hereinnehmen. Im Gegensatz zu den Deutschen Werken und der Germaniawerft waren bei Howaldt erheblich weniger Mitarbeiter beschäftigt. Während 1925 noch etwa 3000 Angestellte und Arbeiter hier tätig waren, fiel die Zahl der Mitarbeiter im Krisenjahr 1926 bis auf unter 400 zum Jahresende. In der Regel waren in den folgenden Jahren hier im Durchschnitt etwa 1500 Personen beschäftigt. Je nach Auftragslage betrug die Belegschaft am 1. Januar 1930 wieder 1830 Angestellte und Arbeiter, während am 1. Oktober 1931 nur noch 400 Beschäftigte gezählt wurden.[76]

5.6.5. Lübeck

5.6.5.1. Henry Koch

Die Koch'sche Schiffswerft investierte 1924 in den Bau einer neuen Kraftzentrale, Schiffbauhalle und Glühofenanlage. Auch wurden die Betriebsabläufe rationalisiert. Das Lübecker Schiffbauunternehmen war in der Lage, bis zu 12 000 Tonnen tragende Dampf- und Motorschiffe anzufertigen. Mit einem Schwimmkran mit 60 Tonnen Hebefähigkeit und einem Schwimmdock bis zu 3200 Tonnen Tragfähigkeit erfüllte die Werft gute Bedingungen für größere Reparaturen. Die Beschäftigung lag 1927 etwa bei 500 bis 600 Angestellten und Arbeitern, jedoch blieb die Auftragssituation in den Jahren 1924 bis 1927 unbefriedigend. In dieser Zeit entstanden neben Fischdampfern das Fracht- und Passagierschiff HANSA sowie die Frachtdampfer LÜBECK, WESTFALEN und RHEINLAND. Die Geschäftslage entwickelte sich ungünstig. Das Eigenkapital des Unternehmens erwies sich als zu gering. 1928 liefen die Frachtmotorschiffe PATRICIA und PALATIA für die Hapag vom Stapel. Der Fischdampferbau blieb weiterhin eine Domäne der Koch-Werft. Dr. Adolf Kühling aus Hamburg, der mehrheitlich an der Lübecker Firma beteiligt war, ließ hier von 1928 bis 1930 elf Fischdampfer für die Reederei J. Wieting AG in Bremerhaven/Wesermünde bauen. Am 6. August 1930 lief auf der Koch'schen Werft mit dem Fischdampfer REICHSPRÄSIDENT VON HINDENBURG der letzte Neubau vom Stapel. Die Firma mit ihren etwa 50 bis 100 Beschäftigten hielt sich mit Reparaturaufträgen über Wasser.

Die anschließenden Sanierungsbemühungen für die Rettung der Schiffswerft von Henry Koch waren zum Scheitern verurteilt. Für den Senat des Stadtstaates Lübeck hatte das Überleben der Lübecker Flender-Werke Priorität, da man hier stark finanziell engagiert war. Auch eine Fusion mit Flender und der Lübecker Maschinenbau-Gesellschaft sowie eine Kooperation mit der benachbarten Staatswerft des ehemaligen lübeckischen Wasserbauamtes (heute Tonnenhof des Wasser- und Schifffahrtsamtes Lübeck) kamen letztendlich nicht zum Tragen. Am 31. Mai 1934 wurde das Konkursverfahren eröffnet und die Werft endgültig stillgelegt.[77]

5.6.5.2. Lübecker Maschinenbau-Gesellschaft (LMG)

Die traditionsreiche Maschinenbaufirma und Schiffswerft hatte sich auf die Herstellung von Schwimmbaggern jeglicher Art spezialisiert und lieferte ihre weltweit bekannten Produkte auch in den Krisenzeiten des deutschen und internationalen Schiffbaus nach Deutschland, in die Sowjetunion und in das übrige Europa sowie nach Übersee. Neben Klappschuten, Schwimmkranen und Spezialgeräten für den Wasserbau stellte sie auf ihren Helgen zwischen 1924 und 1930 aber auch Frachtdampfer, u.a. für die Hamburger Reedereien Johann M.K. Blumenthal, Adolph Kirsten und Knöhr & Burchard Nfl., her. Dem Unternehmen gelang es vielleicht wegen seiner Sonderfertigung, besser als andere Werften in der Schiffbaukrise zu überleben, auch wenn es Kurzarbeit und Entlassungen gab. Überlegungen zu einem Zusammenschluss mit der Koch'schen Schiffswerft und den Lübecker Flender-Werken zerschlugen sich. Über die Beschäftigtenzahlen liegen keine Angaben vor.[78]

5.6.5.3. Flender Werft

Die »Brückenbau Flender AG. Zweigniederlassung Schiffs- und Dockbauwerft Siems bei Lübeck« entwickelte sich zum führenden Schiffbauunternehmen in Lübeck. Mit ihren Hellingen für Schiffe bis zu 15 000 BRT, Schwimmdocks, einer großen Schiffbauhalle, modern eingerichteten Werkstätten, einem Kran mit 100 Tonnen Hebefähigkeit sowie einem eigenen Dockbauplatz war sie für den Schiffsneubau und die Reparatur von Seeschiffen ausgerüstet. Eine Spezialität der Firma bildete die Konstruktion von Schwimmdocks. Zur Werft gehörte auch eine große Wohnsiedlung für Angestellte und Arbeiter in Herrenwyk. Bei voller Auslastung waren hier über 2000 Mitarbeiter tätig.

Die Schiffs- und Dockbauwerft geriet 1925 in eine schwere wirtschaftliche Krise, obwohl Aufträge für ein großes Schwimmdock für die türkische Marine und ein Motorschiff für die norwegische Reederei Wilhelm Wilhelmsen in Oslo vorhanden waren. Seit dem 9. März 1925 lautete der neue Firmenname »Flender-Aktiengesellschaft für Eisen-, Brücken- und Schiffbau, Werk Lübeck«. Im Herbst 1925 musste der Lübecker Senat ein Darlehen von 1,5 Millionen Reichsmark bereitstellen, damit das Lübecker Zweigunternehmen und die Stammfirma in Benrath weiter existieren konnten. Die Belegschaft betrug nur noch etwa 500 Mitarbeiter. Ende 1926 wurde die Schiffs- und Dockbauwerft in Lübeck-Siems als »Flender-Werke Aktiengesellschaft« selbständig. Neben Frachtern, Fischereifahrzeugen, Schuten und Leichtern wurden vor allem Schwimmdocks hergestellt. Am 2. November 1927 wurde ein Schwimmdock für Flugboote im Auftrag der Deutschen Luft Hansa fertiggestellt, das anschließend in Travemünde auf dem Priwall stationiert war.

Im Zuge der Neuordnung der Lübecker Werftenlandschaft seit Ende der 1920er und Anfang der 1930er Jahre wurde die Wohnsiedlung der Flender-Werke in Herrenwyk vom Lübecker Stadtstaat erworben. Das Aktienkapital des Werft- und Dockbaubetriebes gehörte jetzt zwei Großbanken. Eine Fusion mit der Schiffswerft von Henry Koch kam nicht zustande. Während die Koch'sche Werft 1934 ein Opfer der Schiffbaukrise wurde, konnte Flender dank der starken Unterstützung der Stadt Lübeck mit Abwrack- und Reparaturarbeiten überleben. Die Belegschaft bestand jedoch nur noch aus etwa 60 Mitarbeitern.[79]

5.7. Neptunwerft in Rostock

Der langjährige technische Direktor Gerhard Barg schied am 31. Dezember 1923 aus dem Vorstand aus und wechselte in den Aufsichtsrat über. Nach seinem Tod im Jahre 1926 fehlten der Neptunwerft das Know-how sowie die Kontakte und Beziehungen zu den Kunden. Das alteingesessene Unternehmen an der Warnow geriet 1924 in schweres Fahrwasser. Die Stadt Rostock gewährte der Werft am 6. Oktober 1924 eine Beihilfe von 300 000 Reichsmark. Im Herbst 1924 und im April 1925 benötigte die Firma millionenschwere Kredite, um die ersten zwei Motorfrachter, die 1925 für norwegische Reeder abgeliefert wurden, zu finanzieren. Das Reparaturgeschäft konnte die Verluste nicht ausgleichen. Die Neptunwerft begann in dieser Zeit mit der Einführung der Schweißtechnik. Die Betriebsabläufe konnten durch weitere technische Innovationen rationalisiert werden. Ein Reparaturauftrag aus der Sowjetunion sorgte neben dem Neubau von Frachtdampfern 1926 für die Beschäftigung von etwa 1000 Mitarbeitern. 1927 konnte das Unternehmen sogar einen bescheidenen Gewinn erwirtschaften. Zahlreiche Frachter für deutsche Reedereien aus Hamburg, Bremen und Rostock wurden abgeliefert. Die Neptunwerft stellte mit ihren vier Hellingen, zwei Schiffbauhallen, einem Schwimmdock, einem Schwimmkran und modern eingerichteten Werkstätten ein bedeutendes Unternehmen der deutschen Werftindustrie dar. Im September 1927 waren hier 1078 Angestellte und Arbeiter sowie 89 Lehrlinge beschäftigt.

Das Jahr 1928 bedeutete für die Rostocker Schiffbaufirma eine tiefe Zäsur. Der Deschimag-Konzern aus Bremen erwarb im Januar 1928 die Aktienmehrheit (75 Prozent) bei der Neptunwerft. Als neuer technischer Direktor wurde Johann Tönjes Cassens verpflichtet, der vorher bei H.C. Stülcken Sohn in Hamburg in leitender Position tätig gewesen war. Wegen nicht ausreichender Beschäftigung wurden die Anlagen am 2. Oktober 1928 vorübergehend stillgelegt. Eine Demontage der Werfteinrichtungen durch die Deschimag – wie bei Tecklenborg und dem Stettiner Vulcan geschehen – konnte verhindert werden. Durch die Neubauten mehrerer Frachtdampfer für eine niederländische Reederei in Amsterdam und durch die Errichtung einer größeren Docksektion für die Reparatur größerer Seeschiffe in Rostock konnte die drohende Schließung des Schiffbaubetriebes an der Warnow vermieden werden. Ein Auftrag aus der Sowjetunion über drei Fischdampfer, drei Schleppdampfer sowie eine Baggerschute, die 1931 und 1932 abgeliefert wurden, ließ die Neptunwerft ihre Existenz sichern. Je nach Beschäftigungslage kam es bei der Mitarbeiterzahl zwischen 1929 und 1932 zu starken Schwankungen. Zeitweise bestand die Belegschaft nur aus etwa 100 Angestellten, Arbeitern und Lehrlingen, deren Zahl dann aber wieder auf 800 anstieg.

Obwohl Direktor Cassens mit unkonventionellen Mitteln versuchte, den Werftbetrieb aufrechtzuerhalten, musste das Unternehmen am 10. Oktober 1932 Konkurs anmelden. Durch die Beteiligung an Abwrackarbeiten, die das Deutsche Reich als Subventionen für die Not leidende deutsche Schiffbauindustrie bewilligt hatte, blieb das Unternehmen bestehen. Am 16. Juli 1934 wurde die »Aktien-Gesellschaft Neptun Schiffswerft und Maschinenfabrik« aus dem Handelsregister in Rostock gestrichen. Mit Unterstützung der Stadt Rostock und des Landes Mecklenburg gelang es jedoch, 1934 die Nachfolgegesellschaft »Neptunwerft Rostock Schiffswerft und Maschinenfabrik GmbH« mit einem erweiterten Fertigungsprogramm zu etablieren. Als Geschäftsführer wurde der ehemalige technische Direktor Cassens bestellt.[80]

5.8. Stettin

5.8.1. Vulcan

Beim Stettiner Vulcan lief 1924 der Passagierdampfer NORDLAND für die einheimische Reederei Rud. Christ. Gribel vom Stapel. Dieses Schiff wurde mit einem verstärkten Bug für die Eisfahrt ausgerüstet, um auch in den Wintermonaten den Liniendienst nach Riga, Reval und Helsingfors durchführen zu können. 1925 und 1926 wurden die beiden Motortanker CLIO und REGINOLITE gebaut. Der Doppelschrauben-Turbinendampfer COBRA wurde im Auftrag der Hapag für ihren Seebäderdienst 1926 fertiggestellt. Im gleichen Jahr entstand das Passagiermotorschiff HANSE-STADT DANZIG für den Seedienst Ostpreußen. Neben verschiedenen kleineren Fahrzeugen wie Tankleichtern, Prähmen und einem kleinen Schleppdampfer wurde 1928 als letztes Seeschiff auf der berühmten Werft in Stettin-Bredow das Frachtmotorschiff TRAVE für den NDL aus Bremen abgeliefert. Im September 1927 fanden beim Stettiner Vulcan 1741 Angestellte und Arbeiter sowie 179 Lehrlinge eine Beschäftigung.

Nachdem der Hamburger Vulcan schon im Dezember 1926 mit dem Bremer Deschimag-Konzern fusioniert hatte, wurde im September 1927 die »Stettiner Maschinenbau-A.G. Vulcan« in den Verbund eingegliedert. Mit dem Anschluss der Stettiner Firma wurde das Ende der einstmals bedeutendsten Werft eingeläutet, die jetzt »Deschimag-Werk Vulcan-Stettin« hieß. Ähnlich wie bei der berühmtem Tecklenborg Werft in Wesermünde, wurden die gesamtem Anlagen in Stettin-Bredow an der Oder 1928 geschlossen, um lästige Konkurrenz in der Schiffbaudepression auszuschalten. Der Abbruch der ortsprägenden Helgengerüste, Krane und Gebäude bedeutete für den größten deutschen Ostseehafen und die Stettiner Wirtschaft einen schweren Verlust.[81]

5.8.2. Stettiner Oderwerke

Der nach dem Vulcan wichtigste Schiffbaubetrieb in Stettin waren die Stettiner Oderwerke, die nach der Schließung der einstigen bedeutendsten deutschen Handelsschiffswerft 1928, der Stilllegung der Ostseewerft 1928, dem Konkurs der Nüscke-Werft 1928 sowie dem Ende der Zweigfirma des Reeders Caesar Wollheim 1934 als einzige Werft und Maschinenfabrik die reiche Schiffbautradition in Stettin fortführen konnten. Zum Produktionsprogramm gehörten Passagier-, Bäder- und Frachtdampfer sowie Behördenfahrzeuge wie Schuten, Tonnenleger, Eimer- und Spülbagger, Inspektions- und Lotsenboote, Schlepper, Prähme und Eisbrecher. Zu den bekannten, hier hergestellten Schiffen der in Stettin-Grabow ansässigen Firma zählten das Doppelschrauben-Motorfahrgastschiff PREUSSEN (1926) für den Seedienst Ostpreußen, der Fahrgastdampfer RUGARD (1927) für die Stettiner Reederei J.F. Braeunlich und der Eisbrecher STETTIN (1933), der heute noch als Traditionsschiff fährt.

Auf den Helgen konnten 130 m lange Schiffe mit einer Tragfähigkeit von 7500 Tonnen hergestellt werden. Das Unternehmen verfügte über sechs Schwimmdocks und einen Schwimmkran mit 60 Tonnen Tragkraft. Eine Maschinenfabrik, eine Kesselschmiede, eine Eisen- und Metallgießerei, eine Anlage für Schweißtechnik, moderne Werkstätten und elektrische Hebefahrzeuge gehörten zu den Werfteinrichtungen. Wegen fehlender Aufträge musste die Belegschaft 1932 drastisch auf 250 bis 300 Mitarbeiter reduziert werden. Als leitende Schiffbaudirektoren waren hier von 1921 bis 1925 Wilhelm Preuß und von 1928 bis 1934 Georg Köster tätig, die mit ihrem hervorragenden Wissen zu dem ausgezeichneten Ruf der Stettiner Oderwerke beitrugen.[82]

5.8.3. Nüscke

Die Nüscke-Werft baute von 1924 bis 1929 mehrere Frachtdampfer für verschiedene deutsche und ausländische Reedereien. 1925 wurde der für den Transport von Benzin und Petroleum geeignete Motortanker MARGARETA für eine finnische Schifffahrtsgesellschaft fertiggestellt. Die 1929 für holländische Eigner abgelieferten Frachtdampfer AMSTELKERK und MAASKERK stellten mit über 4000 BRT die größten hier gebauten und gleichzeitig letzten Neubauten der Werft dar.

Im September 1927 beschäftigte die Schiffswerft, Kesselschmiede und Maschinenbauanstalt Nüscke & Co. mit zwei Schwimmdocks und einem Schwimmkran mit einer Tragkraft von 60 Tonnen 345 Angestellte und Arbeiter sowie 25 Lehrlinge. Der älteste Stettiner Schiffbaubetrieb, der 1928 von der Deschimag in Bremern übernommen wurde, musste im selben Jahr Konkurs anmelden. Eine Auffanggesellschaft um die Stettiner Reederei W. Kunstmann und die Stettiner Oderwerke bemühte sich 1929 mit Unterstützung der Stadt Stettin und des preußischen Staates um eine Fortführung des angesehenen Unternehmens unter dem Namen Mercur-Werft, die jedoch 1931 ihre Arbeit endgültig einstellte.[83]

5.8.4. Ostseewerft

Die in Frauendorf unterhalb von Stettin gelegene Ostseewerft gehörte dem Stettiner Reeder Emil R. Retzlaff. Hier entstanden von 1925 bis 1927 u.a. einige Frachtdampfer für die eigene Reederei. Durch den Konkurs der Schifffahrtsgesellschaft von Emil R. Retzlaff 1931 war auch das Schicksal des Werftbetriebes besiegelt, der 1932 zwangsversteigert wurde.[84]

5.9. Danzig und Elbing

5.9.1. Danziger Werft

Die Danziger Werft, die nach dem Ersten Weltkrieg aus der einstigen Kaiserlichen Werft hervorgegangen war, hieß offiziell »The International Shipbuilding & Engineering Company Limited, Danzig«. Sie wurde als internationale Aktiengesellschaft unter dem Vorsitz des Danziger Hochschullehrers Prof. Dr. Ludwig Noé geführt. Noé verstand es, den Betrieb neu zu strukturieren und zu modernisieren. Neben dem Neubau und der Reparatur von Dampf- und Motorfrachtschiffen, Passagier- und Schleppdampfern sowie Eisbrechern wurden jetzt u.a. auch Möbel, Transportfässer, Apparaturen für Zuckerfabriken, Dampfmaschinen, Diesel-, Glühkopf-, Vergaser- und Elektromotoren, Lokomotiven, Eisenbahnwaggons, Kessel- und Kühlanlagen sowie Stahlkonstruktionen hergestellt. Das Unternehmen beschäftigte im Zeitraum von 1924 bis 1934 im Durchschnitt 3368 (1924), 1170 (1926), 2698 (1930) bzw. 1035 (1934) Mitarbeiter. Die Lehrlingsausbildung spielte auf der Danziger Werft eine wichtige Rolle. Neben der praktischen Vermittlung betrieb die Firma eine eigene Werftschule für die theoretische Grundausbildung.[85]

5.9.2. Schichau in Elbing und Danzig

Die Schichau-Werke waren ein Familienunternehmen, das von Dr.-Ing. Carl Fridolf Carlson und nach dessen Tod 1924 von seiner Frau Hildegard Carlson geleitet wurde, die nur drei Jahre später verstarb. Als Erben führten die beiden Kinder mit Unterstützung der leitenden Mitarbeiter den Betrieb fort. Wegen der schlechten Auftragslage und wegen des drohenden Konkurses hatte die weltberühmte Firma allerdings schon seit 1926 erhebliche Kredite vom Deutschen Reich und von Preußen erhalten, damit sie als wichtigster Industriebetrieb in West- und Ostpreußen aus politischen Gründen weiter existieren konnte. Als das privat geführte Unternehmen 1929 allerdings finanziell am Ende war, gründeten das Deutsche Reich, Preußen und die Freie Stadt Danzig die neue Gesellschaft F. Schichau GmbH in Elbing. Als neuer Geschäftsführer wurde Dipl.-Ing. Hermann Noé verpflichtet, der bisher in Chemnitz bei der Textilmaschinenfabrik Schubert & Sulzer als Vorstandsmitglied tätig gewesen war. Die Erben der Familie Carlson wurden abgefunden. Hermann Noé war der jüngere Bruder von Ludwig Noé, der an der Technischen Hochschule Danzig als Professor amtierte und gleichzeitig die Danziger Werft

Abb. 21 MAGDALENA auf dem Helgen bei Schichau in Danzig, 1928.

führte. Durch das Engagement Hermann Noés konnten der Schiff- und Maschinenbau bei Schichau in Elbing und Danzig wiederbelebt werden. Der Staatsbetrieb Schichau übernahm 1930 auch die renommierte Union-Gießerei in Königsberg, die im selben Jahr in Konkurs gegangen war, aber genauso wie Schichau in Elbing und Danzig als Werft im nationalen Interesse weiter bestehen sollte.

In Elbing liefen seit 1924 vor allem Frachtdampfer und -motorschiffe, Schlepper und Schwimmbagger vom Stapel. Der Schwerpunkt lag im Dampfmaschinen-, Turbinen-, Dieselmotoren- und Lokomotivenbau. Mit der Firma Sulzer konnte 1925 eine Kooperation über die Herstellung von Schiffsdieselmotoren erzielt werden. 1926 wurde die Eisenbahnfähre SCHWERIN für die Schifffahrtsverbindung von Warnemünde nach Gedser gebaut. Ein Großauftrag aus der Sowjet-

Abb. 22 Schichau in Danzig mit Hammerkran und Helgen, um 1931.

union über elf Schleppdampfer konnte hier 1930 abgewickelt werden. Ab 1932 wurde der Schiffbau im Elbinger Werk eingestellt. In Danzig entstanden von 1924 bis 1934 zahlreiche Frachtdampfer und Motorschiffe für ausländische und deutsche Reedereien. Für den NDL in Bremen lieferte die Danziger Schichauwerft 1928 die Motorfrachter SAALE und HAVEL ab. Die Hapag erhielt Ende 1928 das Zweischrauben-Fracht- und Passagierschiff MAGDALENA, dem 1929 das Frachtmotorschiff SAUERLAND folgte. 1931 lieferte das Danziger Werk zahlreiche Fisch- und Schleppdampfer für sowjetische Rechnung ab.

Die Beschäftigtenzahlen schwankten je nach Auftragslage sehr stark. Für die Zweigfirma in Danzig waren im Durchschnitt etwa 1000 bis 3000 Arbeiter und etliche Angestellte tätig. Für die Krisenjahre 1926, 1932 und 1933 betrug die Personalstärke hier zwischen 400 und 800 Mitarbeiter. Die gesamte Belegschaft bei den Schichau-Werken reduzierte sich 1926 auf unter 5000, kletterte 1928 wieder auf 9000, um 1932 und 1933 auf unter 2000 Beschäftigte zu fallen, deren Zahl ab 1934 jedoch wieder stark anstieg.[86]

5.9.3. Klawitter-Werft in Danzig

Das traditionsreiche Schiffbauunternehmen von Klawitter, das im 19. Jahrhundert für die Stadt Danzig, die preußische Marine und den deutschen Schiffbau eine wichtige Rolle gespielt hatte, verlor nach dem Ersten Weltkrieg an Bedeutung. In der Bauliste sind nur noch einige Fährdampfer und Prähme verzeichnet. Die letzten Aufträge über einen Fracht-, einen Fähr- und vier Fischdampfer, die 1930 und bis Anfang 1931 abgeliefert wurden, kamen aus der Sowjetunion. Anschließend stellte die Schiffswerft und Maschinenfabrik J.W. Klawitter Danzig den Betrieb für immer ein.[87]

5.10. Union-Gießerei und Schichau in Königsberg

Die Union-Gießerei in Königsberg-Contienen am Unterlauf des Pregel-Flusses fertigte von 1924 bis 1929 einige kleinere Frachtdampfer für deutsche Reedereien sowie Spezialfahrzeuge für Behörden. Einen interessanten Auftrag stellte der Bau der Doppelschrauben-Lotsenversetzdampfer KERSTEN MILES und SIMON VON UTRECHT für die Elbmündung dar, die 1926 und 1927 abgeliefert wurden. Für die Sowjetunion entstanden 1928 und 1929 drei Fischdampfer. Zur Union-Gießerei gehörte neben der Schiffswerft mit Werkstätten für den Maschinen- und Kesselbau sowie einem Schwimmdock noch eine Lokomotivfabrik. Obwohl die Königsberger Firma vom Deutschen Reich subventioniert wurde, musste sie Anfang 1930 Konkurs anmelden. Im Frühjahr 1930 übernahm Schichau den Schiffbau- und Schiffsreparaturbetrieb und führte auch den Brücken- und Maschinenbau weiter. 1931 wurden in Königsberg drei Schleppdampfer für sowjetische Rechnung gebaut. Bis 1934 entstanden hier einige Behördenfahrzeuge für Wasserbau- und Hafenverwaltungen aus Ostpreußen. Während 1925 bei der Union-Gießerei noch 2000 Arbeiter und Angestellte beschäftigt waren, betrug die Belegschaftsstärke 1930 unter der Regie von Schichau nur etwa 200 Mitarbeiter.[88]

5.11. Lindenau in Memel

Die Lindenau-Werft in Memel sicherte sich in der Schiffbaukrise der 1920er und 1930er Jahre mit dem Bau von Schleppdampfern, Fischkuttern, Zollkreuzern, Fährdampfern und kleineren Passagierfahrzeugen ihre Existenz. Der Schiffbaubetrieb hieß ab 1927 »Paul Lindenau, Ingenieur und Schiffbauer, Memel«. Als alleinige Besitzer fungierten jetzt Paul Lindenau und seine Frau Regina.[89]

6. Der deutsche Schiffbau (1924–1934) – Fazit und Ausblick

Die nach dem Ersten Weltkrieg geschaffenen Überkapazitäten in der deutschen Schiffbauindustrie wurden durch die Schiffbaukrise von 1924 bis 1934 mit Firmenkonzentrationen und Stilllegungen wieder bereinigt. Vor allem die großen Seeschiffswerften an der Ostseeküste konnten nur durch staatliche Subventionen überleben, wie es das Beispiel von Schichau zeigt. Der berühmteste deutsche Werftbetrieb, der Stettiner Vulcan, wurde allerdings vom Deschimag-Konzern in Bremen geschlossen und anschließend demontiert. Etlichen Unternehmen gelang es durch Innovationen, Spezialisierung, Diversifikation und durch die Modernisierung ihrer Produktionsanlagen, die Krise zu überstehen. Allerdings mussten viele Mitarbeiter entlassen werden. Erst die durch die nationalsozialistische Reichsregierung initiierten Maßnahmen zur Wiederaufrüstung mit dem Flottenbauprogramm für die Kriegsmarine, dem Ausbau der Hochseefischerei und der Schaffung einer Walfangflotte bewirkten eine deutliche Verbesserung der Auftragslage der deutschen Schiffbauindustrie mit Vollbeschäftigung. In der Folgezeit erweiterten die bestehenden Schiffswerften ihre Kapazitäten. Die sozialen Leistungen für die Arbeiter und Angestellten in der Schiffbaubranche, die sich die Belegschaften und die Gewerkschaften in der Weimarer Republik erkämpft hatten, konnten in der nationalsozialistischen Ära nicht bewahrt werden. Im Zuge der nationalsozialistischen Gleichschaltungsgesetze erlitt die Arbeiterbewegung eine Niederlage. Die demokratischen Gewerkschaften wurden zerschlagen. Die Rüstungsindustrie und der Kriegsschiffbau spielten wieder eine entscheidende Rolle.

Anmerkungen

1 Dirk J. Peters: Deutsche Werften in der Zwischenkriegszeit (1918–1939). Teil 1: Von der Kriegsrüstung zur Friedenswirtschaft. Schiffbaukonjunktur durch Reparationsleistungen und durch den Wiederaufbau der deutschen Handelsflotte nach dem Ersten Weltkrieg (1918–1923). In: DSA 28, 2005, S. 95–134.

2 Herbert Heißner: Strukturwandlungen und Konjunkturschwankungen im Schiffbau und ihr Einfluß auf die finanzielle Entwicklung der deutschen Werftindustrie. Eine Untersuchung der letzten zwei Jahrzehnte (1913–1932) unter besonderer Berücksichtigung der Kapitalfehlbildung. Kallmünz 1932.

3 Reinhart Schmelzkopf: Die deutsche Handelsschiffahrt 1919–1939. Bd. I: Chronik und Wertung der Ereignisse in Schiffahrt und Schiffbau. Oldenburg 1974.

4 Rudolf Blohm: Zusammenschluß-Bestrebungen bei den Werften 1924–1934. In: 100 Jahre Verbands- und Zeitgeschehen. Verband der Deutschen Schiffbauindustrie e.V. Hamburg 1984, S. 45–59.

5 Götz Albert: Wettbewerbsfähigkeit und Krise der deutschen Werftindustrie 1945–1990. (= Europäische Hochschulschriften, Bd. 2343). Frankfurt/M. 1998.

6 Hartmut Rübner: Konzentration und Krise in der deutschen Schifffahrt. Maritime Wirtschaft und Politik im Kaiserreich, in der Weimarer Republik und im Nationalsozialismus. (= Deutsche Maritime Studien, Bd. 1). Bremen 2005.

7 Marc Fisser: Seeschiffbau an der Unterweser in der Weimarer Zeit. (= Veröffentlichungen des Stadtarchivs Bremerhaven, Bd. 10). Bremerhaven 1995.

8 Dieter Pfliegensdörfer: Vom Handelszentrum zur Rüstungsschmiede. Wirtschaft, Staat und Arbeiterklasse in Bremen 1929 bis 1945. Bremen 1986.

9 Peter Kuckuk: Die A.G. »Weser«. Teil II: 1914 bis 1933. Vom Weltkrieg zur Weltwirtschaftskrise. (= Reihe Industriearchäologie). Bremen 1987; Peter Kuckuk: Die DESCHIMAG in der Weltwirtschaftskrise. Geschäftspolitik und Subventionsbemühungen eines Schiffbaukonzerns 1929 bis 1934/35. In: Peter Kuckuk und Hartmut Roder (Hrsg.): Von der Dampfbarkasse zum Containerschiff. Werften und Schiffbau in Bremen und der Unterweserregion. Bremen 1988, S. 71–102.

10 Franz X. Ortlieb: Zur Werftenkonzentration in den zwanziger Jahren. Hintergründe der Fusion der A.G. »Weser« mit der Werft Joh. C. Tecklenborg. In: Von der Dampfbarkasse zum Containerschiff (wie Anm. 9), S. 50–70.

11 Hartmut Roder: Der Bremer Vulkan. Schiffbau und Werftarbeit in Vegesack. Teil II: 1914–33. (= Reihe Industriearchäologie). Bremen 1987; Hartmut Roder: Technischer Wandel im deutschen Schiffbau zwischen den Weltkriegen. In: Von der Dampfbarkasse zum Containerschiff (wie Anm. 9), S. 12–33.

12 Dirk J. Peters, Peter Neumann, Norbert Suxdorf: Die Nordseewerke 1903–2003. Emden 2003.

13 Andreas Meyhoff: Blohm & Voss im »Dritten Reich«. Eine Hamburger Großwerft zwischen Geschäft und Politik. (= Hamburger Beiträge zur Sozial- und Zeitgeschichte, Bd. 38). Hamburg 2001.

14 Hans Jürgen Witthöft: Tradition und Fortschritt. 125 Jahre Blohm + Voss. Hamburg 2002.

15 Christine Keitsch: Krise und Konjunktur. Die Flensburger Schiffbau-Gesellschaft von der Weltwirtschaftskrise bis zum Ende des Zweiten Weltkrieges. In: DSA 28, 2005, S. 135–196.

16 Christian Ostersehlte: Von Howaldt zu HDW. 165 Jahre Entwicklung von einer Kieler Eisengießerei zum weltweit operierenden Schiffbau- und Technologiekonzern. Hamburg 2004.

17 Heinz Haaker: Die »Schiffswerft von Henry Koch AG«. Ein Kapitel Lübecker Schiffbau- und Industriegeschichte. (= Schriften des Deutschen Schiffahrtsmuseums, Bd. 37). Bremerhaven, Hamburg 1994.

18 Joachim Stahl: Neptunwerft. Ein Rostocker Unternehmen im Wandel der Zeit. (= Schriften des Schiffahrtsmuseums der Hansestadt Rostock, Bd. 1). Rostock 1995.

19 Armin Wulle: Der Stettiner Vulcan. Ein Kapitel deutscher Schiffbaugeschichte. Herford 1989.

20 Schmelzkopf (wie Anm. 3), S. 68; Fisser (wie Anm. 7), S. 26; Haaker (wie Anm. 17), S. 66; Peters: Deutsche Werften (wie Anm. 1), S. 105f.

21 Heißner (wie Anm. 2), S. 25f. u. 38f.; Walter Krawietz: Die wirtschaftliche Entwicklung des Schiffbaues an der Unterweser von 1800 bis 1960. Diss. Erlangen-Nürnberg 1966, S. 31–35; Schmelzkopf (wie Anm. 3), S. 74–77, 103f., 140f. u. 149–151; Fred Ludolph: Sozial- und wirtschaftsgeschichtliche Aspekte zur Entwicklung der Werftindustrie in Bremen bis zum Ausbruch der Weltwirtschaftskrise am Beispiel der AG »Weser«. In: Beiträge zur Industrieforschung. Historische und aktuelle Aspekte. (= Schriftenreihe der Hochschule für Wirtschaft Bremen, Bd. 16). Bremen 1980, S. 1–171, hier S. 138–142; Dirk Hemje-Oltmanns: Materielle Bedingungen der Entwicklung des Verhältnisses von Sozialreform und Revolution in Deutschland (1890–1924) unter besonderer Berücksichtigung der Bremer Werftarbeiterbewegung. Bremen 1983, S. 259–264; Dieter Pfliegensdörfer, Jörg Wollenberg: Die Werftenkrise der zwanziger Jahre – ein Lehrstück für heute. In: Heiner Heseler und Hans Jürgen Kröger (Hrsg.): »Stell Dir vor, die Werften gehören uns …« Hamburg 1983, S. 164–183, hier S. 174–177; 100 Jahre Verbands- und Zeitgeschehen. Hrsg. Verband der deutschen Schiffbauindustrie Hamburg e.V. Hamburg 1984, S. 42f.; Blohm (wie Anm. 4), S. 45; Kuckuk: Die A.G. »Weser« (wie Anm. 9), S. 46f.; Ortlieb (wie Anm. 10), S. 55f.; Wilfried Kalk: 120 Jahre Metallarbeiterbewegung in Kiel. Die Geschichte der IG Metall-Verwaltungsstelle Kiel 1989, S. 108–110; Michael Joho: Die Geschichte der Metallarbeiterbewegung und ihrer Gewerkschaften in Flensburg. Hrsgg. von der Verwaltungsstelle Flensburg der Industriegewerkschaft Metall. Flensburg, Hamburg 1992, S. 342–354 u. 381–394; Haaker (wie Anm. 17), S. 61; Fisser (wie Anm. 7), S. 27–34; Albert (wie Anm. 5), S. 63f.; Peters/Neumann/Suxdorf (wie Anm. 12), S. 62; Olaf Mertelsmann: Zwischen Krieg, Revolution und Inflation. Die Werft Blohm & Voss 1914–1923. (= Schriftenreihe zur Zeitschrift für Unternehmensgeschichte, Bd. 11). München 2003, S. 247; Ostersehlte (wie Anm. 16), S. 273, 280, 282, 304–312 u. 328; Friedrich Stamp: Im Wandel solidarisch bleiben. Geschichte der Metallarbeiter und ihrer Gewerkschaften in Mecklenburg und Vorpommern. Hamburg 2007, S. 129–131, 151f. u. 154f.

22 D. Schumacher: Zum Abwrackproblem der Handelsschiffahrt. In: HANSA, 69. Jg., 1932, Nr. 16, S. 561–566; Heißner (wie Anm. 2), S. 40–42 u. 45; Krawietz (wie Anm. 21), S. 261; Wolfram Claviez: 50 Jahre Deutsche Werft 1918–1968. Hamburg 1968, S. 62f.; Schmelzkopf (wie Anm. 3), S. 77, 153f. u. 156; Kuckuk: Die DESCHIMAG (wie Anm. 9), S. 83; Fisser (wie Anm. 7), S. 31 u. 36; Stahl (wie Anm. 22), S. 152f.; Albert (wie Anm. 5), S. 66; Meyhoff (wie Anm. 13), S. 41–43 u. 60–66; Mertelsmann (wie Anm. 21), S. 250; Ostersehlte (wie Anm. 16), S. 273; Rübner (wie Anm. 6), S. 297f.

23 Heißner (wie Anm. 2), S. 43f.; Schmelzkopf (wie Anm. 3), S. 132–134; Albert (wie Anm. 5), S. 64; Ostersehlte (wie Anm. 16), S. 280.

24 Heißner (wie Anm. 2), S. 21, 30f., 46f. u. 52f.; Adolf Bihl: 100 Jahre Schichau 1837–1937. Hrsgg. anlässlich des hundertjährigen Bestehens der Schichau-Werke. Elbing 1937, S. 116; Schmelzkopf (wie Anm. 3), S. 64, 74f., 78f., 90, 102–104, 109–112, 123, 134, 138, 140 u. 148–153; Blohm (wie Anm. 4), S. 45–55 u. 59; Kuckuk: Die A.G. »Weser« (wie Anm. 9), S. 43; Wulle (wie Anm. 19), S. 116–118; Dirk J. Peters: Der Seeschiffbau in Bremerhaven von der Stadtgründung bis zum Ersten Weltkrieg. (= Veröffentlichungen des Stadtarchivs Bremerhaven, Bd. 7). Bremerhaven ²1992, S. 141f. u. 149; Joho (wie Anm. 21), S. 408f.; Haaker (wie Anm. 17), S. 74–101; Heinz Haaker: Travewerk der Gebrüder Goedhart Aktien-Gesellschaft Düsseldorf, Bagger-, Schiff und Maschinenbauanstalt in Siems bei Lübeck. In: Strandgut, Nr. 34, 1994, S. 85–92, hier S. 88; Fisser (wie Anm. 7), S. 56f., 79 u. 97f.; Stahl (wie Anm. 18), S. 139, 148–150, 152f. u. 156; Heinz Haaker: Die Flender Werft AG, Lübeck. In: Strandgut, Nr. 38, 1996, S. 91–114, hier S. 94f.; Günther Diercks, Reinhold Thiel: J. Frerichs & Co. Frerichswerft. Bremen 2001, S. 99, 119f. u. 139–141; Cai Boie: Von der Hansekogge zum Containerschiff. 2 Bde. Hamburg 2001, S. 198, 201, 380f., 410, 581, 626, 669, 753, 900f. u. 915; Meyhoff (wie Anm. 13), S. 36f.; Peters/Neumann/Suxdorf (wie Anm. 12), S. 60, 62 u. 64; Ostersehlte (wie Anm. 16), S. 274 u. 283–285; Keitsch (wie Anm. 15), S. 144f.; Peters: Deutsche Werften (wie Anm. 1), S. 105, 117 u. 121.

25 Heißner (wie Anm. 2), S. 29–31; Otto Höver: Geschichte der Actien-Gesellschaft »Weser«. Schiffswerft und Maschinenbauanstalt in Bremen. Unveröffentlichtes Manuskript. Bremen 1943, o.S.; Krawietz (wie Anm. 21), S. 138–144; Schmelzkopf (wie Anm. 3), S. 76f., 90, 102–104, 108–111, 135 u. 142; Ludolph (wie Anm. 21), S. 126–129; Pfliegensdörfer/Wollenberg (wie Anm. 21), S. 167–170; Blohm (wie Anm. 4), S. 48–50, 52f. u. 57–59; Pfliegensdörfer (wie Anm. 8), S. 47–51; Ortlieb (wie Anm. 10), S. 57f. u. 60–69; Kuckuk: Die A.G. »Weser« (wie Anm. 9), S. 42–45; Kuckuk: Die DESCHIMAG (wie Anm. 9), S. 73–78; Peters: Der Seeschiffbau (wie Anm. 24), S. 140f.; Fisser (wie Anm. 7), S. 29f., 33f., 68–81 u. 88–90; Stahl (wie Anm. 18), S. 145–147; Albert (wie Anm. 5), S. 64–66; Meyhoff (wie Anm. 13), S. 39 u. 42; Diercks/Thiel (wie Anm. 24), S. 117–119; Boie (wie Anm. 24), S. 669; Ostersehlte (wie Anm. 16), S. 273f., 276–281 u. 314f.

26 Waldo Strelow: Die Lichtbogenschweißung und ihre praktische Verwendung im Schiffbau. In: Jahrbuch der Schiffbautechnischen Gesellschaft 25, 1924, S. 142–191; Hermann Lottmann: Erfahrungen bei der Anwendung elektrischer Lichtbogenschweißung im Schiffbau. In: Jahrbuch der Schiffbautechnischen Gesellschaft 29, 1928, S. 156–198; Paul Malisius: Neubau zweier Öltanker mit durchweg elektrischer Schweißung. In: Werft, Reederei, Hafen, 10. Jg.,

1929, Heft 3, S. 46–50; G. Wahl: Das elektrisch geschweißte Tankschiff »Rügen«. In: Schiffbau, 34. Jg., 1933, S. 394–396; Ernst Gödecken, Berthold Bleicken: Ostasien-Schnelldampfer »Potsdam«. In: Schiffbau, 36. Jg., 1935, Nr. 15, S. 233–253, hier S. 234–243; Paul Claassen: Die Elektroschweißung beim Bau des Ostasien-Schnelldampfers »Potsdam«. In: Schiffbau, 36. Jg., 1935, S. 388–395; Hans Szymanski: Zeittafel zur Geschichte des Handelsschiffs. In: Technikgeschichte 26, 1937, S. 93–106, hier S. 104f.; Paul Claaßen: Die Anwendung der Elektroschweißung im Handelsschiffbau und der Vierjahresplan. In: Jahrbuch der Schiffbautechnischen Gesellschaft 40, 1939, S. 69–109; 75 Jahre Schiffbautechnische Gesellschaft 1899–1974. Hamburg 1974, S. 102f.; Schmelzkopf (wie Anm. 3), S. 118; Erwin Strohbusch: Deutsche Marine. Kriegsschiffbau seit 1848. (= Führer des Deutschen Schiffahrtsmuseums, Nr. 8). Bremerhaven ²1984, S. 52–56; Roder: Technischer Wandel im deutschen Schiffbau (wie Anm. 11), S. 29–31; Eike Lehmann: Die konstruktive Entwicklung der Seeschiffe. In: Lars U. Scholl (Hrsg.): Technikgeschichte des industriellen Schiffbaus in Deutschland. Bd. 1: Handelsschiffe, Marine-Überwasserschiffe, U-Boote. (= Schriften des Deutschen Schiffahrtsmuseums, Bd. 34). Hamburg 1994, S. 9–89, hier S. 69–75; Fisser (wie Anm. 7), S. 38f.; Stahl (wie Anm. 18), S. 140f.; Jobst Broelmann: Schiffbau. Handwerk, Baukunst, Wissenschaft, Technik. Hrsg. Deutsches Museum. München ²1996, S. 95f.; Albert (wie Anm. 5), S. 67; Eike Lehmann: 100 Jahre Schiffbautechnische Gesellschaft. Biografien zur Geschichte des Schiffbaus. Berlin 1999, S. 73, 252f., 274f., 286, 446 u. 475; Witthöft (wie Anm. 14), S. 201 u. 206f.; Peter Kuckuk: Die Ostasienschnelldampfer SCHARNHORST, POTSDAM und GNEISENAU des Norddeutschen Lloyd. Bremen 2005, S. 105–108; Harald Pinl: Schweißtechnik für Handelsschiffe 1918–1940. Unter: Die technische Entwicklung der deutschen Handelsflotte in den 1920er und 1930er Jahren. Internet-Projekt des Deutschen Schiffahrtsmuseums. www.dsm.museum/DBSchiff/pdf_files/pinl_schweisstechnik.pdf.

27 Hans Kloess: Über die Maier-Schiffsform. In: Werft, Reederei, Hafen, 9. Jg., 1928, Heft 17, S. 347–351; Walter Brühl: Versuche und Erfahrungen mit der Maier-Schiffsform. In: Zeitschrift des Vereines Deutscher Ingenieure 74, 1930, Nr. 3, S. 73–77; Erich Maier: Die Maierschiffsform und ihre Anwendung. In: Werft, Reederei, Hafen, 12. Jg., 1931, Heft 12, S. 226–235; Höver (wie Anm. 25), o.S.; 75 Jahre Schiffbautechnische Gesellschaft (wie Anm. 26), S. 99f.; Gerhard Timmermann: Die Suche nach der günstigsten Schiffsform. (= Schriften des Deutschen Schiffahrtsmuseums, Bd. 11). Oldenburg, Hamburg 1979, S. 103–106; Roder: Technischer Wandel im Schiffbau (wie Anm. 11), S. 21f.; Peter Kuckuk, Hartmut Pophanken: Die A.G. »Weser« 1933 bis 1945. Handels- und Kriegsschiffbau im Dritten Reich. In: Peter Kuckuk (Hrsg.): Bremer Großwerften im Dritten Reich. (= Beiträge zur Sozialgeschichte Bremens, Bd. 15). Bremen 1993, S. 11–103, hier S. 18; Fisser (wie Anm. 7), S. 46; Lehmann: 100 Jahre Schiffbautechnische Gesellschaft (wie Anm. 26), S. 227f. u. 283–285; Wolfgang Walter: Deutsche Fischdampfer. Technik, Entwicklung, Einsatz, Schiffsregister. (= Schriften des Deutschen Schiffahrtsmuseums, Bd. 50). Bremerhaven, Hamburg 1999, S. 20–22; Kuckuk: Die Ostasienschnelldampfer (wie Anm. 26), S. 114f.; Reinhold Thiel: Die Geschichte der Actien-Gesellschaft »Weser« 1843–1983. Bd. II: 1919–1945. Bremen 2006, S. 107–113; Dirk J. Peters: Innovativer Seeschiffbau in Bremerhaven und Bremen im 19. und 20. Jahrhundert. In: Innovationen aus Bremen. Jahrbuch der Wittheit zu Bremen 2006/2007. Bremen 2008, S. 147–158, hier S. 153f.

28 Höver (wie Anm. 25), o.S.; 75 Jahre Schiffbautechnische Gesellschaft (wie Anm. 26), S. 98f.;Schmelzkopf (wie Anm. 3), S. 118; Timmermann (wie Anm. 27), S. 106; Arnold Kludas: Die Schnelldampfer BREMEN und EUROPA. Herford 1993, S. 40f.; Fisser (wie Anm. 7), S. 47f.; Kuckuk: Die Ostasienschnelldampfer (wie Anm. 26), S. 114f.

29 75 Jahre Schiffbautechnische Gesellschaft (wie Anm. 26), S. 100; Fisser (wie Anm. 7), S. 48; Lehmann: 100 Jahre Schiffbautechnische Gesellschaft (wie Anm. 26), S. 145f; Meyhoff (wie Anm. 13), S. 40; Witthöft (wie Anm. 14), S. 162.

30 Peter Flettner: Neues vom Flettner-Ruder. In: Werft, Reederei, Hafen, 6. Jg., 1925, Heft 15, S. 443–447; Hermann Frahm: Neuere Probleme des Schiffbaues. In: Zeitschrift des Vereines Deutscher Ingenieure 70, 1926, Nr. 26, S. 939–946, u. Nr. 29, S. 968–972, hier S. 970f.; Tjard Schwarz: Die Kursbeständigkeit des Schiffes und ihre Bedeutung für die Schiffahrt. In: Jahrbuch der Schiffbautechnischen Gesellschaft 28, 1927, S. 212–235; William Scholz: Neuartige Ruderkonstruktionen im Schiffbau. In: Zeitschrift des Vereines Deutscher Ingenieure 74, 1930, Nr. 47, S. 1600–1613; Otto Höver: Das Werk Seebeck der Deschimag 1876–1943. Unveröffentlichtes Manuskript. Wesermünde 1943, S. 61f.; Claviez (wie Anm. 22), S. 59f.; 75 Jahre Schiffbautechnische Gesellschaft (wie Anm. 26), S. 94f.; Karl Zickerow: 50 Jahre Oertz-Ruder. Entstehungsgeschichte des ersten Schiffsruders mit stromlinienförmigem Querschnitt. In: DSA 2, 1978, S. 149–152; Roder: Technischer Wandel im Schiffbau (wie Anm. 11), S. 22f.; Claus D. Wagner: Die Segelmaschine. Der Flettner-Motor: Eine geniale Erfindung und ihre mögliche Renaissance. Hamburg 1991, S. 24–28; Fisser (wie Anm. 7), S. 45; Lehmann: 100 Jahre Schiffbautechnische Gesellschaft (wie Anm. 26), S. 135, 314 u. 431; Walter (wie Anm. 27), S. 37f.; Klaus Kramer: Max Oertz. Schramberg 2001, S. 64–71.

31 Gustav Bauer: Wärmetechnische Betrachtungen über Wirtschaftlichkeit der Schiffsantriebe. In: Jahrbuch der Schiffbautechnischen Gesellschaft 18, 1917, S. 109–216; Hans Wach: Kolbendampfmaschine mit Abdampfturbine. In: Werft, Reederei, Hafen, 7. Jg., 1926, Heft 22, S. 531–535; Gustav Bauer: Fortschritte im Bau von Kolbenmaschinen und Abdampfturbinen-Anlagen. In: Jahrbuch der Schiffbautechnischen Gesellschaft 35, 1934, S. 104–121; Szymanski (wie Anm. 26), S. 104; Höver: Geschichte der Actien-Gesellschaft »Weser« (wie Anm. 25), o.S.; 75 Jahre Schiffbautechnische Gesellschaft (wie Anm. 26), S. 266–279; Schmelzkopf (wie Anm. 3), S. 119; Roder: Technischer Wandel im Schiffbau (wie Anm. 11), S. 24–26; Kuckuk/Pophanken (wie Anm. 27), S. 16–18; Fisser (wie Anm. 7), S. 42f.; Lehmann:100 Jahre Schiffbautechnische Gesellschaft (wie Anm. 26), S. 30–32 u. 518; Hartmut Bickelmann: Wach, Hans. In: Hartmut Bickelmann (Hrsg.): Bremerhavener Persönlichkeiten aus vier Jahrhunderten. Ein biographisches Lexikon. Bremerhaven ²2003, S. 363; Jürgen Taggesell: Dampfkolbenmaschinen. In: Klaus Bösche, Karl-Heinz Hochhaus, Herwig Pollem, Jürgen Taggesell u.a. (Hrsg.): Dampfer, Diesel und Turbinen. Die Welt der Schiffsingenieure.

(= Schriften des Deutschen Schiffahrtsmuseums, Bd. 64). Bremerhaven, Hamburg 2005, S. 247–262, hier S. 255–257; Karl-Heinz Hochhaus, Jürgen Taggesell: Dampfturbinen. In: Ebd., S. 263–269, hier S. 267–269; Hans-Jürgen Warnecke: Schiffsantriebe. 5000 Jahre Innovation. Hamburg 2005, S. 262–266; Thiel (wie Anm. 27), S. 59–61; Peters: Innovativer Seeschiffbau (wie Anm. 27), S. 154f.

32 Die Entwicklung der Werft von Johann C. Tecklenborg A.-G. Zur Probefahrt des 250. Schiffes. In: Schiffbau, 14. Jg., 1912, Nr. 3, S. 77f.; Schmelzkopf (wie Anm. 3), S. 95; Arnold Rehm: Alles über Schiff und See. 19. Aufl. Hamburg 1985, S. 59; Witthöft (wie Anm. 14), S. 124; Ostersehlte (wie Anm. 16), S. 172–174 u. 302; Alfred Harms, Karl-Heinz Hochhaus und Werner Niemann: Entwicklung und Betrieb der Schiffsdieselmotoren. In: Dampfer, Diesel und Turbinen (wie Anm. 31), S. 285–329, hier S. 312–314; Herwig Pollem: Das erste deutsche Einschrauben-Motorschiff ROLANDSECK. In: Ebd., S. 330f.; Warnecke (wie Anm. 31), S. 315 u. 320f.

33 Aus dem Motorschiffbau und der Motorenindustrie. In: Werft, Reederei, Hafen, 5. Jg., 1924, Heft 12, S. 294–308; Carl Commentz: Hamburger Motorschiffe. In: Werft, Reederei, Hafen, 7. Jg., 1926, Heft 7, S. 183–191; Frahm (wie Anm. 30), S. 939–946 u. 968–970; Schmedding: Die neuen Motortanker der Standard-Dapolin. In: HANSA, 70. Jg., 1933, Nr. 26. S. 871–881; Bihl (wie Anm. 24), S. 105f.; Walter Kresse: Aus der Vergangenheit der Reiherstiegwerft in Hamburg. Hamburg [ca. 1961], S. 80; Claviez (wie Anm. 22), S. 43–50; Schmelzkopf (wie Anm. 3), S. 94–97; 75 Jahre Schiffbautechnische Gesellschaft (wie Anm. 26), S. 268–279; Gert Uwe Detlefsen: Flensburger Schiffbau-Gesellschaft 1872–1982. 110 Jahre Schiffbau in Flensburg. Hamburg 1982, S. 27; Kuckuk: Die A.G. »Weser« (wie Anm. 9), S. 41f.; Roder: Der Bremer Vulkan (wie Anm. 11), S. 42f.; Roder: Technischer Wandel im Schiffbau (wie Anm. 11), S. 26–28; Fisser (wie Anm. 7), S. 43f.; Günter Mau: Hauptantriebe und Hilfsmaschine. In: Lars U. Scholl (Hrsg.): Technikgeschichte des industriellen Schiffbaus in Deutschland. Bd. 2: Hauptantriebe, Schiffspropulsion, Elektrotechnik. (= Schriften des Deutschen Schiffahrtsmuseums, Bd. 35). Hamburg 1996, S. 9–64, hier S. 37–39; Lehmann: 100 Jahre Schiffbautechnische Gesellschaft (wie Anm. 26), S. 145 u. 446; Witthöft (wie Anm. 14), S. 129, 153 u. 171; Meyhoff (wie Anm. 13), S. 40f.; Ostersehlte (wie Anm. 16), S. 302; Harms/Hochhaus/Niemann (wie Anm. 32), S. 288–293, 305–312 u. 315–322; Warnecke (wie Anm. 31), S. 314, 317, 321–329 u. 338–340; Peters: Deutsche Werften (wie Anm. 1), S. 111 u. 114; Heinz Haaker: FRITZ, das erste (Versuchs-)Handelsschiff mit doppeltwirkenden Zweitakt-Dieselmotoren, 1915. MAGDEBURG, das erste deutsche Handelsschiff mit doppeltwirkendem Zweitakt-Dieselmotor, 1925. Unter: Die technische Entwicklung der deutschen Handelsflotte in den 1920er und 1930er Jahren. Internet-Projekt des Deutschen Schiffahrtsmuseums. www.dsm.museum/DBSchiff/pdf_files/haaker:fritz.pdf.

34 Anton Flettner: Die Anwendung der Erkenntnisse der Aerodynamik zum Windantrieb von Schiffen. In: Jahrbuch der Schiffbautechnischen Gesellschaft 25, 1924, S. 222–251; Köppe: Das Flettner-Rotorschiff »Buckau«. In: Kruppsche Monatshefte, 6. Jg., 1925, S. 21–26; M.W. Gerhards: Reederei und Rotorschiff. In: Werft, Reederei, Hafen, 6. Jg., 1925, Heft 13, S. 386–391; Otto Lienau: Das Flettnerschiff im Rahmen der Segelschiffahrt. In: Ebd., S. 391–397; Rotor-Motorschiff »Barbara«. In: Schiffbau, 27. Jg., 1926, Nr. 18, S. 519–530; August Keuffel: Das Rotor-Motorschiff »Barbara«. In: Zeitschrift des Vereines Deutscher Ingenieure 71, 1927, Nr. 4, S. 119–121; Herbert Karting: Bark, Schoner und Galeass. Der Motorsegler der Krupp-Germaniawerft. Rendsburg 1987, S. 120 u. 127–129; Kuckuk: Die A.G. »Weser« (wie Anm. 9), S. 26; Roder: Technischer Wandel im Schiffbau (wie Anm. 11), S. 28; Wagner (wie Anm. 30), S. 34–175; Carsten Östergaard: Schiffspropulsion. In: Technikgeschichte des industriellen Schiffbaus in Deutschland, Bd. 2 (wie Anm. 33), S. 65–129, hier S. 69f.; Lehmann: 100 Jahre Schiffbautechnische Gesellschaft (wie Anm. 26), S. 135f.; Warnecke (wie Anm. 31), S. 148–150; Thiel (wie Anm. 27), S. 54–56; Hans-Jürgen Reuß: Flettner-Rotorschiffe – Alte Technik für neue Schiffe. In: HANSA, 144. Jg., 2007, Nr. 12, S. 16–22; Hans-Heinrich Budzier: Ein »Gespensterschiff« in Warnemünde. In: Tidingsbringer, 13. Jg., 2008/2009, S. 32f.; Karl-Heinz Hochhaus: Alternative Schiffsantriebe für Handelsschiffe. In: Schiffs-Ingenieur Journal, 55. Jg., 2009, Nr. 321, S. 13–15.

35 Niedersächsisches Landesarchiv-Staatsarchiv Stade, Rep. 80 G Tit. 229 Nr. 90 a: Schreiben der Deutschen Schiff- und Maschinenbau Aktiengesellschaft vom 23. Juli 1928; Fr. Hillebrand, E. Hüller: Doppelschrauben-Motor-See- und Bergungsschlepper »Seefalke«. In: Werft, Reederei, Hafen, 6. Jg., 1925, Heft 2, S. 50–56; Fr. Hillebrand, E. Müller: Der See- und Bergungsschlepper »Seefalke«. In: Zeitschrift des Vereines Deutscher Ingenieure 69, 1925, Nr. 14, S. 433–438; Fr. Hillebrand, E. Müller: Doppelschrauben-Motorschiff »Weißenfels«. In: Werft, Reederei, Hafen, 6. Jg., 1925, Heft 20, S. 630–637, u. Heft 21, S. 658–662; Fr. Hillebrand, E. Müller: Doppelschrauben-Motorschiff »Weißenfels«. In: Zeitschrift des Vereines Deutscher Ingenieure 69, 1925, Nr. 43, S. 1347–1352 u. 1430–1433; »Schulschiff Deutschland«. In: Schiffbau, 28. Jg., 1927, S. 510–517; Fr. Hillebrand, A. Schultz: Doppelschrauben-Seebäderdampfer »Roland« für den Norddeutschen Lloyd, Bremen. In: Schiffbau, 29. Jg., 1928, Nr. 11, S. 237–249; Schulschiff »Schulschiff Pommern«. Hrsg. Deutscher Schulschiff-Verein. Bremen 1929, S. 5f.; Johann Reimer: Jungens an Bord. Fahrten und Schicksale des »Schulschiff Pommern«. Berlin 1929, S. 23; Höver: Geschichte der Actien-Gesellschaft »Weser« (wie Anm. 25), o.S.; Gerhard Eckardt: Die Segelschiffe des Deutschen Schulschiff-Vereins. Bremen 1981, S. 264f.; Ortlieb (wie Anm. 10), S. 59–64; Hans-Jürgen Paulun: SEEFALKE. Schwimmendes Exponat des Deutschen Schiffahrtsmuseums. Hrsg. Historischer Schiffbau e.V. Brilon-Gudenhagen 1992; Fisser (wie Anm. 7), S. 67–77; Otto Bönisch: Die deutschen Schulschiffe 1818 bis heute. Hamburg 1998, S. 61 u. 63; Dirk J. Peters: Stapellauf des Lloyddampfers LAHN auf der Tecklenborg Werft. In: Archiv der deutschen Schiffahrt. Braunschweig 2000; Dirk J. Peters: SCHULSCHIFF DEUTSCHLAND. In: Archiv der deutschen Schiffahrt. Braunschweig 2001.

36 Höver: Geschichte der Actien-Gesellschaft »Weser« (wie Anm. 25), o.S.; August Meyer: Zur Schließung und Auflösung der Tecklenborg-Werft (1928). In: Jahrbuch der Männer vom Morgenstern 48, 1967, S. 88–99; Schmelzkopf (wie Anm. 3), S. 102–104; Rudolf Herbig: Wirtschaft, Arbeit, Streik, Aussperrung an der Unterweser. Wolframs-Eschenbach 1979, S. 288–295; Pfliegensdörfer/Wollenberg (wie Anm. 21), S. 168–170; Kuckuk: Die A.G. »Weser«

(wie Anm. 9), S. 43f.; Peters: Der Seeschiffbau (wie Anm. 24), S. 141f.; Ortlieb (wie Anm. 10), S. 57–69; Fisser (wie Anm. 7), S. 67–81 u. 88–90; Hartmut Bickelmann: Claussen, Georg Wilhelm. In: Bremerhavener Persönlichkeiten aus vier Jahrhunderten (wie Anm. 31), S. 62; Dirk J. Peters: Tecklenborg, Eduard. In: Ebd., S. 340f.

37 Höver (wie Anm. 30), S. 55–63; E. Foerster: Fritz Schleufe †. In: Schiff und Hafen, 1. Jg., 1949, Heft 7, S. 177f.; 75 Jahre Seebeckwerft 1876–1951. Hrsgg. von der A.G. Weser, Werk Seebeck. Bremerhaven 1951, o.S.; Krawietz (wie Anm. 21), S. 140f.; Herbig (wie Anm. 36), S. 292 u. 305; Bernd Schwarz: Handelsschiffsbauten deutscher Seeschiffswerften für die Sowjetunion 1919–1941. In: Mitteilungsblatt des DDR-Arbeitskreises für Schiffahrts- und Marinegeschichte, Heft 17, 1984, S. 3–11, hier S. 3f. u. 8; Dirk J. Peters: Aus der Geschichte der Seebeckwerft. In: Niederdeutsches Heimatblatt (1985); Peters: Der Seeschiffbau (wie Anm. 24), S. 141f.; Ortlieb (wie Anm. 10), S. 64 u. 68; Bernd Schwarz: Schiffsbauten deutscher Seeschiffswerften für die UdSSR 1919–1941. In: Strandgut, Nr. 20, 1989, S. 93–100, hier S. 94 u. 96f.; Reinhart Schmelzkopf: Seebeck. (= Schiffbau an der Unterweser, Folge IV). In: Strandgut, Nr. 24, 1991, S. 41–92, hier S. 48f. u. 78f.; Fisser (wie Anm. 7), S. 56, 87–93 u. 126–132; Lehmann: 100 Jahre Schiffbautechnische Gesellschaft (wie Anm. 26), S. 431; Dirk J. Peters: Bremerhaven im Spiegel seiner Schiffbaugeschichte von den Anfängen bis heute. In: Jahrbuch 1999 der Deutschen Gesellschaft für Schiffahrts- und Marinegeschichte. Düsseldorf 2000, S. 18–72, hier S. 51; Hartmut Bickelmann: Niedermeyer, Ferdinand. In: Bremerhavener Persönlichkeiten aus vier Jahrhunderten (wie Anm. 31), S. 231; Hartmut Bickelmann: Schleufe, Fritz. In: Ebd., S. 296; Dirk J. Peters: Seebeck, Georg Diedrich. In: Ebd., S. 317f.; Peters: Innovativer Seeschiffbau (wie Anm. 27), S. 156.

38 125 Jahre Rickmers. Ein Buch von Schiffbau und Schiffahrt. Bremerhaven 1959, S. 60–63; Arnold Kludas: 1834–1984 Rickmers. 150 Jahre Schiffbau und Schiffahrt. Herford 1984, S. 51–58; Peters: Der Seeschiffbau (wie Anm. 24), S. 149; Fisser (wie Anm. 7), S. 96–98 u. 126; Peters: Bremerhaven im Spiegel seiner Schiffbaugeschichte (wie Anm. 37), S. 25f.; Dirk J. Peters: Rickmers, Paul Rickmer Henry. In: Bremerhavener Persönlichkeiten aus vier Jahrhunderten (wie Anm. 31), S. 267f.; Jörn Lindner: Schifffahrt und Schiffbau in einer Hand. Die Firmen der Familie Rickmers 1918–2000. (= Deutsche Maritime Studien, Bd. 9). Bremen 2009, S. 45f. u. 53f.

39 Max Rindfleisch: Hochseefischerei-Motorschiff »Richard Ohlrogge«. In: Schiffbau, 27. Jg., 1926, S. 626–629; Otto Höver: 1903–1953. Fünfzig Jahre Schiffbaugesellschaft Unterweser A.G. Unveröffentlichtes Manuskript. Bremerhaven 1953, S. 7–9; Schiffbau-Gesellschaft Unterweser AG. Firmengeschichte von 1903–1958. Bremerhaven 1958, S. 9–13; Herbig (wie Anm. 36), S. 305; Schwarz: Handelsschiffsbauten (wie Anm. 37), S. 3 u. 7; SUAG, 150 Jahre Schichau Unterweser Aktiengesellschaft Bremerhaven. Bremerhaven 1987, S. 27–29; Schwarz: Schiffsbauten (wie Anm. 37), S. 94 u. 96; Fisser (wie Anm. 7), S. 104f. u. 126–132; Dirk J. Peters: Von der Delphin-Werft zu Geeste-Metallbau. Die wechselvolle Geschichte der Schiffbaugesellschaft Unterweser in Lehe. In: Niederdeutsches Heimatblatt, Nr. 587, 1998; Hartmut Bickelmann: Rindfleisch, Max. In: Bremerhavener Persönlichkeiten aus vier Jahrhunderten (wie Anm. 31), S. 274.

40 Herbig (wie Anm. 36), S. 292 u. 305; Fisser (wie Anm. 7), S. 112f.; Peters: Bremerhaven im Spiegel seiner Schiffbaugeschichte (wie Anm. 37), S. 45; Siegfried Stegmann: Die Lloyd Werft. Von der Werkstatt zum großen Reparaturbetrieb. Bremerhaven 2000, S. 77–87 u. 95–100; Dirk J. Peters: Planung, Bau und Betrieb der Nordschleusenanlage in Bremerhaven von den Anfängen bis heute. In: Jahrbuch der Männer vom Morgenstern 82, 2003, S. 91–119, hier S. 97–99; Hans Jürgen Witthöft: Lloyd Werft. 150 Jahre Schiffbaugeschichte. Hamburg 2007, S. 38–45.

41 Hans Schlie: Doppelschrauben-Seebäderdampfer »Stadt Rüstringen«, erbaut von der Frerichswerft A.-G. in Einswarden i. O. In: Schiffbau, 28. Jg., 1927, Nr. 16, S. 355–362; Klaus Wiborg: Nordenham. Die junge Stadt an der Wesermündung. Ihre wirtschaftliche und soziale Einrichtung. Nordenham [um 1955], S. 106–112 u. 123; Krawietz (wie Anm. 21), S. 141 u. 146; Schmelzkopf: Die deutsche Handelsschiffahrt (wie Anm. 3), S. 103 u. 151; Dirk J. Peters: Von der Eisengießerei zum Fahrzeugwerk. In: Zwischen Elbe und Weser, 2. Jg., 1984, Nr. 4, S. 13–15; Diercks/Thiel (wie Anm. 2), S. 99–141 u. 150–154.

42 Herbert Karting: Geschichte der Lühring-Werft in Hammelwarden und der dort gebauten Segelschiffe. Bd. I: Vom Holz zum Stahl (1860–1909). Bremen 1993, S. 22–24; Boie (wie Anm. 24), S. 478 u. 480; Herbert Karting: Der Bau eiserner und stählerner Schoner in Deutschland. (= Deutsche Schoner, Bd. 5). Bremen 2005, S. 306f..

43 L. Möller: 50 Jahre Elsflether Werft AG. Hrsgg. anlässlich des Werftjubiläums am 12. Oktober 1966. Elsfleth 1966; Reinhart Schmelzkopf: Elsflether Werft AG. In: Strandgut, Nr. 45, 1999, S. 117–136, hier S. 117–119 u. 130f.

44 1850–1975 125 Jahre Heinrich Brand. Hamburg 1975, S. 52–55 u. 76; Reinhart Schmelzkopf: Die Werft von Heinrich Brand in Oldenburg i. O. In: Strandgut, Nr. 60, 2006, S. 35–56, hier S. 36 u. 46f.

45 Elo Poulsen: Stählerner Motorzollkreuzer »Otter« für die Unterelbe. In: Werft, Reederei, Hafen, 12. Jg., 1931, Heft 4, S. 68–70; Elo Poulsen: Stählernes Motorrettungsboot »Konsul John«. In: Werft, Reederei, Hafen, 12. Jg., 1931, Heft 13, S. 245–247; Alfred Pyszka: Zollkreuzer. In: Werft, Reederei, Hafen, 13. Jg., 1932, Heft 17, S. 257–259; Alfred Pyszka: Torpedofangboote »Fritz« und »Gustav«. In: Schiffbau, 33. Jg., 1932, S. 7–10; 1907–1932. Abeking & Rasmussen Yacht- und Bootswerft Lemwerder bei Bremen. Bremen 1932; Svante Domizlaff: Abeking & Rasmussen. Evolution im Yachtbau. Bielefeld 1996, S. 31–50 u. 136–138; Klaus Auf dem Garten: Abeking & Rasmussen. Eine Weserwerft im Spiegel des 20. Jahrhunderts. Bremen 1998, S. 45–48, 58–60, 81, 105–107, 114–120, 154–160, 182–187, 195–200, 204 u. 224; Kurs Zukunft. 100 Jahre Abeking & Rasmussen. In: Schiff & Hafen Spezial, 59. Jg., 2007, Nr. 10; 100 Jahre Abeking & Rasmussen – Spitzenleistungen im Yacht- und Bootsbau. In: HANSA, 144. Jg., 2007, Nr. 11, S. 24–37; Heinz D. Janssen: Boots- und Holzschiffbau an der Unterweser. Bremen 2007, S. 40–44.

46 Höver: Geschichte der Actien-Gesellschaft »Weser« (wie Anm. 25), o.S.; Krawietz (wie Anm. 21), S. 138; Ludolph (wie Anm. 21), S. 126f. u. 139–143; Kuckuk: Die A.G. »Weser« (wie Anm. 9), S. 40 u. 42; Thiel (wie Anm. 27), S. 40f., 47 u. 52.

47 Hermann Hein, Wolfenstetter, Nüsslein: Doppelschrauben-Turbinen-Fracht- und Passagier-Dampfer »Coblenz«. In: Werft, Reederei, Hafen, 5. Jg., 1924, Heft 18, S. 466–469; Hermann Hein, Wolfenstetter, Nüsslein: Einschrauben-Fracht-Motorschiff »Rhein«. In: Werft, Reederei, Hafen, 7. Jg., 1926, Heft 9, S. 241–246; Rotor-Motorschiff »Barbara« (wie Anm. 34); Keuffel (wie Anm. 34); Höver: Geschichte der Actien-Gesellschaft »Weser« (wie Anm. 25), o.S.; Kuckuk: Die A.G. »Weser« (wie Anm. 9), S. 26 u. 41; Wagner (wie Anm. 30), S. 155–175; Jürgen Fleischer: Schiffbau in Bremen 1945 bis 1983. Mannheim 2002, S. 44; Reinhart Schmelzkopf: »Use Akschen«. Die Geschichte der A.G. Weser in Bremen. In: Strandgut, Nr. 59, 2005, S. 15–70, hier S. 21 u. 50f.; Thiel (wie Anm. 27), S. 41–46, 48–52, 54–58 u. 62f.; Reuß (wie Anm. 34), S. 20–22.

48 Höver: Geschichte der Actien-Gesellschaft »Weser« (wie Anm. 25), o.S.; Krawietz (wie Anm. 21), S. 138–143; Blohm (wie Anm. 4), S. 46 u. 48f.; Ludolph (wie Anm. 21), S. 128f.; Kuckuk: Die A.G. »Weser« (wie Anm. 9), S. 42f.; Roder: Der Bremer Vulkan (wie Anm. 11), S. 44f.; Kuckuk: Die DESCHIMAG (wie Anm. 9), S. 71; Thiel (wie Anm. 27), S. 19, 59–61 u. 75f.

49 Paul. Biedermann, Hermann Hein, W. Koch: Der Schnelldampfer »Bremen«. In: Zeitschrift des Vereines Deutscher Ingenieure 74, 1930, Nr. 21, S. 653–708; F.W. Hammer: Der Flugstützpunkt »Westfalen« für die Flugzeugverbindung Deutschland – Südamerika. In: Zeitschrift des Vereines Deutscher Ingenieure 78, 1934, Nr. 22, S. 649–656; Ernst Foerster: Der südatlantische Flugzeugstützpunkt »Schwabenland« der Deutschen Lufthansa. In: Werft, Reederei, Hafen, 14. Jg., 1934, Heft 22, S. 330–334; Höver: Geschichte der Actien-Gesellschaft »Weser« (wie Anm. 25), o.S.; Krawietz (wie Anm. 21), S. 141–146; 8. November 1968. 125 Jahre A.G. »Weser« Bremen. Hrsgg. von der A.G. »Weser«. Bremen 1968, S. 69–77 u. 81f.; Blohm (wie Anm. 4), S. 48–59; Ludolph (wie Anm. 21), S. 129f.; Pfliegensdörfer (wie Anm. 8), S. 47–54 u. 176f.; Kuckuk: Die A.G. »Weser« (wie Anm. 9), S. 27–36 u. 43–45; Roder: Der Bremer Vulkan (wie Anm. 11), S. 47; Kuckuk: Die DESCHIMAG (wie Anm. 9), S. 73–97; Kuckuk/Pophanken (wie Anm. 27), S. 11–28; Kludas (wie Anm. 28), S. 10–14, 19–29, 40f. u. 71–77; Hartmut Roder: Der Bremer Vulkan im Dritten Reich. In: Peter Kuckuk (Hrsg.): Bremer Großwerften im Dritten Reich. (= Beiträge zur Sozialgeschichte Bremens, Heft 15). Bremen 1993, S. 129–154, hier S. 129; Fleischer (wie Anm. 47), S. 45; Schmelzkopf: »Use Akschen« (wie Anm. 47), S. 23f. u. 52; Thiel (wie Anm. 27), S. 77–106 u. 122–133; Dirk J. Peters: Der Lloyd geht in die Luft. In: Dirk J. Peters (Hrsg.): Der Norddeutsche Lloyd. Von Bremen in die Welt. »Global Player« der Schifffahrtsgeschichte. Bremerhaven, Bremen 2007, S. 133–146, hier S. 142–144.

50 Der Doppelschraubenfracht- und Fahrgastdampfer »Berlin« des Norddeutschen Lloyd. In: Werft, Reederei, Hafen, 6. Jg., 1925, Heft 23, S. 725f.; Ernst Gödecken, Peters: Zweischrauben-Fracht- und Fahrgast-Motorschiff »St. Louis«. In: Werft, Reederei, Hafen, 10. Jg., 1929, Heft 7, S. 117–124, u. Heft 8, S. 147–149; Karl Franz: Das Doppelschrauben-Passagier- und Frachtmotorschiff »General Osorio«. In: Werft, Reederei, Hafen, 10. Jg., 1929, Heft 22, S. 451f., u. Heft 23, S. 487–489; Georg Bessell, August Westermann: 150 Jahre Schiffbau in Vegesack. Hrsgg. vom Bremer Vulkan Schiffbau und Maschinenfabrik Bremen-Vegesack. Bremen 1955, S. 112f.; Krawietz (wie Anm. 21), S. 175–177, 297–299 u. 308f.; Roder: Der Bremer Vulkan (wie Anm. 11), S. 42–47; Roder: Der Bremer Vulkan im Dritten Reich (wie Anm. 49), S. 129–134; Helmut Behling, Reinhold Thiel: Bremer Vulkan. Ende einer Ära. Bremen 1997, S. 9f.; Wolfgang Kiesel: Bremer Vulkan. Aufstieg und Fall. 200 Jahre Schiffbaugeschichte. Bremen 1997, S. 39–46; Fleischer (wie Anm. 47), S. 107; Reinhart Schmelzkopf: Der Bremer Vulkan. Kurze Geschichte und Bauliste. In: Strandgut, Nr. 63, 2007, S. 97–130, hier S. 107f.; Reinhold Thiel: Die Geschichte des Bremer Vulkan 1805–1997. Bd. 2: 1919–1945. Bremen 2009, S. 40–43 u. 156.

51 Schwarz: Schiffsbauten (wie Anm. 37), S. 98; Hans Gillmann, Wolfgang Kunoth, Hans-Hermann Precht: Im Zeichen des Propellers 1902–1945. Hrsgg. durch die Kollegengruppe »Ehemalige Atlas-Werke«. Bremen 1993, S. 10–12 u. 50; Boie (wie Anm. 24), S. 49f.; Fleischer (wie Anm. 47), S. 65.

52 Motor-Expreßkreuzer »Oheka II«. In: Schiffbau, 30. Jg., 1930, S. 250–252; Alfred Bunje: Neue Zollkreuzer. In: Schiffbau, 31. Jg., 1930, Nr. 4, S. 71f.; Nachruf Otto Lürßen. In: Werft, Reederei, Hafen, 13. Jg., 1932, Heft 11, S. 174; Alfred Bunje: Leichtmetall im Schiffbau. In: Werft, Reederei, Hafen, 14. Jg., 1933, Heft 18, S. 263f.; Hans Georg Prager: Schnelle Boote – solide Schiffe. Die Geschichte der Fr. Lürssen Werft. In: Schiffahrt international, 26. Jg., 1975, Heft 7, S. 300–303, Heft 8, S. 332–337, u. Heft 9, S. 376–380, hier S. 333–336; Schöpfer schneller Schiffe. Fr. Lürssen Werft Bremen-Vegesack. Bremen 1981, o.S.; Albrecht Bamler: Zeppelin-Motoren, als nichts mehr half. So läutete die Bremer Lürssen-Werft bereits in den zwanziger Jahren das Vor-Megayacht-Zeitalter ein. In: Boote, Nr. 9, 1993, S. 28–39, hier S. 31–38; Für schnelle Boote und schöne Yachten ein Markenname. 125 Jahre Fr. Lürssen Werft. In: Schiff & Hafen, 52. Jg., 2000, Heft 6, S. 51–66, hier S. 58–60; Hans Jürgen Witthöft: 125 Jahre Fr. Lürssen Werft. Schnelle Boote und schöne Yachten von der Weser. In: Deutsche Seeschifffahrt, 44. Jg., 2000, Nr. 6, S. 14–20, hier S. 16–18; Lürssen. Hrsg. Fr. Lürssen Werft, Bremen. Bremen 2000, S. 70–100 u. 220–225; Christian Ostersehlte: Tragflächenboote von der Unterweser. Die Bremer PIONIER und ihre beiden Vorgänger. In: Bremisches Jahrbuch 79, 2000, S. 145–196, hier S. 150f.; Fleischer (wie Anm. 47), S. 132; Hans Karr: Fr. Lürssen Werft. Ein Schiffbaubetrieb im Porträt. In: Marineforum, 79. Jg., 2004, Nr. 6, S. 14–26, hier S. 16f..

53 Detlef Jens: Die Burmester-Werft. In: Alte Schiffe, Nr. 13, 1993, S. 12–17, hier S. 12f.; Klaus Auf dem Garten: Yacht- und Bootswerft Burmester, Bremen. Bremen 2002, S. 30–53, 57–62 u. 229; Fleischer (wie Anm. 47), S. 135.

54 »Emden«, der erste Kreuzer-Neubau nach dem Kriege. In: Schiffbau, 26. Jg., 1925, S. 709–712; 75 Jahre Marinewerft Wilhelmshaven 1856–1931. Oldenburg 1931, S. 35, 39–43, 45f., 48–50 u. 52; H. Ohlerich: Vom deutschen Kriegsschiffbau. In: HANSA, 72. Jg., 1935, S. 907–909; Gerhard Koop, Kurt Galle, Fritz Klein: Von der Kaiserlichen Werft zum Marinearsenal. München 1982, S. 54–63, 188, 190f., 194–197 u. 199–201; Strohbusch (wie Anm. 26), S. 52–62; Andreas Daniel: Industriehafen statt Reichskriegshafen – Wilhelmshavens wirtschaftliche Entwicklung 1918–1939.

In: Oldenburger Jahrbuch 88, 1988, S. 43–56, hier S. 45f., 48f. u. 55; Holger Dreyer: Die Marinewerft in Wilhelmshaven von 1919 bis 1939. Magisterarbeit Universität Hannover 1990, S. 55f., 59f., 63–89, 114–117, 122–129 u. 136–138; Hartmut Büsing, Hermann Linkohr, Ernst E. Neumann, Bernhard Rohde, Otto Schütze: Der Deutsche Metallarbeiter-Verband und die Werft in Rüstringen und Wilhelmshaven zwischen 1918 und 1933. Wilhelmshaven 1991, S. 25–30, 45–57, 149f. u. 163f.; Hergen Manns: Wilhelmshaven-Rüstringen im Schatten der Reichsmarine. (= Oldenburger Studien, Bd. 42). Oldenburg 1998, S. 42f., 47f., 50–52, 114–121, 125–132, 151–154, 178–186 u. 228–231; Reinhart Schmelzkopf: Schiffbau in Wilhelmshaven. In: Strandgut, Nr. 47, 2000, S. 107–136, hier S. 108f.; Reinhard Hoheisel-Huxmann: Die Deutsche Atlantische Expedition 1925–1927. Planung und Verlauf. (= Deutsches Schiffahrtsarchiv 28, 2005; Beiheft). Bremerhaven, Hamburg 2007, S. 7f. u. 20–23.

55 Schwarz: Schiffsbauten (wie Anm. 37), S. 94 u. 97; Peters/Neumann/Suxdorf (wie Anm. 12), S. 60–67 u. 159–161; Hans Jürgen Witthöft: 100 Jahre Nordseewerke. (= Edition Schiff & Hafen, Bd. 6). Hamburg 2004, S. 28–33.

56 Klaus-Peter Kiedel: Baut, schifft getrost, verlieret nie den Mut! Papenburger Schiffbau und Schiffahrt in vier Jahrhunderten. In: Wolf-Dieter Mohrmann (Hrsg.): Geschichte der Stadt Papenburg. Papenburg 1986, S. 265–317, hier S. 301; Rolf Eilers, Klaus-Peter Kiedel: Meyer Werft. Sechs Generationen Schiffbau in Papenburg 1795–1988. Papenburg 1989, S. 88–105 u. 252–254; Lehmann: 100 Jahre Schiffbautechnische Gesellschaft (wie Anm. 26), S. 290–295; Hans Jürgen Witthöft: Meyer Werft. Innovativer Schiffbau aus Papenburg. Hamburg 2005, S. 65–71 u. 211f.

57 Blohm (wie Anm.4), S. 45; Susanne Wiborg: Walther Blohm. Schiffe und Flugzeuge aus Hamburg. Hamburg 1993, S. 56; Meyhoff (wie Anm. 13), S. 36, 39f. u. 528; Mertelsmann (wie Anm. 21), S. 247–250.

58 Mertelsmann (wie Anm. 21), S. 251.

59 Georg Dittmer, Paul Müller: Die Doppelschrauben-Fracht- und Passagier-Motorschiffe »Monte Sarmiento« und »Monte Olivia«. In: Werft, Reederei, Hafen, 5. Jg., 1924, Heft 22, S. 612–631; Dittmer, Müller: Der Doppelschrauben-Turbinendampfer »Cap Arcona«. In: Werft, Reederei, Hafen, 8. Jg., 1927, Heft 21, S. 425–441, u. Heft 22, S. 466–494; E. Luchsinger: Doppelschrauben-Turbinendampfer »Cap Arkona«. In: Zeitschrift des Vereines Deutscher Ingenieure 71, 1927, Nr. 47, S. 1633–1639; Ernst Gödecken, Berthold Bleicken: »St. Louis« und »Milwaukee«. Die beiden neuen Zweischrauben-Fracht- und Fahrgast-Motorschiffe der Hamburg-Amerika Linie. In: Zeitschrift des Vereines Deutscher Ingenieure 73, 1929, Nr. 29, S. 1015–1021, u. Nr. 31, S. 1092–1095; E. Goos: Die Doppelschrauben-Fracht- und Fahrgast-Motorschiffe »Caribia« und »Cordillera«. In: Werft, Reederei, Hafen, 14. Jg., 1933, Heft 4, S. 47–56; Kludas (wie Anm. 28), S. 10–46; Wiborg (wie Anm. 57), S. 47–51; Meyhoff (wie Anm. 13), S. 40f. u. 53; Witthöft: Tradition und Fortschritt (wie Anm. 14), S. 164, 175, 186, 188, 190, 193, 195, 201 u. 536–541.

60 Motorschiff »Magdeburg«, für die Deutsch-Australische Dampfschiffs-Gesellschaft erbaut von Blohm & Voss. In: Zeitschrift des Vereines Deutscher Ingenieure 70, 1926, Nr. 1, S. 16–20; Der neue Kabeldampfer »Neptun«. In: Schiffbau, 28. Jg., 1927, Nr. 1, S. 5–9; Der kombinierte Kabel- und Tankdampfer »Neptun«. In: Werft, Reederei, Hafen, 9 Jg., 1928, Heft 22, S. 543–547; Ohlerich: Das neue Segelschulschiff der Reichsmarine »Gorch Fock«. In: Schiffbau, 34. Jg., 1933, Nr. 12, S. 223–227; Wilhelm Süchting: Segelschulschiff »Gorch Fock«. In: Werft, Reederei, Hafen, 14. Jg., 1933, Heft 12, S. 155–160; Bamler (wie Anm. 52), S. 32; Wiborg (wie Anm. 57), S. 55; Meyhoff (wie Anm. 13), S. 52 u. 139–141; Witthöft: Tradition und Fortschritt (wie Anm. 14), S. 170, 175, 194, 203 u. 205; Haaker: FRITZ (wie Anm. 33).

61 Blohm (wie Anm. 4), S. 51–53; Meyhoff (wie Anm. 13), S. 51–68 u. 528f.; Witthöft: Tradition und Fortschritt (wie Anm. 14), S. 187, 196 u. 198.

62 Gustav Bauer: Die Maschinenanlage des Motorschiffes »Duisburg«. In: Werft, Reederei, Hafen, 6. Jg., 1925, Heft 17, S. 520–530; Commentz (wie Anm. 33), S. 188–190; Der Schmieröl-Spezial-Tankschiff »Hanseat«. In: Schiffbau, 31. Jg., 1930, Nr. 2, S. 25–34; Brühl: Schwimmdock von 16 500 t Tragfähigkeit für den Hafen von Le Havre. In: Zeitschrift des Vereines Deutscher Ingenieure 75, 1931, Nr. 4, S. 98–100; Ernst Gödecken, Berthold Bleicken: »Königin Luise«, Seebäder-Motorschiff der Hamburg-Amerika Linie. In: Schiffbau, 35. Jg., 1934, S. 148–161; Berthold Bleicken: Bädermotorschiff »Königin Luise«. In: Zeitschrift des Vereines Deutscher Ingenieure 78, 1934, Nr. 20, S. 603–606; Hermann J. Held: 100 Jahre Howaldt. Hrsgg. vom Vorstand der Howaldtswerke A.G. Kiel-Hamburg. Kiel 1938, S. 181f.; 50 Jahre Werksgeschichte. Hrsgg. von den Howaldtswerken A.-G. Hamburg. Hamburg 1959, S. 8, 15–19 u. 41–53; Blohm (wie Anm. 4), S. 48–53 u. 56; Harald Kunick: Schiffswerft Janssen & Schmilinsky. In: Strandgut, Nr. 10, 1985, S. 113–130, hier S. 114; Wulle (wie Anm. 19), S. 101–108; Wilhelm Chr. K. Stammer: Hamburgs Werften 1635–1993. Hamburg 1994, S. 69f., 132f., 262f. u. 333f.; Stahl (wie Anm. 18), S. 146; Boie (wie Anm. 24), S. 342, 948 u. 955; Werner Beckmann: Die Reedereien der Hochsee- und Heringsfischerei in Bremerhaven. (= Sonderveröffentlichungen des Heimatbundes der Männer vom Morgenstern, Bd. 40). Bremerhaven 2003, S. 77; Ostersehlte (wie Anm. 16), S. 208, 276f., 279, 281, 290 u. 301f.; Reinhart Schmelzkopf: Die Howaldtswerke in Hamburg. In: Strandgut, Nr. 62, 2007, S. 21–66, hier S. 22–24 u. 61.

63 Commentz (wie Anm. 33), S. 188; Held (wie Anm. 62), S. 181f.; Ernst Hieke: H.C. Stülcken Sohn. Ein deutsches Werftschicksal. (= Veröffentlichungen der Wirtschaftsgeschichtlichen Forschungsstelle e.V. Hamburg, Bd. 14). Hamburg 1955, S. 116; 50 Jahre Werksgeschichte (wie Anm. 62), S. 14–19; Kunick (wie Anm. 62), S. 114f.; Schwarz: Schiffsbauten (wie Anm. 37), S. 97; Stammer (wie Anm. 62), S. 133, 137f. u. 349f.; Stahl (wie Anm. 18), S. 145; Boie (wie Anm. 24), S. 380f. u. 388f.; Ostersehlte (wie Anm. 16), S. 279, 284f., 297 u. 301.

64 Ernst Foerster, P. v. Schuh: Das Doppelschrauben-Motorschiff »Jan Molsen«. In: Werft, Reederei, Hafen, 6. Jg., 1925, Heft 22, S. 690–699; C. Bollow: Die Fischdampfer »Sergent Gouarne« und »Aspirant Brun«. In: Zeitschrift des Vereines Deutscher Ingenieure 73, 1929, Nr. 17, S. 580–583; E. Gramoll: »Jadran«, Segelschulschiff mit Hilfsmotorantrieb. In: Schiffbau, 34. Jg., 1933, S. 380–388; Hildegard von Marchtaler: Hundert Jahre Stülcken-Werft 1840–1940.

Hamburg 1940, S. 127–144 u. 222–231; Hieke (wie Anm. 63), S. 102f. u. 112–126; Stammer (wie Anm. 62), S. 253 u. 405–407; Boie (wie Anm. 24), S. 874f.; Hartmut Bickelmann: Cordes, Johann Tönjes. In: Bremerhavener Persönlichkeiten aus vier Jahrhunderten (wie Anm. 31), S. 66.

65 Julius Eggers: Das Fracht- und Passagier-Motorschiff »Minna Horn«. In: Schiffbau, 27. Jg., 1926, Nr. 4, S. 87–89; Commentz (wie Anm. 33), S. 188; Kresse (wie Anm. 33), S. 82 u. 96f.; Claviez (wie Anm. 22), S. 56; Blohm (wie Anm. 4), S. 46f.; Stammer (wie Anm. 62), S. 216f., 270 u. 375; Boie (wie Anm. 24), S. 669 u. 676.

66 Eisenecker, H. Sicht: Die Motor-Erzschiffe »Svealand« und »Amerikaland«. In: Werft, Reederei, Hafen, 6. Jg., 1925, Heft 10, S. 288–299, u. Heft 11, S. 320–334; Carl Kielhorn: Die ersten Motorfrachtschiffe für den Liniendienst um die Erde. In: Werft, Reederei, Hafen, 8. Jg., 1927, Heft 3, S. 58–61, u. Heft 4, S. 78–83; E. Goos, E. Gräber: Die Motorschiffe »San Francisco« und »Los Angeles«. In: Zeitschrift des Vereines Deutscher Ingenieure 72, 1928, Nr. 41, S. 1450–1456; Deutsche Werft Hamburg 1918–1928. Hamburg 1928, S. 12–35; Doppelschrauben-Motor-Tankschiff »Franz Klasen«. In: Werft, Reederei, Hafen, 13. Jg., 1932, Heft 18, S. 278–280; E. Palmblad: Schwimmdocks für den Hafen von Rouen von 8000 und 14 000 t Tragfähigkeit. In: Werft, Reederei, Hafen, 14. Jg., 1933, Heft 8, S. 110–113; Kresse (wie Anm. 33), S. 27; Claviez (wie Anm. 22), S. 44–71 u. 148–151; Blohm (wie Anm. 4), S. 47 u. 52–56; Eberhard Rössler: Die deutschen Uboote und ihre Werften. Koblenz 1990, S. 185; Stammer (wie Anm. 62), S. 72 u. 306f.; Boie (wie Anm. 24), S. 170–172; Reinhart Schmelzkopf: Die Deutsche Werft AG in Hamburg. In: Strandgut, Nr. 57, 2004, S. 21–56, hier S. 24–26 u. 41–43. – Übergangen wird hier das leichtgewichtige Werk von Kurt Wagner: Deutsche Werft. 50 Jahre Handelsschifbau an der Weltspitze. Bremen 2008.

67 A. Menadier: »Max Berendt«. In: Werft, Reederei, Hafen, 6. Jg., 1925, Heft 4, S. 88f.; Von der Heyde, Johann Köser: Lotsen-Beförderungsmotorschiff »Altenbruch«. In: Werft, Reederei, Hafen, 10. Jg., 1929, Heft 18, S. 363f.; Flugsicherungsschiff »Krischan«. In: Schiffbau, 35. Jg., 1934, Nr. 11, S. 169–173; Peter Tamm: 50 Jahre Norderwerft Köser u. Meyer. Hamburg 1956, S. 8–12; Stammer (wie Anm. 62), S. 188f. u. 351f.; Boie (wie Anm. 24), S. 570f.; Klaus Krummlinde, Bernd Vollmer: Die Geschichte der Norderwerft 1906–2006. Hamburg 2006, S. 6–47 u. 179–232; Hans Jürgen Witthöft: Hundert Jahre Neubau, Reparatur und Verlässlichkeit. Norderwerft in Hamburg. In: Schiff & Hafen, 58. Jg., 2006, Nr. 11, S. 38–44, hier S. 38–41.

68 Heinz Schröder, Rudolf Wulff, Gert Uwe Detlefsen: 200 Jahre Elbewerft Boizenburg. Boizenburg 1993, S. 26–39 u. 116–120; Stammer (wie Anm. 62), S. 87f. u. 187f.; Boie (wie Anm. 24), S. 201 u. 204f.; Karting: Der Bau eiserner und stählerner Schoner (wie Anm. 42), S. 308; Stamp (wie Anm. 21), S. 120.

69 Peter Danker-Carstensen: Die Werften an der Krückau – über 200 Jahre Schiffbau in Elmshorn. In: Beiträge zur Elmshorner Geschichte 3, 1989, S. 147–173, hier S. 160–162; Peter Danker-Carstensen: Die Werften an der Krückau. Schiffbauhandwerk und Schiffbauindustrie. In: DSA 13, 1990, S. 201–226, hier S. 210–213; Boie (wie Anm. 24), S. 430 u. 437f.

70 Ernst Foerster, E.A. Kraft, O. Axer, Schulze: Die Einschrauben-Turbinenschiffe »Leuna« und »Höchst«. In: Werft, Reederei, Hafen, 9. Jg., 1928, Heft 13, S. 262f.; Einschrauben-Motorschiff »H.C. Horn« der Reederei H.C. Horn, Flensburg. In: Schiffbau, 34. Jg., 1933, S. 24f.; Detlefsen (wie Anm. 33), S. 27–31 u. 53f.; Joho (wie Anm. 21), S. 343–413; Christine Keitsch: Vom Nieter zum Schweißer – vom Konstrukteur zum Schiffsdesigner. 130 Jahre Arbeit auf der Flensburger Schiffbau-Gesellschaft. Flensburg 2002, S. 12; Keitsch (wie Anm. 15), S. 138–156; Karting: Der Bau eiserner und stählerner Schoner (wie Anm. 42), S. 230.

71 Paul Knipping: Umbau des Lotsen- und Bugsierdampfers »Triton II«. In: Werft, Reederei, Hafen, 7. Jg., 1926, Heft 3, S. 64–66; W. Mau: Doppelschrauben-Motortankschiff »Olifer«. In: Werft, Reederei, Hafen, 14. Jg., 1933, Heft 23, S. 333–335; 50 Jahre Werft Nobiskrug. In: HANSA, 92. Jg., 1955, S. 1170–1173, hier S. 1171f.; 75 Jahre Nobiskrug. In: HANSA, 117. Jg., 1980, Nr. 10, S. 747–760, hier S. 748; Reinhart Schmelzkopf: Schiffbau in Rendsburg. In: Strandgut, Nr. 17, 1988, S. 135–158, hier S. 136–138 u. 149–153; Herbert Karting: Die Motorsegler der Nobiskrug-Werft. In: Strandgut, Nr. 32, 1993, S. 103–127; Boie (wie Anm. 24), S. 561 u. 563–565; 100 Jahre Werft Nobiskrug. In: HANSA, 142. Jg., 2005, Nr. 6, S. 53–66, hier S. 54 u. 56; Karting: Der Bau eiserner und stählerner Schoner (wie Anm. 42), S. 308.

72 G. Wahl, L. Baisch, A. Hennig: Doppelschrauben-Motorschiff »Topeka«. In: Werft, Reederei, Hafen, 6. Jg., 1925, Heft 15, S. 452–461; Heinrich Herner: Die Deutsche Werke Kiel Aktiengesellschaft und ihre Schiffsneubauten. In: Schiffbau, 29. Jg., 1928, S. 402–405; G. Wahl: Die Doppelschrauben-Motorschiffe »Taronga« und »Talleyrand«. In: Werft, Reederei, Hafen, 9. Jg., 1928, Heft 11, S. 213–215; Heinrich Herner: »Tai Yang«, »Tai Yin« und »Tai Ping Yang«. In: Schiffbau, 30. Jg., 1929, Nr. 13, S. 303–306; G. Wahl, W. Immich: Die Motorschiffe »Sud Americano« und »Sud Expreso«. In: Werft, Reederei, Hafen, 10. Jg., 1929, Heft 22, S. 467–474; Siegfried Kiehne: Die Schiffbauplätze und Kaianlagen der Werft Kiel der Deutsche Werke Kiel Aktiengesellschaft. In: Jahrbuch der Hafenbautechnischen Gesellschaft 11, 1928/29, S. 39–46; G. Wahl, L. Baisch: M.S. »Volkswohl«, das erste deutsche Fischereifahrzeug mit Tiefkühlanlage. In: Schiffbau, 31. Jg., 1930, S. 125–130; Wilhelm Teubert: 9. Sprechabend der Schiffbautechnischen Gesellschaft in Kiel am 18. und 19. Mai 1931. In: Werft, Reederei, Hafen, 12. Jg., 1931, Heft 12, S. 236–238; O. Richter: Die Flugzeugschleuder der Deutsche Werke Kiel Aktiengesellschaft. In: Schiffbau, 32. Jg., 1931, S. 423–426; Wahl (wie Anm. 26); G. Wahl: Das Motorschiff »Toulouse«. In: Schiffbau, 35. Jg., 1934, S. 270–273; E. Weisshun: Kiels Schiffbau und die an ihm und der Schiffahrt beteiligte Industrie. In: HANSA, 71. Jg., 1934, S. 376–383, hier S. 378f.; Rudolf Erbach, G. Wahl, Schmidt: Die Doppelschrauben-Motorjacht »Nimet Allah« für S.H. Khediven Abbas Hilmi II. In: Schiffbau, 36. Jg., 1935, Nr. 1, S. 1–5, 17–21 u. 65–70; Otto K.W. Neueburg: Menschenwerk im Mahlstrom der Macht. Die hundertjährige Geschichte der Kaiserlichen Werft Kiel und der Deutsche Werke Kiel A.G. Kiel, Berlin 1955, S. 207–308; Karl Radunz: Kieler Werften im Wandel der Zeiten. In: Mitteilun-

gen der Gesellschaft für Kieler Stadtgeschichte, Heft 1/2, 1957, S. 171–186, hier S. 180f.; Kalk (wie Anm. 21), S. 103; Rössler (wie Anm. 66), S. 22; Boie (wie Anm.), S. 178f.; Ostersehlte (wie Anm. 16), S. 274 u. 304; Peters: Deutsche Werften (wie Anm. 1), S. 104.

73 Kalk (wie Anm. 21), S. 104f., 107 u. 110; Ostersehlte (wie Anm. 16), S. 274 u. 304.

74 Die Fr. Krupp Germaniawerft. In: HANSA, 70. Jg., 1933, S. 75.

75 W. Heberling, E. Herkt: »Rio Bravo« und »Rio Panuco«, die ersten deutschen Fahrgast-Motorschiffe. In: Werft, Reederei, Hafen, 5. Jg., 1924, S. 635–649; W. Heberling: Das Einschrauben-Motorschiff »Therese Horn« und seine Versuchsfahrten mit dem Flettner-Dreiflächenruder. In: Werft, Reederei, Hafen, 6. Jg., 1925, S. 18–25; Max Tradt: Der Umbau des Motorseglers »Buckau« zum Flettner-Rotorschiff und seine Erprobungen. In: Werft, Reederei, Hafen, 6. Jg., 1925, Heft 6, S. 160–163 u. 166f.; W. Bebensee, H. Rohwer: Doppelschrauben-Hochsee-Motorschlepper »Wotan«. In: Werft, Reederei, Hafen, 6. Jg., 1925, Heft 9, S. 251–256; W. Heberling, E. Cords, E. Herkt: Die Motortankschiffe »Persephone«, »Den Haag« und »Motocarline«. In: Werft, Reederei, Hafen, 6. Jg., 1925, Heft 22, S. 700–706, Heft 23, S. 731–738, Heft 24, S. 754–762, u. 7. Jg., 1926, Heft 1, S. 22–26; E. Cords: Yachtbau auf der Germaniawerft Kiel-Gaarden. In: Werft, Reederei, Hafen, 7. Jg., 1926, Heft 8, S. 210–213; E. Herkt: Die Weiterentwicklung der Zweitakt-Ölmaschine auf der Fried. Krupp Germaniawerft, Kiel-Gaarden. In: Werft, Reederei, Hafen, 7. Jg., 1926, Heft 15, S. 388–392; Heinrich Herner: Die Dieselmotorjacht »Vagabondia«. In: Schiffbau, 30. Jg., 1929, Nr. 5, S. 105–111; E. Cords: Die Motorjacht »Cyprus«. In: Zeitschrift des Vereines Deutscher Ingenieure 73, 1929, Nr. 47, S. 1661–1667; E. Cords, G. Jahn: Dieselmotorjacht »Orion«. In: Werft, Reederei, Hafen, 10. Jg., 1929, Heft 22, S. 453–462; H. Köppe: Der Bau von Luxusjachten auf der Germaniawerft. In: Schiffbau, 32. Jg., 1931, S. 29–33; E. Cords, G. Jahn: Dieselmotor-Kreuzerjacht »Alva«. In: Schiffbau, 32. Jg., 1931, Heft 23, S. 375–381 u. 398-400; Heinrich Herner: Die Tankerneubauten der Germaniawerft in Kiel. In: Schiffbau, 33. Jg., 1932, S. 344–353; G. Jahn, E. Cords: Die Luxusjacht »Hussar«, Viermastbark mit dieselelektrischem Antrieb. In: Werft, Reederei, Hafen, 13. Jg., 1932, Heft 11, S. 159–167; Weisshun (wie Anm. 72), S. 379f.; Wilhelm Berdrow: Die geschichtliche Entwicklung der Fried. Krupp Germaniawerft Aktiengesellschaft Kiel-Gaarden. Berlin 1942, S. 18f.; Karting: Bark, Schoner und Galeass (wie Anm. 34), S. 120–129; Reinhart Schmelzkopf: Die F. Krupp-Germaniawerft und ihre Vorläufer. In: Strandgut, Nr. 16, 1987, S. 123–150, hier S. 125f. u. 141–143; Schwarz: Schiffsbauten (wie Anm. 37), S. 94 u. 97; Wagner (wie Anm. 30), S. 43–116; Bamler (wie Anm. 52), S. 32; Ostersehlte (wie Anm. 16), S. 297; Peters: Deutsche Werften (wie Anm. 1), S. 118f.

76 B. Meyer: Der Ausbau der Howaldtswerke, Kiel, in den letzten Jahren. In: Zeitschrift des Vereines Deutscher Ingenieure 69, 1925, Nr. 20, S. 691–695; Stieghorst, Baath: Der Einschrauben-Frachtdampfer »Hohenstein«. In: Werft, Reederei, Hafen, 9. Jg., 1928, Heft 15, S. 299f.; Heinrich Herner: Die Kieler Frachtdampfer-Neubauten der Hamburg-Amerika Linie. In: Schiffbau, 31. Jg., 1930, Nr. 9, S. 197–200; F. König: Hochseefischdampfer »Claus Ebeling«. In: Schiffbau, 35. Jg., 1934, Nr. 14, S. 221–224; Held (wie Anm.), S. 172–190 u. 281–286; Blohm (wie Anm. 4), S. 53 u. 55–58; Schwarz: Schiffsbauten (wie Anm. 37), S. 97f.; Ostersehlte (wie Anm. 16), S. 270f., 275–282, 291–302, 304–315, 324f., 336, 338f. u. 556f.

77 Zur Schiffbaukrise in Lübeck. In: HANSA, 67. Jg., 1930, S. 2053; Heinz Haaker: Die Schiffswerft von Henry Koch in Lübeck. In: Strandgut, Nr. 25, 1991, S. 93–104, hier S. 96–98 u. 103–194; Haaker: Die Schiffswerft von Henry Koch (wie Anm. 17), S. 66–101, 106 u. 178–209; Haaker: Die Flenderwerft (wie Anm. 24), S. 94f.; Beckmann (wie Anm. 62), S. 190f.; Wolfgang Muth: Arbeit und Arbeiter bei Flender. Hrsg. IG Metall Lübeck-Wismar. Lübeck 2004, S. 6.

78 Schwarz: Schiffsbauten (wie Anm. 37), S. 98; Haaker: Die Schiffswerft von Henry Koch (wie Anm. 17), S. 73f., 83–88 u. 92f.; Haaker: Die Flender Werft (wie Anm. 24), S. 94f.; Heinz Haaker: Lübecker Maschinenbau-Gesellschaft und ihre Nachfolger (1873–2000). In: Strandgut, Nr. 53, 2003, S. 69–110, hier S. 73–77 u. 96–99.

79 L. Petersen: Fracht- und Erztransportschiff »Frigga«. In: Werft, Reederei, Hafen, 6. Jg., 1925, Heft 18, S. 548–551; Erich Grundt: Die Flender A.-G. für Eisen-, Brücken- und Schiffbau, Werk Lübeck. In: Schiffbau, 26. Jg., 1925, S. 650–654; Erich Wichmann: Allgemeine Richtlinien für den Bau eiserner Schwimmdocks. In: Schiffbau, 26. Jg., 1925, S. 655–663; Docks. In: Schiffbau, 29. Jg., 1928, S. 291; Zur Schiffbaukrise in Lübeck (wie Anm. 77); Lübecker Flender-Werke Aktiengesellschaft. In: HANSA, 71. Jg., 1934. S. 1227; Haaker: Die Schiffswerft von Henry Koch (wie Anm. 17), S. 73f., 83–93 u. 98–100; Haaker: Die Flender Werft (wie Anm. 24), S. 92–95 u. 102f.; Muth (wie Anm. 77), S. 4–6, 11–15, 19f., 22–30 u. 39.

80 Nachruf Gerhard Barg. In: Schiffbau, 28. Jg., 1927, S. 147; Vorläufige Stillegung der Neptunwerft. In: HANSA, 65. Jg., 1928, S. 1662; Blohm (wie Anm. 4), S. 54f.; Schwarz: Schiffsbauten (wie Anm. 37) S. 98; Stahl (wie Anm. 18), S. 111, 138–159 u. 318; Bickelmann: Cordes (wie Anm. 64); Stamp (wie Anm. 21), S. 120f. u. 144f.; Egon Wirth: 158 Jahre Neptunwerft Rostock – ein traditionsreicher Schiffbaubetrieb in Deutschland. In: Jahrbuch der Deutschen Gesellschaft für Schiffahrts- und Marinegeschichte, 11. Jg., 2007/08, S. 42–74, hier S. 52f..

81 Der Stettiner Schiffbau im Jahre 1924. In: Werft, Reederei, Hafen, 6. Jg., 1925, Heft 5, S. 123f.; Meier, Ludwig, Schmieske: Doppelschrauben-Turbinendampfer »Cobra«. In: Werft, Reederei, Hafen, 7. Jg., 1926, Heft 22, S. 524–530; Ferdinand Blume: Die Industrie Stettins. In: HANSA, 66. Jg., 1929, S. 736f.; F. Pistorius: Die Vulcan-Werke A.G. Stettin. Aufstieg, Glück und Ende einer großen deutschen Werft. In: Marine-Rundschau, 35. Jg., 1930, S. 312–322, hier S. 319–322; Kurt Pittelkow, Reinhart Schmelzkopf: Heimathafen Stettin. Cuxhaven 1987, S. 57–60; Wulle (wie Anm. 19), S. 101–107 u. 206–209; Wolfgang Dahle: Die Stettiner Werftindustrie. Ein Abriß ihrer deutschen Geschichte. In: Schiff und Zeit. Panorama maritim, Nr. 38, 1993, S. 13–18, hier S. 17f.; Stahl (wie Anm. 18), S. 146.

82 Der Stettiner Schiffbau (wie Anm. 81), S. 124; Wilhelm Preuß: Doppelschrauben-Motorfahrgastschiff »Preußen« für die Linie Swinemünde – Pillau. In: Werft, Reederei, Hafen, 8. Jg., 1927, Heft 8, S. 164–170; Otto Lienau: Nachruf Wilhelm Preuß. In: Schiffbau, 29. Jg., 1928, S. 133, und in: Werft, Reederei, Hafen, 9. Jg., 1928, S. 125; Blume (wie

Anm. 81), S. 736; Stettiner Oderwerke. In: HANSA, 66. Jg., 1929, S. 1922; Nachruf Schiffbaudirektor Georg Köster. In: Werft, Reederei, Hafen, 15. Jg., 1934, Heft 16, S. 222; Stettiner Schiffbaufirmen. In: HANSA, 71. Jg., 1934, S. 1045; Karl Heinz Drewelow: Stettiner Oderwerke. In: Strandgut, Nr. 13, 1986, S. 71–77, hier S. 74–76; Dahle (wie Anm. 81), S. 18; Hans Georg Prager, Christian Ostersehlte: Dampfeisbrecher Stettin + die Eisbrecher der Welt. Vom Holzschlitten zu den Polar-Giganten. Hamburg ³1995, S. 119–131 u. 334–339; Helmut Lassnig: J.F. Braeunlich. Eine Stettiner Reederei. Hamburg 1999, S. 31, 54 u. 57f.; Boie (wie Anm. 24), S. 598 u. 604f.; Stamp (wie Anm. 21), S. 120; Helmut Lassnig: Die Stettiner Oderwerke. In: Jahrbuch der Deutschen Gesellschaft für Schiffahrts- und Marinegeschichte, 10. Jg., 2005/06, S. 71–92, hier S. 74–77; Andreas Westphalen: Dampfeisbrecher STETTIN und die deutschen See-Eisbrecher. Bremen 2008, S. 20–29 u. 104f.

83 Der Stettiner Schiffbau (wie Anm. 81), S. 124; Rudolf Heydemann: Motortankschff »Margareta«. In: Werft, Reederei, Hafen, 7. Jg., 1926, Heft 11, S. 284–288; Nüscke & Co. A.G. Stettin. In: HANSA, 65. Jg., 1928, S. 336f.; Der Konkurs der Nüscke-Werft Stettin. In: HANSA, 65. Jg., 1928, S. 1855; Gottfried Loeck: Nüscke – die Geschichte einer Werft. In: Strandgut, Nr. 14, 1987, S. 127–148, hier S. 134–138; Pittelkow/Schmelzkopf (wie Anm. 81), S. 59f.; Dahle (wie Anm. 81), S. 17f.; Stahl (wie Anm. 18), S. 146; Lassnig: J.F. Braeunlich (wie Anm. 82), S. 63f.; Boie (wie Anm. 24), S. 581 u. 585; Lassnig: Die Stettiner Oderwerke (wie Anm. 82), S. 74; Stamp (wie Anm. 21), S. 120.

84 Der Stettiner Schiffbau (wie Anm. 81), S. 124; Zur Zwangsversteigerung der Ostsee-Werft. In: HANSA, 69. Jg., 1932, S. 321; Kurt Pittelkow: Die Ostseewerft in Frauendorf bei Stettin. In: Strandgut, Nr. 5, 1984, S. 113–120, hier S. 119f.; Pittelkow, Schmelzkopf (wie Anm. 81), S. 59f.; Dahle (wie Anm. 81), S. 18; Lassnig: Die Stettiner Oderwerke (wie Anm. 82), S. 74; Stamp (wie Anm. 21), S. 120.

85 Karl Günther: Die Frachtdampfer »Nordvangen« und »Sörvangen«. In: Schiffbau, 30. Jg., 1929, S. 433–436; Rüdiger Ruhnau: Der Schiffbau in Danzig und die Entwicklung der Werft-Industrie. In: Danziger Berichte, Heft 3, 1983, S. 53–66; Rüdiger Ruhnau: Die Danziger Werft in fremder Hand. In: Strandgut, Nr. 7, 1984, S. 125–132, hier S. 125–129; Rössler (wie Anm.), S. 166; Günter Stavorinus: Die Geschichte der Königlichen/Kaiserlichen Werft Danzig 1844–1918. (= Veröffentlichungen aus den Archiven Preußischer Kulturbesitz, Bd. 27). Köln, Wien 1990, S. 265; Rössler (wie Anm. 66), S. 166; Lehmann: 100 Jahre Schiffbautechnische Gesellschaft (wie Anm. 26), S. 426f.; Boie (wie Anm. 24), S. 154f.; Peters: Deutsche Werften (wie Anm. 1), S. 105.

86 G. Schultze-Pillot: Nachruf Carl F. Carlson. In: Werft, Reederei, Hafen, 5. Jg., 1924, S. 609; Nachruf Dr.-Ing. ehr. Carl Fridolf Carlson. In: Schiffbau, 25. Jg., 1925, Nr. 28, S. 834; Nachruf Hildegard Carlson. In: Schiffbau, 27. Jg., 1927, S. 185; Höfinghoff, Stuhr: Hochseefährschiff »Schwerin« der Deutschen Reichsbahngesellschaft für die Linie Warnemünde – Gjedser. In: Zeitschrift des Vereines Deutscher Ingenieure 71, 1927, Nr. 31, S. 1077–1080; Einschrauben-Motortankschiffe »Sildra«, »Vinga« und »Spinanger«. In: Werft, Reederei, Hafen, 9. Jg., 1928, Heft 6, S. 112f., u. Heft 7, S. 129–134; H. Schröder: Einschrauben-Motortankschiff »Kattegatt«. In: Schiffbau, 28. Jg., 1928, S. 296–299; Groß-Eimer-Schwimmbagger »Wajgatsch« und »Karskaja«. In: Schiffbau, 33. Jg., 1932, S. 354f.; Bihl (wie Anm. 24), S. 103–137, 184f. u. 193; Ruhnau: Der Schiffbau in Danzig (wie Anm. 85), S. 88–94; Blohm (wie Anm. 4), S. 50; Rüdiger Ruhnau: Unter dem Hammerkran. Kleine Geschichte der Danziger Schichau-Werft. In: Strandgut, Nr. 9, 1985, S. 87–100, hier S. 92–95; Schwarz: Schiffsbauten (wie Anm. 37), S. 95f.; Reinhart Schmelzkopf: Ferdinand Schichau, Elbing. In: Strandgut, Nr. 23, 1990, S. 54–100, hier S. 64–70; Rössler (wie Anm. 66), S. 164; Lehmann: 100 Jahre Schiffbautechnische Gesellschaft (wie Anm. 26), S. 424–427; Boie (wie Anm. 24), S. 753 u. 764–766; Peters: Deutsche Werften (wie Anm. 1), S. 124f.

87 Solang as dat duert. Vom Aufstieg und Niedergang der Klawitterwerft. In: Strandgut, Nr. 8, 1985, S. 99–118, hier S. 103 u. 115f.; Schwarz: Schiffsbauten (wie Anm. 37), S. 97; Lehmann: 100 Jahre Schiffbautechnische Gesellschaft (wie Anm. 26), S. 221–224; Boie (wie Anm. 24), S. 410 u. 416.

88 A. Mattern, G. Holm, W. Schmidt: »Kersten Miles« und »Simon von Utrecht«. Doppelschrauben-Lotsenversetzdampfer für die Elbe. In: Werft, Reederei, Hafen, 9. Jg., 1928, Heft 14, S. 284–290; Fechter: Schiffbau in Königsberg. In: HANSA, 71. Jg., 1934, S. 1247f.; Bihl (wie Anm. 24), S. 119f. u. 193; Schwarz: Schiffsbauten (wie Anm. 37), S. 96f.; Reinhart Schmelzkopf: Union-Gießerei, Königsberg. Gustav Fechter, Königsberg. In: Strandgut, Nr. 21, 1919, S. 61–77, hier S. 64–70 u. 75–77; Reinhart Schmelzkopf: Die Schichau-Werft in Königsberg. In: Strandgut, Nr. 24, 1991, S. 93–98, hier S. 93–95; Boie (wie Anm. 24), S. 915f.

89 Gert Uwe Detlefsen: 75 Jahre Lindenau-Werft. Eine Chronik in 75 Jahres-Kapiteln. Kiel 1994, S. 20–37; Lehmann: 100 Jahre Schiffbautechnische Gesellschaft (wie Anm. 26), S. 271; Boie (wie Anm. 24), S. 470f.

Danksagung:

Für die Literaturrecherchen und die Textkorrektur darf ich mich bei dem Seefahrtshistoriker Rüdiger Bahr aus Bremen bedanken. Für die Durchsicht des Manuskriptes und für Anregungen schulde ich dem Bremer Schifffahrtshistoriker Dr. Christian Ostersehlte herzlichen Dank.

Anschrift des Verfassers:
Dr. Dirk J. Peters
Deutsches Schiffahrtsmuseum
D-27568 Bremerhaven

German Shipyards in the Period between the World Wars (1918–1939): Part 2: Symptoms of Crisis: Shut-Downs, Closures, Mergers and Innovations (1924–1934)

Summary

After World War I, the war-inflated shipbuilding operations in Germany had a capacity of some thirty to fifty percent over demand. A reduced demand for new vessel constructions, low cargo rates and the lack of orders for war vessels led to a ruinous crisis in the shipbuilding sector lasting from 1924 to 1934, with an interim respite from 1927 to 1929. Shut-downs, closures and mergers were the consequence. Due to their unfavourable location, the shipbuilding companies in the Baltic Sea regions were hit disproportionately hard by the capacity scale-down and the structural crisis. By means of strikes, the shipyard workers and labour unions attempted to hold onto the privileges they had obtained after World War I, but to little avail. The Verein Deutscher Schiffswerften (VDS; association of German shipyards) tolerated the tough competition within the sector, to which many well-known German shipyards fell victim despite numerous technical innovations. The shipbuilding business was suffering internationally, as was shipping itself – two further factors accounting for the crisis in the German shipbuilding industry.

In 1925, as a means of overcoming the crisis, the Reich government supported the faltering shipyards with a "ship renewal fund" of fifty million Reichsmarks (loan for financing up to fifty percent of new vessel constructions). In 1926/27 there was moreover a programme for reducing interest on loans for new ships. In 1932 the Reich government instituted a scrappage programme with a budget of twelve million Reichsmarks for ships twenty years and older, with bonuses and interest-free loans.

The world economic crisis and the agreement concluded in 1930 between Hapag and the Norddeutsche Lloyd (Hapag-Lloyd-Union) brought about a further reduction in the demand for new tonnage since the concentration of the two major German shipping companies led to a slackening of orders for new ship constructions.

The National Socialist government then introduced rearmament measures which encompassed a fleet-building programme for the navy. In conjunction with the aspirations toward self-sufficiency which led to the expansion of deep-sea fishing and the establishment of a whaling fleet, these measures were what finally brought about a noticeable improvement in the circumstances of the German shipbuilding industry, where there was now full employment. The social advantages which the labour unions had achieved for the manual labourers and office workers in the shipyard sector during the Weimar Republic, however, were revoked during the National Socialist period. The laws governing forced compliance with the NS system ultimately led to the defeat of the labour movement and the break-up of the unions.

Les chantiers navals allemands dans l'entre-deux guerres (1918–1939). 2ème partie : Symptômes de la crise. Arrêts de production, fermetures, fusions et innovations (1924–1934)

Résumé

Après la Première Guerre mondiale, les entreprises navales gonflées faisaient preuve d'une sur-capacité d'environ 30 à 50 pourcent. La demande peu élevée en nouvelles constructions, le taux bas de navires de fret et l'absence des commandes de navires de guerre menèrent à la crise rui-neuse de la construction navale qui, de 1924 – avec un pic entre 1927 et 1929 – dura jusqu'à 1934. Arrêts de production, fermetures et fusions en furent les conséquences. Les entreprises navales dans la région de la mer baltique étaient particulièrement touchées par la suppression de la capacité et la crise structurelle, en raison de leur situation peu propice. Les ouvriers des chantiers navals et les syndicats tentèrent par des grèves de conserver leurs privilèges obtenus après la Première Guerre mondiale, toutefois sans grand succès. Le « *Verein Deutscher Schiffs-werften* » *(VDS)* tolérait la concurrence implacable, à laquelle succombaient beaucoup de chan-tiers allemands connus, malgré de nombreuses innovations techniques. La faible conjoncture de la construction navale internationale et le marasme de la navigation internationale contribuè-rent également à la crise de l'industrie navale allemande.

Pour tenter de sortir de la crise, le gouvernement du Reich apporta en 1925 un soutien aux chantiers en détresse, grâce à un fonds de renouvellement des navires (« *Schiffserneuerungs-fonds* ») de 50 millions de reichsmarks (prêt pour le financement de nouvelles constructions de navires allant jusqu'à 50 pourcent). En 1926–1927 fut lancé un programme de baisse des inté-rêts pour les nouvelles constructions navales ; en 1932, le gouvernement du Reich établit un pro-gramme de démolition avec un budget de 12 millions de reichsmarks pour les navires âgés de 20 ans, avec des primes et des crédits exonérés d'intérêts.

La crise économique mondiale et le contrat conclu en 1930 entre la Hapag et la Norddeutsche Lloyd (Hapag-Lloyd-Union) provoquèrent une baisse supplémentaire de la demande de nou-veaux tonnages, car en raison de la concentration et la concertation entre les deux grands chan-tiers navals allemands, on enregistra une baisse de commandes des nouvelles constructions.

Ce n'est que grâce aux mesures de réarmement engagées par le gouvernement national-socia-liste du Reich, concernant le programme de construction de la flotte de la marine de guerre et les efforts d'autarcie avec l'élargissement de la pêche hauturière et l'acquisition d'une flotte de baleiniers, qu'une amélioration sensible de l'industrie navale allemande se fit sentir par un plein-emploi. Les acquis sociaux des ouvriers et des employés de la branche, que les syndicats avaient obtenus sous la République de Weimar, furent toutefois oblitérés durant l'ère nationale-socia-liste. Ils débouchèrent sur la défaite du mouvement ouvrier et le démantèlement des syndicats à la suite des « *Gleichschaltungsgesetze* » (lois nazies de « mise au pas »).

FISCHEREI UND WALFANG

▶ KLAUS BARTHELMESS

»Een Extraordinary Welgestoffert Walvis-Vangers Gereetschap«

Typologie niederländischer Versteigerungsplakate für Walfangausrüstung im 18. Jahrhundert

Im Deutschen Schiffahrtsmuseum (DSM) befindet sich ein rarer Einblattdruck, ein großformatiges Blatt mit kleiner Holzschnittillustration, eine Walfangszene zeigend, und ausführlichem, typographischem Text. Unschwer ist auch für moderne Betrachter zu erkennen, dass es sich um eine Art Plakat handelt, mit dem die Versteigerung der Fangausrüstung eines niederländischen Walfangschiffes angekündigt wird (Abb. 1).

Für alle gedruckten Ephemera – historische wie aktuelle – gilt, dass sie meist nicht mehr aufbewahrt werden, wenn sie ihren Zweck einmal erfüllt haben. Alte Flugblätter, Plakate, bedruckte Verpackungen, Formulardrucke usw. sind daher nur in höchst geringer »Überlieferungsdichte« – wie Ephemeraforscher sagen – erhalten. Genaue Prozentangaben über Erhaltenes sind jedoch spekulativ, da diese ephemeren Drucke jahrhundertelang nicht systematisch bibliographiert wurden und Bestände demzufolge auch nicht methodisch erfasst werden können. Katalogisieren lassen sich derartige Drucke mehr oder weniger nur durch »serendipity«, die Gabe, Zufallsentdeckungen zu machen.

Im Folgenden wird ein Korpus von gut anderthalb Dutzend solcher Versteigerungsplakate erfasst und für die Erstellung einer Typologie anhand verwendeter Holzschnitt-Druckstöcke herangezogen.

Der europäische Arktiswalfang war im 18. Jahrhundert von starken Schwankungen gekennzeichnet. So wurde 1719 westlich von Grönland ein neuer Walfanggrund – die Davisstraße – entdeckt, der für einige Jahrzehnte recht gute Fänge erbrachte und das Reederinteresse stimulierte. Die europäischen und kolonialen Kriege des Jahrhunderts weckten politische Interessen an nationaler Flottenrüstung, in deren Zusammenhang immer wieder die wirklichkeitsfremde Auffassung vertreten wurde, dass Fischerei- und Walfangflotten ein taugliches Mannschaftsreservoir für die Seestreitkräfte darstellten. Und gegen Ende des 18. Jahrhunderts entdeckte man die Rückzugsgebiete der Grönlandwale am Nordende der Davisstraße, sodass eine neue Ausbeutungswelle ihren Anfang nahm. Schweden, Russland und die jungen USA stießen im letzten Viertel des 18. Jahrhunderts für einige Jahre zur europäischen Walfangflotte in der Arktis.

Der Preis der Walprodukte Öl und Barten schwankte vor diesem Hintergrund stark. Die Reeder investierten kurzfristig im Walfang, wenn es lohnend erschien, und zogen ihr Geld ebenso schnell wieder ab, wenn es sich in anderen Schifffahrtsbranchen profitabler anlegen ließ.[1]

Schiffbaulich waren die arktischen Fangschiffe nicht für den Walfang spezialisiert. Sie waren Frachtschiffe, die innen lediglich eine zweite Plankenlage als Eisverstärkung hatten, häufig mit

Een **Extraordinary** Welgeſtoffeerd

WALVISVANGERS
GEREEDSCHAP,

Te Koop tot AMSTERDAM.

Op Maandag, zynde den 20 October ten Huyze van JAN FREDRIK BROMSTROP,
Caſteleyn in 't Nieuwezyds Heeren Logement, 's Avonds ten 5 uuren precies.

LBERTUS KRAMP,
MAKELAAR,

(Geauthoriſeert van de Edele Groot Achtbaare Heeren Burgermeeſteren,) Alß Laſt hebbende van hunne Principaalen/ Preſenteeren by
Openbaare Opveylinge aan de Meeſt baar voor biedende te Verkoopen/ een Extraordinary Welgeſtoffeert WALVISVANGERS-
GEREEDSCHAP, Gevoert by Commandeur ALBERT JURJAANSZ BAKKER.

213 YZerebands Vaaten, 25 dito Pypjes.
13   dito Halfjes.
120 Houtebands Vaaten. NB. Broodvaaten by de Bakker.
        Onder de Houtebands Vaaten zyn:
1 Vat daar in 10 Baard - Ankers met Klauwen, 7 Loſſe Klau-
        wen, 2 Yzere Baardekeggen, 4 Ysbylen.
1 Vat daar in 3 Dreggen/ 5 Agtertouwen, eenige Kloppers,
        Dollen en Hooisvaaten.
1 Vat met Kuypers Hout.
20 Houtebands Pypjes.
30 Houtebands Halfjes, daar onder 1 met 28 Voorgangers.
1 End Ongefneeden, 6 Sloops-Compaſſen, 4 Hoorns.
6 Geusjes met Zikken, 2 Sloops Zeyljes.
7 Sloepen, 1 Galg.
        TOUW- en BLOKWERK.
64 Walvislynen, 2 Kenteryns, 1 Topreep met zyn Bloks.

2 Kenterynbloks, 1 Sleeptouw, 3 Hangers, 2 Takels.
6 Jyns, 2 Ondertakelbloks, 3 Voetbloks, 1 Swigting.
        HOUT- en YZERWERK.
68 Walvislenfen, 26 Spek- en Baardmeſſen, 6 Walruslenfen.
28 Riemen, 15 Ysboomen, 8 Sparsen, 5 Lynbakken.
20 Ballies, 48 Harpoenſtokken, 20 Sloepahaaken.
4 Malmokshaaken, 6 Sloops Maſten, 2 Sloops Raatjes.
4 Windboomen, 2 Baardſpaaken, 2 Boomen, 1 Ysklopper.
1 Schaaf bank, 2 Yzzagen, Kuypers Bok, Strykbank en Spons-
        boor, 1 Spekgroot met een Plank, 8 Neushaaken.
1 Neusje, 2 Baardekloppers, 4 Baardekeggen, 4 Schoppen.
4 Ysbylen, 2 Klaſen, 1 Kopere Treeter.
1 Teerften, 't Voorſpil met zyn Spoor, 2 Schotela, 2 Kitten.
1 Fienbord, 2 Koks Watervat, 2 Ketla.
4 Koks Fiſtuaalevaaten, 10 Svakbeers, 2 Schottelrek.
2 Stutten, 2 Klampen, 1 Prutbak, 1 Vaatje met de Mamiering.

        In de LENSKIST No. 1.
8 Scheemborden, 10 Mikken, 6 Derdehands, 10 Strykers.
2 Boortklampen, 3 Ballaſtſchoppen, 6 Haakjepieks.
6 Loſſe Schreeden.
        In de LENSKIST No. 2.
44 Gebruykte Walvis - Harpoens, 30 oude dito.
2 Groote Harpoens, 6 Walrus- Harpoens, 6 Marſpriemen.
6 Byltjes, 4 Wetſteenen, 2 Scharpſteelen, 3 Koningshaaks.
7 Paar Spooren, 5 Kapmeſſen, 3 Agterbanksmeſſen.
1 Slypſteen, 12 Prikkers, 2 Strandmeſſen.
        In de LENSKIST No. 3.
2 Derdehands, 2 Konings Vork, 12 Haakjepieks.
6 Strandmeſſen, 6 Kapmeſſen, 9 Handhaaken, 2 Vorken.
3 Bootsmans Koufen.
By de Koperſlager Michiel van der Hoyſt, 1 Kopere Vleesketel.
1 Orreteketel, 1 Goſtketel, 3 Kopere Pompen.

Het voorſz. Walvisvangers Gereedschap is leggende tot Nieuwendam, onder Directie van Pieter de Jong, en kan blyven leggen tot Ulti-
mo April 1784. Vry van Pakhuys-Huur/ doch tot Laſten en peryckel van den Kooper.

NB. *De Vaten die 'er meerder of minder mogten bevonden worden, te korten of te betaalen, voor een Yzerbands Quardeel 9 gulden,*
dito Pypjes 6 gl., dito Halfjes 4 gl., Houtebands Quardeel 4 gl., dito Pypjes 3 gl., dito Halfjes 2 gl. 10 ſtuyvers.

De Verkooping zal zyn ten Huize van Jan Fredrik Bromstrop/ Caſtelein in 't Nieuwezyds Heeren Logement, op Maandag, zynde den 20 October 1783. 's Avonds ten 5 uuren precies.

Iemand nader Onderrigting begeerende/ spreeke met de bovengemelde Makelaar/ en met Floris Kramp.

Te Amſterdam, by de Wed. ANTHONY van RYSCHOOTEN en ZOON, Boekverkoper op de hoek van de Haarlemmerdyk en de Vismarkt.

Abb. 1 Plakat zur Ankündigung der Versteigerung von Walfangausrüstung am 20. Oktober 1783 in Amsterdam. Der Makler der Versteigerung war Albertus Kramp. Druck der Offizin und Buchhandlung von Witwe
Anthony van Ryschooten & Sohn. Bogengröße 54 x 41 cm. (DSM, Inv.-Nr. I/08989/00)

einer zusätzlichen Verspantung versehen. Auf dem Fangfeld hingen die Schaluppen außenbords an einem takeltechnischen Provisorium, nämlich einem über das Poopdeck hinausragenden Kantholz und an Takeln, die an der Saling des Großmasts festgemacht waren.

Die Walfangschiffe konnten problemlos auch als Frachtschiffe eingesetzt werden. Beabsichtigte ein Reeder, sein Schiff aus dem Walfang abzuziehen und in einem anderen Zweig der Handelsschifffahrt einzusetzen, brauchte er bloß die bewegliche Walfangausrüstung, die er einst angeschafft hatte, meistbietend versteigern zu lassen, um überflüssige Lagerkosten und totes Kapital zu vermeiden.

Diese Auktionen pflegten nicht nur in den aktuellen Wirtschafts- und Handelsblättern angekündigt zu werden, sondern zusätzlich oft auch per Plakat. Das geschah in allen europäischen Walfangnationen der Zeit.[2]

In den Niederlanden entwickelten lokale Drucker einen plakatgroßen – auf Bogengrößen um 54 x 43 cm gedruckten – Anschlagzettel, dessen graphischer Aufbau sich an akademischen Thesenblättern und amtlichen, typographischen Verlautbarungen orientierte: Oben eine Illustra-

Abb. 2 Arktische Walfangszene. Radierung aus van Domselaers niederländischer Bearbeitung von Plinius' naturkundlichen Schriften, 1657, S. 525. (Walfangsammlung Barthelmess, Nr. 1357)

tion, darunter textlich der Gegenstand der Auktion, formelhaft beworben als »außergewöhnlich wohlsortierte Walfänger-Ausrüstung« (*Een Extraordinary Welgestoffert Walvis-Vangers Gereetschap*), sodann Angabe von Ort und Zeit, darunter in großer Auszeichnungsschrift die Namen der Makler, die ja auch für den Plakatdruck bezahlten, darunter in mehreren Spalten die Liste des Inventars, also der einzelnen zu versteigernden Positionen, hierunter Angaben zur möglichen Besichtigung und schlussendlich die Adresse des Druckers.

Von diesem typographischen Layout-Muster gab es offenbar keine Abweichungen. Es bewährte sich jahrzehntelang als Ankündigungszettel wie auch als Auktionskatalog, wie handschriftlich notierte Zuschlagpreise neben manchen Positionen auf einzelnen erhaltenen Blättern belegen.

Auch in der Illustration dieser Plakate wurden keine künstlerischen Experimente gewagt. Im großen Ganzen wurden nur zwei Walfangszenen als Kopfholzschnitte in zwei bzw. drei drucktechnischen Varianten verwendet. Beide lehnen sich motivisch an zeitgenössische Buchillustrationen an, indem sie Versatzstücke aus ihnen verwenden und Bildpartien daraus kopieren.

Beim älteren Typ, dem sogenannten »Plinius-Typ«, handelt es sich um eine Walfang- und Verarbeitungsszene, die seit 1657 in Theo van Domselaers niederländischer Bearbeitung von Plinius' Naturgeschichte erscheint (Abb. 2).[3] Das populäre Werk, das sich nur grob an den Schriften des antiken Gelehrten orientierte, wurde bis ins späte 18. Jahrhundert nachgedruckt.[4] Die motivischen Versatzstücke der Walfangszene, die das Fischkapitel des Buches illustriert, sind – wie bereits 1987 gezeigt – überwiegend aus Elementen der Arktiskarte von Henricus Hondius, Amsterdam 1636, zusammenkomponiert.[5] Für das Motivelement des am Strand ausgeschlachteten Walkadavers links im Mittelgrund der Holzschnitte auf den Versteigerungsplakaten war bislang keine eindeutige Vorlage zu ermitteln. Es ist jedoch wahrscheinlich beeinflusst von einer belebten Szene, die sich als Kupfer in Hulsius 1612, gegenüber S. 26 findet[6], in der gerade anderthalb Wale am Ufer der samojedischen Küste (Barentssee, Karasee, Waigatschinsel) verhackstückt werden. Die Darstellungen des »Plinius-Typs« zeigten schon bei ihrem ersten Erscheinen eine arktische Walfangpraxis mit Verarbeitung der Wale am Ufer, die es seit den späten 1640er Jahren nicht mehr gab.

Die Amsterdamer Druckerfamilie van Ryschooten und zwei andere Amsterdamer Druckereien kolportierten zwischen 1719 und 1771 über ein halbes Jahrhundert lang den »Plinius-Typ« für ihre Walfangschiff-Versteigerungsplakate. Zumindest innerhalb der Ryschooten-Familie dürfte es sich höchstwahrscheinlich immer um denselben Holzschnittblock gehandelt haben, der als Druckstock im Druckereifundus aufbewahrt blieb und bei zu starker Abnutzung neu geschnitten wurde. »Plinius Typ 1« ist bislang auf Drucken von 1719 bis 1758 nachgewiesen, »Plinius Typ 2« zwischen 1762 und 1767 und »Plinius Typ 3« von 1767 bis 1771 (Abb. 3–5). Weitere Belege sind bei entsprechenden Funden in der Zukunft zu erwarten. Die heutige Seltenheit dieser Ephemeradrucke, ihre verstreuten Repositorien in privaten und öffentlichen Sammlungen auf mindestens zwei Kontinenten und die teils dürftige Abbildungsqualität lassen eine gesicherte Aussage darüber, ob ein gleich aussehender Abdruck auch tatsächlich vom selben Druckstock gezogen wurde, einstweilen nicht zu, jedenfalls nicht zu vertretbaren Recherchekosten.

Abb. 3 (rechte Seite oben) Kopfholzschnitt »Plinius Typ 1«, nachgewiesen 1719 bis 1758, verschiedene Amsterdamer Drucker, u.a. van Ryschooten. Merkmale: zahlreiche Vögel am Himmel, undeutliches, ligiertes Monogramm (AR, AK, VR oder VK?[7]) in der Flagge am Zeltfirst und in der Heckflagge des Dreimasters.

Abb. 4 (rechte Seite unten) Kopfholzschnitt »Plinius Typ 2«, nachgewiesen 1762 bis 1767, Amsterdamer Drucker van Ryschooten. Merkmale: keine Vögel am Himmel, undeutliches Monogramm in der Flagge am Zeltfirst und in der Heckflagge des Dreimasters. (Courtesy of the New Bedford Whaling Museum, Cat. No. 2001.100.5061)

228

Abb. 5 Kopfholzschnitt »Plinius Typ 3«, nachgewiesen 1767 bis 1771, Amsterdamer Drucker van Ryschooten & Zoon. Merkmale: bogenförmiges Wolkenfeld, wenige Vögel am Himmel, Trikolore als Flagge am Zeltfirst, Monogramm NN in der Heckflagge des Dreimasters. (Courtesy of the New Bedford Whaling Museum, Cat. No. 2000.100.5564)

Zum Drucker der meisten dieser Versteigerungsplakate ist anzumerken, dass seit der Mitte des 17. Jahrhunderts van Ryscho(o)tens in Amsterdam als Buchbinder, Drucker und Verleger tätig waren. Karel van Ryschooten verlegte um die Zeit, in der er auch das erste hier nachgewiesene Versteigerungsplakat druckte, die erste der »Amsterdamer Listen«, eine Statistik zum nordeuropäischen Arktiswalfang, die von da an im großen Ganzen über ein Jahrhundert lang jährlich erschienen und eine bedeutende Grundlage für unternehmerische Planungen und wirtschaftsstrategische Entscheidungen der niederländischen Walfangreeder waren. [8]

1767 taucht ein neues Motiv auf: Der Zaandamer Drucker Harmanus Jukker de Roode[9] (um 1727 bis 1792, nachweisbar ab 1753) »modernisiert« sowohl in fangtechnischer, schiffbaulicher als auch künstlerischer Hinsicht den Kopfholzschnitt der Walfangschiff-Versteigerungsplakate (Abb. 6). Zunächst fällt als markantester Unterschied eine Rocaillenbordüre auf, die dem neuen Zeitgeschmack des Rokoko entspringt. Die Fangszene selber zeigt nun die Waljagd im arktischen Eis, nicht mehr vor der Küste. Der Galeonen-Schiffstyp der Holzschnitte in der »Plinius«-Tradition ist moderneren Bootschiffen gewichen. Aufgrund der augenfälligen Rocaillenbordüre wird der Walfangholzschnitt hier als »Rokoko Typ 1« bezeichnet. Aber Ephemeradrucker pflegten künstlerisch nicht besonders eigenschöpferisch zu arbeiten. So ist auch diese Darstellung kopial. Sie verwendet versatzstückhaft, in kaum veränderter Anordnung, alle motivischen Elemente aus Tafel 1 der Kupferstichserie »Kleine visserij« von Petrus Schenk nach Adriaen van der Laan. Diese Serie erschien um 1725 in Amsterdam und dokumentierte in 16 bemerkenswert realistischen Darstellungen die Praxis des damaligen niederländischen Arktiswalfangs (Abb. 7).[10]

Abb. 6 Kopfholzschnitt »Rokoko Typ 1«, nachgewiesen 1767, Zaandamer Drucker de Roode. Merkmale: Rocaillenbordüre, Himmel überwiegend weiß, keine Signatur.

Abb. 7 Die Vorlage: Tafel 1 aus der Serie »Kleine visserij«, um 1725. (DSM, Inv.-Nr. I/00023/71)

Abb. 8 Kopfholzschnitt »Rokoko Typ 2«, nachgewiesen 1772–1791, verschiedene Amsterdamer Drucker, u.a. van Ryschooten. Merkmale: Rocaillenbordüre, Himmel überwiegend geschrafft, Signatur »H. NUMAN«. (DSM, Inv.-Nr. I/08989/00; Ausschnitt aus Abb. 1)

Spätestens 1772 ist ein zweiter Kopfholzschnitt mit einer Rocaillenbordüre auf Versteigerungsplakaten von Walfangschiffen nachweisbar. Er wird hier als »Rokoko Typ 2« bezeichnet und ist links unter einer Bordürenvolute »H. NUMAN« signiert (Abb. 8). Motivisch ist als Vorlage das zweite Blatt aus der Kupferstichserie »Kleine visserij« zu erkennen (Abb. 9), wiederum kompositorisch nur geringfügig verändert. Die Fangschaluppe, die in der Meulen-Laan'schen Radierung vorn links angeschnitten ist, hat Numan anhand der Darstellung auf Blatt Nr. 3 der »Kleine visserij« ergänzt (Abb. 10).

Bei H. Numan handelt es sich entweder um Hendrik Numan (1731–1788), der als Holzdruckstockschneider für verschiedene Ephemeradrucker in Amsterdam arbeitete, oder um Herman(us) Numan (1744–1820), der gleichfalls Ephemeradrucker bediente, neben Holzschnitten aber überwiegend Kupferstiche schuf.[11]

Die folgende Tabelle bietet einen Überblick über die mir bislang bekannt gewordenen niederländischen Walfangschiff-Versteigerungsplakate. Die sich daraus erschließende typologische Ordnung spiegelt Änderungen des künstlerischen Zeitgeschmacks wider und die Behäbigkeit, mit der Ephemeradrucker technischen Änderungen der damals aktuellen Walfangpraxis in ihren künstlerischen Umsetzungen Rechnung trugen. Dabei machten sich einzelne dieser Ephemeradrucker darum verdient, ihrer nationalen Walfangindustrie durchaus zeitnah die aktuellen Walfang- und Reedereistatistiken als richtungweisende Entscheidungshilfe an die Hand zu geben. Das Plakat im DSM ist ein bemerkenswertes Beispiel eines überaus raren Quellentyps an der Schnittstelle zwischen Wirtschafts-, Umwelt-, Walfang-, Kunst- und Druckgeschichte.

Abb. 9 Die Vorlage: Tafel 2 aus der Serie »Kleine visserij«, um 1725. (DSM, Inv.-Nr. I/00023/71)

Abb. 10 Die Vorlage: Tafel 3 aus der Serie »Kleine visserij«, um 1725. (DSM, Inv.-Nr. I/00023/71)

Versteigerungsplakate von Walfangschiffsausrüstung

Auktionsdatum	Auktionsort	Makler	Schiff	Kommandeur	Drucker	Holzschnitt-Typ	Bestand	Quelle
1719-12-21	De Rijp	Albert Groot	DE JONGE TOBIAS	Reyer Cornelis	Ryschooten, Karel van, A'dam	Plinius 1	Mus. Houten Huis Rijp	De walvis-vaart voor-bij, p. [8]; Hacquebord-de Bok, p. 38
1732-10-27	A'dam	Adam Beth, Jacob de Flines, Jacob Michiel Brouwer	./.	Broder Hendriks	Stolk, Cornelis van der, A'dam	Plinius 1	ex Honig 372, ex B. Johnson, I, 505; ZZM Enkhuisen	Beijers 30.10.69: Honig
1744-10-12	A'dam	Claas Mol, Jacob Delgado		Eelmer Leyen	Oterlyk, Cornelis, A'dam	Plinius 1	Bestebreurtje kat 65 1992; Pickering & Chatto, 1994	Kopie Klaus Barthelmess
1757-09-26	A'dam	I.A. Doornekroon, Th. van Lingen		Jan Pietersz Bosch	Ryschooten, A. van	Plinius 1	A. & I. Vonk	
1758-09-18	A'dam	Barent van Hamstede, Floris Bontekoning, Saaling Aukes	ANTONIO EN FRANCISCO [?]	Lourens Woutersz Hooft	Ryschooten, Karel van, A'dam	Plinius 1	Asher Rare Books	Asher Rare Books 2008
1758-10-02	A'dam	?	?	Cornelis Pieterz Quak	Ryschooten, Anthony van, A'dam	?	Scheepvaartmuseum, A'dam, Sign. K-II-526	www.maritiemdigitaal.nl
1762-10-18	A'dam	Daniel Loofs, Jacob de Flines		Luytje Bartzensz Molenaar	Ryschooten, Anthony van, A'dam	Plinius 2	Oudh. Mus. De Rijp	Dekker 23, Kleyn 42
1765	A'dam			Pieter Vermeulen	Ryschooten, Anthony van, A'dam	Plinius 2	Mus. houten huis Rijp	Kleyn 28
1767-09-28	A'dam	Tamme Beth Ysbrandsz			Ryschooten, Anthony van, A'dam	Plinius 2	KWM P-A 2606	Kopie Klaus Barthelmess
1767-10-12	A'dam	?		Foppe Jacobsz Flieger	Ryschooten, Anthony van, A'dam	?	Scheepvaartmuseum A'dam, Sign. K-II-527	

233

Date	Place	Owners	Ship	Skipper	Builder	Type	Location	Reference
1767-10-31	W-Zaandam	J. Last, P. Last, M. Nomen, G. van Sante		Jacob Daalder	Roode, Harmanus Jukker de, Zaandam	Rokoko 1	ZZM	Schaap, p. 8
1767-11-09	A'dam	Hendrik Planter, Jacobus Frenie, Albertus Rynders, Jan van Bergen	DE VROUW FRANCISCA EN ELISABETH	Rokus Verschoor	Ryschooten, Anthony van, A'dam	Plinius 3	Maritiem Museum Rotterdam	De Jong iii, afb. 8, Kleyn 39
1771-11-04	A'dam	J. de Flines, V. de Vries, J. de Bosch, I. Schut, J. v.d. Brink		Wietje Simons	Ryschooten, Anthony van & Zn., A'dam	Plinius 3	Beijers 15.6.88, # 359	
1772-10-05	A'dam	Tamme Beth Ysbrandsz, A. Kramp		Riewert Klaase	Ryschooten, Anthony van & Zn., A'dam	Rokoko 2 / Numan	Beijers 15.6.88, # 360	
1772-10-12	A'dam	V. de Vries, Tame Beth Ysbrandsz, A. Kramp, A. Dykamn, T. van Lingen, G. de Myn	SUSANNE EN MARIA	Rijk Harmensz	Ryschooten, Karel van, A'dam	Rokoko 2 / Numan		Dekker 39, Kleyn 340
1783-10-20	A'dam	A. Kramp		Albert Jurjaansz Bakker	Weduwe Ryschooten, Anthony van & Zn., A'dam	Rokoko 2 / Numan		DSM, Bremerhaven
1788-11-17	A'dam	Tame Beth Isebrandsz		Adrian Smitt	Andries van Ryschooten, A'dam	Rokoko 2 / Numan	R'dam, Van Stolk	Dekker 73, Hacquebord-de Bok, p. 46
1791-10-17	A'dam	J. de Flines, A. van Vloten, J.N. Apostool, D.W. van Vloten		Hans Hansen	Renier van Lochem, Adam	Rokoko 2 / Numan	KWM P-A 2507	Kopie Klaus Barthelmess
1792-11-03	Zaandam	S. Jongewaard jr.	ONVERWACHT	Dirk Mulder	Roode, H. J. de	./.	De Rijp, Oudh. Mus.; ZZM	Dekker 78

234

Literatur:

Anon. (1719/20): Lyst van de Groenlands-vaarders, van Holland, Hamburg en Bremen, als meede de Straad-Davis vaarders. In den jaare 1719 uytgevaaren. Amsterdam: Karel van Ryschooten o.J [1720]. Diese Amsterdamer Listen wurden unter wechselnden Titeln von verschiedenen Verlagen mit Unterbrechungen bis 1826 fortgesetzt.

Barthelmess, Klaus: Walfangtechnik vor 375 Jahren. Die Zeichnungen in Robert Fotherbys »Journal« von 1613 und ihr Einfluß auf die Druckgraphik. In: DSA 10, 1987, S. 289–324.

Beyerman, Hugo Christiaan: Walvisvaart, wijnhandel & schilderkunst. De Rotterdamse reders Beyerman. Amsterdam 1995.

Brewington, Marion V. & Dorothy: Kendall Whaling Museum Prints. Sharon, Mass. 1969.

Credland, Arthur G.: The Hull Whaling Trade. An Arctic Enterprise. Beverly 1995.

Dekker, Piet: De laatste bloeiperiode van de Nederlandse arctische walvis- en robbevangst, 1761–1775. (= Kultuurgeschiedenis der Lage Landen, 8). Zaltbommel 1971.

[Domselaer, Theo van] T.v.D. (Hrsg.): C. PLINI || SECUNDI, || Des wijdt-vermaerden Natuur- || kondigers vijf Boecken. || Handelende van de Nature, || I. Van de Menschen. || II. Van de viervoetige en kruypende Dieren. || III. Van de Vogelen. || IV. Van de kleyne Beestjes of Ongedierten. || V. Van de Visschen, Oesters, Kreeften, &c. Amsterdam: Jan Hendricksz. & Jan Rieuwertsz. 1657.

Dundee Whaling Wallet. Mappe mit Lernmaterialien für lokale Schulen. 7 vierseitige Faltblätter »Midst Arctic Snows« und 9 Faksimile-Dokumente. O.O. [Dundee], o.J. [ca. 1975].

Hacquebord, Louwrens, und René de Bok: Spitsbergen 79° N.B. Een Nederlandse expeditie in het spoor van Willem Barentsz. Amsterdam, Brüssel 1981.

Hacquebord, Louwrens, und Wim Vroom (Hrsg.): Walvisvaart in de Gouden Eeuw. Opgravingen op Spitsbergen. Amsterdam 1988.

Hulsius, Levinus: [T. 3]: Warhafftige Relation Der dreyen newen vnerhoerten, seltzamen Schiffart, so die Hollaendischen vnd Seelaendischen Schiff gegen Mitternacht, drey jar nacheinander, als Anno 1594, 1595 vnd 1596. verricht: Wie sie Nordwegen, Lappiam, Biarmiam, vnd Russiam oder Moscoviam vmbgesegelt haben. Auß der Niderlaendischen Sprach ins Hochteutsch gebracht / Durch Levinvm Hvlsivm. 3. Ausg. Frankfurt am Main: Kempffer 1612.

Kleyn, Erik: Walvicon. Aanzet tot een iconografie van de walvisvaart 1580–1770. (= Fieldwork Series Arctisch Centrum, 5). Groningen, Amsterdam 1987.

Leinenga, Jurjen B.: Walvisvaart in de achtiende eeuw. De betekenis van Straat Davis als vangstgebied. Amsterdam 1995.

Nagler, Georg Kaspar: Die Monogrammisten und diejenigen bekannten und unbekannten Künstler aller Schulen, welche sich zur Bezeichnung ihrer Werke eines figürlichen Zeichens, der Initialen des Namens, der Abbreviatur desselben &c. bedient haben. 5 Bde. München: Franz 1858–1863.

Plinius: C. Plinii Secundi des wijdt-vermaerden Natuer-kondighers vijf Boecken. Amsterdam: de Wees 1662.

Sante, Gerret van: Alphabetisghe naam-lyst van alle de Groenlandsche en Straat-Davissche kommandeurs, die sedert het jaar 1700 op Groenland, en sedert het jaar 1719 op de Straat-Davis, voor Holland en andere provincien, hebben gevaren. Waarin man met eenen opslag kan zien, hoe veel visschen, vaten spek en quardeelen traan yder commandeur yder jaar uit Groenland en uit de Straat-Davis heeft aangebragt, en voor wat directeuren dezelven hebben gevaaren. Haarlem: Johannes Enschede 1770. Online-Digitalisat des annotierten Exemplars der Harvard University Library unter: http://books.google.de/books.

Schnall, Uwe, und Heinrich Stettner: Wallfischfang. 16 Tafeln zur Grönlandfahrt nach Stichen von Adolf van der Laan um 1720. (= 9. Bildmappe des Deutschen Schiffahrtsmuseums). Bremerhaven 1984.

Starke, June (Hrsg.): Baffin Fair. Experiences of George Laing, a Scottish Surgeon, in the Arctic Whaling Fleet 1830 and 1831. Beverley 2003.

Troup, James A. (Hrsg.): The Ice-bound Whalers. The Story of the DEE and the GRENVILLE BAY, 1836–37. Stromness 1987.

Anmerkungen:

1 Beyerman 1995; Leinenga 1995; Dekker 1971.

2 Credland 1995, S. 94; Starke 2003, S. 24; Troup 1987, S. 25. Vgl. auch »For Sale || Superior Whale Fishing Ship || .. FRIENDSHIP || of Dundee || ... 1828«, Faksimile in Dundee Whaling Wallet.

3 Plinius 1662, S. 635 u.ö. Das Werk soll schon um 1643 in Amsterdam erschienen sein.

4 Etwa Plinius Maior: *Des wyd vermaarden natuurkundigen vyf boeken: Handelende van de Natuure. I. Der Menschen. II. Der Viervoetige en Kruipende dieren. III. Der Vogelen. IV. Der kleine Beestjes of Ongedierten. V. Der Visschen, Oesters, Kreeften, ...* Amsterdam: Jan Morterre 1770 (lag mir nicht vor).

5 Barthelmess 1987, S. 313ff.

6 Brewington 1969, Nr. 100.

7 Nicht in Nagler. Die Tatsache, dass Monogramme nicht nur in eines, sondern in zwei Flaggenmotive des Holzstocks geschnitten wurden, spricht im Übrigen gegen Annahmen, es handele sich um eine Signatur.

8 Anon. 1719/20.

9 Geboren um 1727, gestorben 1792, nachweisbar in Zaandam ab 1753 (www.hetoudekinderboek.nl).

10 Schnall/Stettner 1984.

11 Dekker 1971, S. 321, Anm. 73.

Danksagung:
Herzlichen Dank sage ich den Texeler Walfangsammlern Ineke und Adrie Vonk, die meine Recherchen mit wertvollen Hinweisen und bereitwilligen Auskünften unterstützten, Erik Hoops vom DSM, der die Beschaffung der druckfähigen Bildvorlagen übernahm, den Kuratoren der Sammlungen, die hier benutztes Bildmaterial zur Verfügung stellten, sowie dem anonymen Referenten des DSA.

Anschrift des Verfassers:
Klaus Barthelmess
Forschungsprojekt Walfang
Postfach 62 02 55
D-50695 Köln

Een Extraordinary Welgestoffert Walvis-Vangers Gereetschap. A Typology of Dutch Broadside Posters Announcing Public Auctions of Whaling Equipment in the Eighteenth Century

Summary

Discoveries of new whaling grounds west of Greenland, European and colonial wars, politically motivated incentives for whaling entrepreneurs such as outfitting bonuses, and the normal fluctuations of market prices for the main products of whaling – whale oil and baleen – made the European Arctic whale fishery of the eighteenth century a very fickle business. Whaling entrepreneurs were usually merchants investing their capital in several trades. If business outlooks for whaling were bleak, merchants were quick to withdraw their investment from the risky venture to put it into another enterprise where profitability was more promising. Whaling ships were standard merchant vessels. Their only modifications were added reinforcement of the hull for protection against Arctic ice pressure, accommodations for a larger crew, and some extra equipment for hunting and processing whales. They could thus easily be employed in other shipping trades without substantial conversion. In such cases, their whaling equipment would often be sold at public auction.

This article presents a catalogue of eighteen Dutch broadside posters announcing such auctions of whaling equipment. They were published between 1719 and 1792. All have small illustrated headpieces featuring a woodcut whaling scene. Based on these headpieces, five types of broadsides are identified, called "Pliny 1", "Pliny 2" and "Pliny 3", "Rokoko 1" and "Rokoko 2". The three "Pliny" types are compositionally derived from a woodcut prototype appearing in various editions of a popular Dutch natural history book published in the seventeenth and eighteenth centuries and arbitrarily attributed to Pliny the Elder (AD 23–79). The woodcut shows shore whaling, a practise long obsolete in Dutch Arctic whale fishery by the eighteenth century. The two "Rokoko" types are derived from motifs found in the whaling print series *kleine visserij* published repeatedly since the mid 1720s. They show ice whaling, the standard practise of the time. The five types of broadside auction posters were produced by various printing shops in Amsterdam and Zaandam, where many whaler owners had their businesses, and were used in roughly the order given here, with only brief, if any, temporal overlaps.

Beneath the woodcut headpiece, the Dutch broadsides invariably announced the public sale of "extraordinarily well-assorted whaler equipment". Then follow the names of the acting ship brokers in prominent lettering, and a printed list of the goods to be sold. The huge prints were not only posted publicly to advertise the auction, but also served as auction "catalogues" for the

236

floor bidders or auctioneers. This is evidenced by several surviving copies with manuscript annotations of hammer prices and names of purchasers. Like all ephemera prints, these auction posters are exceedingly rare today.

Een Extraordinary Welgestoffert Walvis-Vangers Gereetschap. Une typologie des affiches hollandaises de ventes aux enchères d'équipement de baleiniers au XVIIIᵉ siècle

Résumé

La découverte de nouveaux fonds de baleines à l'ouest du Groenland, les guerres européennes et coloniales, les motivations politiques des entrepreneurs de pêche à la baleine comme des bonus pour l'équipement, ainsi que les fluctuations normales auxquelles étaient soumis les prix du marché pour les principaux produits (graisse de baleine et fanons), ont fait de la pêche à la baleine européenne dans l'Arctique un commerce très instable au XVIIIᵉ siècle. Les entrepreneurs étaient généralement des marchands qui investissaient leur capital dans différentes branches. Si les perspectives dans le domaine de la pêche à la baleine n'étaient pas prometteuses, ils ne tardaient pas à retirer leurs investissements de ce marché risquant et à le placer dans une autre entreprise où le profit était plus assuré. Les baleiniers étaient des navires de commerce standard. Les seules modifications qu'ils subissaient étaient l'ajout d'un renforcement de la coque pour les protéger contre la pression de la glace arctique, l'hébergement d'un équipage plus important, et des équipements spéciaux pour la pêche et le traitement des cétacés. Ils pouvaient donc être employés dans d'autres commerces maritimes sans avoir à subir de profondes transformations. Dans ces cas-là, leur équipement était souvent vendu au cours de ventes aux enchères.

Cet article présente un catalogue de 18 affiches hollandaises annonçant de telles ventes aux enchères. Elles ont été publiées entre 1719 et 1792. Elles possèdent toutes des petits en-têtes illustrés représentant une gravure sur bois d'une scène de pêche à la baleine. Basés sur ces en-têtes, cinq types d'affiches ont pu être identifiés, désignés sous le nom de « Pliny 1, 2 et 3 », « Rokoko 1 et 2 ». Les trois types « Pliny » sont dérivés sur le plan de la composition d'un modèle de gravure sur bois, parue dans différentes éditions d'un manuel hollandais de vulgarisation sur les sciences naturelles, édité aux XVIIᵉ et XVIIIᵉ siècles, et arbitrairement attribué à Pline l'Ancien (23–79 av. JC). La gravure sur bois montre une pêche côtière, une pratique qui n'avait plus cours depuis longtemps parmi les baleiniers hollandais de l'Arctique au XVIIIᵉ siècle. Les deux types « Rokoko » sont dérivés de motifs trouvés dans la série de publications *kleine visserij*, de nombreuses fois éditées depuis le milieu des années 1720. Ils montrent la pêche glaciaire à la baleine, la pratique courante à l'époque. Les cinq types d'affiches de ventes aux enchères ont été produits par de nombreuses imprimeries d'Amsterdam et de Zaandam, où nombre de propriétaires de baleiniers avaient leur siège, et étaient utilisés approximativement dans l'ordre cité ici, avec seulement d'éventuels brefs chevauchements temporaires.

Outre l'en-tête gravé, les affiches hollandaises annoncent invariablement la vente publique d'un « équipement de baleinier extraordinairement bien assorti ». Puis s'ensuit le nom des courtiers maritimes en grosses lettres, et une liste des marchandises à vendre. Les grands imprimés n'étaient pas seulement affichés publiquement pour annoncer la vente, mais servaient également de catalogues pour les enchérisseurs ou les commissaires-priseurs. C'est ce qu'en témoignent plusieurs copies qui ont survécu, avec des annotations manuscrites sur le prix d'adjudication et le nom des acquéreurs. Comme toutes parutions éphémères, ces affiches de ventes aux enchères sont aujourd'hui extrêmement rares.

POLAR- UND MEERESFORSCHUNG

▶ REINHARD A. KRAUSE

Matthew Fontaine Maury (1806–1873), »Pathfinder of the Seas«[1]

Ein Seemann als Wissenschaftler und Wissenschaftsorganisator

Die Nachwelt wird M.F. Maury unter die glänzendsten Geister
der letzten Hälfte des an Fortschritten auf allen Gebieten
so überaus reichen neunzehnten Jahrhunderts stellen.[2]

Vorbemerkungen

Der Aufsatz ist als Würdigung des amerikanischen Marineoffiziers Matthew Fontaine Maury anlässlich seines 200. Geburtstages im Jahr 2006 konzipiert. Er wirft zudem ein Schlaglicht auf die wirkungsvollen, vorbildlichen hydrographischen Arbeiten amerikanischer Institutionen in den Jahren von 1842 bis 1861, an die nach dem Bürgerkrieg wieder angeknüpft wurde.

Biographische und institutionshistorisch interessante Daten sind ausschließlich gedruckten Quellen entnommen. In diesem Zusammenhang ist die umfangreiche Biographie von Frances Leigh Williams (1963) hervorzuheben. Dieses Werk enthält viele Briefauszüge von Maury, in denen er zu wissenschaftlichen und politischen Themen Stellung nimmt.

Der Aufsatz lässt zunächst die außerordentliche Bedeutung Maurys für die Entwicklung der deutschen Schifffahrt im 19. Jahrhundert aufleben. Maury war – das ist für das Verständnis seiner Wirkung von Bedeutung – nicht nur ein wissenschaftlicher Stichwortgeber, sondern auch eine Autorität im Bereich der Praxis. Er beschäftigte einen großen Mitarbeiterstab und brachte es fertig, Schiffe und Forschungsschiffe für sich arbeiten zu lassen – Voraussetzungen, von denen seine deutschen Kollegen bestenfalls träumen konnten. Es gab also gute Gründe, weshalb Maury und die Amerikaner gepriesen wurden, so z.B. von dem Geophysiker Georg von Neumayer (1826–1909) in einem Vortrag am 23. Juli 1865 in Frankfurt am Main[3], und es war kein Geringerer als Alexander von Humboldt (1769–1859), der Maurys Bemühungen stützte. Und selbstverständlich nutzte Maury seinen Aufenthalt in Brüssel 1853 zu einer Reise nach Berlin, um seinen Mentor zu sprechen.[4]

Es gibt also zwischen dem Wirken Maurys und der Entwicklung sowohl der Schifffahrt als auch der Meereskunde in Deutschland eine signifikante Verknüpfung. Zur Illustration des damaligen Kontrastes zwischen der vorbildlichen Entwicklung der Ozeanographie[5] und der maritimen Meteorologie in Amerika sowie der vergleichsweise zähen Entwicklung in Deutschland wird der Aufsatz mit einer Reflexion über die deutsche Schifffahrtsentwicklung im 19. Jahrhundert eingeleitet.

Zu Maurys Biographie findet man im Folgenden nur ein Minimum an Informationen – hoffentlich genug, um ein gewisses Verständnis seiner beruflichen und wissenschaftlichen Entwicklung erahnen zu lassen. Die Aussagen stützen sich im Wesentlichen auf die Biographien von Wayland: »The Pathfinder of the Seas« (1930) und Williams: »Matthew Fontaine Maury. Scientist of the Sea« (1963). Dort ist auch ein Verzeichnis der Institutionen abgedruckt, in denen man Archivalien zu Maury einsehen kann.[6] Es wird an Maurys internationale Bedeutung als Meereswissenschaftler und Wissenschaftsorganisator erinnert. Chronologisch werden einige seiner Arbeiten zu ozeanographischen (meereskundlichen) und meteorologischen Themen aufgegriffen und kommentiert. Ein besonderes Augenmerk wird dem Buch »Die Physische Geographie des Meeres« (Maury 1855) gewidmet. Dieses Buch, erwachsen aus den »Explanations and Sailing Directions to Accompany Wind and Current Charts« (Maury 1851), mit seinen zahlreichen Erweiterungen und Verbesserungen bis 1861 ist der Höhepunkt des meereskundlichen Schaffens und Wirkens Maurys und zugleich dessen Quintessenz. Es war daher naheliegend, sich mit einigen Aussagen dieses Werkes etwas eingehender zu befassen.

Maury – Vorbild für die Protagonisten der deutschen Schifffahrt im 19. Jahrhundert

Es gibt eine tief wurzelnde deutsche Schifffahrtstradition. Die Organisation der Hanse hatte ab dem ausgehenden 12. Jahrhundert ein Seehandels- und Logistiksystem hervorgebracht, das gut drei Jahrhunderte überdauerte. Die Flotten der Hanse waren von Island bis Gibraltar tätig.[7] Die im Deutschen Schiffahrtsmuseum ausgestellte Kogge vermittelt einen Eindruck von der Qualität der Schiffe und lässt das hohe Niveau des Handelssystems erahnen, innerhalb dessen diese beschäftigt waren.[8] Aber eines ist leider nicht wegzudiskutieren: Der Niedergang der Hanse besiegelte zugleich den Niedergang der deutschen Schifffahrt, und zwar für einen Zeitraum ähnlicher Länge wie der ihrer vorangegangenen Blüte.[9] Die deutschen Seestädte waren zwar durchaus im Handel und Walfang aktiv, aber die Eroberung der außereuropäischen Sphären fand ohne deutsche Beteiligung statt. Über die Weltmeere segelten Portugiesen und Spanier, später Holländer, Engländer und Franzosen.

Ein sich gegen Ende des 18. Jahrhunderts stark entwickelndes deutsches transozeanisches Schifffahrtsinteresse hatte zunächst gegen den britischen Protektionismus zu kämpfen (Navigationsakte von 1651, 1660, 1663, 1670) und wurde dann ab November 1806 durch die Kontinentalsperre abgewürgt – eine Folge der französischen Europapolitik. Erst das Ende der Napoleonischen Kriege (1815) und die schrittweise Aufhebung der Navigationsakte (1821, 1825, 1849, 1854) verhalfen den deutschen Reedern und Kaufleuten zu einem ungeahnten Aufschwung, der einherging mit technischen und seemännisch-nautischen Entwicklungen.

In genau diese Phase der Erneuerung, die noch weitgehend »dampffrei« war, fiel das Wirken von Matthew Fontaine Maury. Sein Einfluss in Deutschland sowohl auf die Schifffahrt als auch auf die maritim orientierten Wissenschaften kann gar nicht hoch genug eingeschätzt werden. Als Illustration der Verehrung, die Maury in Deutschland entgegengebracht wurde, sei daran erinnert, dass seine Büste das Hauptportal des Neubaus der Seewarte von 1881 zierte.[10] Wie eng bereits 1854 speziell die Verbindung zwischen Maury und den Hamburger Schifffahrtskreisen war, zeigt eine Arbeit von Karl-Heinrich Wiederkehr (1987), die überwiegend aus Primärquellen schöpft und aufschlussreiche Briefe wiedergibt. Angemerkt sei, dass jedenfalls bis in die 1940er Jahre Maurys Bedeutung hiesigen Wissenschaftlern noch gegenwärtig war.[11]

Der maritimen Entwicklung in Deutschland gab eine »Landratte« einen wichtigen Impuls, der Geologe Otto Volger (1822–1897), Gründer des Freien Deutschen Hochstifts, Bewahrer des Goethehauses, auf den auch der Begriff »Deutsche Seewarte« zurückgeht. Er war es, der 1865 zu einer Geographentagung in Frankfurt[12] einlud. Diese ist nicht nur als die Keimzelle der deutschen Polarforschung zu bewerten, sondern hat auch die Institutionalisierung der Hydrographie in Deutschland eingeleitet. Es war der soeben aus Australien zurückgekehrte Seemann und Geophysiker Georg von Neumayer, der unter Berufung auf Maury die Gründung einer wissenschaftlichen deutschen Seewarte forderte[13], die dann 1866 zunächst auf Initiative von Wilhelm von Freeden (1822–1894) in Hamburg entstand, bevor sie 1876 in ein Reichsinstitut umgewandelt wurde.[14]

Neumayer erwähnte in seinem Frankfurter Vortrag nicht nur Maury, sondern er stellte der gesamten amerikanischen Hydrographie das denkbar beste Zeugnis aus. Um zu erkennen, wie stark der Impuls war, der den amerikanischen Vorbildern entsprang, soll hier ein Textauszug folgen: *In dieser Versammlung ist es kaum erforderlich auf die großen Errungenschaften der Hydrographie während der letzten 15 Jahre hinzuweisen, oder darauf aufmerksam zu machen, wie ein gründliches Studium und die Anwendung der physikalischen Geographie auf die praktische Schiffahrt den Weltverkehr gehoben hat. Die Arbeiten eines Maury und Fitzroy sind jedem gebildeten Manne bekannt, und selbst Diejenigen, die sonst den Werth der Dinge im Leben nur nach dem Werthe des Geldes zu wägen gewöhnt sind, können den Wind- und Stromkarten ihre Achtung nicht versagen; weiß man doch, dass durch ihren Einfluß die Dauer der größten Weltreisen, dass die Entfernungen um dreißig und mehr Procente reducirt worden sind. Die Anstrengungen und Opfer, durch welche solche großartigen Resultate errungen wurden, sind in Beziehung auf Ausdehnung und Liberalität ohne Parallele in der Geschichte der Wissenschaft, und wenn uns kein weiteres, höheres Interesse für die Sache der Vereinigten Staaten in dem letzten, großem Kampfe begeistert hätte, die Weise, wie von Washington aus für die Schiffahrt gewirkt wurde, genügte, unsere ganze Sympathie zu sichern. Für uns als Deutsche hat die Sache aber noch eine weitere Bedeutung. Wenn wir auf der einen Seite erkennen, wie die Vereinigten Staaten sich Ihre Bedeutung zur See zu sichern wußten, so sehen wir auch [...], dass sich unsere deutsche Navigation nicht selbstständig bei der Erweiterung und Ausbildung des Maury'schen Systems betheiligte [...]*[15]

Tatsächlich gewann die deutsche Seeschiffahrt damals an internationaler Bedeutung, aber wie Neumayer betonte: *Von deutscher Seite aus geschah außerordentlich wenig für Hydrographie und nautisch-meteorologische Zwecke, wir besitzen keinerlei National-Original-Literatur über die betreffenden Gegenstände, während doch die deutschen theoretischen Arbeiten in den verwandten Fächern meistens die Grundlage bilden. Deutschland war zwar nicht bar jeder physisch-maritimen Wissenschaften, aber erreichte hier, wie auch im Schiffbau, nicht das Niveau der Amerikaner und Engländer.*

Vom Seemann zum Wissenschaftler – vom Ringen mit der See zum Ringen mit den Gesetzmäßigkeiten, die das Verhalten der See steuern

Auffallend ist, dass Maury erst als Neunzehnjähriger mit der Seefahrt begann. Seine Idee, in die amerikanische Marine einzutreten, hatte die Opposition seiner Eltern hervorgerufen, nicht zuletzt deswegen, weil bereits sein älterer Bruder hier diente und Hof und Haushalt nun eine zweite Arbeitskraft entzogen wurde.

Maury fuhr in den Jahren 1825–1834 mit einer einjährigen Unterbrechung auf Schiffen der amerikanischen Kriegsmarine und brachte es bis zum Leutnant. Dabei nahm er an interessanten Reisen teil, u.a. an einer Weltumsegelung. Offenbar ließ ihm der Dienst auf den verschiedenen Schiffen immerhin soviel Zeit, dass er sich mit theoretischen Fragestellungen auseinandersetzen konnte. Sicher ist, dass er bereits in seiner Position als Sailing Master (Navigationsoffizier) den Mangel an ozeanographischen und meteorologischen Informationen zu bestimmten Seegebieten deutlich zur Kenntnis genommen hat.[16]

Zwischen dem Bemerken eines Mangels und seiner Abhilfe liegt, speziell im vorliegenden Fall, allerdings viel Mühe, und selbst der Fleißigste scheitert, wenn seine Kenntnisse nicht ausreichend sind. Dieser Erkenntnis folgend, war Maury ab 1835 offenbar pausenlos damit beschäftigt,

Abb. 1 Matthew Fontaine Maury, um 1856.
(http://en.wikipedia.org / Foto: Library of Congress)

seine theoretischen Kenntnisse zu erweitern. Nach ersten Zeitungsartikeln zu nautischen Themen konnte er 1836 das Buch »A New Theoretical and Practical Treatise on Navigation« publizieren.[17]

Eine Episode darf in diesem Rahmen nicht unterschlagen werden. Maury war zunächst als Astronom für die amerikanische Expedition in die Südhemisphäre (1838–1842) vorgesehen. Dieses Unternehmen, das später von Charles Wilkes (1798–1877) geleitet wurde und insbesondere einen Vorstoß in die Antarktis (1839/40) beinhaltete, litt von Beginn an unter einer fragwürdigen Koordination und Organisation.[18] Es ist daher verständlich, dass Maury, dem man ja eine gute Kenntnis der Umstände unterstellen darf, sich von diesem Unternehmen zurückzog. Er begann vielmehr ab Sommer 1838 unter dem Pseudonym Harry Bluff für den in Richmond erscheinenden »Whig and Public Advertiser« zu schreiben.[19]

1839 sollte Maury mit der Brigg CONSORT Vermessungsarbeiten an der amerikanischen Küste durchführen. Bevor er aber die Reise antreten konnte, verunglückte er als Passagier einer Postkutsche. Eine komplizierte Beinfraktur hatte zur Folge, dass seine Beweglichkeit stark eingeschränkt blieb, wodurch seiner Verwendung an Bord und auf See Grenzen gesetzt wurden. Seine Karriere als aktiver Seemann war damit beendet.

Maury machte aus der Not eine Tugend und setzte seine Agitation mit dem Ziel einer Reorganisation der amerikanischen Navy fort. Seine umfangreichen Artikel in der Zeitung »Southern Literary Messenger«, die als »Scraps from the Lucky Bag«, später nur noch als »Scraps« bezeichnet wurden, fanden amerikaweit Beachtung und wurden lebhaft diskutiert. Erstaunlich genug, zeitigten sie auch praktische Resultate, vermutlich weil die darin enthaltene Kritik stets konstruktiv war und Lösungen anbot. Maury konnte sein Pseudonym fallen lassen und erfreute sich bald großer Popularität.[20]

1842 berief die Navy ihn an das »Depot of Charts and Instruments«, eine Institution, die bereits seit 1830 existierte. Der Kongress bewilligte nun auch erhebliche Mittel für die Reform der Navy.[21] Zwischen 1842 und 1844 wurden neue Dienstgebäude in Betrieb genommen, und aus dem »Depot of Charts and Instruments« wurde das »Naval Observatory« (später »U.S. Naval Observatory and Hydrographical Office«). Maury wurde der erste Superintendent dieser Organisation und war sicher auch ihr eifrigster Mitarbeiter.[22] Die Zahl der beschäftigten Personen schwankte zunächst um 15. Allerdings gab es eine starke Fluktuation des Personals zwischen Flotte und Landorganisation. Dieser Umstand machte Maury gelegentlich zu schaffen, da die meisten der neuen Mitarbeiter eine Einarbeitungszeit benötigten. Der Vorteil dieses Verfahrens bestand aber darin, dass auf diese Weise seine Idee, aus jedem Schiff ein Observatorium zu machen, in die Flotte transportiert wurde.

In diese Zeit fiel auch der Gedanke, alte Schiffstagebücher, die Maury in großer Zahl im Depot vorfand, zur Analyse des Golfstroms heranzuziehen. Dieser Gedanke ließ sich zwanglos auf den gesamten Atlantik und auf die Weltmeere schlechthin verallgemeinern – in Maury reifte die Idee der »Wind and Current Charts«.[23] Erste Karten erschienen 1847. Ergänzt wurden diese

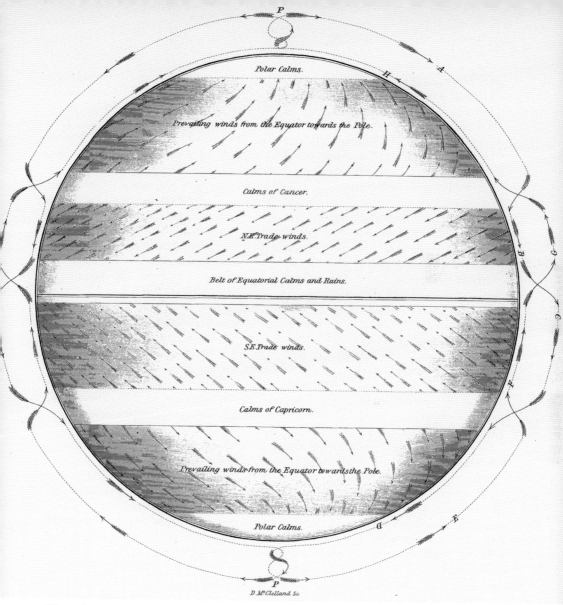

Abb. 2 »Diagram of the Winds« nach M.F. Maury: Plate II aus den »Explanations and Sailing Directions to Accompany the Wind and Current Charts« (3. Aufl.), Washington 1851.

durch die Schrift »Notice to Mariners« (1850 und 1851), aus denen ab 1851 die »Explanations and Sailing Directions to Accompany the Wind and Current Charts« (3. Aufl.) hervorgingen. Auch die »Explanations« wurden immer umfangreicher und erschienen ab 1858 in einer zweibändigen Ausgabe.[24]

Das System Maury

Tatsächlich hatte Neumayer recht, als er das, was Maurys Ruhm in den Schifffahrtsnationen begründete, 1865 ein System genannt hatte (siehe oben). Dieses lässt sich in vier Teile fächern:
1. den Kern – einen Satz thematischer Karten (charts und sheets), mit deren Hilfe eine Optimierung der Reisekurse erreicht werden soll (Einzelheiten folgen unten);

2. Erklärungen zum Gebrauch der Karten und Anweisungen zum Führen eines meteorologisch-ozeanographischen Logbuchs (Explanations ...), angereichert mit weiteren wissenschaftlichen Erläuterungen;
3. Vordrucke der meteorologisch-ozeanographischen Logbücher einschließlich der Organisation ihrer (weltweiten) Verteilung und Wiedereinsammlung;
4. eine institutionalisierte Einrichtung zur Auswertung der Logbücher mit der Möglichkeit einer laufenden Verbesserung und Erweiterung der Charts.

Während Maurys Buch »The Physical Geography of the Sea«, auf das im Weiteren noch Bezug genommen wird, antiquarisch und bibliothekarisch relativ leicht nachweisbar ist, gibt es in Deutschland nur wenige Bibliotheken, in denen die »Charts« und »Explanations« einzusehen sind. Das erscheint im ersten Moment erstaunlich, da diese in hoher Auflage gedruckt wurden. Eine Erklärung für diese Diskrepanz wäre, dass die »Charts« und »Explanations« ein vorwiegend an Bord benutztes Arbeitsmittel waren – alte Auflagen wurden vernichtet und durch neue ersetzt. Die Amerikaner haben das Maury'sche System bis 1883 publiziert und danach reformiert.[25] Im Folgenden ein Überblick über seine Gliederung bis 1883:

Für jedes von fünf Seegebieten (Nord- und Südatlantik, Nord- und Südpazifik, Indik) gibt es einen aus fünf Serien – Series A-E – bestehenden Kartensatz. Zu jeder Serie können verschieden viele Sheets gehören.

Series A: Track Chart.[26] Auf Blättern der verschiedenen Regionen des übergeordneten Seegebietes findet man eine Unmenge von Schiffsrouten mit Angaben zu den Windbedingungen (vgl. Abb. 6). Z.B. besteht die Series A für den Südatlantik aus vier Sheets. Man beachte: Der Maßstab der Sheets muss nicht einheitlich sein. Die Maße dieser sowie auch der anderen Kartenblätter sind etwa 94 cm mal 65 cm. Die Karten sind an Unübersichtlichkeit schwerlich zu überbieten.

Series B: Trade Wind Chart (z.B. of the Atlantic Ocean). Diese besteht nur aus einem Blatt mit Tabellen und einer aufgedruckten Erläuterung zum Gebrauch derselben.

Series C: Pilot Chart (z.B. of the South Atlantic). Sie besteht wieder aus mehreren Blättern (verschiedener Gebiete des Südatlantiks) und zeigt unmittelbar aneinanderliegende kreisförmige Tabellen, die jeweils gültig sind für das Koordinatenintervall, das die Tabelle auf der Karte überdeckt, in der Regel 5° mal 5°. Mit ihrer Hilfe ist es möglich, für jeden Ort die vorherrschende Windrichtung in einem bestimmten Zeitintervall herauszufinden. Eine Anleitung zum Gebrauch dieser Tabellen ist auf mindestens einem Sheet aufgedruckt.

Series D: Thermal Chart (auch Thermal Sheets, Karten der Wassertemperatur). Diese Karten zeigen nur vereinzelt kurze Isolinien. Durch verschiedene farbige Zahlen, die unterschiedlich ausgerichtet sind, werden z.B. die Temperaturen verschiedener Jahreszeiten berücksichtigt.

Series E: Storm and Rain Chart (z.B. of the South Atlantic). Hierbei handelt es sich um ein Blatt mit Tabellen, auf dem die Anleitung zum Gebrauch derselben mit aufgedruckt ist.

Die oben vorgestellten »Explanations« (3. Aufl. 1851) sind erheblich umfangreicher als die auf den »Wind and Current Charts« abgedruckten Texte. In den »Explanations« werden u.a. weitere Karten präsentiert, z.B. eine Whale Chart, die offensichtlich auch einmal als Series F der »Wind and Current Charts« erschienen ist.[27] Der Erscheinungsverlauf der Karten und Begleitpublikationen, die unter Maurys Namen vom National Observatory herausgeben wurden und die nach und nach alle Weltmeere berücksichtigten, ist verwickelt.[28] Zwischen den »Explanations« und der 1855 neu erschienenen »Geography« gibt es viele inhaltliche Überschneidungen, worauf noch eingegangen wird.

Maury hatte das Glück, dass seine Karten bald nach ihrem Erscheinen bei verschiedenen Kapitänen auf große Zustimmung stießen. Diese berichteten von teilweise drastisch verkürzten Reisezeiten, die sie durch die Benutzung der »Wind and Current Charts« erzielt hätten, wodurch der volkswirtschaftliche Nutzen derselben als erwiesen galt.

Abb. 3 »Pilot Chart« nach M.F. Maury: Plate V aus den »Explanations and Sailing Directions to Accompany the Wind and Current Charts« (3. Aufl.), Washington 1851.

Die Datenbasis der erfolgreichen »Charts« war in ihrer ersten Form überwiegend aus den Logbüchern der amerikanischen Navy-Schiffe extrahiert worden.[29] Es lag auf der Hand, diese Idee zu verallgemeinern. Daher war es konsequent, Seeschiffe aller Art und aller Nationen zur aktiven Mitarbeit aufzufordern. Dieses geschah durch die Ausgabe der sogenannten »Abstract Logs« (blank charts), Vordrucke in der Art meteorologischer Tagebücher, die ausgefüllt wieder an das Observatory zu senden waren. Die Teilnahme an dieser Aktion wurde mit einem Satz der »Wind and Current Charts« honoriert (soweit inzwischen erschienen). Später gab es Vordrucke in zwei Ausführlichkeitsgraden für Handels- und Kriegsschiffe. Neben dem Schiffsort und der Ortsmissweisung waren Luft- und Wassertemperatur, Luftdruck sowie Angaben zu den vorherrschenden Winden, Bedeckungsgrad etc. einzutragen.

Der schwierigste Punkt dürfte in jedem Falle die Frage nach den beobachteten Strömungen gewesen sein. Um diese Frage beantworten zu können, musste der Navigator den Ist-Ort seines Schiffes, das ist der mit terrestrischen oder astronomischen Methoden ermittelte Ort, mit dem Soll-Ort (dem sogenannten Koppelort) vergleichen. Im Idealfall, wenn das Schiff, von Wind und Strömung unbeeinflusst, sich jederzeit mit genau bekanntem Kurs und bekannter Geschwindigkeit bewegte, wich der aufgrund dieser Daten berechnete (gekoppelte) Schiffsort nicht von dem unabhängig ermittelten Ist-Ort ab. Traten unter den oben skizzierten Bedingungen jedoch Abweichungen zwischen dem Koppelort und dem Ist-Ort auf, mussten diese auf den Einfluss eines Stromes zurückzuführen sein, sofern kein Beobachtungsfehler vorlag und man Windeinflüsse ausschließen konnte bzw. korrekt berücksichtigt hatte. Die Ermittlung des Stromvektors war dann nur noch eine Kleinigkeit.

In der Praxis ist das geschilderte Verfahren mit Unsicherheiten behaftet. Ein auf See ermittelter astronomischer Ort ist mit verschiedensten Fehlern verknüpft, die ein erfahrener Navigator allerdings gut abschätzen kann, d.h. er kann die Qualität seiner Ortsbestimmung in der Regel zutreffend beurteilen. Viel kritischer, zumal in der damaligen Zeit, war die Berechnung des Schiffsweges durch das Wasser auf Grundlage der angenommenen Geschwindigkeit und der gesteuerten Kurse. Das heißt nicht, dass das Koppeln technisch oder mathematisch schwierig gewesen wäre – dieses kann auch zeichnerisch auf der Seekarte erfolgen –, das Problem bestand in einer hinreichend genauen Ermittlung der Geschwindigkeit, die unter Segeln nicht konstant ist. Auch bei der genauen Kursbestimmung traten Fehler auf, die man nicht ohne Weiteres eliminieren konnte. Unter günstigen Rahmenbedingungen konnten aber auch zu der überaus wichtigen »Stromfrage« zumindest qualitativ verwertbare Ergebnisse extrahiert werden.

Die Brüsseler Konferenz von 1853

In Gesprächen mit Fachkollegen wird die Bedeutung der sogenannten Brüsseler Konferenz[30] durchgehend als bahnbrechend eingeschätzt. Dem ist zu folgen, denn man könnte diese als Elementarkonferenz für die spätere Gründung der IMO/WMO bezeichnen und, darüber hinausgehend, auch die Idee weiterer internationaler Wissenschaftsorganisationen auf sie zurückführen.[31] Konsens ist, dass diese Konferenz der Initiative und der Arbeit eines Mannes zu verdanken ist, der damit zu einer bedeutenden Person der Wissenschaftsgeschichte wurde: Matthew Fontaine Maury.[32]

Naheliegend ist es, dass man als disziplinhistorisch bzw. als disziplintheoretisch Interessierter erfahren möchte, wie es zu dieser Entwicklung kam. Darüber schweigen sich jedoch auch anerkannte angelsächsische Publikationen zur Geschichte der Ozeanographie aus.[33] Glücklicherweise hat Frances Leigh Williams diesem Punkt einige Aufmerksamkeit gewidmet und dazu Primärquellen gefunden.[34] Hier heißt es: *Autumn of 1851 [...] Secretary of State Daniel Webster received a communication from the British government suggesting the possibility of American co-operation with Britain's Royal Engineers in the making of uniform meteorological land observations at foreign stations.* Dadurch, dass diese Anfrage auch der Navy[35] zugeleitet wurde, bekam Maury auf dem Dienstweg davon Kenntnis. Selbstverständlich konnte er die in dieser Frage steckende Intention nur begrüßen, entsprach sie doch dem, was er, die maritime Meteorologie betreffend, im Prinzip schon praktizierte, auch wenn bis dahin nur auf amerikanischen Schiffen beobachtet wurde.

Maury hat zu der Anfrage der Briten hinsichtlich einer meteorologischen Kooperation eine ausführliche Stellungnahme abgegeben.[36] Nachdem er zunächst sein System sowie Form und Umfang der eigenen Datensammlung vorgestellt hatte, führte er aus, dass – da der größte Teil des Globus von Ozeanen bedeckt wird – *we must look to the sea for the rule, for the land for the exceptions*, und konstatierte, dass der Wert der Daten, die seine Institution sammelte, *would be greatly enhanced by co-operation from the observatories on the land*. Später heißt es: *The atmosphere envelopes the earth, and all nations are equally interested in the investigations of those laws by which it is governed*. Das russische System der Wetterstationen sei vorbildlich ausgebaut, so Maury, und er zweifle nicht daran, dass die Russen bereit wären in eine bilaterale Vereinbarung mit entsprechenden amerikanischen Stellen einzutreten. Seine Ausführungen gipfelten in dem Vorschlag, die britischen Vorstellungen zu erweitern: *That England, France, Russia and other nations to be invited to co-operate with their ships by causing them to keep an abstract log according to a form agreed upon and that authority be given to confer with the most distinguished navigators and meteorologists both at home and abroad, for the purpose of devising, adopting and establishing a universal system of meteorological observations for the sea as well as for the land.*

Die Folge dieser Stellungnahme war, dass Maury umgehend autorisiert wurde, im Sinne derselben nicht nur mit den britischen, sondern auch mit anderen hinreichend legitimierten Organisationen aus dem In- und Ausland zu verhandeln.[37]

Wenige Tage nach dem Erhalt dieses Auftrages begann Maury mit einer umfassenden Agitation. Auf Details seiner Arbeit, die sich aus der erhaltenen Korrespondenz ergeben, kann an dieser Stelle nicht eingegangen werden. Maury, der mit Paris als Konferenzort geliebäugelt hatte, war auch mit Brüssel einverstanden, aber die naheliegende Frage, wieso und warum Brüssel, wird auch von Williams nicht beantwortet.[38] Maury blieb der einzige amerikanische Vertreter der Tagung, die am Dienstag, dem 23. August 1853, in der offiziellen Residenz des belgischen Innenministers begann. Anwesend waren Vertreter Belgiens, Dänemarks, Frankreichs, Großbritanniens, Hollands, Norwegens, Portugals, Russlands, Schwedens und der Vereinigten Staaten von Amerika. Die Konferenz wurde am 8. September geschlossen[39], in englischer und französischer Sprache dokumentiert[40] und hier als Maritime Conference/Conférence Maritime bezeichnet.[41] Zuzustimmen ist der »Conclusion« von Houvenaghel: *This Maritime Conference … made possible to bring together from all over the oceans adequate data which allowed modern oceanography to step forward. Since then, in all seas, on all vessels and at each watch, the routine of sea and weather data recording in logbooks results from the decisions made in Brussels 1853*.[42] Maury selbst schrieb zu dem Ergebnis der Konferenz: *Rarely before has there been such a sublime spectacle presented to the scientific world. All nations agreeing to unite and co-operate in carrying out one system of philosophical research with regard to the sea*.[43]

Anzumerken wäre noch, dass zwischen dem Ergebnis der Konferenz und der ursprünglichen Intention ein gewisser Unterschied bestand. *Instead of having uniformized world meteorology … they settled modern oceanography*.[44] Dies dürfte zwar eine überzogene Formulierung sein, die aber prägnant die Richtung beschreibt. Nicht zuletzt dieser Diskrepanz war es zu verdanken, dass schon unmittelbar nach dem Konferenzende aus dem Kreis ihrer Teilnehmer in Richtung einer universellen meteorologischen Konferenz agitiert wurde. Es dauerte allerdings zwanzig Jahre, bis diese schließlich 1873 in Wien stattfinden konnte.

»The Physical Geography of the Sea«

Nach der Beendigung der Brüsseler Konferenz unternahm Maury, im Einklang mit seinem Dienstauftrag, weitere Besuche bei europäischen Wissenschaftlern. So konnte er u.a. Alexander von Humboldt in Berlin besuchen und traf auch mit dem berühmten Mikropaläontologen Christian Gottfried Ehrenberg (1795–1876) zusammen.[45] Humboldt, dessen ozeanographische Ambitionen seit seiner Südamerika-Expedition (1799–1804) deutlich ausgeprägt waren, kannte die »Wind and Current Charts«. In den »Sailing Directions«[46], die sich mit der dritten Auflage 1851 von einer dünnen Beilage zu einem über 300 Seiten starken Werk entwickelt hatten, findet man auf Seite 3 eine lobende Stellungnahme Humboldts, die Maury durch den US-Konsul in Leipzig, einen Dr. Flügel, übermittelt bekam.[47]

Auf die Frage, wie die Idee zu der »Geography« entstand, ist es schwieriger, eine Antwort zu bekommen. Es wurde schon darauf hingewiesen, dass die »Explanations and Sailing Directions to Accompany the Wind and Current Charts« inhaltlich in Teilen mit der »Geography« identisch sind, selbstverständlich immer abhängig von den verschiedenen Auflagen und ihren gegenseitigen zeitlichen Verschiebungen. Im Jahre 1858 galt z.B.: *The content of the first volume of the eighth edition of Sailing Directions is nearly the same as that of the contemporary edition of the Physical Geography.*[48] Es darf also unterstellt werden, dass die Idee, die »Geography« als Einzelwerk herauszubringen, nicht zuletzt ein verlegerischer Schachzug war, der sich allerdings als äußerst effektiv erwies. Das Buch wurde unmittelbar nach seinem Erscheinen ins Deutsche übertragen und ist in mindestens zwei Ausgaben erschienen (1856, 1859). Der Übersetzer war Carl Boettger, selbst ein Meereskundler (gest. 1881), der 1859 ein Buch unter dem Titel »Das Mittelmeer« publizierte.[49] Boettger hatte allerdings nur eingeschränkte Kenntnisse auf dem Gebiet der Schifffahrt. Aus dieser Tatsache ergaben sich eine Reihe von Übersetzungsmängeln in der ersten Ausgabe von 1856.[50] In der verbesserten und erweiterten zweiten deutschen Ausgabe ist im Vorwort der Auszug eines Briefes aus dem Jahre 1856 von Humboldt an den Übersetzer abgedruckt, der sich folglich auf die erste Ausgabe bezieht: *Sie haben eine vortreffliche deutsche Ausgabe des trefflichen, freilich etwas unvollständigen Buches meines Freundes Maury geliefert mit Karten, die die des Originals weit übertreffen. Mein Verkehr mit Maury ist seit vielen Jahren um so lebhafter, als ich ein großes Interesse an Strömungen, Meerestemperatur und Wirkung der Sandbänke [?] nehme.*[51]

Maurys Werk hat weltweit große, ja enthusiastische Zustimmung gefunden. Die schwer zu überblickende Menge der Neuauflagen, Nachdrucke und Übersetzungen beweist dies eindrucksvoll. Es muss aber klar herausgestellt werden: Fachwissenschaftler standen dem Werk eher skeptisch gegenüber und konnten mit sachlich begründeter Kritik aufwarten, z.B. an Maurys Zirkulationsmodellen der Atmosphäre.[52] Auch ein Bewunderer der »Geography« und ihres Verfassers muss zugeben, dass es schwer verständlich bleibt, weshalb Maury die in seinem Buch vorhandenen Irrtümer nicht korrigierte, sondern sie von Auflage zu Auflage weiter vertrat.

Selbstverständlich wurden auch im deutschen Sprachraum die wissenschaftlichen Schwächen des Buches erkannt, aber der Respekt vor Maurys großer visionärer Leistung überwog. Ein schönes Beispiel gibt die Einleitung zum »Handbuch der Ozeanographie«.[53] Für Boguslawski (1827–1884) war Maury der Begründer einer neuen Ära der wissenschaftlichen Meereskunde. Dieser hätte sich nicht darauf beschränkt, Daten aus Logbüchern zu verwerten, so Boguslawski. Maury sei es auch gelungen, Forschungsreisen und meereskundliche Expeditionen durchzusetzen und die ersten systematischen Beobachtungen zur See einzuführen.[54]

Einer der besten Kenner der »Geography« dürfte der Herausgeber des Reprints der 8. Auflage, John Leighly, sein. Er kommt u.a. zu folgender Einschätzung: *He [Maury] mentions a few general works, but it does not appear that he was acquainted with the greater part of the pertinent literature. He borrows facts readily enough from writings he knew, but no scheme of organisation. The Physical Geography is to an unusual degree the product of one man's mind, shaped by his unique experience.*[55]

Die Versuchung, die »Geography« kapitelweise zu kommentieren, ist außerordentlich groß. Der Grund liegt darin, dass es sich um ein gedankenreiches Werk handelt (auch wenn sich die vorgestellten Gedanken gelegentlich widersprechen). Man wird als disziplintheoretisch vorbelasteter Leser stets herausgefordert. Das beginnt schon mit dem ersten Satz: *There is a river in the ocean. In the severest droughts it never fails and in the mightiest floods it never overflows. Its banks and its bottom are of cold water, while its current is of warm. The Gulf of Mexico is its fountain and its mouth in the Arctic Seas. It's the gulf stream. There is in the world no other such majestic flow of waters. Its current is more rapid than the Mississippi or the Amazon.*[56]

In der 8. Auflage von 1861, der letzten geänderten, ist der Golfstrom erst Gegenstand des zweiten Kapitels. Das Buch beginnt aber nicht weniger eindrucksvoll: *Our planet is invested with two great oceans, one visible, the other invisible; one underfoot, the other overhead; one entirely envelopes it, the other covers about two third of its surface. All the water of the one weighs 400 times as much as all the air of the other.*[57] Das Golfstrom-Kapitel beginnt zwar immer noch, wie 1855, mit dem »Paukenschlag«, ist aber in der weiteren Ausführung eingehend überarbeitet und, was den geographischen Teil angeht, sicher auf dem Stand des Wissens der Zeit. Allerdings hatte Maury sich in diesem Zusammenhang an einer theoretischen Frage festgebissen, die schwer zu entscheiden war. Er konnte den Winden in Bezug auf Strömungswirkungen bestenfalls lokale Auswirkungen zugestehen, ihnen aber keinen Anteil an den globalen Strömungen einräumen. Man bekommt schnell das Gefühl, dass die von ihm propagierte thermohaline Alleinursache der Strömungen eine persönliche Erkenntnis bzw. eine Vision war, für die er die Priorität beanspruchte. Aber da diese Theorie durch Daten nicht hinreichend gedeckt war, blieb sie anfällig für Kritik und Spott.[58]

Um beim Thema zu bleiben: Die »Geography« hatte zwischen der ersten und achten Auflage einen Entwicklungsprozess durchgemacht und dabei deutlich an Umfang zugenommen (22 Kapitel gegenüber der Urfassung mit 18 Kapiteln). Auch wenn Maury nur bedingt bereit war, neueren wissenschaftlichen Erkenntnissen und Richtungen zu folgen, in seinen wissenschaftspolitischen Visionen blieb er stets ein Vordenker.

In der achten Auflage hat er sich intensiv mit den meteorologischen und ozeanographischen Verhältnissen der Antarktisregion auseinandergesetzt. Neben interessanten allgemeinen Betrachtungen versteigt er sich dabei in die Darlegung eines gegenüber der Arktis milderen Klimas. Interessant: Er favorisiert ausdrücklich die Existenz eines antarktischen Kontinents, wobei er der Argumentation in Jilek 1857, S. 297 folgt. Besondere Beachtung verdient sein Engagement für eine internationale Erforschung der Antarktis. Diesen Punkt, den er hier nur kurz thematisiert (§ 878), hat er tatsächlich mit einigem Elan verfolgt und dazu eine Denkschrift verfasst (für diesen Hinweis Dank des Verf. an Rip Bulkeley; vgl. auch Bulkeley 2010).[59] Die folgenden Betrachtungen beschränken sich auf die erste Auflage der »Geography«.

Dass sich Maury, als Seemann der amerikanischen Ostküste, insbesondere für das Phänomen des Golfstroms interessierte, ist sachlich einleuchtend. Dass er diese Problemstellung aufgriff, war aber nicht durch den Aufgabenbereich seines Amtes vorgegeben und wird auch nicht aus der damaligen US-Ämterstruktur verständlich.[60] Maury war Initiator und Organisator der Golfstromforschung, durch die wichtige technische Entwicklungen angestoßen wurden. Diese wurden speziell durch Probleme sowohl bei der Erfassung der Wassertiefe und der Beschaffung von guten Bodenproben als auch durch die Messung der Wassertemperatur als Funktion der Tiefe ausgelöst. Es gelang Maury, verschiedene staatliche Schiffe für die Meeresforschung und die Golfstromvermessung zu aktivieren.[61]

Hatte James Clarke Ross (1800–1862) auf seiner Antarktisreise 1839–1843 noch mit Lotgewichten von über 100 Kilogramm hantiert, benutzten die Amerikaner Gewichte (Kanonenkugeln) von bestenfalls einigen Kilogramm, die an dünnen Schnüren gefiert wurden. Nach Erreichen des Bodens wurde die Schnur gekappt. Die abgelaufene Länge sollte der Wassertiefe entsprechen. Maury analysierte die Probleme dieses Verfahrens und gab eine authentische Darstellung der Bemühungen der amerikanischen Offiziere, die Technik der Tiefseelotungen zu verbessern.[62]

Aus den Arbeiten der Golfstromkampagne gingen zwei Karten hervor, die einen besonderen Platz in der Geschichte der Ozeanographie einnehmen: eine erste Tiefenkarte des Nordatlantiks, Plate XI in Maury 1855, erstmals publiziert als Plate XIV der 6. Auflage der »Explanations and

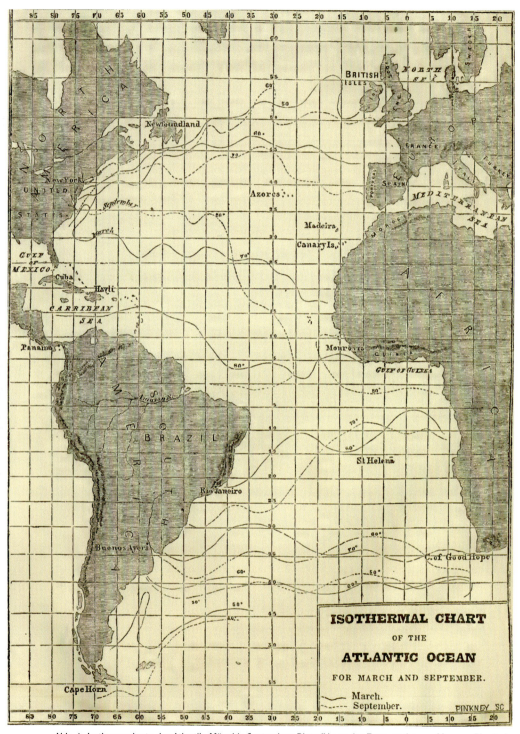

Abb. 4 Isothermenkarte des Atlantik, März bis September: Plate IV aus der Erstausgabe von Maurys »Physical Geography of the Sea«, New York 1855, S. 230.

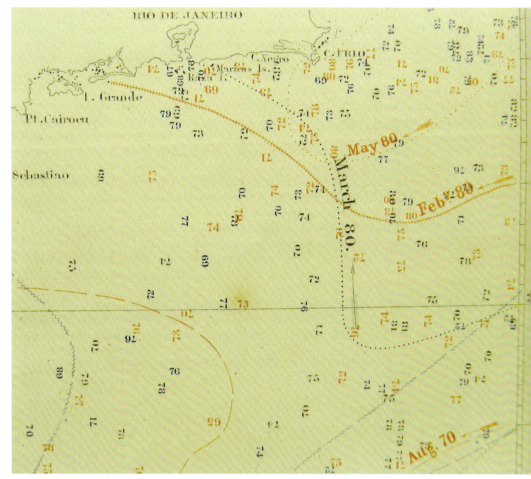

Abb. 5 »Thermal Chart« vor Rio de Janeiro aus »Wind and Current Chart of the South Atlantic«, Series D, No. 1, 1852 (Ausschnitt).

Sailing Directions«, 1854[63], und eine Isothermenkarte desselben Seegebietes.[64] Einer von Maurys Mitarbeitern, John Mercer Brooke, hatte inzwischen das Problem gelöst, wie sich eine Lotung mit der Aufnahme einer Grundprobe kombinieren ließ, ohne dass eine sogenannte Lotspeise aus Talg verwendet werden musste. Hatte das Lot den Boden berührt, zeigte sich ein Abdruck in der Lotspeise oder es blieben Bodenproben daran hängen. Diese Proben waren aber von Mikropaläontologen wegen der Kontamination durch den Talg nur schwer weiterzuverarbeiten.[65]

Von diesen neu gewonnenen Fertigkeiten gingen zwei sehr starke Impulse aus, ein erheblicher technischer Impuls, der in Wechselwirkung stand mit der Verlegung des transatlantischen Seekabels, und ein wissenschaftlicher Impuls, der insbesondere in die marine Geologie und in die Biologie ausstrahlte. Dazu wird in Maury 1855 (S. 211, §§ 447-449[66]; Maury 1856, S. 201) u.a. ein Brief des amerikanischen Mikropaläontologen Jacob W. Bailey (1811–1857) vom November 1853 wiedergegeben:

Ich bin Ihnen für die Proben des Meeresgrundes aus bedeutender Tiefe [...] sehr verbunden. [...] Dass mir ein glücklicher Umstand jemals Meeresgrund aus einer Tiefe von mehr als zwei

Meilen zur Untersuchung darbieten würde, wagte ich kaum zu hoffen [...] Ich war ganz ent-
zückt zu finden, dass alle diese Grundproben mit mikroskopischen Muschelschalen angefüllt
sind; nicht eine Spur Sand oder Kies war in ihnen zu finden. Sie sind vorzugsweise aus kleinen
kalkartigen Muscheln (Foraminiferae) zusammengesetzt und enthalten auch eine kleine
Anzahl kieselhaltiger Muscheln (Diatomaceae).

Es ist nicht wahrscheinlich, dass die Thiere in den Tiefen gelebt haben, wo sich ihre Schalen vor-
finden, sondern ich bin im Gegentheil der Ansicht, dass sie die Gewässer nahe an der Oberfläche
bewohnen. Wenn sie absterben, lagern sich dann ihre Schalen auf dem Grunde. In bezug auf die-
sen Punkt wird es mir sehr lieb sein, Wasser aus verschiedenen Tiefen untersuchen zu können. [...]

Ich hoffe Sie werden möglichst viele Seefahrer veranlassen mit Brooke's Apparat »Seeboden«
aus allen Theilen der Welt herbeizuschaffen, so dass wir die kleinsten Thierchen endlich eben-
sogut auf der Karte angeben können, wie die Wallfische. Bringen Sie die Wallfischjäger auch
dahin, Schlamm von Pfannkuchen-Eis u.s.w. in den Polarregionen zu sammeln; dieser ist
immer mit interessanten mikroskopischen Formen angefüllt.[67]

Zu dieser für sich allein sprechenden sensationellen Feststellung Baileys gibt Maury noch
einige überflüssige Kommentare (Wiederholungen) ab, bis er in der für ihn typischen Art fol-
gern kann: [...] *but it never occured to us before to consider the surface of the sea as one wide*

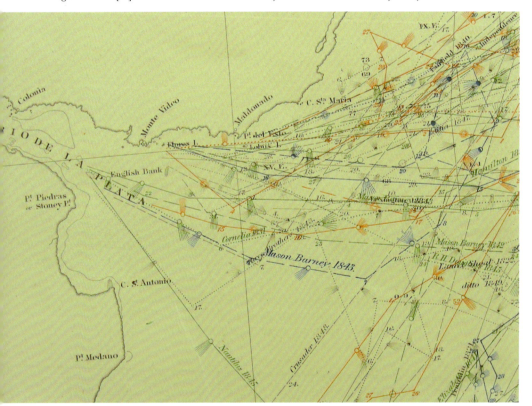

Abb. 6 Mündungsgebiet des Rio de la Plata: Ausschnitt einer Maury'schen »Track Chart« aus »Wind and
Current Chart of the South Atlantic«, Series A, Vol. 1, 1853.
Die Kurse können durch eine Codierung mittels vier Farben (schwarz, rot, blau, grün) und drei Strichvarianten
(gepunktet, gestrichelt, durchzogen) einem Monat des Jahres zugeordnet werden. Die Windverhältnisse sind
durch die Fäden gekennzeichnet, die in Richtung des Windes geweht werden. Die Länge der Fäden ist der
Windstärke proportional, die Spreizung derselben zeigt die Varianz der Windrichtung innerhalb eines Tages.

nursery, its every ripple a cradle and its bottom one vast burial-place.[68] In der deutschen Übersetzung von Boettger liest sich der Text wie folgt: *Es ist uns aber noch nie zuvor so nahegelegt worden, die Seeoberfläche wie eine weite Stätte der Erzeugung für unzählige Wesen, jedes kleine Wellenthal wie ihre Wiege und den Meeresgrund wie ihren ungeheuren Begräbnisplatz anzusehen.*[69]

Bailey machte in anderen Grundproben noch weitere sensationelle Entdeckungen, die Maury in einer späteren Auflage publizierte.[70] Hier heißt es: *Eine Sammlung von Meeresgrundproben aus großen Tiefen ist vor Kurzem vom Telegraphenplateau des Atlantischen Oceans auf dem ganzen Weg von Neufundland bis Irland empor geholt worden.* Maury lässt dann seinen Korrespondenten Bailey direkt zu Wort kommen: *In zwei Proben, die zwischen den Längen 25° W und 26°30' W gezogen wurden, befand sich eine beträchtliche Portion vulkanischer Asche, die aus glasichtem Osidian und kleinen Bimssteinfragmenten bestand. Ein Versehen ist in dieser Beobachtung undenkbar. [...] Ich fand kein sicheres Zeichen einer gewissen Abreibung oder Schleifung. [...] Ich konnte nicht begreifen wie diese Asche vom Hekla oder irgend einem der erloschen Vulkane Islands dort hingekommen sein konnte.* Bailey stellte noch weitere scharfsinnige Überlegungen an, aber auf die Vorstellung, die Funde mit untermeerischer Vulkantätigkeit in Verbindung zu bringen, konnte er nicht kommen – schließlich sollten die Proben ja von einem »Plateau« stammen.

Es ist außerordentlich beachtlich, dass Bailey hier schon den Schlüssel für den geologischen Charakter des Mittelozeanischen Rückens in der Hand gehalten hatte. Zutiefst bedauerlich, dass er bald nach dieser Entdeckung verstarb, wodurch diese offenbar nicht weiter verfolgt wurde.

Der andere wichtige Impuls, der in unmittelbarer Verbindung mit den von Maury initiierten ozeanographischen Untersuchungen stand, war die Verlegung des ersten Telegraphenkabels zwischen Europa und Amerika. In Maury 1855 sind dieser sensationellen technischen Herausforderung in Kapitel XII, § 446 nur ein paar Sätze gewidmet, aber das *telegraphic plateau*, nach Maury eine untermeerische Steppe, die sich von Irland bis Neufundland erstrecken soll, wird hier bereits eingeführt.

In der 8. Auflage der »Geography« von 1861 konnte Maury dann über die Verlegung des ersten Kabels berichten, die im August 1858 beendet worden war. Die Tatsache, dass dieses schon nach kurzer Betriebszeit nicht mehr funktionierte, schrieb er den Konstrukteuren des Kabels zu, die die Ergebnisse der hydrographischen Arbeiten nicht hinreichend berücksichtigt hätten.[71] Was es mit dieser Bemerkung auf sich hatte, lässt sich rekonstruieren.[72] Maury hielt eine Kupferkabelkonstruktion, die mit *Gutta Percha* gut gegen das Wasser isoliert war und schnell und quasi kräftefrei gefiert werden konnte, für die einzig richtige Konstruktion. Am Meeresboden angekommen, würde dieses Kabel dort kräftefrei liegen bleiben. Ein Seil aus Sand könne dort existieren, so Maurys Vorstellung. Die dicken, mehrfach stahlarmierten Kabel, in deren Innerem sich die isolierten Leitungsdrähte befanden, hielt er für eine Fehlkonstruktion. Ein Kabel gemäß Maurys Vorstellung war zudem billiger in der Anschaffung und leichter zu verlegen als das bis dahin benutzte.

Folgt man Frances L. Williams, war Maury nicht nur peripher an dem Kabellegeprojekt beteiligt.[73] Seine positive Expertise soll für den Entschluss, das Projekt in Angriff zu nehmen, wichtig gewesen sein. Abgesehen davon, dass die damals vorliegenden Daten längs der projektierten Trasse eine submarine Ebene suggerierten, stützten die Bodenproben von 1853 und ihre Analysen durch Bailey die Folgerung Maurys auf einen beliebig ruhigen, ungestörten Meeresboden. So konnten hydrographische Bedenken aus dem Wege geräumt werden.[74]

Die dann folgende praktische Inangriffnahme des Kabellegens, zwangsläufig einhergehend mit vielen Bodensondierungen, hat die Technik des Lotens weiter verbessert. Im Laufe der 1870er Jahre begann sich in Varianten die im Original von William Thomson (1824–1907, Lord

Kelvin) konzipierte, mit Klavierdraht beschickte Lotmaschine durchzusetzen.[75] Erst in den 1920er Jahren konnten amerikanische und deutsche Firmen das Echolot zur Serienreife bringen, das erstmals auf der Atlantik-Forschungsreise der METEOR 1925–1927 im großen Maßstab zum Einsatz kam.[76] Dass es kein »Telegraphenplateau« gab, vielmehr der Atlantik von mittelozeanischen Gebirgszügen durchzogen wird, wurde allerdings schon um 1900 vermutet.[77]

Um den geowissenschaftshistorischen Diskurs im Zusammenhang mit Maury und seiner »Geography« hier nicht zu kursorisch zu bearbeiten, sei auf zwei Kapitel hingewiesen, die Themen behandelten, die damals eine erhebliche Rolle spielten: 1. die vermutete Wechselwirkung zwischen Geomagnetismus und Meteorologie und 2. die Hypothese eines offenen Polarmeeres. Mit Letzterer beginnend, ist hier zunächst festzustellen, dass Maury nicht der Erfinder dieser These war. Im Laufe des 17. Jahrhunderts verschwanden die vier apokryphen zirkumpolaren arktischen Inseln von den Landkarten. Dieses ging einher mit einer geänderten, strengeren Datenanalyse und Quellenkritik der Kartographen. Aber die »leere, weiße« Arktis reizte offenbar zu Spekulationen. Jedenfalls häufen sich mit dem beginnenden 18. Jahrhundert die Fabeln über ein eisfreies Polarmeer. Beispielsweise Daines Barrington (1727–1800) und Landgraf Samuel Engel (1702–1784) agitierten vehement in diese Richtung, und tatsächlich gelang es ihnen, die britische Expedition unter Constantine J. Phipps (später Lord Mulgrave, 1744–1792) und Skeffinton Lutwidge (1737–1814) mit den Schiffen RACEHORSE und CARCASSE zu veranlassen (1773, durchaus parallel zur zweiten Cook'schen Reise).[78] Der Misserfolg der Kampagne, man konnte kaum über 81° N hinauskommen, wurde nicht als Falsifizierung der These eingeordnet. Vielmehr wurden noch weitere Versuche unternommen, in das zentrale arktische Becken vorzustoßen. Im Übrigen war bekannt, dass auch John Franklin (1786–1847) der Idee vom offenen Polarmeer anhing, und nachdem er mit seinen Schiffen EREBUS und TERROR ab 1848 als verschollen galt, gab es durchaus die Meinung, er könnte irgendwo im zentralen Polarmeer steckengeblieben sein.[79]

Maury widmet seiner These ein eigenes, wenn auch nur vierseitiges Kapitel: Das offene Meer im arktischen Ozean.[80] Die Kernaussage ist, dass ein mächtiger warmer untermeerischer Strom mindestens durch die Davisstraße in das polare Becken vordringt, wo er dann aufquillt und dadurch große Gebiete vom Eis befreit – Gebiete, die in ihrer Lage variabel sein mögen. Maury soll auch mündlich bei verschiedenen Gelegenheiten seine Ansichten über ein offenes Polarmeer vertreten haben. Jedenfalls stehen speziell die amerikanischen Polarexpeditionen unter De Haven, Kane und Hayes mit Maurys These in enger Verbindung.[81]

Die These vom offenen Polarmeer wurde in Deutschland ab 1865 von August Petermann (1822–1878) vertreten. Petermann war Geograph und Herausgeber der über die Welt verbreiteten, in Gotha erscheinenden geographischen Monatszeitschrift (»Petermanns geographische Mitteilungen«). Er initiierte 1868 die erste deutsche Polarexpedition, bei der die Vision eines offenen Polarmeeres Pate stand. Während man sich in Deutschland bei Diskussionen, die mit der Hebung, Verbreitung oder Institutionalisierung der Ozeanographie und der Meteorologie im Zusammenhang standen, zuallererst auf Maury berief, geschah das in diesem Falle nicht. Dem Verfasser ist keine Äußerung bekannt, dass auch der gerühmte Maury diese Idee vertrat. Vielmehr vermittelte Petermann stets den Eindruck, er selbst sei der Schöpfer dieser These. Tatsächlich hat er diese aber bestenfalls um eine Variante modifiziert, indem er nämlich einen Eisgürtel um das offene Meer – das Maury'sche Aufquellgebiet – postulierte, selbstverständlich variabel nach Lage und Ausdehnung, einen Eisgürtel also, den man zunächst durchfahren musste, um in das Walfischparadies zu gelangen.[82] Die missglückten Versuche, das offene Polarmeer zu erreichen, konnte er damit der Inkompetenz der Seeleute anlasten. Dass es auch anders ging, hatte nach seiner Meinung James Clark Ross bewiesen, als er sich seinen Weg in das später nach ihm benannte Meer bahnte. Gemäß Petermanns Meinung war dieses allerdings nur ein Teil des die ganze südliche Kalotte bedeckenden Antarktischen Ozeans. Die zweifelsfrei gesichteten Landobjekte interpretierte er als Inseln.[83]

Während sich die Vision vom offenen Polarmeer auch einer interessierten Allgemeinheit erschloss, dürfte das andere Thema unter der Kapitelüberschrift *On the Probable Relation between Magnetism and the Circulation of the Atmosphere* den meisten Lesern schwerer zugänglich gewesen sein. Das hing u.a. schon damit zusammen, dass Maury den Begriff Paramagnetismus ausführlich strapazierte, ohne ihn allerdings zu erklären.[84] Die paramagnetischen Eigenschaften des atmosphärischen Sauerstoffmoleküls sollten danach wesentlich bei der Steuerung der globalen atmosphärischen Zirkulation beteiligt sein. Ein zentraler Punkt dieses Zirkulationsschemas, neben den an den Polen aufsteigenden Luftmassen, war ein Überkreuzen der Passate. Ein hypothetisches individuelles Luftpaket bewegte sich danach fortlaufend mehr oder weniger meridional von Pol zu Pol über den gesamten Globus. Dabei scheint bei Anwesenheit des geomagnetischen Feldes die Temperaturabhängigkeit des Paramagnetismus die zentrale Eigenschaft zu sein, die diese Hypothese rechtfertige.

Maurys Fazit zu diesem Thema liest sich in der Übersetzung von Boettger wie folgt[85]: *Wir erkennen also in dem Magnetismus der Atmosphäre die Kraft, welche die Luft nicht bloß durch die Calmengürtel leitet, sondern auch namentlich verhindert, dass sie auf der Seite, wo sie hineinströmte, wieder austrat. Wir kennen kein andres Agens, welches so wie diese Eigenschaft des Sauerstoffs der Luft die von der Hypothese geforderten Funktionen verrichten könnte. Daher die Vermuthung, dass der Magnetismus und die Elektricität zu den Kräften gehören, welche bei der Zirkulation der Atmosphäre mitwirken.*[86]

Angemerkt sei hier noch, dass der Begriff *Elektricität* in dem gesamten Kapitel nur marginal auftritt und dabei keineswegs im Zusammenhang mit den Thesen zur atmosphärischen Zirkulation steht. Wieso er dann im Fazit benutzt wird, erschließt sich dem Leser nicht.[87]

Maurys Vorstellungen zum globalen atmosphärischen Kreislauf, genau wie seine Ideen zu den Routen arktischer Wassermassen, waren in ihren theoretischen Begründungen zweifelhaft und erwiesen sich als nicht kompatibel mit neueren Daten. Blicken wir auf das Nordpolargebiet, so hatte Maury dort das Aufquellen warmer Wasserkörper postuliert. Tatsächlich findet dort aber ein Absinken kalten, durch Ausfrierprozesse relativ salzhaltigen Wassers statt.

Das Polarmeer ist in der Regel mit meterdickem Eis bedeckt. Dadurch dominiert hier eine Abkühlung der darüber lagernden Luftmassen von unten, was eine Konvektion ausschließt. Es etabliert sich vielmehr ein überwiegend stabiles Polarhoch. Maurys Vorstellungen zur globalen Zirkulation der Atmosphäre waren falsch. Aber diese Feststellung beinhaltet keineswegs eine Beurteilung von Maurys wissenschaftlicher Leistung. Man kann es gar nicht deutlich genug herausstellen – er war es, der 1851 in den »Explanations« als erster ein globales Atmosphärenmodell vorgestellt hat.[88]

Dass Fachwissenschaftler manchen der von Maury vertretenen Ansichten skeptisch gegenüberstanden, zeigen exemplarisch und konkret die von William Ferrell (1817–1891) und William Thomson (Lord Kelvin) publizierten globalen Atmosphärenmodelle[89], die selbstverständlich auch einen spekulativen Charakter hatten, auch wenn sie physikalisch besser begründet waren. Der norwegische Meteorologe Henrik Mohn (1835–1916), der insbesondere in Deutschland einen herausragenden Ruf genoss, löste das Problem dadurch, dass er in seiner Globaldarstellung der Isobaren und Winde die hohen Breiten ignorierte. Offenbar schien ihm die Datenlage in diesen Gebieten nicht hinreichend.[90]

Reflexionen

An die Wertschätzung zu erinnern, die Maury speziell auch in Deutschland erfahren hat, war ein wesentlicher Anlass zu der vorliegenden Schrift. Würde man diese Wertschätzung einzig auf die Einführung der populären »Charts« und »Explanations« zurückführen, würde man der Maury'schen Wirkung bei Weitem nicht gerecht.

Auch wenn niemand es so klar formuliert und so konsequent verfolgt hatte wie Maury: Die Einsicht, besser die Erfahrung von Tausenden zu nutzen anstatt selber tausend Erfahrungen machen zu müssen, war nicht neu. Logbücher in großem Umfang zur Analyse von Meeresströmungen auszuwerten, hatte bereits James Rennell (1742–1830) verwirklicht.[91] Einen vergleichbaren Weg war auch Heinrich Berghaus (1794–1884) gegangen.[92] Er hatte nicht nur Logbücher ausgewertet, sondern darüber hinaus auch Schiffsbesatzungen zu konsequenter Beobachtungstätigkeit angehalten, was möglich war, weil die Preußische Seehandlung für solche Dinge aufgeschlossen war.[93]

Einhergehend mit der Zunahme des transozeanischen Verkehrs im 17. und 18. Jahrhundert und den damit vermehrten Erfahrungen, begannen die Seeleute nach ozeanographischen und meteorologischen Aspekten zu navigieren. Sie nutzten die Erkenntnisse betreffend Wind und Strömungen, die dann mehr oder weniger tradiert wurden, um die Reisedauer zu minimieren. Maurys Verdienst bestand nicht zuletzt darin, dass er sich in verschiedenen Fällen daran machte, die Stichhaltigkeit der diesen Kursen zugrundeliegenden Annahmen zu überprüfen und dabei feststellen zu müssen, dass dieselben einer Überprüfung nicht standhielten. Und selbstverständlich hat Maury das System auch räumlich erweitert.

Bei allen seinen Aktivitäten zur verbesserten Ausnutzung der ozeanographischen und meeresbezogenen meteorologischen Erfahrungen und Erkenntnisse hatte Maury allerdings einen weiteren »Verbündeten«, der aber nirgendwo deutlich oder explizit in Erscheinung trat: die Verbesserung der Schiffs- und Segeltechnik. Einem im Transkontinentalverkehr beschäftigten Schiff, auch wenn es nur wenig schneller und höher am Wind laufen konnte als sein Konkurrent, eröffneten sich neue, vorteilhafte navigatorische Perspektiven. Auch die Leichtwindeigenschaften, speziell die der ab Ende der 1840er Jahre zahlreich in Fahrt kommenden Klipper, waren gegenüber den älteren Schiffen deutlich gesteigert. Selbstverständlich konnte man mit diesen Schiffen Schwachwindgebiete sehr viel direkter angehen, wie Maury es empfahl, und die bis dahin üblichen Umwege weitgehend vermeiden.

Schon 1851 konnte Maury berichten, dass Beobachter auf 1000 amerikanischen Schiffen auf allen Weltmeeren für ihn meteorologische Daten sammelten.[94] Sein Name stand, außer für die Rationalisierung der Segelschifffahrt, auch für die Neuordnung der amerikanischen Marine, und sein System der Segelanweisungen war schon weitgehend etabliert, als er sich für die Brüsseler Konferenz von 1853 ins Zeug legte. Die Konferenz erwies sich als wichtiger Schritt bei der Etablierung internationaler wissenschaftlicher Absprachen. Der erste internationale Meteorologen-Kongress 1873 in Wien war eine Konsequenz des Brüsseler Treffens. Die Wiener Konferenz wiederum darf als die Keimzelle der IMO, aus der 1950 die WMO hervorging, angesehen werden.

Bekanntlich waren Preußen, Hamburg und Bremen, obwohl nicht Teilnehmer an der Brüsseler Konferenz, den Beschlüssen rasch beigetreten. Hierin spiegelte sich das große Interesse der Schifffahrtsbeteiligten nach internationalen Absprachen. Internationale Akzeptanz war nicht zuletzt wichtig als Kompensation für die immer wieder beklagte schwache Unterstützung der deutschen Schifffahrt in Übersee.

Bleibt noch ein weiterer Punkt, der unbedingt der Beachtung bedarf und Maurys Popularität mitbegründet hat. Maury forderte gebildete, beobachtende und denkende Seeleute. Diese Forderung ist natürlich nicht explizit Gegenstand der »Physical Geography of the Sea« (bzw. der

Abb. 7 Matthew Fontaine Maury als Offizier der US Navy. Porträt von Ella Sophonisba Hergesheimer, 1923. (http://en.wikipedia.org / Foto: United States Navy)

»Explanations«)[95], aber in diesen permanent implizit enthalten. So heißt es z.B.: [...] *der naturkundige Seemann* [...], *der denkende Seemann* [...], *der aufmerksame Schiffer.*[96] Ähnliche Formulierungen ziehen sich durch das ganze Buch. Das ist didaktisch interessant (zumindest aus der Zeit heraus betrachtet) und könnte durchaus auch zum Erfolg des Buches beigetragen haben. Indem er an deren Kompetenz, Intelligenz und Fleiß appellierte, machte Maury seine Leser, die Seeleute, zu Mitarbeitern an einer gemeinsamen Aufgabe. Gleiches gelang ihm durch die Verwendung rhetorischer Fragen.[97] Man könnte sogar noch einen Schritt weiter gehen: Maury hat manchen Seeleuten erst die Augen für die Schönheiten und Besonderheiten des Meeres geöffnet. Indem er Schiffe zu Tempeln der Wissenschaft erklärte, wies er deren Besatzungen eine besondere Bedeutung zu.

Mit der Publikation der »Explanations« und besonders mit der Veröffentlichung von »The Physical Geography of the Sea« (1851, 1855, 1856, 1859, 1861) beabsichtigte Maury der Schifffahrt ein verbessertes theoretisches Fundament zu liefern. Seine Schriften relativierten die Risiken des Seeverkehrs. Indem er das Wetter und die Strömungen auf physikalische Ursachen zurückführte und zu erklären trachtete, hat er die Schifffahrt nicht nur schneller, sondern auch sicherer gemacht. Dieser Umstand steht keineswegs im Widerspruch zu der religiösen und teleologischen Argumentationsweise Maurys, die sich häufig an sachlich komplizierten Stellen seiner Bücher findet. Die Tatsache, dass man nicht versteht, wieso und warum bei der Schaffung und Organisation der besten aller Welten (in der wir selbstverständlich leben) der Allmächtige (*Almighty*) in bestimmter Weise vorgegangen ist, bedeutet für Maury keineswegs, dass man ihn nie verstehen werde. Er glaubt an eine Annäherung an dieses Verständnis im Laufe der Zeit. Maury will die Natur nicht beherrschen, sondern sich ihr bestmöglich anpassen. Ein Widerspruch taucht für ihn dabei nicht auf.[98]

Nachsatz

Wenn im Vorangegangenen Maurys Leistungen gewürdigt wurden, dann geschah das zunächst aus einer deutschen Perspektive als Beitrag zur deutschen Rezeptionsgeschichte des Maury'schen Wirkens. Unter dieser Voraussetzung lässt sich leicht an die allgemeine Betrachtung des ersten Absatzes anknüpfen: Der internationale Seeverkehr hat in Deutschland bis 1914 eine technisch-wissenschaftliche, wirtschaftliche und national-emotionale Stellung gehabt, die heute nur noch schwer nachvollziehbar ist. Deutschlands Schifffahrt hatte sich von der Bedeutungslosigkeit bis an den zweiten Platz der Weltrangliste emporgearbeitet. Deutsche Werften hatten Maßstäbe gesetzt, deutsche Technik und Wissenschaft waren in vielen Bereichen führend. Deutsche Großreedereien waren wirtschaftlich erfolgreich. Das lag nicht nur an den günstigen innenpolitischen Rahmenbedingungen, sondern auch daran, dass sich die deutsche Tonnage am internationalen Markt behaupteten konnte und beliebt war.

Ein Fokus der national-emotionalen Bedeutung war nicht zuletzt, neben den glamourösen und im Detail ausschweifend luxuriösen Linern, die deutsche Großsegelschifffahrt. Der Stolz auf diese Flotte war berechtigt. Mit den Möglichkeiten der damaligen Technik hatte sich hier eine spezielle deutsche Entwicklung am Markt behauptet, der man eigentlich keine Chance mehr gegeben hatte. Man darf davon ausgehen, dass Maury sich, wie seinerzeit für die Klipper, auch für diese stählernen Segler begeistert hätte. Hier wurden noch einmal seine Visionen Wirklichkeit. Ausschließlich durch die Kräfte von Wind und Strömungen ließen sich die Weltmeere zum allgemeinen Vorteil als Pfade zwischen den Völkern nutzen.

Literatur:

Amtlicher Bericht 1865: Amtlicher Bericht über die erste Versammlung Deutscher Meister und Freunde der Erdkunde in Frankfurt a.M. im Heumonat 1865. Herausgegeben von dem geschäftsleitenden Vorsitzenden derselben [Otto Volger, 1822–1897]. Frankfurt/M. 1865.

Beaty 1966: Janice J. Beaty: Seeker of Seaways. A Life of Matthew Fontaine Maury, Pioneer Oceanographer. New York 1966.

Berghaus 1845/48: Dr. Heinrich Berghaus' Physikalischer Atlas. Gotha 1845/48.

Boguslawski/Krümmel 1884, 1887: Georg von Boguslawski und Otto Krümmel: Handbuch der Ozeanographie. Bd. 1 (Boguslawski) und Bd. 2 (Boguslawski, Krümmel). Stuttgart 1884/87.

Bulkeley 2010: Rip Bulkeley: "To unbar the gates of the South". Maury's 1860–1861 Proposal for Antarctic Cooperation. Zur Publikation in: Polar Record 2010.

Deacon 1971: Margaret Deacon: Scientists and the Sea – 1650–1900. A Study of Marine Science. London 1971.

Dietrich/Kalle 1957: Günter Dietrich und Kurt Kalle: Allgemeine Meereskunde. Eine Einführung in die Ozeanographie. Berlin 1957.

Emeis 2006: Stefan Emeis: Das erste Jahrhundert deutschsprachiger meteorologischer Lehrbücher. In: Berichte zur Wissenschaftsgeschichte 29, 2006, S. 39–51.

Hawthorne 1943: Hildegarde Hawthorne: Matthew Fontaine Maury – Trail Maker of the Seas. New York 1943.

Hildebrandsson/Teisserenc de Bort 1900: H.H. Hildebrandsson und L. Teisserenc de Bort: Les Bases de la Météorologie Dynamique. Historique-État de nos Connaissances. 2 Bde. Paris 1898–1900.

Höflich 1968: Otto Höflich: Neubearbeitung der Monatskarten für den Nordatlantischen Ozean. In: Deutsche Hydrographische Zeitschrift 21, 1968, H. 2, S. 59–73.

Hoheisel-Huxmann 2007: Reinhard Hoheisel-Huxmann: Die Deutsche Atlantische Expedition 1925–1927. Planung und Verlauf. (= Deutsches Schiffahrtsarchiv 28, 2005; Beiheft). Hamburg 2007.

Houvenaghel 1990: Guy T. Houvenaghel: The First International Conference on Oceanography (Brussels, 1853). In: Deutsche Hydrographische Zeitschrift, Ergänzungs-Heft B, Nr. 22, 1990, S. 330–336.

Hydrographische Mittheilungen. Herausgegeben von dem Hydrographischen Bureau der Kaiserlichen Admiralität. Berlin. 1. Jahrgang 1873, 26 Hefte.

Jahns 1961: Patricia Jahns: Matthew Fontaine Maury & Joseph Henry. Scientists of the Civil War. New York 1961.

Jilek 1857: August Jilek: Lehrbuch der Oceanographie zum Gebrauche der k.k. Marine-Akademie. Wien 1857.

Kämtz 1840: Ludwig Friedrich Kämtz: Vorlesungen über Meteorologie. Halle 1840.

Körber 1989: Hans-Günther Körber: Vom Wetteraberglauben zur Wetterforschung. Leipzig 1989.

Kohl 1868: Johann Georg Kohl: Geschichte des Golfstroms und seiner Erforschung von den ältesten Zeiten bis auf den grossen amerikanischen Bürgerkrieg. Eine Monographie zur Geschichte der Oceane und der geographischen Entdeckungen. Bremen 1868.

Kortum/Schwarz 2003/04: Gerhard Kortum und Ingo Schwarz: Alexander von Humboldt and Matthew Fontaine Maury. Two Pioneers of Marine Sciences. In: Historisch-Meereskundliches Jahrbuch 10, 2003/04, S. 157–185.

Krause 1992: Reinhard A. Krause: Die Gründungsphase deutscher Polarforschung 1865–1875. (= Berichte zur Polarforschung 114). Bremen 1992.

Krause 1997: Reinhard A. Krause: Sir John Franklin. Ein Rückblick zu seinem 150. Todestag. In: DSA 20, 1997, S. 395–420.

Kuhlbrodt 1940: Erich W.G. Kuhlbrodt: Die Klimate des Atlantischen Ozeans und seiner Inseln. In: Georg Wüst (Hrsg.): Wind, Wetter und Wellen auf dem Weltmeere. Berlin 1940.

Leighly 1963: John Leighly: Introduction. In: Matthew Fontaine Maury: The Physical Geography of the Sea and its Meteorology. Nachdruck der 8. Aufl. New York 1861. Cambridge, Mass. 1963 [= Maury 1861], S. IX–XXX.

Lenz 2002: Walter Lenz: Die treibenden Kräfte in der Ozeanographie. Hamburg 2002.

Lewis 1996: John M. Lewis: Winds over the World Sea. Maury and Köppen. In: Bulletin of the American Meteorological Society 77, 1996, S. 935–952.

Lüdecke 2003/04: Cornelia Lüdecke: Beiträge zur Meteorologie der Südhemisphäre in der Tradition von Heinrich Berghaus (1797–1884) und Matthew Fontaine Maury (1806–1873). In: Historisch-Meereskundliches Jahrbuch 10, 2003/04, S. 135–156.

Maury 1851: Matthew Fontaine Maury: Explanations and Sailing Directions to Accompany the Wind and Current Charts. Washington 1851.

Maury 1855: Matthew Fontaine Maury: The Physical Geography of the Sea. New York 1855.

Maury 1856: Matthew Fontaine Maury: Die Physische Geographie des Meeres. Leipzig 1856.

Maury 1859: Matthew Fontaine Maury: Die Physische Geographie des Meeres. Leipzig 1859.

Maury 1861: Matthew Fontaine Maury: The Physical Geography of the Sea and its Meteorology. Nachdruck der 8. Aufl. New York 1861, herausgegeben von John Leighly. Cambridge, Mass. 1963.

Mills 1998: Eric L. Mills: Biological Oceanography. An Early History, 1870–1960. Ithaca 1989.

Mohn 1879: Henrik Mohn: Grundzüge der Meteorologie. Berlin 1879.

Murray 1910: Sir John Murray: The Ocean. A General Account of the Science of the Sea. London o.J. [ca. 1910].

Paffen/Kortum 1984: Karlheinz Paffen und Gerhard Kortum; Die Geographie des Meeres. Kiel 1984.

Petermanns geographische Mitteilungen (gegr. 1855) d.i.: Mittheilungen aus Justus Perthes' Geographischer Anstalt über wichtige neue Erforschungen auf dem Gesammtgebiete der Geographie von Dr. A. Petermann; ab 1879: Dr. A. Petermanns Mittheilungen aus Justus Perthes' Geographischer Anstalt.

Pourtalès 1870: Louis F. von Pourtalès: Der Boden des Golfstromes und der Atlantischen Küste Nord-Amerikas. In: Petermanns geographische Mitteilungen 1870, S. 392–398.

Readers Digest 1985: Antarctica. Sydney 1985.

Savours 1984: Ann Savours: The 1773 Phipps Expedition towards the North Pole. In: Arctic 37, 1984, No. 4, S. 402–408.

Schlee 1973: Susan Schlee: The Edge of an Unfamiliar World. A History of Oceanography. New York 1973.

Schumacher 1953: Arnold Schumacher: Matthew Fontaine Maury und die Brüsseler Konferenz 1853. In: Deutsche Hydrographische Zeitschrift 6.2, 1953, S. 87–93.

Sigsbee 1880: Charles D. Sigsbee: Deep-Sea Sounding and Dredging. A Description and Discussion of the Methods and Appliances Used on Board the Coast and Geodetic Survey Steamer BLAKE. Washington 1880.

Spieß 1928: Friedrich Spieß: Die METEOR-Fahrt. Forschungen und Erlebnisse der Deutschen Atlantischen Expedition 1925–1927. Berlin 1928.

Thomson 1874: Sir C. Wyville Thompson: The Depth of the Sea. An Account of the General Results of the Dredging Cruises of H.M.Ss. PORCUPINE and LIGHTNING during the Summers of 1868, 1869 and 1870. London 1874.

Vogel 1915: Walther Vogel: Geschichte der deutschen Seeschiffahrt. Band 1: Von der Urzeit bis zum Ende des XV. Jahrhunderts. Berlin 1915.

Walle 1979: Heinrich Walle: Der Einfluß meteorologischer Navigation auf die Entwicklung der deutschen transozeanischen Segelschiffahrt von 1868 bis 1914. Bonn 1979.

Wayland 1930: John W. Wayland: The Pathfinder of the Seas. Richmond, Virginia 1930.

Wiederkehr 1987: Karl-Heinrich Wiederkehr: Die hamburgische Seefahrt und die Einführung der meteorologisch-geophysikalischen Navigation. Eine Dokumentation. In: Zeitschrift des Vereins für Hamburgische Geschichte 73, 1987, S. 1–26.

Williams 1963: Frances Leigh Williams: Matthew Fontaine Maury. Scientist of the Sea. New Brunswig, New Jersey 1963.

Wüst 1940: Georg Wüst (Hrsg.): Wind, Wetter und Wellen auf dem Weltmeere. Berlin 1940.

258

Anmerkungen:

1 Die treffende Benennung erscheint im Titel des Buches von Wayland 1930 und findet sich eingemeißelt im Sockel des Maury-Denkmals in Richmond, Virginia. Sie stammt allerdings nicht von Wayland (vgl. Wayland 1930, S. 161). Andere Titulierungen waren: *Seeker of Seaways* (Beaty 1966), *Trail Maker of the Seas* (Hawthorne 1943) und – einen anderen Aspekt des Maury'schen Wirkens beleuchtend, auf den im Folgenden aber nicht eingegangen wird – *Scientist of the Civil War* (Jahns 1961).

2 Hydrographische Mittheilungen No. 4, 22. Februar 1873, S. 51.

3 Amtlicher Bericht 1865, S. 53. – Siehe auch das einleitende Motto.

4 Kortum/Schwarz 2003/04.

5 Der Begriff Ozeanographie/Oceanography ist eine Wortschöpfung, die sich als Kurzform des umschreibenden Ausdrucks »Geographie des Meeres« im deutschen Sprachraum entwickelte und durchsetzte. 1857 tauchte der Begriff im Titel eines Buches auf: »Lehrbuch der Oceanographie zum Gebrauche der k.k. Marine-Akademie« (Jilek 1857; vgl. dazu auch Paffen/Kortum 1984, S. 66 und Lenz 2002, S. 5; zur Einführung des Begriffes Biological Oceanography siehe Mills 1998). Paffen/Kortum haben darauf aufmerksam gemacht, dass in PGM 1858, S. 445 Maury als *Oceanograph* bezeichnet wird und dass Wilhelm von Freeden (1822–1894) in seiner Beschreibung zur Gründung der Norddeutschen Seewarte (PGM 1868, S. 33) den Begriff ganz selbstverständlich benutzte. Als die Freeden'sche Schöpfung, die inzwischen Deutsche Seewarte hieß, in ein Reichsinstitut überging, schrieb der neue Direktor Georg Neumayer zur Organisation desselben in den Annalen der Hydrographie und maritimen Meteorologie 1875, S. 102: *Die erste Abtheilung umfasst die Arbeiten über maritime Meteorologie und Oceanographie in ihrer Anwendung auf die praktische Seefahrt.*
Der Begriff wurde weiter verwendet durch Georg von Boguslawski (1827–1884) und popularisiert durch seinen Ko-Autor Otto Krümmel (1854–1912) mit der Herausgabe des »Handbuchs der Ozeanographie«, 1884/87. In Schlee 1973, S. 208 findet sich hierzu die Bemerkung: *A review of the book in nature noted the use of the bizarre term oceanography.*
Bemerkenswert auch die Aussage von Sir John Murray in seinem kleinen Buch »The Ocean« (Murray 1910, S. 11, Fußnote 1): *In recent times I believe the word Oceanography was introduced by myself about 1880, but I find from Murray's english dictionary that the word »oceanographie« was used in French in 1584, but did not then survive.*
Der prominente Meeresforscher Prinz Albert I. von Monaco (1848–1922) benutzte gerne den Begriff Thalassographie, der sich aber nicht durchsetzte, obwohl, wie Murray anmerkte, dieser Begriff in den USA weit verbreitet war. Der Begriff Ozeanologie/Oceanology hat sich im russischen Sprachraum durchgesetzt und wird bis heute verwendet.
Der im Weiteren gelegentlich benutzte Terminus Meereskunde ist, wie auch Ozeanologie, eher weitgreifender als der Begriff Ozeanographie, der in seiner derzeitigen Ausprägung als Physik der Ozeane zu umschreiben wäre. Der Begriff Hydrographie wird sowohl im deutschen als auch im angelsächsischen Sprachraum verwendet. Ursprünglich beinhaltete er die Messung der Wassertiefen, Temperatur und Strömungen der Meere. Heute beschreibt er die Aufnahme der Meeresbodentopographie, die über die Ermittlung der Daten zur Herstellung von Seekarten weit hinausgeht, vielmehr die Grundlagen für die Planung marin-wissenschaftlicher oder auch meerestechnischer Projekte liefert. Besser ist hierfür der Begriff Bathymetrie zu verwenden.

6 Williams 1963, S. 659–663. – Briefe aus Maurys persönlicher Korrespondenz liegen z.B. im Virginia Military Institute z.T. bereits transkribiert vor und können online eingesehen werden.

7 Eine Karte, die u.a. die Schifffahrtsstraßen der deutschen Hanse um 1400 zeigt, ist Vogel 1915 angebunden. In diesem Werk gibt es auch eine Karte zu der Kreuzfahrt der friesischen Flotte 1217–1218 (S. 139), die bis an die Küsten Kleinasiens vorstieß.

8 Diese Impressionen werden in neuerer Zeit stark unterstützt, wenn man z.B. mehrere der zahlreichen Kogge-Nachbauten beieinander liegen oder segeln sieht.

9 Vogel 1915, S. 201.

10 Neben der Büste von Maury gab es nur die des Meteorologen Wilhem Dove (1803–1879) über der Eingangsmitte und die des Astronomen und Navigationstheoretikers Carl Ludwig Christian (»Charles«) Rümker (1788–1862). Auf den Eingang blickend, war die linke Büste die von Maury. – Maury ist auch in anderen Ländern Europas oft ausgezeichnet worden. Zu Details vgl. Wayland 1930, S. 157 (*titles and honors*).

11 Kuhlbrodt 1940, S. 28f.

12 Der offizielle Name dieser Tagung, an der rund 70 teils prominente Wissenschaftler aus dem deutschsprachigen Raum beteiligt waren, lautete: »Erste Versammlung Deutscher Meister und Freunde der Erdkunde«. Zu der Versammlung selbst, die gelegentlich auch als »0. Deutscher Geographentag« bezeichnet wird, und zu ihrem Hintergrund vgl. u.a. Krause 1992, S. 17–30.

13 Amtlicher Bericht 1865, S. 52–57.

14 Gerechterweise muss man in diesem Zusammenhang auch das Engagement von Corvetten Capitän Reinhold Werner (1825–1909), später Vizeadmiral und nautischer Schriftsteller, erwähnen.

15 Amtlicher Bericht 1865, S. 53.

16 Bereits 1831 tat er sich mit einem Aufsatz (»On the Navigation of Cape Hoorn«) hervor, in dem er bemerkte, dass sich die Winde am Kap rechtsherum um ein Druckminimum anordnen. Westwinde unmittelbar am Kap bedeuteten, dass man, in südlicher Richtung segelnd, zwar einen Druckabfall zu erwarten hatte, aber nach dem Überschreiten des Minimums auf östliche Winde treffen musste, mit Hilfe derer man dann endlich in den Pazifik segeln konnte.

17 Das Buch soll durch Edgar Allan Poe besprochen worden sein (vgl. Wayland 1930, S. 40 und 174). Von diesem Buch gibt es Varianten, die bis mindestens 1845 aufgelegt wurden.

18 Vgl. z.B. den Abriss in Readers Digest 1985, S. 104–109, sowie Williams 1963, S. 144.

19 Andere Pseudonyme waren »Will Watch« (vgl. Wayland 1930, S. 42) und »Inca« (vgl. ebd., S. 80, sowie Williams 1963, S. 198), welche er benutzte, um einen freien Zugang über den Amazonas nach Brasilien zu proklamieren. Damit verband er die Möglichkeit einer Lösung des »Sklavenproblems«. Ab 1839 hat er überwiegend für den »Southern Literary Messenger« geschrieben. Für eine Liste der Artikel zur Navy-Reform und zu der Notwendigkeit, eine Marine-Akademie einzurichten, vgl. Williams 1963, S. 701.

20 Vgl. z.B. Wayland 1930, S. 45–55.

21 Williams 1963, S. 148.

22 Z.B. ebd., S. 142.

23 Der Gedanke, Logbücher zur Analyse von Meeresströmungen zu nutzten, war allerdings nicht neu. Anmerkungen zu Vorgängern Maurys mit vergleichbaren Vorstellungen folgen im letzten Teil des Aufsatzes unter dem Titel *Reflexionen*.

24 Williams 1963, S. 696.

25 Schlee 1973, Fußnote S. 63. Hier findet sich die Bemerkung: *The publication of Maury's charts were suspended until 1883, [...] at which time the Wind and Current Charts were reissued as Pilot Charts.* – Diese Darstellung, wenn sie denn den Tatsachen entspricht, bedürfte weiterer Erklärungen, jedenfalls waren die »Pilot Charts« bereits ein ganz wichtiger Teil des Maury'schen Systems von 1847/50.

26 Auf den vom Verfasser eingesehenen Karten fand sich diese Bezeichnung nicht. – Zu den »Charts« im Allgemeinen vgl. auch Lewis 1996, S. 939–942.

27 William 1963, S. 696.

28 Zu Details vgl. ebd., S. 693–696. – Neben der britischen Admiralty brachte auch die Deutsche Seewarte Karten mit ähnlicher Zielsetzung heraus. Damit hat sich insbesondere der international renommierte Klimatologe Wladimir Köppen (1846–1940) befasst, der in Lewis 1996 in eine Reihe mit Maury gestellt wird. Spätestens dürften die gut zu handhabenden Monatskarten, die ab 1902 erschienen, die amerikanischen Publikationen auf deutschen Schiffen verdrängt haben. Die Form der Monatskarten der Seewarte bzw. des Deutschen Hydrographischen Instituts, so wie sie bis in die 1970er Jahre herausgegeben wurden, ist erstmals 1908 praktiziert worden. Bei diesem Verfahren wurden monatsweise für ein bestimmtes Seegebiet die wesentlichen mittleren Klimadaten kartographisch dargestellt und in Form eines Atlas zusammengebunden. Besonderheiten von Klima und Wetter wurden zudem in aufgedruckten Artikeln vertiefend erläutert. Für jeden Monat standen vier großformatige Seiten zur Verfügung. Der Verfasser hat mit diesen Karten noch gearbeitet, und man kann diese jedem empfehlen, der sich für die Wind-, Wetter- und Strömungsverhältnisse der Weltmeere interessiert. In die neuesten Auflagen ist damals das gesamte Beobachtungsmaterial der Nachkriegshandelsschifffahrt eingeflossen, wobei die entsprechende Datenverarbeitung schon weitgehend automatisiert war (vgl. Höflich 1968). In den 1960er Jahren war es noch auf vielen deutschen Schiffen gebräuchlich, die ziemlich umfangreiche freiwillige Arbeit zur Führung der Wettertagebücher zu leisten, womit nicht zuletzt der Idee Maurys gefolgt wurde.

29 Die Einbeziehung der internationalen Schifffahrt in dieses System begann erst im Frühjahr 1853 (Williams 1963, S. 18). Bei den bereits 1851 erwähnten 1000 Schiffen mit meteorologischen Beobachtern handelt es sich also um solche unter amerikanischer Flagge.

30 Einen »amtlichen« Titel scheint es nicht zu geben; bei Maury hieß sie zunächst *Meteorological Conference* (vgl. Briefauszug bei Williams 1963, S. 206). Weiteres siehe unten.

31 Diese Meinung vertreten auch Schumacher 1953 und Houvenaghel 1990, S. 336.

32 Beispiele: In der Encyclopaedia Britannica, 9. Aufl. von 1883, in Meyers 3. Aufl. von 1877, in Meyers 6. Aufl. von 1909, auch im Brockhaus, 15. Aufl. von 1932, wird die Bedeutung der Brüsseler Konferenz betont.

33 Z.B. Deacon 1971, Schlee 1973, Leighly 1963. Auch in Wayland 1930 findet man nichts, ganz zu schweigen von den verschiedenen Kurzbiographien, die man dem Internet entnehmen kann.

34 Williams 1963, S. 196–224, das folgende Zitat S. 205.

35 Folgt man Williams 1963, scheint es so gewesen zu sein, dass diese Anfrage nur der Navy zugeleitet wurde, was insofern verwirrend ist, da es hier ja um meteorologische Stationen an Land geht. Tatsächlich hatte der damalige Direktor der Smithsonian Institution, der bekannte Physiker Joseph Henry (1797–1878), bereits ein beachtliches landgestütztes amerikanisches Beobachtungsnetz mit rund 50 Stationen aufgebaut (vgl. Williams 1963, S. 205). Sein besonderes Interesse galt dem Studium der sogenannten *severe storms*. Maury hat sich um eine Kooperation mit Henry bemüht, ist aber, ähnlich wie von Alexander Bache (1806–1867), weitgehend ignoriert worden (zu den vermuteten Hintergründen vgl. Williams 1963, S. 209).

36 In Auszügen abgedruckt in Williams 1963, S. 206f.

37 Das war die ideale Voraussetzung für eine internationale Agitation. Maury brauchte nicht bei vorgesetzten Ministerien zu antichambrieren, sondern nur noch Mitstreiter ins Boot zu ziehen. Dieses war übrigens eine Ausgangssituation, die der von Karl Weyprecht (1839–1881) nicht unähnlich war, der in den 1870er Jahren das IPY (International Polar Year) initiierte und sich dabei um eine eigene bzw. österreichische Beteiligung keine Sorgen zu machen brauchte, da die Finanzierung derselben durch seinen Mentor, den Grafen Hans Wilczek (1837–1922), bereits vollständig gedeckt war.

38 Vgl. Houvenaghel 1990, S. 330–336. Hier heißt es: *How and when the conference moved to Brussels to be organ-*

ized under the control of Quetelet [L.A.J. Quételet, 1796–1874, Direktor des Königlichen Observatoriums in Brüssel] *is still not documented. No records could be found on this peculiar subject, neither in the archives of the royal academy in Brussels* [...] *nor in those of the observatory.*

39 Betreffend die Kostenverteilung an der Konferenz lassen sich nur indirekte Schlüsse ziehen. Danach wurden Maurys Reisekosten nach Europa von der Navy getragen. Für weitere Ausgaben standen ihm über eine Londoner Bank 1000 US-Dollar zur Disposition (Williams 1963, S. 219). Offenbar war es so, dass die belgische Regierung die Kosten der Konferenz getragen hat, wofür nicht nur der Konferenzort, sondern auch die Tatsache spricht, dass der belgische König die Delegierten zum Dinner empfing (siehe z.B. Houvenaghel 1990, S. 334).

Maury war zwar ohne wissenschaftlichen Mitarbeiter, aber mit vier jungen Damen – zwei Töchtern und zwei Nichten – nach Europa gereist, die sich auf der Überfahrt den Spitznamen »die vier *magpies* (Elstern)« erwarben. Kurz vor seiner Abreise bekam er ein Geschenk von Reedern/Schiffseignern, Kapitänen, Maklern und Versicherern, *engaged in foreign trade at New York*, in Höhe von 5000 US-Dollar – ein erheblicher Betrag, der ihm nicht zuletzt seine Europareise erleichtert haben dürfte (Williams 1963, S. 215).

40 Minutes/Reports; Procès-verbaux/Rapports.

41 Houvenaghel 1990, S. 334 und 336. – Trotzdem wird vielfach auch von einer meteorologischen Konferenz gesprochen. Die Sache wird noch verwickelter, wenn man auf den Titel schaut, den Lambert Adolphe Jacques Quételet, der belgische Physiker und Gastgeber der Brüsseler Konferenz, seinem Bericht von 1854 gab: »Rapport de la Conférence, tenue à Bruxelles, sur l'invitation du gouvernement des Etats-Unis d'Amerique, à l'effet de s'entendre sur un système uniforme d'observations météorologiques à la mer«.

42 Houvenaghel 1990, S. 336.

43 Williams 1963, S. 219.

44 Houvenaghel 1990, S. 336.

45 Details dieses Berlinbesuches, die sich aus Korrespondenzen rekonstruieren lassen, findet man in Kortum/Schwarz 2003/04, S. 174. Weiteres zu der Verbindung zwischen Maury und Ehrenberg siehe Anm. 67. – In Wayland 1930, S. 98 wird noch über weitere Besuche in Deutschland spekuliert, wobei Bezug genommen wird auf eine Namensliste aus der Maury-Biographie von Diana Fontaine Maury, Mrs. Corbin, Maurys zweiter Tochter, die ihn damals nach Europa begleitet hatte. Dort taucht neben einem *Erenburg* auch ein *Lieber* auf. Denkbar ist, dass es sich dabei um den Chemiker Justus Liebig (1803–1873) handelte, der nachweislich ein großes Interesse für die Meereskunde hegte und u.a. Georg von Neumayer gefördert hatte. Sehr wahrscheinlich – es gibt Indizien dafür – hat er auch Wilhelm Dove getroffen (Anm. 10, 47).

46 Der folgende Briefauszug trägt das Datum vom 5. September 1849 (Kortum/Schwarz 2003/04, S. 171): *Lieut. Maury presents his compliments to Baron Alexander de Humboldt and begs that the Baron will do the Lieut. the favour to accept a set of »Wind and Current Charts« which the Lieut. has the honour of sending thro' his friend, Prof. Rümker of Hamburgh.* – Bei Prof. Rümker handelt es sich um den schon vorgestellten Charles Rümker, den damaligen Leiter der Hamburger Sternwarte und Direktor der Steuermannsschule. Rümker war als Verfasser des umfangreichen Lehrbuches »Handbuch der Schiffahrtskunde«, z.B. 6. Auflage 1857, eine international anerkannte Koryphäe auf dem Gebiet der Navigation und der Astronomie. Georg von Neumayer wurde im April 1851 Schüler Rümkers.

Mit der Verwendung der Abkürzungen »Explanations« und »Sailing Directions« kann man leicht Verwirrung stiften. Tatsächlich ist mit beiden Kürzeln dasselbe gemeint. So findet man z.B. in der 3. Auflage zwei Titelblätter: 1. Titelblatt = *Maury's Sailing directions* [...]; 2. Titelblatt = *Explanations and Sailing Directions to accompany the Wind and Current Charts* [...]

47 *I beg You to express to Lieut. Maury, the author of the beautiful Charts of the Winds and Currents, prepared with so much care and profound learning, my hearty gratitude and esteem. It is a great undertaking, equally important to the practical Navigator and for the advance meteorology in general. It has been viewed in this light in Germany by all persons who have a taste for physical geography. In an analogous way anything of isothermal countries (countries of equal annual temperature) has for the first time become really fruitful, since Dove has taught us the isotherms of the several month chiefly on the land, since two-thirds of the atmosphere rests upon the sea, Maury's work is so much the more welcome and valuable because it includes at the same time the oceanic currents, the course of the wind and the temperature. How remarkable are the relations of temperatures in Sheet No. 2, South Atlantic, East and West of Longitude 40; how much would this department of meteorology gain if it were filled up according to Maury's proposition in Commodore Lewis Warrington's Logbook. The shortenings of the voyage from the United States to the Equator is a beautiful result of this undertaking. The bountiful manner in which these Charts are distributed raises our expectations still higher.* – Dass der Titel »The Physical Geography of the Sea« aus seiner Wechselwirkung mit Humboldt heraus entstanden war, hatte Maury bereits im Vorwort des Buches geschildert.

48 Leighly 1963, S. XIII, wo man auch weitere Einzelheiten findet.

49 Der vollständige Titel lautet: »Das Mittelmeer. Eine Darstellung seiner physischen Geographie nebst andern geographischen, historischen und nautischen Untersuchungen«. Leipzig 1859. Im Vorwort zu diesem Buch findet man einige Angaben zum Lebenslauf des Autors.

50 Diesbezüglich wurde die verbesserte und erweiterte zweite deutsche Ausgabe, Maury 1859, nicht überprüft.

51 Das Fragezeichen dürfte von Boettger stammen. Da Humboldt im Weiteren über *Sondirungen* schreibt, darf man schlüssig annehmen, dass er mit *Sandbänke* größere untermeerische topographische Objekte bezeichnet.

52 Ein Grund z.B. für die lange Wirksamkeit des konfusen meteorologischen globalen Zirkulationsmodells (vgl. z.B. Maury 1851, Plate II, oder Maury 1855, Plate I) könnte gewesen sein, dass Maurys »Wind and Current Charts« unbestritten die Segelschifffahrt schneller und sicherer gemacht hatten – Maury hatte Recht gehabt! Dieses Image könnte es gewesen sein, das auch seine weniger fundierten theoretischen Aussagen in den Rang einer Wahrheit erhob. Maurys theoretische Reflexionen waren jedenfalls anregend, wenn auch der aufmerksame Leser schnell Ungenauigkeiten und Inkonsistenzen (um nicht zu sagen Widersprüchlichkeiten) aufdecken konnte. Eine dieser ungewöhnlichen Ideen Maurys war, Ozon als Tracergas zu nutzen (Maury 1859, S. 279). Ozon war erst 1839 durch C.F. Schönbein erkannt worden. Der Nachweis geschah mittels eines speziell präparierten Papiers (Ozon-Papier), dessen Verfärbung als Maß für die Ozonkonzentration der Luft galt. Indem man annahm, das Ozon würde durch elektrische Entladung erzeugt, konnte man, hier höchste Gewitterhäufigkeit vorausgesetzt, den äquatorialen Tiefdruckgürtel als Quellgebiet mit der höchsten Ozonkonzentration annehmen. Bei der Beurteilung eines globalen atmosphärischen Zirkulationsmodells hätte es dann ein Ozonkriterium gegeben. Maury musste Zweifel an dieser Theorie zulassen. Zunächst als sicher geltende Beobachtungen waren durch neuere Messungen infrage gestellt worden, aber, so folgerte er, prinzipiell gelte es, diesen und ähnlichen feinen Effekten nachzugehen, um den Geheimnissen der Natur auf die Spur zu kommen. Maury zeigte sich hier also als selbstkritischer Wissenschaftler. Andere Sachverhalte betreffend, verhielt er sich allerdings sturer. – Weiteres zur Kritik an Maury bei Leighly 1963, auch Paffen/Kortum 1984, S. 62f.

53 Boguslawski/Krümmel 1884/87, S. 5.

54 In der Encyclopaedia Britannica, 9th Edition (um 1875), liest man zur »Physical Geography of the Sea«: *The theories, which it contains are now generally admitted to be quite erroneous. Maury's reputation rests on the eminent services he rendered to navigation and meteorology.* Und sinngemäß: Dadurch machte er die Schifffahrt sicherer und ökonomischer.

55 Leighly 1963, S. IX.

56 Maury 1855, S. 25.

57 Maury 1861, S. 23.

58 Zu diesem Themenkomplex findet sich in Dietrich/Kalle 1957, S. 287 eine aufschlussreiche Bemerkung. Die Autoren vertreten die Auffassung, dass die »Geography« für die weite Verbreitung dieser Theorie eine große Bedeutung gehabt hätte und dass diese sich trotz zahlreicher Widersprüche bis 1922 gehalten habe. Im Übrigen wird hier die Auffassung vertreten, die Idee einer thermisch bedingten Zirkulation sei auf Alexander von Humboldt zurückzuführen.

59 Zu Details siehe Leighly 1963, z.B. S. XX. – Es können hier keine vergleichenden Studien zwischen den verschiedenen Ausgaben angestellt werden, die notwendig wären, um Maurys Entwicklung als Ozeanograph und Meteorologe genauer zu dokumentieren. Ob es derartige Studien gibt, die über Leighly 1963 hinausgehen, wurde nicht eruiert.

60 Als Maury 1839 nach seiner unglücklichen Verletzung an Land bleiben musste, begann er seine Tätigkeit am Depot of Charts and Instruments (gegr. 1830) in Washington, einer Organisation der Navy. Diese Organisation wurde später durch Maury reformiert und der Name in U.S. Naval Observatory and Hydrographic Office umgewandelt (1854). 1866, nach dem Bürgerkrieg, wurde per Kongressbeschluss die hydrographische Abteilung wieder zu einer selbständigen Organisation. Diese existiert noch heute und führt derzeit den Namen Naval Oceanographic Office (mit der Matthew Fontaine Maury Oceanographic Library). D.h. das Naval Observatory (Washington) kann ebenso wie das Naval Oceanographic Office (Mississippi) auf das Depot of Charts and Instruments als Gründungsorganisation zurückgeführt werden. Von dem Depot getrennt war die bereits 1807 als Survey of the Coast ins Leben gerufene Organisation, die aber erst ab 1843 unter der Führung von Alexander D. Bache (1806–1867) zu Bedeutung kam. Der Küstenvermessungsdienst wurde später reorganisiert und firmierte ab 1878 unter dem Namen Coast and Geodetic Survey, seit 1970 unter National Geodetic Survey.
Die exorbitanten Aktivitäten und Erfolge der amerikanischen Ozeanographie um die Zeit von grob 1850 bis 1861 wurden also von zwei staatlichen Organisationen, eine von ihnen eine Suborganisation der Navy, gestützt. Hier taten sich allerdings Konkurrenzen auf, die, soweit sie den sachlichen Hintergrund betrafen, sicher ungerechtfertigt waren. Als Urenkel Benjamin Franklins hielt sich Bache offenbar für den Bewahrer der reinen Wissenschaft, während Maury in die Ecke »wissenschaftlich nicht ernstzunehmend, minderwertig« gedrängt werden sollte. Dieses war insbesondere vor dem Hintergrund von Baches eigenen Arbeiten ein unhaltbarer Zustand. Den kenntnisreichen Ausführungen in Williams 1963, S. 174f. zu diesem Thema ist zuzustimmen. Hier wird auch das gespannte Verhältnis zwischen Maury und dem Physiker Joseph Henry (1797–1878), dem ersten Sekretär der Smithsonian Institution, erwähnt, das hier aber nicht thematisiert werden soll.
Historisch andere Wurzeln als die oben erwähnten Organisationen hat die U.S. Coast Guard, die als Seegrenzschutztruppe gegen illegale Sklaverei und Einwanderung, Piraterie und Schmuggel gedacht und noch vor der Gründung der amerikanischen Navy 1798 im Einsatz war.

61 Schlee 1973, S. 50; Williams 1963, S. 235. – Schiffsnamen, die z.B. mit amerikanischen Lotungen in Verbindung stehen, sind: ALBANY, ARCTIC, BIBB, BLAKE, DOLPHIN, HASSLER, JOHN ADAMS, NIAGARA, PETER G. WASHINGTON, TANEY, VINCENNES, SUSHQUEHANNA usw. Es kann nicht Aufgabe des vorliegenden Aufsatzes sein, explizit anzugeben, welche Schiffe und welche Personen für Maury bzw. das von ihm geleitete Navy-Institut U.S. Naval Observatory und welche für Alexander D. Bache und seinen zivilen Survey of the Coast gearbeitet und Daten geliefert haben. Unklar bleibt leider auch, inwieweit trotz der Feindschaft zwischen Bache und Maury ein Datenaustausch zwischen den Organisationen stattfand.

Im Jahre 1874 scheint es aber eine weitgehende Durchmischung zwischen der zivilen und der militärischen Organisation gegeben zu haben (Sigsbee 1880, S. 13). Als Lieutenant Commander war Charles Sigsbee Kapitän der BLAKE, die dem Coast Survey gehörte. Explizite Angaben findet man auch bei Thomson 1874, S. 359, wo geschildert wird, dass 1847 die Lieutenants Lee und Daymann für den United States Coast Survey im Einsatz waren.

Zu beachten ist, dass es im März 1849 einen Kongressbeschluss gab: *That the secretary of the Navy be directed to detail three suitable vessels of the Navy in testing new routes and perfecting the discoveries made by Lieut. Maury in the course of his investigations of the winds and currents of the oceans* [...] (Maury 1851, S. 57).

62 Maury 1855, S. 200–207.

63 Das könnte der Grund sein, weshalb in der »Geography« 1855, S. 209 (§ 442) zu lesen ist: ... *the second* [!] *attempt at such a map* ...

64 Z.B. Maury 1861, S. 347, Fig. 9.

65 Maury 1855/56, S. 207/197. – Zu einer weiter verbesserten Methode vgl. Pourtalès 1870, S. 392.

66 In den amerikanischen Ausgaben findet sich eine zusätzliche Einteilung nach Paragraphen, die leider in der deutschen Übersetzung fortgelassen wurde. Andererseits sind die Paragraphen weniger hilfreich als auf den ersten Blick vermutet, da gleiche Paragraphennummern in verschiedenen Auflagen für verschiedene Themen stehen.

67 Maury 1856, S. 201. – An der zitierten Stelle wird berichtet, dass auch an C.G. Ehrenberg eine Partie der mit dem Brooke'schen Lot aus über 3200 m heraufgeholten Probe, die die Offiziere für Schlamm hielten, geschickt wurde. Maury bekam aber in diesem Falle keine Antwort. Es muss aber mehrfach Kontakt mit Ehrenberg gegeben haben, da dieser in verschiedenen Zusammenhängen in der »Geography« zitiert wird. Dass die beiden sich in Berlin getroffen haben, wurde schon aus einer der vorstehenden Anmerkungen ersichtlich. Nach Kohl 1868, S. 212 und 214 vertrat Ehrenberg aufgrund seiner Analysen die Ansicht, dass der eigentliche Golfstrom auf einem Kissen kalten Wassers fließe und die Mächtigkeit des Stromes nicht stärker als 170 m sei.
Wie die Kontakte zwischen Bailey und Ehrenberg gestellt waren, wurde nicht eruiert. Man beachte aber, dass die beiden Herren meist nebeneinander zitiert werden. In Kohl 1868, S. 213–215 wird zudem auf die bedeutende Rolle hingewiesen, die der deutsch-schweizer Geologe L.F. Pourtalès (1823–1880) bei der Golfstromforschung einnahm (ein Übersichtsartikel aus Pourtalès' Feder mit drei interessanten Karten zur Beschaffenheit des Meeresbodens vor der nordamerikanischen Ostküste in Petermanns geographische Mitteilungen 1870, S. 393–398, Tafel 20). Pourtalès hat die außerordentliche Bedeutung der Foraminiferen für den Aufbau der Erdrinde betont: *In concluding I would remark, how important a knowledge of the habitation and distribution of the foraminiferae is for geologists; since, of all classes of the animal kingdom none has contributed so large a share to the formation of rocks, at least in the cretaceous and tertiary formations* [...] (in: Extracts from Letters of Louis F. Pourtalès, Esq. [assistant in the Coast Survey, to the Superintendent, upon the examination of specimens of bottom obtained in the exploration of the Gulf Stream by Lieuts. Comg. T.A.M. Craven and J.N. Maffitt, U.S. Navy, assistants in the Coast Survey]. Published in Annual Report of the Superintendent of the Coast Survey for 1853, Appendix No. 30, pp. 82–83, entnommen von der NOAA-Website http://oceanexplorer.noaa.gov/history/quotes/life/life.html).

68 Maury 1855, S. 212.

69 Maury 1856, S. 204.

70 Maury 1859, Anhänge, S. 209.

71 Maury 1861, § 585.

72 Maury 1859, Anhänge, S. 289.

73 Williams 1963, S. 225.

74 Ebd., S. 231. – Vergleichbare Ansichten hat auch Ehrenberg vertreten (siehe Anm. 67).

75 Diese Lotmaschine wurde auf amerikanischen Schiffen erstmals 1874 auf der BLAKE verwendet. Detaillierte Auskünfte und Abbildungen zu allen ozeanographischen Arbeitstechniken um 1880 bei Sigsbee 1880. Weitere Einzelheiten zur Technik des Lotens sind bis über 1900 hinaus in der Regel Bestandteil der Berichte mariner Forschungsreisen.

76 Zur praktischen Arbeit mit den Echoloten siehe Spieß 1928, S. 73–77, eine verkürzte Darstellung bei Hoheisel-Huxmann 2007, S. 58.

77 Vgl. z.B. die Tiefenkarte des Weltmeeres von Alexander Supan in Petermanns geographische Mitteilungen 1899, Tafel 12, oder die Karte in seinem Buch »Grundzüge der Physischen Erdkunde« in der dritten Auflage von 1903; vergleichbar die »Bathymetrical Chart of the Oceans« von Sir John Murray im Scottish Geographical Magazine, Vol. XV, 1899, No. 10; von größter Bedeutung auch die »Tiefenkarte der Ozeane« von Max Groll, Berlin 1912. Die erste GEBCO-Karte von 1903/05 lag dem Verfasser nicht vor. In dem Blatt »Seetiefen« von Berghaus' »Atlas der Hydrographie« von 1891 kann man die von Supan als *Atlantische Schwelle* bezeichnete mittelozeanische Erhebung bestenfalls erahnen.
Die Berghauskarte von 1837, »Karte vom Atlantischen Ozean. Zur Übersicht der Strömungen und Handelsstraßen, der Wärmeverbreitung, des Seebodens ...«, liefert nur wenige Angaben zu Wassertiefen vorwiegend im Bereich der europäischen Küsten. Es gibt allerdings eine denkwürdige Eintragung: Eben südlich des Äquators, auf ca. 20° Pariser Länge, ist ein Areal markiert, das die Aufschrift trägt: *Spur einer Erhebung des Seebodens*.

78 Details zu dieser wenig beachteten Expedition bei Savours 1984.

79 Viele Literaturangaben zu diesem Themenkomplex; vgl. Krause 1997.

80 Maury 1855: *The Open Sea in the Arctic Ocean.* In der 8. Auflage von 1861 findet man die entsprechenden Passagen in Kapitel 9: *The specific Gravity of the Sea and the Open Water in the Arctic Ocean.*

81 Edwin Jesse De Haven (1819–1865) leitete 1850–1851 die sogenannte erste Grinnell-Expedition, Elisha Kent Kane (1820–1857) führte die zweite Grinnell-Expedition in den Jahren 1853–1855 durch; Isaak Israel Hayes (1832–1881) führte seine Expedition 1860–1861 durch. Kane und Hayes versuchten durch den Smith Sound nach Norden vorzustoßen und machten hier erhebliche geographische Entdeckungen.

82 Dieser Gedanke wurde bereits 1856, wenn auch etwas holperig, von C. Boettger als Kommentar zu Maurys Ausführungen geäußert: *Es ist also auch sehr wohl möglich, dass ein solches offenes Bassin längere Zeit von festen Eismassen eingeschlossen ist, bis die obere Strömung, nachdem sie eine Zeitlang unter dem Eise fortgegangen, diese durchbricht* (Maury 1856, S. 141, Fußnote).

83 Petermanns geographische Mitteilungen 1868, Tafel 12.

84 Die Moleküle paramagnetischer Stoffe weisen ein magnetisches Moment auf, verhalten sich also wie Elementarmagnete, ohne allerdings (wie bei ferromagnetischen Stoffen) größere gleich gerichtete Gebiete zu bilden und nach außen ein Magnetfeld zu zeigen. Die paramagnetischen Eigenschaften eines Stoffes verstärken ein von außen angelegtes Magnetfeld. Selbsterklärend ist auch die Temperaturabhängigkeit des Paramagnetismus: Je höher die Temperatur eines Stoffes, d.h. je mehr Energie damit in seiner Molekularbewegung steckt, desto geringer wird seine Reaktion auf ein äußeres Magnetfeld ausfallen.

85 Maury 1856, S. 113. – Der englische Originaltext dieser Passage aus Maury 1855, S. 123: *That the magnetism of the atmosphere is the agent which guides the air across the calm belts, and prevents that which enters them from escaping on the side upon which it entered, we can not, of our own knowledge, positively affirm. Suffice it to say, that we recognize in this property of the oxygen of air an agent that, for aught we as yet know to the contrary, may serve as such a guide; and we do not know of the existence of any other agent in the atmosphere that can perform the offices which the hypothesis requires. Hence the suspicion that magnetism and electricity are among the forces concerned in the circulation of the atmosphere.*

86 Eine Skizze des globalen meteorologischen Zirkulationsmodells bei Maury 1851, Plate II; Maury 1855, Plate I, S. 70. Für die deutschen Ausgaben, Maury 1856 und 1859, hat der Übersetzer C. Boettger eine eigene Skizze geliefert (S. 65 bzw. 58).

87 Dass *rein meteorologische Phänomene mit den Variationen des Erdmagnetismus in einiger Verbindung stehen*, hatte schon der Professor der Physik an der Universität zu Halle Ludwig Friedrich Kämtz (1801–1867) behauptet (nach Emeis 2006). Seine Theorie vom Einfluss der Winde auf das Magnetfeld, die er in seinem Lehrbuch der Meteorologie von 1831/36 verbreitet, findet man nicht in seinen »Vorlesungen« (Kämtz 1840).

88 Der Verfasser folgt hier den Ausführungen in Körber 1989 (S. 165ff.), wo auf S. 180f. fünf *Schemata der allgemeinen atmosphärischen Zirkulation* auf der Erde dargestellt sind. Diese Abbildungen, die aus Hildebrandsson/Teisserenc de Bort 1900 entnommen sind, berücksichtigen nicht Maurys Illustration von 1851, sondern nur die aus der »Geography« von 1855.

89 Skizzen zur globalen atmosphärischen Zirkulation gibt es von Ferrel 1856, W. Thomson 1857, Ferrel 1860, Ferrel 1889; vgl. Hildebrandsson/Teisserenc de Bort 1900, Bd. 1, Tafel XXV.

90 Mohn 1879, Fig. 32 und 33.

91 Vgl. dazu Deacon 1971, S. 220, hier auch Fußnote 2, wo erwähnt wird, dass Charles Romme schon 1806 ein zweibändiges Werk: »Tableaux des vents, des marées et des courants qui ont été observé sur tout les mers du globe« herausgebracht hatte, wofür eine ähnlich geartete Datenbasis vorgelegen haben muss.

92 Siehe dazu Walle 1979, S. 252, wo versucht wird, einen Überblick über die verschiedenen meteorologisch-ozeanographischen Segelanweisungen zu geben, die vor Maurys Publikationen erschienen waren. Walle stützt sich dabei auf die Werke verschiedener anderer Autoren, die dem Verfasser z.T. auch vorliegen, auf die hier einzugehen aber den Rahmen sprengen würde. – Empfehlenswert auch die Lektüre Paffen/Kortum 1984, ab S. 39, wo zunächst die Wechselwirkung zwischen den »Meeresforschern« ab Beginn des 19. Jahrhundert bis ca. 1860 thematisiert wird. Ab S. 59 wird hier speziell die Verbindung zwischen deutschen und angelsächsischen Forschern beleuchtet. – Bei einer ausführlicheren Diskussion wäre selbstverständlich auch zu berücksichtigen, dass z.B. die Vereinigde Oostindische Compagnie (VOC) systematisch die Reisen ihrer Schiffe ausgewertet hat. Allerdings wurden die Ergebnisse damals nicht allgemein zugänglich gemacht.

93 Vgl. die Quellenangaben auf seiner Karte von 1837: »Karte vom Atlantischen Ozean. Zur Übersicht der Strömungen und Handelsstraßen, der Wärmeverbreitung, des Seebodens ...« (Berghaus 1845, S. 32f.). – In Lüdecke 2003/04 liest man einleitend: *Die Entwicklung von Seekarten mit zusätzlichen Informationen über Meeresströmungen und herrschende Windrichtungen geschah offenbar völlig unabhängig voneinander durch Heinrich Berghaus (1797–1884) und Matthew Fontaine Maury (1806–1873). Beide werteten Schiffsjournale aus [...].* Sachlich richtig ist der zweite Satz, auch wenn Maury eine zehnfach größere Zahl von Journalen ausgewertet hat. Zutreffend ist auch, dass Berghaus in seine physikalischen Karten der Weltmeere eine Fülle von Informationen zu Strömungen und Winden eingearbeitet hat. Es ist aber eher unwahrscheinlich, dass Maury diese Karten nicht bekannt waren. Die Maury'schen Karten sind keine Seekarten im modernen Verständnis.

94 Williams 1963, S. 205.

95 Nach Ansicht des Verfassers war auch der ursprüngliche Grund der Erweiterung der »Explanations« (3. Auflage vom November 1851) schlicht der, dass Maury sich keine Gelegenheit entgehen lassen wollte, seine Rolle als wissenschaftlicher Erzieher des Seemannsstandes wahrzunehmen.

96 Maury 1856, S. 164f.

97 Vgl. auch die Analyse in Leighly 1963, S. XXIII.

98 Man könnte allerdings konstatieren, dass der Mensch, da selbst Bestandteil der Welt und damit Teil dieser perfekten göttlichen Maschine, nicht frei sein kann. Weshalb sollte er wünschen, zu verstehen, wie die Maschine funktioniert? Daraus ergäben sich keinerlei Vorteile für ihn, da sie, der Voraussetzung gemäß, (mit ihm) ohnehin macht, was sie möchte.

Danksagung:
Den Herren Karsten Dietrich und Lars U. Scholl sei herzlich für ihre konstruktive Kritik gedankt, die zu einer Verbesserung des Aufsatzes geführt hat.

Anschrift des Verfassers:
Dr. Reinhard A. Krause
Alfred-Wegener-Institut für Polar- und Meeresforschung
D-27568 Bremerhaven

Matthew Fontaine Maury (1806–1873), "Pathfinder of the Seas": A Seaman as Scientist and Organizer of Science

Summary

During his career as a seaman, the American naval officer Matthew Fontaine Maury became aware of the incompleteness of the available meteorological and oceanographic data and the fragmentary knowledge of naval meteorology and oceanography. He unerringly endeavoured to remedy these deficits. He worked toward the improvement of the theoretical training of seamen and carried out the systematic collection and analysis of data on the state of the atmosphere and the oceans.

The seamen themselves registered the data, which Maury then evaluated in the naval observatory and used as the basis for producing charts on various subjects. In the period in which intercontinental shipping by sail was reaching its heyday, Maury supplied it with its global oceanographic and meteorological foundations. Thanks to his efforts, the speed and safety of maritime traffic were improved, i.e. his work was of economic significance. His activities culminated in the Brussels Conference of 1853, from which various international organizations emerged.

Maury's work and viewpoints were very highly appreciated especially in Germany. His chief work, *The Physical Geography of the Sea*, was widely consulted. Published again and again in new and improved editions, this in-depth work was to an extent controversial among experts in the field. In any case, it had a substantial influence on the development of meteorology and oceanography.

Matthew Fontaine Maury (1806–1873), « Pathfinder of the Seas ». Un navigateur à la fois scientifique et fondateur des conférences hydrographiques

Résumé

Durant sa carrière maritime, l'officier de marine américain Matthew Fontaine Maury a réalisé à quel point les données météorologiques et océanographiques existantes étaient incomplètes, et prit conscience des lacunes de la météorologie marine et de l'océanographie. En s'efforçant avec assiduité de combler ces manques, il s'est engagé pour que la formation théorique des marins soit améliorée et a rassemblé et analysé systématiquement les données concernant l'état de l'atmosphère et des océans.

Les marins relevaient eux-mêmes les données que Maury dépouillait au Naval Observatory pour les reporter sur des cartes thématiques. À cette époque, au cours de laquelle la navigation à voile intercontinentale atteignait son apogée, Maury l'approvisionnait avec des bases océanographiques et météorologiques globales. La vitesse et la sécurité du trafic maritime en furent améliorées, ce que traduit l'importance économique de ses travaux. Ses efforts culminèrent à la Conférence de Bruxelles en 1853, noyau de différentes organisations internationales.

Les travaux et les idées de Maury furent particulièrement estimés en Allemagne. Son ouvrage essentiel, *The Physical Geography of the Sea,* était largement répandu. Cet ouvrage foisonnant d'idées, paru en de nombreuses éditions corrigées, était en partie controversé entre spécialistes. Il a néanmoins contribué au développement de la météorologie et de l'océanographie.

▶ CHRISTER WESTERDAHL

Shipyards and Boatbuilding Sites

Features of the Maritime Cultural Landscapes of the North

Introduction

"In any preindustrial society, from the upper palaeolithic to the nineteenth century A.D., a boat or (later) a ship was the largest and most complex machine produced." This is an often-quoted statement, found at the beginning of the introduction of Keith Muckelroy's classic *Maritime Archaeology* (1978). If this statement were true, it would bring in its trail certain wider repercussions. For example, it could be assumed that even without the actual vessels, aspects such as the social position of boat and shipbuilding and the technological level of the societies in question might be studied by way of the building sites themselves and their contexts. In this way, it may even be possible to illuminate ships, their technology and their social landscape from a new perspective. This text thus endeavours to plead the case of these sites as an integral part of maritime archaeology and the maritime cultural landscape.[1]

One of the most time-consuming tasks in charting the maritime cultural landscape is the precise localization of countryside shipyard sites where wooden sailing ships were built in specific historical times. The main independent material to be reported on here, is the Northern Swedish survey of 1975–82, covering the period from around 1750 to 1900, most of it published only in Swedish to date.[2] The sources of the survey include oral traditions as an important part. The material found comprises around three hundred shipyards and smaller shipbuilding sites. In 2003 I managed to publish another extensive survey of Lake Vänern over a period of thirty years, but unfortunately without any concentrated opportunities in the field.[3] So far, this survey has turned up approximately 150 yards and building sites. It has been included to a limited extent for the sake of comparison; accordingly, these two original sources form the basis of evidence. In this case, they have been supplemented by general considerations of the archaeological significance of such sites, not only their physical remains and related indications of their organization, but also their cognitive qualities in the social landscape and in the local context of landscape economy and resources.

Before doing so, we will briefly recapitulate the archaeology of shipyards in prehistoric times and the Middle Ages. In order to understand what we can expect from and make of historical times, we have to review the significance of those records.

It seems that one can follow up on historical shipyard sites most successfully by means of dynamic interaction between the historical source material (including maps) and the field archaeology of historical times. However, from time to time, prehistoric or early historical building sites are found more or less by chance, in the latter case with fragmentary and historical sources, which are irrelevant in this case. Ship and boatbuilding is then likely to be referred to in more general terms, but too often without any reference to past experiences, possible principles of localization (sometimes apparent ones) or any other previously identified sites. This is a good argument for recognizing the entire time span and width of studies of maritime archaeology, thereby bringing them closer to the general orbit of maritime cultural history.

It seems, however, that the maritime aspects of societies have been so neglected in the past that it is imperative to *find a strategy to include them systematically – therefore not only ship-building sites – in any study or project of coastal archaeology.* From its very inception, one of the foundations of the archaeology of a maritime cultural landscape is the integration of land and sea (underwater) relics. Thus, the archaeological source material of the shipyards is manifested by remnant material on land, including the constructions and cultural layers of the building system, as well as in sunken or at least, submerged, ship details. These include large timber and even intact shipwrecks to a certain extent (in areas without *Teredo* and its cousins) along the shore, illustrating their partial and intentional second-hand use in new ships. Parts of the building and launching processes, such as wood refuse, chippings, shavings, iron details, iron slag (see figs. 23–25) may be better or more easily studied from underwater remains than terrestrial traces, at least those that are invisible above ground. In a number of cases, it is obvious *that the precise localization of a particular (historically known) shipyard sometimes depends only on finds in the waters outside of it.* Others are unknown in any historical source but can be proven only by way of the underwater remains. A correct interpretation of these items has to rely on preceding analysis, knowledge and field experience of such concrete cases.

Prehistorical and Medieval Building Sites

In prehistoric maritime societies, the production of means of transport must have been vital. This would also have been true for any communities living and exploiting other watery surroundings inland. However, this production would have involved the entire community and accordingly an entire range of aspects.

It is the functional sphere, however, and in particular the process of hollowing out a log, that has primarily interested archaeology. In the absence of actual building traces, researchers have referred to the discovery of particular artefacts and implement types. As an example, a discussion of discoveries in Northern Scandinavia of different types of stone axes and chisels and of other kinds of rock than flint, related to the making of log boats and lashing holes for them, has been carried out by several archaeologists, for example in recent times by Noel Broadbent (1982). Broadbent forward ethnographic analogies, such as some recent Hawaiian axe types used for such purposes.[4]

Hollowed axes are certainly likely to have been used for certain tasks in woodwork. There is a wide range of sophistication in the treatment of the cutting edge (figs. 1–3). However, this appears to have been the case with various other types of stone axes as well.[5] Their uses would have been rather manifold and it is probably impossible to pinpoint boatbuilding in particular. In any case, no building sites have been localized by such means alone.

Even in anthropological literature, a glimpse of the problems of identifying remains may be found. It is most appropriate to reintroduce the authors of holistic descriptions in such a myopic theme as this one! We are salutarily reminded of another important theme, often forgotten: the *decoration* of a thing of beauty and status.

"An examination of one of the sites on which the Maori used to build and ornament their canoes, would produce a collection of stone flakes, among which it would be possible to match any of the palaeolithic types of Europe." "Apparently, no flake could be produced of a size or shape however unusual but that it could be and was used in some way in the carving of the intricate designs."[6]

Moreover, one should never believe that interpreting relics is an uncomplicated process. To which social and gender aspect do these flakes belong? At "Rossel Island, four distinct types of single outrigger canoe are made. One of these, the *parano*, or *ndap* canoe may be used only by a chief and is an essential emblem of high rank; another, the *piano*, or female canoe, is the only one that is not taboo for women; the third and fourth varieties are used for ordinary purposes, but in different places".[7] Perhaps we should be reminded that gender is also not a product of outrigger log boats. The largest skin boat of the Inuit of the American Arctic, is the *umiaq*, the (Dan.) *konebåd*, women's boat, "the only one that is not taboo for women..." Yes, the entire society can be involved.

The social role of boatbuilding is in itself a complicated matter. Returning to the Maori, we are introduced to the significance of the entire process, from the forest to the first journey undertaken. In the following quotation, I have put the sections relevant to the building site in italics:

"To make a Maori canoe, only men of rank were employed. The Tohunga (chief) of the tribe directed the work, and each stage was accompanied by the appropriate "karakias" or ceremonies, as for instance: *1) when the trees were felled, 2) to give power to the axe to shape the canoe, 3) when the canoe was drawn out of the bush,* 4) to propitiate the heavens on embarking on a long voyage, 5) to calm the sea, 6) on arrival in a strange land, 7) to enable the paddlers to keep time, *8) at the naming of the canoe, when the priests sprinkled the canoe with water, and a slave was sacrificed."*[8]

However, what about the social role of the boatbuilder himself in Nordic prehistory? To illuminate some of the problems involved in answering such a question, I have to return in some detail to a subject that has fascinated me in particular.[9]

T-formed Neolithic red slate implements (fig. 4), of clearly combined functions to a certain extent, were mostly found in coastal

Fig. 1 A small hollowed axe, moderately modified, in the author's possession. Find from central Sweden. (Photo: Christer Westerdahl)

Fig. 2 Hollowed axe, with exquisitely modified edges, found at Hamptjärn, Örnsköldsvik, Sweden. (Photo: Christer Westerdahl)

Fig. 3 Hollowed axe, of chisel proportions, Pite river valley, Norrbotten, North Sweden. Private collection. (Photo: Christer Westerdahl)

Fig. 4 T-shaped implement found in Dombäcksmark, Grundsunda, Ångermanland. Länsmuseet Västernorrland no. 4121. (Photo: Christer Westerdahl)

Fig. 5 A Skolt Sami boatbuilder in Nuotjaur (Notozersk) on the Kola peninsula wields a mallet-like tightening instrument lashing his boat planks together. (Photo: Gustaf Hallström, 1908 / Nordiska museet, Stockholm)

seal-hunting settlements in Ångermanland in Northern Sweden from around 3000 BC, but they spread inland as well, and I have compared them[10] to a recent mallet(or hammer)-like tightening device of wood for sewn planked boats in the same area (fig. 5). This more recent implement was used in boatbuilding by Saami boatbuilders who are among the latest users of such boats in Europe. This comparison appears problematic, not least owing to the awesome time gap of five thousand years. Nevertheless, a tightening device is imperative for lashing or sewing in wood. A possible example could have been an implement found at the North Ferriby site with its four boat fragments from around 1400 BC at the Humber estuary in England.[11]

There is an array of analytical aspects, referring to metaphors and symbols in illiterate and pre-modern societies, which could be mobilized in this case. Yet the problem of the time lag is still apparent. The T-form of the Neolithic slate implements also seductively connects these implements to recent shaman antler-drum accessories.[12] Interestingly, the material properties of slate have been deemed almost identical to those of antler (and to some extent bone) by Nordic archaeologists.

There are two with different functions. The "hammer", a reindeer antler fork (fig. 6), of the drum was used for the séance of the shaman (noaite, Swed. nåjd) and the smaller, slightly different "pointer" (fig. 7) serves divinatory purposes by its ultimate position on the drum skin. The shaman's drum (Saam. South: gievre or north: guobde) was metaphorically identified as one of his technical "helpers" or "vehicles". In fact, it was explicitly his boat, during journeys between the world elements – water, air, earth – in his ecstatically engineered soul absence. Among the Evenks of Siberia, the shaman was "floating down the shamanistic river into the lower world – the khergu. His drum served him in this case as a boat, and his shaman's drumstick as a paddle".[13]

The time lag between these items can presumably be reduced considerably, perhaps to two thousand years (still a daunting gap), due to rich finds, including these implements, in a Proto-Saami settlement in Kjelmøy, in the Varanger area of northernmost Norway from around 800 BC and onward. One such item was also found in a grave a little further south, apparently female, from the first century AD.[14] *The same Saami term for the drum hammer, translated as "reindeer antler hammer", is in fact used in recent times for the mallet-like implement for tightening lashings, although it is made of wood.*[15] For this reason, there is a cognitive connection between the tightening of boats and forms for ecstatic divination. *It could have meant a parallel cognitive transformation and transmission of all three forms as metaphors and symbols.* This also has a bearing on the materials used.

The shaman was not a "king" because he was a boatbuilder, but because he was a shaman. The status of a boatbuilder as well as a shaman as a metaphorical "bridge-builder" (the term of the Roman priest, Lat. *pontifex* means 'bridge-builder') across waters (and other elements) could have affected society as a whole. However, the boatbuilder's status was certainly variable in different societies and contexts. To some extent, particular social groups, maritime or not, may have been specialized as boatbuilders and their status may accordingly have depended entirely on their group status. Saamis were indeed boatbuilders for the Norse in historical times, but their status in the recent Norse communities appears to have been low. Nevertheless, it may have been quite another story in the past. This is definitely the case in the *Heimskringla* by Snorre Sturlason, of the pretender king Sigurd, called *slembadiækn(e)*, who wintered in a Saami camp close to present-day Narvik and had them build him two large galleys in AD 1138.[16] It also appears to have been thus in the high-status grave in Norse tradition of an elderly, apparently Saami male in Lekanger, in Northern Norway.[17]

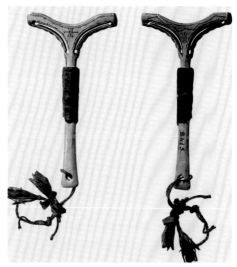

Fig. 6 The "hammer" of a shaman drum. (After Ernst Manker)

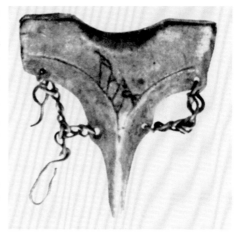

Fig. 7 The "pointer" of a shaman drum. (After Ernst Manker)

Group coherence is another variable. In India, the West Bengal boatbuilders, *biswakarmas*, do not as a whole constitute a particular step in the caste system but certainly a special group (oral statement, Swarup Bhattacharya). Numerous references to and indications of the positive significance of boatbuilding and the status of the boatbuilders in illiterate and pre-modern societies could be adduced from ethnographic literature, see above, and notably Malinowski's famous account of Melanesian New Guinea.[18] Still, their status may be based more on their general position, not necessarily referring to boatbuilding itself in the first place as a socially important activity.

In medieval Norse literature of the twelfth and thirteenth centuries AD, an obsession chiefly with galleys, purportedly applying as well to the preceding centuries (the Viking Age), is obvious. The master shipbuilder of such a vessel will have been praised highly for his work, and accordingly must have acquired high status.[19] In a male status grave at the fortress camp *Trelleborg* on Danish Sealand, a silver-inlaid broadaxe was found, an archetype in ship and boatbuilding, and also an item indicating leadership, perhaps for such a process.[20] The graves of other farmers/craftsmen, especially smiths, refer to at least a cognitive intermediate status, and several of them could have been boatbuilders as well as smiths.[21] Production of iron nails and other fittings was one of the most important elements at a boatbuilding site from the Early Iron Age onward. The grave of a well-known medieval smith appears to have been found at Hérouvillette, Normandy.[22] There are quite a number of such graves in Scandinavia, not least in Norway.[23] An itinerant boatbuilder and smith may have lost (or sacrificed?) his complete equipment in the well-known Viking Age chest in the lake of Mästermyr, Gotland.[24]

The site of the North Ferriby Bronze Age boat finds from around 1200–1400 BC, already mentioned, is very probably a boatbuilding and maintenance site for planked boats. It is situated partly in an intertidal zone and so this interpretation may not be self-evident. However, it has recently been interpreted in the following way: "The only known prehistoric boatyard in Western Europe."[25] Accordingly, among the finds was a possible tightening device, along with wooden chips and probable scrap wood (above).[26]

The oldest boatyard found so far in Northern Europe appears to date from the Mesolithic period, around 5000 BC, in this case showing signs of log boat production. Reflections on the nearby resource landscape are likewise interesting:

"In the very last years, new and interesting information on the production of such vessels has been found. There is every reason to assume that trees normally suitable for boat construction did not grow on the settlement sites. The ordinary method must have been to locate a tree in the forest – probably not very far from home. The primary production step – the hewing out – took place where the tree was felled. This explains why definite indications of boat production are extremely rare. However, at a newly excavated Ertebølle settlement, *Agernæs* on Funen, we have found a regular Stone Age boatyard.[27] The frontal waste contained an area of 2 x 10 m, covered with an approximately 10-cm-thick layer of wooden chips and splinters – all of linden. The chips were of an oval or rectangular shape, 25 to 30 cm in length and with a triangular cross-section..."[28]

At present, it is not possible to say for sure if this is also the oldest boatbuilding site in Western Europe. In fact, the underwater excavations at the Solent in Southern England, in the area of *Yarmouth* on the Isle of Wight, has already presented a case of such a site from around 6000 BC, including a wooden platform and wood chippings.[29]

Very few shipyard sites of Classical Antiquity have been identified. However, numerous boathouses and sheds may have served this purpose. In Egypt, the opposite of a shipbuilding site – a "shipbreaking" site has been found at *Mersa Gawasis* on the Red Sea. This site is situated close to a harbour where imported ship construction kits of Lebanese cedar were transported overland via the Wadi Hammamet from the Nile. Recycled timber, including steering gear, have been accounted for. The analysis therefore presents us with yet another type of building site, the shipbreaking and recycling site, certainly bearing social implications.[30]

Considering the large time span which I will allow myself in the North, it might seem curious not to include, for example, the medieval ship sheds in Barcelona, the *tersane* of Alanya, Turkey, or the huge Arsenal of Venice, all fairly well preserved. The focus here, however, is on rural areas, not on urban milieus. Besides, there is no ambition here to cover all indications of shipyards and possible sites. In certain contexts, there will be references to towns even in this text, but mostly those of the North.

Some global glimpses are inevitable. The colossal depression of the fifteenth-century shipyard, the Treasure Shipyard of Cheng Ho's (Zheng He) fleet in Nanjing, China, is of course without peer in the West. There were originally thirteen basins along the Yangtze River, but several were destroyed during construction work rather recently. One is 421 metres long and 41 wide. However, the outcome of excavations conducted at Dock No. 6 does not seem to present a clear picture of these huge constructions, despite the recovery of at least , artefacts. The fleets of Cheng Ho (Zheng He) were sent out from 1403 to 1433.[31] Very likely, the ships were launched by letting the river water into the basins, like in the tidal basins of medieval England (below).

So far, I have only seen one boatbuilding site published in the Pacific. There must be scores of them. At *Huahine* in French Polynesia, several boat finds were dated by 14C analysis at around AD 700–1150.[32] It is perhaps typical that the boat finds necessitated an interpretation as a boat-yard. Other indications are generally not taken at face value. However, perhaps I am being unfair in this case. Other instances are very rare in any case. In general, the level of preservation appears to be worse in the South than in the North.

Late Prehistoric and Medieval Periods, Northwest European Building Sites

As in the preceding cases, only some representative examples will be given in this section. The traditional lapstrake or iron-clenched vessel of the Nordic countries required huge amounts of iron nails. This is a category of finds represented quite commonly at boathouses. A rare example from Sweden is *Snäckhus* ('the house of a *snekkja'*) in Burs on Gotland.[33] There are a few others in Sweden and Denmark.

The greatest reservoir of knowledge is constituted however, by the Norwegian boathouses, called *naust*, of which at least eight hundred have been identified from prehistoric and early historical times.[34] The earliest *naust* appears to have been dated from the second century AD.[35] Several of these early naust had already attained a length of approximately 25 metres. Together with the fairly well-known Iron Age harbour, market and handicraft site of Lundeborg on Funen, De[j]nmark[36] these *comprise the earliest evidence of iron-clenched vessels of the North.* According to actual boat finds, the transition from sewn boats to iron-clenched vessels seems to have occurred during the first few centuries AD.[37] They were similar to the well-preserved oaken Nydam ship of 23 metres length from Als, Southern Denmark, dated dendrochronologically approximately at AD 310.

All these *naust* sites were obviously maintenance sites for the ships as well as the original building site of certain vessels. Apart from the iron nails, implements and traces of pottery, tar and pitch production are also mentioned.[38] Nevertheless, all the possible aspects of boatbuilding sites have not been explored here, nor anywhere else so far. Very probably, these sites could often have been considered *centres of maritime culture* in their particular Iron Age context. Research has, reasonably enough, concentrated on the power strategies and patterns: *leidang* levy systems and the power landscapes of chiefs and feudal lords.[39]

The first indication of a transition between paddled to rowed boats also stems from a boat-building site, if a minor one. This complex is known as the *Mangersnes* find. This site was found on a small island, Radøy, in Hordaland, Norway, north of Bergen. There is a lake on the island called Nesvatnet, and it drains into the sea via a small brook. There is a small bog at the lakeside part of the brook, where boat parts were found, together with thick layers of branches and pine shavings, and to some extent oak chips. The branches are of birch, hazel and juniper. It seems likely that the latter

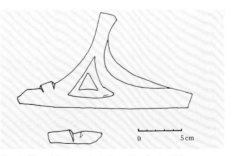

Fig. 8 The oldest rowlock from the find of Mangersnes, West Norway, dated ca. 50 BC – AD 250. (After Christensen 1995)

274

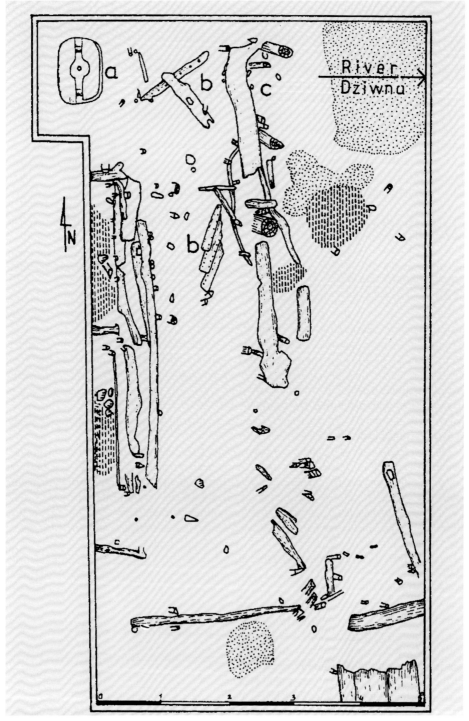

Fig. 9 Fragments of boatyard at Wolin dating from the end of the ninth century AD, including a winch.
(After Filipowiak 1994)

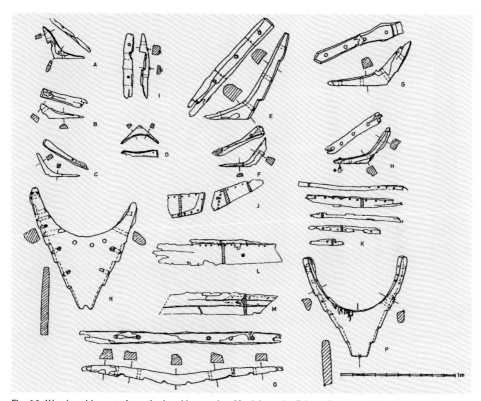

Fig. 10 Wooden ship parts from the breaking yard at Maglebrænde, Falster, Denmark. (After Skamby Madsen)

were material for fish weirs in the lake, of which some remains can still be seen. The ship parts are worn. The general impression is that boats were repaired at the site and some replaced parts were left there. Several fragments of ribs have holes for lashings and one has a trace of a clinker nail in its upper part. There is also a boat plank and a fragment of a plank cleat for lashing to the rib. On the other hand, there is no direct proof of sewing. The presence of lashed ribs does not offer any relevant dating. It is a feature that extended well into the Viking Age.

However, what is truly indicative of the transition is found among the five rowlocks. The oldest and thus the most interesting find is dated by 14C at the interval 30 BC to AD 250[40] (fig. 8). The earliest find of an actual boat with its rowlocks preserved, the Halsnøy find of Southwest Norway, is dated at AD 335.[41] Comparing the fragmentary lashing cleat from Mangersnes with the finds of Halsnøy and the earlier, from Valderøy AD 245[42], has led to other significant insights – the diagonal splitting of logs to prevent a cleat from breaking off of the plank.[43] The other datings of rowlocks comprise the period from AD 560–670. There are parallels with the Nydam ship, around AD 310 (as above), as well as that of Kvalsund, 14C dating from around AD 690.[44]

In West Slavonic shipbuilding during the Viking Age and the Nordic Early Middle Ages, the predominant fastening materials were treenails (oak), in contrast to the ever-present iron nails in the North. At the Viking Age urban settlement *Wolin*, at one of the mouths of the Odra (Oder), large numbers of treenails of varying sizes have been found. Many have been cut to repair or replace damaged planks. There are also ship parts and remains of a wooden winch for hauling boats up onto land, with a similar construction that was known from the area in fairly recent times[45] (fig. 9).

Fig. 11 The nail "seeker", *"spiksökare"*, of the Viking-Age Paviken site on Gotland (broken) compared to a modern variant. (After Lundström)

Another large site with similar material is at the *Fribrødreå* River, close to Maglebrænde on the Danish island of Falster. It has been carbon-dated to the late Viking Age and the early 1100s. There are huge quantities of loose details of tree-nailed ships (fig. 10) indicating a place of vessel repair, shipyard or break-up place, perhaps even a combination of all three functions. The intention of recycling parts for other, possibly new, ships is likely. The ships, as well as other finds, appear to be West Slavonic in shape and construction technique. Another striking fact is that the place-name element *Fribrødre* is obviously derived from the Slavonic *Pri brody*, 'at the ford.'[46] More follows below on the other place-name flora, in this case of Nordic origin, at the site.[47] No final interpretation of the site has been presented thus far, but attempts have been made.[48] It thus appears to have been at least a breaking site in the same sense as that on the Red Sea (above), although indeed with local wood resources at hand.

Fig. 12 Sewn boat fragment from Suojoki in Keuruu, Central Finland. (Photo by way of J. Vilkuna)

Fig. 13 Oar from Suojoki in Keuruu, Central Finland. (Photo by way of J. Vilkuna)

Stray finds of boat fastenings of any kind would be an obvious indication of a ship or boat-yard. However, there are other implications of such artefacts. The study of treenails (cf. fig. 45)[49] and clenched nails of different types[50] could possibly give important information on ship sizes as well as cultural connections in shipbuilding. This is a field of study still sorely needed. There is a slight possibility that the square legs of clinker iron nails were partly an eastern phenomenon, in Finland, the Baltic region and Russia, whereas Nordic nails seemed to be round in cross-section.[51] The material of the study derives from boat graves in the areas concerned. However, boats are indeed mobile objects. There are also many "exceptions", which makes these attributions doubtful.[52] At boatyards like Wolin, blanks for several iron roves were found, with holes for the nails, forged together to be cut up later into individual pieces.[53] The nails between the planks used in cog-like ships (further below) are easy to distinguish from the others. They were not clenched against a rove, a nail-plate, and were usually much bigger than regular clinker nails.

To be able to cut iron nails for repair of a plank in later times, a particular implement was used, a kind of chisel, Swed. *spiksökare*, 'nail seeker.' An almost identical artefact was found at the Viking-Age trading place *Paviken* on Gotland (fig. 11).[54] Another was unearthed at the Danish fortress of Trelleborg mentioned above in connection with the grave equipped with a silver-inlaid broad-axe.[55] This

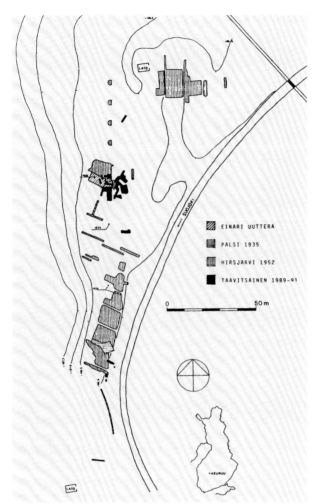

EINARI UUTTERA

PALSI 1935

HIRSJARVI 1952

TAAVITSAINEN 1989-91

0   50 m

Fig. 14 Excavation areas at the site of Suojoki in Keuruu, Central Finland. (After Vilkuna et al. 1993)

kind of discovery, found casually or in an identifiable context, seems to point to repair rather than new vessel construction. However, these functions were rarely separated geographically, even in later times. Most of the sites mentioned were not only shipbuilding sites but also harbours, or were incorporated into larger areas with potential as havens for shipping.

It is not uncommon to find iron clinker nails, even in inland areas, on the shorelines, ancient or still existing. Per Hansson has excavated such a site[56], in a drained wetland, formerly a lake, at *Skeppsta* (Swed. 'skepp' means 'ship' or – dialectally – 'boat') in Närke, Central Sweden.

If we move on further to the East, in Central Finland, the remarkable find of the *Suojoki* brook at *Keuruu* from around 1300 AD may be relevant in this connection. During the medieval period, this part of Finland was part of the interior wilderness, although a sparse population of hunters and fishermen did exist. No permanent settlements are known. A considerable amount of sewn boat parts (fig. 12), oars (fig. 13), sledges, skis and wooden blanks at least for three of them, were preserved in the wetland. Some of it was excavated in several stages (fig. 14). The interpretation has vacillated between several hypotheses – harbour, deposit, or construction site, among others.

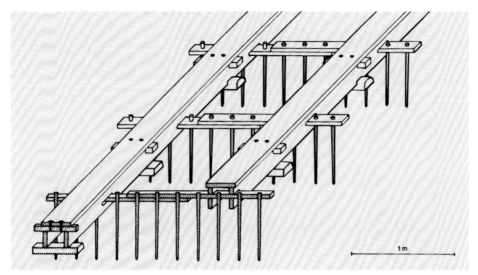

Fig. 15 A reconstruction of a possible slipway at Wurt Hessens, Wilhelmshaven, North Germany. (After Ellmers 1972)

The deposition could have been made in water, which may have meant a preparatory stage for building vehicles or vessels, but it could also have held other implications. If deposited during the transition periods to other means of transport during the annual cycle, returning to the same site several times, the combination of boats and snow vehicles may have meant visits in autumn or at the beginning of winter and in late spring. The deposition then would have been made with covers on the surface, and not in the water. The site itself marks a transport zone transition from river valleys to large lake systems on the terrace of Central Finland.[57]

Detlev Ellmers has given several indications of shipyard sites dating from medieval times, some of them mentioned here, in his monumental work on early medieval merchant shipping.[58] The actual shape of a slipway for a medieval shipyard is rare if indeed not non-existent. Ellmers identified a wooden slipway of the eighth century AD, in this case for a flat-bottomed, cog-like vessel, at Wurt Hessens close to Wilhelmshaven in Northern Germany (fig. 15).[59] Ellmers was looking for evidence of this type of vessel rather than for a shipyard. The interpretation appears to be problematic. Today, it seems, rather, that this construction belongs to a second stage of construction and it is to be considered a sophisticated stabilizing device for slippery manure in a stable on the terrace surface of the Wurt.[60]

At Janów Pomorski in Northeastern Poland,

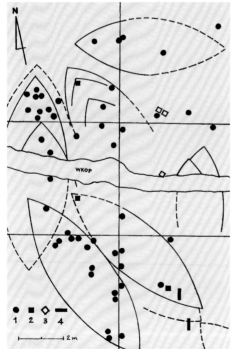

Fig. 16 Boat "shadows" at Janów Pomorski, Poland. (After Jagodzinski & Kasprzycka 1991)

probably *Truso,* mentioned as a port around AD 890, numerous boat-formed – including numerous pointed-end – colourings of the excavated area (fig. 16) may have had something to do with boatbuilding but they could not have been actual slipways. These features are in fact rather puzzling.[61]

During the analysis of the Viking-Age settlement at the harbour of Haithabu, Hedeby in Schleswig, two marked concentrations of shavings, clinker nails and treenails were detected. In the vicinity, secondary, used, keel-like wooden blanks were found. However, there were still no traces of anything like a slipway. After the middle of the eleventh century, this port site was abandoned in favour of Slesvig across the bay. Another area with shavings and a single find of a wooden ship's knee was discovered[62] in an area suggested as a potential harbour for the royal mansion at Holmer Noor in the Northeast of the growing medieval town.

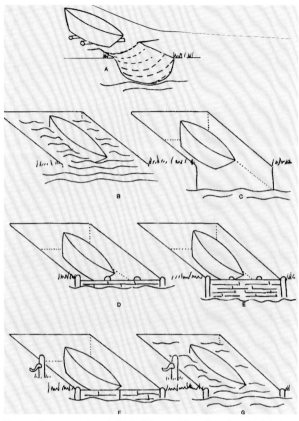

Fig. 17 Reconstruction of shipbuilding and launching in a tidal dock on the Thames. (After Friel 1995)

In the West, the tidal range in the lower reaches of rivers provided excellent conditions for dry docks. During the Middle Ages, ships were apparently built in basins dug out on the shores and floated by the inlet of water during high tide. Such tidal docks are known in historical sources from at least AD 1295 to around AD 1500 (fig. 17).[63] Today, the archaeological traces (depressions) of such basins are rare. None has been excavated. To maintain a geographical focus but in a more urban setting: the shipyard preserved with its shaped ship timber, some recycled, on the ground, dating from about 1400, in Poole, Dorset, England, appears to be unique (fig. 18).[64]

Other archaeological finds at shipyard sites of the Middle Ages may include materials for luting and/or caulking. In the West Slavonic area, the traditional moss stuffing used was of the *Drepanocladus* species group, as in Wolin, Poland; in the North, cattle or other animal hair was the usual material, if any of it has survived at all. Implements such as axes (broad-axes and special, socketed, axe types), special chisels (often socketed), augers and profile (section) irons could also be relevant to identifying a site.[65]

The resource landscape has a wider range than the individual site. Damian Woodburn has attempted to reconstruct the forest landscape of Southern Roman Britain by way of timber of ship finds such as Blackfriars of around AD 200.[66] For later periods, the production of textiles and, to some extent, rigging material has come into focus. Parts of medieval sails have been preserved in churches, and they are invariably of wool. In any case, wool was almost the only

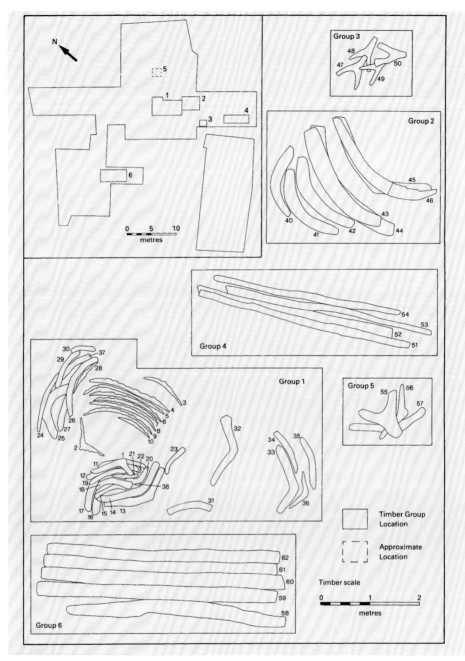

Fig. 18 Ship timbers preserved in an urban environment in Poole, Dorset. (According to Hutchinson 1994 and Watkins 1994)

material to be produced in such amounts as to be feasible. To weave such coarse woollen material as sailcloth, larger loom weights are needed than those for normal clothing. Such finds have been discovered for example at the Viking-Age harbour and trading places in Skåne, Southern Sweden, in particular in Löddeköpinge and Åhus. This material has been analyzed by Eva

Andersson.[67] During the later Middle Ages, linen sail cloth and hemp linings intruded in earnest on this traditional material, and subsequently came to replace it.

The rigging in the North during the Middle Ages has been shown by the professional Danish rope-maker Ole Magnus to consist almost exclusively of lime bast.[68] Hemp only appeared in earnest in the sixteenth century. The study is based on analyses of wreck finds, such as those of Roskilde in the 1990s. However, lime bast is better preserved in wet conditions than most other materials, in itself perhaps an argument for its use. Nevertheless, an element of source criticism might of course be applicable.

Another discreet find in Northwestern Europe pertaining to shipbuilding is the rectangular, oval or butterfly-formed iron fittings for caulking lathes

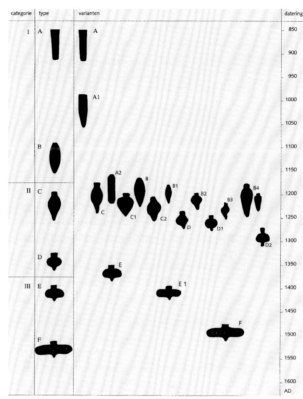

Fig. 19 Dating *sintels*. (From Vlierman 1996)

holding the caulking or luting, in this case moss.[69] In this instance, particular ship types could be indicated from the foundation. Studies of these fittings show that a cog-like vessel is the mainstay of this technique. The traditional Dutch name is *sintels* (fig. 19). Ellmers has already pointed out their significance.[70] The most thorough treatment of this subject yet is that by Karel Vlierman.[71] The Bremen-type archaeological cog is a combination of carvel (bottom) and clinker (sides). Sintels were used both inside and outside the hull. They appeared in the Rhine area, quite early, in the ninth century. A great number from different periods have been found at the large river barge centre of Duisburg.[72] Later they were found not only in inside wreck structures, but also in shipyard areas outside the town walls of Lübeck along the river Trave (here, 1180s), at the Elbe close to medieval Hamburg, as well as in other inland areas, e.g. along the Peene and its tributaries in Pomerania, a well-known shipbuilding district even in later times[73] (more on this area below). These kinds of fittings have also been used in traditional clinker vessels for repair, e.g. in the thirteenth century wreck of Asker/Sjøvoll, Southern Norway.[74] The application of similar fittings was obviously not uncommon in other parts of Central Europe (along the Danube to the Black Sea) and the East, especially in river systems, from the Baltic area to Russia. However, it is unclear whether this was the result of diffusion or a partly independent development. Possibly, it is both.

So far, little of the social landscape of shipyards and boatbuilding sites has been discussed. Let it suffice to remember here that, like transportation (for Denmark, see Bill 1997: 9ff), *ship and boatbuilding were part of the feudal obligations of many dependent peasants and crofters of Europe during the Middle Ages.* Waldemar Ossowski of the Centralne Muzeum Morske at

Fig. 20 The naval shipyard area of Slotø, Lolland, Denmark. The building site was between the two brick and stone walls with traces of stone paving in the ground, but without any slipway-like pattern. The picture was taken from the tower. (Photo: Christer Westerdahl)

Gdansk recently reminded us of the *ius ducale* in Poland and apparent traces of communities of explicit "log boatbuilders" in *Korablniki*, three identical settlement place-names along river systems.[75]

At the end of the Middle Ages, the first royal shipyard of the North was established by the Nordic union king Hans (Johannes) in AD 1509 on an island called Slotø in the Nakskov fiord in Lolland, Denmark.[76] It was efficient for only a few years, and was subsequently moved to Copenhagen permanently. This marks the final entry of an industrial production of large-scale carvel-built warships. The central part of this shipyard was enclosed by preserved walls and a round tower designed for artillery, clearly revealing its military importance (fig. 20). It is now a protected historical monument. In connection with this, it is interesting to know that heaps of coarse timber lie in the waters immediately outside of the shipyard, illustrating the importance of combining the land and underwater features outlined above.

Somewhat later, in the 1550s and after the secession of Sweden from the Nordic union in the 1520s, the Swedish king Gustavus Vasa ordered several shipyards built. The remains of the cultural landscape of what was apparently one of the largest of these yards in rural areas is found at Björkenäs near Kalmar, dates from the 1550s, and can still be seen in part. No serious excavation work has been possible so far.

Conclusions Thus Far

It can be demonstrated that the ship and boatbuilding sites, without being widely recognized as a particular analytical category, have already yielded important information, for example on such early periods as that of the transition between sewn and iron-clenched vessels and between the propulsion methods of paddling and rowing. Importantly, they appear to confirm changes in the technology of ships and shipping in localized places, otherwise only known in shipwrecks, i.e. the mobile objects built at such sites. Furthermore, multifarious kinds of maritime activity areas have been identified in the vicinity of such sites. The transport landscape inland has been implicated. In the social field, the reflection of the landscape of power and feudal duties, of cultural patterns and traditions has been enriched. Social and symbolic patterns have been indicated as having bearing on the status of the boatbuilders.

The field therefore contains enough dynamism to be of great interest, not only for prehistoric but also for early historical researchers. It is to be expected that the fields of historical archaeology generally and maritime landscape archaeology in particular can benefit in the future from studies of this type of remains.

Shipyards of the Northern Baltic: Some Reflections

From here, we move on to the material available during the Norrland survey of Sweden 1975–82. As mentioned above, it covers the period from approximately 1750–1900, but the exceptions include some excursions backward in time.

Geographical Setting

Let us begin with a few general geographical facts. These coasts are part of the Bothnian Sea (Swed. *Bottenhavet*) in the South and the Bothnian Bay (Swed. *Bottenviken*) in the North. They are part of the larger unit of the Baltic. Swedish *Bottniska viken* is the common name for them, in English, both together would be called the *Gulf of Bothnia*, in German, they are called *der Botnische Meerbusen*. The natural division between them, the Bothnian Sea then being to the South, is the narrower passage called (Norra = North) *Kvarken*, approximately between the towns of Umeå and Vasa (Vaasa) on the Finnish side, where we find archipelagos on both sides, including Holmön, which was mentioned recently. The natural dividing line between the Baltic proper and the southern part of the Gulf, the Bothnian Sea, is the Sea of Åland (*Södra* = South *Kvarken*) and the extensive archipelagos of Stockholm in Sweden, Åland and Åboland in Finland proper. Since the last Ice Age, the land upheaval or uplift in the Bothnian area on the Swedish side is the greatest in the world. It has not been entirely linear but, generally speaking, it can be estimated for the recent centuries as 1 metre in the Northern part of the area and about half, 0.5–0.6 metres in the southern part of the area. For the shipyards referred to here, this means that in the period from 1700–1900, the remains of those situated on the actual shore of the mainland or on islands (not uncommon), and not in the lower reaches of rivers – which is in fact fairly common – will be found within the range of at least 1.5 to 2 metres above the present sea level. In many places, especially in the shallower areas of Norrbotten, Västerbotten and in the South Uppland, Gästrikland and Southern Hälsingland, their rural features largely appear to come from the sea, in present-day forested areas, where they may even have been damaged by the machinery of modern forestry (cf. figs. 35–36).[77] Even more difficult to localize are earlier shipbuilding sites from the Middle Ages and even earlier times. On the other hand, the land uplift is an excellent ally of archaeology in all periods, in the sense that it can help to date remains previously on the ancient shores.

Beyond the Dalälven River in Sweden and the southernmost coast of Finland, no oak grew. Pine was used for large ships for the crown, even during the sixteenth and seventeenth centuries, but the superior quality of the subarctic pine was not generally recognized. This recognition belongs to the eighteenth century (below).

In this area there was a working minimum of roads, and only winter meant unlimited access to easy ice and snow transport, not only inland but also close to the coast. However, up until the last part of the nineteenth century and even today, for the export of raw materials, such as iron ore and planks, the bulk of heavy transportation was carried out by way of shipping. Thus the need for ships and shipbuilding was fundamental.

Across the Gulf of Bothnia

From time to time, the Bothnian shipyards have been among the most productive in the Baltic. In the eighteenth century, it could roughly be computed that at least one third of the Swedish ships were built in Finland and Norrland, perhaps one third in Swedish Pomerania and the remaining third would have been either foreign-built or built in the southern part of Sweden. However, Finnish Österbotten (Ostrobothnia) was by far the greatest single ship production

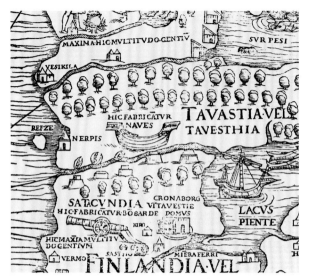

Fig. 21 Detail of the *Carta marina* of 1539 by Olaus Magnus. The depiction of a ship is accompanied by the text *Hic fabricantur naves*, "here ships are built." It seems likely that Olaus Magnus wanted to indicate South Österbotten (a river somewhere upstream from present-day Närpes, *Nerpis*), but it should not be taken as a geographically correct statement.

centre.[78] If I were to compare Norrland with Finland, just to give an indication, I could mention that my preliminary list of ships built in Norrland contains at most around five thousand ship names from 1750–1900, but Pekka Toivanen has around twenty thousand in Finland during roughly the same period, most of them presumably built in Österbotten. However, there were great fluctuations over time. The significance of Finnish shipbuilding was acknowledged by Olaus Magnus on his ethnographic map, the *Carta marina*, in 1539. A river is depicted, apparently placed by him, somewhat upstream in the southern part of this shipbuilding region. The text says *hic fabricantur naves* ("here ships are built") (fig. 21).

This activity coincided neatly with the regional agrarian profile and its labour cycle during the year. In Österbotten, shipbuilding was the most important local industry before industrialization started in general. The Finnish peasants, harking back to a tradition from the Middle Ages, used a set combination of many different ancillary and seasonal lines of industry, fishing, trading, sealing and exploitation of the inland areas (Swed. *ärjemark*, Finn. *erämaa*).[79]

The maritime aspects are thus apparent in several of these: fishing (even inland), trading and sealing. If we add the production of ship timber and tar for ships together with shipbuilding, the agrarian element seems minor – as in fact it was. The authorities were reproachful, but since they benefited from the other activities of the Ostrobothnians, the lack of interest of the latter in agriculture had more or less to be tacitly accepted. To some extent, the same versatile economy existed on the Western side, especially at the Bothnian bay (ancient Västerbotten), but in a much more restricted sense. For example, trading and sealing were less important. As to the significance of fishing, it is remarkable that burghers from southern towns could carry out the main large-scale fishing activity, almost to the present-day Umeå, esp. Gävle, from the sixteenth century onward. In a way, the two sides of the bay may have been complementary, with one side compensating for the deficiencies of the other. The Westerners generally grew more crops while the Easterners depended more on animal husbandry. Moreover, the Easterners as part-time sailors always had recourse to the attractive barter items of the others. Unfortunately, we do not know the scale of the barter traffic across the bay, but it certainly existed, in varying degrees.

A Bothnian connection is apparent in most cultural aspects at any rate, including languages. Along the inner Bothnian coasts, people were bilingual in Early Modern times, presumably mostly Swedish-speaking but with considerable knowledge of Finnish. As to the direct connections in shipbuilding, they are obvious immediately before our period. Master shipbuilders are known to have been summoned from Österbotten to lead (and teach) construction in the Norrland towns after the Great Northern War (1720s) and at the end of the eighteenth century.

We will see references to the transfer of knowledge below. Nevertheless, other cultural expressions go hand in hand with knowledge.[80] It is not always necessary to surmise a direct influence from one part to the other. On the whole, the Inner Bothnian cultures had many profound common traits and experiences, not least those of carpentry, timber and other resources. However, in the case of innovations in shipbuilding, such as carvel / full-skeleton construction[81] and (later) the use of the pit-saw – maybe also at suitable locations for shipyards –, the impulses came from the outside and were conveyed by way of the navy, the largest southern shipyards and the Ostrobothnian (Österbotten) shipbuilders.

Shipbuilding was presumably quite important in certain other parts of Finland as well, both economically and cognitively, but also based on other local conditions. Most of this coastline was inhabited by Swedish-speaking maritime groups. During the national awakening of the Finnish-speaking population, many of these groups changed their language. An example of this can be found in the remarkable but little-known novel in Finnish, *Alastalon salissa* by Volter Kilpi (1933). The subject is in fact the planning of a ship in the beginning of the last century, but nothing comes out of it. Accordingly, it is a story of bragging in a society where plans for shipbuilding were the acme of male endeavours. Its main message may otherwise be its narrative technique, close to the "inner monologue" of James Joyce, but independent of it. In this case, the shipbuilding area is that of the author, the archipelago at Kustavi (Gustavs) in Southwestern Finland.

Shipping and Trade: Core and Peripheries

On the other hand, the most important shipowning communities were found elsewhere. The situation could reasonably be described as a classical centre-periphery relationship between metropolitan cities such as Stockholm, Åbo, Tallinn (Reval), all with medieval foundations, and the North. Only these metropolises had the capital needed to buy and use the ships of the North. Both Bothnian coasts belonged to the Swedish realm with Stockholm as the capital city, and in it, this division was partly exacerbated by a centralizing state policy, concentrating capital, traffic and trade to these metropolitan cities, and relegating even the indigenous Bothnian towns, founded from the 1580s to 1650, to a second-rate trading role. They were forced to gain customs clearance and offer their goods in these southern cities before being able to leave for other destinations. During shorter periods, however, they sometimes had opportunities to bypass them legally through ad-hoc special privileges. Nor was any foreign traffic allowed directly into these cities, only by way of Stockholm. This complex network of laws, privileges and regulations was summarized in the concept of the *Bothnian Trading Compulsion* (*Botnischer Handelszwang*, Swed. *bottniska handelstvånget*) with its roots in the High Middle Ages. From the Bothnian point of view, it has been described as an unfair system. However, this mainly concerned the constraints of the local cities. The peasants/farmers, the local producers of goods like timber, sawn planks, tar and fur, would have found better prices in the metropolises than in the town nearby. Nonetheless, they were ordered by the authorities to go only to their own town. This also meant that a merchant from a certain town could only trade with a farmer within the borders of his own district. Stricter rules for this were encouraged by lobbying carried out in Stockholm by the magistrates of the local towns. However, some of the producing farmers, especially those in the far North, were allowed to go to Stockholm and Åbo, for example, with certain restrictions on the size of their vessels and cargoes, including the rule that the vessels must be open and undecked.

A famous speech (Serenius) in the clerical estate (*prästeståndet*) in the *riksdag* of sixteenth October 1762 is quoted here:

"The Norrlander cuts the logs in his own forest, saws them in his own sawmill, to have the planks loaded onto his own ship, which he has constructed from his own timber and coats with his own tar. One owner is a rope-maker, another brews and bakes the ship food, a third is the skipper, mate or sailor on board and his son the mess boy, and all live on a frugal diet" (my translation).

The conflicts inherent in the system led to its abolishment in stages. Export from the cities directly to their foreign destination was allowed in AD 1766, but fully implemented in 1767. Characteristically, preparation for this often started with the building of new, local cargo ships. They became a symbol of newly won urban freedom (see the caption of fig. 55). This meant an upsurge of modern shipbuilding in general. To be sure, carvel building had earlier been privileged with export customs freedom in 1681, but to an area from which one could not legally sail directly abroad, it mattered little as an encouragement. *Kommerskollegium*, the central authority in Stockholm, invited shipbuilding cities in the North to send suitable persons to learn carvel building in the capital. In many places, like Piteå, we know that carvel building was introduced in 1718, but ceased later, the peasants building in clinker the entire time. Unfortunately, the method of skeleton building in carvel was poorly understood. In Luleå, two vessels built in carvel acquired a particularly bad reputation, the *Elisabeta* of 1739 ("unsteady") and *Nyckelen* 1743 ("worthless"). Some were built with some success in a combined clinker/carvel style, i.e. with a carvel bottom, a method, which continued well into the nineteenth century. The first fully carvel-built ship in the far North seems to have been the frigate *Norrland*, built in Luleå in 1759. It is true that certain other ships were built this way during that period but they were few and far between. Only when the direct sale of ships abroad was possible, from 1767 onward, did the carvel method become interesting to the town merchants of the North. Initially, the dominant types were smaller *galeaser*, ketches, and three-masted *krejare*, without topsails, in ca. 1780 the *barque* ships took hold in earnest. In Luleå, the *snaubrigg*, snow brig, became a local brand. During wars, the *brig(g)* and the *brigantin(e)* were the most important vessel types. A popular rig after 1800 was that of the *fregatt*, frigate. However, the peasants were still not allowed to build decked ships (more below).

An important journey to the far North by the famous Swedish navy shipbuilder *Fredrik Henric Chapman* or, ennobled, *af Chapman*, in 1759–60 led to the recognition of the excellent qualities of North Bothnian pine, not only in Sweden.[82] It is remarkable that such an apparently "fresh" area as Österbotten could adopt a new ship type, the *barque*, to be widely spread in the Western world, and start almost immediately on the opposite, "Swedish" side. Of course, the drawings were those of Chapman.[83] However, it is in fact no wonder against this longstanding backdrop of profound maritime experience. The close social relationship between sailors, shipowners, shipbuilders – sometimes one and the same – and the small scale of units deployed was an excellent precondition.

The North American War of Independence (1774–76), the Napoleonic wars (1798–1815) and the Anglo-American war (1812) meant excellent conditions for the export of large ships from the North, including the Bothnian area as a whole (Nyström 1982). In 1809, Finland became a part of the Russian Empire and, to a degree, other regulations were in effect there. Yet the old connections were still upheld. In the Swedish area, international traffic was finally allowed directly to the Bothnian cities in 1812. Of course, this circumstance alone could not be expected to encourage local production of ships.

On the other hand, the loss of Finland (1809) and soon afterward (1815) the important shipbuilding areas in Swedish Pomerania, forced Sweden to develop its own resources in this field. The Bothnian area may have produced as least half of all the larger ships built on Swedish territory in the years that followed, sometimes considerably more.

The Bothnian peasants were soon allowed to build larger, decked vessels. A revolt by the peasants of Nedertorneå in Norrbotten in 1783 may have been instrumental in creating an exception to the rules.[84] The circumstances are illustrative of the situation. Unfortunately, the sources pertaining to this event have been partly destroyed. Nevertheless, we know enough to sketch the story:

During the winter of 1782–83, a large ship with two decks, and a keel of 12–13 fathoms, approximately 22 metres, was built in carvel by local carpenters on Seskarö (Finn. *Seitsenkari*) in the archipelago of Torneå. It was described as a snow brig, *snaubrigg*, or a "ship". The town burghers of Torneå reported to the authorities in the spring of 1783, and the latter ordered sequestration of the vessel, but the local police were unable to do anything. A military squad of twenty-four was sent with a sloop to the shipyard. The ship was then fully loaded and ready to sail. According to later reports, a company of peasants defended the ships, armed with stones and guns. They were assisted by "the entire male population of Nedertorneå with a strength of eight to nine hundred people". Warning shots were fired. One of the defenders was shot in the leg when he cut the painter of the larger vessel to let it sail. The ship went to sea in a storm and sailed to Stockholm. The county municipality of Västerbotten in Umeå informed the authorities in Stockholm that the ship must be caught there. It was now a question not only of sequestration but also of punishment for resistance to the local authority. The ship was taken and part of the crew was sent to Umeå. It seems, however, that the owners had indeed duly informed the central authorities (not the locals) and that all other papers were in order. The following trial, which was held in Haparanda, seems to have resulted in a verdict advantageous to the crew. It seems that they encountered a great deal of sympathy on the part of the judge and other people.[85] Again, we do not know the details.

Therefore, the building of a ship could also mean *an act of defiance.* The revolt at Seskarö was a reasonable reaction to a blaring injustice. In this period, local people all over the North were afflicted by serious famine. They could not earn enough with their own work or the sale of their resources to acquire grain and other necessities. Even though the town merchants had to compete with other cities, including the capital, the peasants only received a negligible share of the earnings from the sale of such important commodities as tar, which they produced them-selves. It has been computed that merchants improperly could earn more than twenty times more in pay for one barrel of tar than the producers.

It is understandable that the shipyard of Seskarö and other shipbuilding locations must have *symbolized freedom from this yoke of restrictions* under the circumstances. Moreover, many other communities of the inner Bothnian area shared the conditions of Nedertorneå. The fact that the ship was of considerable dimensions and built according to modern standards must have been an additional source of pride in the area. Oral tradition still points out the shipyard site, and at least parts of the story were known during the last century. However, the later industrial development of the island Seskarö had a negative effect on traditions before around 1900.

Nevertheless, most of the farmers and local producers of the country were still restricted to exporting their own goods only in undecked vessels up to 1825.[86] Only in the far North were exceptions allowed. The abolishment of this constraint led to a sizable production of small vessels and rural shipowning plummeted. Local towns also built their own ships, often in rural areas. Both shipbuilding and shipping exhibited growing professionalization.

The next leap forward in shipbuilding was in fact motivated partly by famine, the same factor that probably directly provoked the conflict at Seskarö. Between 1830 and 1838, another series of crop failures occurred in the North. The area from Nordmaling to Övertorneå, roughly the coasts of the provinces Västerbotten and Norrbotten, were implicated in a central effort to provide interest-free loans to entrepreneurs. Not only carpenters would be needed but also timber, which could be bought from destitute farmers. The shipbuilding enterprises of Carl Fredrik Liljevalch (1796–1870) in the Luleå area are particularly well known.[87]

The last century of sailing witnessed the emergence of quite a number of maritime enclaves outside of the cities, especially in the archipelagos, where farming had always meant some kind of combination of fishing and hunting (fowl and seal), small-scale seafaring and part-time agrarian pursuits. The skippers of these enclaves in the North also built their own wooden ships, often quite large, with their own material and employing their neighbours as labour. From a Bothnian perspective, it is interesting to see that the most active of these enclaves, in the archipelagos of Stockholm and Åbo, still relied on their vicinity to the cities of the South, the metropolises of the past. Part of the Northern Stockholm archipelago was also within my survey area.

As an afterthought with a larger perspective, the policies pursued helped to establish the metropolises in international trade to the benefit of the whole realm. The capital needed in this context could not be acquired by the smaller towns in fact.[88] This helps to explain why the classical term for high-quality tar was *Stockholm tar*, in spite of the fact that the producers were found in Northeastern Finland and to some extent on the Swedish side, present-day Norr- and Västerbotten. In other sparsely populated areas of Scandinavia, the same type of centralizing policies were enacted, inspired by mercantilist ideology. This was true especially in Norway, where Bergen was, by law, the metropolis of Northern Norway in the same way as the Bothnian Trading Compulsion worked for Stockholm in Sweden and also in fact to some extent in Denmark, where Copenhagen could be said to represent the whole realm, at the time (up to 1814) including Norway.

Main Survey Area

The survey area (cf. fig. 54) covered the coast between the border of Finland with the towns Haparanda (Swedish) and Torneå (Finnish) in the North along the outskirts of Stockholm, the town of Norrtälje and its archipelagic area (Björkö-Arholma). Only the area around Gävle still belongs to Norrland, as seen from the North. The southern parts of the survey are drawn into the survey for maritime reasons. The intention was to follow the maritime cultural landscape of the sailing routes of the Swedish side down into the area where the international routes are deflected into the Gulf of Finland. The Swedish sailing route to the North has been called *Norrlandsleden* ('the route of/to Norrland'). This is accordingly the title of my published reports.[89] Another term covering the same route would be the traditional *Västvallen* ('the Western coast'). On their way to Österbotten, both Swedish and Finnish skippers chose this route but left it at Holmön, crossing Norra Kvarken to their destinations on the Finnish coast. After the Great Northern War, around 1720, the Finns preferred this route[90], which was perhaps partly less dangerous than the other with its abundance of tricky shallows.

There is a route called *Östvallen* ('the Eastern coast') as well. It starts or ends at the same place. The route network thus forks off in different directions at its southernmost end. At Simpnäsklubb near Arholma, the route across (Södra) Kvarken, the Sea of Åland, begins, toward Österbotten, marked as "Österbottens Leden" on maps, for example that of AD 1726, or the "Lilla Ålandsleden", e.g. AD 1695, in order to reach Åland at the channel of Marsund and continue on the Finnish side to Österbotten.

In the beginning, the primary aim of the survey was above all an antiquarian one: to register shipwrecks, and secondarily harbours and loading places. The main method was interviews and oral statements on positions. Yet other oral material was followed up on as well, such as that on shipyard sites. Already in 1975, when parts of Norrbotten in the extreme North were covered, it was found that wrecks and separate ship parts were often found close to former shipyard sites. This was noted as a particular advantage in assessing the motives for future surveys. A further analysis revealed that ships which ran aground out at sea and sustained damage to their hulls were often towed in from the sea to a shipyard or a slipway for repair. Sometimes they sank and it was then no longer possible to salvage them. Other ships stayed afloat for a while and were plundered for valuable timber and special details to be reused in new ships being built in the yard. Condemned ships were also sometimes sunk to provide a foundation for a careening site at the shipyard, where ships were to be overhauled for caulking.[91] Oral tradition was instrumental in providing an interpretation in almost all known cases of shipwrecks at shipyards. Even in our time, ships overwintering near land (Swed. *vinterliggare*) are anchored close to a slipway in anticipation of a possible frost-induced leak or damage from ice floes during the spring. A prerequisite would be that such sites, shipyards or slipways are permanently located. This may have been a rather late occurrence. Nevertheless, in some cases it could easily be seen that the ships need not always rot in dry ground when the land-uplift had raised their remains above sea level. There is always a fair chance that they have been at least partially well preserved in a present-day wetland.

Slipways were small in any case. In his history of the shipping of Gävle, Percy Elfstrand mentions the instructive story of the frigate *Gustaf III*, which was built in Gävle in 1776–77, which was, by its 430 lasts (Swed. *svåra läster*: 1 svl = 2.5 tons; i.e. 1,075 tons) one of the largest vessels of the Swedish commercial navy. *Gustaf III* returned to its hometown from Alicante in Spain in the summer of 1778 but ran aground in the bay of Öregrundsgrepen, not far from Gävle. The ship was too big to be repaired in any facility so far constructed in this town. It has to be remembered that Gävle was not in any way an insignificant town for shipping in those days, although its importance was to grow significantly during the next century. In the 1830s, it was sometimes second only to Stockholm in its ownership of tonnage within Sweden. The owners of *Gustaf III* now persuaded the town to sell centrally placed ground for the establishment of regular shipyards. This investment was the beginning of the large-scale production of large sailing ships in Gävle during the nineteenth century.[92] This meant in turn that some skilled labour had to be recruited in a permanent way, i.e. for year-round work, for the future. A consequence of this was the professionalization of the work. This affected all kinds of other related types of production as well: smithing, rope-making, sailcloth production, production of caulking materials.

In rural areas it had always been possible to recruit lumberjacks and carpenters for temporary jobs, often with variable locations for the shipyards. Ships were always built during the winter. The agrarian cycle permitted other activities besides farming during the winter, when ships were usually built. Most of the workers were smallholders and crofters. Some of them may have been full-blown or only part-time sailors who signed on for the summer now and then.

The timber was taken out in the forests (fig. 22) owned by local farmers in autumn and brought to the building site on the snow. In fact, important aspects of forestry consisted in manipulating trees for shipbuilding purposes over several generations. The need for sawn timber is in no way unconditional. On the contrary, it seems that the pit saw (Swed. *kransåg*) was mostly used for ship's planks in the nineteenth century. However, even at rather advanced shipyards in Finnish Österbotten, this innovation was only introduced in the middle of the eighteenth century. The carpenters then had recourse to instruction from the naval shipyards in Stockholm. In Norrbotten, it has been noted that the pit saw was introduced even later, during the 1830s.[93] Before that, only cloven and broad-axe-shaped boards were used in "normal cargo" (i.e. not in naval) ships. Such material is in fact superior to any other kind, but it is extremely time- and labour-intensive.

This processing technique is also the reason why there is so much waste, which makes it possible for us to discover remains of shipyards before the nineteenth century. Tradition refers to the use of cloven planks for much longer, especially in smaller vessels and at domestic boatbuilding sites. The pit saw could also be used out in the forests. Even before the First World War, extensive exportation of pit-sawn planks was carried out by the district of Haparanda close to the

Fig. 22 The remains of woodcutting for a shipyard nearby, at Iggön in Gästrikland. These yards were active into the 1880s. A dead pine retains its shape for a long time due to its high tar content. (Photo: Christer Westerdahl)

Finnish border. In any event, shipbuilding demanded other and much greater scantlings of timber than normal planks sawn at a regular sawmill. The first steam sawmills, which did not have to be located somewhere inland near running water, appeared in 1848 in this area[94], but many water-driven saws lived on into the next century. Notwithstanding, the steam mills were located right beside the coast, and determined how large-scale industrialization connected to international shipping.

At a rural yard, the iron nails, spikes and fittings were forged in the smithy of a well-to-do farmer in the vicinity. Bar iron and other iron materials, including anchors, may have been procured at a local or a specialized iron foundry. Such foundries (Swed. /järn/bruk) existed in many places along the coast in Norrland from the end of the seventeenth century. Ropes, trusses for the standing and running rigging and sails could be made in many dispersed places in rural areas as well as in a town. In the spring, the ship was launched and rigged, probably by labourers other than those who had built it.

For a part-time repair yard, another conditional feature was a separate slipway from the place where the building of new ships took place. There is little historical material to consult on this feature. The sites surveyed do not provide any reliable information. There is a possible example of separate installations at a site in Ångermanland.[95] On the other hand, a strict differentiation of pure building yards and pure repair yards was apparently not common, but did exist in naval yards. In my archival material on individual ships, some sites are only noted for rebuilding ships, förbyggnad, the intentional transformation of ships' hulls, i.e. new planking, replacing clinker entirely with carvel planking, or alternatively only in the lower hull, or lengthening the hulls by inserting a newly built section between the severed stem and stern parts. This kind of extensive work would not distinguish the yard clearly from a regular shipyard.

The part-time peasant skippers may have started with a private slipway, where a single ship was built and laid up during winter. Generally, shipwrecks found in such contexts would be at their home harbours as well as at their building place, which is a unique spatial combination for such mobile objects, underlining their intimate relationship with the history of the landscape and the people, often on the family level. It may be of interest to the reader that the survey of Lake Vänern confirms most of these considerations from a small-scale, Southwestern Swedish perspective.

A fixed location for a shipyard may in fact have only been found close to a town during these centuries. There were exceptions, but they were connected with other large-scale operations such as sawmills, iron foundries and glassworks. They had harbours of their own and the owners tried to minimize transport costs both for materials, such as ore, sand, building stone for foundry ovens, potash, and timber, and finished products, such as glass, bar iron, anchors, other iron objects, and planks, by building ships in their own shipyards and managing their own shipping activities.

According to a preliminary estimate, of those shipyards and building places which I have registered myself, only about forty percent have meaningful geographical relationships with known loading places or town harbours.[96] On the other hand, there may be close connections in other ways. To compare quantities, there are at least five hundred harbours of different types in the area, but only around three hundred shipbuilding sites. Town-dwelling merchants may have ordered the ships, but they were built in rural areas. However, this kind of relationship is not my particular focus. As I have pointed out, I am still dealing with the sites mainly as a part of the landscape itself.

Fig. 23 Iron slag protruding slightly in a shipyard area in Norrbotten. Almost nothing else is visible above the ground. (Photo: Seth Jansson, Tierp, 1988)

The connection, where it exists, may be explained by the ready access to sawn timber, bar iron, etc. Many of the early industries had complementary works in the vicinity under their own control, in fact often the whole range.

The wreck finds are, as mentioned, instrumental in indicating small, dispersed shipyards in rural areas. These cannot be determined or, more specifically, localized, in any other way. Town harbours with shipyards certainly contain many wrecks, but there is seldom exclusive knowledge in this sense to be gained by the study of the underwater landscape. As has been pointed out before, there are other remains likely to be deposited in the water, some of which may be invisible in the ground, e.g. iron slag, spikes, nails (figs. 23–25), implements, shavings with tar concretions which have preserved them even better, the constructions lining or supporting the slipway, etc.

Fig. 24 Iron slag extracted from the smithy area of the shipyard on Björkön island, Dalsland, Southwest Sweden. (Photo: Christer Westerdahl, 2007)

Fig. 25 Iron nails and other details from the slipway of the shipyard on Björkön island, Dalsland. (Photo: Christer Westerdahl, 2007)

Not a large number of ships were built at each of these pre-

Fig. 26 Remains of tar pile, Skåne, Southern Sweden. This type is only found in the South. This area supplied the naval shipyards of Karlskrona with tar. (Photo: Christer Westerdahl, 1996)

Fig. 27 Pitch oven, Skåne, Southern Sweden. (Photo: Christer Westerdahl, 1996)

industrial building sites in rural areas. In some cases, we know of only one or two ships having been built there. Nevertheless, they are interesting because of their local structure, their connections with the landscape, the social landscape, the people who lived there, as well as the landscape of resources, materials and maybe manipulated forests and individual trees for the purposes of tar and pitch production, among other things (figs. 26–27). Their first prerequisite is access to timber and moderately skilled labour in carpentry and timber, thus their *material and social geography*. Furthermore, they may indicate how shipyards looked in what are effectively prehistoric times. While prehistoric and medieval shipyards may indicate the potential of remains without written sources, the historical shipyards could interactively provide models for elements at such a yard in previous periods.

The geographical and archaeological approach requires exact information on the sites. Analysis should be directed toward questions about particular sites. Why was a particular site chosen? The answers derived from such a study will help us to look for other, similar places. As previously noted, an extensive general background of the scales of shipbuilding can be found in economic history. However, the material offered by such studies seldom covers the site itself.

The sources used here have been place-names and oral statements and traditions, maps of ownership, preferably collective common land in certain cases, and the careful scrutiny of the area on the ground and in the water beyond. Perhaps one should start with an underwater survey, or maybe with a ground survey. This is contextual. At the beginning of my survey, there was little interest for such discrete remains during the official Ancient Monuments Survey.[97] However, this changed rapidly, along with the development of historical archaeology and a new appreciation of remains of later centuries, such as minor workshops and industries, charcoal and tar piles (which also occur at shipbuilding sites), etc. Even though they do not enjoy the same protection from the law at every site as prehistoric and medieval remains, they are now being marked on survey maps.

Fig. 29 Foundation of a building outlined on the ground, for a spantlave, to lay out the sizes of the frames. Björkön, Dalsland. (Photo: Christer Westerdahl)

Fig. 28 (left side) Slipway, v-shaped with rocks on both sides supporting props for the vessel. Björkön, Dalsland. (Photo: Christer Westerdahl)

Nevertheless, as has been pointed out so emphatically, the only way forward may be to go underwater and neither this nor diving skills, nor the provision of the necessary equipment are the task of a surveyor on land. However, this author has received a great deal of valuable help from official land surveyors, in particular in Norrbotten, in northernmost Sweden.[98]

Since this survey was carried out, material has also been collected on shipyards in Lake Vänern. After 1799, these ships could reach Gothenburg and the ocean – and of course vice versa. In the lake, at least 137 shipyards and shipbuilding sites could be documented, *most of them in rural areas,* but only a few with precise locations. The overwhelming majority were used during the nineteenth century, but ships were being built, even for the crown, from as early as the sixteenth century onward. There is certainly potential for determining further such sites in place-names and oral traditions. Along the river Göta älv there were around twenty, and in Lake Vättern, first connected to the sea in 1822, initially around sixteen.[99]

The Sites Themselves, Detailed (Spot) Localization

It was often alleged in oral statements that shipbuilding sites could be located everywhere: "At that time (the heyday of shipping), ships were built in every bay." This appears to be an assertion both too careless and too rash[100] to be corrected immediately by concrete cases. The common lands of shoreside villages, used as fishing harbours with landing sites and net racks, were important. The collective character of such sites allowed – to a certain extent – rather extensive works to be erected. The other factor is topographical. According to the same oral material, the site of the slipway was chosen according to careful considerations based on age-old experience. The usual method of launching, either perpendicular to the shoreline, stem or stern first or from the side would be decisive. Besides, there are a number of standard positions, chosen from general principles of size and factors such as a channel/sound, islands, spits of land, calm bays and riverbanks, all well protected or sheltered. In my northern material, there seems to be indications that part of the experience was parallel with that of Österbotten, in line with an early innovation process starting there. Thus far, however, this is just an impression, with

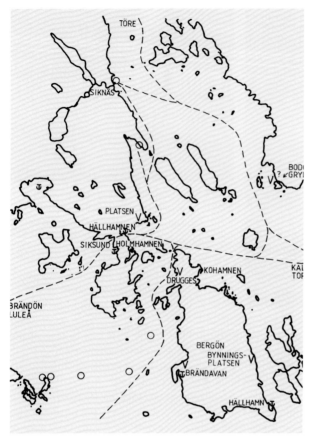

Fig. 30 Map of the Brändön area, the archipelago of Norrbotten, north Sweden, with shipyards and names. (Drawing: Christer Westerdahl)

analogies in the introduction of master shipbuilders.

Although I have already qualified this statement, it should be emphasized that a geographically favourable connection was chosen in many cases, often with a fairly accessible loading place or harbour (of any kind) at least. In later times, the site was preferably close to a foundry and a local sawmill.[101] However, this does not mean that these localities always were close by. As mentioned, the owners of such industrial establishment invested in their own ships and preferred their own production. Iron ore from the archipelago of Stockholm[102] could be shipped in the foundry's own ships. In those days, the huge iron ore resources of inland Lapland were known but could not be used on the coast due to the insurmountable problems of land transport. The foundry products, especially bar iron, were distributed and exported only via ship.

Other local resources, although not as decisive for location, were the sites of tar and charcoal piles – charcoal for the smithy (cf. fig. 26), pitch ovens (cf. fig. 27), boat landing and wintering places, which were rather far away, often seasonal and not connected with regular village commons. As referred to earlier, the "archaeological" remains of such sites alone have indicated shipyards with an imprecise location in other material.

Apparently, the most decisive factor for smaller yards was simply local access to the most important timber resources, straight-grown wood for planking and naturally grown crooked "roots" for ribs or frames. Ownership of land could be important. A network of good personal connections might have meant a reasonable price in far-away places, if the builder did not own the forest himself. This seems to be the principal background of the sites where only one ship was built. If the forest had been used up in one hull, the site was moved, perhaps immediately after completion. If timber resources were not available in the immediate vicinity, there were several other possibilities, such as spring floating on a river. However, this might produce a poorer quality, given the long time in the open air for the laid-up logs during summer and autumn[103], winter transport on the ice, i.e. during the shipyards' usual phase of operation, or by way of shipping during the regular sailing season, a means of transport which was comparatively expensive and also outside the normal building season.

These factors and numerous others guided the expedition into the inner Bothnian area by the naval architect Fredrik Henrik af Chapman in 1758–59.[104] This voyage was originally a starting point for me in the effort to determine reasonable principles for the localization of shipyards. The demands of the eighteenth century were different from those of recent representatives of boatbuilding or oral informants, and I moreover had no previous relevant experience myself. Perhaps af Chapman's diary, preserved in the naval base of Karlskrona, can give some tangible advice by way of his proposals to the crown? Were the sites proposed for shipyard locations actually used as such?

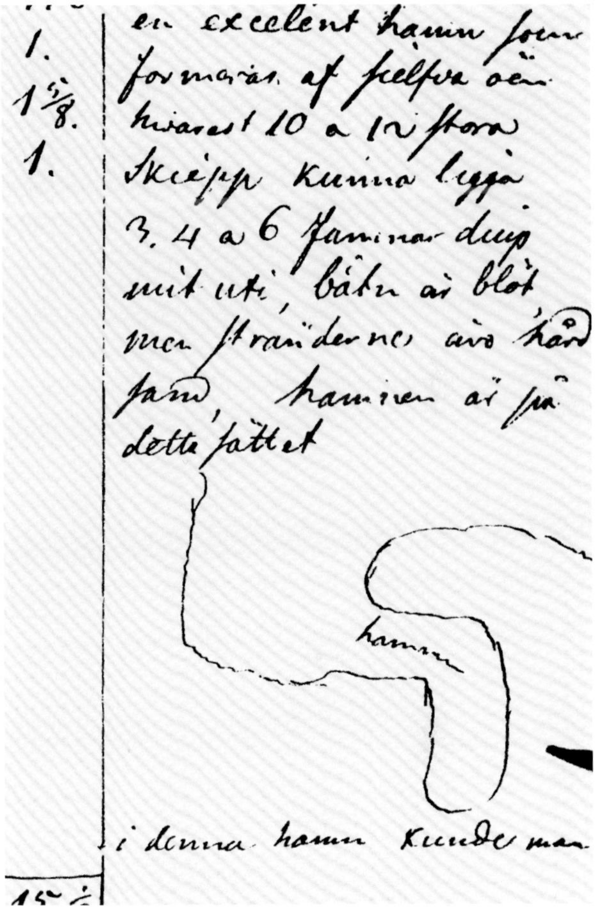

Three interesting sites pointed out by Chapman were *islands*, which was often a preferred type of site at any time. At first, a site will be mentioned which is located entirely in rural areas. On the crown-owned island of Bergön in the archipelago of Kalix, Norrbotten, (map fig. 30), which was in the process of being settled at that time, Chapman pointed out the extraordinary quality of the wood; huge primeval pine trees in large

Fig. 31 Chapman's 1758 sketch of Brändavan bay, Brändön, in his diary, where he indicates the position of a future slipway. (Copied by the author from Örlogsmannasällskapet, Karlskrona)

quantity, and also a potential shipyard site, *Brändavan (Brändavaviken)*, fig. 31. It was later documented that several large ships had actually been built there after his visit. Probably his report inspired their construction. Still, the initiative appeared to be rather private. Local people had known about this long before him. Besides, there is an "old" shipyard ("*gammalt Skjeps-Varf*") explicitly marked on the map of Malmström dating from 1770.[105] In our own time, this site is known in oral tradition as *Bynningsplatsen* ("the building place"; see below for more on place-names). It is likely, since it was "old", that it was used even before Chapman. Moreover, it certainly must have taken some time before Chapman's ideas took root.

According to Arvid Moberg[106], the first large ship built in Norrbotten was indeed built on Bergön in the winter/spring of 1776. It was the *Gustaf*, 300 lasts (Swed. svår last, 2.5 tons = 750 tons). Unfortunately, it was lost on October 10 of the same year in a storm between Skellefteå and Umeå. Those who ordered it were burghers of Torneå but they had sold it to the English merchant Thomas Gilbert. The precise building site on the island is not known. The building site of the ship *Solide* in 1778 is recorded as *Siksund*, which is the channel between the mainland and Bergön. Thus, it could have been on either side.

Fig. 32 The present-day bay of Brändavan. (Photo: Christer Wester-dahl)

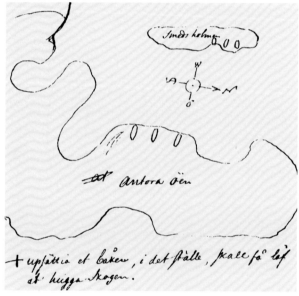

Fig. 33 Chapman's 1759 sketch of three possible slipways on Anttora island near Björneborg/Pori. (Copied by the author from Örlogsman-nasällskapet, Karlskrona)

According to oral statements, at least four building sites can be established (cf. fig. 30) on Bergön or in the Siksundet area: *Brändavan, Byggningsplatsen* (above), *Drugges*, which is the name of the settlement of Brändön close to Siksundet, and *Platsen* (an abbreviation of *Byggningsplatsen;* see below), which was situated on the mainland, north of Siksundet. On the other hand, there is very little activity documented so far at *Brändavaviken*, fig. 32. A further site for shipbuilding was pointed out on *Bodörsgryn-nan*.[107]

The second of the island locations for a shipyard was "*Anttora-Öen*" (fig. 33), now Anttora, close to Björneborg/Pori in Satakunta, Southwestern Finland.[108] This is partly a site of urban or semi-urban character nowadays. No shipbuilding has taken place on Anttora or the adjacent island Peräkari (*Smedsholm* is the Swedish name used by Chapman). The villages of the Kumo (Kokemäki) river valley used Anttora initially as a fishing site after the Great Northern War (1700–21), during which Finland was occupied by Russia and many Finns fled to Sweden. After around 1790, a pilot lived here. The shipyards of the area were mostly found inside or fairly close to the town area of Björneborg/Pori. The oldest was in the town proper, a second was found at Sandudden dating from 1652, which, due to land-uplift, also later became the official port in the 1770s. A shipyard owned by the family Wallenstråle was established in 1814 in Varvi, Lyttylä, in the parish of Ahlainen. The town harbour was moved once more to Räfsö, in the vicinity of Anttora.

The burghers of the town Björneborg/Pori also built their ships in other parts of the rural surroundings (map fig. 34), in the yard at Kellahti, in the parish of Ahlainen, on Laitakari[109] in Verkholm (Verkkoranta), Sådö in Luvia or Brändö in the Merikarvia parish. The most important of these shipyards appears to have been Laitakari, around 10 kilometres south of Björneborg/Pori. In addition, we must consider the fact that the Swedish crown already established a shipyard at Björneborg in 1552, which was also active during the years 1572–1609, and another at *Louvia* (Luvia; above), called *Nedre Sata-kunda bankstad* (for the term "bankstad", see below), during the years 1588–92 and in 1604.[110] Chapman undoubtedly knew this and it may have influenced his decision to include the area in his inspections.

Chapman's third island proposal for a ship-yard site was *Kattisholmen*, close to Frostkåge in Västerbotten. It appears that his advice was not taken there. On the other hand, ships were built on the adjacent islands, *Bergskäret* and *Bastuholmen* (see below).

The fourth proposal did not concern an island but a spit of land, *Byggnäsudd* in Burvik, Northern Västerbotten. On this site, ships were in fact built, and the place-name is appar-ently a testimony to that fact (see below).

Consequently, Chapman's recommendations for shipyard locations do not seem to have been followed to any great extent. Nor is it possible – partly due to this circumstance – to determine which principles were relevant in the choice of such sites. Perhaps the reason was that Chapman was an advanced naval architect and the Bothnian shipbuilders simply had other experience, presumably adapted to the local conditions.

I would venture a similar conclusion when it comes to my own impression of the sites recommended by Chapman. There is nothing really striking about the sites, except that they give space on a slope for one slipway (and up to three slipways in the case of Anttora above, see fig. 33). Chapman was thinking of considerable investment in levelling the ground and erect-

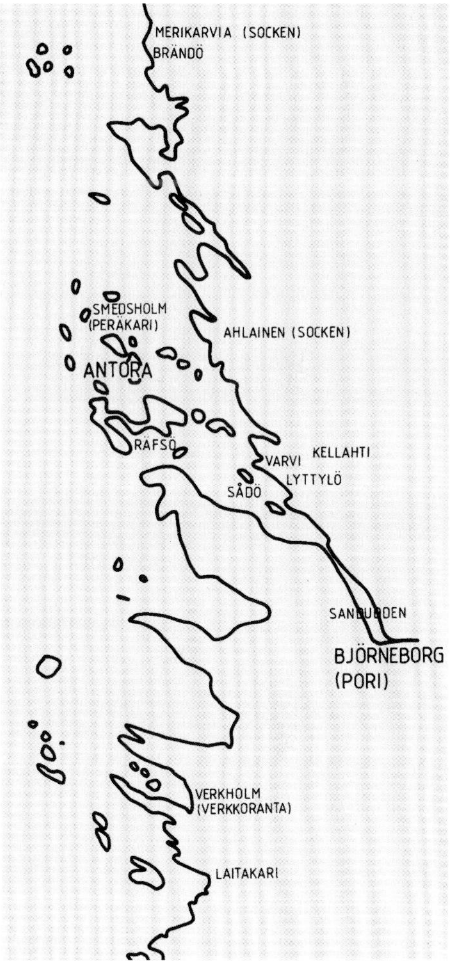

Fig. 34 A sketchy map of the area around Björne-borg/Pori with some relevant place-names/shipyard sites mentioned. (Drawing: Christer Westerdahl)

ing wooden furrows with sledges as in medium-size naval shipyards (he could not, for obvious reasons, have been thinking of large-scale naval shipyards). However, the local entrepreneurs presumably only built on the natural ground, on the sand, literally speaking, and perhaps with timbers (Swed. and Norweg. *lunner*) laid parallel to the water line as the only construction. They needed little else in wintertime, when the ground was frozen and covered, perhaps inten-tionally, with ice on the slipway itself.

During the field survey, many coastal informants expressed the view that ship experts, includ-ing old sailors and able seamen (on sailing ships) would be much better at judging the terrain for a possible shipbuilding site than mere landlubbers (like myself, or most of us). It was pointed out that the angle of the slope was especially significant. It could be expressed in actual degrees.

This was simply not true. To some extent, one could even say that it was a myth. The varia-tions in slope gradient of actual shipbuilding sites were indeed extremely variable. Even tanned veterans in sailing ships shook their heads when observing the facts (which of course was highly gratifying to a landlubber). However, this does not exclude inherent principles in the past. The

Fig. 35 Shipyard site in Norrbotten, Northern Sweden. No traces visible due to cumbersome vegetation! (Photo: Seth Jansson, Tierp, 1988)

Fig. 36 It is difficult to imagine that this hidden stone heap is a dam to provide water power for the bellows at the smithy of a shipyard. Björkön, Dalsland. (Photo: Christer Westerdahl)

Fig. 37 The stony ground of an eighteenth-century shipyard (shore line 3 metres higher than today) in Norrbotten, Northern Sweden. Did they build on the ice or directly on the ground? (Photo: Christer Westerdahl, 1979)

main problem was the distance in time and experience. Most of the old-timers only knew the fairly recent shipyards and understood their launching techniques.

It could of course be said, in the most general terms, that the shore should display some kind of sloping ground, long enough to be of use for a slipway. In some places where shipbuilding had demonstrably taken place, the terrain was extremely uneven and stony. How can this circumstance be interpreted? Was it possible that the construction only started after a period of snow and a layer of snow and ice had settled on the slipway-to-be? Or was the space and support of the most important part, the keel, presumably supported by a furrow of large wooden pieces neatly balanced, the only important element? Was it possible that the ship in fact had been built entirely upon the ice of the sea? At the very least, it has been reported in some cases that the rebuilding (*förbyggnad;* below) of a ship took place on the ice.[111] In Papenholm on Ösel (Saaremaa), a peasant ship was built on the ice before the First World War, since the shores were too shallow. The hull was tugged out on a cradle-like sledge.[112] There is an isolated oral record of such building on the ice in Norrland, but too unspecific to be of any use. I have come no further. Nevertheless, I think it is necessary to surmise that this happened now and again.

Summary of Discrete Traces

The material remains for pinpointing the precise location of a rural shipyard are always discrete, to repeat something that has been previously pointed out from time to time. The shore location, ancient or modern, is obvious. However, one may encounter serious problems in finding the location on a coast characterized by strong land upheaval. An important rule is that the waters immediately adjacent – presently possibly dried out completely – must on no account contain boulders. The terrain on land need not be particularly even. Still, since a lot of the area will have been drenched several times with quantities of tar and pitch, the vegetation may deviate from that of the surroundings. Usually the ground is very dry and naturally drained, which may have been part of the motive for the original choice of location. The slipway may be marked by humps, supports which can be natural as well as artificial, in a line, preferably in an elongated depression in the ground (see fig. 28). The keel-line, if not a furrow (cf. fig. 56), may be marked by a ridge. The launching principle of two wooden tracks for sledges on both sides may be indicated (cf. fig. 55). Another variant is a natural V-shaped formation where rocks on both sides may have been used to support wooden props for the scaffolding or for the hull itself (cf. fig. 28).

Generally, there is surprisingly little preserved of the implements used at shipyards, apart from certain naval shipyards. Nonetheless, in cultural layers of these dispersed sites, there seems to be a potential for local varieties of all kinds of tools and other artefacts used as tools. I can remember one such case where the chance find of a caulking iron immediately showed me the correct site and told me that this was a place where carvel-built ships had been caulked. We may take carvel building for granted but in my material at least five percent, perhaps even ten percent, of all cargo ships were clinker-built, even fairly large ones, up to the latter part of the 1800s. Clinker is often a social indication of small-scale peasant shipping. In many cases, these ships were cheaper to build. If the ship was successful, it could be converted to carvel later on.[113]

In the ground would be, as mentioned, slag and wood refuse, some of it no doubt impregnated with tar and pitch, which would preserve it almost indefinitely. The same also applies for other materials such as iron. A mine detector could reveal all kinds of fastenings such as bolts, spikes, nails, caulking clamps (Kalfatklammern). Peculiar variants revealing a local or cultural identity of such details may be found, even inland (e.g. Zetterholm 1938). Upon closer analysis, all finds are informative in some way, indicating sizes of vessels, technology, tradition, social milieu, etc.

Iron rings in rocks may indicate a mast-crane or a careening site. In the vicinity, the remains of a hearth of a smithy, a tar pile, or a pitch oven may be found. The smithy may have demanded water dammed and lead in a lined canal to provide power for its bellows (cf. fig. 36). House foundations could indicate the size of a *spantlave*, with the large timbered floor designed to make out the moulds and frames in natural sizes from a half-model or possibly a formal design drawing (cf. fig. 29). Possibly, if we are in a lonely place far from home, a normal set of local settlement remains has become stuck in the ground. It would include household tools and implements, containers, pottery, glass, etc.

A few sites provide an example of what is to be found underwater. In some cases we know little more than just the fact that there are large worked wooden pieces out there. All over the bottom of the small bay at *Snäcke* at the canal of Dalsland adjacent to Lake Vänern, there is a thick layer of chippings and a variety of mixed ship details (planks, frame parts) from the yard nearby. There are wrecks and coherent wreck parts. In the route beyond the bay, there are several wrecks from later times, along with a number of oblique wooden posts, probably for mooring or careening to coat vessels with pitch or tar.[114] Not far away are the caissons for careening and mast crane establishments of the productive shipyard on *Björkön* island, Upperud, together with other well-preserved remains and numerous leftovers on the lake bottom as well (cf. figs. 24–25, 28–29, 36, 51–52).[115]

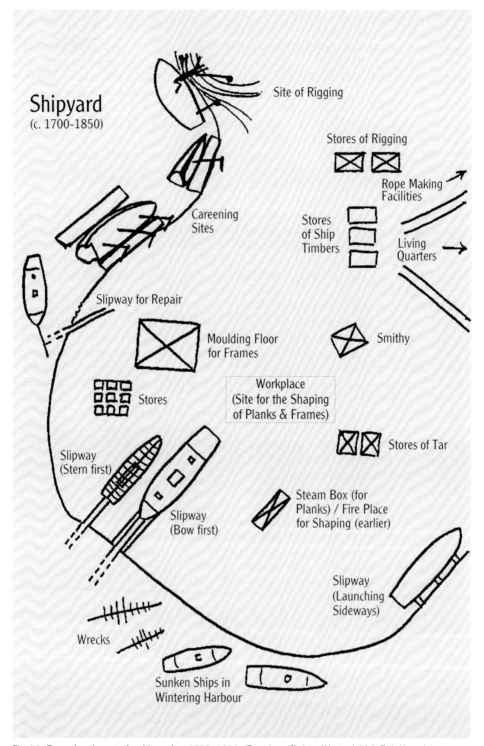

Shipyard
(c. 1700-1850)

Site of Rigging

Stores of Rigging

Rope Making
Facilities

Careening
Sites

Stores
of Ship
Timbers

Living
Quarters

Slipway for Repair

Moulding Floor
for Frames

Smithy

Stores

Workplace
(Site for the Shaping
of Planks & Frames)

Stores of Tar

Slipway
(Stern first)

Steam Box (for
Planks) / Fire Place
for Shaping (earlier)

Slipway
(Bow first)

Slipway
(Launching
Sideways)

Wrecks

Sunken Ships in
Wintering Harbour

Fig. 38 Exemplary layout of a shipyard, c. 1700–1850. (Drawing: Christer Westerdahl & Erik Hoops)

Material Geography of Shipbuilding Sites

The only certain result of Chapman's undertaking is that it became known in some Swedish naval circles that there were unexploited resources of first-class timber in the far North. This pinewood was on a par with oak: excellent, clean and closely grown (with very narrow year-rings) because of the harsh climate. As this is indeed a chief factor for the localization of ship-building, it could be expected that naval yards would have been set up in the area. I am not going to offer any suggestion as to why this did not happen. The naval field is of little concern to the present subject. Apparently, this "discovery" spread to private investors.

There were several good reserves of pine in Norrbotten. Chapman pointed this out and also potential yard sites in their vicinity on the islands of Bergön (above) and Rånön in the archipel-ago of Kalix. There were also heavy and straight timber reserves inland in this parish. There were also similar areas recorded on the coast at Alskatan south of Luleå, where private shipyards were indeed located in the neighbourhood at Alhamn/Vibbonäset, Långviken, Dravelsviken and Mannön, where at least some ships were built on the so-called *Varvsudden* ("shipyard spit").[116] However, all three reserves mentioned by Chapman were only used after 1800, i.e. with a consid-erable delay.

In the same way, the forest chosen in Ostvik in present-day Northern Västerbotten (map fig. 39) may have provided the impetus for the shipyard sites of Öhn, Bergskäret and Bastuholmen

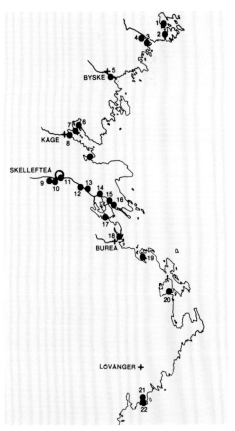

in Kåge from the 1830s onward (mentioned above). This is also true for the forest of Burön for the shipyard at Bureå (1775–1810), where the establishment is closer to Chapman's visit. In the same way, this applies to the resources of the promontory of Skallören for the future yard at Byggnäsudd, mentioned here several times, in Burvik and for the Wahrendorff ship-yard on Bergskäret in the inner archipelago of Uttingen in the bay of Risbölefjärden, used from 1779 to 1794.[117]

One of the first ships with a modern *barque* rig, called *Åkers bruk*, was built here in 1782 for the same buyer as the very first, *Hertigin-nan af Södermanland* (1775). These ships were indeed built according to Chapman's design.[118] From this point of view, it is interesting that Chapman also mentioned the area around Ratan, the primary harbour of upper Norrland during the last decades (from 1767 onward) of the Bothnian Trade Compulsion. In this place, the smaller vessels actually built in the 1820s were of the same size – around 50–60 lasts (Swed. svår last = 2.5 tons; 125–150 tons) – that Chapman anticipated. At Björneborg in Finland, Chapman only pointed to timber reserves on *Stormalooën* and *Stora Enskär* in the vicinity of Anttora (above). As expected, however, the forests of coastal Österbotten had all been cut down, mainly for the extensive

Fig. 39 Map of the shipyard sites of northern Väster-botten. (Drawing: Peter Gustafsson, Skellefteå, 1980)

production in shipyards. Only some areas far inland in northern Finland could possibly be used. At any rate, this indicates intense shipbuilding activity in Finland in the past when compared to the other side.

The advantage of Chapman's expedition was that it collected knowledge known before in the local areas in question – not for the navy/the crown but obviously for private venture capital. The peasants must have known of the resources for a long time, without having the potential to exploit them in earnest. However, even for private investors, mostly burghers of the local towns, there was a conspicuous delay in using them. Only for Bergön/Rånön and possibly some other minor places in Norrbotten and for Bergskäret in Västerbotten is there a reasonable connection in time with Chapman's visits. Despite the fact that the timber on those islands, which were owned by the crown, had been placed under protection to the privileged benefit of shipbuilders, the obstacles to exploitation were many. The main problem was the lack of capital in the region. Due to the Bothnian Trade Compulsion, these obstacles would persevere for a considerable time, even after the loss of Finland to Russia. The distance to metropolises like Stockholm could be overcome easily, but knowledge of the area was sparse and irregular. The consequences of Chapman's expedition are mainly associated with the "discovery" of the excellent timber resources, but the outcome was almost irrelevant for the main protagonists: the crown, the burghers and the peasants. The profits went abroad.

Here we see next to no results for my bold attempts to come to grips with localization factors for shipyards! On the other hand, we do get a certain idea of a kind of innovative process, rather more for materials (timber) than for shipyard sites.

The Social Geography of a Shipyard Site

Maurits Nyström discovered the only presumed example of a preserved shipyard bill from this area of Northern Sweden during the period 1760–1812.[119] He provided the survey with the original documents. Since the general conditions of a rural yard must have resembled those of this place in many respects, it is worth a closer look. The ship which was built was a brigantine, called *Castor*, Lat. "beaver", after the arms of Härnösand, of 85 lasts (Swed. svår last = 2.5 tons, 212.5 tons). It was ordered by a consortium of eight burghers of Härnösand[120], all fairly well-known in the commercial annals of the town in the latter half of the eighteenth century. However, even the famous mayor and chief judge Mattias Körning was financing the ship in some obscure way that I have not managed to discover.[121] For some reason, Nyström (1982: 150) erroneously calls the ship *Carl* and gives its size as 132 lasts (330 tons). The snow (*snau*) *Carl* was indeed built the same year as the *Castor*, but according to all available source material (*fribrev, mätbrev*), it was built in the town itself. A mistake is possible in the sense that the *Carl* may have been built close to the *Castor*, but registered the usual way (see the text on studies of archival material) in the town. However, our bill only concerns the construction of the *Castor*.

Thus, what is particularly interesting is precisely that the *Castor* was built in a rural area, the main theme in this text. The building site was owned by the farmer Olof Persson in the village of *Klovsta* (here fig. 40; Nyström: Klossta) in Ångermanälven about forty kilometres from the mouth of the river at Hammar, Nyland. It was situated on the small and fairly shallow sandy island of Klovstaören, nowadays with a copse of deciduous trees, in one of the main rivers of Norrland, Ångermanälven. The island is separated from the land by a shallow channel, almost overgrown in places (fig. 41). The main current is beyond the island. The river itself has very steep banks and it is not possible to find any moderately even ground here (fig. 42). As far as we know, Klovstaören was a yard for the construction of a single ship.

There are vague oral statements pertaining to ship or boatbuilding on other small islands in this part of the river, which are so far unsubstantiated, except possibly in the case of *Holmshol-*

Fig. 40 The farm of Klovsta, Ångermanland, at the 1782 shipyard of the *Castor*. (Photo: Christer Westerdahl)

Fig. 41 The steep banks of the river Ångermanälven at Klovsta. (Photo: Christer Westerdahl, 1984)

men on the southern bank at the mansion of Holm, on the opposite side, if this actually was an island at the time. The place-name indicates that it was, for at least some time during its history. The mansion had a considerable shipyard from around 1774 to around 1838. On the other hand, in the case of *Kvarnören*, the foundry shipyard of Sollefteå, we know this for certain. This shipyard also had considerable output in spite of its being the highest point in the river before the falls make any further continuous transport from the sea impossible.[122] Sollefteå was in fact the most productive shipyard site on this river according to our

Fig. 42 Klovsta-ören, the island in the river Ångermanälven, where the building of the *Castor* took place in 1782. (Photo: Christer Westerdahl, 1984)

sources, at least in the period from 1729 to about 1865. Theodor Hellman mentions[123] that the *Castor* was built at the shipyard of *Skedom* in Multrå parish, another site far upstream, but this is patently wrong. However, the Skedom yard did indeed exist and in the same year as the *Castor* another brigantine, the *Gustava* of 96 lasts (240 tons) was built there (Hellman loc. cit.). In the following year, it was succeeded by the snow (snauskepp) *Ångermanland* of 116 lasts (290 tons). About ten other shipbuilding sites have been noted on the banks of Ångermanälven.[124]

Vessels were in fact built far upstream many rivers in the Bothnian area and transported by the current down to the mouth in the spring. The woodcut of the Finnish Southern Österbotten by Olaus Magnus on the *Carta marina* of 1539 was referred to earlier. Nikander mentions this tendency[125] and is quoted by Moberg[126] in connection with the ships built on banks or bars close to present-day Boden at Luleälven: see below on the place-names Sävastgranden and Råbäcksgranden. The furthest possible distance from a river mouth is probably displayed by ships like

Fig. 43 The rapids of Kamlungeforsen in the river Kalixälven, Norrbotten, through which several timber floats were sent with new-built ships standing on them. (Photo: Christer Westerdahl, 1976)

the ketch (Swed. *galeas*) *Charlotta*, skipper Petter Laurin, of 31 lasts (77.5 tons) which[127] was built at *"Kemi träsk"* (Kemijärvi), a lake 150–200 kilometres upstream the Kemi river. There seem to be other ships built in the same area, including one named after the lake. Another interesting case is the schooner (*skonert*) *Norrlandsstrand* of 98 lasts (245 tons) which was built in the village *Svedjan* in the parish of Överkalix on the river Kalixälven. It had to go down the river through sixteen stretches of rapids, including the considerable rapids at Kamlungeforsen (fig. 43), to the mouth at Kalix on the Bothnian Bay. According to oral tradition, this was possible by means of a large float of timber on which the ship had been built.[128] The *Norrlandsstrand* was not alone. In 1856, a sloop called *Schamyl* was ready to sail, by means of another float, from the building site at Gyljen, with its foundry, in the same parish. In any case, both survived their adventures as rapids-shooters – the *Norrlandsstrand* was sold immediately during her first visit to Copenhagen and the *Schamyl* was active for many years in the Bothnian. Additionally, some building sites for small ships are known to have existed upstream the shallow river of Torneälven, such as *Niemis* and *Pello* (around 1800).

The riverside building sites were also well known in the southern oak forests, e.g. in Swedish Pomerania, along the Peene and its tributaries in the eighteenth and nineteenth centuries. However, we may see a Bothnian connection in this northern area.[129] Certainly, there may be even a very distant connection to Chapman's journey, since he mentioned the excellent forest resources of Kamlunge in Överkalix eighty-seven years before the schooner *Norrlandsstrand* was built. On the other hand, these works were realized in the midst of a settlement area populated by experienced lumberjacks and carpenters accustomed to floats of both timber bundles and tar barrels over the course of centuries.

The Building Process

The rent for the site received by the farmer David Persson[130] in January 1782 was 40 (Swed.) *riksdaler*. His neighbour David Olofsson provided bricks for a steam oven (Swed. *basugn*) and steam pan (Swed. *baspanna*), together with the crofter (*torpare*) Jon Ersson, also in Klovsta village, and Olof Nilsson in Mångrav on the opposite side of the river. The steaming of planks to shape them was to be an important element. To produce the steam itself, a large cauldron was rented from another farmer, Abraham Johansson in the village of Bjursta. David Olofsson, who was just mentioned, was also the smith's assistant together with Måns Rahm from the village of Strinne.[131] The official shipyard smith was Eric Johansson from the neighbouring village of Bjursta. Probably this work was performed in a regular farmer's smithy, possibly that of Olofsson himself. The neighbours Ersson and Olofsson went by horse to procure bar iron at the foundries of Graninge and Sollefteå upstream. David Olofsson was also paid for a house where O. Hellberg, who seems to have come from the outside as a combination of foreman and bookkeeper, was kept in board and lodging. Several men of the temporary labour force were also kept in board and lodging.

As early as October 1781, the preparations started with a contract agreement with the farmers of the villages of Klovsta and Bjursta. Together with other farmers, e.g. in Tunsjön in the parish of Dal, they were to provide specified types of timber. Probably they went out on the first snow in autumn to reconnoitre in their forests. According to the testimonies from other Bothnian areas, the timber was cut at the felling sites to the extent possible to minimize transport costs.[132] The deliveries to the building sites took place during the winter:[133]

Crooked pines (for framing), small and big, 277 pieces
Spruce knees
Spruce *band* (bow frames, *Bugband*)
Other roots
Berghålt (berghult, *Bergholz*), half logs for strengthening the planking

Some details were more specific:
Spelstock/spelbeting, Beting des Bratspills, windlass for the anchor
Hjärtstock, Rolle/rowl? between the tiller and the *whipstaff/Kolderstock* of the rudder
Stävstock (stempiece, Stevenstock)
Stävband (stem frames, Stevenband)
"Lestång på acterändan"
Klysstock (hawsehole/Klüsen timber)

The dowels (*trähälar;* fig. 44) were delivered by six people working at home, altogether at least 2,500 pieces. These wedges (*årättor*) were made of birch wood. The categories of planking were called simple *(enkla) bräder,* 14, 16 and 19 inches wide, and for the lower hull/the bottom *"särskilda" botn bräder.* Nyström (1982 loc. cit.) has computed a consumption of 109 tolfter (twelfths) of which 31 were simple *(enkla),* 43 whole *(helbottenbräder)* and 35 half *(halvbottenbräder).*

For the positioning of the hull on the slipway, *Center trän, Senten,* moulding boards to give the form and location of the frames, running roughly parallel to the future running of the strakes, logs for the slipway and its attendant timber, *täcksbjälkar, skärgångsspiror, ställningsspiror, stockar till Galga* (lit. "gallows") and *styltverke* (most of these later for the scaffolding) were delivered. Planks for moulds are mentioned. The consumption of tar was considerable,

Fig. 44 Dowel and its wedge from a wreck of a ship built on the river Ångermanälven, probably a *haxe,* a local river barge type of the eighteenth century. (Photo: Christer Westerdahl, 1984)

Fig. 45 Treenails for plank fastenings from medieval shipyard layers of Lödöse, at the river Göta älv, Western Sweden. (Photo: Regionmuseet, Vänersborg)

according to Nyström 19 barrels (of 125 l each). Among the implements mentioned are a grindstone (slipsten), a pitch ladle (beckskopa) of copper and tar brushes and some for the steaming of planks. One, barrel of hair and oakum was used for the caulking (Kalfatierung) and 5 *lispund*, slightly more than 40 kg, of hemp, spun to ropes on the spot for the cordage at the yard. The quantity of bar iron for bolts, pins, etc. is not mentioned but the cost was 770 *(riks)daler*, with everything bought from the foundries in the river valley. Only 3-inch and 2-inch nails were used, but they were imported. The larger items of iron were produced by the smithy in the village. For the launching, an amount of tallow was used, obviously for the sledges (cf. fig. 55), along with particular wedges. It appears that the ship had been filled with water to some extent, intentionally or unintentionally (snow precipitation), the intention being either to facilitate the launching, or to make the wood expand after the caulking of the bottom, or possibly both. Both these motives have been pointed out in oral tradition. Several working days were used for bailing out the water.

How the ship was launched remains a mystery. Probably it was launched directly into the current of the river, since the channel of the bar/islet appears to be too shallow. The *Castor* was taken, for a sum of 54 daler, by the experienced *haxe* (barge) skipper Garneij[134] down to the mouth at Nyland, 40 kilometres downstream. It is possible that the ship carried a jury rig, but it might also have been carried out by partial punting and towing by an auxiliary haxe. However, this function could also have been fulfilled by a *verckflotta* (a float of bundled timber) known to have followed the ship downriver. Why was it not brought in the ship itself? The answer is probably that the hull was to lie as high – i.e. have as little draught – in the water as possible to avoid shallow passages among the sandbanks downstream. At Nyland, the brigantine was provided with masts and spars and most of the rigging. There is no mention of this at Klovsta. Probably the final touch of the rigging was made in the future home town of Härnösand before she sailed with cargo on her first commissioned voyage.

The Social Geography of a Shipyard

The communal character of this pre-industrial undertaking is obvious. Some hints can be gleaned from the bill:

The deliveries of the ship timber were made by farmers from the northern side of the river (fig. 46):
    Strinne (Väster Strinne?), 4 farmers
    Öfver Strinne (a part of Väster Strinne), 2 farmers
    Öster Strinne, 1 farmer
    Hakesta, 1 farmer
    Mångrav, 6 farmers
    Para, 1 farmer, but also all the households (*byamän*) together

The following numbers of farmers participated from the neighbouring villages/hamlets on the southern side of the river:
    Klovsta itself, 2 farmers
    Tjäll,. 9 farmers
    Gårdnäs, 5 farmers
    Bjursta, 3 farmers

Some timber also came from the neighbouring village of Nyland (one farmer) and somewhat more from the more distant hamlets of Väster Granvåg, beyond Sollefteå, and Tunsjön in Dal

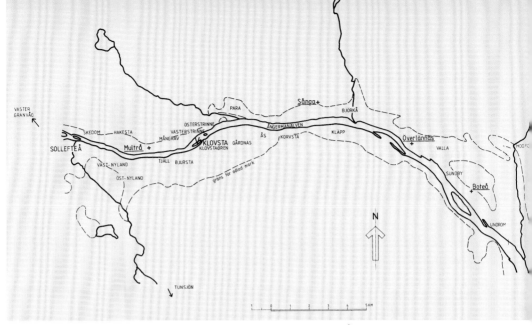

Fig. 46 Sketch map of the shipyard and the other places/settlements on the river Ångermanälven mentioned in the 1782 bill of the *Castor*. (Drawing: Christer Westerdahl)

parish (one farmer) but also from all households together. Consequently, the procurement of the timber alone engaged at least thirty-seven farming households directly, apart from all the households (byamän) in two hamlets more or less indirectly.

The carpenters/workers were distributed somewhat differently. Four to five people, all crofters (torpare) came from Klovsta itself – where, accordingly, only two farmers took part in the building of the ship. Other workers were from Strinne (five) and Bjursta (sic). These sixteen men from the vicinity of the yard constituted a stable working force over a period of three to five months.

About thirty workers were recruited from a greater distance, some of whom worked only for a few days. Most of them represented villages or hamlets in Ådalen, the river valley, such as Åsa, Kläpp, Björkån, Valle in Boteå parish, Remsle in Sollefteå, Överlännäs, Ytterlännäs and Hällsjö in Dal parish. The most distant origins were those of the town of Härnösand and the inland province of Jämtland. Five of the carpenters were *båtsmän* (naval soldiers), two able seamen and, interestingly, one appears to have been a *sockenlapp* (locally settled Sami) or of similar Sami origin.

Therefore, a total of close to fifty individuals were directly employed as workers. The daily wages varied between 1 *riksdaler* and 3, the most common being 2/2¼/2¾ dalers. After two months of service, the wages were raised according to these levels. The master shipbuilder Johan Renmansson, a well-known expert in shipbuilding of this time, connected with the town of Härnösand, appears to have worked at the site for only one of the six to seven months of the overall construction period. According to Nyström[135], 2,328 working days were paid all told. He compares this with Finland, where a certain ship of 117 lasts; 292.5 tons – and thus slightly larger than the *Castor* – consumed around 3,000 working days. Unfortunately, we can never be sure that all the work paid has been included. In total, 18,458 dalers were spent, of which 6,150, i.e. around thirty percent, were wages. The cost of the timber transport was 4,000 dalers, of which approximately 2,400 dalers were for sawn planks, i.e. close to twenty-five percent. In this sum, no mention is made of mast or rigging.

Conclusion

The unique bill pertaining to the ship constructed at Klovsta in Ångermanland paints a fairly detailed picture of a pre-industrial shipbuilding enterprise. A great deal of relevant information on the material and social geography can be drawn from such a source. In this case, however, we have little to compare it with. Nevertheless, fragments of documentation from other sites and ships make it likely that the building of the *Castor* and its yard site are fairly representative of the conditions relevant to many small rural shipyards. As to the social geography, it seems to be duplicated to some extent in other enterprises of the time, such as in the case of the early sawmills, some of them also seasonal.

The fairly high percentage of wages and of timber may "quantitively" indicate that recruiting skilled people and finding high-quality timber is a decisive factor in the localization of shipbuilding sites. However, it appears that the social factor may have been even more important, *the communal networks in the local milieu*. For the male part of the population, this may have functioned as a kind of "working feast", where all kinds of experience were exchanged between levels and groups. Traditions of such communal undertakings in shipbuilding were still numerous in the 1970s. The southern parish of Kalix in Norrbotten was an area where this was a particularly dynamic part of the stories passed down. It is a very shallow area. Nowadays the shipbuilding sites are far inland from the water's edge, which makes it more difficult to "fix" the tradition of the places themselves. The main content of the stories is rather the work, drama and worries of the commonality. An example is a ship built in 1797:

"Tradition says that there were great difficulties in launching and in getting the ship out to open waters. Many people were engaged in this work. Possibly apochryphally, it was told that the ship was so big that they had to haul it out to Vånafjärden (a bay) to be able to turn it (perhaps this means that the vessel was launched stern first)."[136]

Due to these difficulties, the ship was named *Folkets Bekymmer*, "The Anxiety of the People", perhaps better interpreted as the "headache of the people"! It was a moderate-sized barque of 148 lasts and 362 tons. Two years later, in 1799, the *Folkets Bekymmer* was sold in Lisbon. It seems reasonable that it was given another name along the way![137]

It should be pointed out that the communal character of such an enterprise extends to other temporary networks in the North, such as tar burning and, in later times, elk hunting. Shipbuilding was, in a local sense, an efficient way of bringing together neighbouring settlements, certainly kinfolk and friends, but not only these circles. Tradition conveys a sense of intense communal pride in the building of large ships.

It was also certainly advantageous for the recruitment efforts if other ships had been built recently and successfully in the same area without too much waste. On the other hand, the resources may also have been used up by previous projects. To avoid this, it seems that most of the material was cut intentionally at a certain distance from the site to enable further construction projects at this or other sites in the vicinity. Out in the forests, tree growth was increasingly manipulated to serve the needs of future shipbuilding. Accordingly, the farming of the landscape, the natural environment, and the social feeling for the communal and kinfolk networks were drawn into shipbuilding. This is part of the background for the rally of the "illegal" ship revolt of Nedertorneå (above) during the years when the *Castor* was built and sailed for the first time.

Place-Names Indicating Shipbuilding

There are a quite a number of place-name types in the Nordic languages which indicate shipbuilding sites in the survey area, apart from the obvious element *Varv-* (Swed. "yard") or

Skeppsvarv- (Swed. "shipyard"). However, as always, the place-names constitute a difficult category where above all the earliest occurrence of spelling, the forms of the local dialect and the most informed knowledge of conditions in the area have to be taken into consideration. The critical points of interpretation will be illustrated here with the aid of a few examples. The material was verified at the Place-Name Archives (Ortnamnsarkivet, SOA, Uppsala).

The general principles for the name-giving of shipyards for wooden vessels are similar in many languages. This study may therefore serve as a recipe for such surveys in any rural region where people moderately skilled in carpentry and boatbuilding are accessible and forest resources are close by. The importance of a continuous oral tradition is obvious. The demands for shipping and shipbuilding are largely international, although local idiosyncrasies may exist, some dependent on cultural patterns. The natural peculiarities of the area studied here are mainly those pertaining to the harsh but in many ways advantageous winter, when most of the ships were built. Another is of course the rapid land-uplift, which may present a serious problem for identification in the field. Given these conditions, the survey has been remarkably successful in establishing links between archival material, oral tradition, place-names and fieldwork.

Place-Name Research

In the Northern provinces of Norrbotten and Västerbotten, the sites often carry the general meaning of a 'building process' – of any kind. For example, the element *Bygg-*, with various versions in various dialects, such as *Byggningsplatsen* (or dialectally, *Bynningsplassen*, "the building site") on the island of Bergön in Kalix, Norrbotten, on the map of 1779[138] marked as *"gammalt Skjepshvarf"*, "ancient shipyard". *Byggnäsudd*, approximately "building spit of land", is found at Burvik, Bureå, Västerbotten, and still understood this way in tradition, although this name may have been corrupted since it was spelled *Bynääs Skathan* in 1701; and the bay outside *Bynääs Sladan, Bynääs* instead meaning "the village point " In this latter case, the name may have been misunderstood by the map surveyor, if it actually points to shipbuilding. However, no such early activity is known in the seventeenth century before 1701, only in the latter half of the eighteenth century. This may be due to lack of sources. We also have *Byggvallen* and *Byggården* (for short "Bygges") in Avan, Hortlax, at Piteå, Norrbotten.[139] Even in Roslagen, in the southernmost part of the survey area, i.e. the Vätö district in Uppland, this place-name simplification is known as *Bygget*, "the building", with approximately the same possible denotations as in English.[140] Another form of simplification is *Platsen* (also pronounced and known as *Plassen*), simply "the place"! – but reasonably derived from *Bygg/nings/plats/en* (above). This is found in *Platsen* at Siksundet (cf. fig. 32) and as *Platsudden* ("the place spit") at *Båtskärsnäs*, both in Norrbotten. The forms in the Finnish (dialect)-speaking part of Norrbotten are *Plassi*, which is just a corruption of the Swedish name type, and its neighbour *Plassinokka* in Säivis in Tornedalen (Torne valley), Norrbotten.

Otherwise, this generalized concept *Platsen* ("the place") seems to denote an important meeting place, such as the church, where the alternative *Vallen* is more common. *Vallen* is another contraction of *Kyrkvallen* ("the church field or bank") and *Plassen* is probably created as a parallel. However curious, this may also point to an interesting social aspect, the very likely communal character of shipbuilding in these settlements, even to the point of comparing it to church holidays.

The same type of name-giving is known from Österbotten in Finland, probably not only due to the intimate contacts between Swedish-speaking parts – in fact, this is an area where people knew at least a smattering of other languages spoken (including Saami) – but more tangibly also to the recruitment of master shipbuilders in Finland, mentioned above. For the shipyard at

Fig. 47 *Byggningsplats* marked on an eighteenth-century map from Österbotten, Finland.

Fig. 48 The smithy hearth of the naval yard at Jouxholmen/Kronoholmen, Österbotten. (Photo: Christer Westerdahl, 1984)

Östensö close to Jakobstad (Pietarsaari), Toivanen has noted the term/appellative (not a place-name) "byggningsplats" on a map of 1761 (fig. 47).[141] In another form, as "Byggnadsplats" it is found on a map of the approaches to Gamlakarleby (Kokkola) dating from 1766.[142] There are several other such localities, illustrating the types known from Sweden, including ones with actual place-names such as *Byggningsplatsen* and even *Platsen*, in Österbotten.[143] Both the common nouns and the place-names appear to derive from the building activities of vessels, not from the other possible meaning, from buildings erected at the site. Besides, it is very uncommon to find traces of any more permanent constructions at these sites. In most cases, there are only the stone foundations of a forge to be seen (fig. 48), at least above ground, coupled with smithy slag (cf. figs. 23–24). Although there is another possibility for derivation, i.e. from "bygg" meaning "barley", this does not seem relevant in any of these cases.

The place-name *Byggningsplats/en* conforms well to the official term for a crown shipyard, *skeppsbyggning*, already during the sixteenth century.[144] Many of these early scattered crown yards from the Vasa dynasty era (around 1550–1650) were in Finland. On the other hand, the most common term in Southern Sweden for such an early crown yard is "skeppsgård", where "gård" corresponds with the Engl. "yard". The place-name *Skeppsgården* is found in present-day settlements in the parishes of Östra Ed and Misterhult in Småland. As a field name we also find a settlement *Skeppsgårdsgärde* – originally, as the name says, for a meadow (*Skiepzgålsängen* 1700), on Nedre Gränsö, S:a Annæ parish, Östergötland. Present-day *Skeppargården* ("skipper's farm"), an island in Svärta parish, Södermanland, spelled *Skepsgård* in 1728, is thus a corruption of *Skeppsgården*. The main naval base for the Vasa dynasty fleet of Sweden and Finland was at the capital, *Stockholms skeppsgård*.[145] Most of these places can be found in naval records.

Another appellative for a naval yard in Finland could be *bankstad*, e.g. *Österbottens bank-*

stad, which is known today as *Kronholmen or Jouxholmen* close to Jakobstad: "There were two types of these shipyards. The regular yards only had to build ships. The others were mainly only sites for the camps of the ship crews during the autumn and winter where shipbuilding was undertaken suitably to occupy the people. Such a temporary shipyard was called 'bankstad', a term that was transferred in Finland to any place where a keel was laid."[146]

The background of this common noun is not quite clear. If *bank* (approximately the same in English) means the building berth or perhaps rather its topographical character, one might compare it with the local term Swed. *grand* (see Swed. *grund*, Engl. "shallow bank") for at least two known shipyards in Norrbotten, *Sävastgranden* and *Råbäcksgranden*, both on the banks of the river Lule älv (close to present-day Boden). A site called *Granden* is also situated on the lower reaches of Skellefte River, North Västerbotten. The topographical advantages of locating a shipbuilding place to a bank on, or even – as an islet – in the river are natural in a region where all wooden ships were built during the winter. In the Ångermanälven river in Ångermanland, further south, such a bank was called "ör", which conveys the impression of a sandy place. Two shipyards here were called "ören": *Klovstaören* and *Kvarnören*, both mentioned above. The first was probably only used once, but the other was a major shipyard at Sollefteå, forty kilometres from the estuary. On the other hand, the element of *bank(stad)* could possibly indicate some kind of fortification with earthwork, since the Finnish examples were naval camps.

Naval shipyards could also absorb the element *Kron(o)-*, referring to the crown (the navy): *Kron(o)holmen* at Härnösand, Ångermanland and *Kronoholmen* (alt. *Jouxholmen*) in Kronoby, Österbotten[147] (see fig. 48).

The most easily interpreted of these types of names is of course *Varv-* (defin. *Varvet*), exclusively used in the sense of "shipyard". The survey registered quite a number of such names, some found on maps, some only known through oral tradition. A few of them may also be found in place-name archives. A town district of Örnsköldsvik, Ångermanland, is called *Varvet*, a shipyard site during the 1850s. The same name is applied to a part of the village *Lövvik* in Nora, also Ångermanland, where ships were built in 1857, and on a spit in Buskösundet in Västerbotten (at the border to Norrbotten), where a shipyard is recorded between 1828 and 1866. At Killingholmen, Tåme (Byske), Västerbotten, there is a site which is not recorded in any historical source, but according to oral tradition at least two ships were built there, one of them possibly as early as the sixteenth century.[148] Another was found at Gumboda, Nysätra, recorded around 1840–1860. In the South, this place-name is found south of the town Öregrund, Uppland, south of Bergkvara, a major site, and at Vinö, both in Småland, in Southern Sweden.

Place-name compounds with *Varv-* are almost as common as the definitive form *Varvet*. *Varvsudden* (a spit) is found at Bäck, Nätra, Ångermanland, a shipyard known from the 1850s; on Mannön island in the archipelago of Luleå, Norrbotten, used in 1836 and 1877; and at Västra Sikvik south of Gävle. Outside the survey area, it is known from the area south of Skäggenäs and on Hamnö island, Misterhult, both Småland. *Varvsrevet*, a sandbank spit, is located at Buskösundet (above) and several *Varvsholmen* (islands) are known from my survey area. *Vivstavarv*, the major shipbuilding site at Wifsta in Medelpad in the nineteenth century, is now mainly a huge pulp mill and the original name-giver to an industrial combine (now part of the SCA). In Lake Vänern, at least seven sites bear the name *Varvet* and at least one site is called *Varvsholmen*. The other categories of indicative names found in Norrland, mostly denoting ships, are also represented.[149]

Apart from the larger ships, more local varieties, including fishing vessels, have been built at a large number of sites in the survey area. They seldom seem to have place-names of their own. The only place-name form that I have found relevant in this connection is *Verkan* in Roslagen, Uppland, in particular in the archipelago of Vätö.[150] It denotes a place where you put vessels onto land, on a slipway, to repair, or keep the vessel accessible and under control, even during the winter. Another term with a similar meaning is "båtdrag" (roughly translated, "boat haul").

Ship Type Names

If a ship type or, more generally, a "ship" is pointed out in place-names, it could denote a ship-yard where such ships were built. However, this interpretation should only be suggested if other alternatives are unlikely, such as harbours, loading places, foundering and wreck sites. *Skutviken* ("ship's bay") in Ytterbyn, Kalix Nyborg[151] and *Skutviken* in Ryssbält, both in the parish of Kalix (Nederkalix), are in fact, according to oral tradition, shipbuilding sites, although no direct record has been found so far. In Norway, a certain shipyard site is found, e.g. *Skuteviken* at Bergen.[152] Some others are *Skutudden* in Boviken, Kåge, Northern Västerbotten, with ship-building recorded in 1810, and *Skuthällan* in Bäckfjärden, Lövånger, in the same region, which is still somewhat vague.

We know that *Skeppsholmen* ("ship holm") in the delta of the river Indalsälven in Medelpad, nowadays Lövgrundsholmen, was the site of the crown yard *Medelpads varv* in operation from 1666 to 1680.[153] The area was thoroughly altered by a human-induced catastrophe in 1796. Large ship timbers have been found here, on land, originally probably belonging to this site. Another *Skeppsholmen* at Levar-Flasen, Nordmaling, is a major private site, recorded as having been in existence from 1785 to 1881. The unique site at Maglebrænde, Falster, Denmark, dating from around AD 1100, mentioned before, is surrounded by two ship-type name sites, two small hills at the small river, *Nørre Snekkebier(g)* and *Søndre Snekkebier(g)*. To the Southeast, a field is called *Snekketofter*. This is the most concentrated occurrence of *Snekk-* names in Denmark, although about a hundred such names exist. The (Norse) *snekkja* is a medieval galley ship type, very likely to have been used for naval purposes. There is therefore a possibility that other Scandinavian occurrences of these names may denote shipyards or repair yards.[154]

A locally concentrated name type, the *Skeppshus* or *Skepphus* ("ship house") names found especially in Åland[155] also seems to have a certain distribution in Uppland on the Swedish side.[156] Some of them may denote early shipbuilding and maintenance sites. Some of them may also be interesting in an early naval sense.[157]

In recent times, barges were built in many places in Norrland due to the need for large-scale transportation of wood beyond the condemned hulls of old sailing ships. Their building sites bear such names as *Pråmudden* and *Pråmviken* (*pråm* = "barge").

Other place-names denote particular installations at a shipyard. There is a small islet called *Baspannharen* in Trödjefjärden, north of Gävle, telling us that there was once a "baspanna" here, a steam chest for forming ship planks. *Basviken*, which is found for example in Småland, has the same background. In both cases, they indicate shipyards in their immediate vicinity. The forming of plank-strake ends using direct fire was a method at least around 1700, and probably considerably later.[158] Probably the first steam chests were introduced in this area by naval ship-yards during the eighteenth century. However, in 1782 AD, a "steam oven" (*basugn*) with a "steam cauldron" (*basgryta*) was used at the purely civilian shipbuilding site of Klovsta in Ångermanland (above).

Tälja is one of the old verbs for "dubbing cloven planks with a broad-axe." There is a field name at Snäckmorsfjärden in Njutånger parish, Hälsingland called *Tälje*. This may perhaps indicate a boatbuilding site, since oral statements exist relating to a concentration of wood shavings in the ground.[159]

Careening Sites

The shipyard had to obtain, store and have immediate access to large quantities of tar (Swed. *tjär/a*, Finn. *terva*) and pitch (Swed. *beck*, Finn. *piki*). The careening of ships also took place regularly at repair yards. Several known shipyards are called *Tjärholmen* or *Beckholmen*.[160] Most of these names should be interpreted as transshipment sites for such cargoes. This explanation for several *Tjäruskär* or *Tervakari* is obvious.

The careening sites themselves would often be called *Bråbänken* in Swedish, although in Stockholm it was called *Bråddebanan*. The verb "brå" means the application of tar and pitch to the lower hull. This name is a regular occurrence at larger shipyards, esp. naval yards, Dan. *Bradbænken*[161], e.g. in Holmen naval docks, Copenhagen; Norw. *Bradbenken*, e. g. in Bergen. Since they rarely belong to rural areas, it seems that in Norrland it is only the shipping town of Gävle which had this place-name, which was corrupted to *Brobänken*.

On the other hand, a simple type of careening caissons, Swed. *krängkista*, *stälpkista*, were constructed at many locations in rural areas (fig. 51). They may have produced field names like *Stälphagen* (abbreviation of *Stälpbrohagen*) on Åland.[162] They were used also as winter storage for minor vessels, which had been turned upside down.[163] The traces of such a site may include iron fastenings bored into the rock with rings attached. These later may also have been referred to in place-names (e.g. *Ring-*). The *Stälp* sites of Åland correspond to the *Verkan* sites of Roslagen, Uppland (above).

The need for a point of attachment is obvious in all these cases. An important term for such in international sailor language is in English a *deadman*. "A deadman is a term for a rock, a tree, or any stable, heavy object that a rope or a cable can be attached to and then connected to a vessel

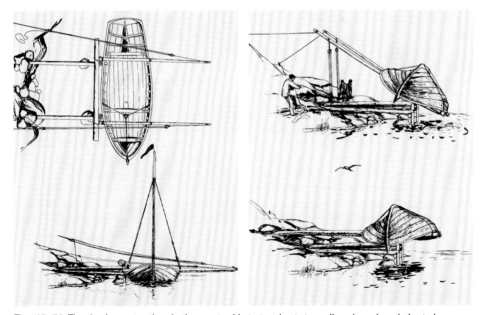

Figs. 49–50 The simple constructions in the countryside to turn boats to caulk and repair and also to keep them turned upside down in an ordered way for the winter are illustrated by these drawings by Torbjörn Eckerman. They inform mainly on conditions in Åland, Finland and on the small cargo vessel *storbåt*, but inevitably, similar demands were found elsewhere among skippers of the North who at the same time were farmers and fishermen. The function of such constructions is often missed by archaeologists detecting remains from historical periods. (From Högnäs & Örjans 1985)

314

Fig. 51 Remains of a stone and timber caisson, *krängkista*, for careening ships at Björkön, Dalsland. (Photo: Christer Westerdahl, 2007)

in order to heave the ship onto land for careening."[164] *Deadman* could be translated to any language. In Scandinavia it would be *Dödman*. This first element is profusely distributed as *Dö(d)-manskär*, something similar, or in fact only *Dödman*, in maritime localities. Most researchers have so far interpreted it as the site where a corpse has been found.[165] It is about time to consider this alternative in suitable contexts.

It seems that in an emergency, such sites might be arranged in exposed localities far from the mainland coast. According to tradition, a British naval ship, possibly HMS GORGON, was repaired during the Crimean war on the barren, outlying skerry Tålingen in the Gräsö archipelago in 1855.[166] Was the uncomfortable location chosen due to the declared (official) neutrality of Sweden/Norway at the time?

Mast and Rigging

The sinking of a mast into the hull and the application of standing rigging was a sensitive procedure. Afterward came the full running rigging and the sails. This presented problems which may have been difficult to solve at small building sites in rural areas. Nevertheless, people tried. Some of them cooperated in finding and using suitable steep rocks, often called *Mastberget*, "mast rock", where they could lower the mast directly into the mast step. To be able to do so, a jib or derrick boom was attached by means of hawsers to large iron rings fastened into the rock. It is illustrative, also for the conditions of rural shipbuilding and ship ownership, to retell what oral tradition says about *Mastberget* in Ormsösundet between Hargshamn and Hallstavik in Uppland. Here, masts were rigged by the shipyard in Järsjö, Harg, known in the 1870s, but most likely also by others.

Once the newly built hull had been successfully anchored to the rock and the mast was swinging down high from the jib, when suddenly the hawser came loose from the mast. It was apparently the mainmast, and it was so heavy that it went all the way through the ship and cut down with tremendous force beside the keel. The planking was cut wide open and the ship sank immediately to the bottom. It is rather deep at Mastberget, around twenty metres. The owners of the ship, skipper/farmers of Roslagen had nothing to invest in a regular salvage so they gave up the ship and started building a new ship that was rigged more successfully. If this was done at Mastberget we do not know, but probably not. According to my notes, there is still a wreck at that place with a hole in the bottom!

In fact, at first I thought that this was a migrant tale in connection with shipyards. Maybe it is after all. However, this method has been used in several suitable places with steep rocks. It is the reason why we know of countless stories recorded mostly in the beginning of last century of rings high up on rocks, which purportedly indicate harbours dated back to the Iron Age (or even further!). The rings are then interpreted as moorings, in analogy with rather recent times. Many stories mention rings which do not exist. In 1908, the archaeologist T. J. Arne substantiated the

statements on iron rings high up
a rock at Fållnäs, Södertörn,
south of Stockholm. In fact, he
explained them correctly, but
incredulously.[167] He should have
known about the shipyard at
Fållnäs, already in operation in
the middle of the eighteenth
century, but largely forgotten in
oral tradition. A solitary statement even mentions that the
rock was called *Mastberget*.
Södermanland lies in the same
province, but in Tystberga parish
further south, and *Mastberget*
on the island of Högholmen has
the same background.

Fig. 52 Iron rings for the mast crane hold at Björkön, Dalsland.
(Photo: Christer Westerdahl, 2007)

Still, within my survey area, there are several more *Mast-* names. If they are not found out
in the forest or on a solitary skerry far out, they usually mean the same as those. On the present-day peninsula (formerly an island) called *Mastskäret* ("mast skerry") in Norrbotten, was
once the mast jib for the shipyard at Norrbrändön, recorded in 1808–17 and 1826.

In any case, it was not necessary to rig the hull at the yard itself. It could be towed for a short
distance. On the other hand, quite a few building sites were upstream on rivers. It seems, therefore, that, after being launched in the spring, the ship was punted downstream with the current,
perhaps using a jury rig. Special skills were certainly required and the demand in the Ångermanälven River was met by skippers of the local river barges, called *haxe*. At the distal steep of
the river, where its current dies out and the fresh water meets the brackish water of the Bothnian Sea, it could be caught and hauled on to land. The ships built at the Ångermanälven River
were thus rigged at Nyland at the mouth, at about forty to fifty kilometres downstream, at the
furthest possible point from the shipyards. In Österbotten, they were often sailed with a jury
rig from the inner archipelago of Larsmo to Jakobstad by local transport skippers.[168] In other,
similar cases, it was still part of the tradition that the ships were built on wooded islands in the
archipelagos, towed by steam or sail, and then rigged at the regular yards.[169] At the Lövånger
coast of northern Västerbotten, the place-name *Tackelkammarviken* ("tackle store bay") can
still be found. Standing and running rigging, and possibly even masts, were stored here in a
building, according to oral statements. Two of the shipyards at Gladaviken/Avan, "Olov-
Annersa" and "Kjellerstedtska", known from the years AD 1811–36, or possibly somewhat later,
are found in the vicinity. However, the locality is not entirely suitable for rigging a ship. It is
not calm enough, it seems. Another instance of a similar name is *Ta(c)kelklippan* in Blekinge,
recorded in 1666.[170] In fact, there may be several other explanations for such names, but it is
enough here just to mention the possibility of referring to wreckage finds made there, for example, or to navigation.

The Resource Landscape

This is a significant part of the contextual analysis of shipyards in the landscape. Contrary to
expectations, I found it breathtakingly interesting. The occurrence or the taking out and cutting
of ship timber has been pointed out by a large number of extremely localized place-names. It is
not self-evident, however, that these localities can be connected to particular shipyards, espe-

cially where the yards occur frequently. The crown authorities eagerly sought lumber for ships and they always encouraged surveyors to observe such resources when describing new settlements or forest tracts. In particular, this would concern *Maste- eller Spireträn* ("masts and spars").[171] F .H. af Chapman was in no way alone, but only he could have made a large-scale concentrated expedition for this purpose in 1758–59. As already mentioned, this investigation concerned the hitherto largely overlooked resources of slow-growing large pines in the inner Bothnian Gulf. The South was running out of suitable oaks.

The occurrence of roots or crooks of windswept pines are reported by the place-name element *Rot-*. These naturally grown, crooked timbers have always been considered the best suited for ribs and knees in ships. Any size can be of interest in this connection. If they are found near the sea, the harsh environment has made them grow very slowly and hardened them, but not tempered their elasticity, since their turpentine (tar) content is extremely high, especially in the roots in the ground.

In some cases, localities named in this way became shipyard sites, especially islands. The shipyard Elfkarleby varv was located on *Rotskär* in the mouth of the Dalälven River in Uppland. Like its comparable successor Harbovik further south in Roslagen, it had a market site and harbour close by. "Skeppsbyggningen" (the yard) on Rotskär was a naval yard in 1564–93 and in 1609.[172] If private shipbuilding took place there at any other time, it is not known, but probable. Another shipyard was situated on the opposite side of the mouth of the Dalälven River during the first part of the eighteenth century. It was discovered during the survey on a detailed map of AD 1749 (fig. 53).[173]

A repair yard for the Swedish navy was also located on *Lilla* (Little) *Rotholmen* in Ornö parish, Södermanland, in 1565–70.[174] In its vicinity, *Stora* (Big) *Rotholmen* can of course be found. Several other terrain names clearly possess the same denotation. *Rotsidan* is a natural

Fig. 53 Map of the area east of the mouth of river Dalälven, Uppland, in 1749. Due north of the settlement of Sågarbo, a shipyard, "Skiepswarfvet", has been marked, more or less unknown in records, but a local tradition still lingered on in the 1970s. (Photo: Lantmäteriverket (LMV), Gävle)

reserve of barren rocks beside the sea and provided with precisely those wind-swept crooked pines (Swed. *martallar*) that we are looking for here, in Nordingrå parish, Ångermanland. The last place-name element contains the ancient denotation of *sida* in Norse (or Swedish), meaning "coastal stretch". In this case, we should perhaps ascribe these resources to the building of fishing vessels, since the parish in question possessed a significant number of fishing farmers and well-frequented seasonal fishing harbours, of which at least two, (Sör)fällsviken and Barsta, were directly adjacent to *Rotsidan*.

In the Häverö parish in Roslagen, Uppland, we find *Rotholma* east of Herräng. These are all well-known shipbuilding districts. The same deliberation as for *Rotsidan* in Nordingrå parish above applies to *Rotskären* in the Möja archipelago and for *Rotnäs* with *Rotören*, north of Grossgrunden in the archipelago of Holmön in Västerbotten. On *Rotholmen*, Stranda, Småland "pines were rooted out, i.e. broken up pine roots were used to make ribs for vessels".[175]

Another important, albeit straight, ship element would have been beams, Swed. *balk, bjälke*, which can also be found in place-names. *Balkholmen* (now spelled *Barkholmen*) in the same area as the preceding *Rotholmen*, may be a case in point.[176] *Skutvedharen* is a fairly small skerry south of Maråker in Southern Hälsingland, marked on a map of AD 1817, which may have been used for procuring ship timber, dialectal Swed. *skutved*.

Straight, yet resilient masts of pine are imperative for efficient sailing. Normally these timbers are only found far inland, since they have to grow in forests protected from storms. On the other hand, they must not grow too quickly either. Preferably, they are taken from very dry (heath-like) terrain, indeed not found everywhere, especially not in the more accessible South. During the period of the English protector, Oliver Cromwell, in the 1650s, Sweden was allied with England and, according to the terms of the treaty, Sweden would deliver masts for the British Navy. They were cut in the forests around Lake Vänern, shipped across the lake and exported by way of Gothenburg. Scores of place-names denote resource areas (*Masthugget, Mastviken*) and harbours (*Masthamn*) for this product. The most favoured forest area during the nineteenth century was Fägre, more significantly in the neighbourhood of the Göta Canal, cutting across central Sweden, the canal being finished in this part, and Västergötland in AD 1822.[177] The Norwegian *Mastrevik* has been interpreted in this way[178] and Modéer has got[179] *Mast träs holmen*[180] in the archipelago of St. Anna, Östergötland.

It should be noted that an impressive number of Norwegian place-name indications for forestry in general, and including ship timber, were collected in a unique work by Alexander Bugge.[181] There is, for example, a *Mastterud* (1585) in Bamle, Southern Norway, possibly of thirteenth-century origin. Bugge reminds us that the word "mast" is a foreign import in Norse. The earlier term was *sigla*, which is found in *Seglerudt* (1587). Mast wood could also be called *skatviðr*, as in *Skatviðató* in Østfold, also recorded in the sixteenth century.

In the absence of other material, there are, as always, critical source problems for any kind of indicated wood. For example, such names in the skerries may be a memory of wreckage from a foundering or constructions for fowl hunting.[182] In a forest, however, they could have only one meaning.[183]

Early Timber Floating Inland in the South

The resource landscape inland reveals itself sometimes in names which are of a more general character but still refer to ships. Sometimes they denote settlements that must have had their inception during the Middle Ages. The last element is usually -*hult*, meaning wood, copse, or small forest. It therefore seems likely that they are of medieval dating.[184] At least twenty localities exist in Southwestern Sweden with the name type *Skeppshult, Skeppehult, Skipshult, Skipalt* – the last a less easily recognized dialectal form. Moreover, in at least a few cases, they seem to have been reduced from an original *Skipvidahult* (*skipvidher* = "ship timber"), which is a place mentioned in the oldest provincial law of Sweden, *Västgötalagen*, dating from around AD 1230. This place is the present *Skeppvidahult* in the parish of *Skepphult*, Mark, Västergöt-land. Bugge records a Norwegian occurrence, *j skipwidadale, Skipviðadalr,* from the end of the fourteenth century, a place-name that has since disappeared, but it derives from the same word.[185]

A series of parallel rivers run to the province Halland – an area belonging to the Danish realm during the period in question – from the large inland plateau in Västergötland where most of these localities are situated, and accordingly to the coast of the Kattegat. An interesting and very likely conjecture is that these oaken timbers were floated downriver and can be found in medieval Danish shipwrecks. There are a few possible dendrochronologically dated wreck finds, for which the origins of the main timbers in Western Sweden have been established by research. It is not known if the respective vessels were built upriver or only at the mouths of the rivers, in this area often the sites of medieval towns – or possibly of monasteries.

A comparable group is possibly constituted by the *Skeppsmor-* names in Eastern and North-ern Sweden. Some may refer to oak, but not north of the Dalälven River. Oak was felled for ships in later times in the West, up the Göta älv river, to such an extent that large, once thickly forested areas still appear as open heaths called *Svältorna*, approximately "the starved or starv-ing places".

Thus the dynamic of the resource landscape of shipyards appears to be not an isolated ship-oriented observation but also constitutes a vital part of forest history.

Archival Research

To be able to pinpoint ship and boatbuilding sites, it is always necessary to study archival mate-rial, including maps. In addition, works on urban and local history were used, some of them with scientific ambitions. In my case, most of the archival work on wooden sailing ships was carried out during the years after the conclusion of the survey in the field. This work ultimately devel-oped into a card register of almost four thousasnd ship names initially, although in the analysis of each entry (ship name) there may be quite a few cases of duplication and other mistakes. Many difficulties, thus far unsolved, pertain to the identification of individual ships, despite fairly detailed descriptions. No other register or statistics existed for the whole period from the beginning, but certain periods and areas were covered by way of generous internal copy and note material, e.g. from Maurits Nyström.[186] However, this did not help much in site localiza-tion, which was a primary aim.

The building sites could only be registered by following the course of individual ships. The source material usually studied is that of registers for the exemption of Swedish-owned (but not necessarily Swedish-built) ships from customs duties, but only those destined for sailing abroad. This appears in tables in the form of an extensive diary (*fribrevsdiarier*) from AD 1759 to 1891 at the National Archives (*Riksarkivet*) of Stockholm. Length, width and height (not draught) are registered briefly. Many ships reappear here when the first exemption has expired or the ship has been rebuilt (*förbyggnad*, above) or changed rigging, i.e. changed its type (i.e. from ketch or schooner to brig or brigantine). Here the place of building is usually mentioned, but only in an elementary geographical form, such as the town. The shipbuilding sites were registered accord-ing to their customs district, which bore the name of the closest town. Thus, if one were only to study this diary, a huge percentage of the ships would seem to have been built in towns. Attached to this material is even more extensive documentation, with files for each individual ship (*fribrevshandlingar*). These files included details on the ships and more reliable identifica-tions of building sites, mentioned above all in the *bilbrev*, the document declaring that the ship's builders had been paid properly and that the owners were accordingly not in debt. This document pinpoints the site quite accurately, often in rural areas. Since the signatures of these are often those of the people who built the ships, it may even be possible to trace the site by looking for these names in other (demographic) material. One should also point out that in any of these source materials, foundering and total loss may be mentioned.

However, small-scale ships destined solely for operation within the borders of Sweden are found here only if they changed their destinations for overseas transports. Some obviously could not. I found the most important complement regarding such ships in material largely overlooked at the time, in the Town Archives of Stockholm. It is the ship's measurement books of the principal customs office (*Stora Sjötullen*) in Stockholm, called *skeppsmätareböcker*, and it is very likely that most ships passed this examination during their existence, even those that sailed overseas. This covers the period from 1779 to 1866. However, it was possible to show that many ships may have escaped this control, only to be found in the measurement documents (*mätbrev*) issued by the local town magistrate. If this is the case, then we may have a real problem, since this local material could be poorly preserved (war, accidental fires, etc.). However, what still exists is most reliable and to the point. Pekka Toivanen has also used the material from the Town Archives of Stockholm extensively in registering Finnish-built ships.[187] Once again, it must be said that a large number of the ships in both registers were built in Swedish Pomerania, which remained Swedish until 1815. Other material can be found – in some cases only – in the archives of sailors' associations or shipping offices (*sjömanshus*). This and other local material is usually preserved in the Regional Archives, *landsarkiv*; in this case primarily in Härnösand, Ångermanland. The information for the Western Swedish Vänern area is found in Gothenburg. The latter has, however, not been studied very actively by the present author.[188]

There is earlier material as well, especially *Attester för sjöexpeditioner* at the National Archives, but not entirely complete, dating back to the seventeenth century. It has been studied to a certain extent.

A preliminary number of ships has been registered in the following counties/provinces:
Norrbottens län (adm. county), around 1,200
Västerbottens län (adm. county), around 550[189]
Västernorrlands län (adm. county), around 1,100 (around 600 in the province of Ångermanland, and around 400 in the province of Medelpad)
Gävleborgs län (adm. county), around 1,600 (around 500 in the province of Hälsingland, around 400 in the province of Gästrikland without Gävle, and perhaps 700 in the town of Gävle?)

For Norrland proper, then, a total of 4,450 ships would seem to be covered preliminarily. Nevertheless, I wish to repeat that this is a marginally imprecise result. In addition, it should be noted that for the province of Österbotten in present-day Finland, about twice this number of ships might be registered as were built there.[190]

The survey covered a part of the province of Uppland as well, but this has not been recorded in the same way.[191]

A note on the boundaries of the units cited above: The administrative counties of Norrbotten and Västerbotten correspond approximately to the old province of Västerbotten, which is identical to the administrative county of the same name before 1809. There are some losses in the North (to Finland), which was transferred to the Grand Duchy of Finland, now a part of the Russian Empire, when peace was made at Fredrikshamn in that year. However, the loss of land in the North does not mean that the part of the customs district of Torneå, now inside Swedish Norrbotten, has no shipyards registered. The Swedish part of the Torne valley and the parish of Kalix belonged to this district. It is from here that the best traditions of the communal character of rural shipbuild-

320

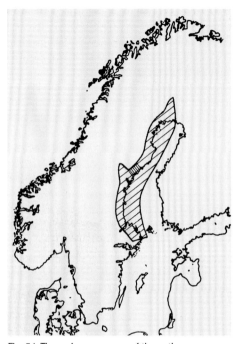

Fig. 54 The main survey area of the author.

ing were derived. This was an active shipbuilding area during certain periods. In the same way, it might be difficult to distinguish between the area of the older town of Piteå (1621) and its district and the later town of Skellefteå (1845) in the South. Before 1809, Skellefteå belonged to the district of Piteå, down to the parish of Lövånger, with the landmark spit of Bjuröklubb. Furthermore, Skellefteå now belongs to the administrative county of Västerbotten whereas Piteå belongs to Norrbotten. The ships that were built in Skellefteå before the division, and which formally belonged to the district of Piteå, have undoubtedly been covered to a large extent by several authors.[192] In the South of Västerbotten, we have the additional problem that the parish of Nordmaling belonged to the province of Ångermanland, but since 1810 has belonged to the administrative county of Västerbotten. This parish has been documented in the context of Ångermanland, by Hellman (1947). Here, it is a part of Västerbotten (Västerbottens län).[193]

Town and Countryside

What were the proportions between pure urban yards and others? A preliminary answer will be given here, but with some reservations for ships only registered for the county or province without any further specification. It is much more likely, however, that such ships were built in rural areas than close to a town. The town would surely be mentioned, since this was the usual attribution. On the other hand, there are quite a number of ships which have been registered with a town as its origin, but can be demonstrated to have been built entirely in rural areas (sometimes even rebuilt there). As we have seen, numerous factors may influence the location of shipyards. The work of Ian Layton should be consulted on the progressive displacement of town (and other) harbours due to land upheaval and other factors.[194]

Judging from Boberg's catalogue (Boberg 1977: 12), there were 235 ships built in Umeå (the town was founded in 1588 and refounded in 1621), but the rural areas of the county contributed altogether 262. Skellefteå became a town in 1845 in the old district of Piteå, as mentioned above[195] (map of northern Västerbotten by Peter Gustafsson, see fig. 39).

In Ångermanland, according to preliminary calculations, around 300 ships were built in the town of Härnösand (founded in 1585). The countryside must have contributed at least 250. Other towns in the area were established rather late and date back to the industrial era: Örnsköldsvik, founded in 1894 (*köping* 1845), Sollefteå in 1916 and Kramfors in 1920.[196]

At least 250 ships were built in the town of Sundsvall (founded in 1621) in the province of Medelpad. The rural area appears to have produced considerably fewer, only around 150 ships. Here, however, one of the most concentrated and productive of the shipyards outside of urban areas could be found in Norrland, the *Wifsta varf*, where there were between at least 65 and as many as 185 registered original ship constructions.[197] However, this was a regular industrial enterprise, like several others in the area.

At the moment, the other areas have not been calculated in the same detail. However, Norrbotten in the far North exhibits similarities with Västerbotten. Here, the towns of Torneå, Luleå and Piteå were all founded in 1621.[198] However, at first glance, 800 ships appear to have been built in the urban areas and around 400 in rural areas at a number of very minor sites. The areas of Piteå and Luleå produced at least 300 ships each, Luleå rather more, and Torneå so far around 100. There were therefore three older towns compared to one in present-day Västerbotten (but two in 1845). As previously noted, all four towns belonged to the old province of Västerbotten.

It seems obvious that the tendency already found in Medelpad of a significant predominance of urban ship construction prevails southward. The towns in Gävleborg administrative county were in the province of Hälsingland, from the north: Hudiksvall (1585), Söderhamn (1620) and, in the province of Gästrikland, Gävle (before 1446). In a separate work, I was rather surprised to find that a considerably larger number of ships were built in Söderhamn – 234 –than in Hudiksvall, with only 104.[199] Probably the reason for this difference is that a large number were built in Söderhamn in fulfilment of orders from the nearby metropolis of Gävle. Still, this is of little significance in our connection. Quite a number of small shipyards existed in rural areas, even adjacent to Gävle.[200] The early crown-built ships of the sixteenth and seventeenth centuries have been left out of this survey of ships, even though, interestingly, some yards were found in rural areas.[201]

There is in fact a slight "formal" predominance of urban production in comparison to rural shipyards. As a conclusion, one must remember that quite a number of ships were registered as having been built in cities anyway. Some of them could not be attributed any other way, as the primary sources are lost. As has been pointed out above, only insufficiently available local source material may give a finally correct answer.

In the early days, where no regular documentation exists at all, it appears that most of the ships owned by a town were in fact built in rural areas. A government commission with mercantilist ambitions, led by Daniel Behm, visited Härnösand in 1646 to explore *lastadier* (harbours including shipyards) in its neighbourhood and to encourage shipbuilding, among other things.[202] It was then found that no ships were built in the town at all. Almost all the ships owned by townspeople were built in rural areas of the province, in spite of the fact that a crown shipyard was already located close to the central part before the foundation of the town in 1585.[203] In a way, this situation was natural, since the burghers of the city were recruited as rural merchants (*landsköpmän*) by the crown.[204] Nevertheless, it was highly unnatural according to the policies pursued by the crown, with its generally sceptical attitude toward non-agrarian ancillary industries in rural areas. It was in line with this attitude that the rural merchants had been brought into the cities more or less by force. A further complicating factor is, as mentioned, the Bothnian Trading Compulsion, which directed all traffic to Stockholm. The development of the towns in Norrland was curbed. They essentially remained large villages with divergent professional structures.

During the survey and the subsequent years, the following numbers of shipbuilding sites were registered in the provinces under scrutiny:

Norrbotten 114
Västerbotten 44
Ångermanland 68
Medelpad 31
Hälsingland 30
Gästrikland 14
The sum for Norrland proper, including cities, is 301.

Fig. 55 The wooden tracks and sledges of a reconstruction of *Jakob-stads Wapen*, launched in 1994 in Jakobstad. A ketch (*galeas*) with this name dating from 1767 was the first to be built and sail from the town after the partial abolishment of the Bothnian Trade Compulsion. The design was that of F.H. Chapman.

Fig. 56 The slipway of the shipyard at Alderholmen, Ursviken, in the mouth of the river Skellefteälven, north Västerbotten. It is still compar-atively easy to discover. Tradition is alive. The remains of the smithy can still be seen close to the slipway. The last tall ship built here was the *Antoinette* of 908.8 tons in 1880. (Photo: Seth Jansson, Tierp, 1979)

Uppsala län 20 (northern Uppland down to and including Öregrundsgrepen 5).

Stockholms län 25 (excluding cities and an uncertain number of rural sites; another more ex-tensive local survey of only Vätö skeppslag in the very south [Stockholms län] lists as many as 65 sites).[205]

Accordingly, altogether 400 ship-yard and building sites were registered during this particular survey, with a potential for con-siderably more, at least in the far South. How many of them have been precisely localized? A qualified guess would be less than 170. My experience clearly states that, due to their highly differing state of preservation and variable antiquarian rele-vance, it would seem that a choice among them for estab-lishing historical monument status should be made only *by combining what is above water and what is under water.*[206]

These are minimum numbers, yet there seems to be a clear rela-tionship between the number of ships built in each province and the number of sites. About half of the registered ships, around 2,300, were built in Norrbottens and Västernorrlands län (admin-istrative counties) and there are no fewer than 213 building sites, amounting to more than half the total number. They have been published with certain later additions in *Norrlandsleden II*.[207] Conversely, a smaller number would have been built in the remaining provinces of Västerbotten, Hälsingland and Gästrikland. However, the comparison is a bit flawed, since the town of Gävle in Gästrikland has the greatest individual production of all sites north of Stockholm.

Thus, ships continued to be built in rural areas until the very final phase of wooden sailing ships. It appears that the northernmost part of the survey area preserved this somewhat old-fashioned structure somewhat longer than the southern part. The structure in the North presumably reflects traditional values in coastal shipping and social structure. Corresponding tendencies were already found in the late fifteenth and sixteenth centuries.[208] Maurits Nyström comes to the same conclusion as that found here: "The total number of shipbuilding sites argues in favour of a majority of the shipyard enterprises being located in rural areas."[209] His material covers the period from 1765 to 1812. In any case, during the whole of the period of the survey, there would have been at least fifty to sixty shipyards located in or very close to towns, i.e. up to fifteen/twenty percent, depending on how distance is measured. The pivot from the predominance of the countryside to that of the town is found in the province of Medelpad. There, urban-based shipbuilding took over successively. The urban influence is filtered above all by the active shipping town of Gävle. Nevertheless, it should be remembered that maritime enclaves active to the very end of the sailing era also existed in parts of the southern area and on the opposite side of the Baltic, in Åland and Finland. These enclaves were not only found in this area, but also in Britain, Estonia, and Anglesey, etc. At least until well into the 1880s, the economic family structure of peasant / skipper / part ship-owner presupposes not only second-hand tonnage, but also some new ships built more or less in their own backyards.[210]

The Cognitive World of Shipbuilding

To be able to understand the cognitive significance of ship and boatbuilding and of the localities where they were carried out, I believe we have to listen attentively to tales and other oral tradition. By "cognitive" I mean beliefs, on boats in general, on the metier of ship carpentry, details of construction, shipbuilding, the daily work, fellowship, conflicts, and how the drama of the launching and sitting on the shore were generally perceived and interpreted by people nearby.

I am not entirely convinced that it is relevant today to talk of a particular category of preserved shipyard tales or legends. I know some that could be relevant, but I also know that the bulk of the stories associated with shipyards is not preserved, so it is likely that old people would have easily referred to them more or less in terms of a category. Thus, to be exact, there are only fragments.

In my survey context of Swedish Norrland, the last period of the wooden ships of the late nineteenth century was the first period when field research on local folklore and ethnography was established. Yet the focus was entirely on the life of the agrarian countryside, apart from some excursions into the exotic life of the colourful Saamis, the reindeer herders in the mountains. To be sure, shipyards were one aspect of the countryside, but maritime culture was not interesting at that time. It entered through the backdoor of bourgeois leisure time out in the archipelagos, living among picturesque fishermen's villages. Sailors and industrial workers were not interesting in this sense. Shipyards could be related to both, in terms of employment in harbours and loading places, size, intensity and connections to sawmills.

We have included a selection to give an indication of the range of past stories and beliefs:[211]

The primary school teacher, Artur Olofsson, remembered the summer of 1891. He was twelve years old and lived in Degerfors, Västerbotten, where he herded sheep and goats. At that moment, he was trimming his toenails. An old man, Karl-Anton, passed him and exclaimed, "Are you making boat planks for *snöjven* (the devil)? Pick up those pieces of nail and burn them. If you are throwing them around like that, snöjven will come by and take them, and you may be in for some real trouble."

This was an unreasonable idea to young Artur. His father explained to him that people in the old days were afraid that anything once belonging to the human body, like hair, nails, or, indeed, even the dirt that was washed off, could fall into the hands of trolls and evil people. They might use them to cast a spell of illness and other bad things on the original owner.[212]

Having interviewed a large number of people during the last century, this is not an unknown idea to me. I have heard several varieties. In the church of *Hjembæk* on Sealand, Denmark, a small box is displayed in the form of a coffin. In it, all such kinds of personal bodily refuse was supposed to be preserved. When the individual died, the small coffin went into the larger one. The text informs us that if the dead person did not receive the box, he would walk the earth and demand it back. Apart from possible injury when he was alive, even the dead person could be damaged by magic using his bodily refuse. Another reason was that the corpse should always be complete at the time of the burial.

To anyone familiar with the practise of black magic, the technique of using something associated with a person or an object is known all over the world.

However, the local flavour reveals itself in the reference to the boat planks. As Olofsson himself[213] points out, the association with the ancient Norse representation of the ship of the dead or the ship of death is obvious. This ship has a specific and illuminating name, *Naglfar* (Norse *nagl*, "nail"). According to the *Voluspá*, "the prophecy of the völva" (sorceress), *Naglfar* contains the tribe of Muspell (the fire) on their way to Ragnarok, the end of the present world. The trickster Loki is the skipper. Snorre Sturlason, who has conveyed this pagan belief to us, gives the advice precisely about the nails of dead people. They should always be trimmed in order to delay the *Naglfar* as long as possible. When Ragnarok, doom, is imminent, the ship appears together with the raging monster wolf, Fenris. Detlev Ellmers has proposed that *Naglfar* is actually depicted on Gotlandic picture stones and is shown together with the cosmic wolf on the rune stone of Tullstorp, Skåne.[214] This representation may be a long-continued, prehistoric Nordic tradition. In fact, the Danish archaeologist Flemming Kaul proposes that the crew markings on razors depict the souls of the ancestors in a similar way.[215] It is not a far-fetched thought for this author to suggest a similar idea behind crew markings of ships, the main motive depicted on rock carvings of the same period.

Not only nails are interesting for the coming battle. Snorre tells us that when people make the heels of shoes they cut and throw away small pieces of leather. They should be saved, in order to make a shoe that Vidar, one of the gods, has on his foot when he puts it into the jaws of Fenris.

In July 1976, I was interviewing the Holmön islanders in Västerbotten, Northern Sweden. I think that most of the people there gave valuable information on maritime life in this unique community. One particular story that was told to me stood out. It was sensitive information, since it was intimated to me that some living people might be offended by it. In what way, I never found out. In view of the fact that I am now aware of its character as a migrant tale, I strongly doubt what I was told, especially due to the fact that it had been quite some time before that this islander had heard the story from an old ship or boatbuilder.

"There was once a woman in town [Umeå] called Branska. She used to wash for people and was allowed to get her firewood from the refuse at the shipyards of Teg. People were a little afraid of her. If anything happened that seemed untoward [probably this even meant under a spell], they used to say, "Shall we send for Branska?" Well, in those days a new foreman came to the shipyard. Starting out in a new position, he of course tried to be tough. He told Branska that she would no longer have the privilege of using their wooden refuse for firewood for free.

Fig. 57 *Branska* alive. (Sketch: Christer Westerdahl)

The shipyard needed it for its own purposes [in this context it probably means that steam machines were introduced]. Branska grew angry and was overheard muttering something like, "They will pay for this …"

Now, there was a large vessel on the slipway about to be launched. However, when they had moved it just a short stretch, it stopped. All kinds of tricks were tried to move it further down the slipway but they all failed utterly. Then there was a fellow in the working team who suggested that maybe they should send for Branska. They did and she came. Branska was informed that she could continue to take her firewood for free if she succeeded in lifting the spell, or whatever it was.

As soon as she arrived, she lifted her arms. The team then saw something they had never seen before: on each side of the ship was a large man putting his weight against the hull. Branska said something to the men; they went away from the ship, and it slid down into the water by itself. The two fellows disappeared with it into the river."

As mentioned above, I realized early on that there might be traits of a migrant tale in this story, having recorded a similar story from another part of Sweden, Lake Vänern in the southwest.

In the 1830s, on the island of Hökön, in the very centre of this lake, there was a shipyard for *blockskutor*, a ship type peculiar to Vänern, used for the transport of *block/ar*, unbarked logs. The lake had its greatest forest resources on the northern shores in Värmland, and it was almost impossible to transport the timber to the South in sailing ships, floating across these wide expanses of water. Some of these craft were, according to tradition, so large that they could not enter the canals, and thus they were confined to the lake.

"During this time, there was also a sea-inn on the island. Another was the well-known inn of Pirum, quite close to the southern side. The carpenters of the yard always went over to the latter, to the "wrong" place. The innkeeper on Hökön was a woman. At last she decided to take revenge. She was reputed to use sorcery and was in no way innocuous. A new *skuta* was standing on the slipway. When it came to launching the vessel, the undertaking failed utterly. These fellows could not move the *skuta* an inch. Depressed, they had to console themselves at Pirum the following night. They also had to confide their secret. The advice they were given was to try the following Sunday. During the mass, no spells would work. They sailed back. In spite of the fact that working on a holiday was prohibited, they managed to push the ship into the water without any difficulty, at exactly the point in time when the parson was preaching in the church of Eskilsäter (which is the relevant parish church)."

The original version of this tale was transmitted to me by Iwan Schyman, a local historian on Värmlandsnäs (d. 1969). Other versions have varied somewhat in the details but basically contain the same principal structure.

An obvious comparison should of course be made with a well-known motif in Nordic tradition as transmitted by the *Edda* of Snorre Sturlason:[216]

The god Balder was such a likable and gentle person that the other gods took a pledge from all living creatures (things) that they would not damage him. However, they forgot the unassuming mistletoe (if this really is what *mistelten* means here). The trickster Loki realized this and presented an arrow made from mistletoe to the blind god Höder. He directed the bow shot himself, and the arrow went straight into the heart of Balder. Afterwards, however, everybody wanted him back from the realm of the dead. The condition would be that everybody in the world – gods, men, giants – would mourn him. But one giantess, called Thökk (who was Loki in disguise) refused to do so.

The gods now had to prepare a burial ship for Balder and his consort Nanna, whose heart had burst with grief over Balder. However, they could not get it into the water, not even the athletic Thor. A spell must have been cast. Then a grotesque giantess arrived, called Hyrrokin, who was mounted on a wolf and used vipers as her reins (this was Loki once more, in a new disguise). She pushed the ship so hard that it caught fire and the earth trembled. Thus, the ship went out into the sea in flames.

This is, accordingly, a myth, which epitomizes the relationship between launching a ship, the sea, land, fire and a woman. Loki may not be a real woman, but he is not real anyway, he is a trickster, an ungendered in-between. If there ever was a liminal agent of myth, it is he.

Fig. 58 Different kinds of maritime sorcery were exercised by men and women alike, according to Olaus Magnus in his *Historia* 3:15 of 1555. A ship is seen foundering in the sea in the background, possibly at the instigation of the witch pouring water from a kettle turned upside down to the right, The man on the shore in the foreground seems to wield a staff with a seal cranium on it. According to ancient folklore, not least in the Bothnian region, the skeleton of a seal was particularly powerful on land.

Fig. 59 The power of the Finns to master the winds by way of knots as described by Olaus Magnus in his *Historia* 3:16 in 1555.

According to tradition, Finns and Saamis were supposed to be the most efficient sorcerers at sea. With relish, even the cleric Olaus Magnus mentions in 1555 with pride[217] that Scandinavians have as powerful magicians as any (fig. 58). Above all, they can catch the wind.[218] The Finns were already feared in the thirteenth century in a European orbit. I have suggested that the basic component in this position is that both peoples were supposed to live entirely inland. On the sea, they would thus serve as liminal agents.[219] In the two stories recounted, only the Väner woman, *finnkäringa*, was supposed to be Finnish. On the other hand, they represent a gender with another liminal power.

Nevertheless, the notion that the two newly built ships had been stopped on their slipways is closely related to the traditional ability of Finns to "place" or "set" (Swed. *ställa*) ships, as well as to give them wind and make them sail (fig. 59):

"Once, a Finn came sailing to Härnösand. He and his captain had quarrelled with each other during the journey, and the captain refused to give him his pay. The Finn threatened him by saying that "he would regret this", whereupon he recited (Swed. *las= läste*) something. At that moment, no one, neither the captain nor the rest of the crew, paid any attention to him. However, when they were about to leave, it was impossible to make the ship move. It was as if they had driven onto a rock. Then the captain had to yield and pay off the Finn, as he understood that this was his work, and then everything was all right."[220]

Of course, it must have seemed a nightmare if the ship could not be launched. Simplistically, fear of such a situation could certainly have produced stories of this kind. There are many dangers inherent in traditional shipbuilding. The everyday, small-scale variety meant design by eye, without any drawings or any kind of mathematics. There were several colonizers in Lapland, who built their boats indoors during the winter. One of them had built a boat, which was too big to haul out of the entrance or the window, which had been his intention from the beginning. I heard a story contemplating the fact that the cottage that I studied had had half of its shorter log wall cut away and replaced. The measures taken to ensure that the launching would go well were traditional: mostly by way of the eye and simple calculation, depending on the natural context, launching from the side, launching stem first or stern first, even building on the ice (which required particularly intimate knowledge of the foundation).

However, there are quite a number of other deliberations to be carried out, as there are indeed a structural world to explore and transcendent functions to understand.

There is a clear gender motive in these stories. The sorceress is reputed to be a woman, and as everybody knows, a woman should ideally be present anyway, although in the form of the ship-owner's wife or daughter, to name the ship at the launching. Does she represent the antithesis? In the opposition between land and sea, the normal master of the sea is a mistress. It has been thought auspicious to give a female name to most vessels. However, here we meet women in dual roles. Why? The loaded content of females at sea is the most striking feature of maritime cosmology. Some of the strongest and most well-known taboos in maritime culture pertain to women, but at the same time certain females, supernatural or real, are extremely good to meet or use at sea.

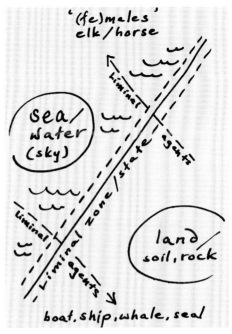

Fig. 60 A sketch by the author to illustrate the liminal zones and various liminal agents of sea and land bringing their power to the respective other element. A shipyard is always situated at the dividing line, hence the ceremonies of launching.

They are what I have called *liminal agents*. Precisely because they are identified with land, they are strong and fickle but generally favourable at sea. This strength they had acquired by passing the liminal border of the shore.[221] This could be transferred to the launching of a ship into its new element.

The migrant motifs of these stories do not need a woman. Magic could be connected to the Catholic Church in medieval times. Referring to miracles ascribed to St. Thomas of Canterbury, the obvious example is that of Schleswig dating from the end of the twelfth century:

A wealthy man in Denmark, a citizen of the town of Schleswig, had a large ship (navis magna) built at great expense. The king of the country decided to join a trading company and take part in the gains. As he had provided half of the capital, he became the owner of a corresponding part. When the ship was built and ready to be launched, it could not be moved because of the huge size of the hull, and even when it was pushed all the time, runners placed underneath, and ropes for pulling were applied, the efforts were in vain. Then it became clear to everybody that the ship would have to be scrapped. To avoid wasting his endeavours and financial expenses, the despondent owner of the ship decided to make the new martyr Thomas of Canterbury his spokesman. He turned to him with the words: "If you ensure that this vessel reaches deep water, martyr, I promise you 100 pounds of wax from each of its trading voyages." Moved with the pressure of bare hands and with much less strength than before, the ship then slid (as if) over a slippery surface in an easy glide into the waves. And the commitment established through the promise is continued into our times.[222]

Magic was obviously necessary in shipbuilding, and not only at the launching. It always runs parallel to function, which may make it difficult to discern and distinguish. Nevertheless, magic is there and often there are material traces of it. Rituals accompany the entire process. The first thing done at the boatbuilding site is the laying out of a keel. There is documentary as well as archaeological evidence of the widespread custom of placing a coin under the heel of the mast.[223] The keel is fastened to the stem and stern pieces. Here, we find coins in scarves between the keel and the stem or stern. All these magic customs were common at the shipyards of the Swedish-speaking part of Finland, with unusually accessible source material.[224] These coins were supposed to be especially efficacious during launching – and all the more so if they had been minted in the year in which the ship was launched. This rule is so important that it seems to be a complementary possibility to dating and even identifying shipwrecks. In my previous work, I recount a particularly illuminating example of how problematic this can be, even though one might possess a large number of reliable sources.[225]

The earliest archaeological records of such coins concern ships in Roman times, not least the famous *Blackfriars* find of London in the third century AD. Nowadays, it comes rather late in the series. In fact, the *La Chrétienne* wreck of southern France, dating from around 150 to 100 BC, had a mast step coin (punic) and there are several others dating from the first and second centuries BC.[226] In other contexts and times around the world, the object inserted could have been a phial of quicksilver, a silver goblet or nail, cowries, blue beads or a bone of a protective animal, e.g. a bird – a spirit of the ship – which would warn against storms. Something of even less distinct value to the archaeologist was the excellent properties of wood that was anomalous

Fig. 61 Detail of the Bayeux tapestry dating from the 1070s, illustrating the two main processes of shipbuilding, the cutting of the trees in the forest and the building on the shore.

in some way, especially if it was stolen and then would suffice for protection, preferably at night.[227] Since Nordic ships often contain intermediate wooden pieces in their keel area, (the *kri*) the potential space for magic charms is there. Most of the material I collected on ship timber concerns the cognitive qualities of the origin of the wooden parts and the circumstances in procuring them, e.g. that the timber should grow in a certain way and a certain place and always be cut at new moon. Thus, even the resource landscape for shipbuilding is not without transcendental aspects, even though it may appear only as function. Obviously, the crucial importance of the first and central component of the ship was marked by a ritual act.

Otherwise, the sacred space of a late Iron-Age Nordic sailing ship was *the portion closest to the mast*. All ritual acts took place here. The classical Viking galleys have a beautifully carved

Fig. 62 The barren islet Kummelbådan at Söderboda, a shipyard site at Gräsö island in Uppland. (Photo: Christer Westerdahl, 1977)

mastfisk, "mast-fish", reminding us that this portion might have been thought of as the micro-version of the entire ship, another *pars pro toto* swimming in the ship as in the water. Yet what would be the meaning of a fish placed on the back of a boar, the *kölsvin*, "keelswine", the keel-son? Is the desired effect that of a *liminal agent?* Such a taboo phenomenon is taken from one element, and acquires a particular magical power by transgressing the border (Lat. *limen* = "threshold") to the other element. The prejudice against naming swine at sea is one of the strongest and most persistent in recent times.[228]

It may not be preposterous to consider even the caulking or luting (the latter term for lapstrake/clinker) material in the light of the contrast between sea and land. So far only ethnic or functional significance –if any – has been proposed for the fact that West Slavonic ships during the Early Middle Age are luted with moss of a very particular species, *Drepanocladus*[229], and Nordic ships with animal hair, presumably cow hair for the most part. Could it be that they were supposed to give better protection because they represent inland environments as opposed to the shore?

The secondary use or recycling of certain ship parts at shipyards has been referred to above. Is it just the functional properties that are relevant to the builder? Would it not be reasonable to assume that part of the attraction would be the possible transfer – from an old ship to a new one under construction – of the luck, heroic deeds and other favourable associations connected with the old ship?[230]

In a circular moment, we have returned to the elementary fact that a vessel must always be solemnly and ceremoniously transferred to its new element by an agent, be it a woman of high status[231] or a Maori priest.[232]

A Brief Conclusion

In conclusion, it can be said with some confidence that pre-industrial shipbuilding sites epitomize not only the ritual, cognitive, technological and functional character of the building and launching process itself. As temporary microcosms, they are also a part of the maritime natural and cultural landscapes, the social and resource landscapes and geographies of the local people, the river landscapes included. As a reflection of society as a whole, they may be a metaphor of power and wealth, but they may also symbolize revolution and freedom. They are definitely worth more than a passing glimpse in the annals of maritime history, apart from their obvious ties to distant economies outside of their areas, which intrude on them perhaps only temporarily.

In the Bothnian area, I imagine that the communal character of shipbuilding is a particularly interesting aspect, for which, however, we will forever be compelled to refer to secondary and sparse historical sources. No oral material exists anymore. The available sources cannot provide more than a glimpse of it. As always, archaeology is the only science capable of creating its new source material.

In the old days, ships and shipping were much closer to human beings than they are today. This is a fact that must be understood in order to interpret the cognitive landscape of human beings of the past. Shipbuilding was part of many individual lives. Accordingly, the places where the ships were built took on a particular interest for ordinary human beings, in fact not only males, as can be seen in some stories illustrating the relationship between sea and land in gender fashion.

These sites concerned people deeply, especially those which were situated in the forested countryside, the main interest in this study. The ships built there were often remembered for a long time. Their individual destinies were also followed up in oral tradition, however augmented and improved over time. Remembrance petered out with industrialisation and concentration to urban milieux, although fragments do exist in genuine traditions.

The shipbuilding sites had humanised the landscape, encultured it, and individualised place in one of many possible ways. Together, they form an inalienable aspect of the maritime cultural landscape.

References:
Ahnlund, Nils: 1921. *Sundsvalls historia II.* Uppsala.
Alanen, Aulis: 1956. *Stapelfriheten och de bottniska städerna 1766–1808.* Skr. utg. av Svenska Litteratursällskapet 357. Historiska och litteraturhistoriska studier 31/32. Helsingfors.
Alopaeus, Harri: (forthcoming). Stjälpa och kränga – arkeologiska observationer av sätt att reparera båtar och fartyg. In: *Bottnisk Kontakt XIV.* Torneå.
Althin, Torsten: 1948. *Wifsta varf 1798–1948.* Stockholm.
Andersen, Søren H: 1994. New Finds of Mesolithic Logboats in Denmark. In: Westerdahl, C (ed.): *Crossroads in Ancient Shipbuilding (ISBSA 6, Roskilde 1991):* 1–10. Oxbow Monograph 40. Oxford.
Andersson, Eva: 1996. *Textil produktion i arkeologisk kontext. En metodstudie av järnåldersboplatser i Skåne.* Univ. of Lund Inst. Arch. Rep. Ser. 58. Lund.
Andersson, Eva: 2003. Textile production in Scandinavia during the Viking Age. In: Bender Jørgensen, L./J. Banck-Burgess & A. Rast-Eicher (Hrsg): *Textilien aus Archäologie und Geschichte. Festschrift für Klaus Tidow.* Wachholtz, Neumünster.
Andersson, Sven: 1969. Skeppshus i åländska ortnamn. In: *Budkavlen XLV–XLVI 1966–67.* Åbo
Anisimov, A.F.: 1963. The Shaman's tent of the Evenks and the origin of the shamanistic rite. In: Michael, Henry N.(ed.): *Studies in Siberian Shamanism.* Arctic Institute of North America. Anthropology of the North. Translations from Russian Sources No. 4.
Arne, T. J.: 1908. Järnringar i berget. In: *Fataburen.* Stockholm.
Arwidsson, Greta & Berg, Gösta: 1983. *The Mästermyr Find. A Viking Age Tool Chest from Gotland.* KVHAA. Stockholm.
Berg, Kerstin G:son: 1984. *Redare i Roslagen. Segelfartygsrederier och deras verksamhet i gamla Vätö socken.* Nordiska museets Handlingar 100. Stockholm. Diss.
Berg, Kerstin G:son: 1987. Skeppsbyggnadsplatser i Vätö. Nyttjande och ägande. In: Björklund, G. (et al., red.): *Bottnisk Kontakt III:* 87–89. Jakobstad.
Berggren, Åke & Bergstedt, P: 1988. *Piteå sjöfart.* Piteå.
Bill, Jan: 1997. *Small-scale seafaring in Danish Waters AD 1000–1600.* PhD-dissertation at the Institute of Archaeology and Ethnology, University of Copenhagen, so far unpublished.
Bill, Jan: 1994. Iron Nails in Iron Age and Medieval Shipbuilding. In: Westerdahl, C (ed.): *Crossroads in Ancient Shipbuilding (ISBSA 6, Roskilde 1991):* 55–63. Oxbow Monograph 40. Oxford.
Björkström, Sigrid (sign. "Sig Frid"): 1927. Briggen "Olaus" av Hamrånge. In: *Gefle Dagblad* (newspaper) 3/10 1927.
Boberg, Kurt: 1977. *Västerbottnisk skeppslista.* Acta Bothniensia Occidentalis/Skrifter i västerbottnisk litteraturhistoria. Umeå.
Boethius, Bertil: 1921. *Robertsfors bruks historia.* Uppsala.
Broadbent. Noel: 1982. Båtbyggare vid Kåge älv. In: Westerdahl, C. (ed.): *Bottnisk Kontakt I:* 38. Örnsköldsvik.
Brun, Sven: 1947. Om sjöfart och skeppsbyggeri i Hälsingland. In: *Sjöhistorisk årsbok 1947.* Stockholm.
Bucht, Gösta:1935–1944. *Härnösands historia I–II.* Uppsala (see Wik 1981).
Buck, Peter H.: 1957. *Arts and Crafts of Hawaii VI* (canoes). Bernice P. Bishop Museum Special Publication 45. Honolulu.
Bugge, Alexander: 1925. *Den norske trælasthandels historie I–II.* Skien.
Burman, Eliot: 1972. *Enånger.* Hudiksvall.
Byström, H.: 1875. *Sveriges lastageplatser.* Stockholm.
Carlson, Debora N.: 2007. Mast-Step Coins among the Romans. In: *The International Journal of Nautical Archaeology* 36.2.: 317–324.
Cederlund, Carl-Olof: 1966. *Stockholms skeppsgård 1605–1640. Personalens struktur och organisation.* Statens sjöhistoriska museum. Diss., unpublished.
Christensen, Arne Emil: 1968. The Sjøvollen ship. Preliminary report on the excavation and reconstruction of a Mediaeval merchantman. In: *Viking 1968:* 131–154.
Christensen, Arne Emil: 1982. Viking Age Boatbuilding Tools. In: McGrail, S. (ed.): Woodworking Techniques before AD 1600. *National Maritime Museum Arch Series No 7. British Archaeological Reports International Series 129.* Greenwich/Oxford.
Christensen, Arne Emil: 1995. Boat fragments from Mangersnes. In: Olsen, O./Skamby Madsen, J./Rieck, F. (Eds): *Shipshape.* Essays for Ole Crumlin-Pedersen on the occasion of his 60th anniversary February 24th 1995: 71–80. Roskilde.
Christensen, Arne Emil: 1996. Treenails – an important fastening detail / Trenagler – en viktig sammenføyningsdetalj. In: *Maritime Archaeology Newsletter /Nyhedsbrev from Roskilde nr 7 Dec 1996* (English & Danish version): 20–21.

Crumlin-Pedersen, Ole: 1997. *Viking-Age Ships and Shipbuilding in Hedeby/Haithabu and Schleswig*. Ships and Boats of the North. Vol. 2. Schleswig & Roskilde.

Crumlin-Pedersen, Ole (et al.): 1998. *Roar Ege. Skuldelev 3 skibet som arkæologisk eksperiment*. Roskilde.

Decaens, J: 1971. Un nouveau cimitière du Haut Moyen Age en Normandie, Hérouvillette (Calvados). In: *Archéologie médievale 1*: 1–126. Caen.

Den poetiska eddan (the Poetic Edda). Transl. By Björn Collinder. Uddevalla 1972.

Ekroll, Øystein: 1988. Båt i myr – ett eldre jernalders båtfunn frå Nordhordland. *Arkeologiske Skrifter Historiskt Museum i Bergen Nr 4 1988*: 390–401.

Elfstrand, Percy: 1946. Hamn, varv och sjöfart. In: Humbla, Ph.(ed.) *Ur Gävle stads historia*. Gävle.

Ellmers, Detlev: 1972. *Frühmittelalterliche Handelsschiffahrt im Mittel- und Nordeuropa*. Neumünster. Diss.

Ellmers, Detlev: 1995. Valhalla and the Gotland Stones. In: Crumlin-Pedersen, O./Thye, B. (Eds): *The Ship as Symbol. PNM Vol 1*. Copenhagen: 165–171.

Ericsson, Tom: 1987. *Vision och verklighet. Landshövding Gabriel Gyllengrips riksdagsrelation år 1734*. Skr. utg. av Johan Nordlandersällskapet nr 9. Umeå.

Fahlgren, Folke (et al., Eds): 1957–62. *Övre Norrland förr i tiden I–VII*. Umeå.

Fasteland, Arthur: 1996. Valderøybåten og Halsnøybåten – gamla funn i nytt lys. In: *Arkeo 2/96*: 23–26. Bergen.

Filipowiak, Wladyslaw: 1994. Shipbuilding at the Mouth of the River Odra (Oder). In: Westerdahl, C (ed.): *Crossroads in Ancient Shipbuilding (ISBSA 6, Roskilde 1991)*: 83–96. Oxbow Monograph 40. Oxford.

Finlands svenska folkdiktning part 2:1, Kulturhistoriska sägner. Skrifter utg. av Svenska Litteratursällskapet i Finland CCI (201), Helsingfors 1928, part 2:2, Historiska sägner SSLF CLXXIV (174), Helsingfors 1924.

Fogelberg, Torbjörn: 1968. *Sandö glasbruk 1750–1938*. Sundsvall.

Forsberg, Allan: 1965. Sjöfart och skeppsbyggeri. Om gamla näringar i Pitebygden. In: *Norrbotten 1964–65*. Luleå.

Friberg, Nils (med Inga Friberg): 1983. *Stockholm i bottniska farvatten. Stockholms bottniska handelsfält under senmedeltiden och Gustav Vasa*. Stockholmsmonografier utg. av Stockholms kommun. Uppsala.

Friel, Ian: 1995. *The Good Ship*. London.

Goodburn, Damian: 1999. Romano-Celtic Boatbuilding and the Romanisation of landscape and boatbuilding practice. In: Pomey, P./E. Rieth (Eds): *Construction navale maritime et fluviale*. Archaeonautica 14 1998. Proceedings of the 7th ISBSA: 171–176. CNRS editions, Paris.

Grimm, Oliver: 1999. Das kaiserzeitliche Bootshaus von Stend i Fana (Norwegen). *Kleine Schriften 48*. Marburg.

Grimm, Oliver: 2001. Norwegian boathouses from the late Roman and Migration Periods. An analysis of their military function. In: Storgaard, B.(ed.): *Military Aspects of the Aristocracy in Barbaricum in the Roman and Early Migration Periods. Published by the National Museum (PNM). Studies in Arch. & History vol. 5*. Copenhagen: 55–66.

Grimm, Oliver: 2003. *Großbootshaus, Zentrum, Herrschaft. Eine Studie zu maritimen Zentralplätzen im nordatlantischen und nordeuropäischen Gebiet unter besonderer Berücksichtigung der norwegischen Grossbootshäuser (1.–15. Jh.)*. Marburg. Diss.

Grimm, Oliver: 2006. *Grossbootshaus-Zentrum und Herrschaft. Zentralplatzforschung in der nordeuropäischen Archäologie (1.–15. Jahrhundert)* mit Beiträgen von Boris Rankov und Frans-Arne Stylegar, Ergänzungsbände zum Reallexikon der Germanischen Altertumskunde Bd. 52. Walter de Gruyter. Berlin/New York.

Hammar, Georg: 1970. Det byggdes ett skepp i Jättendal. In: *Hälsinge-Runor 1970*. Hudiksvall.

Hansen, Marius: 1948. Udgravningen af Kong Hanses Skibsvært Engelsborg på Slotø i Nakskov Fjord. In: *Handels- og Søfartsmuseet på Kronborg. Årbog*.

Hansson, Pär: 1985. Med vikingaskepp över Närkeslätten. In: *Populär Arkeologi. 3/85*: 25–27.

Harboe, C.L.L.: 1839 (1979). *Dansk Marine-Ordbog*. København. Republished in 1979. Copenhagen.

Hartelius, Sven: 1982. *Skarpe udds fiskelagare. Fisket och livet i ett samhälle vid Ångermanlands södra kust fram till 1960*. Sundsvall.

Hasslöf, Olof: 1961. *En släkt och dess skepp. Maritimhistoriska studier kring Tynderö-Gävlesläkten Brodin 1535–1960*. Statens sjöhistoriska museum. Handlingar 2. Stockholm.

Hederyd, Olof: 1986. *Överkalix del 2. Från fiskestrider till avfolkningstider*. Luleå.

Hederyd, Olof: 1989. *Isak Mustaparta – Bottenvikspiraten*. Novel.

Hedman, Sven-Eric: 1933. Minnen från ett gammalt skeppsvarv (Marieberg, Bygdeå). In: *Västerbotten 1933*. Umeå.

Hellman, Theodor: 1947. Skeppsvarv och skeppsbyggeri i Ångermanland. In: *Sjöhistorisk årsbok 1947*. Stockholm.

Henningsen, Henning: 1965. Coins for luck under the mast. In: *Mariner's Mirror Vol LI 1965 nr 3*: 205–210.

Henningsen, Henning: 1983. Skikke ved søsetning. Navngivning og dåb af skibe i Danmark. In: *Handels- og Søfartsmuseet på Kronborg Årbog 1983*: 97–122. English summary.

Hjulström, Filip/Gunnar Arpi & Esse Lövgren: 1955. *Sundsvallsdistriktet 1850–1950*. Geographica nr 26. Uppsala.

Holmberg, Bente & Jan Skamby Madsen: 1998. Da kom en snekke… In: *Kuml 1997–98*: 197–225. Århus. With a summary in English.

Humble, S.: 1921. *Sundsvalls historia III (1803–62)*. Sundsvall.

Hutchinson, Gillian: 1994. *Medieval Ships and Shipping*. London.

Hülphers, Abr. Abr:son: 1771 (1985). *Samlingar till en beskrifning öfwer Norrland I. Medelpad*. Västerås. Republished 1985, Umeå.

Hülphers, Abr. Abr:son: 1780 (1985). *Samlingar....IV. Ångermanland*. Västerås. Republished 1985, Umeå.

Hülphers, Abr. Abr:son: 1789. *Samlingar....V:I. Västerbotten. Landsbygden*. Västerås.

332

Hülphers, Abr. Abr:son: 1793. *Samlingar....VI.* Gästrikland. Västerås.

Hülphers, Abr. Abr:son: 1797. *Samlingar....V:II. Västerbotten: städerna.* Västerås.

Högnäs, Per Ove/Jerker Örjans: 1985. *Storbåten. Åländsk bruksbåt dokumenteras, byggs, seglas.* Skriftserien Åland nr 13. Mariehamn.

Jagodzinski, M./Kasprzycka, M.: 1991. The early Mediaeval craft and commercial centre at Janów Pomorski near Elblag on the South Baltic Coast. In: *Antiquity 65 (1991):* 696–715.

Jern, Kurt: 1980. Näringsliv och levnadsvillkor i svenska Österbotten från medeltiden till 1800-talets stora nödår. In: *Svenska Österbottens historia III.* Vasa.

Jordan-Greene, Krista Dana: (forthcoming). A Maritime Lansdscape of Old Navy Cove and Deadman's Island. In: Ford, B. (ed., forthcoming): *The Archaeology of Maritime Landscapes.* Society of Historical Archaeology & Springer Press.

Jæger, A: 1988. Agernæs. In: *Arkæologiske udgravninger i Danmark 1987, nr 119, Det Arkæologiske Nævn:* 122–23. København.

Karlsson, Erik: 2006. Norrahamnsvraket – en holk från Hertsön? *Meddelanden från Marinarkeologiska Sällskapet 3/2006:* 4–6.

Kaul, Flemming: 2005. Hvad skete med den dødes sjæl? Sjælsforestillinger i Bronzealderen. In: Goldhahn (ed.): *Mellan sten och järn.* Rapport från det 9:e nordiska bronsåldersymposiet. GOTARC Serie C, Arkeologiska skrifter No 59: 263–278. Göteborg.

Kilpi, Volter: 1933. *Alastalon salissa.* Novel. Transl. to Swedish, *I salen på Alastalo,* by Thomas Warburton, Lund 1997.

Krause, Günter: 1997. Archaeological evidence of Mediaeval shipping from the Old Town of Duisburg, Germany. In: De Boe, G./Verhaege (Eds): *Travel Technology & Organization in Medieval Europe (Medieval Europe Brügge 1997:* 101–116. Zellik.

Layton, Ian: 1976. Förändringar i lokaliseringen och strukturen av övre Norrlands hamnar från 1765 till 1970-talet. In: *Maritimhistoriskt symposium, Luleå 1976.* Luleå.

Layton, Ian: 1979. Hamnar och sjöfart i Övre Norrland. In: Utterström, G.(ed.): *SCA 50 år.* Sundsvall.

Layton, Ian: 1981. *The Evolution of Upper Norrland's Ports and Loading Places 1750–1976.* Geographical Reports no 6. Umeå. Diss.

Lindén, Bror: 1938. Björkskipus och Skipustjärn. In: Berg, G & S. Erixon (Eds): *Gruddbo på Sollerön.* Stockholm.

Lindholm, Marcus: 1984. Fördelningen mellan förlisningsuppgifter och vrakfynd på Åland från tidsperioden 1800–1899. In: Karlsson, M.(ed.): *Bottnisk Kontakt II.* Mariehamn.

Lindholm, Marcus: 2009. Strandvrak, krängningsbänkar och timmerkistor – ett pågående maritimarkeologiskt inventeringsprojekt. In: *Skärgård no 1/2009.* Åbo

Ljungström, J./H. Nordlund: 1968 (1939). *Det seglade en Björköbrigg. Fragment från sjöfartsnäringens tid i Björkö-Arholma under 1800- och början av 1900-talet.* Norrtälje.

Lundström, Per: 1981. *De kommo vida...Vikingars hamn vid Paviken på Gotland.* Stockholm.

Malinowski, Bronislaw: 1922. *The Argonauts of the Western Pacific.* An Account of Native Enterprise and Adventure in the Archipelagoes of Melanesian New Guinea. Routledge, London.

Manker, Ernst: 1938–50. *Die lappische Zaubertrommel.* Eine ethnologische Monographie I: Die Trommel als Denkmal materieller Kultur. Nordiska museet/Acta lapponica VI. Stockholm. Diss.

McGrail, Séan: 1977. Axe, adze, hoe or slice? In: *International Journal of Nautical Arch. (IJNA) 6/1. 1977:* 62–64.

Moberg, Arvid: 1961. Bonderevolt i Nedertorneå. In: Moberg, A.(ed.): *100 år i Norrbotten. Till Norrbottens-Kurirens sekeljubileum.* Luleå.

Moberg, Arvid: 1971. *Sjöstad. Skeppsbyggnad, sjöfart, hamnar och farleder i Luleå under 350 år.* Luleå kommun. Luleå.

Modéer, Ivar: 1933. *Småländska skärgårdsnamn.* Skr. utg. av Gustaf Adolfs Akademien för folklivsforskning I. Uppsala.

Muckelroy, Keith: 1978. *Maritime Archaeology.* Cambridge.

Myhre, Bjørn: 1980. Ny datering av våre eldste båter. In: *Arkeo 1980.* Bergen.

Myhre, Björn: 1985. Boathouses as Indicators of Political Organization. In: *Norwegian Archaeological Review 1–2, 1985:* 36–60.

Nielsen, Leif Chr.: 1991. Trelleborg. In: *Årbøger for Nord. Oldkynd.,* etc. 1990: 105–177.

Nikander, Gabriel: 1942. Det stora skeppsbyggeriet i Österbotten. In: *Svensk-Finland I.* Helsingfors.

Nikander, Gabriel: 1944. Handel och sjöfart i Gamlakarleby 1722–1808. In: Nikander, G.: Gamlakarleby stads historia II (offprint). Åbo.

Nikander, Gabriel: 1947. Gamla skeppsbyggnadsplatser och skeppsvarv i Österbotten. In: *Sjöhistorisk årsbok 1947.* Stockholm.

Nilsson, J.E.: 1943. *Sundsvalls historia V (1852–88).* Sundsvall.

Nisbeth, Åke: 1968. Skönviks glasbruk. *Arkiv för norrländsk hembygdsforskning 1968.* Härnösand.

Nordén, Hjalmar: 1975. *Skepp, skeppare, skeppsredare på 1800-talet i Härnösandsområdet.* Härnösand.

Nordlander, Johan: 1896. *Hvarjehanda anteckningar. Norrländska samlingar V.* Tierp.

Nordlander, Johan: 1905. Skeppsbyggnad i Västerbotten. In: Nordlander, J.: *Till Västerbottens äldre kulturhistoria, Norrländska samlingar VI.* Republished 1990, Umeå.

Nyström, Maurits: 1982. *Norrlands ekonomi i stöpsleven. Ekonomisk expasiom, stapelvaruproduktion och maritima näringar 1760–1912.* Stockholm. Diss.

Ohlsson, Bertil: 1939. *Blekingskusten mellan Mörrums- och Ronnebyån. Namnhistorisk undersökning.* Skr. utg. av Gustaf Adolfs Akademien för folklivsforskning 5. Lund. Diss.

333

Olaus Magnus: 1949 (1539). *Carta marina,* facsimile printed by Lärdomshistoriska samfundet. Malmö.

Olaus Magnus: 1996–98. *A Description of the Northern Peoples I–III.* Transl. ed. P.G. Foote. The Hakluyt Society, London. Swed. transl. With extensive comments by John Granlund. Östervåla 1976 (1951).

Olofsson, Artur: 1947. Båtbräder åt snöjven. In: *Västerbotten 1947:* 55–56. Umeå.

Olsson, R.: 1970. *Skönviks glasbruk 1811–70.* Sundsvall.

Papp, David: 1987. En sentida estländsk allmogevarvsplats – Papenholm på Ösel. In: Ericsson, Chr./K. Montin (Eds): *Jungfrusund I. Skeppsbyggeri:* 52–65. Åbo.

Radtke, C.: 1981. Schleswig und Soest. In: *Soest. Stadt – Territorium – Reich:* 433–478. Soest.

Rolfsen, Perry: 1974. *Båtnaust på Jærkysten.* Stavanger Museums Skrifter 8. Stavanger.

Rollof, Yngve: 1981. *Sveriges inre vattenvägar del 4. Västergötland, Östergötland, Göta kanal.* Arlöv.

Rålamb, Åke Claesson: 1943 (1691) *Skeps Byggerij eller Adelig Öfnings tionde Tom.* Stockholm. Republished 1943 in facsimile by Sjöhistoriska museet (no 1). Stockholm.

Röding, J H: 1969 (1793–96). *Allgemeines Wörterbuch der Marine I–IV.* Reprint, Monumenta Nautica Historica Selecta No. 1. Amsterdam.

Samdal, Magne: 2008. En båtbyggers grav på Gulli. In: *Viking 2008:* 115–146.

Sandnes, Jørn/Ola Stemshaug (Eds): 1976. *Norsk stadnamnleksikon.* Oslo.

Santesson, O B: 1941. *Magiska skifferredskap från Norrlands stenålder.* Arctos Svecica 1. Studia selecta res vetustas illustrantia. Ed. Oskar Lundberg. Uppsala.

Sayce, R.U.: 1933. *Primitive Arts and Crafts. An Introduction to the study of material culture.* Cambridge.

Sinoto, Y.H.: 1983. A waterlogged site on Huahine Island, French Polynesia. In: Purdy, B.A. (ed.): *Wet Site Archaeology.* Caldwell, N.J.; Telford Press: 113–130.

Sjöhistorisk Årsbok 1947. Dedicated entirely to articles on Nordic historical shipyard area by area. Stockholm.

Skamby Madsen, Jan: 1984b. Et skibsværft fra vikingetid/middelalder ved Fribrødre Å på Falster. In: *Hikuin 10:* 261–274. Århus.

Skamby Madsen, Jan: 1984b. Snækkeværft. In: *Skalk 2/1984.*

Skamby Madsen, Jan: 1987a. Dänisch-wendische Beziehungen am Schluss des 11. Jahrhunderts vom Fund einer Schiffswerft bei Fribrødreå auf Falster beleuchtet. In: *Bistum Roskilde und Rügen:* 71–91. Roskilde.

Skamby Madsen, Jan: 1987b. De fortsatte undersøgelser af værftsaktiviteter fra slutningen af 1000-tallet ved Fribrødre Å på Falster, samt lidt om de dansk-vendiske relationer på samme tid. In: Björklund, G. (et al., Eds): *Bottnisk Kontakt III:* 34–37. Jakobstad.

Skamby Madsen, Jan: 1989. Fribrødre Å – en værftplads fra slutningen af 1000-tallet. In: Skamby Madsen, J./Crumlin-Pedersen: *To skibsfund fra Falster:* 5–32.Maribo.

Skamby Madsen, Jan: 1991. Fribrødre: A shipyard site from the late 11th century. In: Crumlin-Pedersen, O. (ed.): *Aspects of Maritime Scandinavia:* 183–206. Roskilde.

Snorre Sturlason: The Edda. Eddan. Transl. to Swedish by Björn Collinders, Uddevalla 1970.

Stahre, Nils-Gustaf: 1952. *Stångskäret, Kåksna och Kummelberget. Studier över ortnamn i Stockholms skärgård.* Lund. Diss.

Stalsberg, Anne/Le Beau, Bernhard: 2006. Identification of the Square Section of Viking Age Boat Nails. The Experience from Middle Norway. I: Reyerson, K.L./Stavrou, Th./Tracy, J. (Eds): *Pre-Modern Russia and its World. Essays in Honor of Thomas Noonan.* Schriften zur Geistesgeschichte des östlichen Europa. Band 29. Wiesbaden: 103–113.

Stenvik, Lars: 1980. Samer og nordmenn sett i lys av et uvanlig gravfunn fra Saltenområdet. In: *Viking 43, 1979.*

Strunge Andersen, L.: 1991. *Engelsborg skibsværft.* Danmarks ruiner. Miljøministeriet. Skov og Naturstyrelsen. Hørsholm/Kbh.

Støren Binns, Kari: 1987. En flatmarksgrav fra Austein i Troms. En diskusjon om alder og kulturell tilhørighet. In: Julku, K. (ed.): *Nordkalotten i en skiftande väld – kulturer utan gränser och stater över gränser.* Tredje nordiska symposiet om Nordskandinaviens historia och kultur. Archaeologica Historica. Studia Historica Septentrionalia 14:I: 120–139. Rovaniemi.

Svensson, Sam: 1944. Bark och barkskepp. In: *Föreningen Sveriges Sjöfartsmuseum i Stockholm. Årsbok 1944:* 125–146. Stockholm.

Svenwall, Nils: 1994. *Ett 1500-talsfartyg med arbetsnamnet Ringaren.* Stockholm. Diss.

Sylvester, Morten: 2009. Finnemoen i Nærøy – en båtkjøl og et båtverft fra merovingertid? In: *Viking 2009:* 137–148.

Söderlind, Per: 1981. *Sollefteå bruk och Bollsta masugn.* Bjästa.

Taavitsainen, J.P.: 1999. Wilderness Commerce and the Development of Boat Types. The Remains of the Hartola Boat. In: *Dig it all. Papers dedicated to Ari Siiriäinen:* 307–313. Helsinki.

Taavitsainen, J.P./J. Vilkuna/H. Forssell: 2007. *Suojoki at Keuruu, a mid 14th-century site of the wilderness culture in the light of settlement historical processes in Central Finland,* Finnish Academy of Sciences & Letters. Suomalaisen tiedeakatemian toimituksia Humaniora 346. Anales Academ. Scientiar. Fennicae. Helsinki/Vaajakoski.

Thomsen, P.O.: 1991. Lundeborg. A Trading centre from the 3rd to the 7th century AD. In: Crumlin-Pedersen, O.(ed.): *Aspects of Maritime Scandinavia AD 200–1200:* 133–144.

Thun, Egon: 1967. *Medieval Tommarp: archaeological investigations 1959–1960.* Acta Arch. Lundensia. Ser. in 8o. Bonn.

Tjernberg, J.K.: 1940. Om skeppsbyggeriet i Sundsvallstrakten. In: *Sundsvalls gilles årsbok 1940.* Sundsvall.

Toivanen, Pekka: 1983. Suomalainen laivakauppa Tukholmaan vuosina 1765–1808. *Scripta Historica VIII.* Oulu. Offprint.

334

Toivanen, Pekka: 1985. Fredrik Henrik af Chapmanin Pohjanmaan matka 1758–59. *Scripta Historica IX*. Oulu. Offprint.

Toivanen, Pekka: 1987. F.H. af Chapmans bottniska kontakt. In: Björklund, G. (et al., Eds): *Bottnisk Kontakt III:* 95–99. Jakobstad.

Toivanen, Pekka: 1995. Vindsäljare, stormbesvärjare och olyckskorpar – de finländska sjömännen i litteraturen. In: Ala-Pöllänen, A. (ed.): *De nordiska sjöfartsmuseernas 14:e samarbetsmöte i Finland. Helsingfors och Åbo den 15–17 augusti 1994:* 33–49. Helsinki. Engl. short version as 1993. Wind Merchants, Storm Raisers and Birds of Ill Fortune. Finnish Seamen in World Literature. In: *Nautica Fennica 1993:* 88–91. Helsinki.

Vadstrup. Søren: 1993. *I vikingernes kølvand. Erfaringer og førsøg med danske, svenske og norske kopier af vikingeskibe 1892–1992.* Roskilde.

Vadstrup, Søren: 1994. Vikingernes skibsbygningsverktøj. In: *Handels- og Søfartsmuseet på Kronborg. Årbog:* 100–123. Helsingør. Vidare i Crumlin-Pedersen 1997.

Van de Noort, Robert: 2004. The Humber, its sewn-plank boats, their contexts and the significance of it all. In: Clark, Peter (ed.): *The Dover Bronze Age boat in context: society and water transport in prehistoric Europe:* 90–98. Oxbow Books, Oxford.

Van de Noort, Robert/O'Sullivan, Aidan: 2006. *Rethinking Wetland Archaeology.* London.

Vilkuna, Janne/Taavitsainen, Jussi-Pekka/Forssell, Henry: 1993. Suojoki in Keuruu. An ancient boat harbour in Central Finland. In: Coles/Fenwick /Hutchinson (Eds): *A Spirit of Enquiry. Essays for Ted Wright.* 85–90. Exeter.

Virtanen, Heikki: 1983. *Båtnitar. En jämförande studie av några järnnitsfynd från kända och eventuella båtgravar* (Boat nails. A compararative study of some finds of known and possible boat graves). Seminar paper, Inst. of Archaeology, Stockholm university, VT 83, unpublished.

Vlierman , Karel: 1996. »...*Van Zintelen, van Zintelroeden ende Mossen...*« Scheepsarcheologie I. Flevobericht nr 386. Lelystad.

Vlierman, Karel: 1997. A caulking method used as an aid to dating shipwrecks from the Hanseatic period. In: De Boe /Verhaege (Eds): *Travel Technology & Organization in Medieval Europe (Medieval Europe Brügge 1997):* 41–52. Zellik.

Watkins, D.R.: 1994. The Foundry Excavations on Poole waterfront, 1986–87. *Dorset Nat. Hist. and Archaeol. Society Monographs 14.* Dorchester.

Wennström, Hans-Fredrik: 2005. Tunnor och torn i namn på berg. In: *Ortnamnssällskapets i Uppsala årsskrift 2005:* 85–94.

Weski, Timm: 1999. The Ijsselmeer type: some thoughts on Hanseatic cogs. In: *The International Journal of Nautical Archaeology 28. 4:* 360–379.

Westerberg, A.E.: 1948. Framnäs – ett intressant kapitel ur det norrländska skeppsbyggeriets historia I–IX. Series in the newspaper *Sundsvalls Tidning* Aug.–Sept. 1948.

Westerdahl, Christer: 1978. *Marinarkeologisk inventering med utgångspunkt från ett norrländskt exempel.* Seminar master paper in archaeology, Stockholm University, unpublished.

Westerdahl, Christer: 1979. En varvssägen. In: *Västerbotten nr 2/79:* 146–148.

Westerdahl, Christer: 1980. Något om äldre maritim kultur. In: *Meddelande XLI–XLII, 1978–80.* Västerbottens Norra Fornminnesförening/Skellefteå Museum. Skellefteå.

Westerdahl, Christer: 1982. Några varvs- och båtbyggartillbehör. In: *Medd/MAS 1/82:* 28–30.

Westerdahl, Christer: 1984. *Vraket vid Hammar.* Rapport från Örnsköldsviks Museum 2. Örnsköldsvik.

Westerdahl, Christer: 1986. Die maritime Kulturlandschaft. In: *Deutsches Schiffahrtsarchiv 9:* 7–58. Bremerhaven.

Westerdahl, Christer: 1987a. Varvsplatser utanför städerna och deras omvärld, i fält och i källor. Inventering på svenska sidan av Bottenhavet och Bottenviken. In: Björklund, G. (et al., Eds): *Bottnisk Kontakt III,* Jakobstad: 73–87.

Westerdahl, Christer: 1987b. *Et sätt som liknar them...Om äldre samiskt båtbygge och samisk båthantering.* Skr. utg. av Johan Nordlander-sällskapet nr 11. Umeå. Diss.

Westerdahl, Christer: 1987c. *Norrlandsleden II. Description of the maritime cultural landscape. Arkiv för norrländsk hembygdsforskning XXIII.* Adapted for English. Härnösand.

Westerdahl, Christer: 1989. *Norrlandsleden I. Sources of the maritime cultural landscape. Arkiv för norrländsk hembygdsforskning XXIV.* With a summaries in English. Härnösand.

Westerdahl, Christer: 1991. Sjöfartshistoria kring Söderhamn. In: *Hälsingerunor 1991:* 71–102. Norrala.

Westerdahl, Christer: 1992. The maritime cultural landscape. In: *The International Journal of Nautical Archaeology (IJNA) Vol 21/1:* 5–14. London.

Westerdahl, Christer: 1993a. Links between Sea and Land. In: Coles/Fenwick/Hutchinson (Eds): *A Spirit of Inquiry. Essays for Ted Wright:* 91–95. Exeter.

Westerdahl, Christer: 1993b. Små varvsplatser I Gästrikland och Hälsingland c 1750–1900. In: Svensson, I. (et al., Eds): *Bottnisk Kontakt VI:* 57–62. Gävle.

Westerdahl, Christer: 1995–98. Samischer Bootsbau. Teil I–IV. In: Deutsches Schiffahrtsarchiv 18 (1995), 19 (1996), 21 (1998), 22 (1999).

Westerdahl, Christer: 1996. Amphibian transport systems in Northern Europe. A survey of a Mediaeval way of life. In: *Fennoscandia Archaeologica XIII:* 69–82.

Westerdahl, Christer: 1998. Båtar och transportzoner i Norden. In: *Människor och båtar i Norden. Sjöhistorisk Årsbok 1998–99:* 244–255.

Westerdahl, Christer: 2000. Vänerns vrak fältinventeras och dateras. In: *Marinarkeologisk Tidskrift 1/2000:* 16–20.

Westerdahl, Christer: 2001. Sägner om skepp och båtbygge. Vandringssägner som vittnesbörd om maritim kultur. In: *Vid Vänern. Natur & kultur. Årsskrift Vänermuseet år 2000*: 30–38. Lidköping.

Westerdahl, Christer: 2003. *Vänern – landskap, människa, skepp. Om en maritim inlandskultur vid Vänern. En studie kring människor, båtar, vattentransport och segelsjöfart från förhistorien till tiden före sekelskiftet 1900.* Båtdokgruppen, Skärhamn..

Westerdahl, Christer: 2004a. Byggplatser för fartyg i Ångermanland/Medelpad c. 1750–1900. In: Holmqvist, M.(ed.): *Bottnisk Kontakt XI:* 194–212. Härnösand.

Westerdahl, Christer: 2004b. Råseglare och amfibiska depåer. Förhistoriska och medeltida skepps- och båtfynd I det bottniska områsdet. En översikt och ett försök att se dem som samhällsspegel. In: Holmqvist, M.(ed.): *Bottnisk Kontakt XI:* 9–44. Härnösand.

Westerdahl, Christer: 2006. Maritime cosmology and archaeology. In: *Deutsches Schiffahrtsarchiv 28, 2006:* 7–54.

Westerdahl, Christer: 2008. Boats Apart. Building and Equipping an Iron Age and Early-Medieval Ship in Northern Europe. In: *The International Journal of Nautical Archaeology 37/1:* 17–31.

Westerlund, Kasper: 2003. Beckholmen i Åbo. Ett maritimt lokalsamhälle och dess omvandling. *Medd. från Sjöhistoriska institutet vid Åbo akademi nr 23.* Åbo.

Wik, Harald: 1950. *Norra Sveriges sågverksindustri från 1800-talets mitt fram till 1937.* Geographica Nr 21. Uppsala. Diss.

Wikberg, Per (ed.): 1970. *Hamrångeboken.* Hamrånge.

Wright, Edward: 1984. Practical experiments in boat-stitching. In: McGrail, Séan (ed.): *Aspects of Maritime Archaeology and Ethnography:* 57–84. National Maritime Museum, Greenwich

Wright, Edward: 1990. *The Ferriby Boats. Seacraft of the Bronze Age.* London & New York.

Zetterholm, D.O.: 1938. Båtbyggeri. In: Berg, G./S. Erixon: *Gruddbo på Sollerön.* Stockholm.

Zschieschang, Christian: 2007. Namenkundliche Quellen zur Bedeutung der Elbe als Verbindung zwischen der Markgrafschaft Meißen und dem Fürstentum Böhmen im frühen und hohen Mittelalter. In: *Siedlungsforschung. Archäologie – Geschichte – Geographie* Bd. 25, 2007: 207–227.

Zettersten, Axel: 1890. *Svenska Flottans historia I, åren 1522–1634.* Stockholm.

Zettersten, Axel: 1903. *Svenska Flottans historia II, åren 1634–1680.* Stockholm.

Ålund, Lars: 1992. Kring kaptenstavlor och skeppsbyggeri. In: *Ångermanland/Medelpad 1992–93:* 80–114.

Östergren Majvor & Björn Varenius: 1985. Den gotländska vikingahamnen i Burs. In: *Meddelanden från Marinarkeologiska Sällskapet 1/85:* 8–11.

Archive materials:

Antikvariskt-Topografiska Arkivet (ATA), Riksantikvarieämbetet, archives of the National Heritage Board, Stockholm.

Hälsinglands museum, the archives of the local, partly provincial museum of Hudiksvall.

Krigsarkivet, the Military (War) Archives, maps and materials pertaining to crown authorities dealing with shipping formerly organized as part of the Swedish Navy, e.g. Förvaltningen för sjöärendena (FSÄ).

Lantmäteriverket (LMV), map archives of the Swedish national land-surveying agency (LMV), Gävle (now moved).

Länsmuseet Gävleborg, the archives of the regional museum of Gävleborg, Gävle.

Länsmuseet Murberget, the archives of the regional museum of Västernorrland, Härnösand.

Malmö museer, Malmö, the archives of the maritime museum, sjöfartsmuseet, file on shipyards in Skåne by Peter Skanse.

Nordiska museet, Stockholm, folkminnessamlingen, folklore archives.

Norrbottens museum, the archives of the regional museum of Norrbotten, Luleå.

Ortnamnsarkivet, SOA, the Central Place-Name Archives, including Norrland, Uppsala.

Riksarkivet (National Archive, Stockholm): Kommerskollegium: Huvudarkivet, Fartygshandlingar, Fribrevshandlingar (diarier 1758–1812, fribrevshandlingar 1768–1832.

Stockholms stadsarkiv, City Archive of Stockholm: rådhusrätten, mätareböcker 1779–1866.

Svensk skeppslista (printed) 1848–

Svenskt Marinarkeologiskt Register (SMR), Statens sjöhistoriska museum, Stockholm.

Västerbottens museum, the archives of the regional museum of Västerbotten, Umeå.

Örnsköldsviks museum, the archives of the local museum of this commune., Örnsköldsvik

Other materials:

Christer Westerdahl, private card archives of ships built in Norrland 1690–1925.

Private archive papers of Erik Wickberg, Gävle (†).

Oral material from almost countless local people (the list of survey names contains around 1,500 individuals for the years of the Norrland survey 1975–82, around 300 intermittently for Lake Vänern) and for particularly valuable information in connection with this text Olof Hederyd, Vuono, Haparanda, Norrbotten, Olov Isaksson, Stockholm (†), Rolf Lundberg, Upperud, Håkan Ottosson (Nihlman); Stockholm, Peter Skanse, Skärhamn, Bohuslän, Pekka Toivanen, Jakobstad/Pietarsaari, Finland, Anton Englert, Roskilde, Denmark, Capns Thore Granath, Lidköping and Simon Granath, Gothenburg (†), interviews with Iwan Schyman, Värmlandsnäs, Värmland (†), Johan Edlund (†) & Karl Edlund (†), Holmön, Västerbotten, prof. Olof Hasslöf, Malmö (†) and Svante Hwarfvinge, Karlskrona.

Notes:

1 Westerdahl 1986, 1992.
2 Westerdahl 1978, 1987a, c, 1991, 1993b, 2004; but for a general overview of Nordic shipyard areas the best anthology is still *Sjöhistorisk årsbok 1947*.
3 Westerdahl 2003.
4 Buck 1957.
5 Broadbent 1982, loc. cit.
6 Sayce 1933: 51, referring to *Journal of the Polynesian Society*, vol. XXXIII.
7 Sayce, loc. cit., quoting W.E. Armstrong: *Rossel Island*.
8 Sayce, op. cit.: 6, quoting A. Hamilton: *Maori Art*; see below and Malinowski 1922.
9 Westerdahl 1987b, 1993a, 1995–98.
10 Westerdahl 1985: 31, 1993a.
11 Wright 1984, 1990.
12 Santesson 1941, later criticized precisely for the huge time span of his comparison by archaeologists like Gustaf Hall-ström. It was reasonable at the time, but we are slowly coming to realize the profound continuities in certain cosmologies.
13 Anisimov 1963: 86 (my italics in the last sentence).
14 Støren Binns 1987of
15 Westerdahl 1987: 14; 1995–98, referring to Olavi Korhonen, inst. of Saami languages, University of Umeå.
16 Westerdahl 1987: 38; 1995–98.
17 Based on physical anthropology; Stenvik 1980.
18 Malinowski 1922: 105ff.
19 One of the iron smiths in myths, Volund, was a chief of the alfs and a son of a Saami chieftain (Volundarkviða; the poetic Edda (Den poetiska Eddan 1972: 126f: transl. to Swed. by Collinder). Saami boatbuilders have been recorded as having built boats for the medieval and later Norse in Northern Norway; see above.
20 Nielsen 1991: 131f.
21 Interestingly, the term 'smith,' Norse *smiðr*, could mean any kind of craftsman, e.g. a *stafnasmiðr*, the 'stem smith,' i.e. a ship or boatbuilder.
22 Decaens 1971.
23 For recent references see Samdal 2008.
24 Arwidsson & Berg 1983.
25 Van de Noort 2004; Van de Noort & O'Sullivan 2006: 16.
26 Wright 1984, 1990.
27 Jæger 1988.
28 Andersen 1994: 10.
29 Paper by Garry Momber at Poseidon's Reich, Kiel 2009.
30 Oral comm. Cheryl Ward.
31 Communication in 2008 at the Annual Meeting of the Society of Historical Archaeology, Albuquerque, New Mexico, by Sally K. Church; Cambridge.
32 Sinoto 1988.
33 E.g. Östergren & Varenius 1985;Westerdahl 1989: 252ff.
34 Rolfsen 1974; Myhre 1985;Westerdahl 1989: 246ff; Grimm 1999, 2001, 2003, 2006.
35 Myhre 1985.
36 There are no other signs of boatbuilding here; Thomson 1991.
37 Datings in Myhre 1980.
38 Rolfsen 1974; Westerdahl 1989: 251ff.
39 Myhre 1985; Grimm op. cit., Westerdahl op. cit.
40 See Ekroll 1988; Christensen 1995.
41 14C, calibr.; Myhre 1980; with margins AD 390–535, Fasteland 1996.
42 14C, calibr.; Myhre, loc. cit.; with margins AD 240–420, Fasteland op. cit.
43 Fasteland op. cit.
44 Calibr. Myhre op. cit. For a later (Merovingian) possible shipyard see Sylvester 2009.
45 Filipowiak 1994.
46 See Zschieschang for the Elbe area 2007: 219f.
47 Holmberg & Skamby Madsen 1998.
48 Skamby Madsen, 1984a, b, 1987a, b, 1989, 1991.
49 Christensen 1996, mostly from wrecks.
50 See Virtanen 1983 on nails from boat graves.
51 Bill 1994.
52 Stalsberg & Le Beau 2006.
53 Filipowiak 1994.
54 Lundström 1981: 74ff.
55 Nielsen 1991: 131.

56 Hansson 1985.

57 Vilkuna/Taavitsainen/Forssell 1993; Taavitsainen 1999; Taavitasinen/Vilkuna/Forssell 2007; Westerdahl 1996, 2004b.

58 Ellmers 1972; 171f.

59 Ellmers op. cit.: 172, fig. 103, p 130.

60 Personal comm. Hajo Zimmermann; and Weski 1997: 364.

61 Jagodzinski/Kasprzycka 1991.

62 Crumlin-Pedersen 1997: 177ff.

63 Friel 1996.

64 Hutchinson 1994: 23ff, based on Watkins 1994.

65 See Ellmers 1972: 172; Arwidsson/Berg 1983; Christensen 1982; Westerdahl 1982; Crumlin Pedersen 1998; McGrail 1987; Samdal 2008; Vadstrup 1993, 1994.

66 E.g. Goodburn 1999.

67 Andersson 1996, 2003.

68 Oral comm. Ole Magnus. Lime bast is also used in prehistoric lashing/sewing of planks.

69 Very likely *Sphagnum sp.*, not the West Slavonic *Drepanocladus sp.*, note 220.

70 Ellmers 1972: Kalfatklammern, passim.

71 Vlierman 1996, 1997.

72 Krause 1997.

73 Paper at Poseidons Reich, Kiel 2009 by Ralf Bleile, Landesmuseum, Schloss Gottorf.

74 Christensen 1968. They are also fairly well-known finds in medieval urban excavations, e.g. in Skåne, Southern Sweden, e.g. Thun 1967.

75 Paper by Ossowski at Poseidons Reich 2009 in Kiel.

76 Hansen 1948, Strunge Andersen 1991.

77 In cases where the vegetational sequence has had time to switch from deciduous alder in the immediate beach zone to more profitable fir (pine) or spruce trees.

78 E.g. Toivanen 1983.

79 Friberg 1983; Jern 1980; Nikander 1942, 1947.

80 At one time I thought this included the migrant tale type from shipyards that I registered at Holmön, Västerbotten, and in Lake Vänern (below). The contact between Österbotten and Vänern could possibly have been direct, without any intermediary. After the loss of Finland, the Swedish general Adlercreutz who had been successful against the Russians in the battle of Siikajoki in AD 1810 got the large castle of Läckö, centrally placed in Vänern, as a reward from the crown. The castle even received the new name *Sijkajoki*, but it never stuck. However, this remains speculation. Neither can it be confirmed that shipbuilding that far south was included in the possible transfer from Finland. However, it is an example of how one has to proceed in tracing connections of this kind.

81 The first carvel ships were not always of prime quality as to their form. In 1739 a ship, *Elisabeta*, was built in Luleå, Norrbotten, in carvel technique, but proved to be terribly unsteady (Swed. *rank*). The shipyards of this town were to become one of the major reliable establishments precisely in carvel building in the area. On the other hand, clinker-built ships were also built to the very end, often in rural areas, and often rebuilt fairly rapidly.

82 Toivanen 1985, 1987.

83 Svensson 1944; Boberg 1977: 15, suggesting another sequence. Chapman was himself a part owner of the first barque ship, *Hertiginnan af Söderrmanland* in 1775. *Amphion* was built in Uleåborg in Österbotten in 1778 and *Åkers bruk* in Västerbotten in 1783.

84 Moberg 1961. A modern novel on this theme, partly including oral traditions, is Hederyd 1989.

85 Interestingly, a burgher of Uleåborg, Zackarias von Bonsdorff, was one of the owners of the Seskarö vessel. Possibly this is a reflection of the intense competition between Bothnian towns.

86 A law on peasant shipping called *allmogeseglationsförordningen*.

87 Moberg 1971: 96f, 124. Some of the numerous vessels built during this period not only used timber for their own construction but also exported local timber on their maiden voyages. The brig *Edward*, built in Sikeå, Västerbotten in 1835, carried a dismantled schooner in its hold to Australia. Another brig, *Oscar*, built in Luleå 1840, was sold in Argentina in 1842 with another schooner as cargo. In fact, it was sold to the dictator Rosas himself. It is possible that a wreck containing another dismantled ship has been located at Holmön in Västerbotten (AC 407; possibly Gustaf 1776, in Westerdahl 1987c).

88 Alanen 1956.

89 Westerdahl 1987c, 1989.

90 Nikander 1944: 152.

91 E.g. Berg 1987: 89.

92 Elfstrand 1946: 375ff.

93 Shipyards of G. F. Liljewalch in Luleå; Fahlgren et al., Eds, 1961: 18; Moberg 1971: 96f.

94 The first was Tunadal at Sundsvall.

95 Hartelius 1982: 176.

96 See Byström 1875.

97 Swed. *fornminnesinventeringen* for economic mapping.

98 In particular the maritime archaeologist Seth Jansson, now Tierp.

99 Westerdahl 2003: 112, catalogue: 173ff. In comparison with the Northern Baltic, very few building sites were found along rivers in the lake Vänern area. Interestingly, the exceptions were the most productive yards of all, along the important canal, Dalslands kanal (Upperud) and Göta kanal (Sjötorp at Vänern, Motala Verkstad [workshop] at Vättern, the latter only steamships with machinery). A small but fairly productive yard was situated a short way upstream along the river Lidan at the town of Lidköping. Those along Göta älv also contributed greatly to the prosperity of Gothenburg.

100 See Berg 1987: 87.

101 Later steam-powered mills on the coast: but see above on cloven planks and pit-sawn planks.

102 Utö Island in the South and other places.

103 It has been noted by some that this might have been more relevant for oak than for pine. Nonetheless, even shaped planks could be floated in the area.

104 See Toivanen 1985 on the Finnish side.

105 Lantmäteriverket, map archives.

106 Moberg 1971: 48.

107 Statement from the Ancient Monuments Survey.

108 Information by Jouko Räty at the regional museum of Satakunta, Björneborg/Pori.

109 Ill. in Nikander 1947: 326.

110 Zettersten 1890 I: 314f.

111 Nikander 1944 II: 213.

112 Papp 1987: 60.

113 As mentioned elsewhere, a combination of clinker and carvel, with the latter as a base, possibly conforming to a shell technique with clamps, is well known in Norrland. The reverse might be possible: clinker at the bottom (see Svenwall 1994 on a wreck of a Baltic vessel of ca. AD 1550). A preliminary analysis of archival material concerning Norrbotten shows combined clinker-carvel ships of up to 120 svl (300 tons), such as the snow ship *Fortuna* of 1779, and 106 svl in the she ship *Solen* built the same year (265 tons). Considerable numbers of smaller vessels were built in the 1870s, the last in 1885. Not surprisingly, they were built in smaller yards in rural areas, but also in urban milieus, the latter during a somewhat earlier period, up to the 1850s. Altogether I have only about 80, perhaps even 100, ships in clinker registered as built in Norrbotten during the period, of a likewise approximate total number of 1100.

114 Westerdahl 2000, on statements by Roland Peterson, Vänermuseet, Lidköping.

115 In this case I owe particular thanks to Rolf Lundberg, Upperud, Dalsland. The extensive pictorial material from Norrland was largely destroyed in a house fire in Önsköldsvik in July 1983.

116 Moberg 1971: 68f, 110f.

117 Boberg 1977: 15.

118 See Svensson 1944. As mentioned, Chapman was a part owner of this vessel.

119 Nyström 1982.

120 E. Nordström, I. Nordeström, E. Bergstedt, E. Walanger, S. Norbin, J. M. Lindström, V. Söderberg and H. Löfstedt.

121 Possibly there was some kind of "clearing" transaction.

122 Westerdahl 1984, 1989: 210f.

123 Hellman 1947: 221.

124 Westerdahl 1984, 1989: 210ff.

125 Nikander 1944: 208

126 Moberg 1971: 62.

127 According to the Stockholm mätarebok 1789: 5.

128 Hederyd 1986.

129 See the illustration of Olaus Magnus in AD 1555, fig. 21.

130 A little confusing since the owner was given as Olof Persson above.

131 This is incidentally the original home village and name-giver of the Strindberg family, including the author August Strindberg.

132 On similar procedures in Österbotten, see Nikander 1944: 207.

133 I have not checked equivalents for all the terms, since this is not important in this context, but they are similar in time to those of the European dictionaries of Röding (1793).

134 From a well-known family specialized in haxe barges; Westerdahl 1984: 35, 1989: 219.

135 Nyström op. cit.

136 Thanks to Ernst Lundbäck, Kalix, 1987.

137 The building site is called *Skutviken*, "ship's bay", but on a map of 1782–86 *Skjäpaviken* or *Skjäpaholmen*, which may mean the same, then possibly indicating former shipbuilding (section on place-names). It is situated in Holmen, Inre fjärden, Ytterbyn, Kalix.

138 Lantmäteriverket (LMV), map archives, Gävle

139 Forsberg 1965: 84.

140 According to oral information from Kerstin G:son Berg, Stockholm.

141 Toivanen 1983: 297.

142 Nikander 1944: 151.

143 Oral comm. Pekka Toivanen, Jakobstad.

144 Zettersten 1890: 287.
145 See Cederlund 1966.
146 Zettersten 1890: 312; transl. by the present author.
147 Records of 1673. On Kronholmen in Härnösand (Ångermanlands varv), see note 177.
148 Karlsson 2006.
149 Westerdahl 2003: 117.
150 Berg 1971: 13, 1984: 44.
151 See note 132.
152 Sandnes & Stemshaug 1976: 286.
153 Zettersten 1903: 201.
154 In Denmark they are recorded by Holmberg & Skamby Madsen 1998, see maps of Eastern Sweden in Westerdahl 1989: 143ff & passim.
155 Andersson 1969.
156 Westerdahl 1989: 254f.
157 Medieval levy fleets? See above on the Norwegian *naust*.
158 Illustrated by Rålamb in 1695.
159 Oral comm. by Per Bodén, Mössön, d. 1985.
160 Stockholm, Åbo (Turku), Uleåborg (Oulu), also see Westerlund, Kasper: 2003. Beckholmen i Åbo. Ett maritimt lokalsamhälle och dess omvandling. *Medd. från Sjöhistoriska institutet vid Åbo akademi nr 23.* Åbo.
161 See Harboe 1839/1979.
162 Andersson 1969: 137, 156.
163 Lindholm 1984: 15, and e.g. 2009; Högnäs & Örjans 1985: 18f, ill.; Alopæus forthcoming.
164 Jordan-Greene forthcoming.
165 E.g. Westerdahl 1989: 98f.
166 Registered in Westerdahl 1987c. There are traces of a related activity on the island.
167 Arne 1908.
168 Oral comm. Pekka Toivanen, Jakobstad.
169 E.g. in Luleå; Moberg 1971: 158.
170 Ohlsson 1939: 186.
171 See Ericsson 1987: 35.
172 Zettersten 1890: 308f.
173 Lantmäteriverket (LMV), map archives.
174 Zettersten op. cit.: 298f.
175 Modéer 1933: 13.
176 Modéer loc. cit.
177 Rollof 1981: 96f, Westerdahl 2003: 97, passim.
178 Sandnes & Stenshaug, Eds, 1976: 17.
179 Modéer op. cit: 214.
180 Around AD 1700, but in AD 1808 it is called *Skuteviksholmen*. Modéer, loc. cit.
181 Bugge 1925 I: 68ff, esp. 70ff.
182 Stahre 1952: 71.
183 However, a slight possibility exists that some denoted a landmark in the form of a mast, e.g. in a visual telegraph system (Wennström 2005).
184 Lindén 1938: 510f.
185 Bugge op. cit.: 70.
186 See Nyström 1982.
187 E.g. Toivanen 1983.
188 Most of it was collected by Captain Simon Granath (since deceased) and generously made available to me.
189 After Boberg 1977: 12 with additions by the author.
190 Personyl comm., but with reservations, Pekka Toivanen, Jakobstad.
191 Some interesting material can be found in Berg 1984, 1987; for Björkö in the very south of the survey area, also Ljungström/Nordlund 1968.
192 Berggren/Bergstedt 1988, Boberg 1987 and Forsberg 1965.
193 The number of ships built in the parish was, according to Boberg (1977), at least thirty-one.
194 Layton 1976, 1979, 1981.
195 For this area, one could refer to work by Boberg (1977); Boethius (1921); Hedman (1933); Hülphers 1789, 1797; Westerdahl 1980: 16.
196 For this province, the following works have been consulted: Bucht 1935, 1944;Fogelberg 1968; Hartelius 1982; Hellman 1947; Hülphers 1780; Nordén 1975; Nordlander 1896; Söderlind 1981; Wik 1981; Ålund 1992.
197 Althin 1948 on Wifsta varf. Other literature used includes Ahnlund 1921; Hjulström et al. 1955; Humble 1921; Hülphers 1771; Nilsson 1943; Nisbeth 1968; Olsson 1970; Tjernberg 1940 and Westerberg 1948. The latest contribution with a number of significant additions for the whole of Västernorrland, Ångermanland and Medelpad, is Westerdahl 2004b.

198 References include Berggren/Bergstedt 1988; Forsberg 1965; Hülphers 1789, 1797; Moberg 1961, 1971 and the regional museum archives (Norrbottens museum: Olov Isaksson 1960).
199 Westerdahl 1991.
200 For small yards in Gävleborgs län (Gästrikland & Hälsingland), see e.g. Westerdahl 1993b. Literature on Hälsingland include Burman 1972; Brun 1947; Hammar 1970; on Gästrikland there is surprisingly little published material, in view of the maritime importance of the town Gävle, except Elfstrand 1946, to some extent Björkström 1927; Hülphers 1793; Hasslöf 1961; Wikberg (ed.) 1970.
201 Zettersten 1890, 1903, on Västerbotten Nordlander 1905.
202 Hellman 1947: 192.
203 Zettersten 1890 I: 311 on Ångermanlands varv (Kronholmen), in operation 1577–87, 1598–1602, 1614–17.
204 However, the local capacity may have been insufficient. In 1582 the authorities gave instructions that the northern-most province of Västerbotten, then consisting of present-day Norrbotten and Västerbotten, would help Ångermanland with shipbuilding (Hülphers 1797: 289, referring to resolutions passed by the *riksdag*).
205 Oral comm. Kerstin G: son Berg 1987.
206 It must be remembered that the land-uplift does not necessarily destroy wooden remains. In a case where the wood was originally in the water outside of the shipyard it would very probably be preserved in a wetland environment today.
207 Westerdahl 1987c; additions above all in Westerdahl 1993b & 2004.
208 Friberg 1983.
209 Nyström 1982: 149; author's translation.
210 Berg 1984, 1987.
211 Initial versions found in Westerdahl 1979, 2001.
212 Olofsson 1947.
213 Olofsson op. cit.
214 Ellmers 1995: 168.
215 Kaul 2005.
216 Here Snorre Sturlason 1970 is used, but without a quotation.
217 Olaus Magnus, *Historia* 3: 14–22, on Finns 3: 16.
218 Toivanen 1995/1993.
219 Westerdahl 2006.
220 Recording from Resele, Ångermanland, 1912, Nordiska museets folkminnesssamling, my translation.
221 Westerdahl op. cit.
222 Radtke 1981: 458f, not 146, s 475, with translation from the Latin version, English according to Crumlin-Pedersen 1997: 196.
223 Henningsen 1965, Carlson 2007.
224 Finlands svenska folkdiktning part 2: 1, Kulturhistoriska sägner. Skrifter utg. av Svenska Litteratursällskapet i Finland CCI (201), Helsingfors 1928, part 2: 2, Historiska sägner SSLF CLXXIV (174), Helsingfors 1924.
225 Westerdahl 1989: 220ff.
226 Carlson 2007.
227 Henningsen op. cit.
228 Westerdahl 2006, 2008.
229 Filipowiak 1994. See note 68.
230 Westerdahl 2008.
231 Our version of that may actually be a comparatively recent one, from not long before 1800; Henningsen 1983.
232 As quoted above.

Author's address:
Dr. Christer Westerdahl
Norwegian University of Science and Technology
Institute of Archaeology and Religious Studies
Erling Skakkes Gate 47B
N-7012 Trondheim
Norway

Schiff- und Bootsbauplätze. Merkmale der maritimen Kulturlandschaften des Nordens

Zusammenfassung

»In jeder vorindustriellen Gesellschaft, vom Jungpaläolithikum bis hin zum 19. Jahrhundert nach Christus, war ein Boot oder (später) ein Schiff die größte und komplexeste Maschine, die sich herstellen ließ«, so in Übersetzung die viel zitierte Aussage am Beginn der Einführung zur klassischen »Maritime Archaeology« von Keith Muckelroy, 1978. Wenn dem wirklich so war, würde dies gewisse großflächigere Auswirkungen nach sich gezogen haben. Beispielsweise ließe sich annehmen, dass sogar ohne die Fahrzeuge selbst Aspekte wie die soziale Stellung des Boots- und Schiffbaus oder das technische Niveau der betreffenden Gesellschaften anhand der Bauplätze und ihrer Zusammenhänge untersucht werden könnten. Auf diesem Wege ließen sich die Schiffe, ihre Technologie und die sozialen Landschaften, denen sie zuzurechnen sind, mit einem zielgerichteten Streiflicht beleuchten. Dem entsprechend versucht der vorliegende Beitrag eine Lanze für das Verständnis dieser Plätze als wesentliche Bestandteile der maritimen Archäologie und der maritimen Kulturlandschaft zu brechen.

Eine der zeitaufwendigsten Aufgaben bei der Nachzeichnung der maritimen Kulturlandschaft ist die präzise Ortsbestimmung der ländlichen Plätze zum Bau hölzerner Segelschiffe historisch gesicherter Zeiten. In diesem Zusammenhang wird vor allem von den Erkenntnissen einer in den Jahren 1975–1982 durchgeführten Studie zu Nordschweden berichtet, die sich auf eine Zeitspanne von ca. 1750 bis 1900 bezieht und bisher im Wesentlichen nur auf Schwedisch erschienen ist. Einen wichtigen Aspekt der Quellen für diese Erhebung bildet die mündliche Überlieferung. Das erschlossene Material umfasst rund 300 Schiffswerften und kleinere Schiffbauplätze. Eine weitere umfassende, über einen Zeitraum von 30 Jahren durchgeführte Studie zum Vänersee, die jedoch leider ohne die Möglichkeit zu ausgedehnter Feldforschung vor Ort blieb, wurde 2003 vom Verfasser veröffentlicht und konnte etwa 150 Werften und Bauplätze nachweisen. Sie findet hier in beschränktem Umfang für Vergleichszwecke Berücksichtigung und bildet zusammen mit der erstgenannten Studie die Basis der Betrachtung. Beide wurden um allgemeine Überlegungen zur archäologischen Bedeutung der betreffenden Plätze ergänzt, nicht nur bezogen auf deren materielle Überreste und, damit zusammenhängend, Hinweise auf die Arbeitsorganisation, sondern auch in Bezug auf ihre kognitiven Eigenschaften im Rahmen der sozialen Landschaft sowie im örtlichen Kontext von Landschaftsökonomie und Ressourcen.

Der Hauptabschnitt bezieht sich auf die laufende Untersuchung. Ihm sind jedoch zwei Abschnitte zu archäologischen Funden vorangestellt, von denen der erste den Schwerpunkt auf einige mutmaßliche Bauplätze aus prähistorischer Zeit sowie dem Mittelalter, vor allem in Nordeuropa, legt. Sie werden zusammen mit einer Reihe von Betrachtungen über Schiffbauer – auch der Samen im hohen Norden – und ihren sozialen Status vorgestellt. Um das Bild zu erweitern, werden auch Beispiele aus diversem globalen Material unter Einschluss kurzer Hinweise auf die klassische Antike herangezogen. Das Untersuchungsgebiet selbst ist von nun an Gegenstand der Betrachtung, jedoch versehen mit häufigen Verweisen auf einschlägiges Vergleichsmaterial. Dargestellt wird der Verlauf der Suche nach den Bauplätzen, gegründet auf vorbereitende Studien zu Ortsnamen, auf mündliche Aussagen und Material aus umfassenden Archivrecherchen. Beispielsweise findet der Bauprozess der Brigantine CASTOR am Fluss Ångermanälven im Jahre 1782 Widerhall in schriftlichen Unterlagen und tritt dieses Material mit der sozialen Geographie des Bauplatzes in einen vielgestaltigen Zusammenhang. In vielerlei Hinsicht sind nicht nur die Bauplätze, sondern auch die für den Schiffbau benötigten Materialien (Holz, Teer, Eisen usw.) und die entsprechende Ressourcenlandschaft von Interesse. Abschließend wird die kognitive Welt der Schiffswerften erkundet, die ihren Niederschlag in Erzählungen, Überbleibseln der Mythologie und dem Wahrnehmungsbereich des am Ufer gelegenen Stapellaufplatzes findet.

Im Ergebnis der Betrachtung kann mit einiger Gewissheit festgestellt werden, dass vorindustrielle Schiffbauplätze nicht allein Inbegriff des rituellen, kognitiven, technischen und funktionalen Charakters des Bau- und Stapellaufprozesses sind. Als vorübergehende Mikrokosmen sind sie auch Teil der maritimen Natur- und Kulturlandschaften, der sozialen und Ressourcenlandschaften sowie Geographien der umgebenden Bevölkerung, die Flusslandschaften eingeschlossen. Als Spiegelbild der Gesellschaft können sie als Metapher für Macht und Reichtum stehen, zugleich aber auch Auflehnung und Freiheit symbolisieren. Abgesehen von ihren offensichtlichen Bezügen zu fernen Ökonomien außerhalb ihres eigenen Gebiets, die möglicherweise nur vorübergehend in sie eindringen, sind die Schiffbauplätze in jedem Fall mehr wert, als ein flüchtiger Blick in die Annalen der Seeschifffahrt zunächst vermuten lässt.

Ich kann mir vorstellen, dass der kommunale Charakter des Schiffbaus im Bereich des Bottnischen Meerbusens ein besonders interessanter Gesichtspunkt ist, bei dessen Betrachtung wir jedoch für alle Zeiten auf sekundäre und spärliche historische Quellen vertrauen müssen, da kein mündliches Material mehr existiert. Die vorliegenden Quellen können jedoch nur einen vagen Eindruck dieses Aspekts vermitteln. Wie immer ist die Archäologie die einzige Wissenschaftsdisziplin, mit deren Hilfe sich neues Quellenmaterial erschließen lässt.

Einst standen Schiffe und Schifffahrt den Menschen viel näher als heute. Diese Tatsache gilt es sich vor Augen zu halten, will man die kognitive Landschaft des Menschen in vergangenen Zeiten deuten. Schiffbau war selbstverständlicher Bestandteil des Lebens vieler Einzelner. Dementsprechend waren Schiffbauplätze für normale Menschen von besonderem Interesse, und zwar nicht nur für Männer, wie sich an einigen Erzählungen ablesen lässt, die das Beziehungsgeflecht zwischen Land und See als Geschlechterbeziehung darstellen.

Diese Plätze, besonders die in einem bewaldeten Gebiet befindlichen, die den Schwerpunkt der vorliegenden Studie ausmachen, waren für die Menschen von großer Bedeutung. Die dort gebauten Schiffe blieben oft lang in Erinnerung. Ihre Schicksale wurden mündlich überliefert, wenn auch im Laufe der Zeit in der Wiedererzählung übersteigert und verändert. Die Erinnerungen verblassten im Zeitalter der Industrialisierung und der Konzentration der Bevölkerung in städtischen Milieus, obwohl in authentischem Brauchtum noch Erinnerungsfragmente vorhanden sind. Schiffbauplätze haben die Landschaft vermenschlicht, sie sozialisiert und den betreffenden Ort individualisiert. In ihrer Gesamtheit bilden sie einen unabdingbaren Aspekt der maritimen Kulturlandschaft.

Chantiers navals et lieux de construction d'embarcations. Caractéristiques du paysage culturel maritime septentrional

Résumé

« Dans chaque société préindustrielle, du paléolithique supérieur jusqu'au XIXe siècle après Jésus-Christ, une embarcation ou, plus tard, un navire, était la plus grande et la plus complexe machine qui puisse être construite », selon la déclaration traduite, souvent citée, qui figure au début de l'introduction de l'ouvrage classique *Maritime Archaeology* de Keith Muckelroy, 1978. S'il en était vraiment ainsi, cela impliquerait certaines répercussions touchant de grandes superficies. On pourrait par exemple convenir que même sans les véhicules, des aspects tels que la position sociale de la construction soit de l'embarcation, soit du navire, ou le niveau technique des sociétés concernées, pourraient aussi être analysés d'après les endroits où avait lieu la construction et les contextes de ceux-ci. De cette façon, les navires, leur technologie et le paysage social auxquels ils appartiennent pourraient être éclairés de manière ciblée. L'article présent tente donc de briser une lance pour la compréhension de ces endroits comme étant des éléments essentiels de l'archéologie maritime et du paysage culturel maritime.

L'une des tâches qui prend le plus de temps en reconstruisant le paysage culturel maritime est la détermination précise des endroits ruraux destinés à la construction de voiliers en bois à des époques historiques certaines. Dans ce contexte, ce sont avant tout des résultats d'une étude menée dans les années 1975–1982 dont il sera question ; étude qui s'est déroulée dans le nord de la Suède, portant sur une période allant d'environ 1750 à 1900, et qui n'est parue pour l'essentiel qu'en suédois. L'un des aspects des sources pour cette levée des données est la tradition orale. Le matériel exploité comprend 300 chantiers navals et de plus petits lieux de construction. Une autre étude importante sur le lac de Vänern, menée sur une période de 30 ans, restée malheureusement sans possibilité de l'étayer par une enquête sur le terrain, a été publiée en 2003 par l'auteur, et a pu prouver l'existence d'environ 150 chantiers navals et de lieux de construction. Elle est ici prise en considération de manière limitée à des fins de comparaison, et forme avec la première étude citée la base des observations. Toutes les deux ont été complétées par des réflexions générales de la signification archéologique des endroits concernés, non seulement en rapport avec leurs artefacts et avec les indications sur l'organisation du travail s'y rapportant, mais aussi en rapport avec leurs qualités cognitives dans le cadre du paysage social, ainsi que dans le contexte local de l'économie du paysage et des ressources.

Le paragraphe principal se rapporte à l'analyse en cours. Toutefois, il est précédé de deux paragraphes sur les trouvailles archéologiques, le premier mettant l'accent sur quelques places de construction éventuelles de l'époque préhistorique et médiévale, avant tout dans le nord de l'Europe. Elles sont présentées avec une série de réflexions sur les constructeurs et leur statut social, incluant également les Lapons dans le Grand Nord. Afin d'élargir l'image, des exemples de matériau divers et global, incluant de brèves remarques sur l'Antiquité classique, sont également évoqués. La région analysée, à présent, est elle-même l'objet de l'observation, toutefois flanquée de fréquents renvois au matériel de comparaison correspondant. Le déroulement de la recherche de lieux de construction est présenté, reposant sur les études préparatoires portant sur les noms des lieux, les déclarations orales et le matériel résultant d'importantes recherches en archives. Par exemple, le processus de construction de la brigantine CASTOR, se déroulant sur la rive du fleuve Ångermanälven en 1782, trouve une répercussion dans des documents écrits et ce matériel se rapporte sous de multiples facettes à la géographie sociale du lieu de construction. Sous de nombreux aspects, ce ne sont pas uniquement les lieux de construction qui éveillent l'intérêt, mais aussi les matériaux nécessaires à la construction (bois, goudron, fer, etc.) et le paysage des ressources correspondant. Pour finir, le monde cognitif des chantiers navals, dont on trouve des retombées dans les récits, les vestiges de la mythologie et la façon dont est reçue la cale située sur la rive, est exploré.

Dans le résultat de l'observation, on peut retenir avec quelque certitude que les endroits de construction navale préindustriels n'étaient pas l'unique incarnation du caractère rituel, cognitif, technique et fonctionnel du processus de construction et de mise à l'eau. Microcosmes éphémères, ils faisaient aussi partie des paysages naturels et domestiqués, des paysages sociaux et de ressources tout comme de la géographie des populations environnantes, paysage fluvial compris. En tant que reflet de la société, ils pourraient faire office de métaphore pour le pouvoir et la richesse, mais également symboliser le rejet et la liberté. À l'exception de leurs relations apparentes avec des économies lointaines en dehors de leur propre territoire, qui les ont éventuellement pénétrés de manière uniquement passagère, les endroits de construction de bateaux ont en tout cas bien plus de valeur qu'un regard furtif dans les annales de la marine le laisserait tout d'abord supposer.

Je pourrais m'imaginer que le caractère communal de la construction de bateaux dans la région du golfe de Botnie représente un aspect particulièrement intéressant, dont nous devrons toutefois, pour son analyse, ne retenir que les maigres sources historiques secondaires, car il n'existe plus aucun matériel oral. Les sources présentes ne peuvent toutefois communiquer qu'une vague impression de cet aspect. Comme toujours, l'archéologie est l'unique discipline scientifique avec l'aide de laquelle du nouveau matériel de sources se laisse déchiffrer.

Il fut un temps où les bateaux et la navigation étaient beaucoup plus proches des hommes que maintenant. Il s'agit de ne pas perdre de vue ce fait, si l'on veut interpréter le paysage cognitif des hommes des temps passés. La construction de bateaux faisait tout naturellement partie de la vie de nombreuses personnes. Par conséquent, des lieux où l'on construisait des embarcations émanait un intérêt particulier pour les gens normaux, et pas seulement pour les hommes comme on peut le relever dans certains récits, dans lesquels l'entremêlement de rapports entre terre et mer est raconté comme une relation amoureuse.

Ces endroits, surtout ceux qui se trouvaient dans des régions boisées et qui sont le point fort de l'étude présente, revêtaient une grande importance pour les hommes. Il n'était pas rare que les navires qui y étaient construits restent longtemps en mémoire. Leurs destins furent transmis oralement, même si, au cours du temps, le récit répété était augmenté et transformé. Les souvenirs pâlirent à l'époque de l'industrialisation et de la concentration de la population dans les milieux urbains, bien que des fragments existent encore dans les mœurs authentiques. Les endroits où étaient construites des embarcations ont humanisé le paysage, l'ont socialisé et individualisé. Pris dans leur ensemble, ils forment un aspect indispensable du paysage culturel marin.

KUNSTGESCHICHTE

▶ LARS U. SCHOLL UND RÜDIGER VON ANCKEN

Der Hamburger Marinemaler
Martin Fräncis Glüsing (1866–1957)

Vorbemerkung

Der nachfolgende Beitrag über Martin Fräncis Glüsing steht in einer Reihe von Veröffentlichungen über deutsche Marinemaler, die in Hamburg und Umgebung oder in Norddeutschland einen Schwerpunkt ihres Schaffens hatten.

Nachdem Anfang der 1990er Jahre im Rahmen einer Sonderausstellung im Deutschen Schiffahrtsmuseum (DSM) eine Monographie über den aus Hamburg stammenden Maler und Illustrator Felix Schwormstädt (1870–1938)[1] veröffentlicht werden konnte, aus dessen Œuvre das DSM mittlerweile drei Originale besitzt, und im Jahr 1995 aus Anlass des 50. Todestages die erste Monographie über Hans Bohrdt (1857–1945) publiziert worden war, der einen Schwerpunkt seines Schaffens im Hamburger Hafen und an der norddeutschen Küste gehabt hatte, sind weitere Aufsätze über Cornelius Wagner (1870–1956), Eduard Edler (1887–1969), Oskar Dolhart (1907–1982) und Geo Wolters (1866–1943) im »Deutschen Schiffahrtsarchiv« (DSA) publiziert worden.

Ausgangspunkt der Forschung waren jeweils die Gemälde im Sammlungsbestand des Deutschen Schiffahrtsmuseums. Seit der Gründung des Museums gehört die Recherche zur Marinemalerei zu den Arbeitsschwerpunkten des nationalen Forschungsmuseums zur deutschen Schifffahrtsgeschichte.[2]

Die Ermittlung relevanter Informationen über Martin Fräncis Glüsing erwies sich als äußerst schwierig, da er keine Nachkommen hat. Unschätzbare Hilfe leistete sein Neffe Karl-Heinz Glüsing, der ebenfalls Maler ist und in Hamburg lebt.[3]

Martin Fräncis Glüsing

Der 1926 von Felix Graf von Luckner und anderen herausgegebene Prachtband »Die See«, in dem 53 Gemälde deutscher Maler von der Nord- und Ostsee und ihren Küsten *in originalgetreuen Farbendrucken* abgebildet sind, enthält die Abbildung eines Ölgemäldes des Hamburger Malers Fräncis Glüsing mit dem Titel »Brandung bei Sonnenuntergang«[4], das die Maße 80 x 120 cm hat. Im Erscheinungsjahr des Buches befand sich die Arbeit im Besitz des Kunstsalons Gustav Lohse in Hamburg. Über den Verbleib des Gemäldes lässt sich momentan nichts sagen. Es handelt sich um eine gefällige Abendszene mit goldroter Sonne im Zentrum, deren Schein über die Wasserfläche zu einem Gestade weist, an dem sich der Maler und mit ihm der Betrach-

ter von dem stimmungsvollen Moment vor dem Versinken der Sonne im Meer gefangen nehmen lassen. Die Ruhe vor dem kurz darauf zu erwartenden Verschwinden des Sonnenballs wird
nur schwach kontrastiert mit einer sich über die ganze Bildbreite ausdehnenden Welle, die – sich
vor dem Ufer brechend – gemächlich auf dem Sandstrand ausläuft.

Dem glücklichen Umstand, dass Luckner und seine Mitautoren – in diesem Falle Dr. Maximi-
lian Karl Rohe – Kurzporträts über die Maler oder Kurzbeschreibungen der Gemälde liefern, ist
es zu verdanken, dass wir eine knappe Einschätzung des Bildes bekommen haben, die uns verstehen lässt, was die Herausgeber 1926 zu der Aufnahme des Gemäldes in den Band bewogen hat.

Rohe schreibt: *Es gibt Motive, die für den Künstler ungemeine Schwierigkeiten in sich tragen,
weil die Umstände es nicht gestatten, direkte Studien vor der Natur zu machen. Zu solchen Themen gehören vor allem Sonnenauf- oder -untergänge, wo das blendende Licht den Maler an
der Arbeit hindert. In solchen Fällen muß das Formen- und Farbengedächtnis des Künstlers einspringen, und aus wiederholten Eindrücken, die er in der Natur gesammelt, bringt er sein Bild
zur Ausführung. In seiner »Brandung bei Sonnenuntergang« ist Fränzis Glüsing solch einem
schwierigen Problem gegenübergestanden. Er hat es aber mit großem Geschick gelöst, und die
Wirkung ist lebendig und überzeugend. Er gibt in dem Gemälde Eindrücke nach der Natur am
Schleswiger Strand wieder, und der Lichteffekt sowohl, wie die Bewegung des Wassers sind
kraftvoll und naturunmittelbar gesehen.*[5] Im Gegensatz zu den kurzen Abrissen über andere
Maler wird bei Luckner zur Person des Malers gar nichts gesagt.

In Boye Meyer-Frieses Kieler Dissertation, die 1981 unter dem Titel »Marinemalerei in
Deutschland im 19. Jahrhundert« als Band 13 der »Schriften des Deutschen Schiffahrtsmuseums« erschienen ist, findet Glüsing mehrfach Erwähnung. Das Gemälde aus dem Buch von
Luckner wird schwarz-weiß in verkleinerter Form nachgedruckt. Im Text wird Glüsing zusammen mit Hans Bohrdt erwähnt in *einer Auswahl von typischen Bildern der Seascape-Malerei,
die auf die Sehweisen der Maler ausgerichtet ist.*[6] Nach Meyer-Friese schildern Bohrdt und Glüsing die *starke Brandung, beide aus einer größeren Entfernung zum Wasser. Dabei wird bei
Glüsing das Gewicht auf die Farbigkeit und die Widerspiegelung der über dem Horizont stehenden, untergehenden Sonne gelegt. Die Wellen wirken noch dunkler durch den Kontrast zu ihren
weißen brechenden Schaumkämmen und dem rötlichen Reflexlicht auf dem Wasser unterhalb
der Sonne und auf den Flächen des nassen steinigen Strandes, von dem die angelaufene Welle
zurückfließt. Der durch rötliches Licht übergossene Himmel wird von je einer Wolke beiderseits
der Sonne besetzt.*[7] Am Ende des Buches wird im Kapitel VI (*Maler, zu denen bisher nur der
Name, jedoch keine gesicherten Daten bekannt sind*) auch Fräncis Glüsing genannt mit dem
vagen Hinweis *Hamburg-Eimsbüttel – † ~1948/49.*[8]

Nimmt man nun auf der Suche nach weiteren Informationen zu Fräncis Glüsing Rumps
»Lexikon der bildenden Künstler« von 1912 und die mit handschriftlichen Notizen versehene
Ausgabe von 1980 in die Hand, so ist der Maler dort überhaupt nicht verzeichnet, obwohl er
doch aus Hamburg stammte und dort seinen malerischen Schwerpunkt hatte.[9] Die verdienstvol-
le Übersicht von Hans Jürgen Hansen über die deutsche Marinemalerei, die in Zusammenarbeit
mit dem Deutschen Schiffahrtsmuseum entstanden ist, hat Glüsing ebenfalls nicht erfasst.[10]

Auch heute, über achtzig Jahre nach Erscheinen des Buches von Luckner, sind unsere Kenntnisse über Fräncis Glüsing minimal. Dabei werden seine Bilder mit großer Regelmäßigkeit in
den Hamburger und auch verschiedentlich in Bremer Auktionshäusern zum Verkauf angeboten.

Im »Neuen Rump« aus dem Jahre 2005, bearbeitet von Maike Bruhns, findet sich dann ein
siebenzeiliger Eintrag. Es wird darauf verwiesen, dass Fräncis Glüsing ein Pseudonym des
Malers Martin Franz Glüsing sei, der 1885 in Hamburg geboren worden und 1956 im Alter von
71 Jahren gestorben sein soll. Beide Daten sind, wie noch zu zeigen sein wird, falsch. Franz Glüsing war zunächst Seeoffizier und anschließend ein erfolgreicher Marinemaler in Hamburg.
Über sein Wirken heißt es: *Seine Berufskenntnisse und Seeerfahrung kamen ihm bei der Dar-*

stellung von Großseglern und See zustatten. Malerische Behandlung der Lichteffekte, schwingender Seegang. Er signierte mit Fräncis-Glüsing.[11]

Bei ihren Recherchen zu dem Marinemaler Eduard Edler stießen die Autoren im Hamburger Abendblatt auf eine Traueranzeige des verstorbenen Martin Fräncis Glüsing. Die Daten wurden sorgfältig notiert und erst einmal zur Seite gelegt. Als dann im Jahr 2009 die intensiven Nachforschungen über Martin Fräncis Glüsing begannen, wurde beim zuständigen Hamburger Bezirksamt eine Melderegisterauskunft eingeholt und im Telefonbuch nach möglichen Familienangehörigen gesucht. Gleich der erste Anruf in dem Atelier von Heinz Glüsing war erfolgreich: *Ja, Fräncis Glüsing war mein Onkel*, und: *Er hat es verdient, dass über ihn geschrieben wird.* Mit Hilfe des heute 89-Jährigen, selbst ein anerkannter Kunstmaler in Hamburg, konnten die Autoren viele Einzelheiten über das Leben Fräncis Glüsings erfahren.[12] Alle noch vorhandenen Fotos wurden großzügig zur Verfügung gestellt, Briefe oder anderer Schriftverkehr waren jedoch nicht mehr vorhanden.

Martin Franz Glüsing wurde am 10. September 1886 in Altona[13] geboren, wie sich aus dem Melderegister ergab. Sein Vater war der Bezirks-Schornsteinfegermeister C.A. Glüsing, der nach Beendigung seiner Lehrzeit nach Hamburg gewandert und dort sesshaft geworden war. In einer Zeit, in der die Fegebezirke noch nicht eingeteilt waren, suchte er sich einen großen Kundenstamm und brachte es so zu einem gewissen Wohlstand. Seine Frau stammte vermutlich aus Süddeutschland. Die Glüsings waren eine kinderreiche Familie: Martin hatte neben drei Brüdern noch vier Schwestern.

Musik spielte in der Familie Glüsing eine große Rolle; jeden Sonntagmorgen wurde Hausmusik gemacht. So blieb es nicht aus, dass auch Martin schon früh das Klavier- und Geigespielen erlernte.

Nach Beendigung der Schule wollten ihn seine Eltern bei einem Maler in die Lehre schicken; er sollte Anstreicher werden. Dieses entsprach aber nicht Martin Glüsings Wünschen. Er wollte vielmehr Kunstmaler werden und eine entsprechende Lehre beginnen. Als er sich mit seinen Wünschen nicht durchsetzen konnte, lief er, ohne eine Nachricht zu hinterlassen, von zu Hause fort und heuerte im Hamburger Hafen auf einem großen Rahsegler an.

Als Jüngster an Bord musste er alle Arbeiten verrichten, die ihm aufgetragen wurden. So half er auch dem Koch in der Kombüse. Gleich auf seiner ersten Reise passierte ihm das Missgeschick, dass er einen Eimer Spülwasser mitsamt dem darin befindlichen Essgeschirr über Bord kippte. Das Schiff war mitten auf dem Ozean und ein Hafen nicht in Sicht. Es muss nicht besonders erwähnt werden, dass Glüsing daraufhin eine tüchtige Tracht Prügel von den Matrosen bezog, da diese bis zum Ende der Reise mit selbst geschnitzten Löffeln und Gabeln essen mussten. Eine weitere Karriere als Smutje verfolgte er daraufhin nicht mehr, sondern schlug die Deckslaufbahn ein und arbeitete sich bis zum Vollmatrosen hoch.

Bis 1914 fuhr Glüsing auf Segelschiffen zur See. Zuweilen musterte er in den USA ab und fand in den amerikanischen Hafenstädten Arbeit als Barpianist. Er verdiente mit seiner Musik gutes Geld und lernte Land und Leute kennen. Nicht bekannt ist, bei welchen Reedereien er anheuerte und auf welchen Schiffen er gefahren ist. In einem Verkaufskatalog heißt es, dass er ausgedehnte Schiffsreisen nach Nord-, Süd- und Mittelamerika sowie nach Australien gemacht habe, *auf denen er das Meer in all seinen Stimmungen studierte.*[14]

Mit Ausbruch des Ersten Weltkrieges kehrte Glüsing nach Deutschland zurück und wurde Soldat. Da er auf keinen Fall an die Front wollte, besorgte er sich auf der Hamburger Reeperbahn Medikamente, mit denen er eine Herzerkrankung vortäuschen konnte. Durch diese selbst verursachte Krankheit wurde sein Herz so angegriffen, dass er sich zeitlebens nie wieder richtig erholt hat. Sein Ziel, als Soldat nicht an die Front geschickt zu werden, hatte er jedoch erreicht.

Abb. 1 Martin Franz Glüsing im Hochzeitsanzug, 1920. Fotografiert im Atelier Atlantic, Hamburg, Reeperbahn 36. (Foto: Heinz Glüsing)

Es existieren verschiedene Fotos, die Glüsing als Marinesoldaten einer Seewehr-Abteilung[15] zeigen. Eines dieser Fotos, auf den 15. August 1916 datiert, zeigt ihn auf dem Dykhausener Kasernengelände nahe Wilhelmshaven.

Nach dem Krieg fand Glüsing schnell wieder Arbeit. In einer Bierstube auf der Hamburger Reeperbahn bekam er eine Stelle als Barpianist. Hier lernte er dann auch Frieda Schramm[16] kennen, die in dem Lokal als Bedienung arbeitete. Am 10. September 1920 heirateten sie.[17]

Wann Glüsing mit dem Malen angefangen hat, ist nicht bekannt. Er muss aber schon früh begonnen haben, da es – wie erwähnt – sein Wunsch war, nach der Schule eine entsprechende Lehre zu machen. Es war im 19. Jahrhundert nicht ungewöhnlich, über eine Lehre als Dekorationsmaler den Weg zum Kunstmaler zu suchen, wenn man sich eine Akademieausbildung nicht leisten konnte. So erlernte etwa der Industriemaler Otto Bollhagen (1861–1924) in vierjähriger Lehrzeit bei freier Beköstigung die Dekorations- und Stubenmalerei bei einem Berliner Malermeister. Nach Abschluss der Lehre fuhr er als blinder Passagier in der vierten Klasse des Nachtzuges von Berlin nach Hamburg und fand dort *wirklich als besserer Dekorationsmaler bzw. Künstler* Unterschlupf in einem Malerbetrieb, der in erster Linie einen Dekorationsmaler für die vielen Villenbauten suchte. *In einer Zeit einer kräftig beginnenden Bauperiode, wo gewissermaßen alles die alten Formen studierte, ja sich in Architektur und Malerei ein starkes Kopieren alter Stilarten auf dekorativem Gebiet breit zu machen begann, ohne dass die Beteiligten sich gewisser Geschmacklosigkeiten bewusst waren, begann meine freie dekorative künstlerische Betätigung.*[18] Von Felix Schwormstädt ist bekannt, dass er in Hamburg keine passende Ausbildung erhalten konnte, da es dort keine Kunstakademie gab. Er ging an die Karlsruher Akademie.

Auf seinen langen Seereisen hatte Glüsing das Zusammenspiel zwischen Wolken, Wind und Wellen genau beobachten können, und es darf vermutet werden, dass dadurch sein Interesse an der Marinemalerei verstärkt wurde. Auch der Anblick der vielen Schiffe im Hamburger Hafen dürfte ihn motiviert haben, Marinemaler zu werden. Wann der Hamburger Maler Harry Haerendel[19] Glüsing kennengelernt und ob er Glüsing künstlerisch beeinflusst hat, ist nicht bekannt. Zwischen beiden bestand jedoch eine lange Freundschaft. Überliefert ist, dass sie häufig gemeinsame Reisen nach Helgoland unternommen haben.

Mitte der 1920er Jahre änderte Glüsing seinen zweiten Vornamen in das viel besser klingende englische Fräncis. Er erhoffte sich damit eine Steigerung seiner Bilderverkäufe. Fortan signierte er mit »Fräncis-Glüsing«. Große Freude herrschte 1926 im Hause Glüsing, als die Autoren Graf Luckner, Sarnetzki und Rohe das eingangs erwähnte große Sonnenuntergangsgemälde Glüsings in ihrem Buch »Die See« veröffentlichten. Dieses Gemälde ist nach heutigen Erkenntnissen das einzige jemals veröffentlichte Bild Glüsings. Karl Rohe schrieb zu diesem Gemälde, dass *der Künstler … sein Formen- und Farbengedächtnis einspringen lassen muss.* Heinz Glüsing bestätigt, dass sein Onkel Fräncis Glüsing immer aus dem Gedächtnis gemalt hat. Skizzen oder Studien hatte Heinz Glüsing in dem Atelier seines Onkels nie gesehen, wohl aber Fotos und Postkarten, die als Hilfestellung dienten.

Abb. 2 Familie Glüsing, auf einem Wasserflugzeug sitzend, vor der Helgoländer Düne. Rechts, mit Bademantel im Wasser stehend, Fräncis Glüsing, daneben Frieda Glüsing, links außen Glüsings Schwester Agnes. (Foto: Heinz Glüsing)
Bei dem Wasserflugzeug handelt es sich um eine Friedrichshafen FF 49 mit dem Kennzeichen D-49. Diese Maschine flog von Februar 1929 bis November 1933 für die Deutsche Lufthansa im Küstenflugverkehr. Ende 1933 wurde diesem Flugzeug die Zulassung entzogen. (Recherche: Stiftung Deutsches Technikmuseum Berlin)

Studienreisen hat Fräncis Glüsing nie unternommen, sieht man von häufigen Aufenthalten auf der Insel Helgoland ab, wo er zumindest mit dem Seebäderdampfer ein paar Stunden auf hoher See war. Seine Schwester Agnes arbeitete zur Urlaubssaison als Stummfilmpianistin im Helgoländer Kino. Es existieren verschiedene Fotos der Familie Glüsing, so z.B. als Urlaubsgäste auf der Helgoländer Düne. Als Reminiszenz an Helgoland hat er sehr oft das markante Küstenprofil Helgolands als Hintergrund in seinen Gemälden verarbeitet.

Glüsing verkaufte seine Bilder größtenteils über die Hamburger Kunsthandlungen von Gustav Lohse und Commeter. Im Sommer jedoch, zur Urlaubszeit, fuhren die Glüsings in die vornehmen Ostseebäder und boten die Gemälde direkt vor Ort zum Verkauf an. Frieda Glüsing war die geschäftstüchtige, treibende Kraft, die ihren eher phlegmatischen Ehemann zum Malen antrieb. Sie hatte einen großen Anteil am Erfolg ihres Mannes. Heinz Glüsing erinnert sich an die Worte seiner Tante, wenn er zusammen mit seinem Onkel spazieren gehen wollte, die vorwurfsvoll hinter ihnen herrief: *Martin, du musst doch malen.*

Ihren ersten nachweisbaren Wohnsitz hatten die Glüsings 1925 in Altona.[20] Die nächsten Jahre verbrachten sie in der Nähe von Lüneburg und kehrten 1939 nach Hamburg zurück. In der Eimsbüttler Hoheluftchaussee[21] fanden sie eine große Wohnung. Ein Jahr später zogen sie in die ruhige, gutbürgerliche Mansteinstraße[22], wo sie bis 1956 blieben. Als Ende 1941 der Bombenkrieg auf Hamburg immer stärker wurde, verließen sie die Stadt und zogen in das ruhige bayerische Füssen. Erst nach Kriegsende kehrten sie in die Mansteinstraße zurück.

An einen Bilderverkauf war gleich nach dem Krieg gar nicht zu denken, aber die geschäftstüchtige Frieda Glüsing hatte eine Idee: Sie eröffnete eine Leihbücherei[23] und stellte neben den Bücherregalen die Gemälde ihres Mannes aus. Selbst in nahen Bilderrahmengeschäften wurden

Abb. 3 Martin Fräncis Glüsing, um 1940. (Foto: Heinz Glüsing)

Abb. 4 Fischerkutter bei nächtlicher Fahrt. 70 x 100 cm, undatiert. (Foto mit freundlicher Genehmigung des Auktionshauses Engel, Koblenz)

Glüsings Gemälde zum Verkauf angeboten, obwohl sie dort nicht an hervorgehobener Stelle hingen.

1956 bezogen die Glüsings in der nicht weit entfernten Eichenstraße[24] eine moderne Neubauwohnung. Am 7. September 1957 starb Martin Fräncis Glüsing kurz vor seinem 71. Geburtstag.[25] Auf dem Ohlsdorfer Friedhof fand er in einem Urnengrab seine letzte Ruhe.

Nach dem Tode Glüsings waren die finanziellen Rücklagen schnell aufgebraucht. Um nicht in wirtschaftliche Not zu geraten, verkaufte Frieda Glüsing den Gemäldenachlass nach und nach. Frieda Glüsing starb am 14. Mai 1982 in Hamburg.[26] Die Ehe zwischen Martin und Frieda Glüsing blieb kinderlos.

Martin Fräncis Glüsing war reiner Autodidakt, wobei ihm beim Malen seine eigene seemännische Biografie behilflich war. Auf seinen langen Segelschiffsreisen hatte er Wind und Wetter intensiv beobachten und sich alles genau einprägen können. Von diesen Kenntnissen konnte er sein Leben lang zehren. Glüsings Gemälde zeugen von der genauen Kenntnis der Schiffskonstruktion und Takelage. Allerdings kommt man nicht umhin zu konstatieren, dass seine Großsegler fast immer übertakelt waren. Fräncis Glüsing arbeitete ausschließlich mit Ölfarben und brauchte etwa zwei bis drei Tage, um ein Gemälde fertigzustellen. Gelang ihm ein Gemälde besonders gut, schuf er gleich mehrere Varianten. Bilder anderer Marinemaler hat er gelegentlich kopiert, wenn seine Kundschaft es wünschte.

Als Jugendlicher stand der Neffe Heinz Glüsing häufig neben der Staffelei seines Onkels und war tief beeindruckt von der Schnelligkeit, mit der die Bilder gemalt wurden. Er erzählt, dass nach 1945 die Bilder seines Onkels nicht mehr die Qualität der vor dem Zweiten Weltkrieg gemalten Bilder hatten. Sein Neffe bezeichnet Fräncis Glüsing als *Publikumsmaler*, da er mit seinen Bildern immer den Geschmack seiner Kundschaft traf. Große Kunstkenntnisse waren hierfür nicht erforderlich. Besonders seine Stimmungsbilder wie Sonnenauf- und -untergänge sowie Brandungen kamen gut an. Er verkaufte seine Bilder nach England und sogar bis in die USA; seine gefällige Malerei hatte sich herumgesprochen. Vor ein paar Jahren erhielt Heinz Glüsing sogar eine Anfrage aus Südafrika nach den Lebensdaten seines Onkels .

Vergleicht man Auktionskataloge, stellt man fest, dass Glüsing offensichtlich das Format ca. 60 x 80 cm für Gemälde bevorzugt hat; kleinere Gemälde findet man seltener. Martin Fräncis Glüsing lebte ausschließlich von seiner Malerei. Obwohl seine Gemälde nicht billig waren, konnte er seine Bilder immer gut verkaufen und es dadurch zu einigem Wohlstand bringen.

Um zu einer deutlichen Einschätzung des künstlerischen Œuvres von Fräncis Glüsing zu kommen, ist die vorhandene Materialbasis noch nicht ausreichend. Die zur Verfügung stehende Bildauswahl wurde im Internet ermittelt und stellt lediglich zusammen, was in letzter Zeit im Kunsthandel angeboten wurde. Drei Themen kristallisieren sich heraus: die Großsegler, die Fischkutter und abendliche Strandstimmungen.

Momentan ist das Gemälde der EUROPA[27], dem bei Blohm & Voss gebauten und im März 1930 abgelieferten Schnelldampfer des Norddeutschen Lloyd, eine Ausnahme. Das Gemälde ist, wie alle bisher bekannten Arbeiten, nicht datiert, lässt sich jedoch aufgrund der Ablieferung des Schiffes sowie der verlängerten Schornsteine auf die Zeit nach 1930 datieren. Dazu schreibt Arnold Kludas: *Im Sommer 1930 wurde ein Problem akut, das sogar die Gesundheitsbehörden auf den Plan rief. Mit den kurzen Schornsteinen, auf die der Lloyd so stolz war, war es leider nicht möglich, Rauch und Abgase von den Decks der Schiffe fernzuhalten. … Längere Schornsteine waren das einzige, was die Werften zur Abhilfe vorschlagen konnten. … Da es aber wirklich keine andere Lösung gab, kriegten beide Dampfer im August 1930 einen fünf Meter hohen Schornsteinaufsatz.*[28] Das Gemälde ist nicht ganz gelungen. Man hat den Eindruck, dass die Schornsteine nicht ganz richtig stehen. Auch ist das Vorschiff nicht gut getroffen. Der Sprung ist viel zu stark ausgeprägt. Dagegen kann man dem zustimmen, was im Auktionskatalog geschrieben steht, nämlich: *Gekonnte indirekte Lichtführung mit reizvollen Reflexen des Abendlichtes auf dem Wasser.*[29]

Die Komposition der Gemälde ist relativ konstant mit einem Vollschiff, einer Bark, einem Finkenwerder Fischkutter oder einem Laboer Fischkutter im Kieler Hafen in der Bildmitte. Die Schiffe fahren fast alle in leichter Schräglage, sodass Backbord oder Steuerbord zu sehen sind. Sie durchfahren das blaue Meer – Glüsing präferiert die Farbe Blau zur Darstellung des Meeres –, das sich dem Betrachter in leichter Dünung darstellt. Farblich deutlich abgesetzt ist das bräunliche Wasser der Elbe vor den Landungsbrücken.

Große Wichtigkeit hat die Gestaltung des Himmels mit seinen Wolkengebilden, die von Sonnenlicht durchflutet werden und von achtern einen hellen Hintergrund für die Schiffe liefern, die auf den Betrachter zulaufen. Eine ähnliche Bedeutung kommt dem Himmel in den abendlichen Stimmungsbildern zu, wie in dem Gemälde, das 1926 von Luckner veröffentlicht wurde. Vom Ölgemälde »Meeresbrandung bei Sonnenuntergang« heißt es: *Gischtig wogende Brandung unter malerischem orangeroten Abendhimmel mit schräg einfallendem Sonnenlicht u. reizvollem Lichtspiel auf den Wellenkämmen.*[30] Es handelt sich hier jedoch nicht um eine Meeresbrandung, sondern vielmehr um eine sich brechende Welle auf hoher See kurz vor Sonnenuntergang.[31]

Vor dem Zweiten Weltkrieg hatte Glüsing gute Preise für seine Gemälde erzielen können, nach 1945 war es aber schwierig, den Lebensunterhalt zu verdienen. Als Glüsing starb, musste seine Frau Frieda aus Geldmangel alles nach und nach verkaufen und sich mit Hilfsarbeiten über Wasser halten. Heute werden Glüsings Gemälde überwiegend zu Preisen unter 1000 Euro in den Auktionshäusern aufgerufen. Das Ölgemälde »Segelregatta« mit den Maßen 80 x 60 cm wurde im Herbst 2008 allerdings mit 1500 Euro angesetzt.[32]

Ohne ein späteres Gesamturteil zu präjudizieren, kann man feststellen, dass Fräncis Glüsing die dem allgemeinen Publikumsgeschmack entsprechende Komposition und Farbgebung wählte. Insofern möchte man sich dem Urteil seines Neffen anschließen, der das schöne Wort *Publikumsmaler* verwendet. Seine Käuferschaft fand und findet Fräncis Glüsing in Hamburg und in der näheren Umgebung der Elbe unter Menschen, die sich für dekorative Malerei interessieren. So ist der Autodidakt Glüsing auch nie in die vordere Reihe der Marinemaler in Deutschland aufgerückt.

Anhang: Auszüge aus dem Œuvre Fräncis Glüsings

Abb. 5 Brandung bei Sonnenuntergang. 80 x 120 cm, vor 1926. (Aus: Die See. 53 Gemälde deutscher Maler von der Nord- und Ostsee und ihren Küsten in originalgetreuen Farbendrucken. Mit Text von Felix Graf von Luckner u.a. Köln 1926, Taf. 23)

Abb. 6 Die Europa verlässt 1930 den Hamburger Hafen. 88 x 118 cm, undatiert. (Foto mit freundlicher Genehmigung des Auktionshauses Schopmann, Hamburg, im Juni 2009)

Abb. 7 Vollschiff in leicht bewegter See und achterlichem Wind. 60 x 80 cm, undatiert. (Foto mit freundlicher Genehmigung des Auktionshauses Schopmann, Hamburg, im Juni 2009)

Abb. 8 Finkenwerder Fischkutter HF 216 CILI MARGARETHA vor Helgoland. 70 x 100 cm, undatiert. (Foto mit freundlicher Genehmigung des Auktionshauses Thomas Bergmann, Erlangen)

Abb. 9 Fischkutter aus Finkenwerder (HF 183 FRIEDA). 61 x 81 cm, undatiert. (Deutsches Schiffahrtsmuseum)

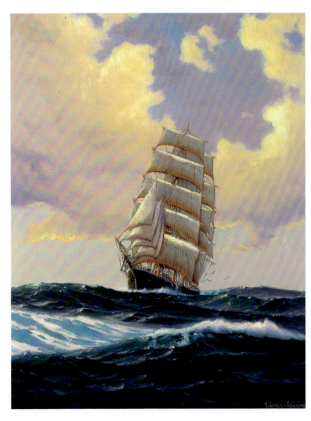

Abb. 10 Vollschiff im Atlantik. 80 x 65 cm, undatiert. (Foto mit freundlicher Genehmigung des Auktionshauses Michael Zeller, Lindau)

Abb. 11 Vollschiff bei achterlichem Wind. 50 x 60 cm, undatiert. (Foto mit freundlicher Genehmigung des Auktionshauses Hans Stahl, Hamburg)

Abb. 12 Dreimastbark in bewegter See und achterlichem Wind. 56 x 78,5 cm, undatiert. (Foto: Rüdiger von Ancken mit freundlicher Genehmigung des Auktionshauses Schopmann, Hamburg, im Dezember 2009)

Abb. 13 Abendstimmung auf See. 70 x 100 cm, undatiert. (Foto: Rüdiger von Ancken mit freundlicher Genehmigung des Auktionshauses Schopmann, Hamburg, im Oktober 2009)

Abb. 14 Laboer Fischkutter im Kieler Hafen. Rechts das Schloss, zur Mitte der Rathausturm, daneben der Turm
der Nikolaikirche mit dem grünen Spitzdach, links hinten die Germaniawerft und die Deutschen Werke, Kiel.
60 x 80 cm. (Privatbesitz Kronshagen; Foto: Horst Rothaug, Kiel)

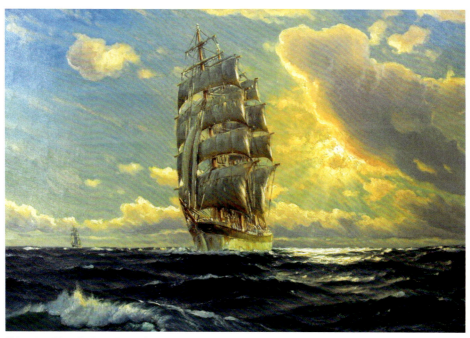

Abb. 15 3-Mast-Bark auf hoher See. Nachmittagsstimmung. (Foto mit freundlicher Genehmigung des Auktionshauses Elke Rütten, München)

Anmerkungen:

1 Lars U. Scholl: Felix Schwormstädt 1870–1938. Maler – Zeichner – Illustrator. Herford 1991; ders.: Hans Bohrdt. Marinemaler des Kaisers. Herford 1995; ders.: »Die Natur muss durch das Herz hindurch, um zur Kunst zu werden.« Zum 50. Todestag des Marinemalers Cornelius Wagner (1870–1956). In: DSA 28, 2005, S. 343–372; ders. und Rüdiger von Ancken: Der Marinemaler Eduard Edler (1887–1969). Eine biographische Annäherung. In: DSA 27, 2004, S. 263–284; dies.: Der Grafiker und Marinemaler Oskar Dolhart. Ein biografischer Versuch. In: DSA 29, 2006, S. 267–281; dies.: Der Marinemaler Geo Wolters (1866–1943). In: DSA 31, 2008, S. 205–238.

2 Lars U. Scholl: Marinemalerei am Deutschen Schiffahrtsmuseum. Ein Überblick über 30 Jahre Forschung. In: Deutsches Schiffahrtsarchiv 25, 2002, S. 363–381.

3 Glüsing, Karl-Heinz. In: Der neue Rump. Lexikon der bildenden Künstler Hamburgs, Altonas und der näheren Umgebung. Überarbeitete Neuauflage des Lexikons von Ernst Rump (1912). Hrsgg. von Kay Rump, bearb. von Maike Bruhns. Neumünster 2005, S. 144f.

4 Gemälde deutscher Maler von der Nord- und Ostsee und ihren Küsten in originalgetreuen Farbendrucken. Köln 1926 (das Gemälde dort auf Tafel 23, im vorliegenden Beitrag als Abb. 5).

5 Ebd., S. 24.

6 Boye Meyer-Friese: Marinemalerei in Deutschland im 19. Jahrhundert. (= Schriften des DSM, Bd. 13). Oldenburg, Hamburg, München 1981, S. 61.

7 Ebd., S. 62.

8 Ebd., S. 152

9 Ernst Rump: Lexikon der bildenden Künstler Hamburgs, Altonas und der näheren Umgebung. Hamburg 1912, erweiterter Neudruck Hamburg 1980.

10 Hans Jürgen Hansen: Deutsche Marinemalerei. Schiffsdarstellungen, maritime Genrebilder, Meeres- und Küstenlandschaften. Oldenburg, Hamburg, München 1977.

11 Fräncis-Glüsing (Martin Franz). In: Der neue Rump (wie Anm.3), S. 126.

12 Heinz Glüsing, 1920 in Hamburg geboren, Studium an der Hochschule für Bildende Künste in Hamburg, Lehrtätigkeit im Fachbereich Architektur an der Fachhochschule Hamburg, seit 1979 als freischaffender Künstler in Hamburg tätig, übernahm 1960 das Atelier von Fritz Flinte (1876–1963) und ist bis heute hier tätig.

13 Durch das Groß-Hamburg-Gesetz wurde Altona 1937 zunächst Teil des Landes Hamburg und verlor seinen Status als selbständige Gemeinde durch Eingemeindung am 1. April 1938.

14 Schopmann: Auktionskatalog 15.–18. September 2009.

15 Seewehrabteilungen waren mobilmachungsgemäß als Küstenschutz- und Besatzungstruppen in den Kriegshäfen vorgesehen (Internet-Information).

16 Frieda Martha Henriette Glüsing, geb. Schramm, geboren am 09.05.1896 in Güstrow/Mecklenburg (Information: Freie und Hansestadt Hamburg, Bezirksamt Harburg, Fachamt Einwohnerwesen, Einwohnerregister).
17 Die Eheschließung wurde beurkundet vom Standesamt Hamburg-Eimsbüttel (früher Hamburg 20a) unter der Reg.-Nr. 451/20 (Information: ebd.).
18 Lars U. Scholl: Der Industriemaler Otto Bollhagen 1861–1924. Herford 1992, S. 13.
19 Harry Haerendel, *1893 Hamburg, †1982 ebd. Populärer Hafenmaler, Porträtist. In: Der neue Rump (wie Anm. 3), S. 163.
20 Hamburger Adressbuch von 1925: Düppelstraße 57, Altona, Beruf Kunstmaler.
21 Hamburger Adressbuch von 1939: Hoheluftchaussee 107, Eimsbüttel, Telefon 533639.
22 Hamburger Adressbuch von 1940: Mansteinstraße 3, 2.Stock. Eimsbüttel. Telefon 558209.
23 Hamburger Adressbuch von 1952: Eppendorfer Weg 236, Leihbücherei, Inh. Frau Fr. Glüsing; Hamburger Adressbuch von 1955: Leihbücherei nun in der Löwenstraße 30.
24 Hamburger Adressbuch von 1956: Eichenstraße 79, Eimsbüttel. Telefon 400269.
25 Traueranzeige im Hamburger Abendblatt.
26 Frieda Martha Henriette Glüsing, geb. Schramm, starb am 14.05.1982 in Hamburg-Fuhlsbüttel. Sterbeurkunde Reg.-Nr. 1812/82 (Information: Freie und Hansestadt Hamburg, Bezirksamt Harburg, Fachamt Einwohnerwesen, Einwohnerregister).
27 Vgl. Abb. 6 des vorliegenden Beitrags.
28 Arnold Kludas: Die Schnelldampfer BREMEN und EUROPA. Höhepunkt und Ausklang einer Epoche. Herford 1993, S. 111.
29 Schopmann: Auktionskatalog, 23.–26. Juni 2009, S. 242.
30 Schopmann: Auktionskatalog, 15.–18. September 2009, S. 173.
31 Vgl. Abb. 13 (»Abendstimmung auf See«) des vorliegenden Beitrags.
32 Bolland & Marotz: Katalog 138. Auktion, Herbst 2008, S. 913.

Die Autoren danken den genannten Auktionshäusern für ihre freundliche Unterstützung.

Anschriften der Verfasser:

Prof. Dr. Lars U. Scholl
Deutsches Schiffahrtsmuseum
D-27568 Bremerhaven

Kapitän Rüdiger von Ancken
Op de Gehren 34 A
D-22689 Schenefeld

The Marine Painter Martin Fräncis Glüsing (1866–1957) of Hamburg

Summary

Martin Franz Glüsing was a marine painter of Hamburg who had been a seafarer for several years before devoting himself to painting. A self-taught artist who signed his paintings "Fräncis-Glüsing", he attained initial success in the mid 1920s when one of his compositions appeared in a representative book published by Felix Graf Luckner. Glüsing portrayed primarily large-scale sailing ships and fishing vessels. To this day, his renown has remained limited to Hamburg and the surrounding area. His paintings are regularly offered for sale on the art market.

Le peintre de marine Martin Fräncis Glüsing (1866–1957), originaire de Hambourg

Résumé

Martin Franz Glüsing était un peintre de marine de Hambourg qui avait passé quelques années en mer avant de se consacrer à la peinture. L'artiste autodidacte, qui signait ses tableaux Fräncis-Glüsing, a remporté ses premiers succès au milieu des années 1920, lorsque l'une de ses œuvres fut imprimée dans un livre important, publié par Felix Graf Luckner. Les thèmes favoris de Glüsing étaient avant tout les grands voiliers et les navires de pêche. Jusqu'à aujourd'hui, sa réputation n'a pas dépassé Hambourg et ses environs. Ses tableaux sont présentés à intervalles réguliers sur le marché de l'art.

▶ JOCHEN HAAS

Anmerkungen zur nautisch-maritimen Symbolik im altenglischen Gedicht »The Seafarer«

Für die angelsächsischen Besiedler der Britischen Inseln gehörten Meer und Seefahrt zu den wesentlichen identitätsstiftenden Faktoren ihrer Kultur, wofür das vermutlich um die Mitte des 9. Jahrhunderts[1] entstandene, 124 Verse umfassende altenglische Gedicht[2] eines fiktionalen Ich-Erzählers ein hervorragendes Beispiel liefert. Hier charakterisiert er sich in ihm und durch dieses als Seefahrer, der viel erlebt hat und den Leser auffordert, das mühevolle Leben auf Erden auch als notwendige Vorbereitung auf die ewige Existenz im Angesicht Gottes zu begreifen. Generell zeigt sich aber die Bedeutung der Seefahrt für das Selbstverständnis der Angelsachsen jenseits der archäologischen Überlieferung[3] in der Tatsache, dass die Fahrt über die hohe See notwendige Voraussetzung ihrer Landnahme auf der Insel war. Interessanterweise sind eine oder mehrere Schiffspassagen auch in der Regel die nötige verkehrstechnische Voraussetzung, um die für die (früh-)mittelalterliche Geschichtsschreibung für Fragen des Status, des Prestiges und der Einbindung in antike und christliche geschichtstheoretische Ordnungsschemata nötige Anbindung der eigenen Stammes-, Volks- und Landesgeschichte an die als Faktum gedachte mittelmeerische Frühgeschichte vornehmen zu können. Gerade die Folgen des Trojanischen Krieges, die man in der Vermittlung durch Vergils »Aeneis« oder auch durch das im europäischen Mittelalter sehr beliebte spätantike Werk des Dares Phrygius »Über den Untergang Trojas« kannte, sowie die Rückkehr der griechischen Helden oder der ins Exil gehenden Trojaner um Aeneas[4] spielen dabei eine prominente Rolle.[5] Dies gilt auch für die Britischen Inseln. Sogar den Namen *Britannia* leitete beispielsweise Nennius im 8. Jahrhundert in seiner »Historia Brittonum« von Brutus her, der nach der Tötung des Ascanius zu Schiff auf die Insel geflohen war.[6] Dabei bedingen das Exil und die Vertreibung aus dem einen Land den Neuanfang in einem anderen. Der transitorische Aspekt war hier also nur ein zeitlich befristeter, nicht permanenter, das Exil auf See nur vorübergehend und kein Selbstzweck. Das Bewusstsein hierüber bildet sicher einen Schwerpunkt der intellektuellen Eliten der Zeit und dürfte auch eine sehr wichtige mentalitätshistorische Folie für Entstehung und Verständnis des Gedichts »The Seafarer« sein.

Für die Angelsachsen boten Gildas »De excidio et conquestu Britanniae« (»Über den Untergang und die Eroberung Britanniens«) sowie die »Kirchengeschichte des Englischen Volkes« von Beda Venerabilis (673/674–735) eine wichtige Möglichkeit der Herkunftsvergewisserung, bei der »Seefahrt« eine bedeutende Rolle spielte; freilich bezüglich der sich aus ihr ergebenden Folgen mit durchaus ambivalenter Tendenz. Gildas Werk steht im Dienste der Seelsorge; immerhin war der Autor einem strikten asketischen Mönchstum verpflichtet. Der »Untergang« soll den Bewohnern Britanniens den moralischen Verfall ihrer Zeit (frühes 6. Jahrhundert) und die in Konsequenz drohenden Strafen Gottes vor Augen führen. Dementsprechend ist auch die in Kapitel 23 vorgetragene Geschichte der sächsischen Eroberung der südlichen Teile der Hauptinsel als eine Passage, auf die sich auch Beda berufen hat, zu sehen. Die Sachsen sind hier *ein Geschlecht, Gott und den Menschen verhasst*.

Trotz immer noch spürbarer Distanz wertet demgegenüber Beda aber etwas anders. Nach ihm waren die von Vortigern gegen die Picten herbeigerufenen Sachsen aus *überseeischen Gebieten* Werkzeuge des Willens Gottes (*Domini nutu dispositum esse constat*)[7], was nicht ausschließt, dass sie bei Bedarf ein Bündnis mit den Picten schlossen, um gegen die Briten vorzugehen und deren Dörfer und Felder zu verwüsten.[8]

Bekanntermaßen gehört es im Zusammenhang mit der germanischen Landnahme Britanniens[9] zu den entsprechenden Gründungsmythen, dass die Angeln und Sachsen *in drei Langschiffen* (*tribus longis navibus*) nach England gelangten, wo sie sich in den östlichen Landesteilen niederließen. Nachdem diese Ansiedlung auch ökonomisch geglückt war, *schickte man sofort eine größere Flotte* (*classis prolixior*) *dorthin*. Daraufhin erfolgte eine massive Übersiedlung von Sachsen, Angeln und Jüten vom Kontinent unter der Führung der beiden Gründungsheroen Hengist und Horsa.[10]

Bezüglich der wikingischen Landnahme in England ist die Notiz in den »Angelsächsischen Chroniken« für die Erstanlandung skandinavischer Gruppen für das Jahr 787 wichtig. Diese Nachricht ist der literarischen Gattung entsprechend knapp und im übrigen ein Fremdzeugnis bezüglich der seefahrenden Wikinger: Drei Schiffe gelangten nach England: *and then the reeve* (namens Beaduheard) *rode there* (Insel namens Portland) *and wanted to compel them to go to the king's town* (Dorchester), *because he did not know what they were; and they killed him. Those were the first ships of the Danish men which sought out the land of English race* [Winchester-Manuskript]. Das Canterbury-Manuskript spezifiziert geographisch, dass die Schiffe *from Hordaland* kamen.[11]

Zum Stolz der Angelsachsen gegenüber den Wikingern im 9. Jahrhundert mag aber die Tatsache beigetragen haben, dass Alfred der Große nach seinem Biographen Asser 877 ein erstmals noch im gleichen Jahr sehr erfolgreiches[12] Flottenbauprogramm initiierte, und es 885 im Mündungsgebiet des Stour an der Grenze zwischen Essex und Suffolk bei Harwich zu einer für die Erstgenannten erfolgreichen Seeschlacht kam, in der 16 wikingische Boote geentert und die Mannschaften getötet wurden.[13]

Ein solches Ereignis sollte man aus methodischen Gründen ohne weitere unabhängig gesicherte Indizien zwar keineswegs zum Anlass eines literarischen Werkes nehmen, doch stecken die genannten Quellen, ohne Anspruch auf zahlenmäßige Vollständigkeit, das Feld der historischen Bedeutung und Bewertung der Seefahrt auf geistesgeschichtlichem Gebiet so weit ab, um auch den »Seafarer« einordnen zu können. Dabei spielt gerade der genannte Stolz auf die maritimen Leistungen für einen Angelsachsen des 9. Jahrhunderts eine sicher nicht unbedeutende emotionale Rolle.

Eine besondere Art und Weise des Reflexes auf Maritimes und Nautisches kennzeichnet nun unser Gedicht, dessen Beginn die besondere Rolle des Poeten herausstreicht: *Ich will von mir selbst* (*mæg ic be me sylfum*) *ein wahres Lied singen, / von Reiseerfahrungen* (*sithas*)[14] *sagen, wie ich in mühevollen Tagen* (*geswincdagum*) / *leidvolle Zeit* (*earfothhwile*) *oft erduldete* [...] (V. 1–3).[15]

Die Zuweisung unseres Gedichtes zu einer bestimmten Gattung ist dabei nicht gänzlich unproblematisch. In einer Kombination von Form und Funktion ordnet die Literaturwissenschaft auch den »Seafarer« der elegisch-exhortativen Dichtung[16] mit im zweiten Textteil (s.u.) stark homiletischem Charakter zu.[17] Das heißt, man gewichtet hier die appellative Funktion an den Leser sehr hoch. Dies schließt nun nicht unbedingt einen Ansatz aus, der auch der intellektuellen und psychologischen Charakterisierung der fiktiven Ich-Person des Seefahrers durch eben dieses Gedicht einen Platz im Szenario der Deutungen einräumt. Für ein solchermaßen gestaltetes Psychogramm gibt es mit Ovids »Heroides«, den »Briefen der Heroinen«, ein klassisches Vorbild. Als entsprechende Merkmale können dabei durchaus Selbstreflektionen auf die eigene physische und psychische Situation, innere Dialoge und Mahnungen gelten, die auch manche Probleme der sprach- und literaturwissenschaftlichen Strukturanalyse des »Seafarer« etwas abschwächen könnten, wenn wir gerade diese Widersprüche in Form und Inhalt als Kennzeichen des Ich-Erzählers/Seefahrers/Autors (?) verstehen, der damit eine Projektionsfläche für die seelische und geistige Befindlichkeit seiner Leserschaft schuf.

Die vielfältigen Anspielungen und Querverweise des Gedichtes, die von antiken Autoren über das Alte und Neue Testament zu dessen Auslegungen bei den Kirchenvätern, davon abhängigen und selbständigen theologischen Schriften und Predigten angelsächsischer Gelehrter, teilweise in der Muttersprache verfasst, reichen, setzen dafür aber eine nicht geringe Gelehrsamkeit beim Autor und Leser voraus, der erst dann die metaphorischen und allegorischen Anspielungen aus dem Seefahrerleben verstehen konnte. Gleichzeitig bedeutet dies für eine Geschichtsschreibung der angelsächsischen Vorstellungswelten, dass es, was im Übrigen auch für die anderen frühmittelalterlichen germanischen Literaturkulturen gilt, letztlich nicht möglich und sinnvoll ist, hier heidnisch-germanisches Denken aussondern zu wollen. Trotz Anpassung und Transformierung antik-christlichen Gedankengutes ist ein unabhängiger Zugriff auf Älteres eben nicht möglich.

Den Gegenstand unseres Stückes fasst Gerd Wolfgang Weber zusammen: *The Seafarer thematisiert die Spannung der menschlichen Existenz zwischen Diesseitigkeit und Jenseits als Gegensatz zwischen Körper und Seele im Motiv der »winterlichen Seereise«, die mit Kälte, Frost, Hagelschauern, dem Toben der eiskalten Wogen und dem den Geist des fahrtmüden Mannes quälenden Hunger die fünf Sinne des Körpers Entbehrungen fühlen und diesen sich nach dem Land zurücksehnen läßt.*[18] Der didaktische Zweck des Gedichtes war es, vor dem Hintergrund dieses Szenarios, eine christliche moralische Handlungsanweisung zu liefern, damit der, der sie befolgt, schließlich zum Ewigen Leben gelangt. Um dieses Ziel zu erreichen, erzeugte der Autor eine komplexe Gesamtstruktur und operierte, um verstanden zu werden, bei den geschilderten Gefühlen und Situationen mit Bedeutungsfeldern, die für seine Leser lebenswirklich und aus dem seemännischen Bereich entnommen waren, ohne dass es sich um einen tatsächlichen Erfahrungsbericht eines Seemannes handelt.[19] Dies aufzuweisen und ebenso, wie der Verfasser auch entsprechende antike, insulare und biblische Quellen, die ihrerseits aus der Allegorie- und Symbolwelt der mediterranen nautisch geprägten Kulturen entstammten, benutzte und transformierte, soll der Artikel an Beispielen zeigen.

Dabei ist allerdings darauf hinzuweisen, dass je nach Art der Aneignung unserer (und der anderen) Gedichte – Lektüre oder mündlicher Vortrag – sowie der Vorbildung und des Interesses des zeitgenössischen Adressatenkreises[20] kaum alle Implikationen registriert und goutiert wurden und werden konnten.[21] Gerade die Mannigfaltigkeit der Möglichkeiten der deutenden Herangehensweise, die übrigens auch gut mit den zeitgenössischen exegetischen Verfahren der Interpretation – wörtlich, allegorisch, moralisch und anagogisch, d.h. auf Gott hinführend – zu fassen ist, kommt einer Gesamtdeutung am nächsten und war möglicherweise sogar beabsichtigt. Zunächst ist allerdings das Augenmerk auf die verschachtelte und komplementär angelegte Struktur des Gedichtes zu richten, die ein gutes Beispiel für die Virtuosität altenglischer muttersprachlicher Lyrik ist.

1. Inhalt und Aufbau des Gedichtes

Die ersten 33 Verse entfalten ein Panorama leidvoller Erfahrungen eines einsamen Seemannes auf dem winterlichen eiskalten Meer (*iscealdne sæ*; V. 14,2) und in der Nähe des Ufers, das dennoch unerreichbar scheint. Er sieht sich als Verbannter ohne die Nähe der eigenen Sippe (*wræccan lastum, winemægum bidrodren*; V. 15/2–16/1) und ist dem Leben auf See in höchstem Maße überdrüssig (*merewerges mod*; V. 12/1).

Der Protagonist hat *in vielen Schiffen Stätten des Leids erprobt* (d.h. erfahren) (V. 5). Die See ist *schrecklich*, die Wache in der Nacht bedrückend (*nearo*), wenn man aufpassen muss, dass das Schiff auf keine Klippe aufläuft (V. 8/1). Die Befindlichkeiten werden hierbei genau geschildert: Die Kälte, die die Füße gefrieren lässt (V. 9/1), die Eiszapfen, die an einem herabhängen (V. 17/1). Hagelschauer gehen nieder (V. 17/2; V. 32/2). Sogar die Seevögel haben Eis im Gefieder (*isigfethera*; V. 24/1). Zudem: *Von Norden schneite es, / Reif ließ den Boden gefrieren, Hagel fiel auf die Erde, das kälteste der Körner* (V. 31/2–33). Hinzu tritt neben den temperaturempfindenden Sinnen der der Hell-Dunkel-Wahrnehmung. Denn das Thema der Nachtwache in V. 8 greift der erste Halbvers 31 knapp auf: *Es dunkelte der Nachtschatten.* Das zermürbende Hungergefühl (V. 11/2) tritt ergänzend hinzu.

In den Versen 18–25/1 gestaltet der Autor die Situation des Seefahrers durch den vor allem den Hörsinn ansprechenden spannungsgeladenen Gegensatz zwischen innerer, stummer Einsamkeit und den lauten Umgebungsgeräuschen von unbelebter und belebter Natur, von der ausschließlich küstenbewohnende Vögel genannt werden: *Da hörte ich nichts außer der brüllenden See* (*hlimman sæ*; V. 18/2). Unterhaltung bieten allenfalls der Gesang des Schwans[22] (*ylfete song*; V. 19/2), der Ruf des Tölpels[23] (*ganetes hleothor*; V. 20/2) und der *Schrei des Brachvogels*[24] (*huilpan sweg*; V. 21/1). Die lauten Seevögel dagegen rufen und schreien. Doch dies ist kein Ersatz für menschliche Stimmen, sodass *kein schützender Verwandter das elend-einsame Herz trösten kann* (V. 25/2–26), zumal diese Tiere allenfalls mit den Naturgewalten zu kommunizieren scheinen: *Stürme peitschten da die Steinklippen, da antwortete* (*oncwæth*) *ihnen »stearn« mit vereistem Gefieder.*[25] Bei *stearn* (V. 23/2) dachte Goldsmith[26] an eine Möwenart, vielleicht an die Dreizehenmöwe (»gull« bzw. »kittiwake« o.ä.), da eine letztlich aufgrund der neuenglischen Bedeutung von »sterne« bzw. »tern« angenommene Übersetzung mit »Seeschwalben«[27] falsch sei, denn diese würden als Zugvögel die Winter nicht in Europa verbringen bzw. seien keine an Felsküsten lebenden Vögel. Die ornithologisch-zoologische Kritik ist sicher berechtigt, zumal im Hinblick auf die Schilderung des vereisten Gefieders und auf die die Steinklippen peitschenden Stürme, denen der Vogel mit seinem Ruf antwortet. Dem möglichen Einwand, Möwen kämen mit einem eindeutigen Begriff in V. 22/1 vor, kann man mit dem Hinweis auf die sprachliche Variation mit Alliterationen begegnen. V. 22 lautet: *mæw singende fore medodrince* (*die singende Möwe statt des Mettranks*), in V. 23 heißt es: *Stormas thær standclifu beotan, thær him stearn oncwæth* (*Stürme peitschten da die Steinklippen, da antwortete ihnen »stearn« mit vereistem Gefieder*). Dennoch sollte man, wie unten zu sehen sein wird, bezüglich der allegorischen Deutungsmöglichkeit auch hier eine Übersetzung von *stearn* mit »Seeschwalbe« nicht gänzlich aufgeben.

Mit einem jahreszeitlichen Aspekt ist auch der Seeadler zu versehen. *Oft schrie der Seeadler* (*earn*)[28] *dagegen* (gegen den Sturm) *an* (*bigeal*), *der feuchtgefiederte* (V. 23–25/1). Da er vor allem während seiner Balzzeit im Januar, d.h. im Hochwinter, ruft, unterstreicht dies zusätzlich den jahreszeitlichen Aspekt. Wie komplex strukturiert der Verfasser hier gearbeitet hat, zeigt sich deutlich in der hierarchischen Abfolge der Vogellaute im Hinblick auf ihren Bezug zum Menschen. Aus den Stimmen von Schwan und Wasserhuhn vermag er noch einen emotionalen Gewinn zu ziehen, bei den anderen genannten Seevögeln wird er nur noch mit seinem Alleinsein konfrontiert, da diese gänzlich eingebunden sind in das Naturgeschehen, ohne Nutzen für den »Seafarer«. Ein Spannungsverhältnis eröffnet sich zudem durch die genannten Alternativen: Brachvogelgeschrei *statt des Lachens der Männer* (V. 21), Möwenruf *statt des Mettrinkens*, d.h. der Geselligkeit in der schützenden und wärmenden Halle (V. 22). Die schmerzliche Tragik wird deutlich, wenn man weiß, wie sehr Möwen und Brachvögel für den von See Kommenden üblicherweise Vorboten des ersehnten Landes und seiner Vergnügungen sind, die er in diesem Fall jedoch nicht erreicht, obgleich die eigentlich verheißungsvollen Indizien gegeben sind. Die mangelnde Nachvollziehbarkeit der winterlichen Schifffahrt auf hoher See für diejenigen, die angenehm zu Hause sitzen und dem Bericht eines Seefahrers lauschen, beklagen die Verse 26–29, den Kontrast nochmals herausstellend und konkretisierend: *Freilich (forthon) – kaum glaubt, wer die Wonnen des Lebens (lifes wyn) / in den (stattlichen) Häusern (in burgum) genossen hat, nur wenige leidvolle Reisen (bealositha) [gemacht hat], / reich und »weinselig« (wlonc ond wingal), wie ich oft erschöpft (werig oft) / auf dem Seeweg (d.h. auf See: in brimlade) bleiben musste.* Eingeklammert wird diese Gesamtstruktur der ersten 33 Verse durch die Beschreibung der tosenden See und der fehlenden Wärme menschlicher Gesellschaft.

Doch nun kommt eine zunächst überraschend scheinende Wende. Wiederum mit *forthon* eingeleitet (V. 33/2), betont der Autor, dass er *das tiefe Meer, den Aufruhr der Salzwoge selbst erkunden* will (V. 34/2–35). Es wird nicht mehr von vergangenen Erfahrungen berichtet, sondern von einem gegenwärtigen Plan, was sich auch in der Tempusverwendung ausdrückt. Denn *des Herzens Lust (modes lust) ermahnt mich ein um das andere mal, / wegzufahren, so dass ich fern von hier das Land fremder Völker besuche* (V. 36–38). Der Gang der Argumentation geht jedoch in Form eines inneren Dialogs[29], der zugleich die Spannung beim Leser forciert, weiter. Erneut mit *forthon* begonnen (V. 39/1), wird jetzt konstatiert, dass es trotz jugendlichen Mutes, Tapferkeit und Freigebigkeit, alles Tugenden eines Helden, keinen gebe, der vor einer Seereise keine Angst hätte (V. 43), da er nicht weiß, *was der Herr*[30] *mit ihm vorhabe* (V. 43).

Dem schließt sich eine Passage an, die das Dilemma einander widerstrebender Gefühle zusammenfasst: *Der Sinn steht ihm* (dem Seefahrer) *weder nach der Harfe noch nach dem Empfang von Schätzen, / weder nach Liebesglück noch nach den Freuden der Welt (worulde hyht), / noch nach irgend etwas, außer nach der wogenden See; / nichtsdestoweniger fühlt sehnendes Streben (longunge)* (in sich), *wer aufs Meer aufbricht* (V. 44–47).

Trotz der weiter oben geschilderten Sehnsucht nach genau diesem angenehmen Leben, kontrastiert der Verfasser hier erstmals das ebenso mächtige unruhige Verlangen nach dem Leben auf See, das allerdings auch keinen Frieden verheißt. Zur weiteren Exemplifizierung des Wohllebens, das der Seefahrer aufgibt, werden Bilder der frühlingshaften und sommerlichen Idylle des Lebens an Land benutzt: *Die Wälder bedecken sich mit Blüten, die Städte werden schön, / die Fluren schmücken sich, die Welt belebt sich* (V. 48–49).

Diesen eigentlich positive Gefühle hervorrufenden Umständen, die scheinbare Argumente für ein Landleben sind, stehen jedoch im inneren Dialog (*all dies mahnt den im Innern bereiten / Geist dessen zur Reise, der vorhat, / weit auf die Meereswege sich aufzumachen*; V. 50–52) sofort die Gegenargumente gegenüber: Gerade die Schönheit ist Blendwerk, in ihr liegt bereits der Keim zukünftigen Unglücks, das der Kuckuck als Vogel *mit trauriger Stimme* ankündigt. Deswegen ist die Fahrt über das Meer nötig (V. 53/1), auch wenn die damit verbundenen Strapazen und die Exilierung demjenigen, der nur an Land lebt, verborgen bleiben (V. 56–57). Demgegenüber greift der Verfasser – wiederum mit dem Schlüsselwort *forthon* eingeleitet – den Gedanken der Seefahrt sofort wieder auf (V. 64/2). Diesmal tritt er eine geistig-imaginäre körperlose (*und doch eilt mein Geist aus der Brust*; V. 58) Reise an *über die Straße des Todes* (V. 60), die nichts mehr mit der Vergangenheit zu tun hat.[31] Jetzt sind die Gefühle Sehnsucht und die Begierde aufzubrechen (*gifre ond grædig*; V. 62/1). Anders als die Seevögel im obigen Teil, lockt nun ein *gielleth anfloga* – ein einsam fliegender Vogel – den Seefahrer auf das Meer. Vielleicht ist der genannte Kuckuck (V. 53/1) gemeint, der als Unheilkünder für das Wohlleben an Land fungierte. Jetzt werden diese auch als vergängliche, irdische Güter im christlichen Sinn angesprochen, denen die Freuden des Herrn (*drythnes dreamas*; V. 65/1) gegenüberstehen.

Mit den Worten: *Ich glaube nicht, / dass irdische Güter ewig dauern* (V. 66/2–67) beginnt der homiletische Teil des Gedichtes. Die Alternative zur vergänglichen Welt, zum vorübergehenden Glück des Menschen, das durch vorzeitigen Tod und Krankheit, Alter oder Krieg bedroht ist (V. 70), ist das Streben nach dem *Lob derer, die nach ihm leben und von ihm sprechen,* das ist *der beste Nachruhm (lastworda betst)* (V. 71–72) unter Menschen und Engeln (V. 77–79/1). Grundlage sind *Kampf auf Erden gegen den Hass der Feinde (with feonda nith) durch tapfere Taten gegen den Teufel (deorum dædum deofle togeanes;* V. 75–76). Diese Handlungsethik wird freilich nicht genauer beschrieben, sodass allein hieraus noch nicht entschieden werden kann, ob die *tapferen Taten* spiritueller oder materieller Natur sind. Nur das Ziel ist klar: Weiterlebender Ruhm unter den Engeln *immer und ewig (awa to ealdre),* das ist Glück ewigen Lebens, der *Jubel mit der* (himmlischen) *Heerschar* (V. 78/2–80/1). Damit greift der Autor begrifflich V. 65/1 wieder auf, wo er die *Freuden des Herrn (drythnes dreamas)* als erstrebenswert hinstellt, und kontrastiert dies semantisch gleichzeitig mit V. 21/2 mit der Beschreibung des frohen Gelächters der Männer. Dabei steht die Erfüllung im Glück in engem Zusammenhang zum Wissen um das sittlich gute Handeln bei Anderen, seien es Nachfahren, Freunde oder himmlische Wesen, und folgt damit durchaus konventioneller auf Ruhm bedachter »Heldenethik«.

Im Gegensatz zu dieser auf die Zukunft und Ewigkeit ausgerichteten Handlungsanweisung erfolgt eine Klage über die trostlose Gegenwart (V. 79–97). Für den Hörer bzw. Leser konnte sich nun eine zusätzliche Spannung ergeben, dass zu dieser Gegenwart eben auch Merkmale der Gesellschaftsbezogenheit gehörten, die kurz vorher transzendiert wurden. Die Gegenwart ist nicht mehr so, wie die Zeiten früher waren. Denn die guten Tage sind dahin, *aller Glanz des Erdreiches* (V. 80/2–81). Dieses Resümee wird im Folgenden verdeutlicht: Könige und Kaiser sind dahin, *die ganze Schar ist umgekommen* (V. 86/1), Freuden existieren nicht mehr; *es leben die Schwächeren und regieren die Welt* (V. 87), die Welt selbst und jeder Einzelne in seinem Lebensgang altern (V. 89–92), Genuss ist nur noch in Mühsal möglich (V. 88/1), das *Glück (blæd) hat sich geneigt* (V. 88/2). Dem oben genannten himmlischen Ruhm steht der irdische (*eorthan indryhto*), zeitlich begrenzte, alternde und vergehende gegenüber (V. 89). Damit greifen diese Verse die Gesamtstruktur des Gedichtes auf, von der Vergangenheit zur Zukunft, vom Konkreten zum Allgemeinen vorzudringen.[32]

Ab Vers 97 bis 102 folgt eine Passage, die für die Mentalitätsgeschichte der Zeit aufschlussreich ist. Der Autor übt hier Kritik an Bestattungs- und Beigabensitten. Trotz Grabherrichtung und üppiger Beigabenmitgabe durch Verwandte und Hinterbliebene nützen diese für die individuelle Errettung der Seele nichts, bewahren sie nicht vor Gottes Zorn, wenn er die *verschiedenen Schätze (mathmum mislicum;* V. 99/1) *nämlich vorher hütet, während er hier lebt* (V. 102). Dies ist nicht nur eine Zurückweisung einer Auffassung, die offenbar davon ausging, man könne sich im Jenseits durch Beigaben identifizieren oder sogar Gott beeindrucken, sondern mahnt einen Nichtentzug von Gütern durch endgültige Deponierung im Grab an, die auch rückweisend bezüglich der geforderten Pflicht zum sittlichen Handeln (V. 76) sinnvoller und für das Seelenheil nützlicher etwa im Sinne karitativer Ausgaben einsetzbar ist.

Dieser Gedichtteil knüpft nun zum einen an die vorangegangene Altersklage an und stellt den Abschluss des Lebens des Einzelnen anhand überkommener Sitten und Gebräuche zur Disposition, zum anderen verweist er mit der Kommentierung, dass diese vor dem Zorn Gottes nicht helfen können (V. 101/2), auf den Schluss des Gedichtes: Mit *groß ist der Zorn des Herrn, vor dem die Erde flieht* (V. 103), leitet der Autor des Gedichtes und der formal immer noch redende Seemann die gesteigerte Schlussermahnung an den Leser ein. Diese selbst ist in sich ebenfalls gut gegliedert:

a) Lobpreis der Größe Gottes (*Er errichtet die sicheren Grundfesten, / die weite Erde und das Firmament*; V. 103–105);

b) Qualifizierung dessen, der dies nicht erkennt und den Herrn nicht fürchtet, als dumm und toll (*dol*; V. 106);

c) Verheißung der Seligkeit (Adj. *eadig*; V. 107) und Gnade unter der Bedingung der Einhaltung bestimmter sittlicher Normen, für deren Befolgung man jedoch auf göttlichen Beistand hoffen darf (*Der Herr festigt seine Gefühlswelt*; V. 108/1), emotionale Selbstkontrolle, Festigkeit und Beständigkeit (*Steuern soll man das heftige Gefühl und dieses in seinen Grundfesten halten – stieran mon sceal strongum mode, ond þæt on stathelum healdan*; V. 109) in Bezug auf die eigene Person, im gesellschaftlichen und zwischenmenschlichen Umgang Treue und Lauterkeit (V. 110–111);

d) Forderung zum Gleichmut gegenüber dem »Schicksal«, das wie Gott stärker als menschliches Wollen ist (V. 115/2–116). Der für angelsächsisches Denken und die einschlägigen Vorstellungswelten überaus wichtige Schlüsselsatz lautet: *wyrd bith swithre, / meotud meahtigra thonne ænges monnes gehygd* (das »Schicksal« ist stärker, / der Herr mächtiger als irgendeines Menschen Trachten).

e) Angesichts dieser Tatsachen fordert der Autor den Leser bzw. der Seemann den Hörer auf, sich auf das Essentielle im menschlichen Leben zu besinnen. Das wahre Glück ist das Ewige Leben in der Liebe Gottes (V. 121), dort ist die wahre Heimat (*ham*), die Freude im Himmel (*hyht in heofnum*; V. 122/1). Die letzten Zeilen sind in Gebetsform gehalten und heben durch die Verwendung der 1. Person Plural bei den Verben die bisherige Distanz zwischen Verfasser und Leser auf;

f) Dank für die Gnade Gottes und die sie begründende Hochachtung gegenüber den menschlichen Geschöpfen durch den Schöpfer, die dadurch eine besondere Würde erfahren ([...] *thonc, / þæt he* [Gott] *usic geweorthade*; V. 122/2–123/1). Wiederum bezieht sich jetzt auch der Autor des Gedichtes unmittelbar in die Gott gegenüber tretende Menschheit ein (*usic*).

2. Symbole und Allegorie [33]

Der Autor unserer Elegie scheidet, wie in der Strukturanalyse gesehen, eine scheinbar reine Beschreibung von Gefühls- und Befindlichkeitswelten von einem wertenden und didaktisch-moralischen Teil.[34] Doch bereits die argumentative Auseinandersetzung mit einem fiktiven Gegenüber im ersten Teil, in der das vermeintlich angenehme Land- kontrastiv dem Seefahrer-leben gegenübergestellt wird, ist ein formales Anzeichen für die notwendige (und gekonnte) Verschränkung beider Abschnitte des Gedichtes, die auch eine methodische Voraussetzung für die Annahme zweier Deutungsebenen ist[35], wobei in Übereinstimmung mit Jennifer Neville bezüglich der Schilderung der natürlichen Umwelt davon auszugehen ist, dass diese zwar *one of the Old English poet's traditional techniques for defining human issues* ist[36], doch dies nicht notwendigerweise bedeutet, den literarischen Traditionsaspekt gegenüber allegorischen Deutungsansätzen auszuspielen.[37] Denn diese fassen Qualität und den Zweck der Naturbeschreibung durch die altenglischen Dichter, während ersterer die Modalitäten der Umsetzung in dieser literarischen Gattung betont. Betrachten wir nun den Motiv- und Allegorie- und Symbolschatz etwas genauer, werden implizite Wertungen der Realien vor dem Hintergrund antiker und christlicher Weltanschauung noch deutlicher.[38]

V. 1–65 – Seereise: Die Schilderung von Seefahrten hat in der europäischen Antike eine lange Tradition. Die Beschreibung von Routen und Kursen, Widrigkeiten und Zielpunkten ist entweder in literarische Großformen wie Epen, so in der »Odyssee«, dem Argonautenepos des Apollonios von Rhodos (3. Jahrhundert v. Chr.) sowie in Vergils »Aeneis« (70–19 v. Chr.), integriert oder bildete eigenständige Gattungen, den eher navigatorisch angelegten *Periploi* bzw. die eher länderkundlich ausgerichteten *Periegeseis* aus. Prominente Beispiele hierfür sind neben Hekataios von Milet die Werke von Avienus und Pomponius Mela. Einen späten Widerhall finden sie im angelsächsisch-insularen Kulturmilieu in den Reiseberichten des Othere von Norwegen und des Wulfstan, die von ihren Fahrten im Nordmeer bzw. der Ostsee von Haithabu nach Truso am Frischen Haff erzählen. Beide *Periploi* sind dabei in die kosmographische Einleitung der durch König Alfred den Großen (848–899) angefertigten altenglischen Übersetzung der Weltgeschichte des Presbyters Orosius (vermutl. spätes 4. bis Mitte des 5. Jahrhunderts) eingearbeitet. Die Funktion der *Periploi* im Hinblick auf den Leser ist jedoch ambivalent. Entweder handelt es sich um seemännisch-navigatorische »Gebrauchsliteratur«, wie beispielsweise der »Periplus Maris Erythraei« aus augusteischer Zeit, der eine Wegebeschreibung für eine Reise nach Indien und Sri Lanka bietet[39], oder solche Fachliteratur wurde als Quelle für Teile der belletristischen Literatur benutzt, um bestimmte rhetorische, ästhetische oder didaktische Aufgaben zu übernehmen. So ist zentrales Thema der »Odyssee« die Heimkehr des Helden und in Analogie bei Vergils »Aeneis« der Verlust der alten Heimat Troia und für Aeneas und seine Gefährten der Gewinn der neuen in Italien, die vom *fatum* – dem Schicksal – bestimmt ist, damit sich dort die Entwicklung Roms aus kleinsten Anfängen zur Weltmacht vollziehen kann. Italien wird damit zur endgültigen Heimat des Aeneas und seines Geschlechtes, obgleich der Weg dorthin mühselig ist. Auch bei Vergil ist das Meer dabei in physischer Hinsicht als Werkzeug eines zornigen Gottes von besonderer Bedeutung. Die eindringliche Sturmschilderung gibt hier ein beredtes Zeugnis. Das Schiff des Aeneas schwankt, hohe Seen holen über, Männer und Sachen gehen über Bord, hohe Wogen, die zum Teil in den Wellentälern den Meeresboden sehen lassen, bedrohen Mannschaft und Fahrzeug, das schließlich doch leck schlägt.[40] Der Held wird auf dem Meer hin und her geworfen, gelangt an verschiedene Küsten[41], irrt ziellos über die See[42], ins Exil geworfen, wenngleich er doch seine Gefährten, den Sohn und die heimischen Götter bei sich hat.[43]

Dieser äußerst knappe Überblick soll zeigen, dass der Autor des »Seafarer« in Vergils »Aeneis«, die im Mittelalter sehr geschätzt war, nicht nur Einzelmotive, sondern auch Vorbilder für das Generalthema – die Heimkehr des Helden nach widriger Fahrt – finden konnte.

Der Seemann unserer Elegie hat zwar in *vielen Schiffen Stätten des Leids gefunden* (V. 5)[44], doch zieht es ihn auf diesen Fahrzeugen immer wieder hinaus auf See. Dies wirkt zwar auf den ersten Blick erstaunlich, sind doch, wie das altenglische Runengedicht mitteilt, *die Meereswogen äußerst schrecklich*[45]; doch ist dies aufgrund des christlichen Symbolgehaltes der nautischen und maritimen Objekte und Erscheinungen erklärbar.

Mit dem Vorbild der Arche Noah, die für die Kirchenväter zum Zeichen für die Kirche wurde[46] und die in neutestamentarischem Kontext zudem in Verbindung mit dem Wasser der Taufe steht[47], erweist sich Tertullians Schrift »De Baptismo« als Schlüsselstelle. In der Kommentierung zu Matthäus 8,23–27 und 14,27–33[48] heißt es: *Navicula bezeichnet an jener Stelle als Symbol die Kirche, weil es im Meer, d.h. in dieser Welt vor den Fluten, d.h. den Verfolgungen und den Versuchungen einen Ort der Ruhe bereitstellt*, bis Gott die endgültige Zuflucht gibt. Motivationspsychologisch bedeutet dies umgekehrt, dass es, wie Tertullian an anderer Stelle in Frageform formuliert, keinen gibt, der nicht eilends zu den Seinen segeln möchte und dringend auf günstigen Wind wartet (*navigare [...] ventum prosperum cupidius optet*).[49]

Tertullian bezieht sich einmal auf die Schilderung des Sturms auf dem See Genezareth, den Jesus besänftigt[50], zum anderen auf jene vom Gang Jesu auf dem Wasser, als das Schiff der Jünger am gleichen Ort in einen Sturm geriet und Jesus über das Wasser zu diesen kam.[51] Ausgehend von der Christenverfolgung in der Mitte des 3. Jahrhunderts deutet Tertullian das Schiff allegorisch als Kirche, die von ihrem Steuermann – Jesus Christus – sicher geleitet wird. Die Stürme auf dem See Genezareth stehen bei ihm und in seiner Nachfolge bei verschiedenen anderen frühchristlichen Theologen zunächst konkret für die Anfeindungen und Turbulenzen, denen die Kirche in ihren Anfängen ausgesetzt ist, ohne unterzugehen.[52] Das Schiff der Kirche führt nach Clemens von Alexandrien (um 140/150–220) die von der Sünde Geretteten in den sicheren Hafen bei Gott, und die Kirche selbst geht nicht in den sie bedrängenden Stürmen unter[53], so wie Jesus die Wasser beruhigte und das in Seenot geratene Boot auf dem See Genezareth vor dem Untergang bewahrte.[54] Später verallgemeinert sich das Bedeutungsfeld. Das Meer steht dann für die Wirrnisse des Lebens schlechthin.[55]

Sogar die funktionale Aufgabenverteilung an Bord wird mit dem Aufbau der Kirche verglichen.[56] Dabei kommt auch dem für den Antrieb des Schiffes so wichtigen Mastbaum, bestehend aus senkrechtem Mast und querliegender Rah als Symbol des Kreuzes eine entscheidende Wertung zu[57], da er in seiner Form an das antike Siegeszeichen, das *tropaion*, erinnert.

In der insularen Vorstellungswelt wird jedoch auch das Kloster als kleines Abbild der Kirche zum Schiff und Hort der Beständigkeit, wie dies etwa das lateinische Lob auf das Kloster Bangor am Belfast Lough zeigt (8. Jahrhundert): *Bangor's happy familiy, / founded on sure faith, / graced with hope of salvation, / completed with love. A ship never shaken, / however trimmed by the waves [...].*[58]

Allerdings ist auch die Fahrt im »Schiff des Glaubens« nicht selbstverständlich oder eine sichere, wenn man nicht auf die Stimme des Gewissens hört. Leslie hat vermutet, *that the storms* [im »Seafarer«] *represent the seafarer's feelings about his lack of spiritual progress – he is then prevented by spiritual or literal storms from starting on his peregrinatio.*[59] Eine solche psychologische Interpretation erscheint etwas zu modern, doch kann dieses Wetterphänomen einen wichtigen Affekt menschlichen Lebens bezeichnen: den der Angst. Denn *schon manche haben im Glauben Schiffbruch erlitten (naufragaverunt)*[60], schrieb Paulus mahnend an Timotheus. Dass sich hieraus diese Ängste entwickeln können, führen die V. 39–43 unseres Gedichtes vor Augen: *Tatsächlich ist ja kein Mensch auf Erden, der so hochgemut wäre, / noch so freigebig mit Geschenken, noch so kühn in seiner Jugend, / noch so tapfer in seinen Taten, keiner, / dem sein Herr so gewogen wäre, / dass er vor seiner Seereise nie Angst hätte, / was nämlich der Herr mit ihm vorhabe.*[61] Gerade den Gegensatz zwischen heroischer Erscheinung und Verhalten der Menschen im weltlichen Sinn und den Plänen Gottes, die, wie schon die Pater-Noster-Bitte: *et ne inducas nos in temptationem (und führe uns nicht in Versuchung)*[62] zeigt, es eben durchaus zulassen, dass solche Versuchungen auftreten, betont der Autor des »Seafarer«. Daher hat man immer wachsam zu sein, worauf auch V. 7/1 anspielt, selbst wenn diese Nachtwache bedrückend ist (*nearo nihtwaco*).[63] Biblische Parallelen und Aufforderungen, der geistlichen Müdigkeit zu widerstehen, liegen dabei in einiger Anzahl vor.[64]

Sehr konkret hatte einen Schiffbruch im Übrigen der Apostel Paulus am eigenen Leib erfahren, wenn man sich die lebhafte und detailgetreue Schilderung seines Schiffbruches vor Malta vor Augen führt[65], die ein eindrückliches Zeugnis für die Gefahren und Ängste vor den Gefahren einer Schifffahrt in den Wintermonaten in der Mittelmeerregion vermittelt.

Das Schiff hat im christlichen Zusammenhang also ambivalente Zeicheninhalte. Es ist zum einen als Allegorie auf die Kirche Garant für die Sicherheit in den Fährnissen des Diesseits, auf der anderen Seite stellt es/sie nur ein Hilfsmittel, einen Zweck, dar, damit der Mensch sein eigentliches Ziel erreicht. So ist der starke Wunsch des Seemannes, trotz aller Unbilden aufs Meer herauszufahren, vor dem Hintergrund einer mit den Mitteln der nautisch-maritimen Schiffssymbolik und -allegorie durchaus verständlich.

Weiterhin verarbeitete der Autor des »Seafarer« das Thema der Pilgerschaft auf Erden. Dorothy Whitelock hatte in diesem Zusammenhang davon gesprochen, jenes Thema des »Seafarer« sei die freiwillige *peregrinatio pro amore Dei*.[66] Grundlegend für diese Annahme sind die V. 36–38, vor allem V. 38: *Des Herzens Lust mahnt mich unablässig, / aufzubrechen und fern von hier / die Heimat fremder Völker (eltheodrigra eard) zu besuchen*[67], sowie V. 64/2–67: *Deswegen sind mir / des Herren Freuden lieber als dieses tote und vergängliche Leben / an Land. Ich glaube nicht, / dass diese irdischen Güter ewig Bestand haben*. Die »Seefahrt« als Chiffre für »Leben im diesseitigen Exil« sei somit Hauptgegenstand des Gedichtes.

Dem hat Anne Klinck unter Zurückweisung einer allegorischen Deutung dieser Stelle[68] mit folgenden Argumenten widersprochen: Erstens werde das Thema der Seefahrt zu stark betont, um es lediglich als die genannte Chiffre für ein Leben im diesseitigen Exil anzusehen[69], zum zweiten begründe der in den V. 42–43 angesprochene Affekt der Angst die Annahme, dass *the voyage to the land of strangers far away* [dies bezieht sich auf *eltheodrigra eard*] *represents a journey into the unknown, both physically and spiritually, and the longing for it indicates the desire of the aspiring soul for something beyond the familiar satisfactions of this world*.[70] Man kann die Autorin zwar kritisieren, da nicht genügend zwischen der Reise an sich, ihren Unannehmlichkeiten und dem Ziel unterschieden wird, denn es ist eben keine Reise ins Unbekannte. Dieses Wissen hatte aber nur der Ich-Erzähler/Autor; der Leser oder Hörer, der zum ersten Mal mit dem Gedicht konfrontiert wurde, noch (!) nicht. So ist eine dramaturgisch und psychologisch geschickte Vorgehensweise der Adressatenführung innerhalb des Gedichtes zu konstatieren.

Der drängende Wunsch des Seefahrers, hinauszusegeln (*longung*; V. 47/1), erinnert neben der Aufforderung Gottes an Abraham in der Genesis – *Zieh weg aus deinem Land, von deiner Verwandtschaft und aus deinem Vaterhaus in das Land, das ich dir zeigen werde*[71] – stark an die in der der altirischen Gattung von Reiseerzählungen[72] zuzurechnenden, vermutlich von insularen Mönchen im 10. Jahrhundert in einem lothringischen Kloster niedergeschriebenen »Navigatio Sancti Brendani Abbatis« vorgetragenen Angabe, nach der der Heilige Barintus den Heiligen Brendan aufgesucht und diesem von der eigenen Fahrt über das Meer nach Westen in das *verheißene Land der Heiligen (terra repromissionis sanctorum)* berichtet habe, woraufhin Brendan selbst den starken Wunsch verspürte, es Barintus gleichzutun.[73] Die theologisch-biblische Begründung ist dabei ebenfalls die Aufforderung der Genesis. Nicht zu Unrecht macht hierbei Weber[74] auf die Tatsache aufmerksam, dass es die Seele ist, die sich vom Körper (*hretherloca* = »Sinngefängnis«) befreit.[75] Ergänzend kann angeführt werden, dass dies das starke Verlangen erklärt, das sie zu ihrem Schöpfer ziehen lässt.

Von seinem Kloster Clonfert in Irland aus brach Brendan mit 17 Mönchen zu einer siebenjährigen Reise auf, die ihn zahlreiche Abenteuer erleben ließ. Brendan erreicht zwar das »Paradies«, das ihm und seinen Gefährten als Zuflucht in den Wirren der Endzeit als Zuflucht verheißen wird[76]; dennoch kehrt er zunächst wieder in sein Kloster zurück. Die Handlung ist also, anders als das lineare Raum-Zeitkontinuum des »Seafarer«, zyklisch angelegt. Brendans Reise war eine Pilgerfahrt im irisch-kirchlichen Sinn, unabhängig vom geographischen Wahrheitsgehalt der gemachten Angaben, obwohl sie auf der »Insel der Seligen« im westlichen Ozean eben noch keine Erfüllung findet. Denn sie kann als selbstauferlegte Askese irischer Mönche gesehen werden, die den Gefahren der Welt trotzen. Die gewollte und bewusste Abkehr von der Heimat galt dabei als Zeichen der Buße[77] und Christusnachfolge zur Rettung der eigenen Seele.[78] Einen Zusammenhang zwischen irisch-monastischer poenitentialer Pilgerethik, die sich konkret auch durch Fahrten über die See ausdrückt[79], und unserem »Seafarer« ist dabei wohl mehr als rein zufällige Übereinstimmung, auch wenn beides Denken auf der Vorstellung einer Pilgerschaft des Menschen voller Zuversicht hin zu seiner Heimat in Gott[80] beruht, die ihrerseits Gedankengut paulinischer Theologie[81] verpflichtet ist. Neben dem »Seafarer« liegt dieses einer anderen altenglischen Elegie – dem »Wanderer« – zugrunde. Auch dort finden sich die

Motive der Einsamkeit, Heimatlosigkeit, Verlassenheit, der Alterung, Vergänglichkeit und Vor-läufigkeit der Welt[82] unter Verwendung unserer Elegie paralleler Symbole.

Das Motiv des dringenden Wunsches, mit einem Boot in See zu stechen, findet sich weiterhin als Parallele im Gedicht »Resignation«, auch wenn hier der explizit theologisch-moralische Teil vor den der Seefahrtsallegorie gestellt ist. Der zweite Teil dieser Elegie beginnt mit: *I tell this sad story most strongly / about myself, and, striving forward with longing (longunge), / speak of a journey and think of the ocean (ond on lagu thence) / My *** [Textlücke] does not know / how I can buy a boat for the sea, / a ship for the ocean; I do not have much money / or indeed many friends who would help me / on my voyage. I cannot carry out my purpose now / myself because of my poverty.*[83] Dieses Gedicht ist als Bekenntnisausdruck christlicher Reue – man beachte in diesem Zusammenhang auch die Verwendung der 1. Person Singular – zu interpre-tieren, und die Seefahrt ist hier eindeutig als Allegorie im Hinblick auf die Sehnsucht der Heim-kehr zu Gott zu werten, wenn in den V. 41–43/1 unter Schaffung einer Atmosphäre dringender Aktualität der sündenbeladene Protagonist spricht: *Jetzt möchte ich zu Dir eilen (nu ic fundige to the), Vater der Menschheit; / von dieser Welt, jetzt weiß ich, dass ich in sehr kurzer Zeit Abschied nehmen muss.*

G. Smithers zeigte dabei generell die Verwurzelung des Themas in patristischer und homile-tischer altenglischer Literatur deutlich auf.[84] Als Ausgangspunkt kann hier Caesarius von Arles (ca. 470–542) mit seiner Schrift »De peregrinatione Christianorum« dienen. Er hatte unter Bezugnahme auf die »Zweireichelehre« des Augustinus Entsprechendes formuliert. Nach die-sem begründete Adam durch seine Schuld die Pilgerschaft auf Erden, weil er die *civitas terrena* und die *civitas Dei* konstituierte[85], was sich auch in der verzweifelten Klage Adams nach der Ver-treibung aus dem Paradies in der altenglischen »Genesis« äußert: *What must become of the two of us* [Adam und Eva].[86] Caesarius führt dann aus, *wir müssen Pilger auf Erden sein, damit wir es uns verdienen, Bürger im Himmel zu sein.* Die ethische Folgerung ist, sich nicht an irdische Güter zu hängen, sondern das Streben auf die jenseitige Heimat zu richten.

Nur vor dem Gegensatz von Paradiesverbannung und daraus resultierender letztlicher Unbe-haustheit in der Welt und der endzeitlichen und endgültigen Heimat in Gott werden die ein-schlägigen Passagen im »Seafarer«, dem »Wanderer« und anderer altenglischer Gedichte ver-ständlich. Sie unterscheiden sich durch diesen eschatologischen Aspekt von pagan-antikem Gedankengut, das einen selbstbezüglichen Weg zum Glück über Erkenntnis lehrt. So findet sich etwa bei Horaz (65–8 v. Chr.) das Motiv des Ruhelosen, der über das Meer segelt auf der begie-rigen Suche nach Abwechslung und dem »Glück« jeweils an einem Ort, an dem er gerade nicht ist.[87] Doch hält dem der stoischem Gedankengut folgende Dichter entgegen, dieses dort zu suchen und zu finden, wo er jetzt ist, und hier seinen »ausgeglichenen Sinn« (*animus [...] aequus*)[88] zu leben. Denn nur »Verstand« und »Klugheit« (*ratio et prudentia*) gelingt es nach-haltig, die Sorgen des Lebens zu meistern, nicht einem simplen Ortswechsel: [Lediglich] *das Klima, nicht den Sinn (animus) wechseln die, die über das Meer weg eilen.*[89]

Doch ist auch die Unbehaustheit in der Welt, wie sie der altenglische Dichter aufzeigt, nicht die einzige Realität. Ihr steht jedoch bereits hier und jetzt die göttliche Gnade und Milde gegen-über: *Oft erfährt der Einsame die Gnade, / die Milde des Herrn, obwohl er traurigen Sinnes / auf Meerstraßen (lagulad) lange / mit seinen Händen die eiskalte See (hrimcealde sæ) rühren, / Wege der Verbannung (wræclast) gehen mußte.* (»Wanderer«, V. 1–5/1).[90] Aber die Gnade liegt eben in der Gewährung ewigen Heils *beim Vater im Himmel, wo all unsere Sicherheit (fæstnung) steht*[91] (»Wanderer«, V. 115).

Diese Sicherheit, das nicht schwankende Fundament, stellte auch für einen Seefahrer tatsäch-lich eine Gegenwelt zu seinen im Seegang rollenden und stampfenden Schiffen dar. Das Motiv des Meeres als Ort der Instabilität findet sich dabei auch in der Schrift »Allegoriae in Sacram Scripturam« des Hrabanus Maurus (um 780–856).[92] Knapp stellt der karolingische Gelehrte und Mainzer Erzbischof gegenüber: *mare-mundas, mare saecularis occupatio* und – für uns wichtig – *mare-voluptas saecularium*, d.h. das triebhafte, begierige, unruhige Streben nach »weltlichen Gütern«.

Gleichzeitig schafft die Vorstellung der Sicherheit bei Gott eine Gegenwelt zu Paradiesvorstellungen, die sich um das gesellige Leben in Hallen mit Mettrank und Essen drehen. Nicht nur in unserer Elegie (V. 21–22), auch in anderen Stücken altenglischer Literatur (»Wanderer«, »Ruin«, »Beowulf«) spielt dieser zentrale Ort eine wichtige und symbolisch bedeutsame Rolle. Von daher ist Mandels Auffassung, er könne nicht finden, dass *the land-dweller condemned by comparison with the seafarer,* der sich nur durch seinen Erfahrungsvorsprung von jenen unterscheide, wobei er sich vor allem auf die V. 27–30 stützt: *Freilich (forthon) – kaum glaubt, wer die Wonnen des Lebens (lifes wyn) / in den (stattlichen) Häusern (in burgum) genossen hat, nur wenige leidvolle Reisen (bealositha) [gemacht hat], / reich und »weinselig« (wlonc ond wingal), wie ich oft erschöpft (werig oft) / auf dem Seeweg (d.h. auf See: in brimlade) bleiben musste*[93], zu hinterfragen.

Hier ist nicht nur ein Erfahrungsvorsprung beschrieben. Vielmehr nimmt der Autor, dem die auf Gott bezogenen Freuden wichtiger sind *als dieses tote Leben / dieses vergängliche an Land* ([...] *deade lif, / læne on londe*[94]; V. 65/2–66/1), unter Berücksichtigung des Wissens um das wahre Wesen der Welt, das in der »Seelenreise« über das Meer chiffriert wird, eine Bewertung vor. Man kann diese Passage als komplementär zu einer aus einem anderen altenglischen Gedicht begreifen. In »The Husband's Message« schildert der Autor die Trennung eines Mannes von seiner Geliebten, die aufgrund einer fehdebedingten Exilierung (HM: *Hine faetho adraf of sigetheode*; V. 19/2–20/1) über See zustande kam. Mit einem durch einen Runenstab legitimierten Boten bittet der Mann nun seine in der gemeinsamen Heimat zurückgebliebene Frau, sich aufzumachen und die *Seereise anzutreten* (HM, V. 21/2). Das Ziel dieser Fahrt über das Meer ist nun, wie es einem Liebesgedicht entspricht, sehr »diesseitig« und den Glücksvorstellungen einer archaischen, sich in einem Nobilifizierungsprozess befindlichen (Stammes-)Gesellschaft verpflichtet. Wenn Mann und Frau durch göttliche Fügung vereint sind, verteilen beide Sachgüter, wie Armreife und andere Güter, die er sich in der Fremde erworben hat (HM, V. 32–36). Dies diente, wie etwa im Beowulfepos deutlich zu sehen, der Beziehungsstabilisierung in der »Halle« zwischen der Kriegergruppe und deren Anführer bzw. zwischen Gastgeber und Gast. So erhält Beowulf, nachdem er Grendel getötet hat, im Verlauf eines Festes von König Hrothgar ein goldenes »Banner«, einen Helm mit außen angebrachtem Wulst, ein Schwert, acht Pferde mit goldverziertem Zaumzeug, einen Sattel, *kunstvoll verziert* (»Beowulf«, V. 1019–41). Auf dem Höhepunkt des Festes findet sich ein Einschub, das Finnsburglied, das den Kampf zwischen Dänen und Friesen schildert. Der Vortrag wurde mit *brausendem Bankjubel* vergolten (»Beowulf«, V. 1161). Erneut erhält Beowulf Geschenke, diesmal von Wealhtheow, der Ehefrau Hrothgars: *Teures Gold in Ringform, [...] zwei Armreife, ein Kettenhemd und eine kostbare Brünne sowie den kunstvollsten Halsreif, von dem ich hier auf Erden jemals gehört habe* (»Beowulf«, V. 1193–1196).

Doch dieser Erwerb von Gütern war im »Husband's Message« erst nach der Abfahrt des Mannes auf das Meer möglich, die er begierig (*georn*; HM, V. 42/2) unternahm und die dennoch mit jetzt (*nu*) überwundenem Leid verbunden war (HM, V. 43/2–44/1). Die Verszeilen 43/2–46, die auch in der Auflistung der materiellen Güter dem Beowulfepos ähneln, wirken wie die Beschreibung eines säkularen Paradieses, das sich dadurch auszeichnet, dass der Mann das hat, *was er wünscht*[95]: Pferde, Schätze (*mathma*), Festfreuden (*meododreama*), jegliche Kostbarkeit auf Erden (!) (*ænges ofer eorthan eorlgestreona*) (HM, V. 45–46). Es fehlt nur noch die Gefährtin.

Den Einbau solcher Glücksdefinitionen, in denen die Halle eine herausragende Rolle spielt, in bestimmte Jenseitskonzepte verwirklicht mit letzter Konsequenz die altnordische Vorstellung einer vorübergehenden postmortalen Existenz zumindest der »Helden«, der ehrenvoll Gefallenen (*einherjar*), bis zu Ragnarök in einem Männerhaus im Konzept von Valhöll.[96] Inwieweit im angelsächsischen Milieu solche Inhalte tatsächlich virulent waren, lässt sich zwar kaum abschätzen, doch bildeten sie vielleicht starke eschatologische Konkurrenzvorstellungen aus, die, obwohl möglicherweise erst durch die christliche Doktrin initiiert, von dieser Seite wiederum in Wort und Schrift bekämpft wurden. Darauf kann auch der immer wieder unternommene Versuch hindeuten, dem militaristischen Wertekanon der *einherjar* eine neue christliche Heldenethik als Voraussetzung für den Eingang in das Paradies entgegenzusetzen. Im Unterschied zum »alten Brauch« und den Erwartungen einer heidnischen Gesellschaft kommt dabei auch den prächtigen und aufwendigen Grabbeigaben keine Funktion mehr zu (V. 97–102).[97]

Der Verfasser des »Seafarer« steht hier in der Tradition der aufgeklärt und utilitaristisch argumentierenden christlichen Doktrin, nach der Beigaben keinen Nutzen für das ewige Heil haben und den Toten in keiner Weise tangieren, weswegen sie – in den Worten Cassiodors (ca. 485–580) – *auch keine Beraubung spüren*.[98] Die hier anklingende praktische Auswirkung der dualistischen Scheidung von Körper und Seele spielte so auch in der christlich-germanischen Literatur des Nordens jedoch offenbar eine wichtigere argumentative Rolle als die Implementierung der komplexen Theologie des *corpus spirituale*, die etwa für die regelhafte Beigabenlosigkeit einheimisch-romanischer Gräber des Mittelmeerraumes verantwortlich zu machen ist[99] und die dann auch mit dem entsprechenden Befund nordwärts der Alpen zu verbinden wäre. Die christlich geprägte pragmatisch-zweckorientierte Bewertung des Beigabenwesens zeigt dabei für das spätere angelsächsische Milieu das Beowulf-Epos deutlich auf: In zehn Tagen schüttete man den Hügel für den toten Helden auf, in dem das Ringgold aus der Drachenhöhle und ein Teil der Drachenschätze, die sieben Gautenkrieger vor der Verbrennung aus der Höhle entfernt hatten, erneut vergraben wurden, *den Menschen so unnütz, wie es ehedem war*.[100]

Kommen wir nun wieder auf unmittelbar Maritimes zurück, so wurde schon bis hierhin deutlich, dass das Meer nicht nur physische und psychische Bedrohung des Menschen im Diesseits ist, sondern auch für die fundamentale eschatologische Katastrophe der unwiederbringlichen Gottesferne, den endgültigen Tod steht. Diese Deutung soll anhand zweier Symbolgruppen aus dem »Seafarer« begründet werden, Tieren sowie klimatischen Erscheinungen.

2.1 Tiere

Im Einzelnen sind die Hochsee- und Küstenvögel mit den Mitteln der mediterran ausgerichteten antiken Symbolik nicht zu fassen. Im Übrigen ist es generell schwierig, die angelsächsischen Tierbezeichnungen mit moderner Systematik in einen Zusammenhang zu bringen.[101] Nicht zu den mit den negativen Deutungen versehenen Hochseevögeln, damit kontrastiv das, was sie bezeichnen, umso stärker herausstellend, zählt allerdings der gleich zu Beginn des Vogelkatalogs im V. 19/2 genannte Schwan. Diesen schätzt unser Autor wegen seines süßen Gesanges. Doch darüber hinaus stellte sein Gesang nach der Auffassung der Seeleute ein gutes Omen dar. Dieses Wissen vermittelten einem frühmittelalterlichen Autor vor allem die »Etymologiae«[102] Isidors von Sevilla (ca. 560–635), eine enzyklopädische Zusammenfassung der antiken Kenntnisse über vielfältige Themenbereiche, die sich im Mittelalter höchster Wertschätzung erfreute.

Im Allgemeinen stehen Seevögel dagegen für einen negativen Gefühlsbereich. Auch im »Wanderer« werden sie erwähnt. Sie konfrontieren den einsamen Mann, der vorher von einem Leben in Geselligkeit geträumt hat, nach dessen Erwachen mit seiner Vereinzelung, die die Realität menschlichen Lebens im Diesseits ist, wobei der »gesellschaftliche Tod« in der traditionellen Auffassung und dem entsprechenden Regel- und Normsystem so überaus schwer wiegt: *Dann wieder erwacht der freundlose Mann / sieht vor sich die pfahlgrünen Wogen, / badende Seevögel* (bathian brimfuglas), *die ihre Schwingen ausbreiten, / sieht Reif und Schnee fallen, / mit Hagel vermengt*.[103]

Oben wurde darauf hingewiesen, dass aus zoologischen Gründen mit »stearn« vermutlich eine Möwenart gemeint sei, was sich allgemein gut in die Gesamtpassage, in der zumeist küstenbewohnende Seevögel beschrieben werden, einfügt. Doch sollte man nicht gänzlich die Möglichkeit außer Acht lassen, dass auf einer allegorischen Deutungsebene, bei aller Problematik der ornithologischen Folgerichtigkeit, vielleicht doch die Bedeutungsfelder von »Seeschwalbe« mitgedacht werden konnten.[104] Diese Tiere gehören in der modernen Systematik zwar einer anderen Familie als die Schwalben (*Hirundinidae*) an, die jedoch aufgrund ihres gegabelten Schwanzes letzteren ähneln. Daher darf man tatsächlich vielleicht den »Physiologos«[105] für eine Interpretation heranziehen.[106] Dort gilt die Schwalbe als Frühlingsbote, der das neue Leben nach den Winterstürmen anzeigt. Zudem ruft sie den Schläfer morgens zur Arbeit. Die Winterstürme sind dabei Bilder für die fleischlichen Begierden, die asketisch überwunden werden. Der Schwalbe kommt dabei die symbolische Funktion des Aufrüttlers gegen Ende des Winters und der Nacht zu, was mit einem Schriftzitat: *Wach auf, du Schläfer, steh auf von den Toten, und Christus wird dein Licht sein*[107] in Beziehung gebracht wird. Da die Schwalbe weiterhin die Hälfte des Jahres in der Wüste, die andere in der Nähe der Menschen lebt und als besonders fürsorglich gegenüber ihrer Brut gilt[108], die sie sogar mit aufgelegten Kräutern von Blindheit heilen soll, bezeichnet sie den vorbildlichen Weg des Propheten, der nach Psalm 54,9 in der Wüste lebt. Andererseits mahnt sie den sündigen, gottlosen, blinden Menschen zur heilenden Reue. Der im Gedicht real geschilderte Gegensatz zwischen Stürmen, die die steinernen Klippen peitschen, und dem gegen sie anschreienden Vogel (V. 23/2–24/1) ist damit auch christlich allegorisch und moralisch überhöht. Dabei fungiert dieses Vogelzeichen dann auch im Sinne der exhortativen Zielsetzung des gesamten Gedichtes.

Der (See-)Adler (*earn*; V. 24/2) ist zumindest während der Brutzeit ein küstennahes Tier. Er gehört zwar eher zu den Milanen, ist aber immerhin durch seine Familienzugehörigkeit zu den Greifvögeln mit dem Stein- oder Kaiseradler verwandt. Auch hier kann wieder der »Physiologos«[109] herangezogen werden, der ausgehend von Psalm 102,5 betont: *Deine Jugend wird erneuert wie die des Adlers*, und die Fähigkeit des Tieres konstatiert, sich der alt und krank gewordenen Flügel und Augen zu entledigen. Dafür fliegt er zur Sonne empor, verbrennt seine Flügel und die *Trübung seiner Augen*, kehrt zu einer reinen Quelle zurück, taucht in sie dreimal ein. *So wird er erneuert und wieder jung.* Das Tier wird damit zum Vorbild des Menschen, der sich in Christus, der Sonne[110], reinigen und erneuern sowie den alten Menschen ablegen[111] soll. Eine vermutlich auch im Frühmittelalter nicht unbekannte Ähnlichkeit erlaubt es hier jedoch wohl auch weiterhin, die nordische Mythologie als Analogie heranzuziehen. Denn sie kennt den Adler, der auf der Esche Yggdrasil sitzt und *viele Dinge weiß*[112], am Ende der Zeiten aber auch Leichen zerreißt.[113]

Jenseits der am antiken »Physiologos« orientierten Tiersymbolik stehen Möwe und Brachvogel. Erstere (*mæw*; V.22/1)[114] beinhaltet vielleicht den Todesaspekt, denn zumindest in der griechischen Mythologie verwandeln sich Tote in diese Tiere.[115] Letzterer (*huilpe*; V. 21/1) hat aufgrund freilich vor allem neuzeitlicher volkskundlicher Analogien unter Umständen eine Rolle als Zukunftsdeuter und Begleiter von Unwetter, Regen und Sturm gespielt[116], was gut zur geschilderten Situation passt.

In der insularen Vorstellungswelt des 9. Jahrhunderts tauchen Vögel in Kombination mit der Exil- und Alters-/Endlichkeitsthematik auch in der walisischen Literatur auf. Als Beleg mag das »Claf Abercuawg« (»The sick man of Abercuawg«) dienen.[117] Zwar schildert hier kein Seefahrer sein Los, sondern ein Landbewohner, doch es finden sich viele überraschende Parallelen zum »Seafarer«: zum einen das Motiv des Geistesflugs und Klage über die Kürze des Lebens (*My mind implores to go and sit on a hill, but I cannot set off. My journey's short; my dwelling-place desolate*)[118], zum zweiten starker Wind und Krankheit[119], drittens der Kuckucksruf, den der Kranke hört[120], und viertens lautes Vogelgeschrei in Weiden und an den nassen Küsten, an die breite hohe Wellen einer freilich strahlenden See auflaufen.[121] Dabei wird ein unmittelbarer Zusammenhang zwischen den *noisy birds* und der deprimierenden Lage des Kranken durch die räumliche Aufeinanderfolge in einer Strophe hergestellt.[122] Die Trauer entzündet sich aber nicht zuletzt daran, dass der Kranke im Sommer, der Jahreszeit, in der dieses Gedicht angesiedelt ist, nicht an den Schlachten teilnehmen kann[123], was einen wichtigen Hinweis auf die ethischen Inhalte einer christlichen Elite des insularen Frühmittelalters gibt. Das Hadern mit dem Schicksal, das nur Unglück, Krankheit und Angst bereithält, ist dennoch sinnlos, denn *God does not undo whatever he does.*[124]

Eine andere Funktion als die Seevögel besitzt demgegenüber der Kuckuck auch im »Seafarer«.[125] Er taucht im Zusammenhang der Schilderung der schönen, sich schnell ändernden instabilen Scheinwelt[126] in V. 48–49 auf: Den heiteren, schönen Sommer, das Erwachen der Natur im Frühling begleitet er[127] – allerdings mit warnenden Rufen (V. 53/1). Dies kontrastiert massiv mit seiner positiv gewerteten Funktion als Freudenkünder, für die beispielhaft, um ein insulares Beispiel als jedenfalls räumlich zu unserem Gedicht benachbart zu zitieren, ein altirisches Gedicht steht: *O Sommerszeit, o herrliche Zeit! In leuchtenden Farben erglänzt die Welt. Die Amsel singt aus voller Brust, sobald des Lichtes erster Schimmer den Tag erhellt. Der muntere Kuckuck ruft mit lauter Stimme: Willkommen, schöner Sommer.*[128]

Neville weist auf einen generell wichtigen Unterschied zwischen keltischer und angelsächsischer Lyrik bezüglich der Funktion der Naturschilderung hin. Im ersten Fall bietet die schöne Schöpfung Gottes den Rahmen und Ausgangspunkt für die Suche und das Streben nach dem Schöpfer, im zweiten Fall ist sie mit dem Makel der Vorläufigkeit verhaftet; sie täuscht nur vor und schafft damit den Ausgangspunkt zur Erkenntnis der Hilflosigkeit und Fremdheit, die dann die Gottessuche stimulieren soll.[129] Als Symbol der Jahreszeit erscheint der Kuckuck auch im altenglischen Gedicht »The Husband's Message«. Er markiert den Zeitpunkt am Ende der Winter- und Frühjahrssturmsaison, an dem die von ihrem Mann getrennte Frau das Schiff besteigen soll, um zu ihm zu kommen.[130]

Daneben hat der Vogel im Volksglauben jedoch auch einen mantischen Vorstellungsaspekt, denn die Zahl seiner Rufe korrespondiert mit den Lebensjahren.[131] Damit wird er zum Künder der Begrenztheit menschlichen Lebens.

Neben den Seevögeln sei bezüglich des Symbolwertes von Meerestieren noch auf zwei Stellen unseres Gedichtes verwiesen, in denen die hohe See mit der Metapher *(h)wæles ethel* (V. 60/1) sowie *(h)wælweg* (63/1) bezeichnet wird.

Die Einbeziehung der beiden Begriffe an dieser Stelle der Tiersymbolik ist keineswegs unproblematisch[132], denn die Handschrift des »Seafarer« spricht von *waelweg*. Vor allem Smithers hat sich für eine Beibehaltung dieser Lesart ausgesprochen und dabei die Auffassung vertreten, dass *wael* sowohl mit *weallian* = »to go in pilgrimage« zusammenhänge, wie auch Bezüge zum Tod vorlägen. Eine sprachliche und semantisch enge Verwandtschaft mit den in der altnordischen Mythologie bekannten Namen und Begriffen, die als ersten Bestandteil *Val-* führen, also beispielsweise *Valhöll* (»Walhall«)[133], fallen hier besonders ins Gewicht. Im Altenglischen kann besonders »*waelcyrge*« (»Walküre«) zur Unterstützung herangezogen werden. Der Sinn von *wælesweg* ist dann in der Zusammenfassung von Klinck mit *journey of the soul to the abode of the dead*[134] wiederzugeben. Man könnte aber *wæles ethel* etwa auch als »Heimat der auf der Pilgerschaft im Diesseits immer vom Tod Umfangenen« und *wælesweg* entsprechend mit »Weg der auf der Pilgerschaft im Diesseits immer vom Tod Umfangenen« verstehen.

Da im Altenglischen *wæl* (kurzer Vokal) zudem sowohl vereinzelt (»in der Schlacht erschlagen«), als auch als Wortbestandteil in *wælgar* (»Schlachtspeer«), *wælgifre* (»nach Schlachten begierig« (vgl. umgangssprachlich »geifern«), *wælhreow* (»blutdürstig«) und *wælsleaht*

(»Schlachtgemetzel«) vorkommt[135], hat man auch an einen *way of slaughter* gedacht. Das Bedeutungsfeld ist allerdings jenseits des hier stärker auf die Affekte und konkreten Verhaltensweisen abzielenden Aspektes ebenfalls der Sphäre des Todes zuzurechnen. Eine geographische Kennzeichnung will *wæl*, das mit »deep pool« übersetzt wird, folgerichtig als »Meeresweg« verstehen.[136]

Entgegen diesen Auffassungen stehen philologische Positionen, die *wael* zu *hwael* emendieren und »Wal« übersetzen[137], sich dabei auch am Beowulf-Epos orientieren, das den Ozean als Walstraße (*hronrad*; V. 10/1) bezeichnet.[138] Folgende Ausführungen zeigen meines Erachtens, dass semantisch die Charakterisierung des Meeres als »Walweg« bzw. »Walheimat« die Konnotation des Todes sehr stark beinhaltet, sodass sich bei ähnlicher Schreibweise zweier eigentlich gänzlich unterschiedlicher bedeutungtragender Wörter auf jeden Fall eine inhaltliche Konvergenz bezüglich der Ansiedlung im Bedeutungsfeld »Tod« ergeben kann. Dass zusätzlich der Leser und Hörer des Gelesenen (!) bei *wæl* zusätzlich auch noch »Tiefsee« assoziierte, lag vielleicht in der Absicht des Autors.

Eine bedeutsame Quelle ist hier das »Buch von den verschiedenen Arten der Untiere«[139], gespeist aus antiken und oft märchenhaft verstandenen Quellen. Es entstand in seiner lateinischen Fassung wohl im 7./8. Jahrhundert in Gallien, wurde aber im 9./10. Jahrhundert auch ins Altenglische übersetzt. Gerade im Prolog des 2. Buches werden zahllose riesige Seemonster vorgeführt. Der Blas des Wals findet hier ebenso Erwähnung wie das Hochpeitschen der Wellen. All dies ruft bei dem, der es betrachtet, große Furcht hervor. Die Vorstellung des Wellenmachens ist neben Isidor (s.u.) vielleicht auch an Solinus, dem spätantiken Autor einer Naturgeschichte, der seinerseits Isidor als wichtige Quelle diente, orientiert. Die zerstäubende (*nivosa*), hochpeitschende Wasserbewegung – vielleicht der Blas – durch das laut Solinus im Indik beheimatete Tier reißt Schiffe in den Untergang.[140] Im Gegensatz dazu steht die Walschilderung in der »Navigatio Sancti Brendani Abbatis«. Das Tier ist wie eine Insel, mit ein wenig Wald und Gras bewachsen. Hier legt St. Brendan an[141]; doch erlaubt der Wal dem Heiligen und seinen Gefährten auf der späteren Rückfahrt sogar, auf seinem Rücken die Heilige Messe zu feiern; erst dann *ging er seinen Weg*, was ihn von dem die Seefahrer in die Tiefe reißenden Tier im »Physiologos« und seiner altenglischen Fassung (s.u.) unterscheidet.[142]

Zwar assoziiert man im christlichen Kontext mit »Wal« zumeist die bekannte im Buch Jona überlieferte Geschichte, doch liefert allein das biblische Zeugnis keinen Hinweis auf die Gleichsetzung Wal – Jonaverschlinger. Der lateinische Text der »Vulgata« nennt das Tier *piscis grandis*[143] (großer Fisch). Im Matthäus-Evangelium wird die Episode im Sinne der typologischen Interpretation des Alten Testamentes aufgegriffen; dort ist allerdings von *cetus* die Rede[144], ein Begriff, der in der Genesis auftaucht. Gott erschuf neben den übrigen Meeresbewohnern die *cete grandia*[145], die *großen Seeungeheuer*. Hieronymus benutzte dabei in seiner Übersetzung der Genesis- und der Evangelistenstelle den griechischen Begriff als Fremdwort. Die »Septuaginta«, das griechischsprachige Alte Testament, bezeichnet das Tier in der Genesis mit *ta kete ta megala*, im Buch Jona mit *to ketos*.

Isidor von Sevilla, der sich in seinem Kapitel *de piscibus* (*Über die Fische*) unter Bezugnahme auf die Jonaepisode mit diesen Lebewesen beschäftigte, unterschied aber deutlich zwischen *ballenae* und *cete*. Die ersten bringt er etymologisch mit dem griechischen *ballein* (*werfen*) zusammen. Sie sind riesengroß und sollen ihren Namen aufgrund des Herausschleuderns des Wassers aus dem Spritzloch erhalten haben[146] und können somit als Wal identifiziert werden. Demgegenüber sind die *cete* wahre Monster, groß wie ein Berg.[147]

Die heilsgeschichtliche Bedeutung im neutestamentarischen Sinn erhält der Jonasfisch nun durch die Tatsache, dass er zum Sinnbild des Grabes Christi wird; denn wie Jonas drei Tage im Leib des *cete* verbrachte, so lag Jesus nach seiner Hinrichtung drei Tage im Grab. Die besondere Rolle dieses Tieres wird zudem einerseits wegen seiner gesonderten Erwähnung als Geschöpf in der Genesis deutlich, andererseits als Werkzeug göttlichen Eingreifens gegenüber Jonas. Damit ist grundsätzlich eine positive Bewertung möglich, der die negative des »Physiologos« strikt entgegensteht.

Gerade der Sitz in der maritimen Lebenswirklichkeit führte zu einer angelsächsischen muttersprachlichen Adaption von dessen Walkapitel.[148] In 88 Verszeilen übersetzte und gestaltete ein unbekannter Autor die antike Vorlage um.[149] Die altenglische Fassung (im Folgenden W) bezeichnet das Tier mit *hwal* (V. 3/2) oder *fyrnstreama geflotan* (Ozeanschwimmer; V. 7/1), das mit *Fastitcalon* synonym gesetzt wird. *Fastitcalon* ist wohl eine Textkorruption mit Buchstabenvertauschung der griechischen Bezeichnung *aspidochelōn*[150] aus dem »Physiologos«.[151]

Während Isidor keine Allegorese des Wales vornimmt, steht das Tier sowohl im griechischen »Physiologos« als auch in der altenglischen Adaption für den listenreichen Teufel. Die altenglische Version ist aufgrund ausführlicherer didaktischer und moraltheologischer Einschübe umfangreicher als die griechische Fassung und gruppiert die beiden Haupteigenschaften des Wals – Vortäuschen einer Insel, Verschlingen kleinerer Fische mit seinem großen Maul – in umgekehrter Reihenfolge. Durch eine Ansammlung von Wasserpflanzen (*særyrica mæst*; W, V. 10/2) fingiert das Tier den Bewuchs einer festen Insel, sodass Seeleute vor Anker gehen, ihr Lager auf dem Rücken aufschlagen und sogar Feuer machen (W, V. 9–31/1). Doch vermenschlicht der Verfasser den Wal, denn das Lebewesen ist *geübt im Verrat* (*facnes cræftig*; W, V. 24/2). Dieser Betrug aber entspricht dem Verhalten böser Geister (*scealcum*, vgl. »Schalk«) und Erscheinungen (*scinna*; W, V. 31). Der Wal betört die anderen Fische durch einen seinem Maul entströmenden Duft und lockt sie so zu sich, um sie zu fressen: *Schnell schwimmen sie* [die Fische] *dorthin, wo der süße Duft / hervorkommt. Sie strömen hinein, / in gedankenloser Schar, bis das mächtige Maul / gefüllt ist; dann plötzlich / klappen über der Beute zusammen die grausamen Kiefer*[152] (W, V. 57–62/1). Dies entspricht dem Verhalten des Menschen, der sich von der Süße des Diesseits, seiner Unbeständigkeit blenden lässt, darüber das geistige Leben vernachlässigt und Gefahr läuft, hinter den Pforten der Hölle, dem *grausamen Kiefer* (W, V. 76), auf immer zu verschwinden (W, V. 65–80).

Der Lebenssphäre eines Seemannes unmittelbar entnommen und seine Gefühle stark berührend ist dabei die Tatsache, dass der Wal Schiffsbesatzungen in die Tiefe reißt. Dies spricht, im Unterschied zum griechischen »Physiologos«, wo dies nur einmal der Fall ist, der altenglische Autor vor dem Fressverhalten des Wals immerhin an zwei Stellen an (W, V. 29–30; 48/2–49). Diese Kombination von Täuschung und Tod, das vermeintlich Sichere im schwankenden Meer bzw. im unbeständigen Leben, sollte den Leser jedoch aufs Höchste beunruhigen und ihn umso mehr den Gegensatz zur Festigkeit und zum Halt in Gott erkennen lassen. Dies hatte, wie gesehen, der Verfasser des Gedichtes »The Wanderer« mit der Formel: *Trost beim Vater im Himmel, wo uns all unsere Sicherheit* (*fæstnung*) *steht* (»Wanderer«, V. 115), auch terminologisch auf den Punkt gebracht.

Über die Wertung des Wales erhält also auch die *Walstraße*, das Meer, seine negative Bedeutung als Ort der spirituellen Negativität und des Todes. So kann die Seefahrt aber auch zur Jenseitsreise werden.[153]

Ihr religiös-transitorischer Aspekt, die See dabei als Übergangsort vom Leben zum Tod gesehen, hat neben unserer »Elegie« in der altenglischen Literatur einen prominenten Platz im Zusammenhang mit der Schilderung der Bestattung des Dänenkönigs Skyld im Beowulf-Epos (»Beowulf«, V. 28–49/1): Nach dem Ableben des Herrschers bringen ihn seine *lieben Gefährten* (*swæse gesithas*) ans Meeresufer, legen ihn zusammen mit Beigaben und Zeichen seines sozialen Ranges (einem goldenen Banner) in sein Schiff, das daraufhin aufs Meer hinaustreibt (»Beowulf«, V. 48/2–49/1).

Eine altnordische Variante bezüglich des Hinaustriftens auf See liefert die um 1250 in der heute überlieferten Form entstandene Völsungensaga. Hier tritt der namentlich nicht genannte Odin in seiner Funktion als Todesgottheit auf, indem er den toten Sinfjöti, den Sohn Sigmunds (und Stiefbruder Sigurds), in einem Boot über einen Fjord übersetzt, *und alsbald entschwand das Schiff dem Sigmund aus den Augen und auch der Mann* (gemeint ist Odin).[154] Odin ist hier nicht der Geleiter einer immateriell oder feinstofflich gedachten Seele, sondern er führt den Körper weg, jedoch – dies ist als Unterschied zu einer Seelenfahrt über die hohe See zu beachten – nur über ein relativ schmales Gewässer. Allerdings spezifiziert der Autor nicht, ob Sinfjöti ans andere Ufer des Meeresarmes gebracht oder den Fjord entlang doch auf die See hinausgefahren wird.

Eine Akzentverschiebung im Hinblick auf die Behandlung des Leichnams findet sich im Mythos von Balders Bestattung. Er selbst, seine Frau Nanna sowie der Zwerg Litr werden auf seinem Schiff HRINGHORNI, nachdem dieses unter Schwierigkeiten zu Wasser gelassen worden war, in Ufernähe verbrannt.[155] Quelle für diesen Bericht ist die um 986 entstandene »Husdrapa« des Skalden Ulfr Uggason. Dieses Gedicht ist seinerseits die literarische Umsetzung einer bildlichen mythologischen Darstellung in Schnitzwerk im isländischen Gehöft Hjartharholt, von der die »Laxdælasaga«[156] knapp berichtet. Ulfr Uggasons Werk selbst ist nur in Ausschnitten, darunter aber Teilen des Berichtes von Balders Bestattung, in der Snorra-Edda in der »Skáldskaparmál«[157] erhalten. All diese Schiffe haben jedoch eine andere Funktion als das im eschatologischen Kontext von Ragnarök stehende Schiff *Nagelschiff/Naglfar*[158], das die Muspellsöhne zu ihrem Kampf gegen die Götter transportiert.[159]

Das Ziel der Reise über das Meer, der Ort des Aufenthalts zumindest der genannten Toten ist jedoch keine wie auch immer geartete »Insel der Seligen« im antiken Sinn. Balders Aufenthaltsort ist die unter dem Land gelegene Hel, die Unterwelt. In diese gelangt er nun nicht per Schiff, sondern zu Pferde über die Brücke am Unterweltfluss Gjöll, wobei man sich unter Umständen die beiden Fahrten aber zeitlich parallel gedacht haben mag, unbeschadet der Tatsache, dass die Seelenbrücke selbst vermutlich auf ein Motiv christlicher Visionsliteratur zurückgeht.[160] Die Frage, ob der Ase nun irreversibel in Hel verweilt, ist uneinheitlich zu beantworten. Nach dem Gylfaginninga-Mythos[161] ist sie zu bejahen mit der Begründung, dass eine Rückkehr wegen der Weigerung der Riesin Thöck, um Balder zu weinen, unmöglich sei. Demgegenüber weiß die in ihrer Eschatologie stark christlich beeinflusste »Völuspa« um eine Wiederkehr Balders nach dem Weltuntergang.[162] Dogmatisch verbindliche und die Mythenfassung harmonisierende Lehren hat es eben nicht gegeben.

Das Problem des Leib-Seeleverhältnisses ist nun bei all diesen Erzählungen zwar virulent, wird allerdings nicht systematisch behandelt. Der Körper jedenfalls ist durch die Lagerung auf dem auf die See hinaustreibenden Schiff mobil, das unterscheidet die Erzählungen von den archäologisch fassbaren, auf räumliche Permanenz angelegten Bootsbestattungen, selbst wenn man annehmen sollte, dass sich die Seele der dort Beerdigten auf einem ebenfalls immateriell gedachten Seelenschiff auf den Weg ins Jenseits macht. Zudem sind Balders Tod und Bestattung auch insofern Sonderfälle, als der Protagonist als Ase immerhin an einem Ort weiterexistieren muss, an dem die durch Alter und Krankheit Verstorbenen verweilen.

2.2 Klimatische Symbolik

V. 9–33: Kälte, Eis, Hagel, Schnee und Sturm[163] gehören zum Merkmalsrepertoire des Leidens des Seemannes in unserer Elegie. Dieser Motivkomplex ist nicht nur Naturschilderung, sondern er hat christlichen Symbolwert[164], wobei sich der Autor allerdings auch an nicht kanonischen biblischen Schriften, der apokryphen Literatur, orientierte. So spielt etwa die Henoch-Vision eine besondere Rolle:[165] Henoch sieht im Norden *drei offene Himmelstore am Himmel; durch jedes derselben kommen Nordwinde hervor. Wenn sie wehen, gibt es Kälte, Hagel, Reif, Schnee, Tau und Regen. [2] Aus dem einen Tor wehen sie zum Guten; wenn sie aber durch die zwei anderen Tore wehen, geschieht es mit Heftigkeit, und es kommt danach Not über die Erde, wenn sie heftig wehen.*[166]

Im angelsächsischen Milieu schließlich ist eine Schilderung bei Beda Venerabilis angesiedelt. Das dort beschriebene Nahtod-Erlebnis eines Mannes aus Northumbria umfasste unter anderem die Vision des Purgatoriums. Es ist ein Tal von großer Breite, Tiefe und Länge, auf der einen Seite lodern Flammen, auf der anderen herrschen Frost, Hagelstürme und Schnee.[167] Dazwischen flattern die Seelen voller Leid und suchen Linderung vor dem jeweils anderen Zustand. Die Schilderung der widrigen Wetterumstände im Allgemeinen, vor allem Dunkelheit, Kälte und eisiger Niederschlag, ist in jedem Fall die Beschreibung der diesseitigen unvollkommenen Welt nach dem Sündenfall, denn vor diesem sah das Paradies gänzlich anders aus. Die altenglische Genesis-Lyrik brachte dies in der Klage Adams zum Ausdruck. Hier heißt es: *How shall we two* [Adam und Eva] *live now or exist in this land, if the wind comes here from west or east, from south or north? A dark cloud will rise up a shower of hail touching the sky; frost will advance in its midst, which is intensely cold.*[168] Knapp 600 Verszeilen zuvor werden das heitere Wetter, der mangelnde Regen betont, doch das Land ist fruchtbar.[169]

Als Beleg für die Belesenheit des Verfassers der Elegie jedoch auch in heidnischer Literatur sei schließlich zum einen auf eine vermutliche Nachahmung aus Ovids »Tristia« (43 v. Chr. – 18 n. Chr.; Tristien nach 8 n. Chr.) hingewiesen. *Wem es an Land sehr gut geht, ahnt nicht, / wie ich Armseliger auf eiskalter See / den Winter verlebte wie ein Verbannter / ohne liebe Verwandte / mit Eiszapfen behangen*[170] (*bihongen hrimgicelum*; V. 13–17) könnte beinahe als Zitat des römischen Dichters gelten: *saepe sonant moti glacie pendente capilli, et nitet inducto candida barba gelu.*[171] Auch bei diesem ans Schwarze Meer nach Tomi verbannten Autor ist die kalte Witterung Ausdruck für die innere Trauer und Verzweiflung über das Exil, zudem für die Angst vor den Überfällen transdanubischer Völkerschaften.[172] Zum anderen finden sich die Eiszapfen am Bart bei dem Satiriker Martial[173], mit der ironisierten Warnung vor den unangenehmen »Winterküssen« eines Linus, [...] *denn man sieht in langen / Zapfen Eis von deiner Hundeschnauze hangen.*[174]

»Frostig«, d.h. im Alter erstarrt, endet also das irdische Leben des Menschen (V. 80/2–96), wodurch unser Autor wieder den anfänglichen Gedanken des klimatischen Bildes aufgreift[175] und sich heilsgeschichtlich auch an zeitgenössischen Weltalterkonzepten orientiert:[176] *Dann kann der Körper, wenn ihm das Leben verlorengeht, / weder etwas Süßes essen noch Leid fühlen / weder eine Hand rühren noch mit dem Verstand* (*hyge*) *denken* (V. 94–96). Terminologisch bezieht sich der Autor in dieser Beschreibung der Unbeweglichkeit des Körpers und des Geistes mit *hyge* wieder auf V. 58, wo sich dieser Wesensteil des Menschen aus den körperlichen Fesseln löst und sich auf die Pilgerschaft über das Meer begibt. Hier ist dieser Teil der Persönlichkeit jedoch als hoch mobil geschildert. Am Ende des Lebens verhärtet sich *hyge* freilich, fällt dem allgemeinen Alterungsprozess des Individuums und der Welt, an deren Ende sich der Autor sieht[177], anheim, wird unbeweglich; ein Motiv, für das es neben pagan-antiken Vorbildern auch frühmittelalterliche Parallelen, die auf jenen aufbauen, gibt.[178]

Die zunehmende Teilnahmslosigkeit und Starre im Hinblick auf das physische Sensorium steht dabei einerseits in Opposition zu einer Haltung des Gleichmuts den Fährnissen des Lebens gegenüber, die in den V. 108–116 entwickelt wird (s.o.), denn solch stoische *apatheia* meint eben eine aus Einsicht in die Welt gewonnene abgeklärte, sich emotional auf die Wechselfälle des Lebens nicht mehr einlassende Einstellung. Hier ist entsprechendes Gedankengut, vor allem in der Vermittlung durch Boëthius' (ca. 480–524) »Consolatio Philosophiae« eingeflossen, und die Kühle und Abgeklärtheit gegenüber dem Leid im Geist wendet den Frost und die Kälte des Körperlichen ins Positive. Andererseits erscheint dies ebenso wie eine Absage an ein Werte- und

Handlungskonzept, das (altisländisch) *mothr*/(althochdeutsch) *muat* sowie gleichzeitig (altisländisch) *hugr*/(althochdeutsch) *hugu* beschwört. Die Bedeutung beider Begriffe hat Heinrich Beck zusammengefasst. Ersterer ist *als Ausdruck der affektiven Haltung, die sich in äußerer Bewegung und physischem Bewegtsein äußert*, zu definieren, der zweite *als Ausdruck der kognitiven Haltung, reizbar zur raschen und großen Tat, auch auf Kosten von Klugheit und Weisheit*.[179] Beides – triebhafter, vitaler Affekt in Kombination mit reizbarem Intellekt – charakterisiere die »germanische Heldenethik«.[180]

Akzeptieren wir diese Analyse, so ergibt sich daraus auch für die Deutung des »Seafarer« als »Heimkehrlyrik« ein wichtiger Aspekt, der sie neben dem bisher Festgestellten nicht nur in eine mentalitätshistorische Entwicklung einordnen lässt, sondern diese Entwicklung selbst zum Gegenstand einer reflektierenden »mentalitätshistorischen« Betrachtung macht. Denn wenn nun Affekt und reizbarer Intellekt aufhören, ihre verhaltenssteuernde Bedeutung im Einzelleben zu haben, dann haben sie dies letztlich auch im kollektiven Zusammenhang. Plakativ formuliert: Die alte Heldenethik ist tot. Sie verführt den Menschen, sodass er in den Stürmen der Zeit untergeht, seinen wirklich sicheren Hafen verkennt und nicht ansteuern kann.

3. Zusammenfassung

Das Gedicht »The Seafarer« ist eine an der Lebenswirklichkeit einer seefahrenden und entsprechend erfahrenen Bevölkerung orientierte und diese benutzende muttersprachliche Literatur des Frühen Mittelalters. In ihr führen nicht nur verschiedene Motiv- und Überlieferungsstränge der nichtchristlichen und christlichen Antike sowie der keltisch-irischen Vorstellungswelt additiv zusammen. Dem Verfasser gelingt es, durch die Schaffung verschiedener Abstraktionsebenen, die die so unterschiedlichen Gedichtteile dennoch sehr eng miteinander verschränken, ein kompliziertes Gefüge zu erstellen, in dem Bilder und Symbole des Maritimen einen in der altenglischen und europäischen Literatur der Zeit hervorragenden Platz einnehmen.

Entsprechend der Vielfalt der Bedeutungsebenen war auch für den zeitgenössischen Leser/Hörer ein unterschiedlicher Zugang zum Text möglich und vielleicht auch beabsichtigt. In Analogie zur genannten heidnisch-antiken Literatur kann man den »Seafarer« auch, trotz formaler Bedenken – u.a. Ich-Erzählung –, als christlichen »Periplus« lesen, als eine Seefahrt, nach der die Seele nach den Stürmen und Gefahren des Scheiterns, des immer die Existenz bedrohenden Unterganges des diesseitigen Lebens auf dem Meer, so sich der Mensch durch sein Handeln auch um dieses bemüht, in den sicheren Heimathafen bei Gott einläuft. Caesarius von Arles hatte dies so formuliert: Den Hafen der Reue, nachdem die Wogen der Sünden besiegt sind, unter der Steuermannschaft Christi eilends anzulaufen, ist Ziel des Christen.[181]

Literatur:

Abeydeera, A.: The factual Description of a Sea Route to India and Ceylon by a Greek Master Mariner from Roman Egypt. In: DSA 19, 1996, S. 187–216.

Alexander, M.: The Earliest English Poems. Translated and introduced by Michael Alexander. London ³1991.

Bauer, J.B., Hutter, M., und Felber, A.: Lexikon der christlichen Antike. Stuttgart 1999.

Beck, H.: Zur Ethik des germanischen Heldenliedes. In: Münchener Beiträge zur Völkerkunde 1. (= Festschrift für Lázló Vajda). München 1988, S. 25–32.

Bierbrauer, V.: Kreuzfibeln und Tierfibeln als Zeugnisse persönlichen Christentums. In: Gelichi, S. (Hrsg.): L'Italia altomedievale tra archeologia e storia. Festschrift für Otto von Hessen. Padova 2005, S. 55–77.

Breuer, R., und Schöwerling, R. (Hrsg., Übers.): Altenglische Lyrik. Englisch-deutsch. Stuttgart ²1981.

De Paor, L.: The Monastic Ideal: A Poem attributed to St Manchán. In: De Paor, L.: Ireland and Early Europe. Essays and Occasional Writings on Art and Culture. Dublin 1997.

Erichsen, J., und Brockhoff, E. (Hrsg.): Kilian – Mönch aus Irland, aller Franken Patron. (= Veröff. z. Bayerischen Geschichte und Kultur 19, 1989; Aufsatzband). München 1989.

Goldsmith, M.E.: The Seafarer and the Birds. In: Review of English Studies, N.S. 5, 1954, S. 225–235.

Green, M. (ed.): The Old English Elegies. New Essays in Criticism and Research. London 1983.

Greenfield, St.B.: Hero and Exile: The Art of Old English Poetry. London 1989.

Haywood, J.: Dark Age Naval Power. A Re-assessment of Frankish and Anglo-Saxon Seafaring. London, New York 1991.

Herrmann, P.: Isländische Heldenepen. Island Sagas. (= Slg. Thule 21). Jena 1923. Nachdruck München 1995.

Hofmann, W. (Hrsg., Übers.): Epigramme. Martial. Frankfurt 2000.

Kautzsch, E.: Die Apokryphen und Pseudoepigraphen zum Alten Testament. Hildesheim, New York 1975.

Klinck, A.L.: The Old English Elegies. A Critical Edition and Genre Study. London 1992.

Kytzler, B. (Hrsg., Übers.): Horaz – Oden und Epoden. Lateinisch-deutsch. Stuttgart 1978.

Leslie, R.: The Meaning and Structure of The Seafarer. In: Green 1983, S. 96–122.

Mandel, J.: Alternative Readings in Old English Poetry. (= American University Studies, series IV, vol. 43). New York, Bern, Frankfurt, Paris 1987.

Meid, W.: Die irische Literatur des 7. bis 12. Jahrhunderts. In: von See, K. (Hrsg.): Europäisches Frühmittelalter. (= Neues Handbuch der Literaturwissenschaft, Bd. 6). Wiesbaden 1985, S. 125–150.

Nelson, M.: On "Resignation." In: Green 1983, S. 133–147.

Neville, J.: Representations of the Natural World in Old English Poetry. Cambridge 1999.

Ó Cróinín, D.: Zur Frühzeit der irischen Mission in Europa. In: Erichsen/Brockhoff 1989, S. 49–55.

Ó Fiaich, T.: Irische Geistliche auf dem europäischen Festland. In: Erichsen/Brockhoff 1989, S. 17–27.

Pheifer, J.D.: The Seafarer 53–55. In: Review of English Studies, N.S. 16, 1965, S. 282–284.

Simek, R.: Lexikon der germanischen Mythologie. Stuttgart ²2006.

Simek, R., und Pálsson, H.: Lexikon der altnordischen Literatur. Stuttgart 1987.

Simrock, K.: Die Edda, die ältere und jüngere nebst den mythologischen Erzählungen der Skalda. Stuttgart ⁸1882. Nachdruck hrsg. von Stange, M.: Götterlieder, Heldenlieder und Spruchweisheiten der Germanen. Wiesbaden 2004.

Singer, D.: Die Vögel Mitteleuropas. Stuttgart ²1997.

Smithers, G.: The Meaning of "The Seafarer" and "The Wanderer." In: Medium Aevum 26, 1957, S. 137–153; 28, 1959, S. 1–22 u. 99–104 (Appendix).

Sollbach, G.: St. Brandans wundersame Seefahrt. Frankfurt 1987.

The Anglo-Saxon Chronicles. M. Swanton (ed., transl.). London 2000.

Tristram, H.C.L.: Sex aetates mundi. Die Weltzeitalter bei den Angelsachsen und Iren. Untersuchungen und Texte. Heidelberg 1985.

von Padberg, E.L.: Die Christianisierung Europas im Mittelalter. Stuttgart 1998.

Weber, G.W.: Altenglische Literatur. Volkssprachliche Renaissance einer frühmittelalterlichen christlichen Latinität. In: von See, K. (Hrsg.): Europäisches Frühmittelalter. (= Neues Handbuch der Literaturwissenschaft, Bd. 6). Wiesbaden 1985, S. 277–311.

Whitelock, W.: The Interpretation of the Seafarer. In: Early Cultures of the North West Europe. H.M. Chadwick Memorial Studies. Cambridge 1950, S. 261–272.

Würth, S. (Hrsg., Übers.): Isländische Antikensagas. Bd. 1. München 1996.

Anmerkungen:

1 Klinck, S. 20.

2 Die Literatur zum »Seafarer« ist äußerst umfangreich, sodass an dieser Stelle nur die wichtigste zitiert und kommentiert werden kann. Einsteigender Überblick bei Klinck, S. 354–360.

3 Vgl. zu den archäologischen Zeugnissen Haywood, S. 62–75.

4 »De excidio Trojae Historia«, cap. 43: *Aeneas cum suis omnibus navibus proficiscitur* (*Aeneas brach mit all den Seinen auf Schiffen* [von Troja] *auf*). Die Beliebtheit des Themas belegt auch die am Anfang oder um die Mitte des 13. Jahrhunderts entstandene altnordische Übertragung des Dares Phrygius in die »Trójumanna saga«; vgl. Simek/Pálsson, S. 371f.

5 Z.B. auch in der gelehrten historischen Selbstvergewisserung der Franken, wie sie beispielsweise in der während der ersten Hälfte des 8. Jahrhunderts verfassten »Gesta regum Francorum« deutlich wird.

6 »Historia Brittonum«, cap. 10–11. Diese Ansicht rekapitulierte auch noch im 12./13. Jahrhundert auf Island die »Breta saga« (Die Saga von den britischen Königen); vgl. Würth, S. 55–142, v.a. S. 61–68, die sich auf Geoffrey von Monmouths »Historia regum Britanniae«, 3 u.ö., stützt.

7 »Historia Ecclesiastica gentis Anglorum« (im Folgenden: Hist. Eccl.) I, 14.

8 Hist. Eccl. I, 15. Dies konnte im Sinne Gildas, »De excidio«, 23, auch als göttliche Strafe gesehen werden.

9 Vgl. Haywood, S. 75–77, und den Hinweis, dass es bis ins 9. Jahrhundert kaum einschlägige historische Quellen für die angelsächsische Schifffahrt gibt.

10 Hist. Eccl. I, 15. Die Möglichkeiten und Grenzen der archäologischen Aussagen zu diesen Prozessen, ihr Verhältnis zu den historischen Fakten an sich, sind hier nicht zu diskutieren. Es kommt in erster Linie auf die Funktion im Rahmen der historischen und kulturellen Selbstvergewisserung frühmittelalterlicher Eliten an. Die Duplizität der Gründungsheroen findet sich auch bei den Mythen der Langobarden. Hier waren es zwei Männer namens Ibo und Aya, die aus der übervölkerten »Urheimat« aufbrachen, um Siedlungsräume zu erschließen (Paulus Diaconus: »Hist. Langobardorum« I, 3).

11 Die Namens- und Ortsangaben folgen den in The Anglo-Saxon Chronicles, S. 54 angegebenen parallel überliefernden englischen Quellen.

12 Angeblich gingen den Wikingern 120 Schiffe verloren.

13 Anglo-Saxon Chronicles, ad annum.

14 Der stimmhafte und stimmlose dental-apikale Laut ist aus drucktechnischen Gründen mit »th« wiedergegeben.

15 Altengl. Text und dt. Übersetzung: Breuer/Schöwerling, S. 20–27. Die hier vorliegenden dt. Übersetzungen stammen, sofern nicht anders gekennzeichnet, vom Verf., oftmals jedoch in naher Übereinstimmung mit der von Breuer und Schöwerling. Vgl. außerdem: Klinck, S. 79–83 mit Kommentar.

16 Weber, S. 298–302.

17 Mandel.

18 Weber, S. 299.

19 Mandel, S. 191, und Neville, S. 204, die stattdessen die Einbindung in das System »Literatur« betont.

20 Leslie, S. 118.

21 Zum Diskurs hierüber vgl. Leslie, Mandel, Klinck.

22 Vgl. zum Thema allgemein Goldsmith, deren Aufsatz mir jedoch leider nicht zugänglich war. Vermutlich *Cygnus cygnus*. Kommt im Winterhalbjahr an der Nord- und Ostseeküste vor.

23 Ob mit der Wortkonstanz von altengl. *ganet* zu neuengl. *ganett* auch eine Sach- und Bedeutungskonstanz vorliegt, ist allerdings nur Vermutung. Es könnte sich dann um *Sula bassana* – den Basstölpel – handeln; vielleicht aber auch um einen Vertreter der Familie der *Anatidae*, mit Ausnahme der Gattung *Cygnus* (Schwan), vielleicht *Brantiden* oder *Anseriden*.

24 Vermutlich *Numenius phaeopus* oder *N. arquata*. Lebensraum außerhalb der Brutzeit sind vorwiegend Watt bzw. Steilküsten. Vielleicht aber auch *Fulmarus glacialis* (Eissturmvogel). Der altengl. Begriff *huilpe* ist vermutlich lautmalerisch und ahmt den flötenden und trillernden Vogelruf »tlüie«, »chrüie« bzw. »güi-güi-güi« von *Numenius arquata*, dem Großen Brachvogel, nach. Vgl. auch die neuengl. Bezeichnung *curlew* zu »chrüie«; Singer, S. 195.

25 Entweder *Sterna caspia* oder *Gelochelidon nilotica*. Vorkommen u.a. an Flachküsten der Nordsee.

26 Klinck, S. 129.

27 Ebd.

28 *Hallaeetus albicilla.*

29 Nicht im Sinne der »zwei dramatischen Stimmen« bei Pope, J.C.: Dramatic voices in The Wanderer and The Seafarer. In: Franciplegius. Medieval and Linguistic Studies in Honor of Francis Peabody Magoun, Jr. Ed. by Bessinger, J.B., and Creed, R.P. New York 1965, S. 164–193, hier S. 180. Dazu Greenfield, St.B.: Min, sylf, and dramatic voices in The Wanderer and The Seafarer. In: Greenfield, S. 161–169, v.a. S. 164: Es handelt sich nicht um *dramatis personae*, sondern um *figures for a way of life*.

30 Hier (V. 43/1) ist mit *Herr* (*dryhten*) eindeutig Gott gemeint. Im Unterschied zum diesseitigen Herrscher (ebenfalls *dryhten*; V. 41/2), der seine Gefolgsleute mit diesseitigen Gütern versorgt. Vgl. dazu Greenfield: Attitudes and Values in The Seafarer. In: Greenfield, S. 155–160, v.a. S. 150.

31 Mandel, S. 86.

32 Mandel, S. 191. Dennoch finden sich auch im ersten narrativen Teil durchaus verallgemeinernde Erfahrungsmitteilungen, z.B. V. 39–42: *Kein Mensch auf Erden, ..., dass er vor einer Seereise keine Angst hätte*; V. 55/2–57: *Der Krieger weiß nicht, / der im Wohlstand lebende Mann, was die erdulden, die die Wegspuren (wræclastas) der Verbannung am weitesten legen.*

33 Vgl. auch die einschlägigen Stichworte »Sea, Snow, Storm, Hail, Season, Summer, Winter« bei Neville.

34 Vgl. Mandel, S. 189.

35 Leslie, S. 97.

36 Neville, S. 21.

37 Neville, S. 204 u. 206.

38 Hier liegt der Schwerpunkt auf den Maritima. So werden Anspielungen und Bezüge zu Bibel und Kirchenvätern etwa bei dem Motiv des Wohllebens an Land nicht weiter verfolgt. Dies gilt auch bei Querbezügen auf andere altenglische Stücke, etwa den »Wanderer« und »The Ruin« mit ihren Motiven der alternden Welt.

39 Abeydeera, S. 187–215.

40 »Aeneis« 1, 81–123.

41 »Aeneis« 1, 1–4: *Arma virumque cano, Troiae qui primus ab oris / Italiam fato profugus Laviniaque venit / litora, multum ille [Aeneas] et terris iactatus et alto / vi superum.*

42 »Aeneis« 1, 31–32: *Multosque per annos / errabant acti fatis maria omnia circum.*

43 »Aeneis« 3, 11–12: *Feror exsul in altum / cum sociis natoque penatibus at magnis dis.*

44 Übersetzung: Breuer/Schöwerling.

45 V. 65.

46 Tertullian, »De baptismo« 9,4.

47 1 Petr 3, 20.

48 Cap. 12.

49 »De mortalitate« 26. Dazu Smithers, S. 2.

50 Mt 8, 23–27. Parallelüberlieferung Mk 4, 35–41; Lk 8, 22–25.

51 Mt 14, 22–33; Mk 6, 45–52; Joh 6, 15–21.

52 Für das Folgende: Weber, U.: Schiff (Stichwort). In: Lexikon der Christlichen Ikonographie, Bd. 4, Sp. 61–67,

v.a. Sp. 61–63 mit Quellennachweisen und weiterführender Literatur; Petrus Chrysologos, »Sermones« 20; Pseudo-Ambrosius, »Sermones« 46, 4, 10; außerdem: Smithers, S. 3f.

53 Augustinus, »Sermones« 252A, 2. Vgl. z.B. Bauer/Hutter/Felber, S. 329.

54 Mt 8, 23–27; Mk 4, 35–41; Lk 8, 22–25.

55 Origines, »Josua-Homilie« 19, 4.

56 Hippolytus, »De antichristo« 59; »Epistulae Clementis ad Jacobum« 14, 15.

57 Ambrosius, »De virginitate« 18, 118.

58 Übersetzung: De Paor, S. 167.

59 Leslie, S. 111.

60 1 Tim 1, 19.

61 Übersetzung Breuer/Schöwerling.

62 Mt 6, 13

63 Vgl. Leslie, S. 110.

64 Offb 3, 1–3 auf die Gemeinde bezogen. Als Appell an den Einzelnen u.a. 1 Kor 16, 13. V.a. Mk 14, 38 mit der Aufforderung zu wachen, zu beten, damit der Versuchung kein Raum geboten wird.

65 Apg 27, 14–44.

66 Whitelock.

67 Übersetzung: Breuer/Schöwerling.

68 Smithers, S. 145–148 u. 151.

69 Klinck, S. 37.

70 Klinck, S. 134.

71 Gen 12, 1.

72 Die ihrerseits z.T. der spätantiken Heiligenvitentradition der christlichen Wüstenasketen verpflichtet sind. Orlandi, G.: Navigatio Sancti Brendani (Stichwort). In: Lexikon des Mittelalters, Bd. 6, Sp. 1063–1066. – Unter den irischen Analogien zu Brendans Reisebeschreibung ist v.a. »Immram Curaig Maíle Dúin« (»Ruderfahrt des Bootes von Maél Dúin«) aus dem 10. Jahrhundert zu nennen.

73 Cap. 1. Diese Aufforderungspassage ist nicht in allen nichtlateinischen Fassungen der »Navigatio« enthalten; so auch nicht in der mittelhochdeutschen, die der Übersetzung von Sollbach zugrundeliegt. Sollbachs Vorlage war der um 1460 entstandene, in der Universitätsbibliothek Heidelberg aufbewahrte Sammelkodex Cod. Pal. Germ. 60. Die Kapitelanordnung und der -umfang weichen in der muttersprachlichen Ausgabe z.T. von der lateinischen Version ab, die hier als maßgeblich, weil ursprünglich, benutzt wird.

74 Weber, S. 301.

75 Vgl. Smithers, S. 2.

76 Cap. 27.

77 Vor dem Hintergrund irischer Tarifbußpraxis war die Strafe der Entfernung von Clan und Insel eine der härtesten. Vgl. von Padberg, S. 67.

78 Vgl. den Essay von Ó Fiaich, S. 17.

79 Vgl. Ó Cróinín, S. 49: *Heiric von Auxerre* [geb. 841, gest. nach 875. Gelehrter. Befasste sich mit irisch-theologischem und kontinentalem profanem und theologischem Schrifttum] *zeichnet ein noch dramatischeres Bild* [als Walafrid Strabo in seiner »Vita Sancti Galli«] *von Irland, aus dem fast das ganze Volk, den Gefahren des Meeres zum Trotz, mit seinen zahlreichen Philosophen an unsere Küsten* [Frankreich] *ziehen.*

80 Phil 3, 20.

81 2 Kor 5, 6–7.

82 Breuer/Schöwerling, S. 10–19.

83 V. 96/2–104. Neuengl. Übersetzung: Nelson, S. 142.

84 Smithers, S. 145–147.

85 »Ennaratio in Psalmum« 125.

86 V. 815: Übersetzung Neville, S. 19, Anm. 1.

87 »Epistulae« (im Folgenden: Epist.) I, 12. Die negative Beurteilung der schwankenden und wechselnden Vorlieben auch in Epist. I, 80–93. Hier ist Langeweile der entscheidende Grund, bei Reich und Arm!

88 Epist. I, 12, 30.

89 Epist. I, 12, 27.

90 Übersetzung: Breuer/Schöwerling.

91 Übersetzung: Breuer/Schöwerling.

92 Migné PL 112, 995; Smithers, S. 150.

93 Zuletzt Mandel, S. 74.

94 *Lond* hat doppelte Bedeutung: Festland im Gegensatz zur See und diesseitige Erde als Kontrapunkt zum jenseitigen Himmel; vgl. Klinck, S. 139.

95 Breuer/Schöwerling, S. 47.

96 V.a. »Gylfaginning« 37–40, »Vafthruthnismál« 41, »Grimnismál« 18, 23, 25, 36; vgl. Simek S. 481–483.

97 Vgl. auch Mandel, S. 91.

98 Variae 7, 8.

99 Bierbrauer, S. 65.

100 V. 3169.

101 Vgl. Klinck, S. 139 mit Bezug auf Goldsmith, S. 234.

102 »Etymologiarum sive originum libri« (im Folgenden: Etym.) XII, 7, 18–19: *Cygnus autem a canendo est appellatus, eo quod carminis dulcedinem modulatis vocibus fundit...* [19]... *Nautae vero sibi hunc bonam prognosim facere dicunt, sicut Aemilius ait: Cygnus in auspiciis semper laetissimus ales; hunc optant nautae, quia se non mergit in undas.*

103 »Wanderer«, 45–48.

104 Vgl. auch Klinck, S. 129, die sich dafür ausspricht.

105 Ursprünglich eine Sammlung von Tierbeschreibungen und -allegorien aus hellenistischer Zeit (3.–2. Jahrhundert v. Chr.), wurden diese schon in den ersten Jahrhunderten n. Chr. christlich umgedeutet.

106 Cap. 33.

107 Eph 5, 14.

108 Phys. Cap. 33b.

109 Cap. 6.

110 Und wohl auch durch die nicht explizit genannte Taufe.

111 Kol 3, 9.

112 Gylfaginning 16.

113 Völsunga 49.

114 Welche Familie – *Stercorariidae, Laridae* – oder gar welche Gattungen und Art gemeint sind, muss offen bleiben.

115 HwdA 6, Sp. 596f.

116 HwdA 1, Sp. 1486f.

117 Klinck, S. 268–279.

118 Strophe 1.

119 Strophen 2–3.

120 Strophen 4–7, v.a. 6.

121 Strophen 11–16.

122 Strophe 13: *Noisy are the birds, wet the shingle. The leaves fall; the exile is dejected. I do not deny it, I am sick tonight.*

123 Strophen 17–18.

124 Strophe 30.

125 Vgl. auch Mandel, S. 101 (Anm. 20) mit Bezug auf Pheifer, S. 283.

126 Leslie, S. 106f.

127 Zur gelehrten ornithologisch-naturwissenschaftlichen Auseinandersetzung im Mittelalter Hünemörder, C.: Kuckuck (Stichwort). In: Lexikon des Mittelalters, Bd. 5, Sp. 1559.

128 Pokorny, J.: Altkeltische Dichtungen. Bern 1944, S. 43. Hier zit. nach Meid, S. 135. Siehe auch oben »Claf Abercuawg«, Strophen 4–7.

129 Neville, S. 37.

130 V. 20/2–25. *Er selbst* [der Mann] *hieß nun dir / freudig sagen, dass du die Seereise antreten mögest, / sobald du am Rand der Klippe / den traurigen Kuckuck im Hain hast rufen hören. / Dann lass dich nicht an der Reise hindern, / vom Weg abgehalten durch irgendeinen Menschen* (Übersetzung: Breuer/Schöwerling, S. 45).

131 HwdA 5, Sp. 713f.

132 Vgl. zusammenfassend Klinck, S. 139.

133 Smithers, S. 137–140, v.a. S. 138. Andere Beispiele: *Valföthr, Valgautr* (Beinamen Odins), *Valglaumnir* (Totenfluss), *Valgrind* (Totenzaun um Hel); vgl. Simek, S. 67.

134 Klinck, S. 139.

135 Stellennachweis für die Elegien: Klinck, S. 458.

136 Klinck, S. 139.

137 So Breuer/Schöwerling und Klinck. Die Übersetzung von Alexander, S. 52–54, v.a. S. 53, setzt dies ebenfalls voraus.

138 Klinck, S. 139.

139 »Liber monstrorum de diversis generibus«.

140 »De mirabilibus mundi«, LII: *Indica maria balaenas habent ultra spatia quattuor iugerum, sed et quos physeteras nuncupant. Qui enormes supra molem ingentium columnarun ultra antemnas se navium extollunt haustosque fistulis fluctus ita eructant, ut nimbosa adluvie plerumque deprimant alveos navigantium.*

141 »Navigatio Sancti Brendani Abbatis« (im Folgenden: Nav.), Cap. 11.

142 Nav., Cap. 35.

143 Jona 2, 1.

144 Mt 12, 40.

145 Gen 1, 21.

146 Etym. XII, 6, 7: *Ballenae autem sunt inmensae magnitudinis bestiae, ab emittendo et fundendo aquas vocatae; ceteris enim bestiis maris altius iaciunt undas; BALLEIN enim Graece emittere dicitur.*

147 Etym. XII, 6, 8: *Cete dicta TO KETOS KAI TA KETE, hoc est ob inmanitatem. Sunt enim ingentia genera beluarum et aequalia montium corpora.*

148 Cap. 17.

149 Breuer/Schöwerling, S. 74–79.

150 Der griechische Begriff selbst meint wörtlich *Schildkrötenschild* (*aspis* = Schild; *chelōne* = Schildkröte) und bezieht sich wohl auf die gerundete Rückenform, die beim Schwimmen oberhalb der Wasseroberfläche zu sehen ist.

151 Breuer/Schöwerling, S. 167.

152 Übersetzung: Breuer/Schöwerling.

153 Auf die pagan-antiken Bezüge dieses Motivs, vor allem auf das des Unterweltflusses, ist hier nicht ausführlich einzugehen. Eine dieses Gewässer einbeziehende Klage über die Endlichkeit menschlicher Existenz findet sich bei Horaz, Oden II, 14: Keinem gelingt es, Pluton, den Unterweltsgott, zu besänftigen. *Er hält ja den dreifach gewaltigen Geryon* [ein dreiköpfiger Riese, der von Herakles besiegt wurde] *und den Tityos* [Sohn der Gaia, dem in der Unterwelt Geier die Leber zerfleischen] *mit jener düsteren Woge zurück, die wir alle, welche wir uns von der Erde Gabe nähren, befahren müssen, seien wir Könige, seien wir bedürftige Bauern*; Übersetzung: Kytzler.

154 Völsunga 10; Übersetzung: Herrmann. Odin taucht als Fährmann, jedoch ohne Todesvalenz, auch im »Harbarthsljod« auf.

155 Gylfaginning 49.

156 Laxdæla 29, Schluss.

157 Skáldsmál 8.

158 Trotz der schon zeitgenössischen Etymologie in Gylfaginning 51 vermutlich nicht von (Finger-)Nagel hergeleitet, sondern mit got. *naus* – tot – verwandt (Simek, S. 292f.). Beide Bedeutungen kombinierte man nach Gylfaginning 51 dahingehend, dass das Schiff aus den unbeschnittenen Fingernägeln der Toten gemacht war. Wenn am Ende der Zeiten genügend Baumaterial zusammen war, begann der Weltuntergang, *weshalb wohl die Warnung am Ort ist, dass wenn ein Mensch stirbt, ihm die Nägel nicht unbeschnitten bleiben, womit der Bau des Schiffes Naglfar beschleunigt würde, den noch Götter und Menschen verspätet wünschen*; Übersetzung: Simrock.

159 Völsunga 50–51; Gylfaginning 51.

160 Simek, S. 139. Zur mittelalterlichen Visionsliteratur allgemein Dinzelbacher, G.: Visionsliteratur (Stichwort). In: Lexikon des Mittelalters, Bd. 8, Sp. 1734–1739; zur altnordordischen Simek, R.: In: Lexikon des Mittelalters, Bd. 8, Sp. 1740; zur altenglischen Gleißner, R.: In: Lexikon des Mittelalters, Bd. 8, Sp. 1741f. – Zur Brücke vgl. den Visionsbericht in Gregor, »Dialogi de vita et miraculis patrum Italicorum« IV, 36. V.a. das vierte Buch dieser Schrift war für eschatologische Vorstellungen im Mittelalter maßgebend. König Alfred der Große fertigte eine altenglische Übersetzung an.

161 Gylfaginning 49.

162 Völsunga 60.

163 Zum stürmischen Meer als Allegorie für das diesseitige unbeständige Leben und die möglichen von Gott zugelassenen Anfechtungen siehe oben.

164 Vgl. Haas, J.: Realer und fiktiver Ort im altenglischen Gedicht »The Ruin«. In: Orbis Terrarum. Im Druck.

165 Henoch (aethiop.) 21,2–3. Zur Rolle der Apokryphen in der altenglischen Literatur vgl. etwa: Sauer, H.: Apokryphen (Stichwort). In: Lexikon des Mittelalters, Bd. 1, Sp. 764f. – Zu Eis, Schnee und Hagel und ihrer symbolisch-allegorischen Bedeutung im 9. Jahrhundert v.a. Rabanus Maurus, »De rerum naturis« 11 (17); Agobard, »Opera omnia« CCCM 52,1–16. Bibl. u.a.: Jes 30,30; Exod 9,18.22; Ps 18,13ff.; 105,32; Jos 10,11. Als Zeichen des Endgerichtes: Offb 8,7; 16,21.

166 Übersetzung: Kautzsch. Demgegenüber positiver gewertet: Gut ist »der Geist des Hagels« (49,17). Auch *der Schnee besitzt einen besonderen Geist; was daraus hervorgeht, ist wie Rauch und heißt Frost.* (49,18).

167 Hist. eccl. V, 12.

168 Genesis, V. 805–809. Übersetzung: Neville, S. 19, Anm. 1

169 Genesis, V. 212/2–215/1. Dazu Neville, S. 62.

170 Übersetzung: Breuer/Schöwerling (Anm. 14).

171 Tristia III, 10, 21f.

172 Tristia III, 4b; v.a. III,10.

173 Epigrammata 7,95

174 Übersetzung: Hofmann.

175 Weber, S. 301.

176 Vgl. Tristram.

177 Leslie, S. 114.

178 Z.B. Alkuin, »De rerum humanarum vicissitudine et clade Lindisfarnensis monasterii«. MGH I, »Poetae Latini Aevi Carolini« I, 229. Vgl. Smithers, S. 150.

179 Beck, S. 31.

180 Ebd.

181 Sermo LVI.

Anschrift des Verfassers:
Dr. Jochen Haas
Bürgermeister-Alexander-Straße 10
D-55122 Mainz

Observations on Nautical-Maritime Symbolism in the Old English Poem "The Seafarer"

Summary

An example of native-language literature of the early Middle Ages, "The Seafarer" is a poem based on a seafaring population's experiences and realities of life. In an additive manner, the work combines various motifs and strands of lore from non-Christian and Christian antiquity as well as from the Irish-Celtic tradition. The author moreover arrived at a complex texture through the creation of various levels of abstraction which nonetheless closely interweave the very different sections of the poem. The symbols and images of maritime life running through the work occupy an exceptional position in the Old English and European literature of the period in question.

The range of levels of meaning would have provided the contemporary reader or listener with various means of access to the text, and were perhaps intended to do so. In analogy to heathen literature of antiquity, and despite formal differences, the "Seafarer" can also be read as a Christian "Periplus", a sea voyage at the end of which – after all the storms and dangers of shipwreck, the nemeses with which this-worldly life on the seas is constantly threatened – the soul reaches the safety of the home port in God's realm.

Annotations sur la symbolique de nature nautique et maritime dans le poème en anglais ancien, *The Seafarer*

Résumé

Le poème *The Seafarer* fait partie de la littérature en langue maternelle du Haut Moyen Âge, basée sur le vécu d'une population habituée à aller en mer et expérimentée dans ce domaine. Non seulement il s'y mêle différents écheveaux de motifs et de tradition de l'Antiquité de source non-chrétienne et chrétienne à la façon de voir le monde des Celtes irlandais, mais l'auteur réussit en outre, en créant différents niveaux abstraits qui permettent cependant d'imbriquer étroitement les différentes parties du poème, à établir une structure complexe. Dans cette construction, les images et les symboles tournant autour du thème maritime occupent une place remarquable au sein de la littérature en anglais ancien, ainsi que de source européenne de l'époque.

La diversité des niveaux de compréhension du texte permettait également aux lecteurs ou auditeurs de l'époque une approche du texte différente, qui était peut-être voulue. Malgré l'incertitude portant sur la forme de l'œuvre, le poème *The Seafarer* peut aussi être lu comme un périple, par analogie à la littérature païenne de l'Antiquité, et considéré comme une navigation, au bout de laquelle l'âme, après avoir encouru les tempêtes et les dangers de l'échec, supporté le naufrage menaçant de cette existence sur la mer de ce côté-ci, finit par entrer dans le port d'attache abrité qu'offre Dieu.

ZEITZEUGNISSE UND MISZELLEN

▶ HERMANN WINKLER

Ein Taucherlehrling erinnert sich
Taucherausbildung in den 1950er Jahren

Nach einem Studienabbruch in der Fachrichtung Schiffbautechnik übernahm ich 1956 die Funktion eines Assistenten am damaligen Institut für Hochseefischerei und Fischverarbeitung Rostock in der Abteilung Fangtechnik, die von Dr. Günter Kajewski geleitet wurde. Ich sollte dort eine Tauchergruppe aufbauen und leiten, die zu Forschungszwecken bei der direkten Beobachtung von Fischfanggeräten eingesetzt werden sollte. Mit dieser Aufgabenstellung war bereits die Definition heutiger Forschungstaucher gegeben, die es bis dahin in Deutschland noch nicht gab.

Nachdem aber der Gesetzgeber (Arbeitsschutzinspektion) verlangte, dass der bei der Gesellschaft für Sport und Technik (GST) erworbene Qualifikationsnachweis als Sporttaucher zum Einsatz als Berufstaucher aus arbeitsrechtlichen und Sicherheitsgründen nicht ausreichte, musste sich das Institut zu einer Qualifizierungsmaßnahme entschließen. Es wurde mit dem VEB Schiffsbergung und Taucherei Stralsund ein Vertrag geschlossen, womit *der Kollege Winkler durch die Ausbildung von der Dauer ca. eines Jahres die Qualifikation eines Tauchfacharbeiters erhalten soll, um so seinen Aufgaben besser gerecht werden zu können.*

Dabei waren sich alle Seiten einig, dass der spätere Einsatz grundsätzlich mit Freitauchgeräten als Schwimmtaucher erfolgen sollte und damit eine Ausbildung zum schweren Helmtaucher eigentlich wenig Sinn machte. Hier musste den gesetzlichen Vorschriften des Taucherwesens jener Zeit Rechnung getragen werden. Dem VEB Schiffsbergung und Taucherei als einzigem Ausbildungsbetrieb für zivile Taucher konnte es egal sein, da ohnehin alle Kosten vom Institut getragen wurden. Auch mir persönlich brachte diese Entscheidung neben einem ungewöhnlichen Berufsabschluss die Aussicht auf interessante Erlebnisse. So begann für mich mit 20 Jahren Anfang 1957 ein neuer Lebensabschnitt, von dem hier auf der Grundlage von Tagebuchaufzeichnungen berichtet werden soll.

Der VEB Schiffsbergung und Taucherei Stralsund bestand von 1950 bis 1963 und ging später in den VEB Bagger-, Bugsier- und Bergungsreederei Rostock über, der 1992 nach der Privatisierung aufgelöst wurde. Glücklichen Umständen ist es zu verdanken, dass aus der Zeit meiner Ausbildung noch eine Anzahl von Negativen erhalten geblieben sind, die – obwohl einige Namen inzwischen in Vergessenheit gerieten – eine Erinnerung an die alten Kollegen bedeuten und diesem Bericht eine besondere Authentizität verleihen können.

Vor dem ersten Einsatz wurde eine tauchmedizinische Untersuchung beim amtlich bestellten Taucherarzt Dr. Sander, Facharzt für Arbeitshygiene, an der Poliklinik der Volkswerft Stralsund

Abb. 1–2 Hermann Winkler vor dem ersten Abstieg mit dem schweren Schlauchtauchgerät 1957 im Alten Strom Warnemünde. (Foto links: Friedrich Harms; Foto rechts: Verf.)

durchgeführt, der die Taucherdienstfähigkeit im Taucherbuch bestätigte. Dieser Untersuchung mussten sich die Berufstaucher mindestens zweimal im Jahr unterziehen.

Mein erster Einsatz unter dem Helm erfolgte am 21. Februar 1957 in Warnemünde im Alten Strom vom Hebeschiff HÜ 2, einer Schute mit einem Hebebock, der früheren Fa. G. Hülskens & Co. Das bereits in die Jahre gekommene Fahrzeug diente als Taucherbasis und war vor allem bei der Schrottbergung in den Küstengewässern im Einsatz. Der Schiffsführer hieß Wilhelm Fürstenberg und war ein Rüganer. Ständiger Signalgast an Bord war der Memelländer Johannes Kurschuss, der das Telefon in seinem breiten ostpreußischen Dialekt bediente. In der Regel war aber der zweite Taucher, der als Sicherungsmann immer anwesend war, als Signalgast tätig.

Waren die Taucher nicht im Einsatz, so hatten sie beim Bergungsdienst auch die Decksarbeiten zu erledigen und bedienten bei Bedarf noch die Arbeitsboote. So lernte ich nebenbei auch die zum Beruf gehörenden seemännischen Handarbeiten. Dazu gehörte der Umgang mit dem schweren Drahttauwerk ebenso wie das Rudern und Wriggen eines Arbeitsbootes bei Seegang.

Mein erster Tauchgang dauerte nur 30 Minuten und ging bei schlechter Sicht im Warnemünder Hafen auf fünf Meter Wassertiefe. Daraus wurden eigentlich nur ein Fototermin und der obligatorische Einstand für die Kollegen. Einige Tage später kam der erste Arbeitseinsatz unter dem Helm. Mit dem Hebeschiff verholten wir zum Warnemünder Fähranleger. Hier war eine Tauchergruppe auf fünf Meter Wassertiefe mit Reparaturarbeiten an der Spundwand und am Pfahlbauwerk der alten Anlage beschäftigt. Bei schlechter Sicht und Strömung lernte ich das Unterwasserlaufen mit den schweren Eisenschuhen und die Bedienung des Luftventils am Helm.

Aus den vom Bohrwurm zersetzten alten Stützpfählen mussten Teilstücke angesägt und mit Hammer und Meißel herausgestemmt werden, bevor wieder neue Holzstücke eingesetzt werden konnten. An bestimmten Stellen der Wände zimmerten wir Kästen, die dann mit Spezialzement gefüllt wurden. Es waren meist Flickarbeiten von schlechter Qualität, die unter Wasser zwar wenig Geschick, aber dafür viel Kraft erforderten. Über Wasser hätte man eine bessere

Qualität verlangen können. Heute werden solche Arbeiten mit TV überwacht und unterliegen einer Endkontrolle. Aber damals konnte auch ein Taucherlehrling als Hilfskraft schon seinen Beitrag leisten.

Diese Arbeiten fielen im Gegensatz zur Schiffs- und Schrottbergung unter den Begriff der Bautaucherei, die nun während meiner Ausbildungszeit mein vorwiegendes Betätigungsfeld werden sollte.

Bei diesen Einsätzen kamen in erster Linie Helmtauchgeräte der Typen DM 20 und DM 40 der Drägerwerke Lübeck zum Einsatz. Im Stralsunder Betrieb waren auch die Geräte des VEB Medizintechnik Leipzig schon in ausreichender Stückzahl vorhanden. Der konstruktive Unterschied zu den Dräger-Geräten war gering. Demgegenüber war aber die Qualität der Anzüge schlechter.

Beim nächsten Einsatz ging es nun endlich zu einem richtigen Wrack. Das versprach spannend zu werden. Der Auftrag lautete: Sprengung und Bergung eines Holzschiffes im Bodden bei Zingst im Rahmen der Wasserstraßenbereinigung. Bei dem Wrack handelte es sich um einen Finnow-Maßkahn, der im

Abb. 3 Hebeschiff HÜ 2 am Liegeplatz in Warnemünde. (Foto: Verf.)

Abb. 4 Die Besatzung des Hebeschiffes HÜ 2: Erster Taucher Friedrich Harms, Hebeschiffsführer Wilhelm Fürstenberg (2. von rechts), Signalgast Johannes Kurschuss (hinten Mitte, mit Mütze), Maschinist Ortmann (rechts). (Foto: Verf.)

Fahrwasser nahe der Meiningenbrücke lag, welche die Halbinsel Zingst mit dem Festland verbindet. Das Schiff gehörte dem Borner Schiffer Hermann Mitzlaff und war wahrscheinlich im Winter 1947/48 eingefroren, leckgeschlagen und gesunken. Es hatte Ziegelsteine geladen und ragte mit der Steuerbordseite aus dem Wasser.

Das Hebeschiff HÜ 2 war über See geschleppt wurden und musste wegen der Wetterlage, Sturmstärke 7–8, erst einmal in Zingst festmachen. Unser Signalgast bat jeden Landgänger freundlich und diskret um einen Kurswechsel zur örtlichen Apotheke, um Hoffmannstropfen einzukaufen, die der alte Ostpreuße als Magenbitter schluckte. Als ich dann an der Reihe war, wurde ich von der Apothekerin recht unfreundlich aus dem Laden gewiesen. Die Tinktur war wegen unserer großen Nachfrage inzwischen ausverkauft.

Auf der Schute schliefen wir mit sechs Mann im Logis, und dort roch es nicht nur nach Hoff-

Abb. 5 Taucher Harms, ein Schlepperführer und Schiffsführer Fürstenberg. (Foto: Verf.)

mannstropfen. Während der Wartezeit baute der Taucher Friedrich Harms an einem Buddelschiff. Der Schiffer, der im Dorf alte Kriegskameraden und Fischer aufgesucht hatte, kam mit der Nachricht zurück, dass im Hafen bei Verladearbeiten eine Anzahl Schnapskisten ins Wasser gefallen seien, die noch nicht geborgen wären.

Natürlich wurde mir am nächsten Tag sofort der Helm aufgesetzt, und ich wurde zu Suchübungen ins Hafenbecken beordert. Vor dem Abtauchen konnte ich durch die Sichtscheibe im Helm als letztes noch das Grinsen der beiden Fischerbrüder Haase aus Zingst erkennen, die wieder einmal ihren Spaß hatten. Obwohl ich natürlich keinen Schnaps fand, brachte mir dieses Seemannsgarn zwei bezahlte Tauchstunden ein.

Am 18. März 1957 konnten wir endlich mit der Arbeit am Wrack beginnen. Zur Vorbereitung der Sprengungen waren Sprengschläuche anzufertigen, die mit Donarit-Gelatine gefüllt wurden. Jeder Schlauch war mit einem Glimmzünder versehen. Die fertigen Schläuche wurden am Schiffskörper eingespült, hintereinander geschaltet und von einem Sprengmeister von Bord aus gezündet. Die Boddenfische, die durch die Detonation getötet und aufgetrieben wurden, reichten gerade für ein Kapitänsessen mit dem Sprengmeister.

Mein mit Spannung erwarteter erster Einsatz am Wrack wurde zu einer nachhaltigen Lehrstunde, die ich erfreulicherweise nicht noch einmal erleben musste. Man hatte mir einen neuen Taucheranzug der Fa. ELGUWA, eine DDR-Produktion, angezogen, den die Alttaucher testen sollten, aber selbst nur ungern benutzten. Die Handmanschetten, bei Dräger waren sie aus weichem Kautschuk, bestanden hier aus hartem Gummi, und es dauerte nicht lange, bis die Handgelenke eingeschnürt waren.

Abb. 6–7 Wrackbergung im Bodden bei Zingst, 1957. (Fotos: Verf.)

Als ich am Grundtau den Boden erreichte, war um mich finstere Nacht. In meinem Tagebuch notierte ich: *Von den Wrackresten ist nichts zu sehen. Ich komme nicht vom Grundtau los. Meine Hände umklammern das Seil, aus den Fingern weicht das Gefühl und auf der Stirn steht Schweiß. Da ich mich kaum gegen den Strom halten kann, lasse ich weniger Luft geben. Ich komme einfach nicht zurecht und gebe schließlich das Signal zum Auftauchen. Der Aufstieg an der Leiter gelingt mir nicht, weil ich das Luftventil nicht ordentlich betätige und wie ein aufgeblasener Frosch am Schlauch hänge. Kaum noch Kraft in den Händen, lastet das Schulterstück mit Brust- und Rückengewicht wie Blei auf meinem Körper. Die Beine können kaum die Eisenschuhe auf die Leiter heben. Schließlich zieht man mich an der Leiter nach oben. Ich schäme mich. Aber die Schelte bleibt aus. Der Anzug fliegt*

Abb. 8 Taucher Helmut Leis im schweren Dräger-Schlauchtauchgerät. (Foto: Verf.)

wieder zurück in die Luke, und keiner sagt ein schlechtes Wort. Am nächsten Tag darf ich mit einem alten Dräger-Anzug wieder ins Wasser und erledige meine Arbeiten, wie von mir erwartet.

Nach fünf Tagen waren die Bergungsarbeiten abgeschlossen und das Fahrwasser vor der Brücke geräumt. Am 10. April 1957 bestand ich vor dem Obermeister Otto Lechner in Stralsund die Grundprüfung zum Taucher mit der Note »gut«.

Ich war nun Jungtaucher und erfüllte die Voraussetzung, um als zweiter Taucher, d.h. als Sicherheitsmann und Signalgast eingesetzt zu werden. Nun kam die Zeit der flexiblen Einsätze, die ich immer zusammen mit einem Alttaucher durchführte. Dabei konnte ich von den Erfahrungen der verschiedenen Kollegen profitieren. Auch wenn ich für sie manche Tauchstunde ohne Anrechnung absolvieren musste, wurde es nie langweilig. Es waren meist Taucherarbeiten, die wir als Dienstleistungen zu erledigen hatten und die oft auch in das Binnenland führten.

Es begann mit einer Leichenbergung in einem Kreidebruch bei Sagard auf Rügen. Ein verunglücktes Kind musste im milchigen Wasser gesucht werden. Im Fährbecken Saßnitz sollte ich mit meiner eigenen Unterwasserkamera Fotos vom Zustand des Pfahlbauwerks machen, die aber wegen schlechter Lichtverhältnisse und fehlender Blitztechnik nicht gelangen.

Im Wolgaster Werfthafen waren ein Steinschutz zu verlegen, Hilfe beim Unterwasser-Brennschneiden zu leisten und ein Fischkutter nach der Havarie mit einem Seezeichen zu untersu-

Abb. 9 Hebeschiff HÜ 2 im Einsatz. (Slg. Reinhard Kramer, Rostock)

chen. Im Fahrwasser von Warnemünde musste in Vorbereitung des Hafenneubaus ein Kabel freigespült und geborgen werden.

Am Schwimmbagger Usedom wurde ein Leck unter der Wasserlinie mit Lumpen und Holzkeilen abgedichtet und dann von innen mit einem Zementkasten versiegelt. Nach der Aushärtung wurden die außen überstehenden Keile einfach abgesägt. Die Werftzeit war hinausgeschoben. Im Neuen Strom war in acht Meter Tiefe ein Loch für die Sprenglandung an alten Eisenteilen zu graben, für das ich volle drei Tauchstunden benötigte.

Von Ende Mai bis Anfang Juli folgte wieder ein längerer Einsatz im Wismarer Hafen auf dem Hebeschiff HÜ 2. Im Getreidehafen mussten die alten Spundwände für einen Neubau entfernt werden. Es waren die alten Holzpfähle anzuschlagen und frei zu spülen, und für die neuen Larsen-Spundwände musste der Grund von Steinen geräumt werden. Dazu kam der Einsatz als Signalgast sowie bei Boots- und Spleißarbeiten. Wir wohnten wieder in dem engen Logis, aber Johannes musste sich seine Hoffmannstropfen diesmal selbst besorgen. Schließlich gab es in Wismar mehr als eine Apotheke. Abends ging es an Land in eine der zahlreichen Gastwirtschaften und am Wochenende fuhren wir nach Hause zur Familie.

Die erste Hälfte der Ausbildungszeit war nun abgeschlossen. Insgesamt mussten bis zum Fachabschluss 144 Tauchstunden absolviert werden. Ich lag damit gut im Plan und vermisste meine Kollegen im weißen Kittel vom Institut noch nicht. Von dort kam weiterhin das Geld, wofür ich mich mit Zwischenberichten über die gute Ausbildung revanchierte, die vom Meister Lechner natürlich stets wohlwollend quittiert wurden. Mit einem kostengünstigen Lehrling, für den manchmal nur das Bordessen und die karierte Kojenwäsche zu Buche schlugen, war auch die Planerfüllung auf der sicheren Seite. Inzwischen hatte ich als Azubi auch dazugelernt. Allerdings wurde bisher die Tauchtiefe von zehn Metern noch nicht überschritten.

Trotzdem ging es erst einmal mit der Bautaucherei im Binnenland weiter. Auf der Peene-Werft Wolgast war das Schiffshebewerk bei zweieinhalb Meter Schlickhöhe während des

Abb. 10 Tauchermeister Otto Lechner (vorne Mitte) mit seinem Lehrgang in Stralsund, 1951. (Foto: Verf.)

Betriebes bis in neun Meter Tiefe zu untersuchen. Allein zehn Tauchstunden fielen bei der Kontrolle einer Betonspundwand in Wolgast an, die nach Befund gleich auszubessern war. Ebenfalls in Wolgast musste in sechs Meter Tiefe ein Kabelgraben quer durch den Peenestrom nach Malzow mit Schüttsteinen zugepackt werden, den der Kabelleger KABELJAU neu verlegt hatte. Auch im Seehafen Rostock war wieder eine Metallspundwand mit Sandsäcken und Holz-keilen abzudichten. Diese schien damals des Tauchers Broterwerb zu sein. Die Luftversorgung bei diesen Arbeiten erfolgte stets mit einer Hebelpumpe, die durch fremde Hilfsarbeiter bedient wurde.

Der nächste Einsatz führte an die Uecker nach Nieden in die Nähe von Pasewalk. Dort waren die Betonreste einer alten Brücke zu sprengen, die einem Neubau weichen sollte. Wir mussten die Sprengladungen in Ufernähe anbringen und auf dem Schlick zu der Stelle rutschen, wo wir dann gerade einmal den Helm unter Wasser drücken konnten. Vor jeder Detonation galt es, hinter einem großen Stein auf der Wiese in Deckung zu gehen. Dabei wurde ich an drei Tagen wie ein Tanzbär in Anzug und Helm, allerdings ohne Gewichte und Eisenschuhe, immer wieder über den Acker getrieben. Das war natürlich wieder eine geeignete Beschäftigung für den Lehr-ling. Die Tauchstunden teilte man brüderlich mit dem Alttaucher, der dann nach einem solchen Einsatz ganz »relaxed« nach Hause fahren konnte. Als Entschädigung gab es dafür abends bei den Brückenbauern reichlich Bratkartoffeln mit Schinkenspeck, die in der Wohnbaracke lecker von einer beleibten Küchenfrau in Kittelschürze zubereitet wurden. Die Flasche Richtenberger Doppelkorn stellte sie gleich mit auf die Back, ohne zu vergessen, bei den Besserverdienenden, den Tauchern, dafür zu kassieren.

Vor den Abschlussprüfungen ging es vom 14. bis 18. November noch einmal in die Elbe. Am Kühlwasserkanal beim Kraftwerk Vockerode musste bei Bedarf der Drehrechen vor dem Zulaufgitter gereinigt werden. Das Gerät wurde durch einen Kettentrieb bewegt, in dem sich laufend Treibgut, das in der Regel aus Holz bestand, verklemmte. Wir fuhren mit dem Pkw,

einem alten IFA vom Typ F-9, zur Arbeitsstelle, wo wir die schon in die Jahre gekommene Drä-
ger-Ausrüstung vom ehemaligen Werkstaucher, den es nun nicht mehr gab, zu benutzen hatten. Das Werk stellte wieder die Hilfsmannschaft, die auch die Handpumpe bedienen und auf
eine klare Schlauchführung zu achten hatte. Der zweite Taucher war am Telefon als Signalgast
voll ausgelastet, denn gleichzeitig fanden am Einlaufkanal Bauarbeiten mit erheblicher Lärmbe-
lästigung statt. Die Arbeit war nicht ungefährlich, weil sie bei laufendem Turbinenbetrieb und
starker Strömung zu erledigen war. Sie zog sich in die Länge, weil zwischendurch der Anzug
repariert bzw. auf eine Nachlieferung aus Stralsund gewartet werden musste. Das Problem bei
dieser Arbeit bestand in einer sicheren Schlauchführung. Taucher und Signalgast hatten darauf
zu achten, dass beim handgeführten Drehen der Anlage der Schlauch nicht zwischen Kette und
Zahnkranz geriet. Der Taucher wäre dann unter dem Rechen gefangen und die Luftversorgung
unterbrochen worden. Das passierte auch uns, aber glücklicherweise ohne ernsthafte Folgen.
Dann kam es auf die richtige und schnelle Reaktion der Männer oben an der Pier an. Es galt,
den Drehrechen richtig zu bewegen und den Taucher zügig an die Leiter zu bringen, damit das
Helmfenster geöffnet werden konnte. Der mit Draht versteifte Schlauch konnte mit dem Hammer wieder in Form gebracht und das Telefonkabel notfalls geflickt werden.

   Ich war mit dem Taucher Friedrich Harms im Einsatz, als er sich bei dieser Arbeit zwei Fin-
ger quetschte, während er mit dem Gummihandschuh zwischen Seil und Seilscheibe eines
Schüttkastens geriet. Ursache war die schlechte Verständigung mit dem Maschinenführer, der
die Seilwinde bediente. Die Hilfsmannschaften wechselten oft und besaßen für Taucherarbeiten
keine ausreichende Erfahrung. Das alte Telefon funktionierte nur unzureichend, und zu allem
Überfluss wurde in der Nähe noch mit Pressluthämmern gearbeitet.

   Einige Jahre später gab es in Vockerode bei der gleichen Arbeit am Drehrechen einen folgen-
schweren Unfall, bei dem der Warnemünder Taucher Günter Baier durch menschliches Versagen verunglückte. Er konnte nur noch tot geborgen werden. Er war ein ruhiger, besonnener Kollege, mit dem ich bereits an anderen Tauchstellen gut zusammengearbeitet hatte.

Meine Ausbildung war jetzt abgeschlossen, die erforderliche Anzahl an Tauchstunden erreicht
und der Prüfungstermin angesetzt. Vorher ging es noch einmal auf das Taucherschiff BEREIT-

Abb. 11 (links) Der tödlich verunglückte Taucher
Günter Baier als Signalgast. (Foto: Verf.)
Abb. 12 (oben) An Deck des Bergungsschiffes
MS BEREITSCHAFT während des Einsatzes. (Foto: Verf.)

SCHAFT, das vor Heringsdorf bei der Schrottbergung operierte. Das Bergungsschiff war erst 1955 in Genthin gebaut worden und bei 38 Meter Länge mit 267 BRT vermessen.

In Vorbereitung der praktischen Prüfung musste ich noch einige Übungen im Freiwasser am ehemaligen Linienschiff SCHLESIEN absolvieren. Dabei lernte ich erstmals die legendären Schrotttaucher der Firma kennen, die tatsächlich eine Klasse für sich waren. Es waren meist ehemalige Marinetaucher, die ihr Handwerk als Seetaucher beherrschten. Im Binnenland kamen sie meist nur an den großen Talsperren zum Einsatz. Die Leitung auf See hatte der Tauchermeister Hoffmann, dem man unter den Kollegen noch größere Fachkompetenz als dem Obermeister nachsagte.

Die Taucher waren dabei, lange Kanäle für die Sprengladungen unter die Bodenschale zu spülen. Bei dieser Arbeit wurde, nach meinem Einsatz, ein Taucher unter einer gelockerten Bodenplatte im Spülkanal begraben und vollkommen eingeschlossen. Es dauerte Stunden, bis ihn seine Kollegen wieder frei spülen und bergen konnten.

Auf dem Schiff gab es eine Druckkammer, in die ich zu einer kurzen Dekompressionsübung eingewiesen wurde. Zur Schrottbergung am Wrack wurde ich nicht herangezogen.

Die praktische Prüfung zum Berufstaucher erfolgte dann am 20. Dezember 1957 an den Wrackresten der SCHLESIEN, die im Grenzbereich vor Heringsdorf-Swinemünde auf einer durchschnittlichen Wassertiefe von zwölf Metern lag. Der Einstieg erfolgte vom Taucherschiff KOMET, einem 1949 in der Rostocker Neptunwerft gebauten Stahlkutter, der vor Ort als Sprengkutter fungierte.

Vom Bordtaucher Herbert Maschke bekam ich noch gute Ratschläge, wie ich am nächsten Tag die Prüfung vor dem Obermeister Lechner am besten bestehen konnte. Er war mir auch ein guter Signalgast und sorgte dafür, dass ich bei allen Prüfungen die Nerven behielt.

Bei mäßig bewegter See, auslaufendem Oderstrom und mit einer Sichtweite von 0 bis 0,5 Meter dauerte das Procedere mehr als eine Stunde. Auf dem Programm standen Abtauchübungen und Hochschießen in einem angenommenen Notfall, Lauf- und Suchübungen, Tauchen bei gestoppter Pumpe und Signalübungen ohne Telefonverbindung über den Luftschlauch. Die praktischen Arbeiten mit Werkzeugen und Hebeeinrichtungen wurden mir erlassen, da ich meine Qualifikation bei der Bautaucherei ausreichend nachgewiesen hatte. Der Meister war mit meiner Leistung zufrieden und erteilte die Note »gut«.

Die mündliche Prüfung wurde am 30. Dezember im VEB Schiffsbergung und Taucherei in Stralsund vor einer Kommission abgelegt, die aus dem Obermeister, einem weiteren Meister, dem Vertreter des Seefahrtsamtes, dem Arbeitsschutzinspektor des Betriebes, dem Betriebsingenieur und dem Parteisekretär der SED bestand. Geprüft wurde in den Fächern Fachkunde, Arbeitsschutz, Fachrechnen und Gesellschaftswissenschaft. Zusätzlich war eine schriftliche Arbeit über die Taucher-Handpumpe (Hebelpumpe) anzufertigen. Das Gesamtergebnis der Prüfung zum Seetaucher lautete: »Mit gutem Erfolg bestanden.« Es war also geschafft.

Im Jahre 1975 wurde in der DDR mit der »Verfügung über die Ausbildung und Prüfung zum Erwerb des Befähigungszeugnisses zum gewerblichen Taucher und Taucher-Signalgast« vom 10. April eine neue gesetzliche Grundlage geschaffen. Hier wurde, der Entwicklung Rechnung tragend, zwischen den Begriffen Helmtaucher (schweres geschlossenes Tauchergerät, schweres Schlauchtauchergerät oder leichtes Helmtauchergerät) und Schwimmtaucher (frei tragbares leichtes Tauchergerät als Flaschentauchergerät oder leichtes Schlauchtauchergerät) unterschieden.

Mit der Abschlussprüfung erlebte ich meinen letzten Einsatz mit dem schweren Helm-Schlauchtauchergerät. Ich hatte alle erreichbaren Bücher von Jacques Cousteau und Hans Hass gelesen, auch deren Filme gesehen, und wollte es ihnen gleichtun. Eine außergewöhnliche Gelegenheit dazu bot sich bereits 1959 mit der Teilnahme an der Expedition zum Roten Meer auf

Abb. 13 Hermann Winkler als Forschungstaucher mit leichtem Presslufttauchgerät, 1958. Der zweiteilige Trockentauchanzug ist eine eigene Anfertigung. (Foto: Peter Weiss)

dem 1956 gebauten Forschungsschiff METEOR. Mit diesem Logger von 39 Meter Länge wurden in den Polargebieten und den Tropen Testfahrten für das Amt für Material- und Warenprüfung durchführt. Das Dokumentarfilmstudio der DEFA nutzte diese Gelegenheit zur Produktion eines Unterwasserfilmes, der später auch im Kino gezeigt wurde. Ausgerüstet mit den neuesten Dräger-Pressluftgeräten und einer professionellen französischen Unterwasserfilmkamera, die das Institut inzwischen angeschafft hatte, war ich natürlich eine gute Ergänzung für die Tauchergruppe.

Zu ihr gehörte auch der Schweriner Kurt Rabe vom Geologischen Dienst. Er war damals einer der besten Unterwasserfotografen der DDR. Über die alte Tauchkameradschaft hinaus sind wir bis zu seinem Tod 2009 gute Freunde geblieben. Es sind die abenteuerlichen Fahrten mit einem Taucherschlitten zwischen den Riffen und die Begegnungen mit Haifischen und Mantas, die auch heute noch die Erinnerungen an diese Tauchexpedition nachhaltig prägen.

Angeregt durch die Versuche von Bodo Ulrich, ein ehemaliges Minensuchgerät als Unterwasserschlitten für Schlauchtaucher einzusetzen, hatte ich einen Taucherschlitten für zwei Freitaucher entwickelt, der zur Beobachtung von geschleppten Netzen eingesetzt werden sollte. Im Roten Meer erlebte er seine Bewährungsprobe, auch wenn die wertvolle Filmkamera bei einem späteren Einsatz für immer verloren ging. Glücklicherweise hatte die DEFA das gleiche Modell als Ersatz an Bord.

Die Ergebnisse der Unterwasserdokumentation geschleppter Fischereigeräte stellten sich als nicht befriedigend heraus. Das lag neben der mangelnden Erfahrung zum Teil auch an der unzureichenden und auf dem Markt noch nicht verfügbaren Aufnahmetechnik. Mit der Untersuchung der »Fängigkeit« von Großreusen am Außenstrand der Ostseeküste erschloss sich für die Taucher ein neues Aufgabengebiet mit hohem ökonomischen Nutzen, der sogar den Einsatz eines eigenen Taucherkutters bei der Fischerei-, Fahrzeug- und Gerätestation Warnemünde rechtfertigte. Dazu erwarb ich den Befähigungsnachweis als Schiffsführer in der Küstenfahrt.

Im Jahre 1961 bewarb ich mich beim VEB Deutsche Seereederei Rostock, um eine nautische Laufbahn zu beginnen. Der Nachfolger am Institut wurde Günther Dreiucker, der alsbald im VEB Fischkombinat Rostock die Ausbildung und Anleitung der neu geschaffenen sog. Schiffstaucher übernahm, die auf den größeren Fangschiffen in Einsatz kommen sollten. Die Tauchergruppe am Institut, zu der zeitweilig auch meine beiden Kollegen Henry Will und Peter Weiss gehörten, war inzwischen aufgelöst worden. Günter Dreiucker gründete nach Abwicklung der volkseigenen Fischereibetriebe sein eigenes Taucher-Unternehmen, das er erfolgreich bis zu seinem Ruhestand betrieb.

Ob diese Taucher damals als Forschungs- oder Berufstaucher zu definieren waren, kann verschieden beantwortet werden. »In der Forschung eingesetzter gewerblicher Taucher« kommt der Antwort wahrscheinlich am nächsten. Als autonome Freitaucher waren sie die Vorgänger der heutigen wissenschaftlichen Schwimmtaucher, geprüfte Forschungstaucher also, deren Auf-

Abb. 14 Der Zwei-Mann-Taucherschlitten des Instituts mit beweglichen Scherflossen, wie er auch 1959 im Roten Meer im Einsatz war. (Foto: Verf.)

gabe es wurde, in gleicher Aufgabenstellung und ebenfalls von Rostock aus an Fischfanggeräten die Auswirkungen technischer Modifikationen auf die Fanggeräteform und das Fischverhalten zu beobachten und dabei auch den Taucherschlitten zu benutzen. Mit dem Sachwissen und den eigenen Erfahrungen aus einer Zeit, da die technischen Möglichkeiten noch sehr begrenzt waren, sind die heute vorliegenden Ergebnisse äußerst beeindruckend und verdienen in hohem Grade Anerkennung.

Heute ist Forschungstauchen im Verständnis der deutschen Gesetzgeber Aufgabe von ausgebildeten Wissenschaftlern. Geprüfte Forschungstaucher sind über ihren Arbeitgeber bei der zuständigen Berufsgenossenschaft versichert. Eine Zusatzqualifikation »Geprüfter Forschungstaucher« gibt es an den Universitäten Kiel, Oldenburg, München und Rostock sowie an der Biologischen Anstalt auf Helgoland.

In Rostock haben seit 1995 mehr als 100 junge Wissenschaftler und Studenten in einem meist achtwöchigen Prozedere ein vorgeschriebenes Ausbildungsprogramm von ca. 240 Stunden absolviert, davon 50 Stunden unter Wasser bei praktischen Übungen mit und ohne Tauchgerät. Rostock ist der einzige Standort in Deutschland, der jedes Jahr etwa zwölf Forschungstaucher ausbildet.

Das Zertifikat des »European Scientific Diver – ESD« berechtigt zum Tauchen an internationalen Forschungsobjekten. Die Taucher werden u.a. bei archäologischen Ausgrabungen unter Wasser, der Betreuung von Meeresstationen, der Unterwasser-Messtechnik, bei der wissenschaftlichen Bearbeitung eines künstlichen Ostseeriffes und natürlich auch in der Fischereiforschung eingesetzt.

Quellen:

Grunert, Manfred: Die Technische Flotte der Bagger-, Bugsier- und Bergungsreederei Rostock 1945–1995. (= Schriften des Schifffahrtsmuseums der Hansestadt Rostock, Bd. 6). Rostock 2000.

Hoffmann, Karl-Heinz, Krenz, Waldemar, Peter, Eberhard: Praktische Hinweise für den Gesundheits- und Arbeitsschutz bei Taucherarbeiten. Berlin 1977.

Niedwiedz, Gerd: Forschen im Meer – Ausbildung und Einsatz von Wissenschaftstauchern in Mecklenburg-Vorpommern. In: Traditio et Innovatio 3, 1998, H. 2, S. 32–37.

Reusch, Heinz, Pfeifer, Kurt, Rabe, Kurt: Tauchfahrt zum Roten Meer. Leipzig ²1964.

Ulrich, Bodo: Der Taucherschlitten »Delphin«. In: Schiff und Hafen 4, 1952, H. 3, S. 74f.

Winkler, Hermann: Methoden der Taucheruntersuchung an Großreusen. In: Fischereiforschung – Informationen für die Praxis 2, 1959, H. 3, S. 37f.

Ders.: Über die Erprobung eines Taucherschlittens. In: Fischereiforschung – Informationen für die Praxis 3, 1960, H. 3, S. 6–10.

Ders: Private Tagebuchaufzeichnungen aus dem Jahre 1957.

Anschrift des Verfassers:
Hermann Winkler
Blücherstraße 38
D-18055 Rostock

Memoirs of an Apprentice Diver: Diver Training in the 1950s

Summary

The article sheds light on the history of deep-sea diver training in Warnemünde and Stralsund in the German Democratic Republic. The author describes his own training as a deep-sea diver on the basis of a private diary in which he kept a record of his assignments at the time.

It was in 1956, at what was then the Institut für Hochseefischerei und Fischverarbeitung (Institute for Deep-Sea Fishery and Fish Processing) in Rostock, that the first diving group was established for research purposes. The training was carried out by the VEB Schiffsbergung und Taucherei (State-Owned Enterprise for Ship Salvage and Diving) in Stralsund (1950–1963) which later became the VEB Bagger-, Bugsier- und Bergungsreederei (State-Owned Enterprise Dredger, Towboat and Salvage Company) of Rostock.

Winkler experienced his first assignment "under the helmet" on 21 February 1957 in the Alter Strom (Old Stream) in Warnemünde, from the lifting vessel HÜ 2, a barge with a lifting jack. Among other things, the author describes his repair tasks, the removal of plank pilings and the recovery of derelicts as well as scrap, giving detailed accounts of the equipment. Further topics are the social conditions during the training phase, and the examination requirements.

The "Enactment on the Training and Examination for the Attainment of the Certificate of Competence as Commercial Diver and Diving Signaller" passed on 10 April 1975 represented a new legal basis for the practise of this occupation in the German Democratic Republic. A distinction was now made between helmet diving and swim diving. Winkler's final examination was at the same time his final assignment wearing heavy helmet/tube diving equipment.

Nowadays, diving for research purposes is the responsibility of trained scientists. Certified research divers are insured via their employers by their respective professional associations. The universities of Kiel, Oldenburg, Munich and Rostock and the Biologische Anstalt (Marine Biological Station) on Helgoland offer an additional qualification as "licensed research diver". Rostock is the only location in Germany which trains approximately twelve research divers per year.

Un apprenti plongeur se souvient. Formation de plongeur sous-marin dans les années 1950

Résumé

L'histoire de la formation de plongeur sous-marin à Warnemünde et à Stralsund en RDA est évoquée dans cet article. L'auteur décrit sa formation grâce à un journal qu'il a tenu autrefois sur ses interventions.

C'est en 1956 qu'un groupe de plongeurs a été constitué à l'Institut de pêche hauturière et de traitement du poisson de Rostock, à des fins de recherche scientifique. L'apprentissage était effectué au *VEB Schiffsbergung und Taucherei Stralsund* (1950–1963), qui devint plus tard le *VEB Bagger-, Bugsier- und Bergungsreederei Rostock*.

Winkler a vécu sa première intervention sous le casque le 21 février 1957 à Warnemünde dans l'Alten Strom depuis le navire de repêchage HÜ 2, un chaland fluvial équipé d'un palan. L'auteur décrit, entre autres, ses tâches lors de travaux de réparation ou l'élimination de palplanches, au cours d'opérations de repêchage d'épaves ou de ferraille, l'équipement étant minutieusement décrit. Les conditions sociales pendant l'apprentissage ainsi que les exigences des examens font également partie du récit.

En 1975, grâce à la nouvelle « Disposition législative sur la formation et l'examen pour l'acquisition d'un brevet de capacité de plongeur sous-marin et de plongeur-signaleur » du 10 avril 1975, une base législative a été créée en RDA, permettant dorénavant d'établir une différence entre plongeurs en scaphandre à casque et ceux qui sont en scaphandre autonome. Sa dernière plongée sous le lourd scaphandre à casque, Winkler l'a effectuée en passant son examen final.

Aujourd'hui, la plongée sous-marine à des fins de recherche est la tâche de scientifiques ayant reçu une formation spéciale. Les plongeurs de recherche sont assurés par leur employeur auprès de la caisse professionnelle d'assurances sociales compétente. Une qualification supplémentaire de « *Geprüfter Forschungstaucher* » (plongeur assermenté) peut être acquise dans les Universités de Kiel, Oldenbourg, Munich et Rostock, ainsi que dans l'Institut de biologie à Helgoland. Rostock est le seul endroit en Allemagne où environ douze plongeurs de recherche sont formés chaque année.

▶ CHRISTINA VOIGT

Die technischen Tagebücher des Schiffbau-ingenieurs Herbert Pfohl

Eine Dokumentation aus dem Dockbetrieb der Rickmers Werft 1982–1986

Im Rahmen der Eröffnung der Sonderausstellung »175 Jahre Rickmers. Eine Familien- und Firmengeschichte« am 20. Juni 2009 im Deutschen Schiffahrtsmuseum übergab Dr. Manfred Ernst, Vorsitzender des Kuratoriums zur Förderung des Deutschen Schiffahrtsmuseums e.V., an Prof. Dr. Lars U. Scholl, den Geschäftsführenden Direktor des Deutschen Schiffahrtsmuseums, fünf Docktagebücher, darunter zwei des Schiffbauingenieurs Herbert Pfohl über seine Arbeit im Reparatur- und Dockbetrieb der Rickmers Werft aus der Zeit zwischen 1982 bis 1986.

Herbert Pfohl, geboren 1929 in Trutnov, besuchte nach seiner Ausbildung zum Stahlschiffbauer auf der Volkswerft in Stralsund die Ingenieursschule für Schiffstechnik in Warnemünde. Von 1960 bis 1966 erstellte er im Stahlschiffbau Konstruktionspläne auf der Rickmers Werft in Bremerhaven. 1967 wechselte Pfohl auf eigenen Wunsch in den neu gegründeten, ausgelagerten Reparatur- und Dockbetrieb der Rickmers Werft im Fischereihafen. In seiner Position als Betriebsingenieur war er für die Bereiche Schiffbau, Schweißerei, Schiffsschlosserei und Ausrüstung verantwortlich.

Im Reparatur- und Dockbetrieb der Rickmers Werft wurden Reparatur- und Umbauarbeiten unterschiedlichster Art an Frachtschiffen, Fischereifahrzeugen, Tankern, Passagier- und Fährschiffen, Versorgern, Tauchbootmutterschiffen für den Offshore-Bereich sowie auch Schiffsverlängerungen durchgeführt.

Durch Mundpropaganda wurde unter den Reedern verbreitet, dass hier qualitativ hochwertige Arbeit geleistet werde, bei Einhaltung von Terminen und kurzen Liegezeiten. Bald war der Reparaturbetrieb über Bremerhaven hinaus auch international bekannt. Hamburger Reeder fragten ihre Inspektoren, warum sie die Schiffe in Bremerhaven bei Rickmers reparieren ließen. So erfuhren sie, dass bei Rickmers rund um die Uhr gearbeitet wurde und bei einem Auftrag manchmal ein bis zwei Tage rausgeholt werden konnten.

Abb. 1 Herbert Pfohl, Betriebsingenieur des Reparaturbetriebs der Rickmers Werft.

Aus Zeitersparnis ist Herbert Pfohl auch häufiger nach Norwegen, England, in die Niederlande oder ans Mittelmeer den zu reparierenden Schiffen mit dem Flugzeug entgegengereist, um vor Ort die Schäden zu besichtigen. Die Art des benötigten Materials und die jeweilige Menge gab er telefonisch nach Bremerhaven durch. Wenn das Schiff Bremerhaven erreicht hatte, konnte die Reparatur ohne Zeitverlust beginnen, da das Material schon bereitlag. Oft war das Schiff noch nicht ganz trocken, wenn die erste Besichtigung im Dock stattfand, an der ein technischer Inspektor der jeweiligen Reederei, die Schiffsleitung (der Kapitän oder Steuermann), der Besichtiger der Klassifikationsgesellschaft und Herbert Pfohl teilnahmen.

Die Schäden am Schiff und die auszuführenden Reparaturen wurden schriftlich festgehalten. Der Vertreter der Reederei versuchte, über den Preis und die für die Reparatur(en) benötigte Zeit zu verhandeln, da die Versicherungen nur für Havarieschäden aufkamen. Terminabhängige Arbeiten wurden rund um die Uhr ausgeführt. Hierfür wurden von anderen Bremerhavener Werften zusätzliche Schiffbauer angefordert.

Die vorliegenden Tagebücher hat Herbert Pfohl aus Eigeninitiative angelegt, als er merkte, dass eine »Zettelwirtschaft« nicht ausreichte, um die umfassenden und vielschichtigen Informationen schriftlich zu fixieren und bei Bedarf schnell auf sie zurückgreifen zu können. Er bezeichnet sie als »technische Buchführung«, da sie neben Notizen zum organisatorischen Ablauf und zur terminlichen Abwicklung einzelner Reparatur- und Umbauaufträge auch viele Skizzen technischer Details enthalten, z.B. von Mehrarbeiten, die durch versteckte Schäden hinzukamen. Kopien der Skizzen gab er dem Meister als Arbeitsauftrag/-grundlage in die Hand. Außerdem hielt er fest, wer wann welche Änderungen oder Zusatzaufträge verlangt und angeordnet hatte.

Das Docktagebuch I enthält die Aufzeichnungen der Jahre 1982, 1983 und 1984; Docktagebuch II beginnt am 2. Januar 1985 und endet am 25. April 1986. Die Tagebücher enthalten verschiedenartige Informationen: Daten, Schiffsnamen, Ein- und Ausdockzeiten der Schiffe, Beschreibungen der Schäden, Probefahrten, ausgeführte Arbeiten am Schiff, technische Zeichnungen als Arbeitsgrundlage für die Schiffbauer, klimatische Vorkehrungen, z.B. den Einsatz von Heißstrahlern bei Minusgraden im Dock, Arbeitszeiten, Gesprächsnotizen über Absprachen mit den Auftraggebern oder Bemerkungen über das Fortbestehen der Werft am 21. Februar 1985: *Betr.: Rickmers Werft, der schwärzeste Tag der 150jährigen Werft. Der Senat macht die Bürgschaftszusage abhängig vom Verkauf der Werft bzw. Fusion mit AG Seebeck Werft.* Selbst die Dauer der Betriebsversammlungen am 12. November 1985 *(7.15 Betriebsversammlung – 9.30)* und 19. Dezember 1985 *(9.15 – 9.30 Betriebsversammlung, anschließend Demo zur Stadtmitte mit Sarg, Arbeitsbeginn 12.40)* wurden festgehalten. Mitunter findet sich Persönliches, wie z.B. ein Zahnarzttermin, ein gezeichnetes Osterei oder ein Vermerk über einen freien Tag.

Herbert Pfohl hat einen Eintrag vom 8. November 1982 diskret in Stenographie verschlüsselt. Im Docktagebuch I heißt es auf Seite 61: *BUKAVU 16 tote Ratten und Hunderte tote Kakerlaken.* Wenn das Schiff im Dock lag, meldete sich ein Vertreter der Hafengesundheitsbehörde an und kontrollierte auf der Suche nach Ungeziefer und Schädlingen gezielt den Bereich unter dem Herd in der Kombüse und die Laderäume. Wurde er fündig, mussten alle Mann von Bord, und das Schiff wurde drei Tage begast. Herbert Pfohl vermerkte im Docktagebuch in Steno, und nicht etwa in seiner gut lesbaren Handschrift, wie viele Schädlinge durch das Begasen getötet wurden.

Jeden Morgen fuhr Herbert Pfohl von einem Schiff zum anderen. Da Rickmers nur ein Reparaturdock hatte, wurden weitere Docks und Liegeplätze in Bremerhaven mit den zu reparierenden oder umzubauenden Schiffen belegt. Die roten Anmerkungen am Rand dokumentieren die von Pfohl pro Tag gefahrenen Strecken mit seinem eigenen PKW und bildeten die Grundlage

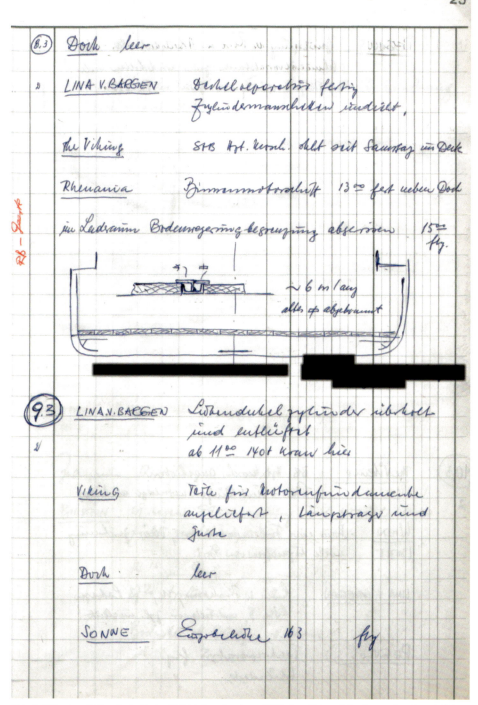

Abb. 2 Mit rotem Stift notierte Herbert Pfohl die mit seinem PKW dienstlich zurückgelegten Strecken. Auf dem Dokument wurden eine Telefonnummer und Adresse aus datenschutzrechtlichen Gründen geschwärzt.

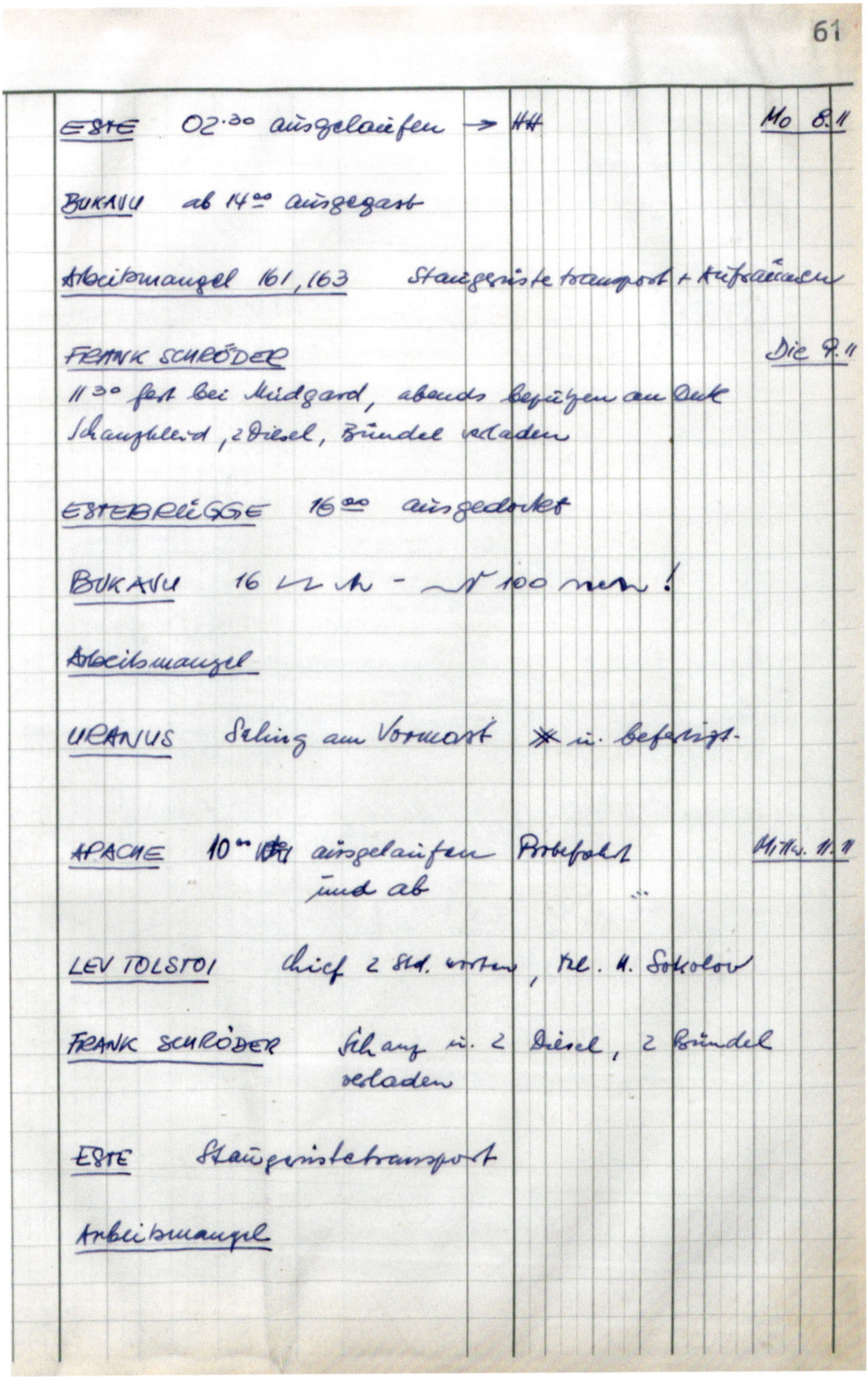

ESTE   02.³⁰ ausgelaufen → HH   Mo 8.11

BUKAVU   ab 14ᵒᵒ ausgegast

Arbeitsmangel 161, 163   Staugeristetransport + Aufräumen

FRANK SCHRÖDER   Die 9.11
11³⁰ fest bei Midgard, abends bezügen am Deck
Schanzkleid, 2 Diesel, Bündel geladen

ESTEBRÜGGE   16ᵒᵒ ausgedockt

BUKAVU   16 ↓↓ ↑↑ - ~✓ 100 mm !

Arbeitsmangel

URANUS   Sehling am Vormast ✳ u. befestigt.

APACHE   10ᵒᵒ HH ausgelaufen Probefahrt   Mitw. 11.11
              und ab

LEV TOLSTOI   chief 2 Std. ..., Kr. H. Sokolov

FRANK SCHRÖDER   Schang u. 2 Diesel, 2 Bündel
                   geladen

ESTE   Staugeristetransport

Arbeitsmangel

Abb. 3 Mittig findet sich – in Steno verschlüsselt – eine Information über Ungeziefer an Bord.

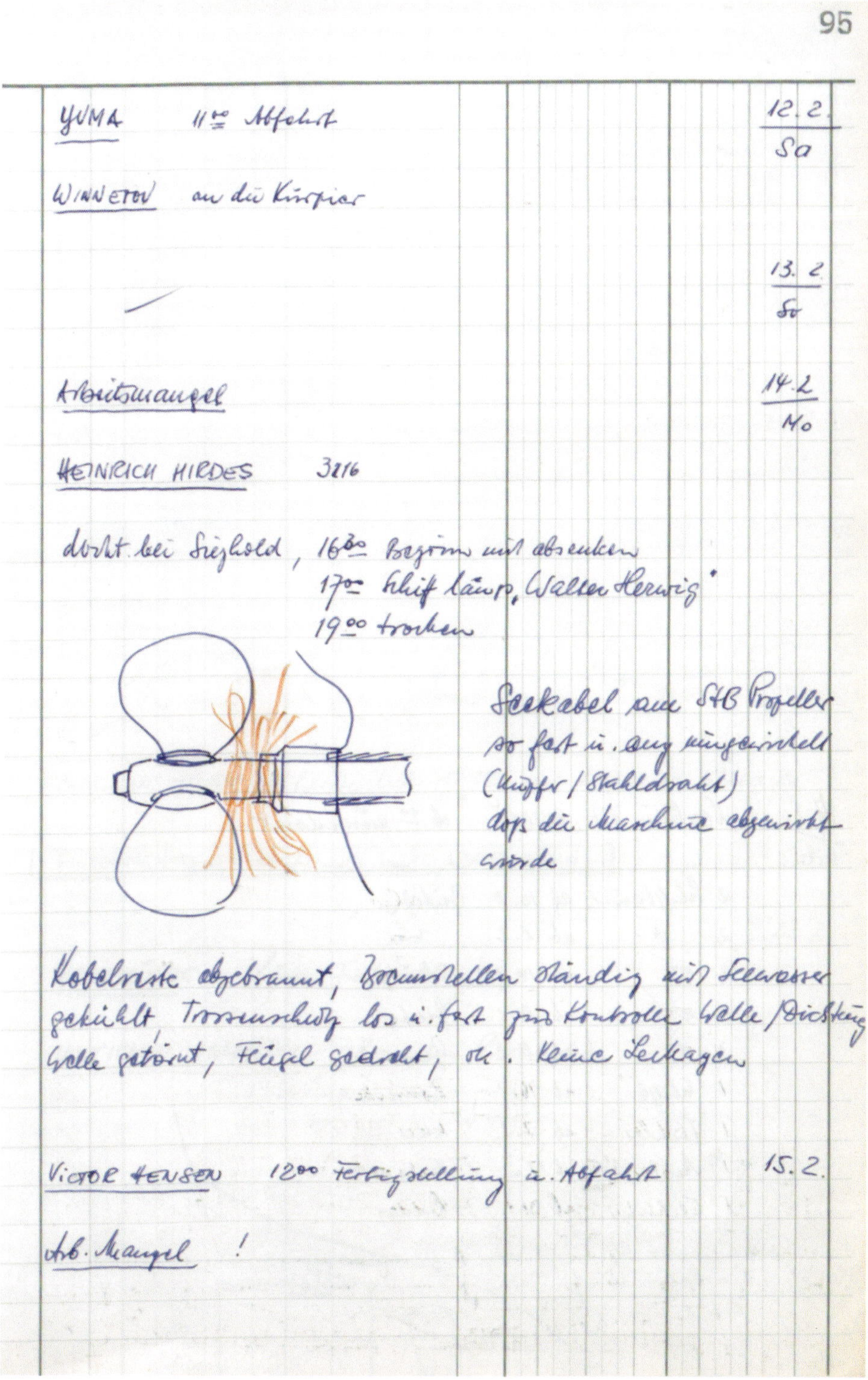

YUMA   11⁰⁰ Abfahrt   12. 2.
                                                      Sa

WINNETOU   an die Kurpier

                                                      13. 2
                                                      So

Arbeitsmangel   14.2
                                                      Mo

HEINRICH HIRDES   3216

dockt bei Sieghold , 16³⁰ Bezirm mit absenken
                    17⁰⁰ Schiff läng "Walter Herwig"
                    19⁰⁰ trocken

Seekabel an StB Propeller
so fest u. aug eingewickelt
(kupfer / Stahldraht)
daß die Maschine abgewürzt
wurde

Kabelreste abgebrannt, Trommelrollen ständig mit Seewasser
gekühlt, Trommenschutz los u. fest, zur Kontrolle Welle/Dichtung
Welle gedreht, Flügel gedreht, ok. keine Leckagen

VICTOR HENSEN   12⁰⁰ Fertigstellung u. Abfahrt   15. 2.

Ab. Mangel   !

Abb. 4 Detailzeichnung eines Reparaturauftrags.

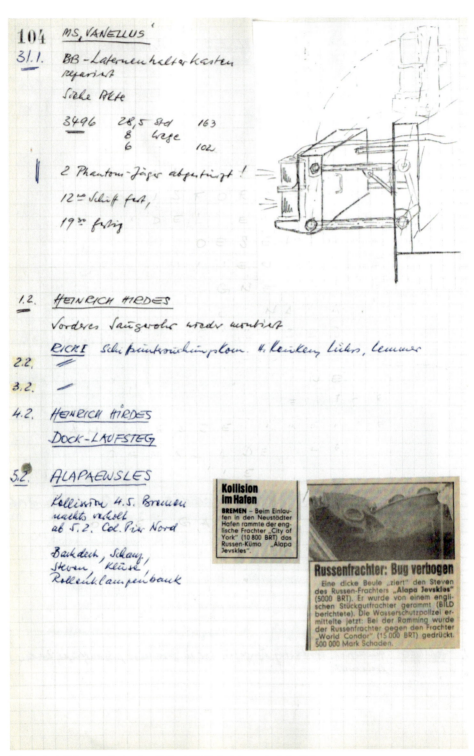

104 MS. VANELLUS

31.1. BB – Laternenhalterkasten
repariert

Siehe Akte

3496   28,5 Std   163
       8   Wege
       6   102

2 Phantom-Jäger abgestürzt!

12°° Schiff fest,

19°° fertig

1.2. HEINRICH HIRDES

Vorderes Saugrohr wieder montiert

RICKI Schiffsuntersuchungsturm. H. leinkern Lüken, lemmer

2.2.

3.2.

4.2. HEINRICH HIRDES

DOCK-LAUFSTEG

5.2. ALAPAEWSLES

Kollision 4.5. Bremen
nachts reschelt
ab 5.2. Col. Pier Nord

Backdeck, Schanz,
Steven, Klüse,
Rollenklampenbank

Kollision im Hafen

BREMEN – Beim Einlaufen in den Neustädter Hafen rammte der englische Frachter „City of York" (10 800 BRT) das Russen-Kümo „Alapa Jevskies".

Russenfrachter: Bug verbogen

Eine dicke Beule „ziert" den Steven des Russen-Frachters „Alapa Jevskies" (5000 BRT). Er wurde von einem englischen Stückgutfrachter gerammt (BILD berichtete). Die Wasserschutzpolizei ermittelte jetzt: Bei der Rammung wurde der Russenfrachter gegen den Frachter „World Condor" (15 000 BRT) gedrückt. 500 000 Mark Schaden.

Abb. 5 Auch Zeitungsartikel galten Herbert Pfohl als dokumentarische Belege.

110

21.2 J.D. BROEHLEMANN *Satellitenantenne Podest, u. Mastlg. Längen*

2 Std Kran 45 t (168.-DM/Std) + An + Abfahrt

Römer reg. Schornsteinkappen

LUTZ SCHRÖDER *01⁰⁰ Uhr fest, Kpt. Stegmann*

Beginn mit Außenhautreparatur

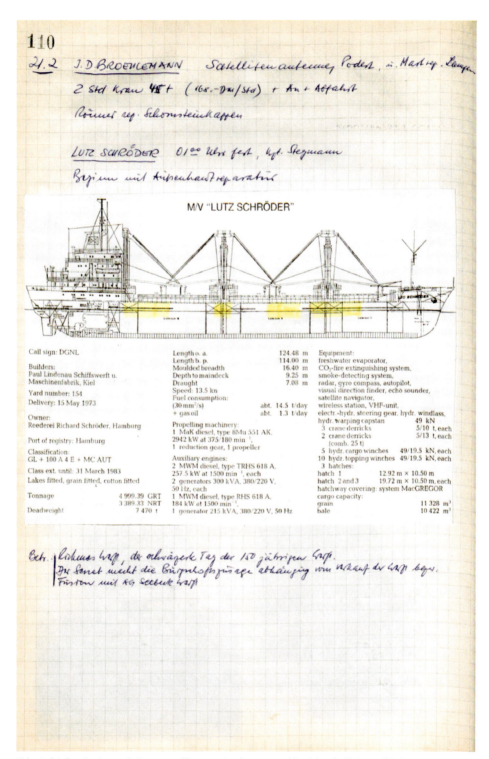

M/V "LUTZ SCHRÖDER"

Call sign: DGNL

Builders:
Paul Lindenau Schiffswerft u.
Maschinenfabrik, Kiel

Yard number: 154
Delivery: 15 May 1973

Owner:
Reederei Richard Schröder, Hamburg

Port of registry: Hamburg

Classification:
GL + 100 A 4 E + MC AUT

Class ext. until: 31 March 1983

Lakes fitted, grain fitted, cotton fitted

Tonnage	4 999.39 GRT
	3 389.33 NRT
Deadweight	7 470 t

Length o. a.	124.48 m
Length b. p.	114.00 m
Moulded breadth	16.40 m
Depth to maindeck	9.25 m
Draught	7.08 m
Speed: 13.5 kn	

Fuel consumption:
| (30 mm²/s) | abt. 14.5 t/day |
| + gas oil | abt. 1.3 t/day |

Propelling machinery:
1 MaK diesel, type 8Mu 551 AK,
2942 kW at 375/180 min^{-1},
1 reduction gear, 1 propeller

Auxiliary engines:
2 MWM diesel, type TRHS 618 A,
257.5 kW at 1500 min^{-1}, each
2 generators 300 kVA, 380/220 V,
50 Hz, each
1 MWM diesel, type RHS 618 A,
184 kW at 1500 min^{-1},
1 generator 215 kVA, 380/220 V, 50 Hz

Equipment:
freshwater evaporator,
CO_2-fire extinguishing system,
smoke-detecting system,
radar, gyro compass, autopilot,
visual direction finder, echo sounder,
satellite navigator,
wireless station, VHF-unit,
electr.-hydr. steering gear, hydr. windlass,

hydr. warping capstan	49 kN
3 crane derricks	5/10 t, each
2 crane derricks	5/13 t, each
(comb. 25 t)	
5 hydr. cargo winches	49/19.5 kN, each
10 hydr. topping winches	49/19.5 kN, each

3 hatches:
| hatch 1 | 12.92 m × 10.50 m |
| hatch 2 and 3 | 19.72 m × 10.50 m, each |

hatchway covering: system MacGREGOR

cargo capacity:
| grain | 11 328 m³ |
| bale | 10 422 m³ |

Bestr. *Rickmers Werft, die schwierigsten Tage der 150 jährigen Werft.*
Der Senat macht die Bürgschaftszusage abhängig vom Verkauf der Werft bezw.
Fristen mit KG Seebeck Werft

Abb. 6 Die Tagebücher enthalten sogar Einträge über beantragte Mittel für die Rickmers Werft.

für die Abrechnung des Kilometergeldes mit seinem Arbeitgeber. Jede Abkürzung bezeichnet einen anderen Reparatur-/Liegeplatz:

RB = Reparaturbetrieb;
Hallo = Hapag-Lloyd-Dock;
S = Sieghold-Werft;
Col Pier = Columbuspier;
Dock III = Seebeck (heute Bredo Bremerhavener Dock GmbH) im Fischereihafen.

An den Schiffsreparaturen waren manchmal bis zu 100 Unterlieferanten beteiligt, sodass die Rechnung erst Monate, nachdem das Schiff das Dock verlassen hatte, gestellt werden konnte. Die Rechnungen wurden mit dem technischen Inspektor der Reederei, manchmal auch dem nautischen Inspektor, ferner einem Vertreter der Versicherung und dem Leiter des Reparaturbetriebes in einer »Rechnungsbesprechung« Position für Position festgelegt. Wenn es zu Unstimmigkeiten unter den Beteiligten kam, wurde das Docktagebuch hinzugezogen. Konnten Streitigkeiten zwischen Auftraggeber und Auftragnehmer über die Höhe der Rechnung dennoch nicht beigelegt werden, wurde Herbert Pfohl geholt.

Die beiden Docktagebücher veranschaulichen die Arbeitsabläufe des Reparatur- und Dockbetriebs der Rickmers Werft in Bremerhaven in den Jahren 1982–1986 sehr deutlich. Darüber hinaus dokumentieren sie die fachliche Kompetenz von Herbert Pfohl und stehen für die persönliche Integrität dieses Mannes, dessen Docktagebucheinträge von Vorgesetzten und Kunden anerkannt, geschätzt und genutzt wurden. Sie werden im Archiv des Deutschen Schiffahrtsmuseums unter den Signaturen III/A/03749 und III/A/03750 verwahrt.

Anschrift der Verfasserin:
Christina Voigt, M.A.
Schleiermacherstraße 16
28201 Bremen

The Technical Diaries of Marine Architect Herbert Pfohl: A Documentation from the Rickmers Shipyard Dock Operations, 1982–1986

Summary

In June 2009, five dock diaries were placed in the possession the German Maritime Museum, including two by marine architect Herbert Pfohl describing his work in the Rickmers shipyard repair and dock operations in the period from 1982 to 1986. Born in 1929, from 1960 to 1966 Herbert Pfohl drew up steel vessel construction plans at the Rickmers shipyard in Bremerhaven. In 1967, at his own request, he transferred to the Rickmers shipyard repair and dock operation which had been newly founded in the fishing port.

The two dock diaries shed light on the working procedures of the Rickmers shipyard repair and dock operations in the years 1982 to 1986. Herbert Pfohl refers to them as "technical book-keeping" since, in addition to notes on organizational procedures and the scheduling of individual repair and conversion orders, the diaries also include many sketches of technical details. Herbert Pfohl started keeping these diaries of his own accord when he noticed that loose slips of paper did not suffice to record the comprehensive and complex information and refer to it quickly. Such a need might have come about, for example, during discussions on invoices for ship repairs in which the nautical inspector as well as a representative of the insurance company and the head of repair operations all took part. When differences of opinion arose between the customer and the company, the dock diary was consulted as evidence of the work carried out.

Les journaux techniques de l'ingénieur naval Herbert Pfohl. Une documentation en provenance de l'exploitation cales sèches du chantier naval Rickmers, 1982–1986

Résumé

En juin 2009, le Musée allemand de la Marine s'est vu remettre cinq journaux concernant des cales sèches, parmi lesquels s'en trouvaient deux dus à l'ingénieur naval Herbert Pfohl. Ceux-ci concernaient son travail dans les sections réparations et cales sèches du chantier naval Rickmers Werft, datant de l'époque entre 1982 et 1986. Herbert Pfohl, né en 1929, a réalisé de 1960 à 1966 des plans de construction navale en acier sur le chantier naval Rickmers Werft à Bremerhaven. En 1967, selon son souhait, il est passé au département réparations et cales sèches nouvellement créé du chantier Rickmers, délocalisé au port de pêche (Fischereihafen).

Les deux journaux illustrent le déroulement des travaux confiés au chantier naval Rickmers à Bremerhaven au cours des années 1982 à 1986. Herbert Pfohl les qualifie de « comptabilité technique », les journaux comportant également, outre des notices sur l'organisation et les délais liés à chaque réparation et à tout contrat de transformation, de nombreux dessins de détails techniques.

Herbert Pfohl a commencé à établir les journaux de son propre chef, lorsqu'il remarqua qu'un « fouillis de notes » ne permettait pas de fixer par écrit de manière appropriée les informations complètes et multiples et, éventuellement, en cas de besoin, de pouvoir y recourir rapidement. Ceci s'avérant parfois nécessaire, par exemple, au cours des entretiens concernant la facturation des réparations navales, auxquelles prenaient part l'inspecteur nautique, ainsi qu'un représentant des assurances et le directeur de l'entreprise de réparation. Si des désaccords voyaient le jour entre le commanditaire et le titulaire du marché, le journal technique était cité comme preuve des travaux effectués.

▶ GUNTHER D. NEUEN

Von Geisterschiffen und SOS-Rufen

Erinnerungen an zwei außergewöhnliche Reisen im Indischen Ozean

Schiffsübergabe und neue Charter

Am 2. Juli 1991 wurde um 12.00 Uhr Ortszeit an Bord der M/V Algenib auf Bangkok-Reede, nahe dem Hafen von Laem Chabang, das »Handing-over protocol« unterzeichnet: Nunmehr hatte der Verfasser als Captain das Schiff übernommen, und wie üblich wünschte der Vorgänger seinem Nachfolger nach der Unterzeichnung »neue Reise, neues Glück«.

Bei der Schiffsübernahme liegt ein besonderes Augenmerk auf den »Documents on board«, damals 28 Zertifikaten, ohne deren Gültigkeit kein Schiff einen Hafen anlaufen oder verlassen konnte, denn die Behörden aller Staaten bestanden in diesem sensiblen Bereich richtigerweise auf strikter Einhaltung der Vorschriften. Einhergehend mit der Prüfung der »Documents« wurde der gesamte Zustand des Schiffes inklusive der Bunker- und Proviantbestände erörtert, denn für den übernehmenden Kapitän musste Klarheit darüber herrschen, welchen eventuellen Risiken er entgegensah. Schließlich galt es auch festzustellen, welche Besatzung übernommen wurde. Diese war in diesem Fall, wie seit den 1970er Jahren üblich, eine international zusammengesetzte mit insgesamt 24 Seeleuten, davon 16 Philippinos, fünf Polen sowie je einem Jugoslawen, Kapverder und Myanmarer. Auch die Flaggen der Schiffe – die Algenib lief unter der Flagge Singapurs – waren vielfältiger geworden, und die sozialen Bedingungen gleich mit. Was die aus gesicherten sozialen Verhältnissen stammenden Seeleute seit den 1970er Jahren zu erleben und zu spüren bekamen, blieb den an Land Beschäftigten für die 1990er Jahre vorbehalten: Die festen Reederei-Anstellungen waren Sechs- oder Neunmonats-Kontrakten gewichen, Kranken- und Rentenversicherung liefen unter »Eigenregie«, nicht nur bei den einfachen Besatzungsmitgliedern, sondern auch beim Kapitän.

Doch zurück zur Schiffsübernahme. Wichtig hinsichtlich der zu übernehmenden Besatzung war natürlich die Einschätzung des Vorgängers: Gab es vielleicht Problemfälle hinsichtlich Befähigung oder Einordnung in den Bordbetrieb? Besonderes Augenmerk galt dem »Chief Officer« als eventuellem Vertreter des Kapitäns sowie dem »Chief Engineer«: Waren die beiden nächsten Mitarbeiter des Captains zuverlässig und auf ihrem jeweiligen Fachgebiet hinreichend kompetent? Der Erste Offizier war bereits über zwei Monate an Bord und hatte sich wohl gut eingearbeitet. Beladung bzw. Stauung der Container und die Stabilitätsberechnungen liefen ohne Probleme, der Umgang mit der Decksbesatzung war jedoch etwas zu autoritätsbetont. Die Frau des »Ersten« war, aus Warschau kommend, seit rund einem Monat an Bord. Mit der Übergabe wurde die Zustimmung des Kapitäns zum Verbleib der Ehefrau an Bord um eine weitere Reise –

je nach Charter – verlängert. Auch diese Maßnahme sollte zu einer guten Zusammenarbeit beitragen. Der Chefingenieur hatte den Maschinenbereich technisch wie personell gut im Griff, der Betrieb lief ohne Probleme. Mehr als die üblichen Stopper zum Auslassventil-Wechsel der Hauptmaschine hatte es nicht gegeben. Der Chefingenieur war ebenfalls seit etwa zwei Monaten an Bord. Sorgen hatte er berechtigterweise wegen der kriegerischen Ereignisse um seinen Heimatort Dubrovnik, und die Nachrichten der »Deutschen Welle« wurden ein wichtiger Bestandteil der täglichen Besprechung. Beide, Chief Officer und Chief Engineer, sollten während der kommenden Reise entsprechend ihrer Bordstellung eine wichtige Rolle spielen.

Den Abschluss des »Handing-over« bildete das Geschäftliche. Zum einen war die Schiffskasse zu prüfen: Die Bestände an US-Dollar waren penibel zu zählen und dann zu quittieren, was bei rund 30 000 $ einige Zeit brauchte. Zum anderen war die Charter des Schiffes festzustellen, denn die Schiffe unseres Eigners liefen alle entweder unter Zeit- oder Reise-Charter. In unserem Fall war M/V Algenib gerade »off hire« gegangen und der Wechsel des Kapitäns so geplant worden, dass der ablösende Captain eine neue Charter antreten sollte. Und tatsächlich war bereits am nächsten Tag ein Ende der Zeit auf Reede abzusehen. Per Telex wurde der Abschluss einer neuen Charter angekündigt, und bereits am Abend war mit Übermittlung der »Charter Party« die nächste Beschäftigung der Algenib sichergestellt. Zeit-Charterer für die Dauer von sechs bis acht Monaten, je nach Option des Charterers, war die »South African Marine Corporation Ltd.« (Safmarine) mit Sitz in Kapstadt, und die Algenib sollte am 12. Juli um 00.01 Uhr Ortszeit in Keelung/Taiwan »on hire« gehen. Für die fünfeinhalbtägige Reise von Bangkok-Reede nach Keelung waren genügend Zeitreserve, Bunkervorrat und Proviant vorhanden.

Am 4. Juli verließ M/V Algenib um 09.00 Uhr Ortszeit seinen Ankerplatz, rundete mit Kap Kamau den Südzipfel Vietnams und verfolgte nun einen nordöstlichen Kurs zur Ostküste von Taiwan. Am 9. Juli um 18.50 Uhr Ortszeit hieß es »fallen Anker« auf Keelung-Reede, und per Telex wurde an Safmarine, deren lokalen Agenten in Keelung und unseren Eigner die »Notice of Readiness« gegeben. Alsbald übermittelte Safmarine die für die kommende Reise notwendigen Informationen, benannte ihre Repräsentanten in Südafrika und ihre Agentenliste in Asien mit den entsprechenden Kommunikationsverbindungen und unterrichtete über die geplante Containerbeladung im einzigen vorgesehenen Ladehafen Keelung sowie die voraussichtlichen Ankunftsdaten für die Löschhäfen Durban und Kapstadt. Die erforderlichen Bunkermengen an Schwer- (Heavy Fuel Oil/HFO) und Dieselöl (Marine Diesel Oil/MDO) sollten in Keelung angeliefert werden.

Am 12. Juli wurden mit Inkrafttreten des Chartervertrages um 00.01 Uhr Ortszeit die Formalien der »Notice of Readiness« wiederholt und uns für mittags der Lotse angekündigt. Um 12.00 Uhr ging M/V Algenib ankerauf, der Lotse kam in der Hafeneinfahrt an Bord, und um 12.24 Uhr wurde an der Containerpier festgemacht. Der bereits bestellte Bunkervorrat für eine 20-tägige Seereise plus Reserve, insgesamt 900 metrische Tonnen (mto) HFO und 70 mto MDO, wurde unverzüglich angeliefert, ebenso der geordete Proviant. Nach beendetem Bunkern begann die Beladung mit Containern entsprechend der vorherigen Planung. Die Beladung ging schnell, reibungslos und zur Zufriedenheit aller Beteiligten, also der Schiffsführung, des Stauers und des Charterers, vonstatten. Wir hatten 608 TEUs an Bord, die Ladung unter und an Deck, zwei Lagen hoch, war seemännisch gelascht, obwohl das Laschen der Deckslagen mit Hilfe von »lashing bars« und »bridge fittings« wie immer zu Überstunden der Stauer führte, die vom Charterer gemäß des geschlossenen Vertrages aber geduldet werden mussten.

Im Zusammenhang mit der Beladung sei die Algenib kurz charakterisiert: Bei 160 m Länge und 23 m Breite wurde mit 9,80 m Sommertiefgang ein Deplacement von 26 100 mto erreicht, die Tragfähigkeit betrug hierbei 17 800 mto. Die Maschinenleistung war mit 11 400 Wellen-PS (brake horsepower/bhp) angegeben, womit 16 kn erreicht werden konnten. Die Bunkerkapazität belief sich auf 1780 mto HFO und 375 mto MDO, die Ballasttanks konnten 6285 mto Wasser aufnehmen. Der maximale Container-»Intake« war bei drei Deckslagen auf 727 TEU limitiert, ausreichende Stabilität vorausgesetzt.

Ein Geisterschiff im Indischen Ozean

Am Morgen des 14. Juli wurde die ALGENIB von den Behörden ausklariert, nachdem das Schiff in jeder Beziehung als seetüchtig eingestuft worden war, und der Hafen von Keelung um 10.12 Uhr unter Lotsenberatung verlassen. Für die 6700 sm lange Reise nach Durban wurden 18,5 Tage kalkuliert; eine entsprechende Meldung unserer voraussichtlichen Ankunftszeit ging per Telex an Safmarine und an unseren Eigner. Zunächst wurde Taiwan östlich passiert, dann die ausgedehnten Riffe und Atolle der Spratly-Inseln im Südchinesischen Meer westlich umfahren. Nächster Landfall war am 18. Juli Natuna auf der indonesischen Insel Bunguran, Borneo etwa 140 sm nordwestlich vorgelagert. Auf dem weiteren Südkurs wurden zahlreiche »unsurveyed depths« und der Äquator passiert, danach am 19. Juli die Enge von Selat Gelasa/Gaspar-Straße zwischen den indonesischen Inseln Belitung und Bangka. Anschließend wurden die Sundastraße zwischen Java und Sumatra angesteuert und beim Durchfahren die Inselfragmente des Krakatau mit Respekt beobachtet (in der Seekarte sind in diesem Gebiet zahlreiche »underwater volcanoes« und »seamounts« verzeichnet).

Schließlich wurde am 20. Juli um 16.00 Uhr Ortszeit die offene See des Indischen Ozeans erreicht – endlich freier Ozean! Damit waren bereits 2200 sm oder ein Drittel der Gesamtdistanz zurückgelegt. Die restliche Strecke sollte im Großkreis – also leicht nach Süden ausholend – abgelaufen werden. Im jahreszeitlich herrschenden Südostpassat mit für unseren Kurs leicht achterlichen Winden wurden gute Seebedingungen angetroffen: Der Wind kam mit 5–6 und 6 Beaufort (Bft) aus Ostsüdost bis Südost, die Dünung setzte mittelhoch aus Süd – beste Bedingungen also für die kommenden zwölf Tage.

Und so war es auch in der folgenden Woche, das Schiff lief gute Etmale, und da war es nur zu klar, dass für das kommende Wochenende, am 27. Juli, ein Barbecue auf dem Poopdeck angesetzt wurde. Schon ab Samstagmittag wurde mit Tischen und Stühlen, Flaggen und Lichterketten das entsprechende Ambiente geschaffen, »Cookie« tat das Seinige mit Steaks und verschiedenen Salaten in ausreichenden Mengen, und der Kühlraum spendete gut gelagertes Bier. Um 17.00 Uhr wurden die Grillfässer angeheizt, und eine Stunde später war die wachfreie Besatzung mit viel Freude und bei guter Musik versammelt, sodass das Barbecue seinen üblichen fröhlichen Verlauf nehmen konnte. Aber schon wenig später kam alles ganz anders, und das gleich für zwölf Tage …

Um 19.20 Uhr wurde der Captain auf die Brücke gerufen. Der Erste Offizier hatte in etwa sechs Seemeilen Abstand an Backbord einen großen Bulkcarrier ohne jede Lichterführung ausgemacht, der daraufhin auf VHF-Kanal 16 angerufen worden war, jedoch nicht geantwortet hatte. In der einsetzenden Dämmerung und über die zunehmende Entfernung war nichts Genaues auszumachen. Das Schiff lag scheinbar gestoppt und driftete – eine ungewöhnliche Situation, in der es zu handeln galt. Chefingenieur und Maschine wurden informiert, um auf Manöverbereitschaft umzustellen, und der Kurs geändert, um näher an das andere Schiff heranzulaufen. Etwa um 20.00 Uhr Ortszeit (UTC + 5 Stunden) waren wir bei langsamer Fahrt auf etwa zwei Seemeilen herangekommen. Es war inzwischen dunkel geworden, die Ausgucks auf Back und Brücke waren besetzt, der Suchscheinwerfer auf dem Peildeck klargemacht, der Morsescheinwerfer auf der Brücke bereitgelegt.

Langsam umrundeten wir das Schiff, gut Ausschau haltend, dabei auf eine Seemeile näherkommend: kein Licht, kein Lebenszeichen, nur die dunkle Masse des Schiffes in der sich brechenden See. Dann erkannten wir, dass beide Bootsdavits an den achtern gelegenen Aufbauten ausgeschwungen waren und beide Boote fehlten. Äußerste Umsicht war nun geboten, denn Boote oder Überlebende konnten in unmittelbarer Nähe sein! Auf Suchkursen und mit scharfem Ausguck vor allem im Lichtkegel des Suchscheinwerfers wurde der inzwischen als MANILA TRANSPORTER identifizierte Bulkcarrier mehrfach umrundet, sodann die nähere Umgebung abgesucht. Beide Radargeräte waren besetzt, aber kein weiteres Echo festzustellen – die Suche blieb erfolglos. Währenddessen hatten Funker und Zweiter Offizier die vorliegenden »Navigational warnings« nochmals genau kontrolliert, doch auch die zuletzt aufgenommenen vom 7. und 23. Juli enthielten keinerlei Hinweise. Um 20.30 Uhr wurde schließlich Mauritius Radio/Port Master Port Louis als regionale Koordinierungsstelle mit TTT-Meldung informiert und unsere Position mit 23° 55′ S 065° 54′ E übermittelt. Mehr ließ sich im Moment nicht tun, und die Reise wurde wie geplant fortgesetzt, auch wenn Ausgucks und Radar vorläufig besetzt blieben. Das außergewöhnliche Auftauchen des »Geisterschiffes« sorgte an Bord für vielfältige Diskussionen und Spekulationen, und die Grillparty war alsbald beendet.

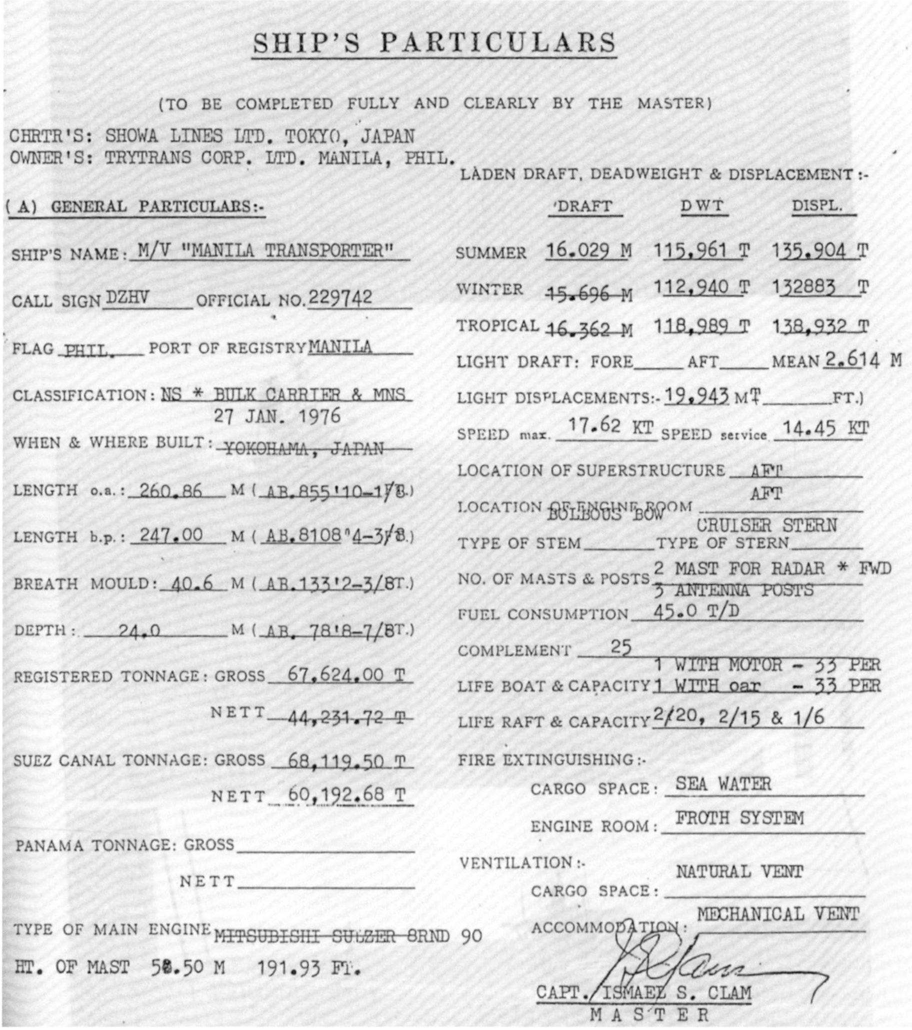

SHIP'S PARTICULARS

(TO BE COMPLETED FULLY AND CLEARLY BY THE MASTER)

CHRTR'S: SHOWA LINES LTD. TOKYO, JAPAN
OWNER'S: TRYTRANS CORP. LTD. MANILA, PHIL.

(A) GENERAL PARTICULARS:-

SHIP'S NAME: M/V "MANILA TRANSPORTER"

CALL SIGN DZHV   OFFICIAL NO. 229742

FLAG PHIL.   PORT OF REGISTRY MANILA

CLASSIFICATION: NS * BULK CARRIER & MNS
27 JAN. 1976
WHEN & WHERE BUILT: YOKOHAMA, JAPAN

LENGTH o.a.: 260.86 M (AB.855'10-1/8.)

LENGTH b.p.: 247.00 M (AB.8108"4-3/8.)

BREATH MOULD: 40.6 M (AB.133'2-3/8T.)

DEPTH: 24.0 M (AB. 78'8-7/8T.)

REGISTERED TONNAGE: GROSS 67,624.00 T

NETT 44,231.72 T

SUEZ CANAL TONNAGE: GROSS 68,119.50 T

NETT 60,192.68 T

PANAMA TONNAGE: GROSS

NETT

TYPE OF MAIN ENGINE MITSUBISHI SULZER 8RND 90

HT. OF MAST 58.50 M   191.93 FT.

LADEN DRAFT, DEADWEIGHT & DISPLACEMENT:-

	DRAFT	D W T	DISPL.
SUMMER	16.029 M	115,961 T	135,904 T
WINTER	15.696 M	112,940 T	132883 T
TROPICAL	16.362 M	118,989 T	138,932 T

LIGHT DRAFT: FORE____ AFT____ MEAN 2.614 M

LIGHT DISPLACEMENTS:- 19,943 MT____FT.)

SPEED max. 17.62 KT SPEED service 14.45 KT

LOCATION OF SUPERSTRUCTURE AFT

LOCATION OF ENGINE ROOM AFT

TYPE OF STEM BULBOUS BOW TYPE OF STERN CRUISER STERN

NO. OF MASTS & POSTS 2 MAST FOR RADAR * FWD
3 ANTENNA POSTS

FUEL CONSUMPTION 45.0 T/D

COMPLEMENT 25

LIFE BOAT & CAPACITY 1 WITH MOTOR - 33 PER
1 WITH oar - 33 PER

LIFE RAFT & CAPACITY 2/20, 2/15 & 1/6

FIRE EXTINGUISHING:-

CARGO SPACE: SEA WATER

ENGINE ROOM: FROTH SYSTEM

VENTILATION:-

CARGO SPACE: NATURAL VENT

ACCOMMODATION: MECHANICAL VENT

CAPT./ISMAEL S. CLAM
M A S T E R

Abb. 1 Schiffsdaten der MANILA TRANSPORTER. (Alle Abbildungen zu diesem Beitrag: Archiv des Verfassers)

Am 28. Juli frühmorgens wurde der Eigner über das Geschehen informiert. Es schloss sich eine längere Telefonkonferenz an, denn man hatte festgestellt, dass die Manila Transporter längst aus dem »Lloyd's Register« gestrichen war, mit anderen Worten: Das Schiff konnte eigentlich gar nicht mehr existieren! Nun hatte der Eigner internen Diskussionsbedarf. Was sollte, was konnte geschehen? Denn eines war nun unzweideutig klar: Die Manila Transporter trieb tatsächlich als Geisterschiff im Indischen Ozean!

Dann wurden Entscheidungen getroffen: Am 28. Juli um 12.00 Uhr Ortszeit wurde die Algenib auf Gegenkurs gedreht und die vorausberechnete Position des driftenden Bulkcarriers angesteuert mit dem Auftrag, die Suche nach Überlebenden und den Booten fortzusetzen. Außerdem sollte die Möglichkeit einer Bergung ausgelotet werden. Vom Eigner auf spezielle Erfahrungen angesprochen, konnte ich auf meinen Aufenthalt an Bord des Bergungsschleppers Seefalke (I) im April 1966 verweisen, als ich auf MS Asseburg fuhr, die etwa 100 sm südwestlich von Kap Finisterre in Brand geraten und von Seefalke in Schlepp genommen worden war. Der Eigner selbst war früher längere Zeit als Besatzungsmitglied auf dem Schlepper gefahren, sodass die Kommunikation zu Fragen einer eventuellen Bergung ab diesem Zeitpunkt glatt und ohne Probleme verlief.

Nunmehr hatten wir uns einer neuen Situation und damit auch neuen Aufgaben zu stellen, denn das Containerschiff sollte nun Retter und Berger spielen. Unsere Möglichkeiten und die eventuell anstehenden Risiken wurden zuerst mit dem Ersten Offizier und dem »Chief« eingehend erörtert. Am Nachmittag wurden dann ein Crew-Meeting angesetzt und die bisherigen Diskussionsergebnisse dargestellt, woran sich eine offene Aussprache anschloss. Diese ergab, dass Einsätze zur Rettung Überlebender als notwendig und selbstverständlich angesehen wurden. An Aktivitäten im Zusammenhang mit einer Bergung des Schiffes sollte jedoch nur auf der Basis von Freiwilligkeit teilgenommen werden.

Die Aufgabenstellung zur Rettung der Besatzung der Manila Transporter war klar umrissen. Ausgucks und Radargeräte waren während des Anlaufens der Position des Bulkcarriers besetzt, unsere Boote klar zum Aussetzen. Bei einsetzender Dämmerung wurden die Ausgucks abermals verstärkt, da bei dem herrschenden Südostpassat davon auszugehen war, dass die Boote schneller als der abgeladene Frachter gedriftet waren und bereits auf unserem Kurs in Richtung der Position des Schiffes ausgemacht werden könnten.

Die Bergung wurde mit der Bildung von zwei Gruppen begonnen: die erste Gruppe bereitete den Schleppversuch mit dem eigenen Schiff vor, während die zweite Gruppe ein Boot ausrüstete mit dem Ziel, an Bord der Manila Transporter zu gehen. Hierbei waren Sicherheitsaspekte absolut vorrangig. Noch am Abend war schließlich die Bootsausrüstung für die siebenköpfige »Entermannschaft« komplett: Werkzeug, Leinen, Fender, Feuerlöscher, Batterie, Walkie-Talkies und eine kleine Rettungsinsel. Gleichzeitig wurde Ballast ins Boot gegeben, um es einerseits seetüchtiger zu machen, andererseits die Schraube genügend tief unter Wasser zu bringen. Rasch waren der Tag vergangen und die Vorbereitungen abgeschlossen.

Am 29. Juli wurde kurz nach 00.30 Uhr Ortszeit ein Radarecho geortet, das sich mehr und mehr als driftendes Schiff ohne Lichterführung herauskristallisierte – wir hatten die Manila Transporter ein zweites Mal gefunden. Boote oder andere Objekte konnten im Radar nicht festgestellt werden. Als wir um 02.30 Uhr auf zwei Seemeilen an den treibenden Bulkcarrier herangekommen waren, wurde die Maschine gestoppt. Die Wachen blieben jedoch besetzt, da nun auch wir drifteten. Wir lagen auf 23° 56′ S 065° 31′ E: Das »Geisterschiff« war folglich in 31 Stunden 31 Seemeilen weit, also mit 1 kn in westlicher Richtung verdriftet worden.

Eine Stunde später wurden wir gehörig aufgeschreckt, denn die Ausgucks hatten Schatten an den Fenstern der Aufbauten der Manila Transporter gesehen. Nach eingehender Prüfung erwies sich dieser Spuk in der mondhellen Nacht jedoch als Spiegelung der bewegten See. Mit

Abb. 2 Annäherung an den Havaristen.

einsetzender Dämmerung wurde am folgenden Morgen die Umgebung nochmals intensiv in Suchschlägen auf bis zu vier Seemeilen abgesucht, jedoch ohne jedes Ergebnis, sodass die Suche nach Booten oder Überlebenden endgültig eingestellt wurde. Zudem erreichte uns morgens die Nachricht unseres Eigners, dass man inzwischen den eigenen Haftpflichtversicherer, Safmarine sowie die Versicherer der Manila Transporter kontaktiert hatte mit dem Ergebnis, dass das Schiff bereits drei Wochen zuvor von der Besatzung aufgegeben worden war, die vollzählig von einem norwegischen Bulkcarrier aufgenommen worden sei. Diese »News« kamen nun etwas spät, aber immerhin konnten wir die bisherige Suche als gute Übung ansehen.

Gleichfalls am Morgen des 29. Juli wurden bei Tageslicht die Beschädigungen der Manila Transporter offenkundig, die zum Verlassen des Schiffes geführt haben mussten: Bei Luke 3 waren auf beiden Seiten des Schiffes große Teile der Außenhaut mitsamt den Spanten wegge-brochen. Die etwa 15 m langen Löcher bzw. Ausrisse in der Bordwand begannen rund 1 m über der Wasserlinie, und da das Schiff in der Südost-Dünung langsam rollte und stampfte, war zu sehen, dass die Löcher mindestens 6 m in der Höhe maßen, der überwiegende Teil somit meist unter Wasser lag. Auf der Backbordseite waren die Bordwand-Ausrisse etwas weniger ausge-prägt, außerdem waren hier Spantenreste zu sehen. Dennoch strömte die See ungehindert durch das Schiff – ein befremdender Anblick. Die anderen acht Luken waren unversehrt, eben-so Steven und Heck. Das Schiff lag mit etwa 15 m Tiefgang auf ebenem Kiel.

Inzwischen hatte sich die »Boarding Party« bereitgemacht, das Boot war klar zum Aussetzen. Die Manila Transporter trieb im Südostpassat auf einem gleichbleibenden Kurs von 190°. Die Algenib sollte nun in Lee auf eineinhalb Kabellängen an den Bulkcarrier herangebracht werden. Beim Manövrieren war zu bedenken, dass unser Schiff nicht über einen Verstellpropeller, geschweige denn ein Bugstrahlruder verfügte, sondern traditionell durch Änderung von Fahrt-stufe und Ruderlage in die richtige Position zum Aussetzen des Bootes zu bringen war. Außer-dem war die Algenib mit zwei Decklagen Containern und einem Tiefgang von nur 7,80 m recht windempfindlich; man konnte mit etwa 1600 m² Seitenfläche rechnen.

Beim dritten Anlauf waren die Bedingungen schließlich optimal. Das Boot wurde in unserem Lee zu Wasser gebracht und die Algenib passierte anschließend in rund einer Kabellänge Abstand mit dem Heck den Steven der Manila Transporter. Nach einem Drehkreis stoppte die

Abb. 3 Gut zu erkennen die Beschädigungen im Bereich der Luke 3, hier an Steuerbordseite.

ALGENIB etwa vier Kabellängen hinter dem Heck der MANILA TRANSPORTER auf. Unser Boot hatte in der 2–3 m hohen Dünung und bei dem Passatwind mit Stärke 5–6 gut zu tun, um zunächst Luke 3 aus der Nähe in Augenschein zu nehmen und anschließend die Bootstaljen des Bulkcarriers zu erreichen. Hier hing eine Jakobsleiter bis etwa zwei Meter über Wasser. Der Bootsmann wartete im Auf und Ab der Dünung den richtigen Moment ab, erreichte die Leiter und war schließlich um 11.20 Uhr als Erster an Bord des »Geisterschiffes«. Vier weitere Männer folgten, während die zwei übrigen vorläufig im Boot blieben. Während die »Boarding Party« damit begann, ihren Aufgaben auf der MANILA TRANSPORTER nachzugehen, bereitete die erste Gruppe auf der ALGENIB die Bergung vor.

Zum besseren Verständnis des geplanten Schleppversuchs ist ein kurzer Ausflug in die Seemannschaft unerlässlich. Zunächst die Größenverhältnisse: Unser Schiff hatte ein Deplacement von 21 000 mto, der Bulkcarrier sechsmal so viel, nämlich rund 120 000 mto. Das Verhältnis beim Tiefgang belief sich auf 7,80 m gegenüber ca. 15 m der MANILA TRANSPORTER. Zum Festmachen des Schleppgeschirrs standen uns auf dem Poopdeck vier Poller zur Verfügung, die sonst zum Vertäuen im Hafen benutzt wurden. Weiter erhält jedes Schiff bei der werftseitigen Erstausrüstung einen sogenannten Seeschlepper, einen Draht von etwa 100 Faden (183 m) Länge, in der Zug-/Bruchfestigkeit dem jeweiligen Schiff angemessen. Der Seeschlepper ist genau für Notfälle wie diesen vorgesehen.

Nach einigem Für und Wider unter den seemännisch vorgebildeten Crewmitgliedern sollte die Schleppleine wie folgt aufgeriggt werden: Unser Heckanker sollte gelascht bleiben, der Kettenvorläufer am nachfolgenden Draht ausgeschäkelt werden. Der Draht des Heckankers (die Stärke entsprach in etwa der unseres Seeschleppers) sollte abgetrommelt und über die innen achtern stehenden Poller zu den äußeren, etwas weiter vorne stehenden Pollern geführt und dabei lose belegt werden, um den auftretenden Zug auf alle vier Poller verteilen zu können. Ein Festmacherdraht sollte weiteren Zug aufnehmen, indem er von hier auf je einen Poller an Steuerbord und an Backbord auf dem Vordeck geführt werden sollte. Von den äußeren Pollern auf dem Poopdeck sollte der Heckankerdraht als Hahnepot von beiden Seiten nach außenbords laufen, und in die Spitze dieses Dreiecks sollte unser Seeschlepper eingeschäkelt werden. Die Heckreling sollte abgenommen werden, das rund 10 cm hohe Decks-Süll an der Heckseite abgeschnitten werden, um ein Schamfilen zu vermeiden. Hahnepot und Seeschlepper sollten dann mittels Hilfsleinen so zum Slippen klargemacht werden, dass einerseits unser Ruder und Propeller klarblieben und andererseits nach Aufnahme der Schleppleine von Bord der Manila Transporter ein gefahrloses Aufriggen oder Einholen der Gesamt-Schleppleine auf rund 250 m Länge (gemessen ab unserem Heck) ermöglicht würde. Beim Klarieren der Leinen hatte natürlich die Sicherheit der eigenen Mannschaft im Vordergrund zu stehen, zumal bei den beengten Platzverhältnissen auf dem Poopdeck.

Die Aufgaben waren somit gestellt; nun begann die Arbeit für den Decks-/Maschinenschlosser, zwei Matrosen, drei Leichtmatrosen und drei Maschinenwärter. Eine Gruppe begann mit den Arbeiten auf dem Poopdeck, die andere Gruppe holte unter Einsatz des Ankerspills auf dem Backdeck den Seeschlepper aus dem Kabelgatt und anschließend längsdeck nach achtern. Zwei bis drei Tage würden die Arbeiten in Anspruch nehmen, da nebenher natürlich auch die üblichen Wacharbeiten anstanden und außerdem das Aussetzen und Aufhieven des Bootes den Einsatz der gesamten Mannschaft erforderte, um die Fangleinen, die Winde und die Davits besetzen zu können.

Von der Brücke aus konnten wir das weitere Vorgehen der »Boarding Party« auf der Manila Transporter beobachten und blieben über Walkie-Talkie in ständigem Kontakt. Mittschiffs an Steuerbord wurde eine Lotsenleiter ausgebracht, das Boot dorthin verholt und mit Fangleinen gesichert. Die dringlichste Aufgabe bestand zunächst darin, die Luke 3 zu prüfen. War diese sicher, konnten unsere Leute an Bord bleiben? Dieses wurde alsbald positiv beantwortet und die Bootscrew konnte die weiteren Punkte der aufgegebenen Checkliste angehen: Untersuchung des Decks, der Schotten und des Doppelbodens im Bereich der Luke 3, Sicherung der Dokumente – so vorhanden – auf der Brücke und in der Kapitänskajüte, Aufspüren des Seeschleppers im Kabelgatt und/oder Suche nach geeigneten Leinen für das Schleppmanöver, Überprüfung des Maschinenraums.

Der letzte Punkt war der gefährlichste. Während sich der Zweite Ingenieur und unser Maschinenschlosser im Maschinenraum aufhielten, bildeten die anderen von Deck aus eine Kette, um in Rufkontakt zu bleiben. Um 15.00 Uhr waren schließlich alle wieder an Deck des Schiffes, und nachdem das Boot losgeworfen und Fahrt aufgenommen hatte, kam das große Aufatmen, denn es ist immer ein großes Risiko, an Bord eines schwer beschädigten Schiffes zu gehen! Die Algenib ging nun wieder auf zwei Kabellängen Abstand in Lee der Manila Transporter, das Boot lief an, wurde gesichert und dann aufgehievt – um 16.00 Uhr war unsere Crew wieder vollzählig an Bord. Nach dem ersten allgemeinen »Palaver« wurden am frühen Abend die Ergebnisse des Tages besprochen, um anschließend die nächsten Schritte für den folgenden Tag zu planen.

Die Lage an Bord der Manila Transporter stellte sich wie folgt dar: Das Schiff war überhastet verlassen worden. In der Messe waren das Frühstück noch aufgebackt, Tassen und Teller noch am gleichen Platz wie drei Wochen zuvor – ein Geisterschiff eben. An Unterlagen wurden sichergestellt der Tankplan, Stabilitätsunterlagen, »Capacity Plan« und weitere Schiffspläne, das »Daily Log« der Brücke vom 4. Juli sowie das »Engine Log« vom 6. Juli. Die zuletzt genutzte Seekarte wie auch das »Plotting Sheet« lagen noch auf dem Kartentisch auf der Brücke. Aus dem Tankplan wurde ersichtlich, dass Luke 3 als Ballasttank zu nutzen war und über verstärkte Schotten verfügte, die ohne erkennbare Schäden waren. Die Doppelbodentankdecke (»tank-top«) war nach Peilung und Augenschein ebenfalls scheinbar unversehrt; die Bordwandteile waren glatt herausgebrochen. Der Steuerbord-Lukendeckel war aus dem Süll gedrückt worden und lag nun verkantet über dem Lukenschacht. Alle anderen Lukendeckel – die von Luke 3 an Backbordseite sowie die der anderen acht Luken – waren noch seefest gelascht. Der Seeschlepper hatte im Kabelgatt nicht gefunden werden können. Das Ruder lag fest auf Backbord 10°. Die Erkenntnisse des Zweiten Ingenieurs zur Situation in der Maschine waren eher belanglos und wenig aussagekräftig, was aufgrund der Gefährdung in diesem Bereich aber nicht zu kritisieren war. Das Wasser schwappte in den Bilgen offenbar bis zur Höhe der Flurplatten; es dürften somit einige 100 Tonnen Wasser im Schiff gewesen sein.

Mit diesen von der »Boarding Party« erzielten Ergebnissen waren die Aufgaben für den nächsten Tag klar: Mit Unterstützung durch unseren Chefingenieur sollte das Inspektionsteam klären, ob sich einer der Generatoren als Hilfsdiesel oder vielleicht sogar die Hauptmaschine starten ließe, denn dann könnte neben dem Schleppversuch auch ein In-Fahrt-Bringen der Manila Transporter versucht werden. Weiter sollten das Ruder in Mittschiffs-Lage gebracht und die Suche nach dem Seeschlepper intensiviert werden, denn sollte dieser trotz aller Bemühungen nicht gefunden werden können, müssten vier Festmacherleinen als Ersatz gedoppelt, auf die Ankerkette geschäkelt und der Anker dann knapp drei Schäkel (ca. 81 m) gefiert werden.

Am 30. Juli morgens wiederholte sich das Procedere: Die Algenib manövrierte im Abstand von ein bis zwei Kabellängen in Lee des Bulkcarriers und setzte das Boot aus, das um 10.50 Uhr mit nunmehr neun Leuten mittschiffs an der Steuerbordseite der Manila Transporter festmachte, während die Algenib wieder einen Drehkreis beschrieb und sich in vier Kabellängen Abstand hinter dem Heck des Bulkcarriers driftend positionierte.

Während der Manöver wurde die Manila Transporter kritisch beobachtet, aber neue Risse oder Bruchstellen in der Bordwand ließen sich nicht feststellen: Das Schiff lag nach wie vor bei unverändertem Tiefgang auf ebenem Kiel und die See strömte wie zuvor durch die immens großen Bordwandlöcher in Luke 3 ein und aus. Unser Bordteam inspizierte nach dem Anbordgehen aus Sicherheitsgründen zuallererst die Decks und die Außenhaut – vor allem im Bereich der Luke 3 –, konnte jedoch ebenfalls keinerlei Veränderungen oder Auffälligkeiten entdecken.

Wir wussten inzwischen, dass die Manila Transporter in Dampier/Westaustralien Eisenerz geladen und einen Tiefgang von 16 m bei einem Deplacement von 136 000 mto hatte, somit voll abgeladen war. Das Schiff war bei einer Länge von 261 m fast 41 m breit und 1976 auf einer Werft in Yokohama gebaut worden, also mittlerweile 15 Jahre alt.

Als nachmittags der Passat böig aufzufrischen und die See zuzunehmen begann, musste das Boot wieder zurückbeordert werden. Die Berichte von Erstem Offizier und Chefingenieur klangen vielversprechend: Zwar war der Seeschlepper nicht gefunden worden, doch waren die Leinen gedoppelt, von außen durch die Ankerklüse aufgeholt und entweder in die Kette eingespleißt oder eingeschäkelt worden. Somit könnte nach dem Fieren der Ankerkette nun eine Leinenverbindung mit der Algenib hergestellt werden, da auch hier bis zum Abend die vorgesehenen Schleppleinen bereitlagen. Der »Chief« gab einen ausführlichen Bericht zur Maschinensituation auf der Manila Transporter: Vielleicht könnte es doch noch gelingen, den Hilfsdiesel anzulassen und mit dessen Hilfe eventuell gar die Hauptmaschine zu starten. Schon begannen die Spekulationen, tagsüber mit einer kleinen Wachbesatzung fahren zu können, und alle Beteiligten waren guten Mutes. Unabhängig vom Ausgang der Arbeiten in der Maschine sollte am folgenden Tag jedoch der Schleppversuch begonnen werden. Mauritius war das Ziel, etwa 400 Seemeilen entfernt, bei vier Knoten Schleppfahrt somit in gut vier Tagen erreichbar.

Am Morgen des letzten Julitages mussten wir jedoch eine unliebsame Entdeckung machen: Schon nachts war der Südostpassat nicht wie gewohnt eingeschlafen und wehte noch morgens mit gut sechs Windstärken. Auch die Dünung war mit gut drei Metern wesentlich höher als an den Tagen zuvor, und die Manila Transporter arbeitete erheblich schwerer im Seegang. Auf wechselnden Kursen wurden drei Anläufe unternommen, das Boot auszusetzen, aber unser Schiff rollte derart, dass an ein sicheres Manöver nicht zu denken war. Also gingen wir wieder auf Drift und warteten auf Wetterbesserung. Diese trat jedoch nicht ein, der Tag war vertan, die Enttäuschung entsprechend groß. Mauritius aber sollten wir eher sehen, als uns lieb war …

Abends wurde der Kapitän vom Ersten Offizier mit üblen Neuigkeiten aufgeschreckt: Seine Frau sei schwanger und habe offensichtlich eine Fehlgeburt! Das war denn doch starker Tobak, denn von einer Schwangerschaft war bei Antritt der Reise 17 Tage zuvor keine Rede gewesen, genauso wenig in den zurückliegenden Tagen, und spätestens dann hätte der Kapitän informiert werden müssen.

Der Captain ließ alles stehen und liegen und begab sich zu der Frau, die weiter stark blutete und bereits apathisch war. Nein, denkt man, das darf nicht wahr sein! Es war aber wahr und wir in der Weite des Indischen Ozeans auf uns selbst gestellt. Bei medizinischen Notfällen steht eigentlich das C.I.R.M. (Centro Internazionale Radio Medico) in Rom für Beratungen und Handlungsanweisungen über Telefon oder Telex zur Verfügung, in diesem Fall rief der Kapitän aber zunächst eine ihm bekannte Gynäkologin in Deutschland an und schilderte die Symptome. Die Ärztin bestätigte die Diagnose einer Fehlgeburt und empfahl schnellstmögliche medizinisch-stationäre Behandlung. Rasch fällte der Kapitän seinen Entschluss, den »Ersten« und seine Frau in Mauritius an Land zu geben. Unser Eigner wurde informiert, die Nachricht mit ungläubigem Erstaunen registriert und der Entschluss nach einigem Hin und Her akzeptiert.

Am 1. August ab 11.50 Uhr Ortszeit waren wir auf dem abgesetzten Kurs nach Mauritius, nachdem zunächst das Schiff seeklar gemacht, das Boot gelascht und die klar liegende Schleppleine gesichert worden waren. Nun wurde der Portmaster Port Louis/Mauritius über unseren Anmarsch mit einer Kranken in lebensbedrohlichem Zustand informiert und darüber, dass wir planten, die Frau zwanzig bis dreißig Seemeilen südlich der Insel an einen Helikopter zu übergeben. Wir schlugen einen Treffpunkt vor und gaben als voraussichtliche Ankunftszeit den 2. August, 12.00 Uhr an.

Aber die schlechten Nachrichten rissen nicht ab. Der Portmaster ließ sich zunächst etwas Zeit, ehe er uns erklärte, dass gegen die Übergabe zwar keine Einwände bestünden, die Küstenwache jedoch über keinen seegehenden Helikopter verfüge. Nun wurde ein Treffpunkt 15 Seemeilen südlich von Port Louis vereinbart. Ein Motorboot würde bis zu unserer voraussichtlichen Ankunft – nun 15.00 Uhr Ortszeit – drei Seemeilen westlich der Küste warten. Zu allem Überfluss meldete sich jetzt auch noch der Zweite Offizier mit der betrüblichen Nachricht zu Wort, dass von Mauritius keine Seekarte an Bord und die Übersichtskarte für den Indischen Ozean für unsere Zwecke nutzlos sei.

An den Zweiten und Dritten Offizier erging daher nun der Auftrag, anhand des Seehandbuches eine Karte der Süd- und Westküste von Mauritius zu zeichnen, wobei sich schnell herausstellte, dass die Südost- und Südwestküste mit allerhand Untiefen und Riffen gespickt ist, weshalb an der uns betreffenden Südwestküste ein Sicherheitsabstand von wenigstens fünf Seemeilen eingehalten werden sollte. Diese Empfehlung wurde durch die eingehende Nachricht untermauert, dass ein Schiff der Reederei vor einiger Zeit bereits einmal an der Südküste aufgelaufen war. Dazu kam noch die stete Sorge um den Gesundheitszustand der Frau unseres Ersten Offiziers, der sich jedoch glücklicherweise einigermaßen stabil darstellte.

Am 2. August gegen 11.30 Uhr hatten wir eine erste Radarpeilung der Südküste von Mauritius, rundeten die Südwestspitze der Insel in einem Abstand von zehn Seemeilen und hielten diese Distanz, bis der UKW-Kontakt mit dem avisierten Motorboot und dem Portmaster von Port Louis aufgenommen war. Um 14.45 Uhr war das Boot schließlich in Sicht. Wir schlichen mit langsamer Fahrt in Richtung der Küste, die Ausgucks zusätzlich bemannt, das Echolot immer im Blick. Um 15.40 Uhr stoppten wir schließlich dreieinhalb Seemeilen westlich der Küste und fierten die Kranke mit Hilfe einer Trage und mit allen guten Wünschen vorsichtig in das an Backbordseite längsseits zur Gangway gegangene Motorboot. Um 16.00 Uhr war die

Übergabe des »Ersten« und seiner Frau samt den notwendigen Dokumenten abgeschlossen. Wenig später – der Eigner war inzwischen über den Erfolg der Aktion vor Mauritius informiert worden – nahmen wir wieder Fahrt auf.

Zwei Stunden später an diesem 2. August, einem Freitag, dem siebten Tag der »Geisterschiff-Story«, erreichte uns die Aufforderung zum »Happy weekend hunting«: Man hatte sich entschlossen, den Plan zur Bergung der MANILA TRANSPORTER weiterzuverfolgen. Nun galt es, den Bulkcarrier wiederzufinden. Wir kannten die letzte Position vom 1. August um 12.00 Uhr und auch die Driftgeschwindigkeit und die Driftrichtung, die bis dahin in einem Sektor zwischen 240° und 280° festgestellt worden war. Daher verfolgten wir nun einen Kurs, der den äußersten westlichen Punkt des mutmaßlichen Driftkurses der MANILA TRANSPORTER ansteuerte, allerdings um 15 Seemeilen nach Westen versetzt, falls die Driftgeschwindigkeit sich erhöht haben sollte.

Am 3. August um Mitternacht war dieser Punkt erreicht – die Mauritius-Episode hatte 60 Stunden und 853 Seemeilen in Anspruch genommen –, jedoch: kein Radarecho, kein Schiff in Sicht! Im Nachhinein stellten wir fest, dass sich unser Ziel 42 Seemeilen ostnordöstlich befand, nur stand uns diese Erkenntnis zum damaligen Zeitpunkt nicht zur Verfügung. Wir mussten – wenn auch sehr enttäuscht – einsehen, dass wir die MANILA TRANSPORTER verfehlt hatten. Für diesen Fall hatten wir ein Suchkurs-Gitter geplant, das mit dem erwähnten 15-Seemeilen-Abstand abzulaufen war: Unser Kurs führte uns mit 110° bis zum äußerst möglichen östlichen Punkt, dann in Nord- und Südkursen im Gitter wieder westwärts.

So verging der folgende Tag mit immer größerer Ungeduld. Wir hatten zwar die wesentlichen Daten und eine gute Perspektive, jedoch kein Glück und keinen Erfolg. Aber uns erreichten andere Nachrichten, wenn auch nicht nur positive: Zum einen erfuhren wir – und das gab uns allen die Gewissheit, die richtige Entscheidung getroffen zu haben –, dass das Leben der Frau hatte gerettet werden können. Sie hätte keine weiteren zehn Stunden überlebt, war jedoch inzwischen wieder wohlauf, wenn auch sehr geschwächt. Zum anderen hatte unser nun ehemaliger Erster Offizier der örtlichen Presse auf Mauritius ein Interview gegeben mit den Hintergründen, die zum Anlaufen von Port Louis geführt hatten, mit allen Einzelheiten der Bergungsbemühungen, den beteiligten Schiffen und den jeweiligen Positionen. Somit mussten wir, sollten wir die MANILA TRANSPORTER wiederfinden, mit ungebetenen Gästen rechnen.

Um 03.40 Uhr in der Nacht des 5. August war unsere Suche endlich erfolgreich. Ein Radarecho wurde identifiziert, und während wir den Kurs entsprechend änderten, war bei einer Distanz von acht Seemeilen klar, dass es sich um ein großes Schiff ohne jede Lichterführung handelte. Wir näherten uns vorsichtig, und tatsächlich: Nach drei Tagen und 16 Stunden seit dem Verlassen der MANILA TRANSPORTER hatten wir unser »Geisterschiff« ein drittes Mal gefunden; die Suchkurse hatten 402 Seemeilen beansprucht! In 88 Stunden war der Bulkcarrier 82 Seemeilen in Richtung 258° getrieben – die neue Position wurde mit 24° 16′ S 062° 14′ E festgestellt.

Wir stoppten in einer Seemeile Abstand. Von ungebetenen Gästen war nichts zu sehen, nur die beiden treibenden Schiffe bewegten sich in der sich an ihnen brechenden See und Dünung des Südostpassats auf und ab, lagen nahe beieinander in der mondbeschienenen Weite des Indischen Ozeans, Stille ringsum. Wie an den Abenden zuvor standen viele von unserer Besatzung an Deck und nahmen diese eigentümlich anmutende Stimmung in sich auf.

Bei Tagesanbruch nahm der Passat an Stärke zu und wehte vormittags mit gut 6 Bft. Zur Südostdünung trat eine weitere aus Südwest hinzu; beide liefen durcheinander und erzeugten eine unangenehm hohe Kreuzsee. Da bei solchen Verhältnissen ein Aussetzen des Bootes schwierig, ja gefährlich gewesen wäre und sich die vorgesehene Bootsbesatzung verständlicherweise gegen ein solches Manöver aussprach, hieß es nun, wie schon am 31. Juli, abwarten.

Währenddessen wurde die MANILA TRANSPORTER eingehend beobachtet. Gab es Veränderungen gegenüber der Situation vor vier Tagen? Die gab es, unübersehbar! Das Schiff arbeitete sehr viel schwerfälliger im Seegang. Was uns aber besonders bedenklich erschien, war der Umstand, dass das Vorschiff erkennbar tiefer lag als vorher, wenigstens um einen Meter. Hatte der Bulkcarrier zuvor immer auf ebenem Kiel gelegen, hatte das Schiff jetzt einen deutlich vorlichen Trimm. An Luke 3 waren, soweit erkennbar, keine weiteren Außenbordsteile herausgebrochen, aber offensichtlich hatte die See einen Weg weiter nach vorne gefunden.

Abb. 4–5 Markante Trimmlagen des Bulkcarriers.

Auch der folgende Tag brachte keine Wetterbesserung. Die MANILA TRANSPORTER lag nun vorne noch tiefer – in der Dünung wurde bereits der Anker, manchmal sogar der Schiffsname überwaschen –, die Schiffsbewegungen waren noch schwerfälliger geworden. Anders als noch am Vortag wurden jetzt je nach Eintauchen des Vorschiffes Gischtwolken durch die Öffnungen, die der verkantete Steuerbord-Lukendeckel an Luke 3 freiließ, nach oben gepresst, wenigstens sechs Meter hoch – ein Anblick, als würden mehrere Wale gleichzeitig blasen.

Der nächste Tag, Mittwoch, der 7. August, zugleich der zwölfte Tag dieser Rettungs-, dann

Abb. 6–7 Die MANILA TRANSPORTER unmittelbar vor ihrem Untergang.

Bergungsaktion, brachte schließlich die Entscheidung. Frühmorgens unternahm die ALGENIB einen Anlauf zum Aussetzen des Bootes, brach diesen aber schon frühzeitig ab, da beim Näherkommen klar erkennbar wurde, dass bereits die gesamte Back der MANILA TRANSPORTER regelmäßig überwaschen wurde und sich die übergenommenen Seen über das Vorschiff ausbreiteten, das noch weiter weggesackt war. Auch die Gischtfontänen aus Luke 3 hatten noch weiter zugenommen. Angesichts dieser Situation nahmen wir von einem neuerlichen Versuch, an Bord des Schiffes zu gehen, Abstand, denn dies hätte eine allzu große, nicht mehr zu verantwortende Gefährdung der Crew bedeutet.

Um 10.00 Uhr meldete sich Smit Tug Singapore und erklärte uns, dass der Eigner der MANILA TRANSPORTER mit Smit Tug einen Bergungsvertrag nach »Lloyd's Open Form« (LOF; Prinzip des »no cure, no pay«) unterzeichnet hätte, der Bergungsschlepper SMIT SULAWESI bereits im Anmarsch sei und gegen 14.00 Uhr Ortszeit an unserer Position einträfe – also bereits in vier Stunden, d.h. gleich und sofort, was auf unserer Seite auf großes Erstaunen stieß. Da die SMIT SULAWESI nicht aus Mauritius kam – dort lag kein Bergungsschlepper auf Station –, somit schon mehrere Tage unterwegs gewesen sein musste, hatte sich also hinter unserem Rücken offensichtlich einiges getan.

Nun ging alles sehr schnell. Schon um 11.00 Uhr hatten wir VHF-Kontakt mit dem Kapitän des Bergungsschleppers und lotsten ihn zu unserem Standort. Die Zwischenzeit wurde genutzt, um über Funk die notwendigen Details zu klären. Alsbald schoben sich die Masten der SMIT SULAWESI über die Kimm. Eilig stampfte der Schlepper heran und manövrierte sich einige zehn Meter entfernt hinter unser Heck. Bereits um 13.54 Uhr wurden alle relevanten Papiere der MANILA TRANSPORTER per Leine – nebst einigen gut gemeinten Ratschlägen per Flüstertüte – an den Kapitän des modernen, professionell ausgerüsteten Bergers übergeben und schließlich – schweren Herzens – auch unser »Geisterschiff«. Wir starteten unsere Maschine und stoppten wenig später in etwa acht Seemeilen Entfernung erneut, um die ALGENIB vor der Weiterreise gründlich aufzuklaren und seeklar zu machen.

Um 15.30 Uhr meldete sich die SMIT SULAWESI: Man habe eine Schleppleine am Heck der MANILA TRANSPORTER festmachen können und schleppe nunmehr mit Ziel Mauritius. Um 16.35 Uhr ein erneuter Anruf über Funk. Der Bericht erreichte dramatische Ausmaße: Das Vorschiff der MANILA TRANSPORTER sei vom Rumpf nach oben weggeknickt, längsschiffs biege sich der Bulkcarrier in einem stumpfen, V-förmigen Winkel, breche nun auseinander und drohe schnell zu sinken!

Ein hastiger Griff zum Fernglas, alle Leute auf der Brücke blickten in Richtung des sinkenden Schiffes. Über dem Wrack stand eine hohe Gischtwolke, Heck und Vorschiff ragten weit aus dem Wasser, das Mittelteil war schon verschwunden. Das Heckteil sank dann schnell, gefolgt vom Vorschiff. Über der Untergangsstelle stand noch kurze Zeit die Gischtwolke, ehe auch sie in sich zusammensank. Die See schloss sich über dem gesunkenen Schiff auf Position 24° 05' S 061° 28' E. Die Gefühle unserer Besatzung lassen sich am besten als kollektives Aufatmen beschreiben: Glücklicherweise waren unsere Versuche, das Schiff zu bergen, nicht von Erfolg gekrönt gewesen. Anderenfalls hätte das innerhalb kürzester Zeit gesunkene Schiff vielleicht viele von uns mit sich gerissen. So aber war unsere Besatzung wohlauf.

M/V ALGENIB war seeklar, nahm Fahrt auf und verfolgte seinen Kurs in Richtung Durban/Südafrika. Wir waren wieder ein ganz normales Containerschiff, das mit guten Etmalen den nächsten Bestimmungshafen erreichen wollte. Am 12. August übernahmen wir vor Durban den Lotsen, machten um 11.00 Uhr fest, und unverzüglich begann nach der Einklarierung durch die Behörden der Löschbetrieb.

Diese Reise hatte länger gedauert als üblich: 29 Tage und vier Stunden. Auch erhebliche Kosten waren entstanden, verursacht durch »Off-Hire-Zeiten« und anteiligen Bunkerverbrauch während der Rettungs- und Bergungsaktion für die MANILA TRANSPORTER und unseren »Ausflug« nach Mauritius. Mehr als 100 000 US-Dollar werden es wohl gewesen sein. Aber bei allen Risiken, die wir auf uns genommen hatten, blieben als Resümee eine gesunde, unversehrte Besatzung – einschließlich der geretteten Frau des Ersten Offiziers – und ein Schiff, das uns treu gedient und keinen Schaden genommen hatte, dazu Erfahrungen, die in dieser Form wohl nur wenige Schiffsbesatzungen gemacht haben.

Nachzutragen bleibt noch, dass aus der Serie von Fotografien, die während der »Geisterschiff-Aktion« gemacht worden waren, die besten in einem der vielen Büros von Lloyd's in London hängen, denn aus diesem Club der Versicherungskaufleute hatten einige als »Underwriter« des havarierten Schiffes fungiert. So ist wenigstens etwas von der unglücklichen MANILA TRANSPORTER geblieben.

Die Rückreise beginnt

Nach Abschluss der Rundreise Durban – East London – Port Elizabeth – Kapstadt ging es mit nun wieder vollzähliger Besatzung – beim ersten Anlaufen von Durban war am 18. August ein neuer Erster Offizier an Bord gekommen – zurück nach Durban, wo M/V ALGENIB, immer noch in Charter der Safmarine, wieder an der Containerpier festmachte. Alle Container aus Keelung/Taiwan waren in den vorhergehenden Häfen ohne zu reklamierende Schäden entladen und für die Rückreise bereits neue Container an Bord genommen worden, auf der vor dem Anlaufen von Keelung noch ein Zwischenstopp in Singapur geplant war. Die erforderlichen Bunkermengen an Schwer- und Dieselöl waren bereits angeliefert und frischer Proviant an Bord genommen worden.

Die Ereignisse im Zusammenhang mit der MANILA TRANSPORTER lieferten an Bord zwar immer noch Gesprächsstoff und gaben Anlass zu Mutmaßungen, doch allmählich begannen sie zur Erinnerung zu verblassen. Der tägliche Arbeitsanfall tat ein Übriges, denn immerhin lag das Geschehen nun schon zwei Wochen zurück. Der neue »Erste« wusste natürlich, warum er auf die ALGENIB versetzt worden war und wurde von uns über die Details informiert, denn manches war, wie wir von ihm erfahren konnten, aus der Entfernung doch etwas verzerrt dargestellt worden. Der Erste Offizier machte insgesamt einen guten Eindruck, fachlich kompetent und im Umgang mit der Besatzung kooperativ, gleichwohl zielbewusst.

Hinsichtlich der Geisterschiff-Episode soll nicht unerwähnt bleiben, dass die ganze Aktion von Seiten des Charterers, also Safmarine, mit viel Verständnis aufgenommen worden war. Natürlich hatte der Eigner gemäß den Bestimmungen des Charterkontraktes in einem solchen Fall die Freiheit, nach seiner eigenen Maßgabe zu entscheiden, notfalls auch gegen die Wünsche des Charterers, der im konkreten Fall erhebliche Verzögerungen – immerhin 17 Tage – hatte in Kauf nehmen müssen, die natürlich auch Auseinandersetzungen mit den Ladungsempfängern mit sich gebracht hatten. Umso bemerkenswerter war das verständnisvolle Verhalten von Safmarine, das jedoch auch seine guten Gründe hatte, wie deren Repräsentanten hatten durchblicken lassen. Man darf nämlich nicht vergessen, dass insbesondere vor der Küste Südafrikas mit beständigen Gefährdungslagen für die Schifffahrt zu rechnen ist und Havarien nicht gerade selten vorkommen. Hierbei spielen verloren gegangene Decksladungen, meist Container, und die havarierten Schiffe eine eher untergeordnete Rolle. Wichtiger ist das Wohlergehen der Besatzungen, und es gehört daher zur guten Seemannschaft, auf See in Not Geratenen zu Hilfe zu eilen – und spektakuläre Rettungsaktionen unter selbstlosem Einsatz der Hilfskräfte kommen nur zu oft vor.

Die Gründe für die besondere Gefährdungslage vor Südafrika sind bedingt durch die geografische Lage mit ihren spezifischen meteorologisch-hydrografischen Bedingungen, die hier kurz erklärt werden sollen. Die »Roaring Fourties«, die Zone der stetigen von West nach Ost ziehenden Sturmgebiete, sind nicht fern, denn Kap Agulhas, der südlichste Punkt des afrikanischen Kontinents, liegt auf fast 35° Süd, wie auch das nahegelegene Kap der Guten Hoffnung. Die Ausläufer dieser Sturmgebiete sind in der Küstenregion zu fast jeder Zeit anzutreffen: Das Seehandbuch weist für den 36. Breitengrad im Südwinter Windstärken von 7 Bft oder mehr an bis zu 16 Tagen pro Monat aus, mit entsprechend hohen Windseen und hoher Dünung.

Eine weitere Besonderheit ist in dieser Region zwischen Kapstadt und Durban anzutreffen: die sogenannten »Freak Waves«. Diese bis zu 10 m und mehr hohen, steilen Wellenberge können sich durch das Aufeinanderprallen zweier Faktoren bilden: Zum einen setzt der Agulhas-Strom mit drei bis vier Knoten entlang der Küstenlinie von Norden, aus der Straße von Mosambik kommend, zunächst in Richtung Südwest, dann mehr und mehr nach Westsüdwest. Zum anderen ziehen die Frontensysteme der Tiefdruckgebiete mit ihren Starkwindzonen überwiegend in Richtung Nordost, dabei hohe Windseen aufwerfend mit der dazugehörigen ebenfalls ausgeprägt hohen Dünung. Wenn diese beiden entgegengesetzten Strom-Wellen-Systeme aufeinandertreffen, kann es zur Ausbildung von »Freak Waves« kommen; Ort und Zeitpunkt lassen sich allerdings nicht vorhersagen. Wenn eine solche Welle über ein Schiff hereinbricht, ist zumindest mit schweren Beschädigungen zu rechnen, da sie de facto eine regelrechte Wasserwand darstellt. Den einzigen Schutz vor diesem Phänomen bieten ein wenigstens 30 Seemeilen vor der Küste verlaufender Kurs, also auf der offenen See, oder das Fahren innerhalb der Tiefenlinie von 200 Metern vor der Küste. Für einen der beiden Ausweichkurse sollte man sich daher bei entsprechenden Wetterlagen entscheiden. Bei beiden muss man jedoch südgehend mit erheblichem Fahrtverlust rechnen, da der hauptsächlich an der Schelfkante mitziehende Agulhas-Strom entfällt, weshalb an der Schelfkante selbst die Gefahr von »Freak Waves« auch am größten ist. Nordgehend weicht man dem Agulhas-Strom ohnehin aus, muss aber innerhalb der von der 200-m-Tiefenlinie begrenzten Zone sehr aufmerksam navigieren, da man in diesem Bereich nur etwa ein bis zwei Seemeilen von der Küste entfernt bleibt.

Aber nun zurück zur ALGENIB: Am 21. August 1991 war das Schiff fertig beladen, und die hierfür benötigte Liegezeit von zwei Tagen hatte die Besatzung zu ausgiebigem Landgang genutzt. Die Beladung verlief ohne Probleme. Wir hatten 680 TEU an und unter Deck geladen, an Deck zumeist drei Lagen hoch. Die ALGENIB war in jeder Hinsicht seetüchtig, die Containerladung seemännisch gelascht. Unser Deplacement betrug 21 704 mto bei einem Tiefgang von 8,30 m.

Den nächsten Bestimmungshafen Singapur wollten wir via Sundastraße erreichen, da so die sich bietende Alternativroute durch die Straße von Malakka umgangen werden konnte, ein Gebiet, das schon damals als von Piraterie »verseucht« galt. Die Distanz bis zur Sundastraße sollte, wie schon auf der Reise zuvor, wieder auf dem Großkreis abgelaufen werden. Die hierfür nötigen Kursänderungspunkte waren bereits errechnet. Die Gesamtdistanz betrug 5100 Seemeilen, für die 14 Tage kalkuliert worden waren, »weather permitting«, wie man sagt.

Am 21. August verließen wir um 20.52 Uhr Ortszeit die Pier in Durban und traten unsere Reise an. Der Lotse, ein knorriger Typ, wie die meisten seiner Zunft in Südafrika, gab uns noch einen guten Rat mit: »Captain, if you leave the breakwater, then you are in God's hand!« – schon wahr, überall und besonders an der hiesigen Küste, aber es hätte ja nicht gleich so bedeutungsschwer daherkommen müssen.

SOS – Hilfe für M/V MELETE

Drei Tage waren vergangen und die ALGENIB mit guten Etmalen vorangekommen, der Südostpassat war noch von mäßiger Stärke und fiel auf dem jetzigen Ostnordostkurs etwas vorlicher als quer ein. Der Tag verging mit Bordroutine, an Deck und in der Maschine wurde gearbeitet wie üblich. Allerhand eingehende Nachrichten des Eigners wurden via Fax/Telex beantwortet, der Charterer mittags in Form der obligatorischen Standortmeldung über den Fortgang der Reise unterrichtet. Der Funker hatte also zu tun, und wenn er mit Meldungen erschien, war meist schon an seinem Gesichtsausdruck zu erkennen, ob diese inhaltlich erfreulich, uninteressant oder eher ärgerlich bis unheilvoll waren.

Der Kapitän war an diesem Abend auf der Brücke beim üblichen Smalltalk mit dem wachhabenden Ersten Offizier, als unser Funker schnellen Schrittes heraneilte – seine Miene ließ Schlimmes befürchten. Und tatsächlich: Er überbrachte einen soeben aufgenommenen Funkspruch von Mauritius Radio höchster Priorität an alle Schiffe in der Region, eine SOS-Meldung:

Mauritius Radio 24.08.91 1630 UTC.

DDD DDD DDD SOS = RCC Mauritius 24/0710 UTC Port master mayday relay – bulk carrier MELETE/SZSK is danger of sinking with 27 crew members on board in pos 27.41S 054.13E / vessel carry EPIRB / sea rough / MRCC Australia advised vessels to switch on EPIRB as contact was lost with ship via marsat a soon after / stp vessel with 6 hours advise best ETA and intention / stp other vessels reported to monitor coast station or satcom through perth = port master port louis 24/0558 GMT.

Es war 19.30 Uhr Ortszeit am 24. August, als der Funkspruch von uns empfangen wurde, offenbar die Wiederholung einer Meldung des MRCC Australia von 07.10 Uhr UTC desselben Tages. Der Funkspruch war schnell gelesen und an den Ersten Offizier weitergegeben, woraufhin Kapitän und »Erster« zum Kartenraum an das »Plotting Sheet« eilten. Wie lange würden wir bis zu der in der SOS-Meldung angegebenen Position brauchen? Der gemeldete Ort lag südöstlich voraus, sodass wir um 08.00 Uhr Ortszeit am nächsten Morgen dort sein könnten, also in knapp zwölf Stunden.

Da gab es nicht viel zu überlegen, denn die Hilfeleistung ist in einem solchen Fall selbstverständlich. Außerdem war dieses Seegebiet nicht gerade viel befahren, wer fuhr schon von Durban Richtung Sundastraße? Auf der vorherigen Reise hatten wir kein einziges Schiff in Sicht bekommen, außer der Manila Transporter! Der Hauptverkehr vom Kap der Guten Hoffnung in Richtung Australien und umgekehrt lief weit südlicher.

Wir änderten unseren Kurs in Richtung der gemeldeten Position und der Chefingenieur wurde angewiesen, soweit möglich die Füllung der Hauptmaschine zu erhöhen, um größtmögliche Geschwindigkeit laufen zu können. Anschließend formulierte der Kapitän die Meldungen, die von unserem Funker an die Beteiligten abgesetzt wurden: unsere voraussichtliche Ankunftszeit auf der SOS-Position an Mauritius Radio und die neue Situation infolge der Seenotmeldung an Eigner und Charterer. Alle diese Maßnahmen wurden schnell ergriffen, ehe sich langsam das Nachdenken über diesen Vorfall einstellte: Was war dort, weit hinter dem Horizont passiert? Und dann unwillkürlich der nächste Gedanke: Die letzte Querung des Indischen Ozeans und die Geisterschiff-Episode lagen gerade ein paar Wochen zurück, und nun ein weiterer Seenotfall, wieder ein Bulkcarrier! Konnte dies noch ein Zufall sein? Die SOS-Position der Melete lag gerade einmal 460 Seemeilen südwestlich der Untergangsstelle der Manila Transporter – und wir wieder mittendrin, zwar noch nicht im Moment, aber schon bald …

Allzu viel Zeit zum Nachdenken blieb aber nicht, denn es gab noch viel zu tun. Auf einer Mannschaftsbesprechung am späten Abend wurden die einzuleitenden Maßnahmen erläutert und von der Besatzung in Ruhe aufgenommen, schließlich hatte der interne »Bordfunk« schon Informationen gestreut und auch die Kursänderung war nicht unbemerkt geblieben. Zum Abschluss der Besprechung meinte der Bootsmann, für die gesamte Besatzung sprechend: »Captain, no problem, we are already well trained …« Wir konnten die Sache also angehen. Die Boote wurden klargemacht, Netzbrooken als Kletternetze bereitgelegt, die Ausgucks besetzt und ab Mitternacht beide Radargeräte unter Kontrolle gehalten. Die Bootsbesatzung, die drei Wochen zuvor bereits so gut zusammengearbeitet hatte, sollte ab 06.00 Uhr auf Stand-by sein.

Die restlichen Stunden vergingen schnell, und um 06.30 Uhr des 25. August wurden voraus mehrere Radarechos identifiziert, woraufhin die Maschine der ALGENIB auf Manöverbereitschaft und 90 Minuten später auf »Langsam voraus« ging. Wir standen auf 27° 40′ S und 054° 00′ E, etwas westlich der in der SOS-Meldung angegebenen Position. Der Südostpassat wehte mit 5 Bft, die Dünung setzte aus Südsüdost mit etwa drei Metern Höhe, es war bewölkt, zeitweise sonnig. Mehrere Männer gingen auf Brücke und Peildeck Ausguck, es herrschte gespannte Aufmerksamkeit. Schließlich kamen nordöstlich in rund zehn Seemeilen Entfernung einige Schiffe in Sicht. Während wir in engen Schleifen Suchkurse abliefen, verständigten wir uns über Funk mit den anderen Schiffen, zwei großen Bulkcarriern, der ORINOCO und der ALABAMA, erfuhren aber nichts Wesentliches. Beide Schiffe hatten seit etwa eineinhalb Stunden ohne jeden Erfolg nach der MELETE gesucht. Von ihr waren jedoch keine Spuren zu entdecken, auch keine Boote oder Überlebende. Stimmte die Position nicht oder war sie falsch übermittelt worden?

Doch um 09.00 Uhr meldete sich die ORINOCO wieder: Man habe in direkter Nähe einen ausgedehnten Ölteppich gesichtet, hielte sich an dessen östlichem Rand und suche dort weiter. Das ölige Wasser hatte – wie später geschätzt wurde – eine Ausdehnung von etwa vier mal fünf Seemeilen. Wir liefen nun in langen Suchschlägen in nordöstlicher Richtung an das schnell in Sicht kommende Ölfeld heran, und zwar an dessen westlichen Rand. Es stand unzweifelhaft fest, dass dieser große Ölteppich von der MELETE herrühren musste. Das Schiff war also gesunken – und große Betroffenheit machte sich auf den Suchschiffen breit.

Um 11.20 Uhr meldete sich das französische Kriegsschiff L 9034, das BATRAL (Bâtiment de Transport Léger) LA GRANDIÈRE, aus Réunion kommend und noch über 30 Seemeilen entfernt, und erklärte, dass es vom MRCC Perth die Koordinierung der Rettungsbemühungen übernommen hätte und alsbald am Ort des Geschehens eintreffen würde. Zwei weitere Schiffe, die sich ebenfalls im Anmarsch befanden, jedoch noch weit entfernt im Süden standen, wurden daraufhin entlassen, ebenso die ALABAMA, die der Weisung aber nicht Folge leistete und die Suche im Nordwesten fortsetzte. Ausschließlich die ORINOCO und unsere ALGENIB wurden angewiesen, »to stay on rescue scene«.

Kurz darauf sichteten wir ein ausgedehntes Trümmerfeld. Dort trieben Wrackteile von Booten, Rettungsringe, Rettungswesten, Holztrümmer, kleinere Ölfelder und alle möglichen größeren und kleineren Teile von Ausrüstungsgegenständen der Aufbauten. Unsere Position auf 27° 24′ S 054° 07′ E befand sich gut 18 Seemeilen nördlich der angegebenen SOS-Position; der Ölteppich hatte bereits etwa elf Seemeilen nördlich gelegen. Hatten Ölteppich und Trümmerfeld allein durch Wind und Strom so weit vertrieben werden können? Auch die ORINOCO hatte das Trümmerfeld nun in Sicht, stand mit ihren Suchschlägen aber immer noch etwa drei Seemeilen östlich, die ALABAMA weiter im Westen, rund vier Seemeilen ab, während L 9043 in Sicht kam und langsam näher lief.

Unser Kapitän entschloss sich, die Suchkurse zunächst einmal aufzugeben und mitten in das Trümmerfeld hineinzulaufen. Die ALGENIB stoppte daraufhin auf, um vom treibenden, relativ ruhig liegenden Schiff aus Sektor für Sektor in Ruhe abzusuchen. Es war inzwischen Nachmittag geworden, die Erfolglosigkeit drückte die Stimmung, dazu dieser Anblick: Trümmer, nichts als Trümmer! Unaufmerksamkeit begann sich breitzumachen. Die Frau des Kapitäns war auch an Bord, stand in der Backbord-Brückennock und beteiligte sich an der Suche – und sie war ein verlässlicher Ausguck, wie sich bald zeigen sollte.

Um 16.45 Uhr endlich eine Sichtmeldung von ihr – alle waren wie elektrisiert. Von der Brücke und aus der Steuerbordnock kamen die Leute, alle wollten wissen, wo, in welcher Richtung, wie weit entfernt? Die Frau wies die Richtung: Backbord, zwei Strich achterlicher als querab.

Und tatsächlich, dort war ein Teil von einem Bootswrack zu erkennen, daran geklammert schein-bar zwei Personen! Ganz sicher war das im Seegang nicht auszumachen. Die Entfernung betrug etwa drei bis vier Kabellängen, vielleicht auch fünf.

Nun war der Captain gefordert. Ein Rückwärtsmanöver schied aus, da es einerseits zeitraubend gewesen wäre und andererseits die Schiffbrüchigen hätte gefährden können. Also wurde ein enger Drehkreis über Steuerbord gefahren und versucht, das Bootswrack so anzusteuern, dass es an unsere Steuerbordseite kam und somit in Lee des Südostpassats. Ganz wichtig war wäh-rend des Drehmanövers, das Wrack mit mehreren Leuten im Blick zu behalten, was angesichts des herrschenden Seegangs und der Dünung nicht einfach war. Die ALGENIB startete die Maschi-ne und ging mit Hartruderlage in einen Drehkreis über, der mit »Halbe voraus« schließlich beschleunigt wurde. Langsam schwang das Schiff herum, unendlich langsam. Aber schließlich hatten wir das Boot mit den Überlebenden Steuerbord voraus, stoppten kurz, um die Fahrt aus dem Schiff zu nehmen, gingen nur immer wieder kurz mit der Maschine an, um steuerfähig zu bleiben. Noch drei Kabellängen, noch zwei, noch eine – heftige Ruderlagen waren nötig, um das Bootswrack eben an Steuerbord zu halten, aber auch nicht mit diesem zu kollidieren. Dann end-lich war es nahe beim Schiff. Ein Rückwärtsmanöver, und die ALGENIB lag gestoppt, das Boots-wrack mit den Überlebenden etwa 30 Meter querab von Luke 3. Da unser Schiff vor Wind und See schneller driftete als das Boot, konnten sie uns nun nicht mehr verlorengehen.

Alles hastete an Deck – der Erste Offizier war mit den Decksleuten schon vorher unten –, und die Kletternetze wurden ausgebracht. Uns bot sich ein trostloser Anblick: Die beiden Leute, offensichtlich total entkräftet und kaum noch zu einer Bewegung fähig, reagierten überhaupt nicht auf unsere Zurufe. Plötzlich jedoch ließ einer der beiden das Wrack los und versuchte in unsere Richtung zu kommen, tauchte unter, kam wieder hoch. Wir warfen Leinen und Ret-tungsringe, aber diese vertrieben in dem Seegang. In dieser Situation wagte der »Erste« alles: Mit einer um die Brust geschlungenen Leine sprang er von der Lotsenleiter aus ins Wasser und versuchte schwimmend, den Mann zu erreichen. Das dauerte seine Zeit, die See ging hoch, ist noch viel höher, wenn man unten im Wasser ist, als es von oben den Anschein hat. Doch dann hatte er ihn erreicht, packte ihn, zog ihn schwimmend hinter sich her, kam näher, immer näher, und erreichte schließlich unsere Bordwand. Eine Netzbrook wurde nach unten geworfen, irgendwie brachte der »Erste« den Mann hinein, und viele hilfreiche Hände zogen und zogen. Endlich, um 17.45 Uhr, war der erste Überlebende bei uns an Bord!

Aber wo war der zweite Schiffbrüchige geblieben? Während der Rettungsaktion hatten wir nichts weiter tun können, das Bootswrack jedoch natürlich im Auge behalten. Dieses war zuerst langsam weitergetrieben, dann immer weiter achteraus und hatte bereits unser Heck passiert, als wir den ersten Überlebenden an Deck hatten. Eine solche Situation entwickelt sich rasend schnell.

Nun galt es, die Rettung des zweiten Schiffbrüchigen zu organisieren. Schon vorher hatten wir uns entschlossen, unser Boot nicht auszusetzen, denn das verbot sich in diesem Trümmer-feld von selbst, da sich viele der Wrackteile halb oder fast gänzlich unter Wasser befanden und daher nur schwer zu erkennen waren. Hinzu kam der Seegang, der diese Teile unvorhersehbar vor sich her schob oder beiseite drückte. Mit dem Aussetzen unseres Bootes hätten wir nur ein weiteres Wrack riskiert. Unser Kapitän entschied daher, das Rettungsmanöver ohne unser Boot anzugehen. Einige Leute behielten nun das Bootswrack so gut wie möglich im Blickfeld, wäh-rend andere auf die Brücke hasteten, wo unser Funker Wache ging. L 9034 und die ORINOCO hatten zwischenzeitlich mehrfach dringend um Aufklärung gebeten, was unsere Aktivitäten zu bedeuten hätten, doch unser Funker hatte sich nicht berufen gefühlt, irgendwelche Auskünfte zu erteilen. Dieses blieb dem Kapitän vorbehalten, der in aller Kürze mitteilte, dass wir uns mit-ten in einer Rettungsaktion befänden, »over and out«.

Die Dämmerung hatte bereits eingesetzt und die Zeit begann uns davonzulaufen, denn bei

Dunkelheit wäre jede Suche vergebens gewesen. Das Wrackteil mit dem Mann befand sich mittlerweile vier Strich achteraus in vier Kabellängen Entfernung, wiederum an unserer Backbordseite. Damit war der Entschluss klar, das vorherige Manöver nochmals zu wiederholen, nur dieses Mal möglichst dicht an das fast gänzlich unter Wasser liegende Bootsteil heranzufahren. Die Maschine lief wieder an, das Steuerbord-Drehmanöver wiederholte sich, das Bootswrack kam voraus und war schließlich an Steuerbord. Vorsichtig schob sich die ALGENIB heran, bis das Wrackteil keine vier Meter von der Bordwand entfernt war. Mehrere von unserer Mannschaft standen unten an dem Kletternetz, ergriffen schwimmend den völlig apathischen Mann, zogen ihn in die schon bereitliegende Netzbrook und dann nach oben über das Schanzkleid und an Deck. Um 18.40 Uhr war schließlich auch der zweite Überlebende gerettet!

Wenig später machte sich völlige Dunkelheit breit – die Rettung war in buchstäblich letzter Sekunde geglückt. Die ganze Besatzung war glücklich, fast alle hatten mitgewirkt, waren nach dem langen Tag aber auch ziemlich erschöpft. Der erste Überlebende war bereits fast eine Stunde zuvor in unser Hospital überführt und provisorisch versorgt worden, nun folgte der zweite Mann, für dessen Transport wir eine Krankentrage benötigten, da er immer noch völlig apathisch war. Auch er wurde sofort versorgt: fort mit der völlig durchnässten Kleidung und warm, aber luftdurchlässig zugedeckt.

Anschließend eilte der Kapitän auf die Brücke und gab den fälligen Bericht an ORINOCO, ALABAMA und L 9034 ab. Von den Kollegen wurden Glückwünsche ausgesprochen, ebenso vom Kommandanten des französischen Schiffes. Während der Funkunterredung konnten wir dieses Schiff, das inzwischen auf etwa eine Seemeile herangekommen war, erstmals näher in Augenschein nehmen: Es war ein moderner Versorger, etwa 100 Meter lang, mit mehreren Kränen an Deck und einem Hubschrauber-Landedeck hinter den achteren Aufbauten.

Auf der ALGENIB war schnell wieder die Bordroutine eingekehrt. Einige Leute gingen wie üblich Wache auf der Brücke und in der Maschine, während der Rest der Besatzung zur wohlverdienten Ruhe ging; das Schiff blieb jedoch zunächst auf Drift. Inzwischen war der Kapitän verständigt worden, dass der erste Überlebende voll ansprechbar und fähig sei, einen Kurzbericht zu geben. Zunächst erfuhren wir die Namen der Geretteten. Es handelte sich um den Zweiten Offizier und den Steward der MELETE, beide Griechen, wie auch der Rest der Besatzung. Nachdem der Zweite Offizier Datum und Uhrzeit realisiert hatte, konnte er den Ablauf der Geschehnisse in etwa rekonstruieren. Demnach hatten sich die Überlebenden 32 Stunden an das Bootswrack geklammert.

Bei Tagesanbruch des 24. August sei der Wachoffizier darauf aufmerksam geworden, dass die MELETE einen spürbar vorlichen Trimm hatte, das Vorschiff also tiefer lag, denn die Back nahm ständig Wasser über – ein Umstand, der auf einem großen und entsprechend langen Schiff bei Nacht kaum wahrnehmbar ist. Bei einem sofortigen Kontrollgang sei festgestellt worden, dass große Teile der Bordwand am Vorschiff herausgebrochen waren, weshalb das voll beladene Schiff vorne ständig tiefer gesackt sei und die See bald schon über Luke 3 gestanden habe. In dieser Situation sei dann Order gegeben worden, die Rettungsboote klarzumachen. Der Funker habe noch versucht, einen SOS-Ruf abzusetzen. Dann jedoch sei alles rasend schnell gegangen: Noch während der Versuche, die Boote auszubringen, sei das Schiff vorne weggetaucht. Ein Großteil der Besatzung habe sich in dem Gewirr von Davits, Booten, Drähten oder Tauwerk und in den Aufbauten verfangen und sei mit dem Schiff untergegangen oder schon vorher über Bord gewaschen worden. Er selbst und der Steward seien frühzeitig über Bord gesprungen und hätten später den Teil eines Bootswracks gefunden, an dem festgeklammert sie sich über Wasser gehalten hätten. Von den übrigen Besatzungsmitgliedern hätten sie niemanden mehr zu Gesicht bekommen. Soweit der deprimierende Bericht des Zweiten Offiziers der MELETE.

Unser Kapitän gab nun einen zweiten Bericht an die anderen Schiffe ab und schilderte die wesentlichen Details der Vorfälle, die zum Untergang des Bulkcarriers geführt hatten. Auch der schlechte Zustand des griechischen Stewards wurde angesprochen. Daraufhin entschied der Kommandant der L 9034, seinen Schiffsarzt zur Algenib zu entsenden, um keinerlei weiteres Risiko einzugehen. Wir blieben daher auf Drift, und schnell war der Versorger mit einigen Manövern in etwa ein bis zwei Kabellängen Abstand in Lee unseres Schiffes. Im Lichtschein aller verfügbaren Scheinwerfer wurde das Schlauchboot ausgesetzt, und unter Einsatz des Außenbordmotors war das Boot innerhalb weniger Minuten an unserer Lotsenleiter.

Um 20.52 Uhr war Dr. Serge mit einem Assistenten an Bord und begann unverzüglich mit der Untersuchung der beiden Schiffbrüchigen mit dem Ergebnis, dass der schlechte Allgemeinzustand des Stewards dessen Verlegung auf den Versorger notwendig machte, der über ein modernes Hospital verfügte. Die Überführung wurde auf den kommenden Morgen terminiert, da ein weiteres nächtliches Manöver als zu gefährlich angesehen wurde, denn noch immer wurden treibende Schiffstrümmer gesichtet, jedoch keine weiteren Überlebenden. Auch die anderen Schiffe hatten ihre Suche während der Nacht unterbrochen und lagen nun ebenfalls auf Drift, das französische Schiff ganz in unserer Nähe.

Am nächsten Morgen kam um 06.00 Uhr das Schlauchboot des französischen Kriegsschiffes längsseits. Dessen Schiffsarzt und sein Assistent waren schnell im Boot und auch der griechische Schiffsoffizier konnte mit Hilfestellung bereits allein in das Schlauchboot hintersteigen. Nachdem der Steward mit der Krankentrage in das Boot abgefiert worden war, wurden alle vier mit guten Wünschen verabschiedet, und schon zehn Minuten nach seiner Ankunft legte das Boot wieder ab und war eine Viertelstunde später bei seinem Mutterschiff.

Der Kommandant des Versorgers als Koordinator der Rettungsaktion entschied nun, die anderen Schiffe – Orinoco, Alabama und auch uns – zu entlassen, das Gebiet aber selbst noch einmal in langen Suchschlägen abzusuchen. Mit beginnender Abenddämmerung wollte auch er schließlich die Suche abbrechen und nach Réunion zurückkehren. Auch uns war die Aussichtslosigkeit einer weiteren erfolgreichen Suche klar, und schnell wurde das Deck aufgeklart. M/V Algenib war wieder seeklar, und um 07.00 Uhr Ortszeit am 26. August gingen wir von Position 27° 17′ S 053° 42′ E aus mit der Maschine auf Vorausfahrt, drehten auf unseren vorbestimmten Kurs Richtung Sundastraße und setzten die Reise fort. Um 08.15 Uhr erhielten wir eine letzte Meldung von der Unglücksstelle: Die Alabama hatte auf ihrem westlichen Ablaufkurs ein weiteres Bootswrack entdeckt, aber ohne Überlebende. Die Besatzung der M/V Melete hatte aus insgesamt 27 Mann bestanden …

Unsere weitere Reise verlief ohne besondere Vorkommnisse, und noch auf See erreichte uns am 4. September ein Telex des griechischen Ministers für die Handelsmarine, das umgehend auf einer Mannschaftsbesprechung verlesen wurde:

From: *Minister of Mercantile Marine*
       Piraeus Greece
To: *The master of M/V* Algenib/*9VDR*
I wish to express my warmest thanks and deepest appreciation to you and your crew for your participation in the search operation and for the rescue of the two crewmembers of the M/V Melete */// *
Your action is a fine example of humanism, altruism and commitment to the traditional maritime principles //–

Aristotelis A. Pavlidis
Minister of Mercantile Marine

Unsere auf diese Nachricht folgende Nachfrage, ob noch weitere Crewmitglieder der Melete hatten gerettet werden können, blieb unbeantwortet, was soviel hieß wie »nein«.

Am 10. September 1991 erreichte die Algenib den Hafen von Singapur und nahm dort den normalen Lösch- und Ladebetrieb auf. Der Anwalt des Versicherers der Melete erschien wenig später an Bord, um anhand unserer Unterlagen ein »Statement of Facts« zu erstellen, doch auch er konnte uns leider keine weiteren positiven Nachrichten über den Verbleib der restlichen Besatzung des griechischen Schiffes überbringen.

Ursachenforschung

Natürlich haben wir uns gefragt, was für die Havarien der beiden Bulkcarrier Manila Transporter und Melete ursächlich gewesen sein mochte, denn die Schäden waren bei beiden Schiffen erstaunlich gleichartig: In beiden Fällen waren große Teile der Außenhaut im Vorschiffsbereich weggebrochen. Nach unserem Kenntnisstand konnte dies nur auf einen schiffbaulichen Mangel der Längsverbände zurückzuführen sein.

Die Längsverbände eines Schiffes werden im Wesentlichen aus dem Doppelboden als Kiel, der Außenhaut der Bordwand – einfach oder doppelt ausgeführt, in letzterem Fall meist mit Hochtanks – und dem durchlaufenden Deck, das allerdings durch die Luken unterbrochen wird, gebildet. Diese drei Hauptverbände werden durch Stringer bzw. Winkel verstärkt. Bekannt war uns auch, dass die Materialstärken beim Schiffbau in den vergangenen 20 Jahren kontinuierlich verringert worden waren, einmal, um Kosten zu senken, zum anderen, um die Ladungskapazität zu erhöhen, indem das Schiff selbst leichter wurde. Zudem waren in einigen Staaten Stahlqualitäten verbaut worden, die zwar billig, aber auch spröde waren.

Einige Wochen nach den Ereignissen stießen wir auf eine schifffahrtsbezogene Fachpublikation (»The Sea«, No. 96, Sept./Okt. 1991), die uns einen zweiten Faktor als Unglücksursache lieferte: In Australien, Brasilien und anderen Erz verschiffenden Staaten waren die Beladungskapazitäten in den Häfen enorm gesteigert worden, um die Bulkcarrier schneller abfertigen zu können. So waren in Dampier/Australien 7500 bis 9000 Tonnen Erz pro Stunde geschüttet worden, in Porto de Tubarão/Brasilien sogar 16 000 Tonnen pro Stunde. Werden die Luken jedoch nicht annähernd gleichmäßig beladen, belastet dies die Längsverbände in einem außerordentlich starken Maß, mit anderen Worten: die Längsverbände werden durchgebogen – und dies kann bei mehreren aufeinanderfolgenden Be- und Entladungen auch noch in unterschiedlicher Weise erfolgen; in der Schifffahrt spricht man diesbezüglich von den Momenten des »hogging« und »sagging«.

Wird also seitens der Schiffsleitung und der Stauer auf den wichtigen Faktor einer gleichmäßigen Beladung der Luken kein entsprechender Einfluss genommen, ist es nur zu wahrscheinlich, dass das Schiff nach einigen Ladevorgängen irreparable Schäden davonträgt. Tritt auf See mit schlechtem Wetter dann ein zusätzliches Biegemoment hinzu, können Havarien auftreten, wie wir inzwischen leider wissen.

Derselbe Artikel aus dem Jahr 1991 brachte uns alarmierende Zahlen zur Kenntnis: Allein seit Beginn des Jahres 1990 waren fünf Schiffe im Indischen Ozean und ein weiteres im Pazifik gesunken, alle in Australien beladen. Weltweit waren, dem Artikel zufolge, in den vorangegangenen 20 Monaten 39 Bulkcarrier als vermisst, schwer beschädigt oder gesunken gemeldet worden. In 21 Fällen hatte es sich um Untergänge gehandelt, bei denen 300 Seeleute ihr Leben verloren hatten – eine bittere Bilanz.

Anschrift des Verfassers:
Dipl.-Soz. Kpt. Gunther D. Neuen
Waldkauzweg 50
D-50997 Köln

About a Flying Dutchman and Ships in Distress at Sea: Two Remarkable Voyages in the Indian Ocean

Summary

On 2 July 1991, a change of shipmaster took place on board the M/V ALGENIB in the roads of Bangkok. As specified in the "handing-over protocol", the subject took over the ship as well as the crew, which consisted of a total of twenty-four seamen of several nationalities. The M/V ALGENIB was a container vessel with a length of 160 metres and a breadth of 23. Her maximum displacement was 26,100 metric tons; the container intake was limited to 727 TEU. On 12 July 1991 we left Keelung/Taiwan for Durban, chartered by the South African Marine Corp. After passing the Sunda Straights, we followed the great circle course. The winds were south-easterly with swells of up to four metres.

It was at 1920 hours ship's time on 27 July that our chief officer first spotted a vessel without lights which failed to respond on VHF channel 16, some six miles away. We changed course and approached the bulk carrier in darkness. At about 2000 hours and a distance of two miles, we were able to tell that her davits were out and her boats were off. There was no sign of life on board. We conducted a search of the area, but failed to locate any survivors. We sent a TTT message, and then continued our voyage. On the morning of the following day, however, we received orders to return and conduct a further search, and also to assess the possibility of salvage. We were furthermore informed that the MANILA TRANSPORTER had been deleted from Lloyd's list three weeks ago; in other words: the vessel officially no longer existed. We had found a Flying Dutchman!

Following another unsuccessful search for lifeboats and survivors, we decided to dispatch a boarding party to the MANILA TRANSPORTER the next morning. With the coming of daylight we were able to see the damage in the area of the ship's no. 3 hold, where a large section of shell plating was missing on both sides of the vessel. The bulk carrier, rolling and pitching gently in the swell, appeared to be on even keel despite the holes measuring some fifteen metres in length. Our party boarded the ship and searched the vessel for signs of life as well as a towing cable, both to no avail, but it proved possible to make other lines ready for towing. Furthermore, plans and documents were retrieved from the master's cabin and the bridge. Attempts to restart the auxiliary engines failed, and our crew returned safely to the ALGENIB in the late afternoon. On the last day of July, the weather deteriorated and a strong south-easterly swell made it impossible to board the MANILA TRANSPORTER again.

Unfortunately, we were forced to leave the disabled vessel the following day: we were informed that the chief officer's wife, who was on board the ALGENIB, had suffered a miscarriage and was in urgent need of hospital care. On the afternoon of 2 August we disembarked the two of them at Port Louis, Mauritius and immediately headed back to the MANILA TRANSPORTER, now some 350 miles away. When we arrived alongside the bulk carrier on the morning of 5 August, her trim was noticeably down by the head. A strong swell again prevented us from boarding the vessel, so no further attempt was made.

We finally handed over the relevant documents and information to the captain of the salvage tug SMIT SULAWESI, which arrived at the site on 7 August for towing. We allowed our vessel to drift some eight miles away to prepare for continuing the voyage. At 1530 hours we were advised that the SMIT had managed to get a line on board the MANILA TRANSPORTER and that they were starting towage toward Mauritius. A short time later, at 1635 hours, the SMIT captain informed us that the bulk carrier's fore part had broken off. Shortly afterward the MANILA TRANSPORTER sank in the Indian Ocean.

The M/V Algenib continued her voyage to Durban, discharged the container cargo und then completed a round trip calling at the South African ports, where containers were again loaded for ports in the Far East. We departed from Durban on 21 August bound for the Sunda Straights with Singapore as our final destination. Three days later, we received a distress message via Mauritius Radio: the bulk carrier Melete was in danger of sinking.

Our course was altered for the position mentioned, where two other vessels were already searching for survivors. We were joined by a French warship which coordinated the rescue attempts. On the morning of 25 August, a large oil spill and a field of wreck parts were sighted. Hours later, amid this debris field, we encountered a piece of wreckage with two survivors whom we managed to rescue just before nightfall. They were handed over to the French warship the next morning; we continued our voyage and reached Singapore on 10 September. The two seamen had survived in the water for thirty-two hours, hanging onto a piece of wreckage. Unfortunately, none of the other twenty-five members of the Melete's crew were rescued.

According to one of the two survivors, the M/V Melete had more or less the same damages to her hull structure as the M/V Manila Transporter, but she sank within minutes, dragging most of her crew down with her. An article in a shipping journal of 1991 said that thirty-nine bulk carriers had been missing, heavily damaged or lost in the preceding twenty months; in twenty-one cases the ships sank, and altogether about three hundred seamen lost their lives. The reasons cited were inadequate construction and failure to follow the correct procedures when loading or unloading the ships.

Des navires-fantômes et des SOS. Souvenirs de deux voyages inhabituels dans l'océan Indien

Résumé

Le 2 juillet 1991 a eu lieu un changement de capitaine à bord du M/V Algenib dans la rade de Bangkok. L'auteur de l'article a repris le navire, avec son équipage de 24 hommes de différentes nationalités, à la signature du *Handing-over protocol*. M/V Algenib était un navire porte-conteneurs d'une longueur de 160 m et d'une largeur de 23 m, avec un déplacement maximal de 26 100 t et une capacité de 727 EVP. Le 12 juillet, nous avons quitté Keelung/Taïwan en charter de la South African Marine Corporation, et après avoir passé le détroit de la Sonde sous des vents du sud-est et une houle atteignant jusqu'à quatre mètres de hauteur au-dessus du grand cercle – donc dérivant légèrement vers le sud –, nous nous sommes dirigés vers notre but, Durban.

Vers 19 h 20, heure de bord le 27 juillet, notre premier officier aperçoit à une distance d'environ six milles marins un grand vraquier sans le moindre feu de navigation, et ne répondant pas non plus aux appels qui suivirent sur le canal 16 de la bande marine VHF. Nous avons changé le cours et nous nous sommes approchés du navire dans l'obscurité. Vers 20 h 00, nous avons pu constater à environ deux milles marins que les grues de pont du vraquier étaient déployées et que les canots de sauvetage manquaient. Comme aucun signe de vie ne se manifestait à bord, nous avons effectué une recherche aux alentours du navire, toutefois sans succès. Nous avons donc continué notre route après avoir transmis un avis de sécurité. Cependant, dès le lendemain matin, nous recevions l'ordre de retourner au vraquier, de refaire une recherche aux environs du navire et de voir si un sauvetage du bâtiment était envisageable. Nous avons de surcroît été informés que le navire de commerce du nom de Manila Transporter avait déjà été rayé du « registre de la Lloyd », en d'autres mots : le navire ne pouvait donc plus exister. Nous avions trouvé un navire-fantôme !

Après une recherche, à nouveau sans succès, des canots ou des survivants, nous avons décidé au matin du 29 juillet de monter à bord du navire avarié. Grâce à la lumière du jour naissant, nous avons pu reconnaître les dommages causés au niveau de la lucarne 3, là où, à bâbord comme à tribord, de grands pans de bordés étaient arrachés, ainsi que les couples. Néanmoins, le MANILA TRANSPORTER qui tanguait doucement dans la houle semblait reposer à plat sur sa quille, malgré les trous de 15 m de longueur dans la paroi de bordés. Notre « équipe d'abordage » est donc montée à bord, et s'est mise à la recherche des membres de l'équipage, ainsi que d'une aussière adéquate pour remorquer le navire avarié, sans succès. Cependant, d'autres filins appropriés au sauvetage ont été découverts, tout comme des papiers du navire et des documents dans la cabine du capitaine et sur le pont. Après avoir tenté, sans succès, de lancer les moteurs auxiliaires, notre équipe est retournée saine et sauve au cours de l'après-midi sur l'ALGENIB. Le dernier jour du mois de juillet, le temps s'est gâté et une forte houle du sud-est a empêché une nouvelle tentative pour monter à bord du navire avarié.

Malheureusement, nous avons été forcés le lendemain d'abandonner le MANILA TRANSPORTER à son sort, car la femme enceinte du premier officier, qui se trouvait également à bord de l'ALGENIB, venait de faire une fausse-couche et requérait des soins médicaux de toute urgence. Le 2 août après-midi, nous avons débarqué le premier officier et sa femme à Port Louis/île Maurice, puis nous avons immédiatement repris la route de 350 milles pour retourner jusqu'au MANILA TRANSPORTER. Lorsque, au matin du 5 août, nous avons enfin retrouvé le vraquier, ce fut pour constater que la proue du navire était manifestement plus enfoncée dans l'eau qu'auparavant. Nous avons dû nous abstenir d'effectuer une nouvelle tentative pour monter à bord, la houle étant trop forte.

Finalement, nous avons remis tous les papiers importants et les informations au capitaine du remorqueur de sauvetage SMIT SULAWESI, qui avait atteint notre position le 7 août, et qui devait remorquer le navire avarié. Nous nous sommes laissés dériver sur environ huit milles marins pour ensuite stopper afin de nettoyer et préparer l'ALGENIB avant de continuer notre route. Vers 15 h 30, le remorqueur annonça qu'un câble de remorquage avait été fixé au MANILA TRANSPORTER et que le navire allait être remorqué jusqu'à l'île Maurice. Un peu plus tard, vers 16 h 35, le capitaine du SMIT SULAWESI nous informa toutefois que la proue du vraquier s'était brisée. Peu après, le MANILA TRANSPORTER sombrait dans l'océan Indien.

L'ALGENIB continua sa traversée vers Durban, y déchargea sa cargaison de conteneurs, effectua ensuite un circuit à travers les ports sud-africains avant de charger des conteneurs pour l'Extrême-Orient. Le 21 août, nous avons quitté Durban en mettant le cap sur le détroit de la Sonde, depuis lequel nous devions continuer vers Singapour. Trois jours plus tard, un message de détresse de la radio mauricienne nous atteignait : apparemment, le vraquier MELETE risquait de faire naufrage.

Nous avons changé de cours et nous nous sommes dirigés vers la position indiquée, où deux autres navires s'étaient déjà mis à la recherche des survivants. S'y ajouta un navire de guerre français, qui coordonna le sauvetage. Au matin du 25 août, une grande nappe de pétrole et un monceau de décombres apparurent. Au milieu des morceaux de l'épave, nous avons découvert une heure plus tard les restes d'un canot de sauvetage avec deux survivants, qui purent finalement être récupérés avant la tombée de la nuit, et dont on s'occupa à bord de l'ALGENIB. Le lendemain matin, nous les avons remis au navire de guerre français, et nous avons continué notre route vers Singapour, où nous sommes arrivés le 10 septembre. Les deux marins avaient tenu 32 heures dans l'eau, agrippés à l'épave du canot de sauvetage. Malheureusement, aucun autre des 27 membres de l'équipage du MELETE n'a pu être sauvé.

Selon les descriptions de l'un des deux survivants, les avaries du MELETE ressemblaient à celles du MANILA TRANSPORTER, à la différence que le MELETE n'avait pas pu se maintenir à flot et qu'il avait sombré en l'espace de quelques minutes avec la majeure partie de l'équipage. Dans l'article d'un périodique de 1991, on pouvait lire que rien qu'au cours des 20 mois précédents, 39 vraquiers avaient été portés disparus, fortement avariés ou perdus. Dans 21 cas, il s'agissait de naufrages au cours desquels 300 marins avaient laissé leur vie. L'emploi d'acier de qualité médiocre dans la construction navale, et une sollicitation abusive des appareils à la suite de chargements et déchargements asymétriques étaient considérés comme étant les causes de ces naufrages.

▶ LARS U. SCHOLL

Der »St. Louis Flüchtlingsschiff Blues«

Zur Verarbeitung von Holocaust und Kriegsgräueln im Comic

Vorbemerkung

Die Irrfahrt der St. Louis ist mehrfach dargestellt worden, so dass an dieser Stelle nur kurz die wesentlichen Ereignisse referiert werden, deren Kenntnis für das Verständnis der nachfolgenden Darstellung durch den Comic-Künstler Art Spiegelman Voraussetzung ist.[1] Ursprünglich in der »Washington Post« unter dem Titel *The St. Louis Refugee Ship Blues. Art Spiegelman recounts a sad story 70 years later* abgedruckt, erschien am 27. August 2009 in der Wochenzeitung »Die Zeit« eine ins Deutsche übertragene Version des Cartoons. Dort heißt es zur Erläuterung: *Das David S. Wyman Institute for Holocaust Studies hat mir ein paar alte Cartoons von 1939 gezeigt, die die schändlichste »Fahrt der Verdammten« zum Inhalt hatten. Mehr als 900 Juden, die auf der St. Louis vor Nazi-Deutschland geflohen waren, wurden von den USA abgewiesen und am Vorabend des 2. Weltkriegs zur Rückreise nach Europa gezwungen. Vor*

Ausschnitt aus dem »St. Louis Flüchtlingsschiff Blues«. (© 2009, Art Spiegelman. This piece first appeared in »The Washington Post«) Der vollständige, in »Die Zeit« abgedruckte Cartoon findet sich im Maßstab 1:1 als lose Beilage in der hinteren Umschlagtasche. Ich danke Art Spiegelman, seinem Europa-Agenten Matthew McLean sowie der Übersetzerin Dr. Christine Brinck für die Genehmigung, den Comic nachzudrucken.

70 Jahren gingen die letzten Passagiere von Bord. Wenige Amerikaner protestierten, nur eine
Handvoll Karikaturisten sangen den St. Louis Flüchtlingsschiff Blues.

Dem Thema »Politische Bildergeschichten von Albrecht Dürer bis Art Spiegelman« hatte der
Hamburger Kunstverein vom 19. Dezember 2009 bis zum 14. März 2010 eine umfassende
Ausstellung gewidmet. Leider ist der reich bebilderte Begleitband völlig unkommentiert geblie-
ben.[2] Gleiches galt für die bedeutende Ausstellung, so dass zu befürchten ist, dass der mit dem
Thema weniger vertraute Besucher nicht viel Gewinn von der Schau gehabt hat, zumal die
Hängung der Bildgeschichten zum Teil so war, dass man die Bilder nicht studieren und die Texte
nicht lesen konnte.

I.

Vor 71 Jahren, am 13. Mai 1939, verließ das Motorschiff St. Louis der Hamburg-Amerika Linie
(Hapag) mit 899 jüdischen Emigranten, 388 Passagieren in der Kajütsklasse und 511 in der
Touristenklasse, den Hamburger Hafen. Ziel war Kuba. Von dort aus wollten sie in die USA
einreisen. Am 15. Mai stiegen in Cherbourg weitere 38 Passagiere ein. Mithin betrug die
Gesamtzahl der Personen 937.[3] Ein Fahrgast starb an Bord, sodass sich bei der Ankunft in
Havanna noch 936 Passagiere auf der St. Louis befanden. 94 Prozent der Mitreisenden waren
Deutsche, 21 Passagiere hatten keine Staatsangehörigkeit, der Rest waren Polen, Ungarn und
Tschechen. Als Besatzung befanden sich 373 Mann an Bord, von denen über die Hälfte zum
Bedienungs- und Küchenpersonal gehörte.

Kapitän des ersten mit Dieselmotoren angetriebenen Passagierschiffs der Hapag auf dem
Nordatlantik war Gustav Schröder (1885–1959). Gebaut worden war die St. Louis beim Bremer
Vulkan. Mit 16 732 BRT war das 1929 von der Werft abgelieferte Passagierschiff zeitweise das
größte Motorschiff der Hapag. Nachdem die Reederei den Dieselantrieb bereits zuvor erfolgreich auf Schiffen im Ostasiendienst erprobt hatte, sollten nun auch im Westindien-Dienst und
in der Nordamerika-Westküstenfahrt Motorschiffe eingesetzt werden. Kludas schreibt über die
St. Louis und die Milwaukee: *Mit diesen Schiffen wollte die Hapag – wie das auch andere
Großreedereien taten – jenen Personenkreis ansprechen, der Wert auf eine komfortable und
moderne Wohnatmosphäre legte, ohne den Aufpreis für das Ambiente der Spitzenschiffe
zahlen zu wollen.*[4] 1930 besaß die Hapag mit 34 Schiffen (241 000 BRT) weltweit die größte
Flotte von Motorschiffen, die etwa ein Viertel der damaligen Hapag-Flotte ausmachten.[5] Zum
Glück für die verzweifelten Passagiere befanden sie sich auf einem der modernsten Passagierschiffe der Reederei, das mehrfach auch für Kreuzfahrten eingesetzt war.

Die Hapag hatte die St. Louis der Europäischen Jüdischen Vereinigung in Paris für eine
Sonderfahrt über den Atlantik angeboten. Der Preis für eine Passage von Hamburg nach Kuba
betrug 800 RM für einen Passagier der Kajütsklasse und 600 RM in der Touristenklasse. Zusätzlich waren pro Passagier 230 RM für eine eventuelle Rückreise zu deponieren. Für die Einreise-
papiere hatten die Emigranten selbst zu sorgen. Lediglich 16 Passagiere hatten ein Einreisevi-
sum von einem kubanischen Konsulat in ihrem Pass, das zweifelsfrei gültig war. Die übrigen
Passagiere besaßen Landepermits der kubanischen Einwanderungsbehörde, für die sie pro
Person $ 150 hatten bezahlen müssen. Über die Höhe der »Nebenkosten«, sprich Bestechungs-
gelder, gibt es keine genauen Angaben.

Am 4. Mai wurden in Havanna die Landepermits für ungültig erklärt. In Hamburg war man
konsterniert. Doch wenige Tage später teilte der Leiter der Hapag-Agentur in Havanna, Clasing,
der Zentrale in Hamburg mit, dass er von einem Colonel Benitez, dem Leiter der Einwanderungsbehörde, die schriftliche Bestätigung bekommen habe, dass die Landepermits gültig seien.
Niemand wusste jedoch in Deutschland, dass die Stellung von Colonel Benitez sehr unsicher

war, und es war nicht vorauszusehen, dass er am 1. Juni 1939 vom kubanischen Präsidenten Brú seines Amtes enthoben werden würde.

Also verließ die ST. LOUIS Hamburg um die Mittagszeit des 13. Mai 1939 und lief in den frühen Morgenstunden des 27. Mai in Havanna ein, wo die Passagiere jedoch nicht von Bord gehen konnten. Die Beamten der Einwanderungsbehörde ließen sich nicht sehen. Nach einigem Hin und Her ordnete Präsident Brú am 1. Juni an, dass die ST. LOUIS den Hafen von Havanna noch am selben Tag zu verlassen habe. Schließlich wurde das Schiff mit seinen 907 Passagieren am 2. Juni von Polizeibarkassen und Schnellbooten der Marine aus den kubanischen Hoheitsgewässern eskortiert. 29 Personen, die ein konsularisches Visum besaßen, hatten in Havanna von Bord gehen dürfen. Während die Hapag und jüdische Organisationen sich darum bemühten, den Passagieren in Kuba und den USA eine Aufnahme zu verschaffen, spitzte sich die Lage an Bord zu. Eine Anlandung von Passagieren mit Rettungsbooten an der Küste Floridas wurde von der US-amerikanischen Coast Guard unterbunden. Telegramme mit verzweifelten Hilferufen an Präsident Franklin D. Roosevelt und seine Frau blieben unbeantwortet. Aus innenpolitischen Gründen verweigerte Roosevelt jegliche Hilfeleistung. Er glaubte, dass zu hohe Einwanderungsraten der amerikanischen Wirtschaft schaden könnten, und allgemein ging man in den USA davon aus, dass die antijüdische Politik der Nationalsozialisten nur ein vorübergehendes Phänomen sei.[6]

Schließlich wurde Kapitän Schröder von seiner Reederei aufgefordert, nach Deutschland zurückzufahren. Da die Passagiere erst kurz zuvor den Konzentrationslagern entkommen waren, teilten sie dem Kapitän unmissverständlich mit, dass sie nicht nach Deutschland zurückkehren wollten, wo ihnen erneut die Verbringung in Konzentrationslager drohen würde. Von der Ernsthaftigkeit dieser Aussagen überzeugt, musste Schröder mit Sabotageakten rechnen. Am 16. Juni sollte das Schiff wieder den Ärmelkanal erreichen, und Schröder plante eine Notlandung an der englischen Küste. Soweit kam es jedoch nicht mehr. Denn in buchstäblich letzter Sekunde erklärten sich die Regierungen von Belgien, Holland, Frankreich und England am 13. Juni bereit, die Flüchtlinge aufzunehmen.

Am 17. Juni machte die ST. LOUIS in Antwerpen am Scheldekai fest. 215 Passagiere, die in Belgien verbleiben durften, wurden noch am Abend nach Brüssel gebracht. 181 Passagiere fuhren am nächsten Tag mit einem Fährdampfer nach Rotterdam. Der Frachter RHAKOTIS der Hapag wurde nach Antwerpen geschickt und brachte am 19. Juni 227 Passagiere nach Boulogne und 284 Passagiere nach Southampton. Damit war die Irrfahrt der ST. LOUIS beendet. Die Flüchtlinge, die in den Festlandstaaten verblieben, waren jedoch nicht lange in Sicherheit, denn nach dem Überfall der deutschen Wehrmacht auf die drei Staaten fielen etliche von ihnen der Gestapo in die Hände. Wie viele Passagiere letztendlich überlebten bzw. wie viele Passagiere dem Terror des »Dritten Reiches« zum Opfer fielen, ist nicht genau bekannt. Nach Untersuchungen des United States Holocaust Memorial Museum in Washington, die Mautner Markhof zitiert, überlebten 480 Emigranten, während 427 in den Konzentrationslagern Auschwitz, Neuengamme, Bergen-Belsen und anderswo ermordet wurden.

Die ST. LOUIS verließ, sobald alle Passagiere von Bord gegangen waren, umgehend den belgischen Hafen und lief nach New York aus, wo am 30. Juni die erste von vier Kreuzfahrten in die Karibik beginnen sollte. Die vierte Vergnügungsfahrt musste wegen der drohenden Kriegsgefahr jedoch abgesagt werden. Die ST. LOUIS lief am 28. August 1939 ohne Passagiere von New York aus und traf via Murmansk am 1. Januar 1940 nach einem sogenannten Blockadedurchbruch, wie ihn kurz zuvor auch die BREMEN des Norddeutschen Lloyd erfolgreich durchgeführt hatte, in Hamburg ein. Das Hapag-Motorschiff ist nie wieder in der Passierschifffahrt zum Einsatz gekommen. Nach Zeiten als Wohnschiff für U-Boot-Besatzungen in Kiel während des Zweiten Weltkrieges und als Hotelschiff an den Altonaer Landungsbrücken nach 1946 wurde das Schiff 1951/52 in Bremerhaven verschrottet.

ST. LOUIS in den 1930er Jahren im Hamburger Hafen, an ihrer Backbordseite die MONTE ROSA der Hamburg-Süd. (Foto: Hans Hartz, © Deutsches Schiffahrtsmuseum)

Der mutige Kapitän, der seine Passagiere nicht der Gestapo hatte ausliefern wollen, wurde 1957 von Bundespräsident Heuss für seine »Verdienste um Volk und Land bei der Rettung von Emigranten« mit dem Bundesverdienstkreuz ausgezeichnet. Aus Schröders Feder stammt der Tatsachenbericht aus dem Jahre 1949, in dem er *rein sachlich und chronologisch* festgehalten hat, was er *als Kapitän auf der ST. LOUIS mit den 900 Emigranten* erlebt hatte.[7] Am 10. Juni 1959 starb Gustav Schröder im Alter von 73 Jahren. Beerdigt wurde er auf dem Nienstedter Friedhof. Vom Staat Israel wurde Kapitän Schröder in Yad Vashem posthum in den Kreis der »Gerechten unter den Völkern« aufgenommen, und 1991 wurde auf Beschluss des Hamburger Senats eine Straße in Hamburg-Langenhorn nach ihm benannt. 62 Jahre nach der Reichspogromnacht von 1938 enthüllte der Erste Bürgermeister der Freien und Hansestadt am 9. November 2000 eine Gedenktafel an den Landungsbrücken in Hamburg.

II.

Am 6. Juni 1939 erschien im »Daily Mirror« eine Karikatur, die die Freiheitsstatue zeigt, an deren in die Höhe gerecktem Arm ein Schild mit der Aufschrift *Keep out (Bleibt draußen)* hängt. Auf dem Sockel steht eingemeißelt: *Give me your tired, your poor … send those, homeless, tempest-tossed to me* (*Überlass mir Deine Müden, Deine Armen … Schick sie, die Heimatlosen, die Sturmgebeutelten zu mir*). Die Aufschrift wurde zur Farce angesichts des Befehls an die Küstenwache, die Landung des Flüchtlingsschiffs bei Miami zu verhindern. Mit dieser Karikatur wurde die Scheinheiligkeit der USA angeprangert, die einerseits den Ankommenden einen Willkommensgruß boten, andererseits den Verzweifelten mit Waffengewalt die Landung verweigerten. Damit auch jedem Leser klar wird, worauf sich die Inschriften beziehen, fährt die

Sᴛ. Lᴏᴜɪs unter Dampf, von Hamburger Hafenschleppern flankiert, 1930er Jahre. (Foto: Hans Hartz, © Deutsches Schiffahrtsmuseum)

Sᴛ. Lᴏᴜɪs, in deren Schornsteinrauch deutlich *Jewish refugee ship* (*Jüdisches Flüchtlingsschiff*) zu lesen ist, unterhalb der Freiheitsstatue vorbei. Unter dieser Karikatur von Fred Packer steht groß *Ashamed* (*Beschämt*).

Diese und einige andere politische Karikaturen aus dem Jahre 1939, gehütet im David S. Wyman Institute for Holocaust Studies, haben den Comic-Zeichner Art Spiegelman zu einer Bearbeitung der Sᴛ. Lᴏᴜɪs-Tragödie veranlasst.[8] Jede der Karikaturen kommentiert Spiegelman, der sich als »Maus« die Arbeiten der Karikaturisten kritisch vornimmt, von denen Herbert Lawrence Block (1919–2001) der einzige Künstler ist, der sich auf die Seite der Flüchtlinge stellt und von der *Tragödie auf See* spricht. Seine in zwei Zeichnungen geteilte Karikatur zeigt ein versunkenes Schiff auf dem Meeresgrund und titelt: *Versagen der Maschinen*. Im unteren Teil der Karikatur sieht man ein Flüchtlingsschiff am Horizont. Vor dem Hintergrund, dass Präsident Roosevelt dem Schiff die Landung verweigert, wird der Horizont von Amerika aus erweitert auf die ganze Welt. So heißt die Unterschrift: *Versagen der Menschheit*. Block, der die konservative amerikanische Politik mit dem Medium der Karikatur infrage stellte, den Begriff »McCarthyism« prägte und Richard Nixon gerne als unrasierten Aufsteiger aus der Gosse darstellte, war der Einzige, der das Schicksal der europäischen Juden erfasst hatte. Er wird von Spiegelman ausdrücklich gelobt als derjenige, der häufig auf der Seite der Engel war und im Juni 1939 genau das Richtige gesagt hatte. Er ist für Spiegelman zu einem weitsichtigen Vorbild geworden.[9]

Auf den ersten Blick wirkt eine Bearbeitung der Irrfahrt eines Flüchtlingsschiffes mit über 900 jüdischen Emigranten mit dem Medium des Comics befremdlich. Unwillkürlich stellt sich die Frage, ob eine Befassung mit dieser Tragödie in der Form eines Cartoons akzeptabel, überhaupt angemessen sein kann oder man sie nicht ablehnen muss. Gebietet es nicht der Respekt vor den ermordeten Juden Europas, dass man sich in »seriöser« Art mit der *Reise der Verdammten*, wie Hans Herlin (1925–1994)[10] seinen Bericht nennt, künstlerisch auseinandersetzt? Gibt es eine Rechtfertigung dafür, so mit dem Thema umzugehen? Kann eine oder können mehrere Karikaturen durch einen Historiker ernsthaft als legitime Ausgangsbasis für einen wissenschaftlichen Diskurs akzeptiert werden? Sind wir auf einem Mickey Mouse- oder Asterix-Niveau angelangt und uns nicht mehr zu schade, eines der Hauptthemen des 20. Jahrhunderts der unseriösen Vereinfachung preiszugeben? Um es gleich deutlich zu sagen, man kann sich als Comic-Künstler diesem Drama widmen. Aber vielleicht bleibt es nur wenigen vorbehalten, ein solches Thema auf diese Weise mit Autorität anzugehen.

Einer dieser Wenigen ist der Amerikaner Art(hur) Spiegelman. 1948 in Stockholm geboren, ist er der zweite Sohn eines aus Polen stammenden jüdischen Ehepaares, das Auschwitz überlebt hat, während der erste Sohn Richieu und ein Großteil der Angehörigen und Freunde der Judenverfolgung zum Opfer fielen und ermordet wurden. 1950 siedelte die Familie in die USA über und ließ sich in New York nieder, wo Arts Vater Wladek Spiegelman als Diamantenhändler ein Vermögen verdiente. Bereits in jungen Jahren begann Art Spiegelman zu zeichnen. Mit 15 Jahren wurden erste Cartoons in der »Long Island Post« veröffentlicht. 1965 begann er sein Studium an der High School of Arts and Design in New York, das er 1968 abbrach. Spiegelman zog nach San Francisco, denn dort entstand gerade die Comix-Szene, eine »Underground«-Szene, die sich vom bürgerlichen Kulturbetrieb absetzte. Als der »Underground« sich auflöste, gründete Spiegelman 1975 zusammen mit Bill Griffith das Magazin »Arcade«, um *the best of the new comics* zu publizieren. Nach nur sieben Ausgaben wurde das Magazin eingestellt.

1977 reiste Spiegelman mit seiner Lebensgefährtin Françoise Mouly nach Europa, um die europäische Comic-Avantgarde kennenzulernen. 1980 gründete er zusammen mit ihr im Eigenverlag das neue Magazin »Raw«, ein hochgelobtes und einflussreiches Magazin für Avantgarde-Comics, von dem in der achten und letzten Ausgabe 1986 eine Auflage von 20 000 Exemplaren gedruckt und zu einem Fünftel in Europa verkauft wurde. Penguin Books setzte »Raw« von 1989 bis 1991 mit drei Ausgaben im Buchformat und erweitertem Umfang fort. In diesem Avantgarde-Magazin publizierten bedeutende amerikanische Innovatoren der Comic-Sprache und zahlreiche europäische Talente. Spiegelman selbst griff eine alte Idee auf, die er zehn Jahre zuvor in dem Underground-Heft »Funny Animals« in der Kurzgeschichte »Maus« erstmals bearbeitet hatte: Ein Mäusevater erzählt seinem Sohn die »Gute-Nacht-Geschichte« von dem Leben in Polen während des Krieges, in der die Katzen die Mäuse ins Ghetto und dann nach *Mauschwitz* treiben. In der zweiten Ausgabe, die wiederum mit *Maus* betitelt war, kündigte er an: *Dies ist der erste Teil eines auf zweihundert bis zweihundertfünfzig Seiten angelegten work-in-progress. Weitere Kapitel werden beizeiten in »Raw« erscheinen, wenn sie fertiggestellt sind.* Der Mäusevater erzählt in den folgenden Ausgaben von seinem Aufstieg vom Textilvertreter in Tschenstochau zum Strumpffabrikanten, von seiner Heirat mit Anja Zylberberg, den Flitterwochen und von der Geburt des Sohnes Richieu. Gerüchte von Pogromen in Deutschland werden bekannt, der Vater wird in die polnische Armee einberufen, gerät in Kriegsgefangenschaft, wird zur Zwangsarbeit abgestellt, in das Ghetto in Sosnowitz gesteckt und schließlich nach Auschwitz deportiert.

Als im Jahre 1986 der Filmregisseur Steven Spielberg den Zeichentrickfilm »Feivel, der Mauswanderer« produzierte, in dem die Geschichte einer osteuropäischen Maus geschildert wird, die vor den Pogromen nach Amerika geflohen war, veranlasste dies Spiegelman , einen ersten Band mit sechs zuvor in »Raw«[11] abgedruckten Kapiteln viel früher als eigentlich geplant zu veröffentlichen. Von dem Buch wurden in den USA mehr als hunderttausend Exemplare verkauft. Spiegelman setzte in der Folge den Abdruck weiterer Kapitel in »Raw« fort. Als die Zeitschrift 1991 eingestellt wurde, fehlte nur noch das letzte Kapitel, das Spiegelman zügig verfasste. 1992 erschien der zweite Band.

In den USA wurde »Maus« 1992 mit dem Pulitzer-Preis ausgezeichnet, eine Ehre, die keinem Comic-Autor zuvor zuteil geworden war. »The New York Times Book Review« schrieb: *Art Spiegelman verwendet den Comic-Strip und sprechende Tiere, um das Unbeschreibliche auch jenen nahe zu bringen, für die der Holocaust Geschichte – und eine »Geschichte« unter vielen – geworden ist. Ein Epos in winzigen Bildern.*[12] In Deutschland war das Werk wegen der Bedenken gegen die Aufarbeitung der Nazi-Gräuel im Comic umstritten. Mitte der 1990er Jahre wurde die Geschichte, die seit 1989 auf dem Markt war, als jugendgefährdend auf den Index gesetzt mit der Begründung, dass die gewählte Darstellungsweise rassistisch sei. Die damalige Bundestagspräsidentin Rita Süssmuth wird mit der Aussage zitiert, »Maus« gehe mit dem Thema Holocaust zu spielerisch um. Im Februar 2009 erschienen beide Teile in einem Band im Fischer Taschenbuch Verlag in dritter Auflage: »Die vollständige Maus. Die Geschichte eines Überlebenden«. Der Untertitel des ersten Bandes lautet: »Mein Vater kotzt Geschichte aus«, der zweite Band trägt den Untertitel: »Und hier begann mein Unglück«.[13]

Spiegelman äußerte sich folgendermaßen über sein Vorgehen: *Die Mäuse sehen absichtlich alle gleich aus, einige haben zwar Brillen, andere rauchen, aber dennoch gleichen sie sich. […] Wenn man Photos aus Konzentrationslagern betrachtet, stellt man fest, dass die Menschen ihre individuellen Charakterzüge verloren haben, sie sehen einer aus wie der andere. Es schien mir eine kraftvolle Aussage, das auf die Mäuse zu übertragen, die sich alle ähneln und erst im Verlauf der Geschichte zu eigenen Persönlichkeiten werden. […] So konnte ich mich von dokumentarischem Ballast befreien, von dem Zwang, die Gebäude und alles so zu zeichnen, wie es tatsächlich aussah. Diese Form der Darstellung erlaubte mir ein freieres Arbeiten. Zuerst wollte ich die Geschichte mit »realen« Menschen erzählen, aber das Ergebnis war eine billige Pseudowirklichkeit, die nicht funktionierte.*[14]

Andreas C. Knigge schreibt an anderer Stelle: *Er [Spiegelman] ist ins Innere der unbarmherzigen Todeswelt des nationalsozialistischen Terrors vorgedrungen, ohne rührselig oder kitschig zu werden.*[15] Das gelingt durch zwei Kunstgriffe: Zum einen sind alle Protagonisten in schablonenhaft stilisierte Tiere verwandelt, zum anderen lässt Spiegelman außer den Juden als Mäusen und den Deutschen als Katzen die Polen als Schweine und die Amerikaner als Hunde auftreten.[16] Knigge fährt fort und schreibt: *Neben dieser Entindividualisierung – Spiegelman hat die visuelle Reduzierung als Metapher für Gleichschaltung und industriell organisierte Massenvernichtung »Masken« genannt – ist das Geschehen in eine Rahmenhandlung eingebunden, die den Entstehungsprozess der Erzählung und die kraftraubenden Gespräche mit dem gebrochenen Vater […] schildert.*[17] Wladek Spiegelman starb 1982; Arts Mutter Anja Spiegelman hatte sich 1968 das Leben genommen. *Sie hinterliess keine Zeile / She left no note.* Mit dem Selbstmord der Mutter hatte sich Spiegelman bereits 1982 in einer kurzen Geschichte auseinandergesetzt unter dem Titel: »Gefangener auf dem Höllenplaneten. Eine Fallgeschichte« / »Prisoner on the Hell Planet. A Case History«. Diese Geschichte ist in Kapitel 5 als *Mauselöcher / Mouse Holes* eingefügt.

Es kann an dieser Stelle nicht die Aufgabe sein, sich inhaltlich mit »Maus« zu befassen.[18] Als die Geschichte erstmals in einer Ausgabe erschien, war die Kritik in den USA überaus positiv. Im »Wall Street Journal« hieß es: *The most affecting and successful narrative ever done about the Holocaust.* In der »Washington Post« lobte der Rezensent die Geschichte: *A quiet triumph, moving and simple – impossible to describe accurately, and impossible to achieve in any other medium but comics.*

Im September 1992 kam Spiegelman nach Deutschland und stellte die deutsche Übersetzung des zweiten Bandes vor. Kurz zuvor hatten Skinheads Brandanschläge auf Asylbewerber in einem Rostocker Wohnheim verübt. Diese abscheuliche Tat hatte weltweite Aufmerksamkeit erfahren, und Spiegelman begab sich an die Warnow, um sich vor Ort umzusehen. Anschließend berichtete er in einer Comic-Reportage über eine Reise der Maus durch das Land der Katzen: *Tausende von Mitbürgern aus den Nachbarhäusern hatten gejubelt.* Das letzte Bild der Reportage zeigte ein an die Wand eines Plattenbaus geschmiertes Hakenkreuz, unter das jemand »Nazis raus« geschrieben hatte. *Ein Freund sagte: »Die Situation hier ist dramatisch, aber nicht wirklich ernst«, schließt Spiegelman. Ich denke, das stimmt, [...] aber im Regen werden alle nass.*[19]

Von September 2002 bis September 2003 erschien in »Die Zeit« Spiegelmans Comic-Arbeit »Im Schatten keiner Türme« / »In the Shadow of No Towers«, eine Auseinandersetzung mit dem Terroranschlag vom 11. September 2001 und dem Fall der beiden Türme des World Trade Center.[20] Die Geschichte erzählt, *wie am 11. September die Welt, wie Art Spiegelman sie kannte, auseinanderfiel und wie sie sich nie mehr zusammensetzte.*[21] Spiegelman empfand die Anschläge als Angriff auf sein geliebtes liberales New York und nicht auf das reaktionäre Amerika des George W. Bush, wie Andreas Platthaus in einem Artikel zum 60. Geburtstag des Künstlers schreibt.[22]

2004 wurde die Serie auch als Buch veröffentlicht. 2008 erschien in zweiter Auflage der Comic-Band »Breakdown«, eine erweiterte Neuausgabe des Buches, das 1978 erstmalig erschienen war.[23] Darin lässt Spiegelman mit einer Handvoll kurzer autobiografischer Comics aus den Jahren 1972 bis 1977 wichtige Lebensschritte Revue passieren; u.a. findet sich auf drei Seiten die Urversion von »From Maus to Now. An Anthology of Strips«, die er 1972 gezeichnet hatte. Der Umschlag trägt eine Warnung: *Adults only.* In einem Interview mit Andreas Platthaus erklärte Spiegelman: *Dieser Comic ist wirklich für Erwachsene gemacht: für Menschen, die denken, nachdenken, verstehen, informiert sind. Das ist das Publikum, auf das ich hoffe.*[24]

III.

Die Karikatur ist das Gebiet, auf dem die bildende Kunst am aktivsten in das Leben greift. Sie nimmt sich den einzelnen Menschen vor wie auch die Gemeinschaft der Menschen. Sie beleuchtet die moralischen, die sozialen und die politischen Zustände, sie übt Kritik, sie klagt an, sie richtet – alles auf ihre Weise. So heißt es in der Zeitschrift »Der Kunsthandel«.[25]

Frankreich war das klassische Land der Karikatur, man denke nur an Honoré Daumier (1808–1879). Großbritannien hat so bedeutende Karikaturisten wie George Cruikshank (1792–1878), Thomas Rowlandson (1756–1827) und James Gillray (1757–1815) hervorgebracht. Für Deutschland sind Wilhelm Busch (1832–1908) und der Berliner Heinrich Zille (1858–1929) zu nennen. Heinrich Hoffmann (1808–1894), der Vater des »Struwelpeter«, und Wilhelm Busch trugen dazu bei, dass in Deutschland Bildergeschichten Aufmerksamkeit erlangten. Der Deutsch-Amerikaner Lyonel Feininger (1871–1956), der als Zeichner und Karikaturist begann und aus den Karikaturen eigenständige Gemälde entwickelte, hatte 1906 von der »Chicago Tribune« eine Anfrage nach Comic-Serien erhalten, der er nur zu gerne nachkam. In der großen Feininger-Ausstellung der Hamburger Kunsthalle im Jahre 2003 wurden Feiningers Anfänge als Karikaturist, sein erfinderischer Reichtum der Serien »The Kin-der-Kids« und »Wee Willie Winkie's World« in Relation zu seinen Menschenbildern späterer Zeit gesetzt.[26]

Die Bildergeschichten der europäischen Humoristen und Karikaturisten waren meist mit begleitenden Unterzeilen versehen, die nicht selten als Reime formuliert wurden. Im Comic (nordamerikanischer Herkunft) spielt die Sprechblase eine entscheidende Rolle, weil auf die Weise Dialoge viel lebendiger in die Handlung eingebettet werden können.[27] Diese Chance nutzt Spiegelman, indem er die Darstellungen von Karikaturisten wie Jerry Doyle, Jesse Cargill, Edmund Duffy oder Fred Packer auf seine Weise kommentiert: *Er [Doyle] hat die Asylsuchenden von 1939 nicht komplett ignoriert, sondern bloß ihr Leiden komplett trivialisiert. Er benutzte es nur als dämliche Metapher, er war nicht gemein, er hatte nur keine Ahnung.* Von Duffy sagt Spiegelman: *Edmund Duffy reduzierte alles auf ein unvergessliches Bild (im besten*

Falle ist es genau das, was redaktionelle Cartoons können!). Der ewige Jude, der als Rauch aus dem Schornstein quillt, war Schreck und Prophezeiung zugleich.

Spiegelman ist nicht der einzige Comic-Zeichner, der Autobiografisches verarbeitet und sich mit dem Schicksal der Juden in Deutschland befasst. Will Eisner thematisiert im zweiten Band der Trilogie »The Contract with God« mit dem Titel »A Life Force« die Judenverfolgung in Deutschland im Jahre 1934. Unter der Überschrift *Sanctuary* werden in Form von Pressemitteilungen kurze Texte wiedergegeben mit Überschriften wie *Nazis Now Ban Jewish Actors, Goebbels Publishes Call To Dismiss All Jews In Export Field* oder *American Group Asks U.S. Haven For Nazi Victims.* An diesen Vorspann schließt sich die Geschichte der Frieda Gold an, die Mr. Jacob Shtarkah von den Verfolgungen durch die Nazis schreibt. Jacob Shtarkah gelingt es, für Frieda die nötigen Papiere für die Einreise in die USA zu bekommen. Frieda Gold kann nun nach New York entkommen.[28]

Der kanadische Zeichner Dave Sims setzt sich in dem Heft »Judenhass« mit der Frage auseinander, ob man die Schoah als Comic darstellen kann und darf. Über zwei Jahre lang machte er Recherchen zu einem Comic *über den Antisemitismus als Konstante der westlichen Zivilisation.* Den Zugang zu diesem heiklen Thema sucht er über Fotomaterial (Pogrom- und Leichenbilder), über Zeugenbefragungen und indem er Luther und T.S. Eliot als Religions- und Literaturgrößen des Abendlandes zitiert. Über die Reduktion der Detailmenge, trotz aller Nähe zum Fotorealismus, versucht er der Gefahr der Trivialisierung zu entgehen und dem Betrachter das denkende Urteilen nicht zu ersparen. Doch ohne die erläuternden Texte des Zeichners, *die von dem tiefen persönlichen Interesse des sich individualisierenden Zeichners künden, wäre diese Vorgehensweise schwer zu ertragen.*[29]

Die autobiografische Beschäftigung mit anderen historischen Themen ist auch bei weiteren Comic-Künstlern anzutreffen. Der Franzose Jacques Tardi, Jahrgang 1946, der schon in »Raw« vertreten war, hat sich dem Thema des Ersten Weltkriegs zugewandt. Durch die Erzählungen seines Großvaters, der Verdun zwischen den Linien, unter Bomben vor einer verwesenden Leiche liegend, überlebt hatte, war der Krieg für ihn zu einem traumatischen Ereignis geworden. *Nachts trat ich in seine Welt des Grauens ein, der vergammelte Tote und Großvater, die Hände in dessen Gedärm. Als Großvater später auf dem Sterbebett lag, scheuchte er den Pfarrer weg: Gäbe es einen Gott, sagte er, hätte er diesen Krieg nicht zugelassen.* Am eindrucksvollsten hat Tardi seine Traumata in den Kurzgeschichten »Für Volk und Vaterland« (1974) und »Die wahre Geschichte vom unbekannten Soldaten« (1975) verarbeitet. In dem in Paris spielenden Fin de Siècle-Roman »Adeles ungewöhnliche Abenteuer« ist der Krieg stets gegenwärtig. *Erst mit dieser ersten epochalen Material- und Vernichtungsschlacht geht das 19. in das 20. Jahrhundert über. Indem ich meine Geschichte 1911 beginnen lasse und der Leser weiß, dass die Welt wenig später aus den Fugen gerät, werden die Handlungen meiner Figuren lächerlich; sie werden zu Marionetten.*[30]

In einer späteren Fortsetzung der Geschichte um Adele lässt Tardi eine der »Marionetten« sarkastisch die Bilanz präsentieren: *10 Millionen Opfer aus fast der ganzen Welt. 750 000 Tonnen Knochen und Haut, 13 Tonnen Gehirn, 47,5 Millionen Liter Blut und 46 Millionen Jahre vergeudetes Leben. Das wär's.*[31] Soeben ist im November 2009 mit »Putain de Guerre! 1917–1918–1919« (»Verfluchter Krieg! 1917–1918–1919«) ein neues Werk erschienen. Nach den drei Kurzgeschichten pro Jahr wird das Geschehen von dem Fachmann für den Ersten Weltkrieg Jean-Pierre Verney kommentiert, ergänzt um ein kleines *Glossar der Schützengräben.*

Inzwischen sind die Kriege auf dem Balkan, der Libanon- und der Irak-Krieg im Comic verarbeitet. Momentan erzielt die in Frankreich lebende iranische Autorin Marjane Satrapi, Jahrgang 1969, mit der Verarbeitung ihrer Kindheit vor, während und nach der Islamischen Revolution in »Persepolis« große Aufmerksamkeit. Ursprünglich 2000–2003 in Frankreich veröffentlicht, dem europäischen Land mit der größten Bedeutung und Verbreitung der Comic-Literatur, gelang ihr mit einer erneuten Veröffentlichung der Durchbruch und wurde die Autobiografie in der »Neuen Zürcher Zeitung« als eine der bedeutendsten zeitgenössischen Comic-Veröffentlichungen gelobt. Eine Zeichentrickfilmversion wurde 2007 auf den 60. Filmfestspielen in Cannes gezeigt und gewann dort den Preis der Jury.[32] Satrapi war von Spiegelmans »Maus« inspiriert, und ihr Zeichenstil mit schwarz-weißen Bildern und einfachen, klaren Strichen orientierte sich ebenfalls an Spiegelman.

Spiegelmans ursprünglich in zwei Bänden publizierte Geschichten von »Maus« machten *den Comic mehr als salonfähig, sie zeigten auch, was er besser konnte als andere Erzählformen.*[33] In einer Zeit, in der der Vormarsch der »Graphic Novel« nicht aufzuhalten ist[34], müssen sich Historiker dieser Form der in Bildgeschichten aufgearbeiteten historischen Vergangenheit stärker zuwenden und ein Auge darauf haben, was in diesen Publikationen an historischem Wissen transportiert wird. Sehr sorgfältig sezierend muss darauf geachtet werden, dass ernste Themen, wie der Bruch in der abendländisch-christlichen Zivilisation, für den der Name »Auschwitz« steht, nicht durch die künstlerische Handschrift ästhetisiert werden oder der Verkitschung anheimfallen. Eine hochnäsige Ignoranz dem Comic gegenüber wäre angesichts dieser zunehmend an Bedeutung gewinnenden Kunstform nicht angebracht.

In einer vor wenigen Jahren erschienenen Studie hat sich Danny Fingeroth mit den Vätern der in den 1930er und 1940er Jahren aufkommenden und bis heute auch durch die Verfilmungen bekannten Superhelden im Comic befasst, mit den Schöpfern solcher Figuren wie Captain America, Superman, Batman[35], Spiderman und anderen, und ist zu dem bemerkenswerten Ergebnis gekommen, dass viele der Künstler junge amerikanische Juden mit osteuropäischem Hintergrund waren.[36] Ihre Familien waren vor der Verfolgung in Europa geflohen und fanden in Amerika Freiheiten, die ihnen ungeahnte Möglichkeiten boten. Ihre Superhelden riefen die Amerikaner auf, gegen Ungerechtigkeiten, den Faschismus und die Verfolgung zu kämpfen. Die Amerikaner sollten sich aktiv mit dem Kampf gegen die Nationalsozialisten identifizieren.

Diese Künstler nutzten die Freiheit des Comic-Genres und der Populär-Kultur in zunehmendem Maße, ganz unabhängig davon, ob ihre Interessen von jüdischer Religiosität, von jüdischer Ethnizität oder von jüdischer Kultur bestimmt waren. Der bereits erwähnte Will Eisner gehörte zu den Vätern des Superhelden-Genres sowie der Comic-Industrie allgemein. Er wandte sich jedoch bereits in den 1950er Jahren dem Feld der *instructional comics*[37] zu und ebnete Künstlern wie Art Spiegelman den Weg zum persönlichen, autobiografischen und Holocaust-fokussierten Comic, der mit den Superhelden nichts mehr gemein hat. Mit »Maus« hat Spiegelman gezeigt, dass auch ein so sensibles Thema wie der Holocaust im Comic behandelt werden kann. Dies gilt umso mehr für seine Beschäftigung mit der Tragödie der St. Louis im Jahre 1939.

Last but not least soll nicht unerwähnt bleiben, dass Spiegelman den Umschlag für Paul Austers Roman »Mr. Vertigo« geschaffen hat, der die Geschichte des Straßenwaisen Walter Claireborne Rawley schildert.[38] »Walt, the Wonder Boy« beeindruckt die Zuschauer mit seinen Kunststücken des freien Schwebens im Raum. Der bettelnde Junge wird von Meister Yehudi in Saint Louis von der Straße aufgelesen.

Anmerkungen:

1 Gustav Schröder: Heimatlos auf hoher See. Berlin 1949; F. Gellman: The St. Louis Tragedy. In: American Jewish Historical Quarterly 61/2, 1971, S. 144–156; Hans Herlin: Die Reise der Verdammten. Stuttgart 1960 und, leicht gekürzt als Ullstein Sachbuch Nr. 34304, Frankfurt/M., Berlin 1985; Gordon Thomas und Max Morgan-Witts: Das Schiff der Verdammten. Zug 1976; Heinz Burmester: Aus dem Leben des Hapag-Kapitäns Gustav Schröder. In: DSA 13, 1990, S. 163–200; Arnold Kludas: Die Geschichte der deutschen Passagierschifffahrt. Band V: Eine Ära geht zu Ende 1930 bis 1990. (= Schriften des Deutschen Schiffahrtsmuseums, Bd. 22). Hamburg 1990, S. 107–109; Georg J.E. Mautner Markhof: Das St. Louis-Drama. Hintergrund und Rätsel einer mysteriösen Aktion des Dritten Reiches. Graz, Stuttgart 2001.

2 Florian Waldvogel (Hrsg.):Wo ist der Wind, wenn er nicht weht? Politische Bildergeschichten von Albrecht Dürer bis Art Spiegelman. Hamburg 2009.

3 Die Überlieferung der tatsächlichen Zahl ist uneinheitlich. In der Enzyklopädie des Holocaust. Die Verfolgung und Ermordung der europäischen Juden. Hrsgg. von Eberhard Jäckel, Peter Longerich und Julius H. Schoeps. 3 Bde., Berlin 1993, Bd. 3, S. 1366f. wird von 936 Passagieren gesprochen. Burmester (wie Anm. 1) gibt zwar 937 Passagiere als Gesamtzahl an, aber wenn man 409 Männer, 350 Frauen und 148 Kinder addiert, lautet die Gesamtzahl 907. Diese Zahl hat er von Herlin (wie Anm. 1), S. 19 übernommen. Thomas/Morgan-Witts (wie Anm. 1) drucken zwar im Anhang eine Passagierliste, aber mit derartig vielen Streichungen, dass letzte Klarheit auch nicht zu erzielen ist.

4 Arnold Kludas: Die Geschichte der deutschen Passagierschiffahrt. Band IV: Vernichtung und Wiedergeburt 1914 bis 1930. (= Schriften des Deutschen Schiffahrtsmuseums, Bd. 21). Hamburg 1989, S. 71.

5 Ders.: Die Geschichte der Hapag-Schiffe. Band 3: 1914–1932. Bremen 2008, S. 174.

6 Jürgen Reiche: Irrfahrt für die Propaganda. In: museumsmagazin 3, 2006, S. 12f.

7 Schröder (Anm. 1), S. 6.

8 Die amerikanische Version erschien ursprünglich in »The Washington Post«.

9 Michael Naumann: Zurück zur Maus. In: Die Zeit, Nr. 36, 27. August 2009, S. 47.

10 Der freie Schriftsteller Herlin war ein für seine seriösen Arbeiten bekannter Autor. Seine vielfach verlegten »Tatsachenberichte« mit Titeln wie »Verdammter Atlantik«, »Der letzte Mann von der Doggerbank« und »Die Reise der Verdammten« verhalfen ihm zu Weltruhm.

11 Mir liegt die Penguin-Ausgabe: Raw. Open Wounds from the Cutting Edge of Commix 2, No. 1, London 1989, mit der zweiten Geschichte des zweiten Bandes vor.

12 Zitiert nach der Rückseite der deutschen Ausgabe, vgl. Anm. 9.

13 Art Spiegelman: Die vollständige Maus. Frankfurt 2008, 3. Aufl. Frankfurt 2009. – Die im äußeren Design gleiche englische Ausgabe »Art Spiegelman: The complete Maus« war erstmals im Penguin Verlag, London 1993, erschienen.

14 Andreas C. Knigge: 50 Klassiker Comics. Von Lyonel Feininger bis Art Spiegelman. Hildesheim 2004, S. 240–245, hier S. 243.

15 Ders.: Alles über Comics. Eine Entdeckungsreise von den Höhlenbildern bis zum Manga. Hamburg 2004, S. 380.

16 Ebd.

17 Ebd., S. 381.

18 Siehe hierzu Andreas Platthaus: Im Comic vereint. Eine Geschichte der Bildgeschichte. Frankfurt 2000, S. 269–294.

19 Knigge (wie Anm. 14), S. 244.

20 Art Spiegelman: In the Shadow of no Towers. New York 2004.

21 Marcel Feige (Hrsg.): Das kleine Comic-Lexikon. Berlin 2005, S.696f.

22 Andreas Platthaus: Dem Mausmann gehört die Seite 1. In: Frankfurter Allgemeine Zeitung, 15. Februar 2008.

23 Art Spiegelman: Breakdowns. Portrait of the Artist as a young % @ ☞ ★ ! . London 2008.

24 Andreas Platthaus: Was bedeutet % @ ☞ ★ ! , Mister Spiegelman? In: Frankfurter Allgemeine Zeitung, 29. November 2008.

25 C. Scholl: Vom Wesen der Karikatur. In: Der Kunsthandel 2, 1939, S. 24f.

26 Ulrich Luckhardt: Lyonel Feininger. Karikaturen. Köln 1998.

27 Stefan Jacobasch, zitiert nach Feige (wie Anm. 21), S. 11.

28 Will Eisner: The Contract with God Trilogy. New York 2006, S. 265ff.

29 Fotorealismus als historischer Königsweg. In: Frankfurter Allgemeine Zeitung, 25. Juli 2008.

30 Zitiert nach Knigge (wie Anm. 15), S. 314f.

31 Zitiert nach Knigge (wie Anm. 14), S. 214.

32 Marjane Satrapi: Persepolis. 2 Bde. Wien 2007. – Siehe auch Danny Fingeroth: The Rough Guide through Graphic Novels. London 2008, S. 148f.

33 Andreas Platthaus: Dieser % 6 ★ ! – das soll ich sein! In: Frankfurter Allgemeine Zeitung, 14. April 2007.

34 Zu diesem Gesamtkomplex siehe auch Lars U. Scholl: Ein Leben für den Strich. Manfred Schmidt (1913–1999), Comic-Zeichner und humoristischer Reisejournalist. In: Jahrbuch der Wittheit zu Bremen 2006/2007. Bremen 2008, S. 264–278.

35 Die Süddeutsche Zeitung vermeldete am 27./28. Februar 2010 auf der Titelseite, dass ein Comic-Heft aus dem Jahre 1939, in dem Batman zum ersten Mal aufgetreten war, bei einer Auktion den Rekordpreis von 1,075 Millionen Dollar erzielt und damit das erste Heft mit Superman-Abenteuern von 1938 übertrumpft habe, das im Internet für 1 Millionen Dollar an den Mann gebracht worden war.

36 Danny Fingeroth: Disguised as Clerk Kent. Jews, Comics, and the Creation of the Superhero. New York 2007.

37 Ebd., S. 139.

38 Paul Auster: Mr. Vertigo. New York 1994. Deutsche Erstausgabe unter gleichem Titel Reinbek bei Hamburg 1996.

Anschrift des Verfassers:
Prof. Dr. Lars U. Scholl
Deutsches Schiffahrtsmuseum
D-27568 Bremerhaven

The St. Louis *Refugee Ship Blues:* Comic Books as a Means of Coming to Terms with the Holocaust and Wartime Atrocities

Summary

American comic artist Art Spiegelman, whose parents survived the Holocaust, has made the odyssey of the ship St. Louis some seventy years ago the topic of his latest work. The commanders of the Hapag motor vessel attempted in vain to let more than nine-hundred Jewish emigrants from Germany go on land in Cuba. When the Cuban authorities declined to recognize their visas, the captain of the St. Louis tried to bring the passengers to safety in the U.S., but President Roosevelt refused them entry. Spiegelman took a number of contemporary American caricatures as a point of departure for his retelling of the tragedy in the form of a large-scale comic drawing, supplemented with his comments on the Americans' refusal to offer refuge.

The St. Louis *Refugee Ship Blues.* Assimiler l'Holocauste et les horreurs de la guerre grâce à la bande dessinée

Résumé

Le dessinateur de BD américain Art Spiegelman, dont les parents ont survécu à l'Holocauste, se penche sur l'odyssée du St. Louis il y a 70 ans. Le navire à moteurs de la Hapag tenta en vain de laisser débarquer à Cuba plus de 900 émigrants juifs en provenance d'Allemagne. Lorsque les autorités cubaines déclinèrent de reconnaître la validité des visas, le capitaine du St. Louis s'efforça de mettre les émigrants en sécurité aux USA, ce que le président Roosevelt refusa. Spiegelman se sert de quelques caricatures américaines de l'époque pour traiter en BD de grand format la représentation de la tragédie et commenter l'attitude de rejet des Américains.

Ulrike Lange-Basman
Dreimastschoner und Dampf-barkassen
Die Hamburger Werft J.H.N. Wichhorst in der Zeit des Übergangs vom Holzschiffbau auf den Eisen- und Stahlschiffbau

1. Auflage 2009
308 Seiten, 21 x 26,5 cm,
zahlreiche Schwarzweiß- und Farbabbildungen,
gebunden, mit Schutzumschlag
Euro 39,90
ISBN 978-3-86927-068-5

Die Hamburger Werft J.H.N. Wichhorst gehört zu den wenigen Hamburger Schiffbau-Unternehmen des 19. Jahrhunderts, die vom Bau seegehender Holzsegelschiffe auf die Fertigung von eisernen und stählernen Dampfschiffen umstellten.

Zur Untersuchung der Geschichte dieser bisher kaum erforschten Werft konnte die Verfasserin, Urenkelin von Johannes M. Wichhorst, außer zahlreichen archivalischen Quellen etliche im Familienbesitz befindliche Dokumente wie eine Familienchronik, Nachlasspapiere, Urkunden sowie Fotografien und Gemälde auswerten.

Die Unternehmensgeschichte der Werft wird vervollständigt durch rekonstruierte Baulisten, die sowohl die Holzsegelschiffe als auch die im Eisen- und Stahlschiffbau entstandenen Fahrzeuge verzeichnen, darunter zahlreiche bisher unbekannte Bauobjekte. Weitere Listen geben Auskunft über die von den Mitgliedern der Familie Wichhorst bereederten Schiffe.

Neben J.H.N. Wichhorst werden ausgewählte Schiffbauer, Werftbetriebe und Reedereien aus dem verwandtschaftlichen, nachbarschaftlichen sowie geschäftlichen Umfeld von Wichhorst porträtiert, beispielsweise die Werft Wichhorst & Co. aus Altona und die Hamburger Reederei Dampfschifffahrts-Gesellschaft »Hamburg« GmbH (DGH).